JN441675

Microsoft Excel 2016 &
NCS 정보능력

정 종 필

21세기 지식정보사회는 컴퓨터 혁명의 시대(The Age of Computer Revolution) 또는 정보 혁명의 시대(The Age of Information Technology Revolution)라고 말한다. ICT정보통신기술의 발달과 정보화 사회의 도래는 전 세계와의 소통이 가능해졌으며, 정보통신기술과 제조업, 바이오산업 등에서 새롭고 다양한 분야에서 부가가치를 창출해 내고 있다.

전 세계의 모든 컴퓨터와 사물이 하나의 네트워크(internet)로 묶여 다양한 서비스를 제공하고 있으며, 최근에는 컴퓨터와 데이터뿐만 아니라 현실 세계의 사물(things)을 인터넷에 연결하고, 사물로부터 상황 정보를 수집하고 주위 환경을 제어하는 사물인터넷(Internet of Things) 기술에 관심이 집중되고 있다. 이에 21세기 정보화 사회에서 다양하게 변화하는 산업구조 속에서 컴퓨터 관련 기술은 너무나 빠르게 변화되고 있으며, 그 변화의 속도도 날로 급속화 되고 있다. 많은 ICT 관련 산업분야와 일상생활 속에서도 컴퓨터는 없어서는 안 될 중요한 가치를 가지고 있으며, 그 가치 또한 미래로 갈수록 더욱 커질 것으로 예상된다.

이 책은 오랫동안 대학 강단에서 강의한 자료들을 바탕으로 책을 저술하였고, 대부분을 실무에 바로 다룰 수 있는 실습들로 구성하였다. 특히 대부분의 실습들을 따라하기 식으로 구성하였기 때문에 공부하는 학생들의 부담을 많이 줄였다.

이 책의 구성은 1장, 2장에서 엑셀의 모든 기능을 실습위주로 설명하고, 3장부터 13장까지는 실무에 적용할 수 있는 실습이 주어져 있으며, 또한 14장과 15장은 엑셀을 능숙하게 사용할 수 있게 매크로와 개체 변환 및 외부 데이터 가져오기를 실습위주로 설명하였다. 그리고 부록으로 국가직무능력표준(NCS : National Competency Standards)의 업무와 관련된 정보를 수집하고, 이를 분석하여 의미 있는 정보를 찾아내며, 의미 있는 정보를 업무수행에 적절하도록 조직하고, 조직된 정보를 관리하며, 업무 수행에 이러한 정보를 활용하는 능력인 NCS 정보능력 학습자용 워크북이 실려 있다.

이 책을 통하여 많은 사람들이 엑셀의 다양한 내용들을 쉽게 이해할 수 있는 계기가 되었으면 하는 바램이며, 앞으로 판이 거듭하면서 보다 새롭고 알찬 책이 될 수 있도록 노력하고자 하며, 이 도서를 채택한 독자들의 많은 지도 편달을 부탁드립니다.

Microsoft Excel 2016

제1장 엑셀 2016, 새로운 만남/11

제2장 엑셀 2016, 기본 다지기/39

제3장 파일 관리/51

제4장 데이터 입력/61

제5장 워크시트 다루기/73

제10장 데이터 분석/187

제11장 차트 및 도형/227

제12장 인쇄/265

제13장 사용자 지정/275

Microsoft Excel 2016

제1장

엑셀 2016, 새로운 만남

가. 윈도우용 엑셀 2016의 새로운 기능

■ 6가지 새 차트 종류

시각화는 효과적인 데이터 분석뿐만 아니라 설득력 있는 설명에도 중요하다. 엑셀 2016에는 재무 또는 계층 구조 정보에서 가장 일반적으로 사용하는 몇 가지 데이터 시각화를 만들거나 데이터에서 통계 속성을 찾아낼 수 있도록 기존에 사용하던 다양한 서식 옵션이 포함된 6가지 새 차트가 추가되었다.

'트리맵' 또는 '선버스트' 차트를 사용하려면 '삽입' 탭에서 '계층 구조 차트 삽입'을 클릭하고, '폭포' 차트를 사용하려면 '폭포 차트 또는 주식형 차트 삽입'을 클릭하고, '히스토그램', '파레토' 또는 '상자 수염 그림 차트'를 사용하려면 '통계 차트 삽입'을 클릭한다. 새 차트를 모두 보려면 '추천 차트'에서 '모든 차트'를 클릭한다.

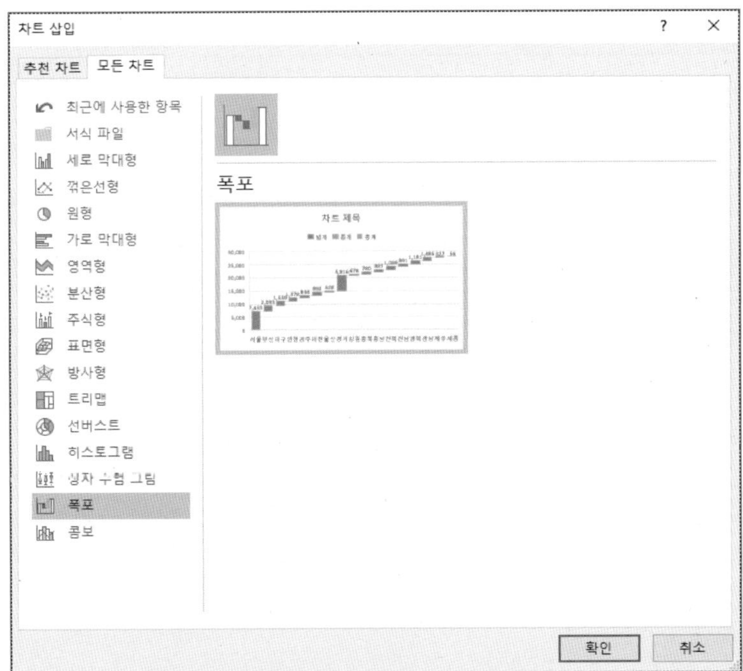

■ 가져오기 및 변환(쿼리)

분석을 시작하기 전에 해답을 찾으려는 비즈니스 질문과 관련된 데이터를 가져올 수 있어야 한다. 엑셀 2016에서는 데이터를 쉽고 빠르게 가져오고 변환하는 기능이 기본적으로 제공되므로 필요한 모든 데이터를 찾아서 한 곳으로 가져올 수 있다. 이러한 새 기능은 이전에는 '파워 쿼리'라는 별도의 추가 기능으로만 사용할 수 있었으나 이제는 엑셀에 기본적으로 제공된다. '데이터' 탭의 '가져오기 및 변환' 그룹에서 이러한 기능에 액세스할 수 있다.

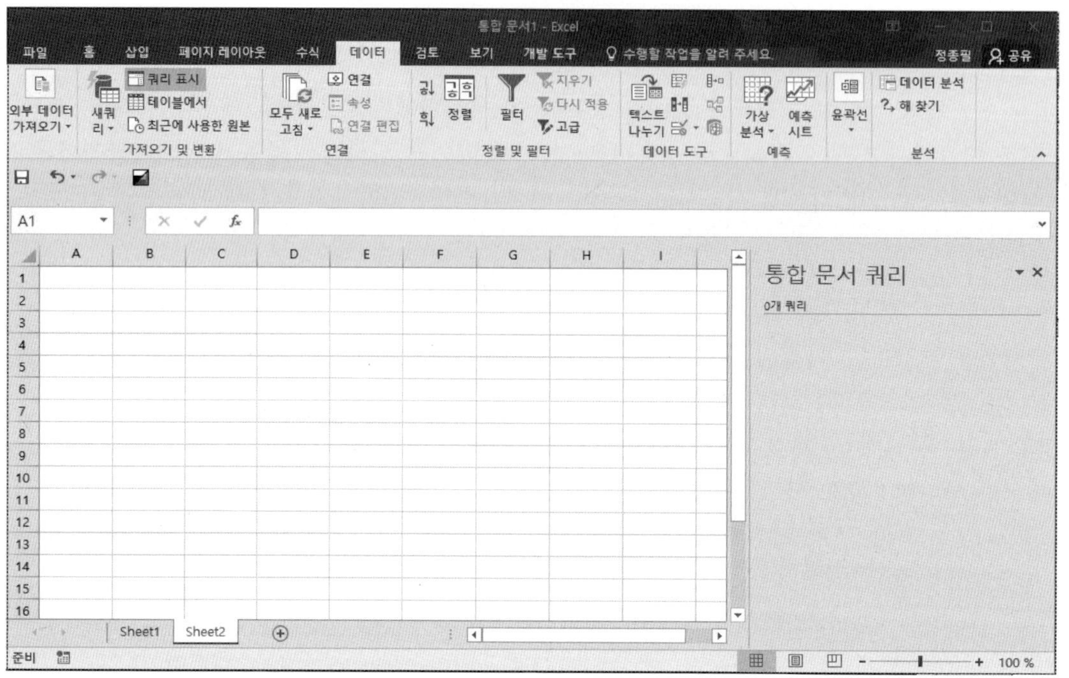

■ 클릭 한 번으로 예측

이 기능은 '예측' 단추 클릭 한 번으로 사용할 수 있다. '데이터' 탭의 '예측' 그룹의 '예측'을 클릭하면 데이터 계열의 예측된 시각화를 빠르게 만들 수 있다. '예측 워크시트 만들기 마법사'에서 기본적으로 '신뢰 구간'은 '95%', '계절성'은 '자동검색'으로 설정되어 있다. '옵션'에서 다른 예측된 매개변수를 조정할 수도 있다.

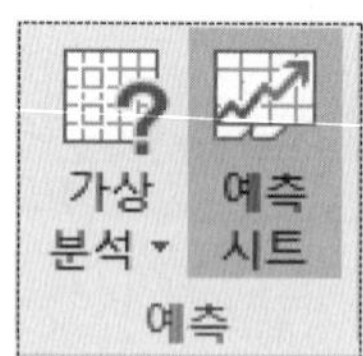

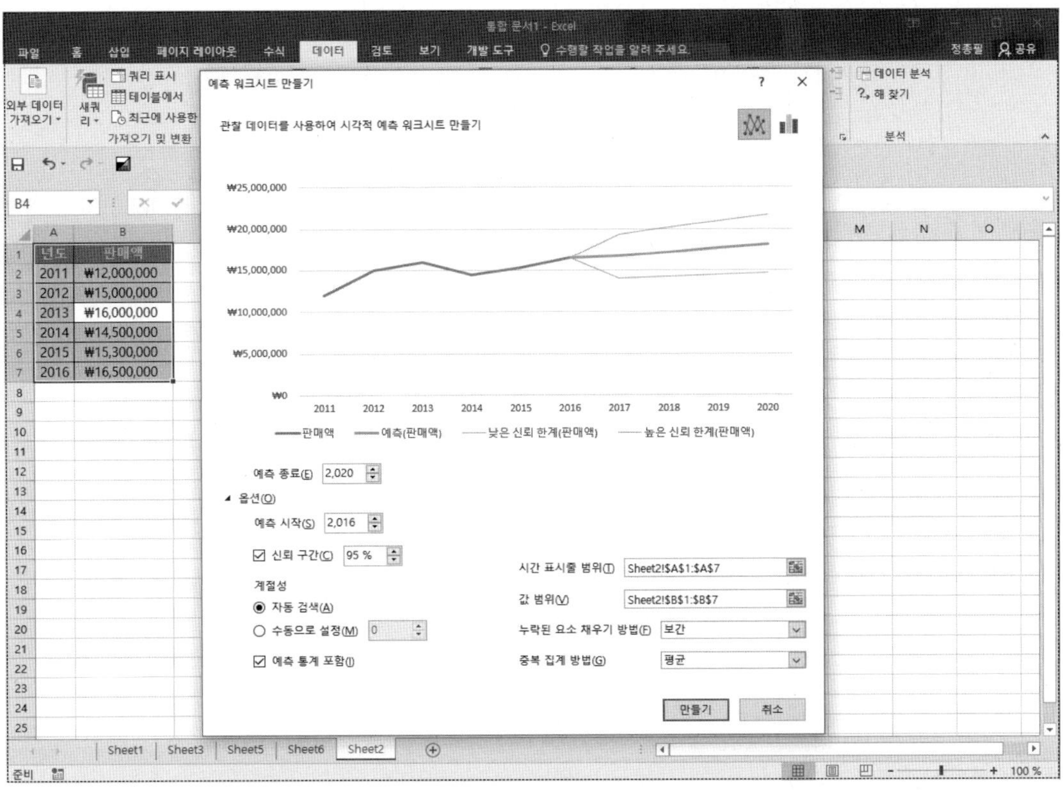

통합 문서1 - Excel
파일 홈 삽입 페이지 레이아웃 수식 데이터 검토 보기 개발 도구
예측 워크시트 만들기
관찰 데이터를 사용하여 시각적 예측 워크시트 만들기
판매액 예측(판매액) 낮은 신뢰 한계(판매액) 높은 신뢰 한계(판매액)
예측 종료(E) 2,020
옵션(O)
예측 시작(S) 2,016
신뢰 구간(C) 95 %
계절성
자동 검색(A)
수동으로 설정(M) 0
예측 통계 포함(I)
시간 표시줄 범위(T) Sheet2!$A$1:$A$7
값 범위(V) Sheet2!$B$1:$B$7
누락된 요소 채우기 방법(F) 보간
중복 집계 방법(G) 평균
만들기
취소
년도 판매액
2011 ₩12,000,000
2012 ₩15,000,000
2013 ₩16,000,000
2014 ₩14,500,000
2015 ₩15,300,000
2016 ₩16,500,000

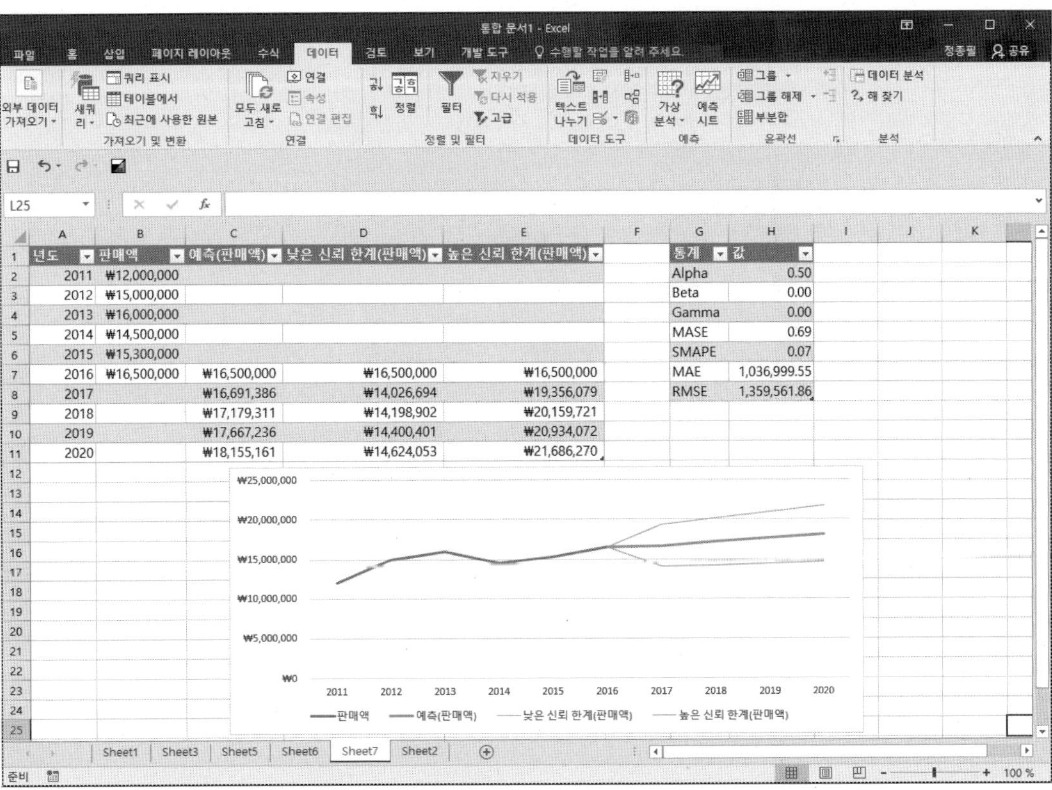

통합 문서1 - Excel
년도 판매액 예측(판매액) 낮은 신뢰 한계(판매액) 높은 신뢰 한계(판매액)
2011 ₩12,000,000
2012 ₩15,000,000
2013 ₩16,000,000
2014 ₩14,500,000
2015 ₩15,300,000
2016 ₩16,500,000 ₩16,500,000 ₩16,500,000 ₩16,500,000
2017 ₩16,691,386 ₩14,026,694 ₩19,356,079
2018 ₩17,179,311 ₩14,198,902 ₩20,159,721
2019 ₩17,667,236 ₩14,400,401 ₩20,934,072
2020 ₩18,155,161 ₩14,624,053 ₩21,686,270
통계 값
Alpha 0.50
Beta 0.00
Gamma 0.00
MASE 0.69
SMAPE 0.07
MAE 1,036,999.55
RMSE 1,359,561.86
판매액 예측(판매액) 낮은 신뢰 한계(판매액) 높은 신뢰 한계(판매액)

■ 3차원 지도

'삽입' 탭의 '투어' 그룹에서 '3D 맵 열기'를 클릭하면 간단하고 빠르게 3D 시각화 도구를 사용할 수 있다.

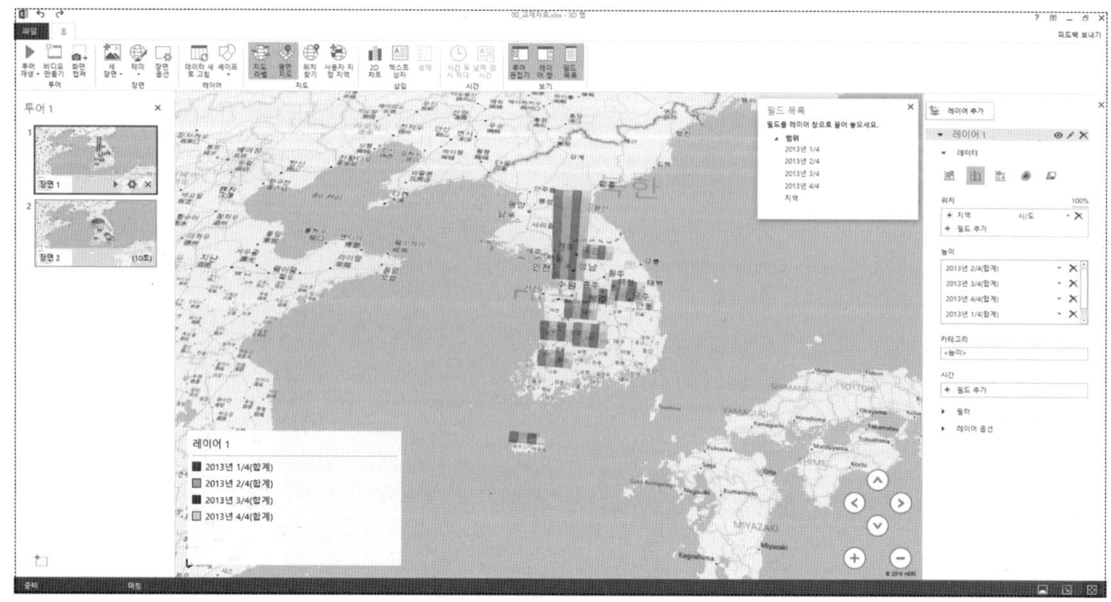

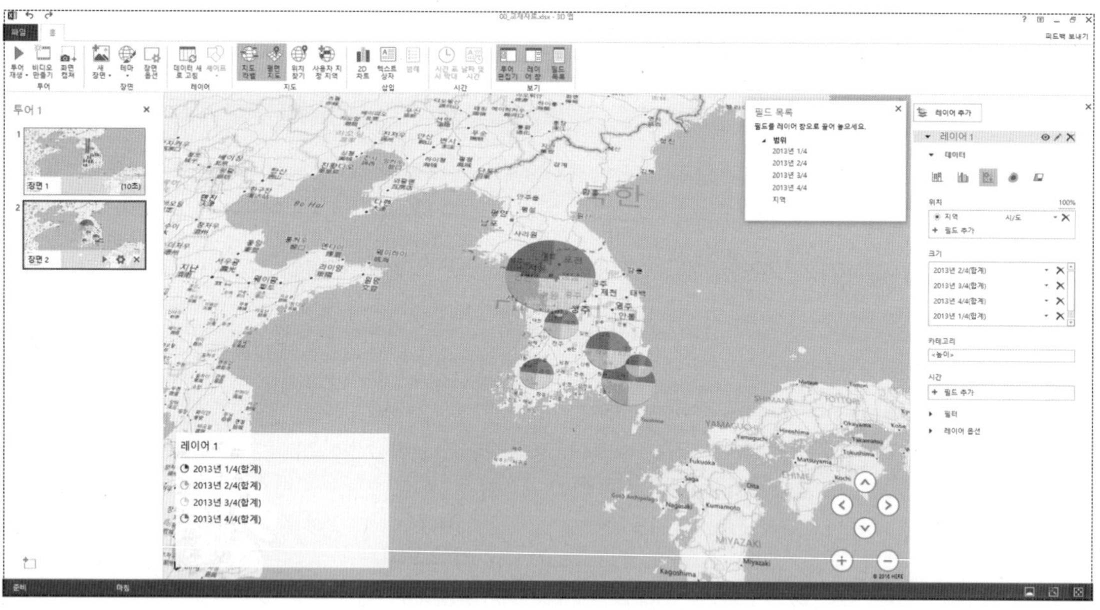

■ 깔때기형 차트

깔때기형 차트 프로세스에서 여러 스테이지 간에 값을 표시한다. 깔때기형 차트는 현재는 오피스 365 버전에서만 지원된다.

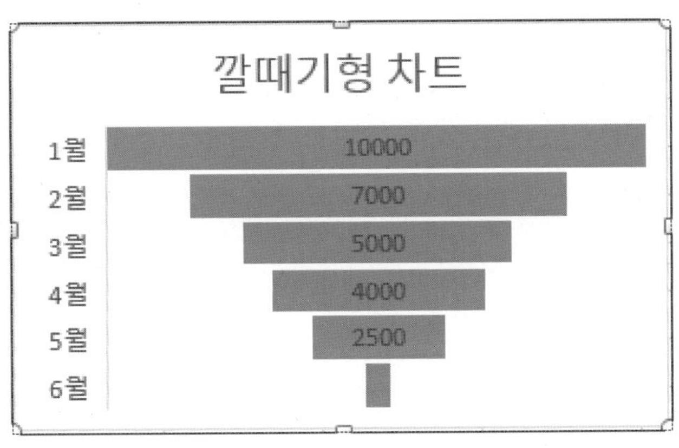

■ 피벗 테이블 기능 향상

엑셀은 익숙한 피벗 테이블 작성 환경을 통해 유연하고 강력한 분석 환경을 제공하는 것으로 알려져 있다. '파워 피벗'과 '데이터 모델'이 도입된 엑셀 2010 및 엑셀 2013에서는 이 기능이 크게 향상되어 데이터에 정교한 모델을 쉽게 구축하고 측정값과 KPI로 확대한 다음 수백만 개의 행을 매우 빠르게 계산할 수 있게 되었다. 다음은 데이터 관리에 들이는 수고를 줄이고 중요한 정보를 파악하는 데 더욱 집중할 수 있도록 엑셀 2016에 추가된 몇 가지 향상된 기능이다.

자동 관계 검색 : 통합 문서의 데이터 모델에 사용된 표 사이의 관계를 사용자 대신 찾아서 만들어 준다. 엑셀 2016에서는 분석 시 언제 두 개 이상의 표를 연결해야 하는지를 파악하고 사용자에게 알려 준다. 클릭 한 번으로 관계가 구축되므로 곧바로 이점을 얻을 수 있다.

사용자 지정 측정값 만들기, 편집, 삭제 : 이제 피벗 테이블 필드 목록에서 사용자 지정 측정값 만들기, 편집, 삭제를 직접 수행할 수 있어 분석에 대해 추가 계산을 추가해야 할 경우 시간을 크게 절약할 수 있다.

자동 시간 그룹화 : 이 기능을 사용하면 피벗 테이블에서 시간과 관련된 필드(연도, 분기, 월)를 자동으로 감지하고 그룹화 하므로 이러한 필드를 더욱 효과적으로 활용할 수 있다. 그룹화가 완료되면 그룹을 피벗 테이블로 한 번에 끌어오고 드릴다운 기능으로 다양한 시간 수준에서 즉시 분석을 시작할 수 있다. '피벗 차트 드릴다운' 단추를 사용하면 데이터 내에서 시간 및 기타 계층 구조의 그룹화를 확대/축소할 수 있다.

피벗 테이블의 검색 : 필드 목록으로 전체 데이터 집합에서 중요한 필드를 표시할 수 있다.

스마트 이름 바꾸기 : 이 기능을 사용하면 통합 문서의 데이터 모델에 있는 표와 열의 이름을 바꿀 수 있다. 이름을 변경할 때마다 엑셀 2016 통합 문서에서 모든 워크시트와 DAX 수식을 포함하여 관련된 모든 표와 계산이 자동으로 업데이트된다.

다양한 사용 편의성 기능 : 이 기능도 개선되었다. 예를 들어 업데이트 지연을 통해 파워 피벗에서 여러 내용을 변경할 경우 각 변경 내용이 전체 통합 문서에 전파될 때까지 기다리지 않아도 된다. 파워 피벗 창을 닫으면 변경 내용이 한 번에 전파된다.

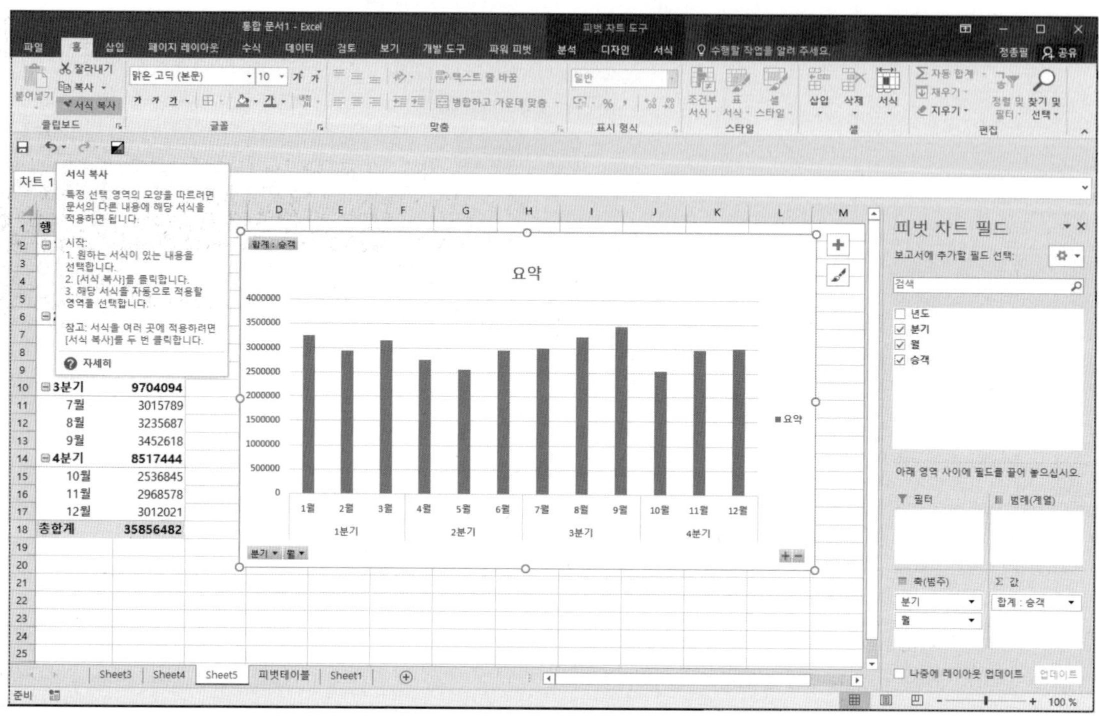

■ 다중 선택 슬라이서

이제 터치 장치에서 엑셀 슬라이서의 여러 항목을 선택할 수 있다. 이 기능은 터치 입력을 사용하는 경우 슬라이서의 항목을 한 번에 하나씩만 선택할 수 있는 이전 버전의 엑셀에서 변경된 것이다. 슬라이서의 레이블에 있는 새 단추를 사용하여 슬라이서 다중 선택 모드로 전환할 수 있다.

	A	B	C	D	E	F	G
1	시도별	2008. 12 월	2008. 11 월	2008. 10 월	2008. 09 월	2008. 08 월	2008. 07 월
3	서울	20,084	20,068	20,027	20,017	20,002	19,959
7	광주	2,281	2,262	2,257	2,258	2,256	2,258
8	대전	2,566	2,570	2,568	2,564	2,558	2,547
9	울산	1,497	1,498	1,494	1,494	1,490	1,485
10	경기	15,407	15,399	15,373	15,355	15,325	15,298
11	강원	2,186	2,183	2,180	2,172	2,167	2,168
15	전남	2,986	2,983	2,980	2,963	2,965	2,958
17	경남	4,441	4,440	4,435	4,427	4,409	4,410

시도별	2008. 12 월
강원	1,497
경기	2,186
경남	2,281
경북	2,566
광주	2,986
대구	4,441
대전	15,407
부산	20,084

■ Power BI로 분석 내용 게시 및 공유

보고서를 올바른 사용자와 공유할 수 없다면 완료된 것이 아니다. 데이터 분석을 마쳤으면 단추 하나만 클릭하여 Power BI를 통해 작업 그룹 또는 고객과 공유할 수 있다. Power BI에 게시한 다음에는 데이터 모델을 사용하여 대화형 보고서와 대시보드를 빠르게 만들 수 있다. Power BI 서비스에 기본 제공되는 엑셀 온라인 지원을 사용하면 완전히 서식 지정된 엑셀 워크시트도 표시할 수 있다.

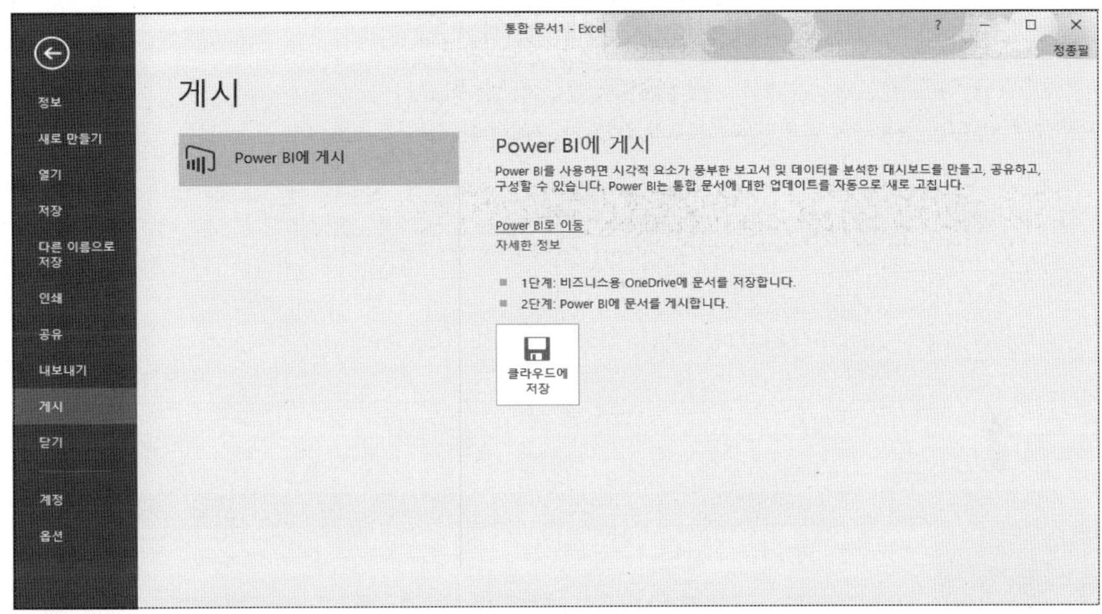

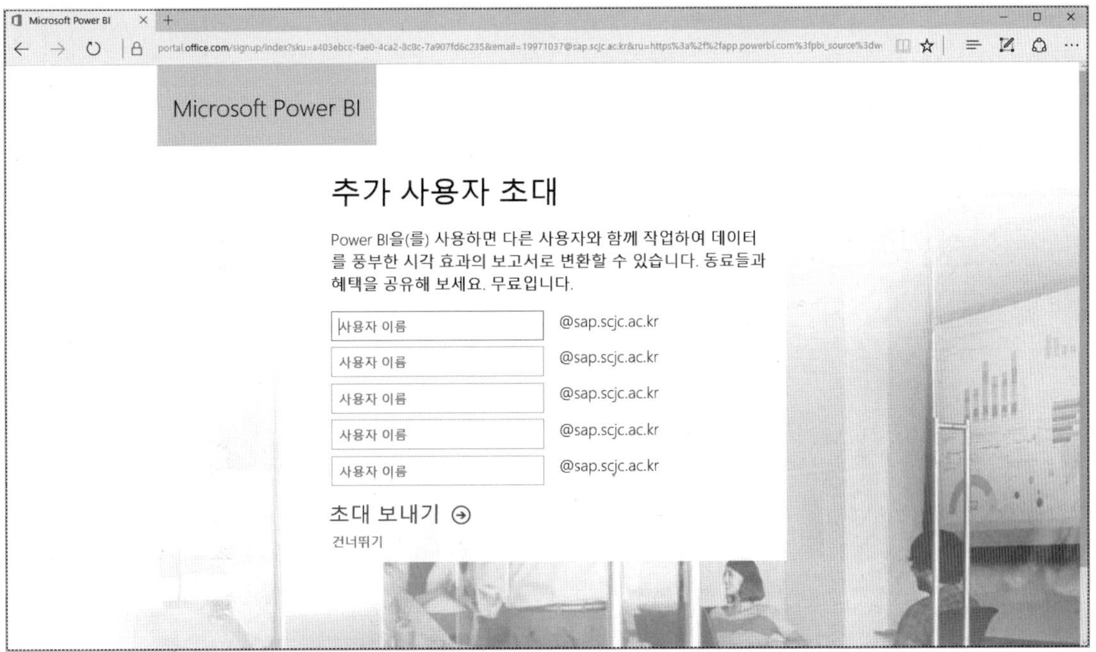

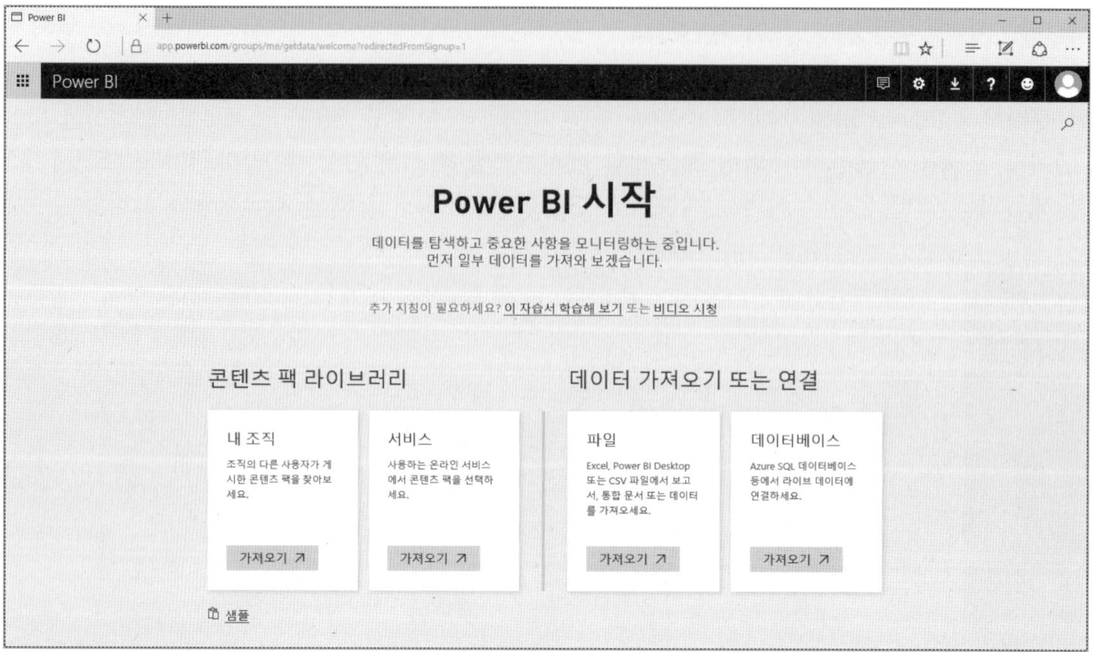

Power BI
Power BI 시작
데이터를 탐색하고 중요한 사항을 모니터링하는 중입니다.
먼저 일부 데이터를 가져와 보겠습니다.
추가 지침이 필요하세요? 이 자습서 학습해 보기 또는 비디오 시청
콘텐츠 팩 라이브러리
데이터 가져오기 또는 연결
내 조직
조직의 다른 사용자가 게시한 콘텐츠 팩을 찾아보세요.
가져오기
서비스
사용하는 온라인 서비스에서 콘텐츠 팩을 선택하세요.
가져오기
파일
Excel, Power BI Desktop 또는 CSV 파일에서 보고서, 통합 문서 또는 데이터를 가져오세요.
가져오기
데이터베이스
Azure SQL 데이터베이스 등에서 라이브 데이터에 연결하세요.
가져오기
샘플

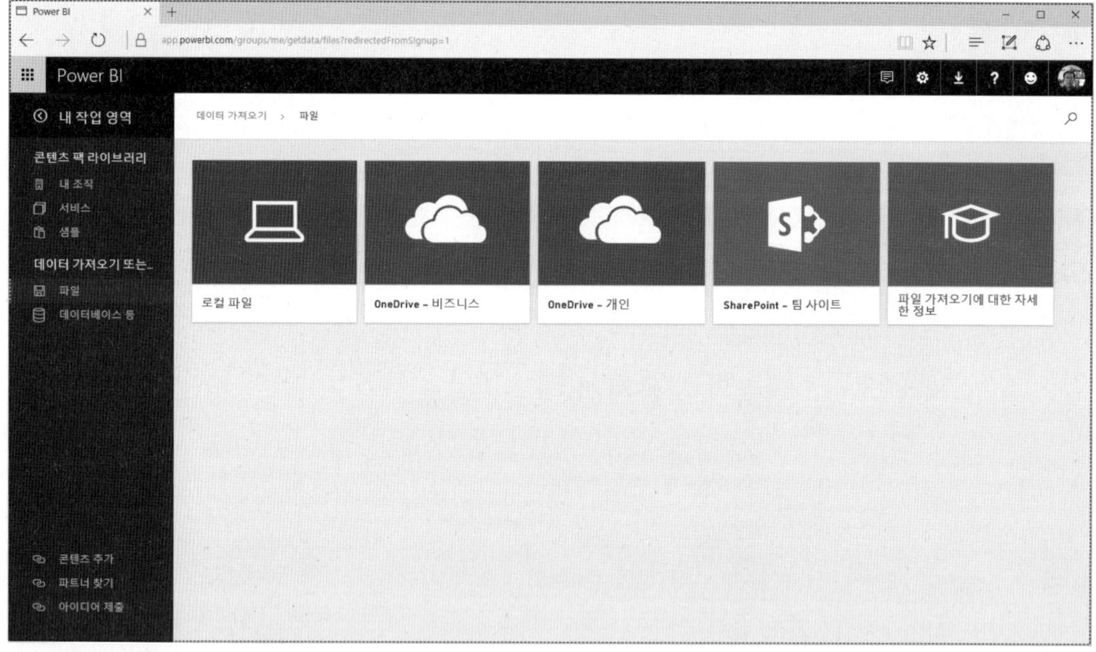

Power BI
내 작업 영역
콘텐츠 팩 라이브러리
내 조직
서비스
샘플
데이터 가져오기 또는...
파일
데이터베이스 등
콘텐츠 추가
파트너 찾기
아이디어 제출
데이터 가져오기 > 파일
로컬 파일
OneDrive - 비즈니스
OneDrive - 개인
SharePoint - 팀 사이트
파일 가져오기에 대한 자세한 정보

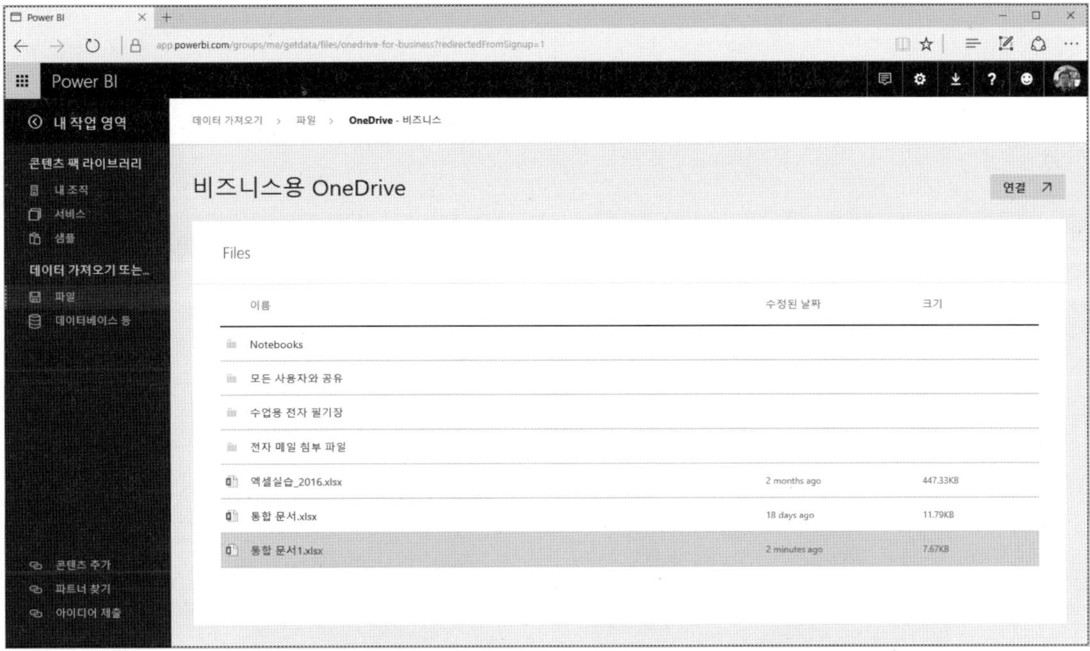

■ 빠른 도형 서식 지정

이 기능을 사용하면 엑셀에서 새로운 '미리 설정' 스타일을 포함해 기본 도형 스타일 수가 늘어난다.

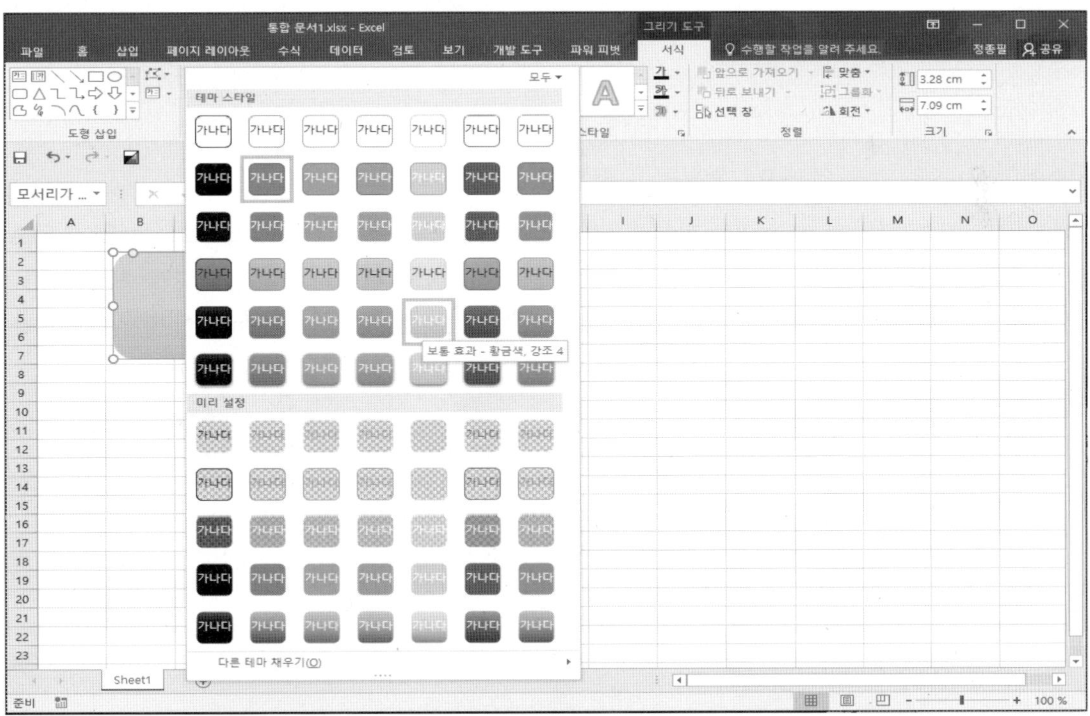

■ 올바른 방향으로 그림 삽입

엑셀에 이미지를 삽입하면 자동 이미지 회전을 통해 그림이 카메라 방향과 일치하도록 자동으로 회전된다. 이미지를 삽입한 후에는 원하는 위치로 수동으로 회전할 수 있다. 이 기능은 새로 삽입한 이미지에만 영향을 주며 기존 문서의 그림에는 적용되지 않는다.

■ '수행할 작업을 알려 주세요.' 기능을 사용하여 빠르게 작업 수행

엑셀 2016의 리본 메뉴에는 '수행할 작업을 알려 주세요.'라는 '텍스트 상자'가 있다. 이는 다음에 수행할 작업과 관련된 단어 및 구를 입력하여 사용하려는 기능이나 수행하려는 작업에 빠르게 액세스할 수 있는 텍스트 필드이다. 또한 찾는 내용과 관련된 도움말이 표시되도록 선택하거나 입력한 용어에 대해 스마트 조회를 수행할 수도 있다.

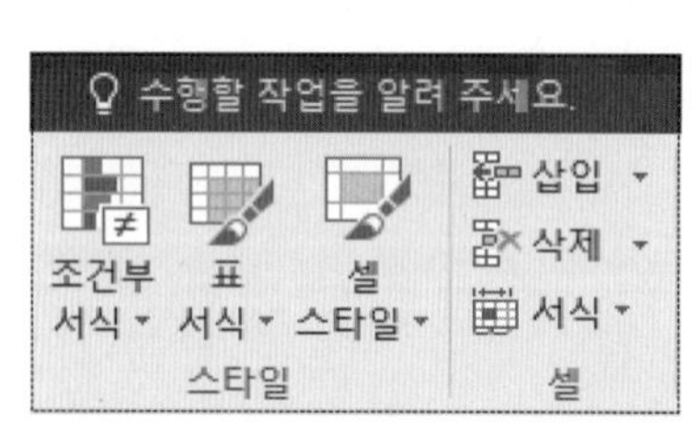

■ 작업 내용에 대한 정보 활용

Bing에서 제공하는 정보 활용 창은 정의 이상의 기능을 제공한다. 단어나 구를 선택하고 마우스 오른쪽 단추로 클릭한 다음 스마트 조회를 선택하면 정보 활용 창이 열리고 정의, Wiki 문서, 웹에서 가장 관련성이 높은 검색 결과가 표시된다. 또한 '검토' 탭의 '정보 활용' 그룹에서 '스마트 조회'로 이동한 다음 여기에서 '쿼리'를 입력하여 언제든지 '스마트 조회'로 이동할 수도 있다.

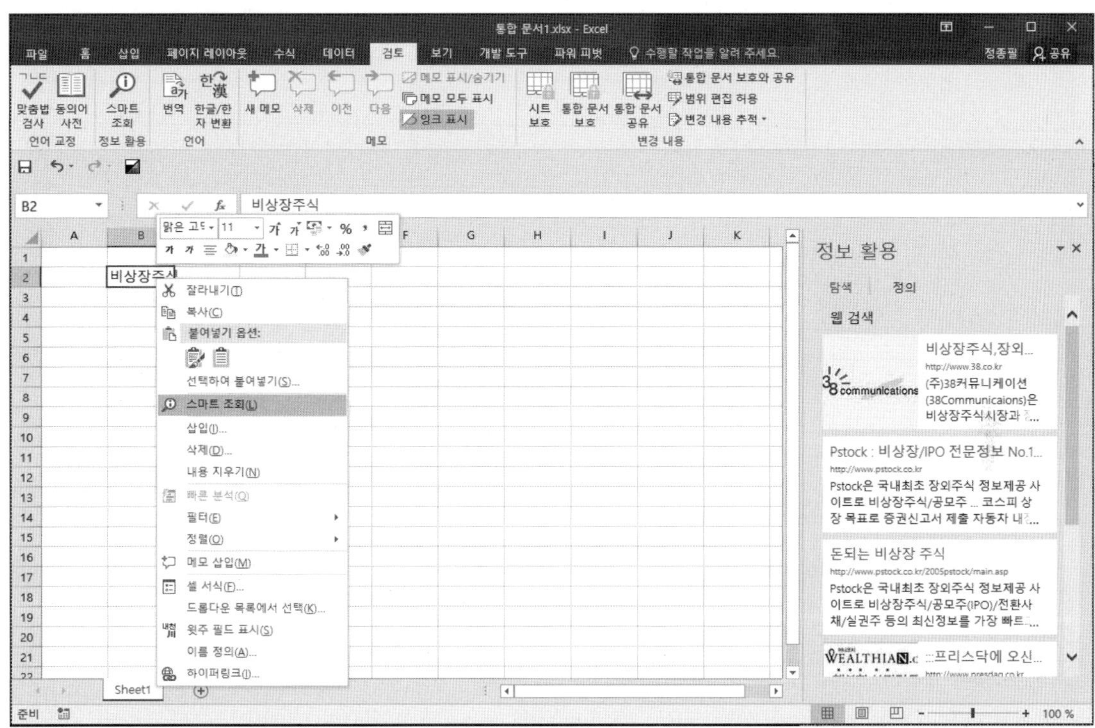

■ 잉크 수식

수학 방정식을 훨씬 쉽게 포함할 수 있게 되었다. 이제 언제든지 '삽입' 탭의 '기호' 그룹에서 '기호(▾)'를 클릭하면 '잉크 수식'으로 이동하여 통합 문서에 복잡한 수학 방정식을 포함할 수 있다. 터치 장치가 있는 경우 손가락이나 터치 스타일러스로 직접 수학 방정식을 쓰면 작성한 내용이 텍스트로 변환된다. 터치 장치가 없는 경우 마우스로도 쓸 수 있다. 작성한 내용을 바로 지우고, 선택하고, 수정할 수도 있다.

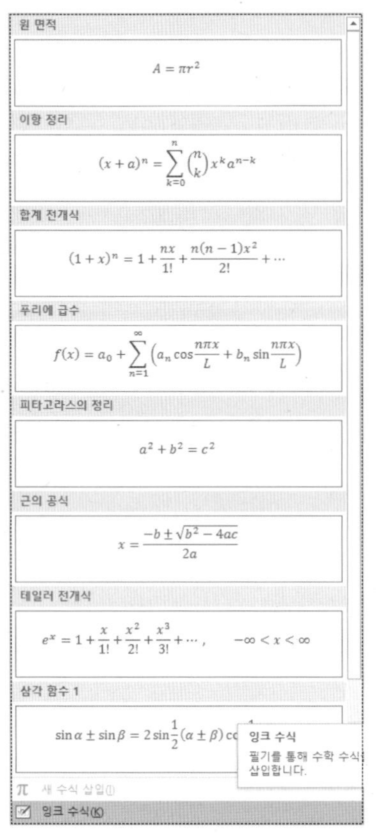
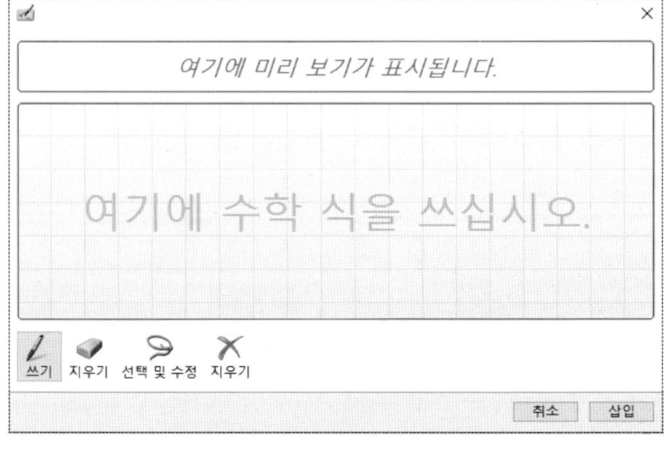

■ 보다 간단한 공유

SharePoint, OneDrive 또는 비즈니스용 OneDrive에 있는 스프레드시트를 다른 사용자와 공유하려면 '리본' 메뉴에서 '공유'를 선택한다.

이러한 변화로 공동 작업의 두 가지 중요 사항, 즉 '지정된 문서에 대한 액세스 권한이 있는 사람'과 '현재 해당 문서에서 사용자와 작업 중인 사람'이 함께 표시된다. 이제 공유 대화 상자의 한 곳에서 이 두 가지 정보를 모두 볼 수 있다.

■ 개선된 버전 기록

'파일' 탭의 '사용 기록'으로 이동하여 통합 문서에서 변경된 내용의 전체 목록을 보고 이전 버전에 액세스할 수 있다.

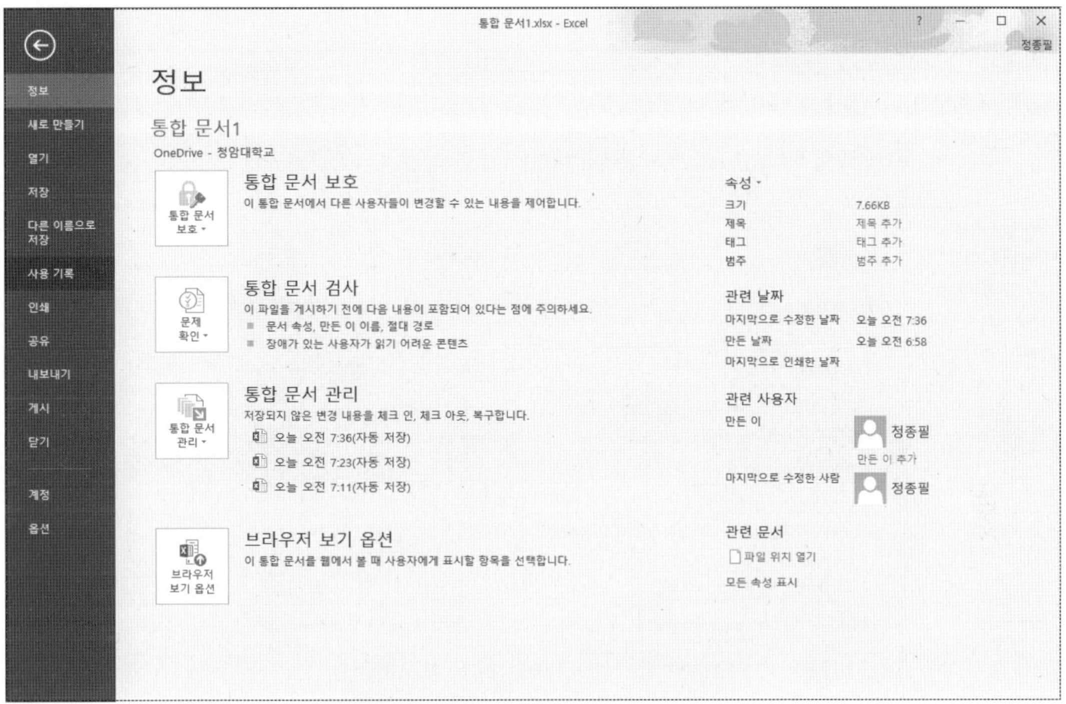

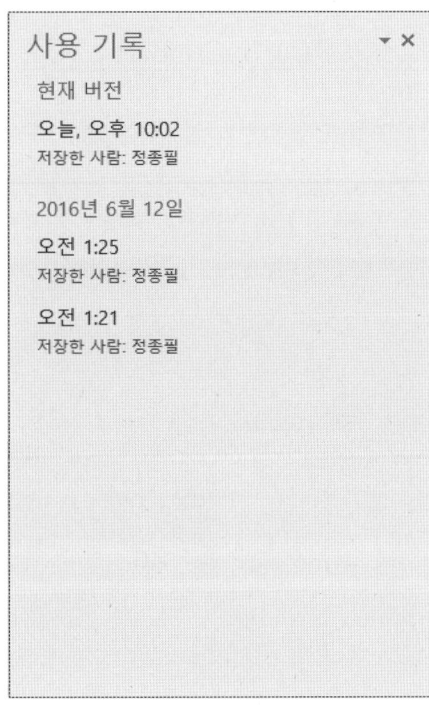

■ 새 테마

3개의 Office 테마(색상형, 어두운 회색, 흰색)를 적용할 수 있다. 이러한 테마를 사용하려면 '파일' 탭의 '옵션'에서 '일반'으로 이동한 다음 'Microsoft Office 개인 설정'에서 'Office 테마' 옆에 있는 '드롭다운 버튼(▾)'을 클릭해서 선택한다.

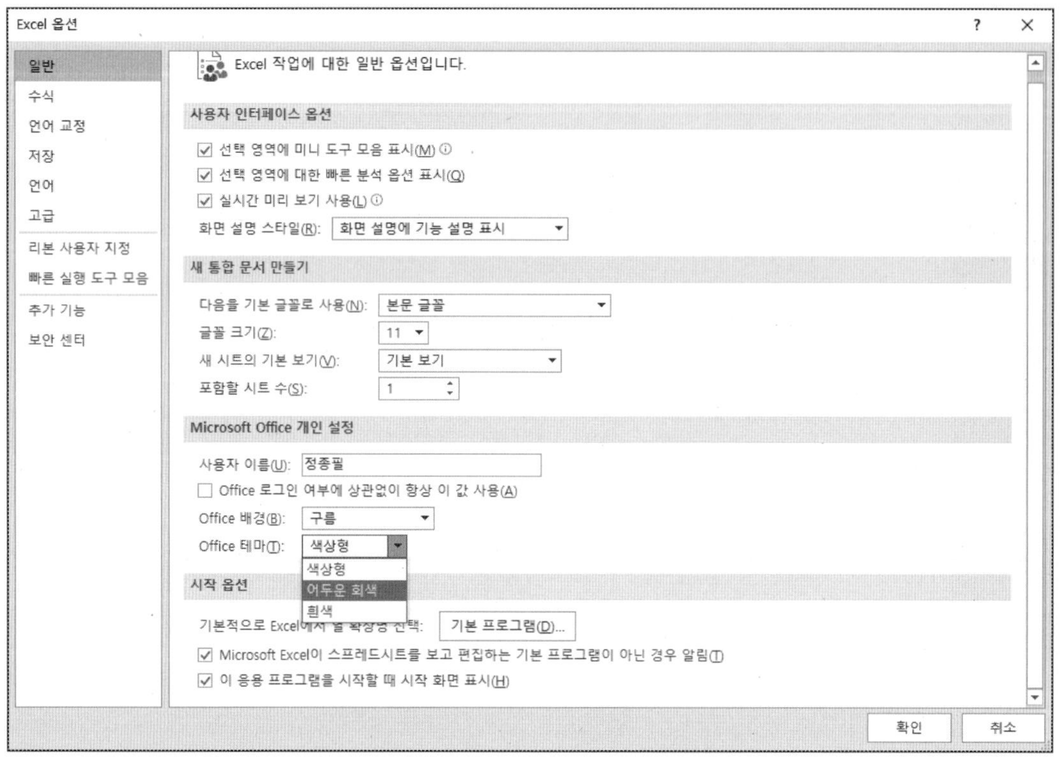

나. 엑셀 2016의 기본 작업

엑셀은 막대한 양의 데이터를 파악할 수 있는 매우 강력한 도구이다. 또한 간단한 계산과 대부분의 정보를 추적할 때에도 매우 유용하다. 이 모든 기능을 활용할 수 있는 주된 위치는 바로 '셀'이다. 셀에는 '숫자', '텍스트' 또는 '수식'이 포함될 수 있다. 셀에 데이터를 입력하고 행과 열로 그룹화 하여 데이터를 합산하고, 정렬 및 필터링하고, 표에 넣고, 멋진 차트를 만들 수 있다.

■ 새 통합 문서 만들기

일반적으로 엑셀의 문서를 '통합 문서'라고 한다. 통합 문서에는 사용자가 원하는 만큼의 많은 스프레드시트를 추가할 수도 있다.

실습 01-01 *시트명 : '새 통합 문서 만들기'*

1. 엑셀 2016을 실행한 후 리본 메뉴 '파일' 탭을 클릭한 다음 '새로 만들기'를 클릭한다.
2. 새로 만들기에서 '새 통합 문서'를 클릭한다.

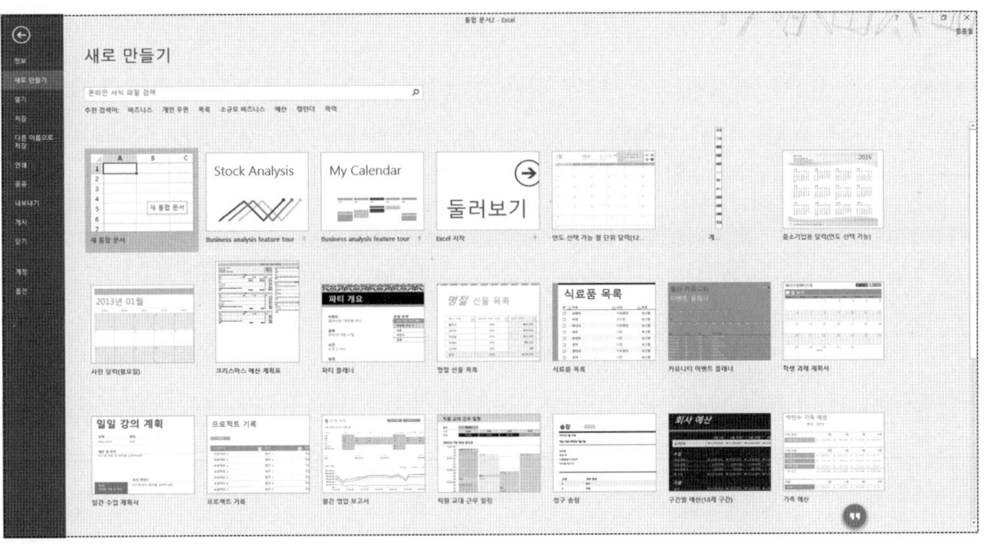

■ 셀 데이터 입력

실습 01-02 *시트명 : '셀 데이터 입력'*

1. 워크시트('Sheet1')의 빈 셀('A1'; A열의 1행)을 클릭한다.
2. 빈 셀('A1')에 데이터(텍스트, 숫자, 기호 등)를 입력한다.
3. Enter↵ 키를 눌러 다음 셀로 이동한다.

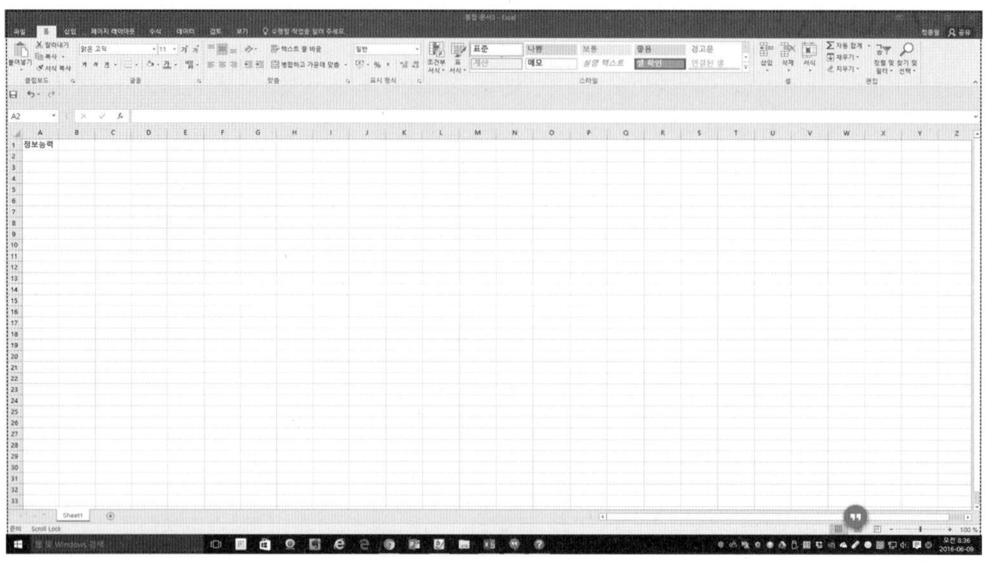

■ 자동 합계

워크시트에 숫자 데이터를 입력한 후에 자동 합계 기능을 이용하여 '합계', '평균', '최댓값', '최솟값' 등을 빠르게 구할 수 있다. 자동 합계를 구할 숫자의 오른쪽이나 아래쪽 셀을 선택한다. 리본 메뉴 '홈' 탭의 '편집' 그룹에서 '자동 합계(▾)'를 클릭하여 '합계'나 '평균' 등을 선택한다.

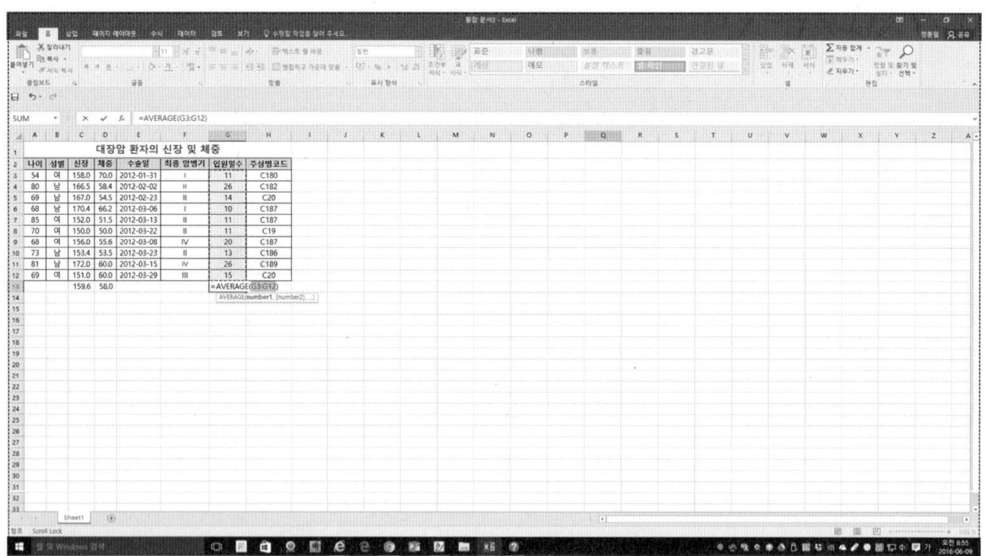

■ 간단한 수식

간단한 더하기, 빼기, 곱하기, 나누기에서부터 복잡한 함수 계산까지 다양한 수식 계산을 수행할 수 있다.

실습 01-03 *시트명 : '간단한 수식'*

1. 워크시트('Sheet1')의 빈 셀('A1'; A열의 1행)을 선택하고 '등호(=)'를 입력한다.
2. 숫자와 연산자(+, -, *, / 등)를 조합해 수식('=2+3')을 입력한다.
3. Enter↵ 키를 누르면 계산 결과가 나타난다.

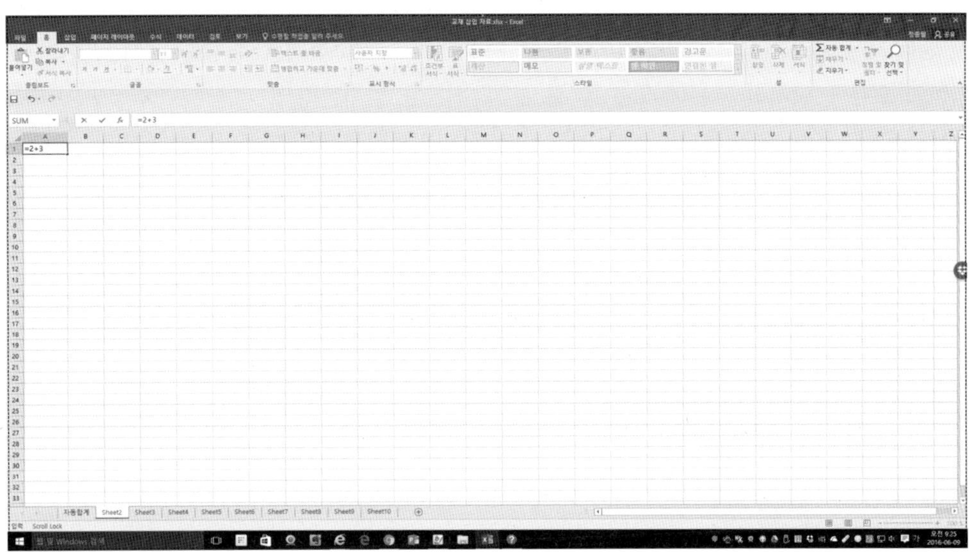

■ 표시 형식

실습 01-04 *시트명 : '표시 형식'*

1. 표시 형식을 지정할 숫자가 있는 셀('A1')을 선택한다.
2. 리본 메뉴 '홈' 탭의 '표시 형식' 그룹에서 '일반(▾)'을 클릭한다.

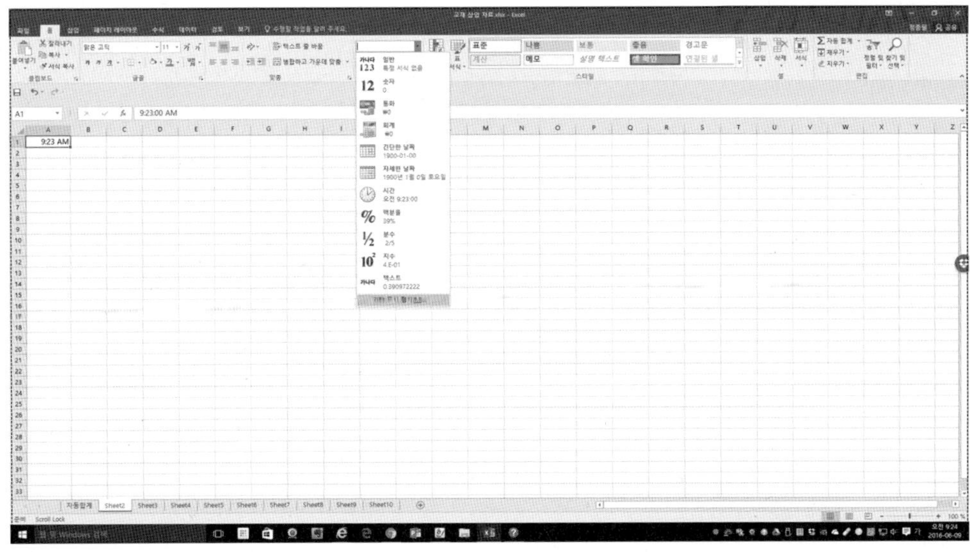

■ 표 데이터 필터링 및 정렬

표에 데이터를 입력하면 간단하게 엑셀의 강력한 기능으로 데이터를 빠르게 필터링 하거나 정렬할 수 있다.

실습 01-05 *시트명 : '필터링 및 정렬'*

1. 첫 번째 셀('A1')을 클릭하고 데이터의 마지막 셀('E19')까지 드래그하여 데이터를 선택한다.
2. 선택 영역의 오른쪽 모서리 부분에 있는 '빠른 분석' 버튼을 클릭한다.
3. '표'를 클릭하고 커서를 표 버튼으로 이동하여 데이터 미리보기를 확인한 다음 클릭한다.

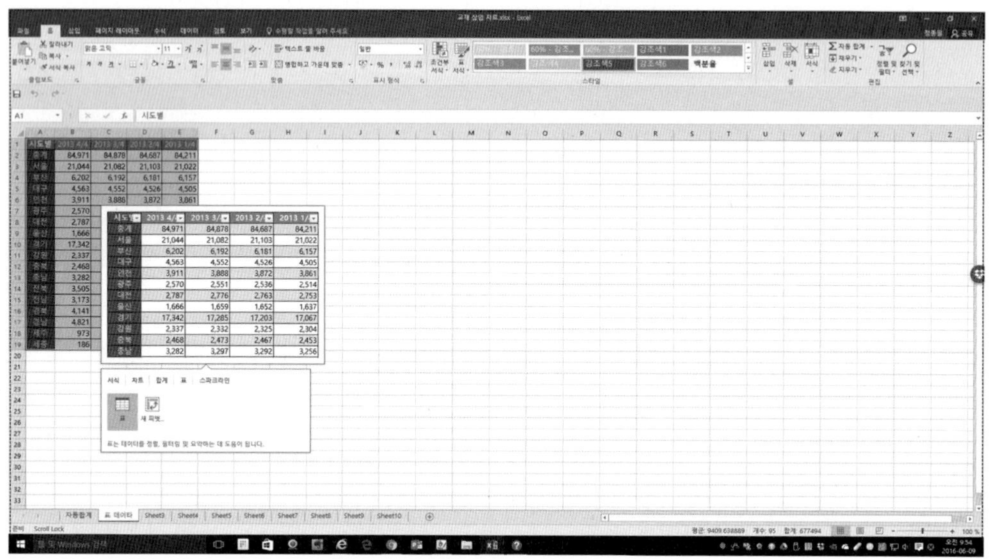

4. 열의 표 머리글에 있는 '화살표(▾)' 버튼을 클릭한다.
5. 데이터를 필터링 하려면 '모두 선택' 확인란의 선택을 취소한 다음 표에 표시하려는 데이터를 선택한다.

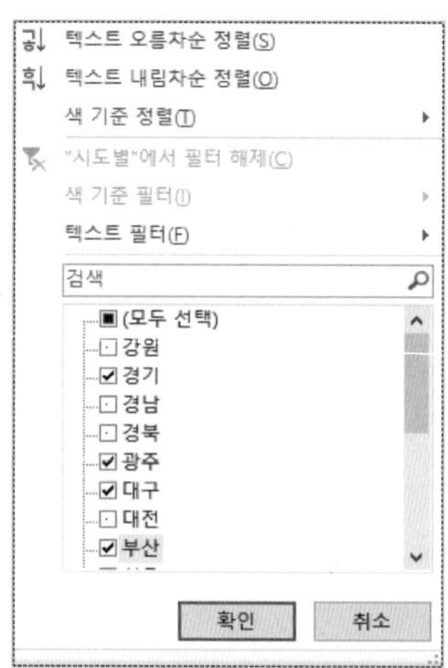

6. 데이터를 정렬하려면 '오름차순 정렬' 또는 '내림차순 정렬'을 선택한다.

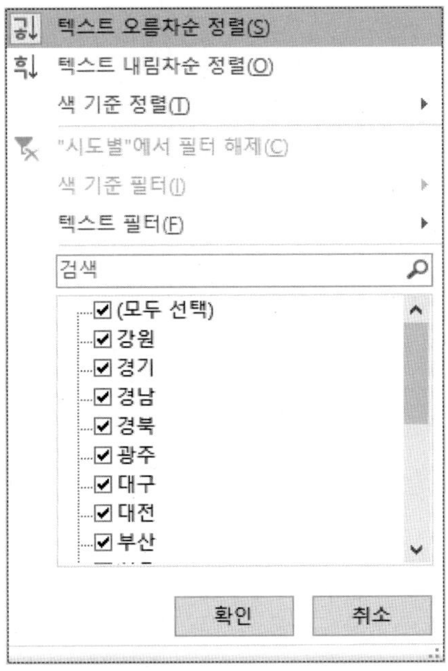

■ 빠른 분석 도구

빠른 분석 도구를 이용하면 '서식', '차트', '합계', '표', '스파크라인' 등을 실시간 미리보기로 확인할 수 있고, 빠른 계산 결과로 데이터를 강조하거나 차트를 추천하고 데이터의 추세를 표시해 준다.

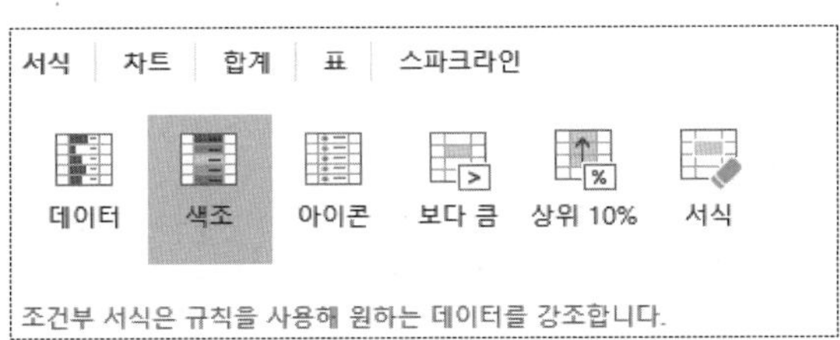

[빠른 분석 도구]

	A	B	C	D	E
1	시도별	2013 4/4	2013 3/4	2013 2/4	2013 1/4
2	총계	84,971	84,878	84,687	84,211
3	서울	21,044	21,082	21,103	21,022
4	부산	6,202	6,192	6,181	6,157
5	대구	4,563	4,552	4,526	4,505
6	인천	3,911	3,888	3,872	3,861
7	광주	2,570	2,551	2,536	2,514
8	대전	2,787	2,776	2,763	2,753
9	울산	1,666	1,659	1,652	1,637
10	경기	17,342	17,285	17,203	17,067
11	강원	2,337	2,332	2,325	2,304
12	충북	2,468	2,473	2,467	2,453
13	충남	3,282	3,297	3,292	3,256
14	전북	3,505	3,515	3,522	3,501
15	전남	3,173	3,174	3,168	3,162
16	경북	4,141	4,142	4,145	4,123
17	경남	4,821	4,811	4,795	4,777
18	제주	973	966	958	944
19	세종	186	183	179	175

[서식]

	A	B	C	D	E
1	시도별	2013 4/4	2013 3/4	2013 2/4	2013 1/4
2	총계	84,971	84,878	84,687	84,211
3	서울	21,044	21,082	21,103	21,022
4	부산	6,202	6,192	6,181	6,157
5	대구	4,563	4,552	4,526	4,505
6	인천	3,911	3,888	3,872	3,861
7	광주	2,570	2,551	2,536	2,514
8	대전	2,787	2,776	2,763	2,753
9	울산	1,666	1,659	1,652	1,637
10	경기	17,342	17,285	17,203	17,067
11	강원	2,337	2,332	2,325	2,304
12	충북	2,468	2,473	2,467	2,453
13	충남	3,282	3,297	3,292	3,256
14	전북	3,505	3,515	3,522	3,501
15	전남	3,173	3,174	3,168	3,162
16	경북	4,141	4,142	4,145	4,123
17	경남	4,821	4,811	4,795	4,777
18	제주	973	966	958	944
19	세종	186	183	179	175
20	**합계**	**169,942**	**169,756**	**169,374**	**168,422**

[합계]

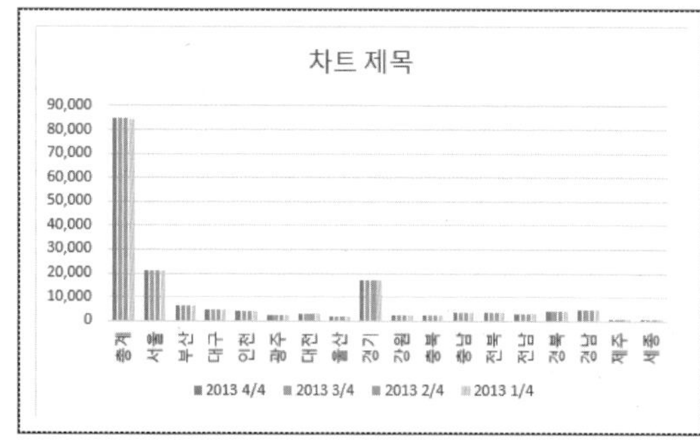

[차트]

시도	2013 4/	2013 3/	2013 2/	2013 1/
총계	84,971	84,878	84,687	84,211
서울	21,044	21,082	21,103	21,022
부산	6,202	6,192	6,181	6,157
대구	4,563	4,552	4,526	4,505
인천	3,911	3,888	3,872	3,861
광주	2,570	2,551	2,536	2,514
대전	2,787	2,776	2,763	2,753
울산	1,666	1,659	1,652	1,637
경기	17,342	17,285	17,203	17,067
강원	2,337	2,332	2,325	2,304
충북	2,468	2,473	2,467	2,453
충남	3,282	3,297	3,292	3,256

[표]

	A	B	C	D	E	F
1	시도별	2013 4/4	2013 3/4	2013 2/4	2013 1/4	
2	총계	84,971	84,878	84,687	84,211	
3	서울	21,044	21,082	21,103	21,022	
4	부산	6,202	6,192	6,181	6,157	
5	대구	4,563	4,552	4,526	4,505	
6	인천	3,911	3,888	3,872	3,861	
7	광주	2,570	2,551	2,536	2,514	
8	대전	2,787	2,776	2,763	2,753	
9	울산	1,666	1,659	1,652	1,637	
10	경기	17,342	17,285	17,203	17,067	
11	강원	2,337	2,332	2,325	2,304	
12	충북	2,468	2,473	2,467	2,453	
13	충남	3,282	3,297	3,292	3,256	
14	전북	3,505	3,515	3,522	3,501	
15	전남	3,173	3,174	3,168	3,162	
16	경북	4,141	4,142	4,145	4,123	
17	경남	4,821	4,811	4,795	4,777	
18	제주	973	966	958	944	
19	세종	186	183	179	175	

[스파크라인]

다. 워크시트에서 텍스트 및 숫자 찾기 또는 바꾸기

실습 01-06 *시트명 : '찾기 및 바꾸기'*

1. 리본 메뉴 '홈' 탭의 '편집' 그룹에서 '찾기 및 선택(▾)'에서 '찾기'를 클릭한다.
2. '찾을 내용' 입력 상자에 검색할 텍스트 또는 숫자를 입력하거나, '찾을 내용' 상자 옆의 아래 화살표(▾)를 클릭한 다음, 목록에서 최신 검색 내용을 선택한다. 와일드카드 문자('*' 또는 '?')를 사용할 수도 있다.
3. '옵션'을 클릭하여 검색 조건을 추가로 정의하거나 특정 서식이 지정된 텍스트 또는 숫자를 검색하려면 '서식'을 클릭한 다음 '서식 찾기' 대화 상자에서 항목을 선택한 후 '모두 찾기' 또는 '다음 찾기'를 클릭한다.
4. '찾을 내용' 또는 '바꿀 내용'에 해당되는 모든 내용을 바꾸려면 '모두 바꾸기'를 클릭하고, 한 개만 바꾸려면 '바꾸기'를 클릭한다.

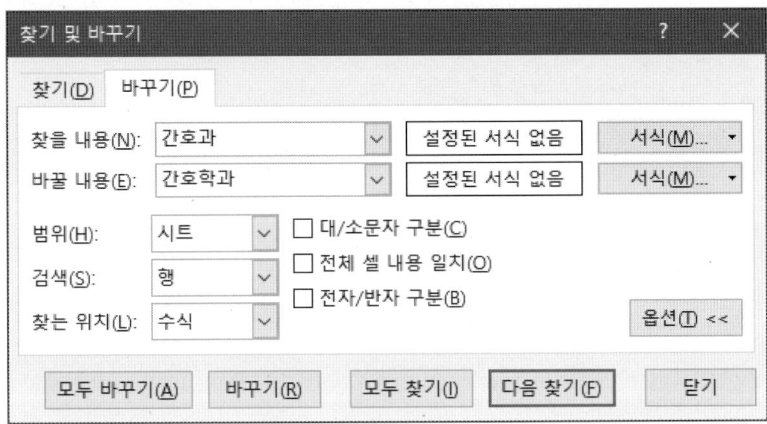

라. 열 너비(행 높이) 변경

워크시트에서 열 너비를 '0~255'로 지정할 수 있다. 이 값은 표준 글꼴로 서식이 지정된 셀에 표시할 수 있는 문자 수를 나타낸다. 기본 열 너비는 '8.38자'이다. 열 너비를 '0'으로 설정하면 열이 숨겨진다. 행 높이는 '0~409'로 지정할 수 있다. 이 값은 포인트(1포인트는 약 0.035cm) 단위의 높이 측정값을 나타낸다. 기본 행 높이는 '12.75포인트'(약 0.4cm)이다. 행 높이를 '0'으로 설정하면 행이 숨겨진다. '페이지 레이아웃' 보기('보기' 탭의 '통합 문서 보기' 그룹에서 '페이지 레이아웃' 단추)에서 작업하는 경우 열 너비 또는 행 높이를 센티미터 단위로 지정할 수 있다. '센티미터'가 기본 단위이지만 '밀리미터'나 '인치'로 단위를 변경할 수 있다. 이렇게 하려면 리본 메뉴 '파일' 탭에서 '옵션', '고급' 범주를 차례로 클릭하고, '표시' 아래에 있는 '눈금자 단위' 목록에서 '기본 단위'를 변경한다.

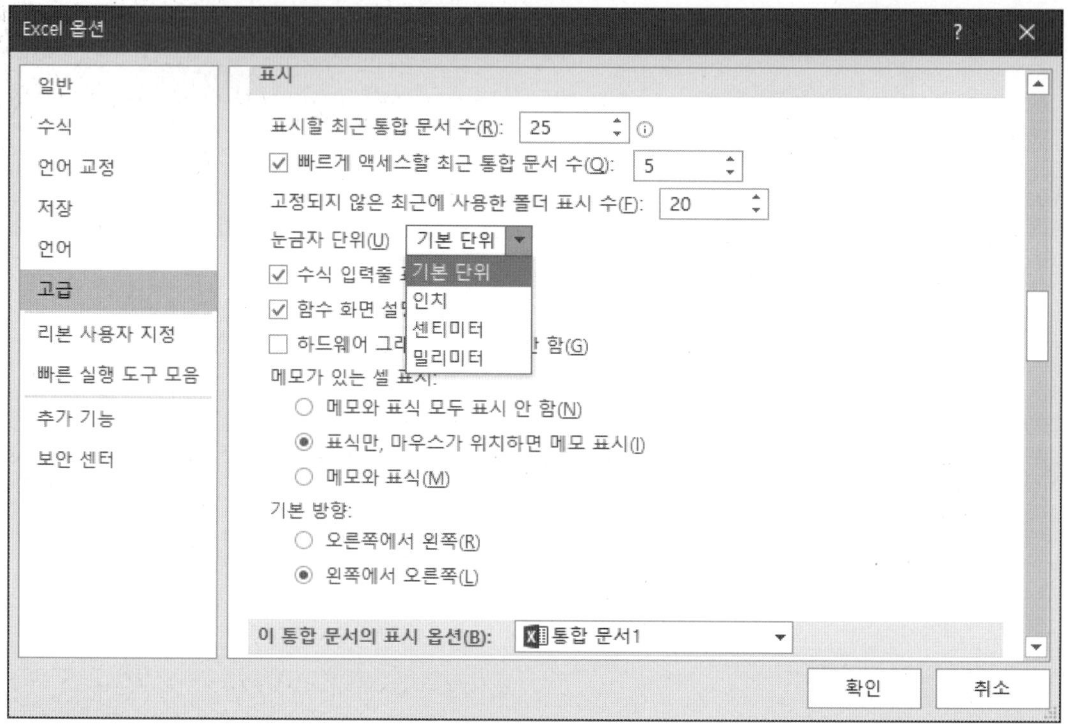

■ 열 너비(행 높이) 설정

실습 01-07 *시트명 : '열 너비(행 높이) 설정'*

1. 변경하려는 열(행) 또는 여러 열(행)을 선택한다.
2. 리본 메뉴 '홈' 탭의 '셀' 그룹에서 '서식(▾)'을 클릭한 후 '셀 크기'에서 '열 너비(행 높이)'를 클릭한다.
3. '열 너비(행 높이)' 상자에 원하는 값을 입력한 후 '확인' 버튼을 클릭한다.

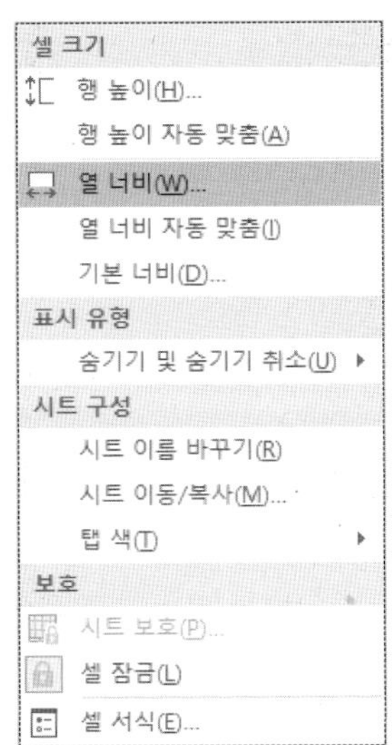

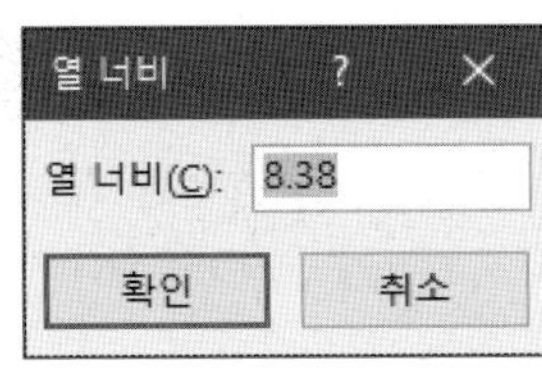

■ 열 너비(행 높이) 자동 맞춤

실습 01-08 *시트명 : '열 너비(행 높이) 설정'*

1. 변경하려는 열(행) 또는 여러 열(행)을 선택한다.
2. 리본 메뉴 '홈' 탭의 '셀' 그룹에서 '서식(▾)'을 클릭한 후 '열 너비(행 높이) 자동 맞춤'을 클릭한다.

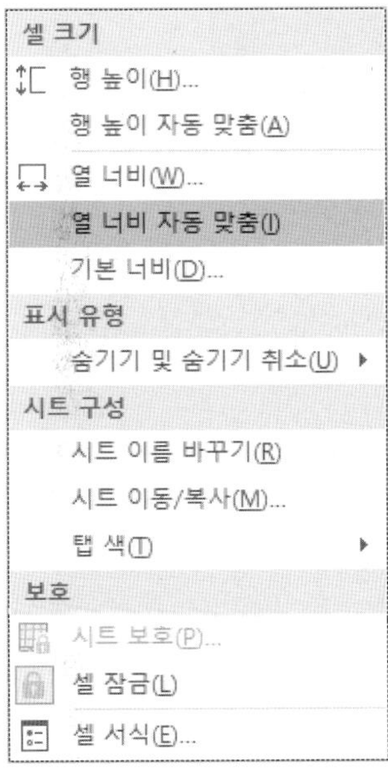

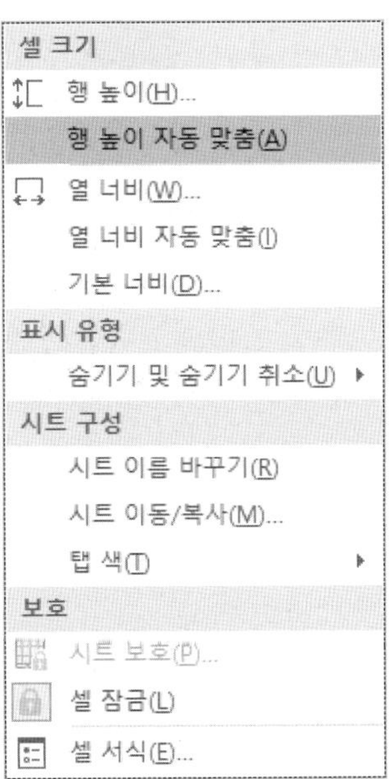

■ 마우스를 이용한 열 너비(행 높이) 변경

실습 01-09 *시트명 : '열 너비(행 높이) 설정'*

1. 한 열의 너비(행의 높이)를 변경하려면 해당 열(행) 머리글의 오른쪽(아래쪽) 경계선을 클릭하고 원하는 열 너비(행 높이)가 될 때까지 드래그한다.
2. 여러 열의 너비(행의 높이)를 변경하려면 원하는 열(행)을 모두 선택하고 해당 열(행) 머리글 중 하나의 오른쪽(아래쪽) 경계선을 드래그한다.
3. 열 너비(행 높이)를 내용에 맞게 변경하려면 원하는 열(행)을 하나 이상 선택하고 해당 열(행) 머리글 중 하나의 오른쪽(아래쪽) 경계선을 더블 클릭한다.
4. 워크시트에 있는 모든 열의 너비(행 높이)를 변경하려면 워크시트의 좌측 상단에 있는 '모두 선택' 단추를 클릭하고 열(행) 머리글 중 하나의 경계선을 드래그한다.

■ 워크시트 또는 통합 문서의 모든 열에 기본 너비 변경

실습 01-10 *시트명 : '열 너비(행 높이) 설정'*

1. 워크시트의 기본 열 너비를 변경하려면 해당 시트 탭을 클릭하고, 통합 문서 전체의 기본 열 너비를 변경하려면 시트 탭을 마우스 오른쪽 단추로 클릭하고 '바로 가기' 메뉴에서 '모든 시트 선택'을 클릭한다.
2. 리본 메뉴 '홈' 탭의 '셀' 그룹에서 '서식(▾)'을 클릭한 후 '셀 크기'에서 '기본 너비'를 클릭한다.
3. '표준 열 너비' 상자에 원하는 값을 입력한 후 '확인' 버튼을 클릭한다.

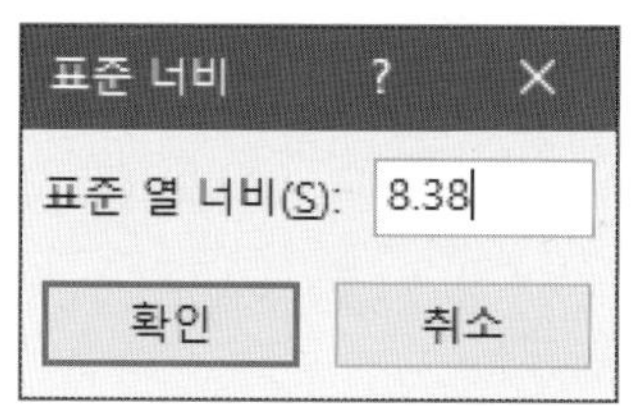

마. 숫자에 통화 서식 지정

셀이나 셀 범위를 선택하고 리본 메뉴 '홈' 탭의 '표시 형식' 그룹에서 '회계' 표시 형식을 클릭하면 기본 통화 기호를 사용하여 숫자를 표시할 수 있다. 대신 '통화' 서식을 적용하려면 셀을 선택하고 'Ctrl + Shift + $'를 누른다.

실습 01-11 *시트명 : '통화 서식 지정'*

1. 서식을 지정할 셀을 선택한다.
2. 리본 메뉴 '홈' 탭의 '표시 형식'에서 옆의 '표시 형식' 대화 상자 표시 아이콘을 클릭한다.

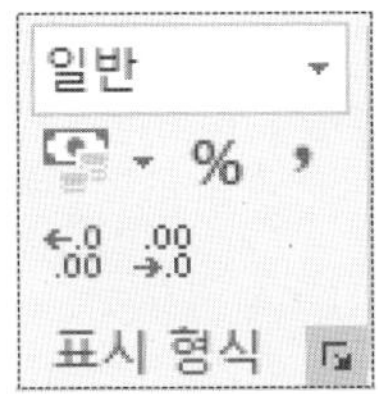

3. '셀 서식' 대화 상자의 범주 목록에서 '통화' 또는 '회계'를 클릭한다.
4. '기호' 상자에서 필요한 통화 기호를 선택한다.
5. 숫자에 사용할 소수 자릿수의 개수를 '소수 자릿수' 상자에 입력한다.
6. '음수' 상자에서 음수에 대해 사용할 표시 스타일을 선택한다.
7. '셀 서식' 대화 상자를 닫으려면 '확인' 버튼을 클릭한다.

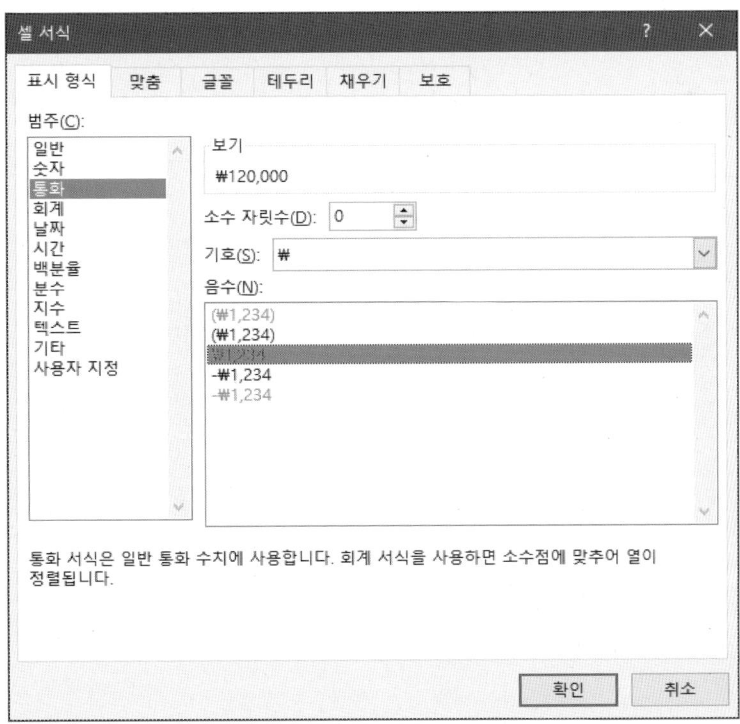

■ 통화 서식과 회계 서식

'통화' 서식과 '회계' 서식은 모두 통화 수치를 표시하는데 사용되지만 숫자에 '통화' 서식을 적용하면 통화 기호가 셀의 첫 번째 숫자 바로 옆에 표시된다. 사용하려는 소수 자릿수, 1000 단위 구분 기호 사용 여부 및 음수 표시 방법을 지정할 수 있다. '회계' 서식을 적용하면 통화 기호와 숫자의 소수점이 한 열에서 정렬된다. 또한 '회계' 서식의 경우 '0'은 대시로 표시되고 음수는 괄호 안에 표시된다. '통화' 서식과 마찬가지로 원하는 소수 자릿수와 1000 단위 구분 기호 사용 여부를 지정할 수 있다. '사용자 지정' 숫자 서식을 만드는 경우가 아니면 기본 음수 표시를 변경할 수는 없다.

■ 통화 서식 제거

'통화' 서식이 적용된 셀을 선택한 후 리본 메뉴 '홈' 탭의 '표시 형식' 그룹에 있는 '일반(▾)' 목록 상자에서 '일반'을 클릭한다. 일반 서식이 지정된 셀에는 특정 숫자 서식이 없다.

바. 빠른 자동 채우기

기본적으로 설정되어 있는 '빠른 자동 채우기'에서 패턴을 감지하면 데이터가 자동으로 입력된다. '빠른 자동 채우기'가 예상대로 작동하지 않을 경우 다음과 같은 방법으로 '빠른 자동 채우기'의 설정 여부를 확인한다.

실습 01-12 *시트명 : '빠른 자동 채우기'*

1. 리본 메뉴 '파일' 탭의 '옵션'을 클릭한다.
2. 엑셀 옵션의 '고급'을 클릭하고 '빠른 자동 채우기' 확인란이 선택되어 있는지 확인한다.

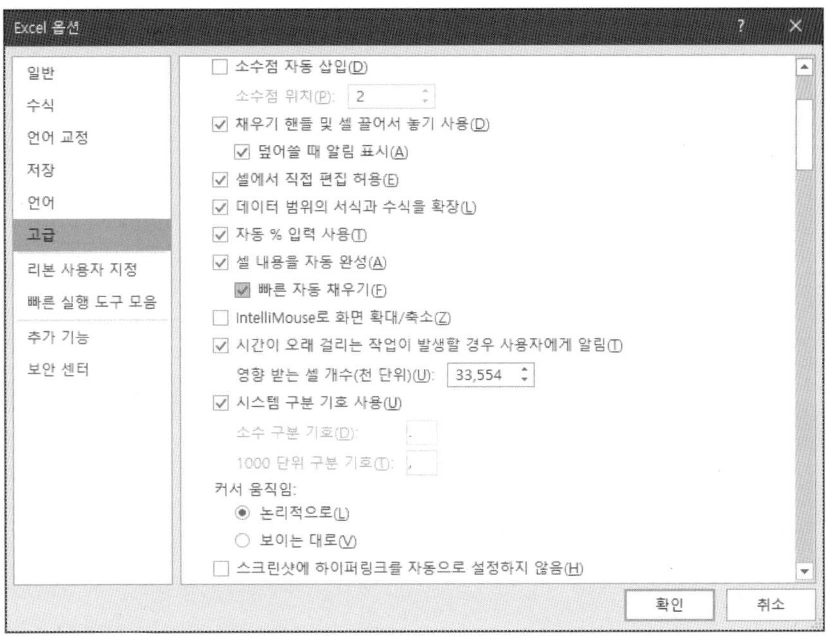

사. 간단한 수식 계산

실습 01-13 *시트명 : '간단한 수식 계산'*

1. 워크시트에서 수식을 입력할 셀('C1')을 클릭한다.
2. '등호(=)'를 입력하고 계산에 사용할 '상수'('셀 참조' 및 '이름')와 연산자를 입력한다. 수식에서 상수와 연산자는 필요한 만큼(최대 8,192자) 입력할 수 있다.
3. Enter↵ 키를 누른다.

	A	B	C	D
1	100		=A5/5	
2	200			
3	300			
4	400			
5	500			
6				

제2장

엑셀 2016, 기본 다지기

가. 화면 구성

엑셀 2016을 실행하면 아래와 같은 녹색의 초기화면이 나타난다. 우측 흰색 영역의 두 번째에 있는 'Excel 시작'을 클릭하면 보다 간편한 작업을 위한 4가지 팁 '데이터를 빠르게 채우기', '빠른 분석을 사용한 데이터 분석', '추천할 수 있는 유용한 차트', '입력 하세요 기능을 활용하여 전문가답게 작업하기'에 대한 간단한 설명을 볼 수가 있다. 상단의 '추천 검색어'를 통해 다양한 서식 파일을 온라인으로 검색하여 다운로드한 후 사용 할 수도 있으며 우측 첫 번째에 있는 '새 통합 문서'를 클릭하면 '통합 문서1'이라는 새로운 통합 문서 창이 열린다. 이러한 초기화면의 모양이나 내용은 사용자의 설정에 따라 의도적으로 바꿀 수도 있고 현재 진행 중인 작업에 따라서 달라질 수 있다. 이러한 화면을 구성하는 요소들과 화면에 표시되는 내용들을 이해하면 매우 유용하게 작업할 수가 있다.

나. 화면 설명

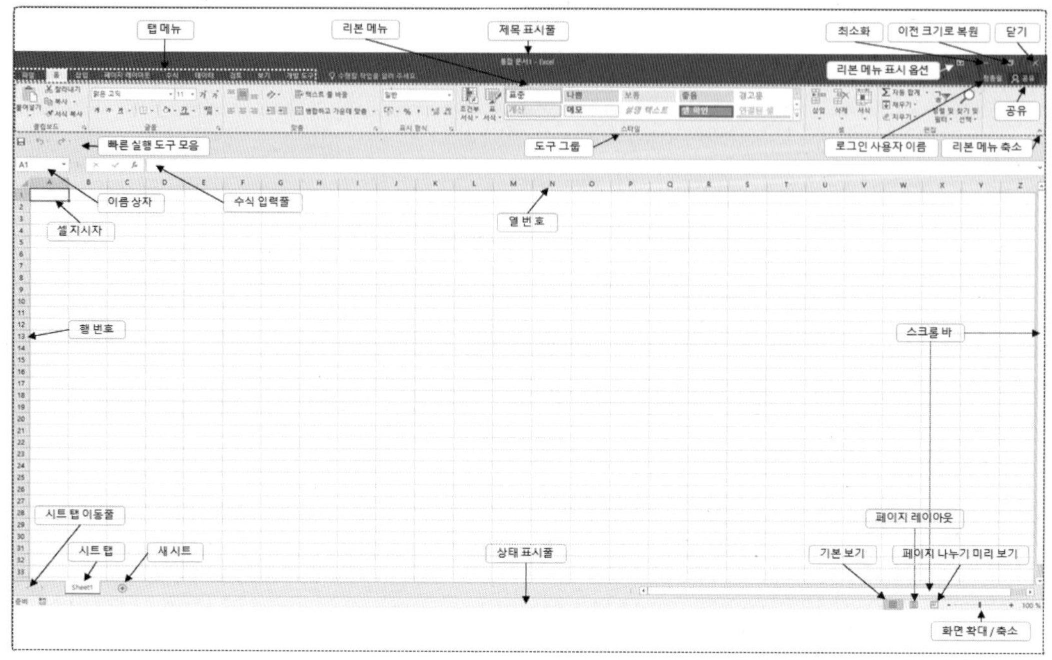

■ 제목 표시줄, 최소화, 이전 크기로 복원, 닫기

엑셀 화면의 맨 위쪽 가운데에 작업 중인 엑셀 파일의 '통합 문서 이름'('통합 문서1 - Excel')과 '리본 메뉴 표시 옵션', '최소화', '이전 크기로 복원', '닫기' 버튼이 표시된다. 엑셀 2016은 새 파일의 문서 이름을 '통합 문서1', '통합 문서2', '통합 문서3' 순서로 부여하며 엑셀을 종료하지 않고 새 파일을 실행하면 계속 엑셀 문서 번호가 증가된다. 엑셀이 시작되고 처음 작업하는 문서에 '통합 문서1'이라는 기본 문서이름이 부여된다. 오른쪽의 '리본 메뉴 자동 숨기기', '탭 표시', '탭 및 명령 표시', '최소화', '이전 크기로 복원', '닫기' 등의 명령을 수행할 수 있다.

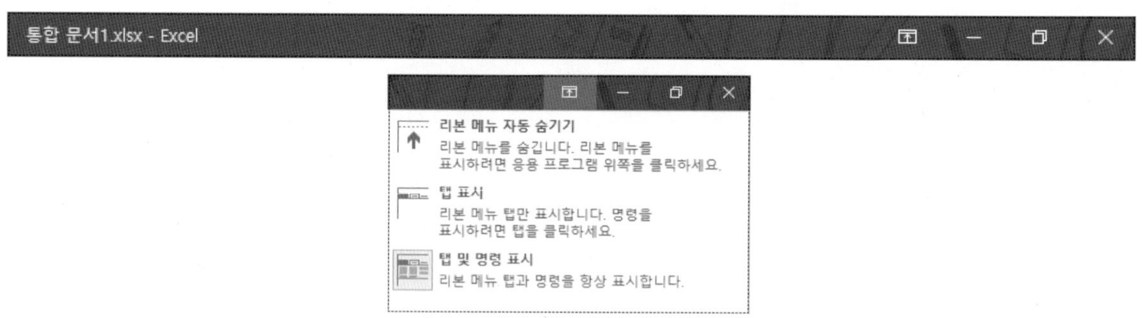

■ 탭 메뉴

현재 문서의 작업 상황에 따라 실행 가능한 명령어 그룹이 나타난다. '워크시트', '차트', '표', '도형', '비주얼 베이직 편집' 등 작업 중인 문서의 종류에 따라 서로 다른 탭 메뉴가 나타난다.

통합 문서1.xlsx - Excel
파일 홈 삽입 페이지 레이아웃 수식 데이터 검토 보기 개발 도구 수행할 작업을 알려 주세요.

■ 리본 메뉴

기본적으로 제공되는 7개의 탭 메뉴에 따라 유사한 명령들의 모음인 '도구 그룹'과 '리본 메뉴 축소' 버튼이 나타난다.

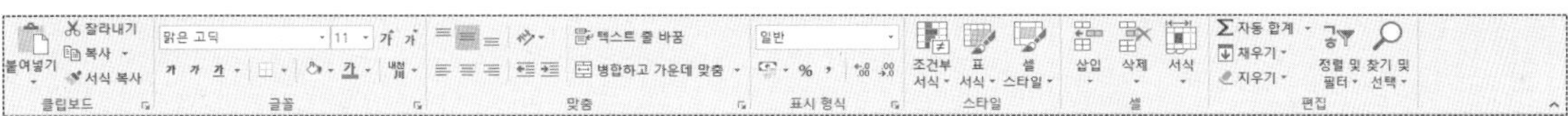

■ 로그인 사용자 이름

엑셀 화면의 오른쪽 위에 '로그인 사용자 이름'이 나타난다. 사용자에 대한 정보와 계정 설정, 계정 전환 등을 할 수가 있다.

■ 공유

이 문서에 작업 중인 사용자를 보고 공유 옵션을 지정할 수 있다. 문서를 공유하고자 하는 사람에게 초대 메일을 발송하고 편집 옵션을 지정한다. '사용자 초대' 입력란에 초대하고자 하는 사람의 이메일 주소를 입력하고 편집 옵션을 선택한 다음 '공유' 버튼을 클릭하면 초대한 사람에게 전자메일 전송이 이루어지고 아래 목록에 공동 편집자가 나타난다. '공유 링크 가져오기'를 클릭하면 '편집 링크 만들기'와 '보기 전용 링크 만들기'를 통해 링크를 가진 모든 사용자가 공유 문서를 편집할 수도 있고 또는 볼 수는 있지만 편집할 수는 없게 권한을 부여할 수가 있다.

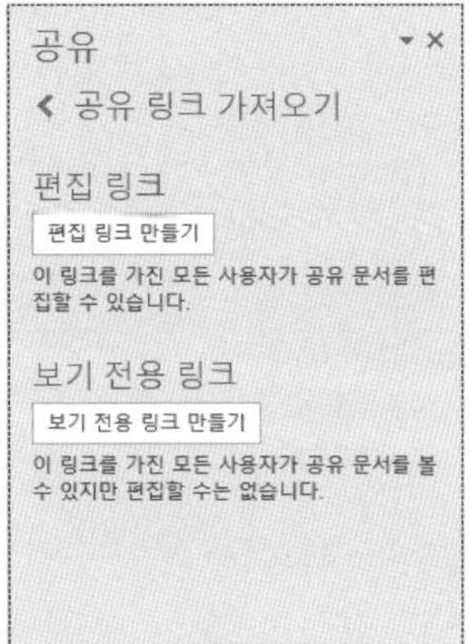

■ 도구 그룹

도구 그룹은 엑셀 2007 버전부터는 '리본'이라는 '고정 그룹' 대화상자로 나타나며, 엑셀의 메뉴에 있는 기능을 보다 빠르게 실행할 수 있도록 하는 '명령 단추 모음'이다.

엑셀 2016에서는 '탭' 메뉴와 '리본' 메뉴에 대하여 부분적으로 추가하거나 삭제할 수 있는 기능을 제공해 준다.

리본 메뉴 '파일' 탭의 'Excel 옵션'에서 '리본 사용자 지정'을 선택하면 리본 메뉴를 사용자가 직접 지정 할 수 있다. '새 탭' 버튼을 클릭해서 리본 메뉴를 추가할 수도 있고 이름을 바꾸거나 그룹을 지정 할 수도 있다.

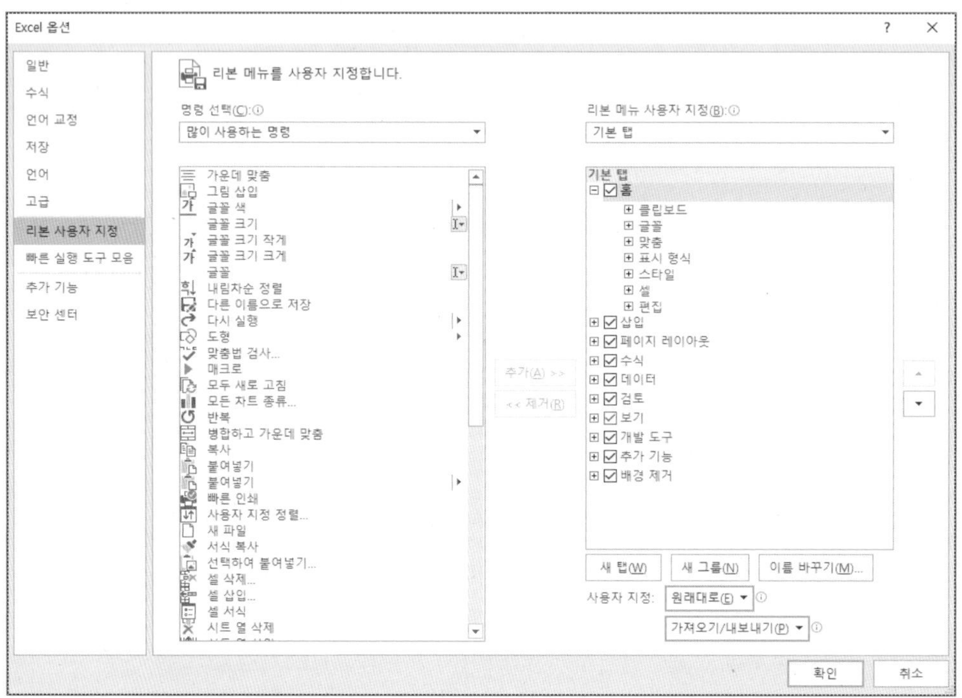

■ 빠른 실행 도구 모음

'탭' 메뉴나 '리본' 메뉴에서 마우스의 오른쪽 버튼을 누르면 '빠른 실행 도구 모음 사용자 지정'을 선택하면 'Excel 옵션' 대화 상자가 나타난다. 왼쪽에서 명령을 선택하고 '추가'를 클릭한다.

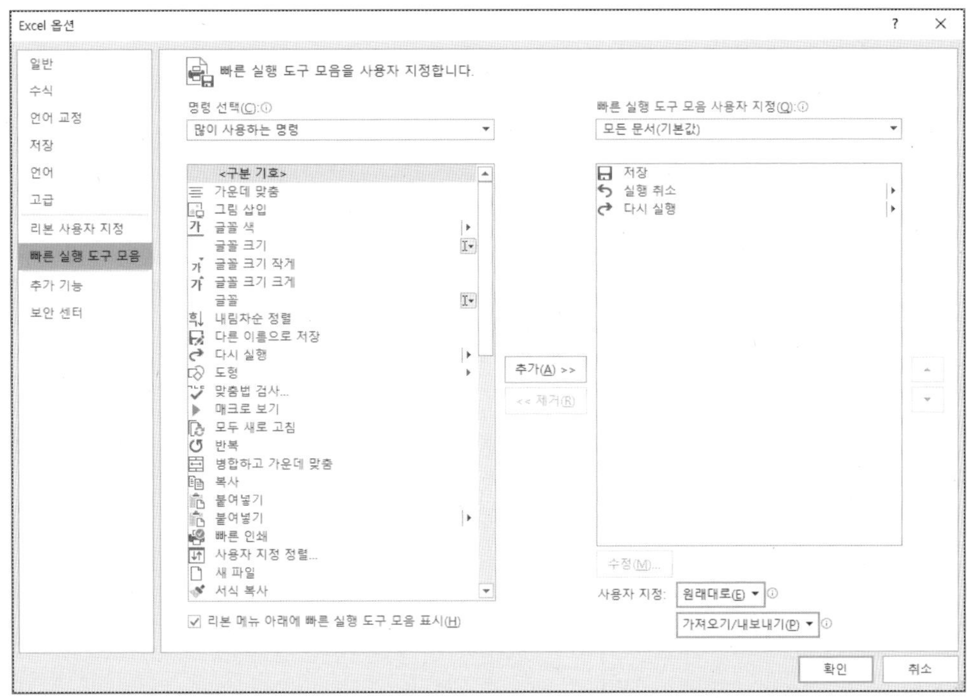

'리본 메뉴 아래에 빠른 실행 도구 모음 표시'를 선택하면 빠른 실행 도구 모음 표시가 리본 메뉴 아래에 표시되고 '리본 메뉴 위에 빠른 실행 도구 모음 표시'를 선택하면 빠른 실행 도구 모음 표시가 리본 메뉴 위에 표시된다. '리본 메뉴 축소'를 지정하면 도구 모음 그룹이 사라진다.

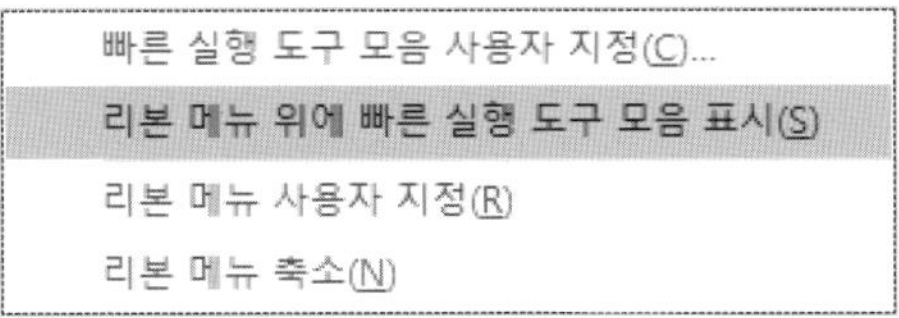

'리본 메뉴 표시 옵션'에서 '탭 및 명령 표시'를 선택하면 다시 나타난다.

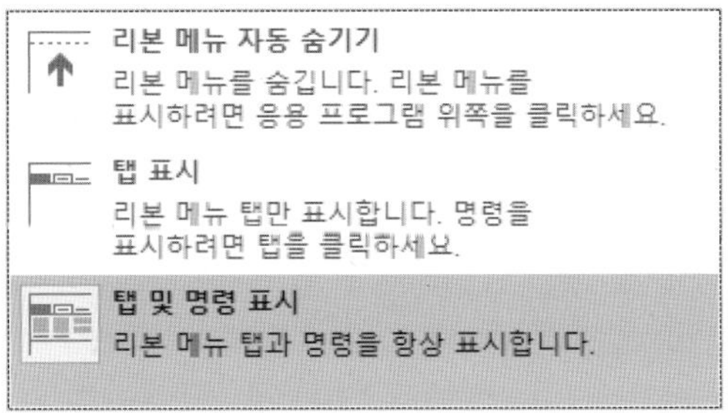

■ 이름 상자

'이름'을 사용하면 수식을 보다 쉽게 이해하고 관리할 수 있다. 이름은 셀 범위, 함수, 상수 또는 표에 대해 정의할 수 있다. 통합 문서에서 이름을 사용하여 작업한 다음에는 이러한 이름을 쉽게 업데이트하고 감사하고 관리할 수 있다.

▸ 이름을 만들고 편집할 때 알아야 할 구문 규칙

유효한 문자 : 이름의 첫 번째 문자는 '문자', '밑줄(_)' 또는 '백슬래시(\)'여야 한다. 이름의 나머지 문자는 '문자', '숫자', '마침표' 및 '밑줄'이 될 수 있다.

셀 참조 허용 안 함 : 이름이 'Z$100' 또는 'R1C1'과 같이 셀 참조와 동일하면 안 된다.

공백 사용 못함 : '공백'은 이름의 일부로 사용할 수 없다. '밑줄(_)'이나 '마침표(.)'를 단어 구분 기호로 사용하면 좋다.

이름 길이 : 이름에는 최대 255개 문자가 포함될 수 있다.

대소문자 구분 여부 : 이름에는 대문자와 소문자가 포함될 수 있다. 엑셀에서는 이름의 대문자와 소문자가 구별되지 않는다.

▸ 이름의 유형

정의된 이름 : 셀, 셀 범위, 수식 또는 상수 값을 나타내는 이름이다. 사용자 고유의 정의된 이름을 만들 수도 있고, 인쇄 영역을 설정하는 경우와 같이 Microsoft Office 엑셀에서 정의된 이름이 자동으로 만들어지는 경우도 있다.

표 이름 : 레코드(행)와 필드(열)에 저장된 특정 주제와 관련된 데이터의 모음인 엑셀 표의 이름이다. 엑셀에서 표를 삽입하면 '표1', '표2' 등의 기본 엑셀 표가 만들어진다. 이러한 표 이름을 좀 더 알아보기 쉬운 이름으로 변경할 수 있다.

■ 수식 입력줄

'수식 입력줄에'는 현재 셀 포인터가 있는 셀 주소와 이름이 표시되는 부분으로 '입력', '취소', '함수 삽입' 버튼이 있으며, 선택한 셀에 입력된 내용을 보여주는 '수식 입력줄'로 구성된다.

'함수 삽입' 버튼을 누르면 '함수 마법사'가 나타나며 '함수 검색'과 '함수 선택'을 할 수가 있다.

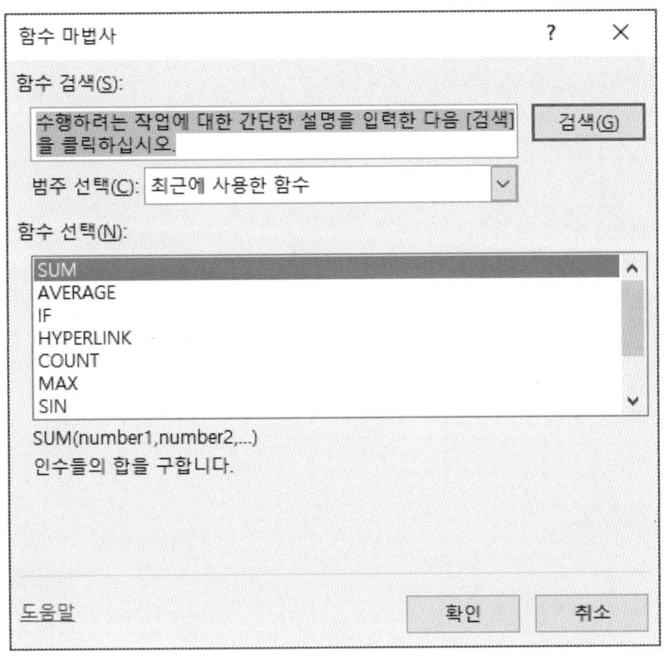

■ 셀 지시자

워크시트를 구성하는 행과 열이 교차하는 지점을 '셀(Cell)'이라고 한다. 엑셀은 셀 단위로 작업이 이루어지며 한 셀에는 32,000 문자까지 사용할 수 있다. 현재 선택된 셀을 표시하는 진한 사각형 테두리를 '셀 포인터' 또는 '셀 지시자'라고 한다.

'셀 지시자'의 오른쪽 하단에 별도의 점이 있으며, 이를 '범위 확장 지정자' 또는 '자동 채우기 핸들러'라고 한다. 이 점 위에 마우스 포인터를 위치시키면 더하기(+) 기호로 바뀌며, 마우스를 누른 상태에서 드래그하면 범위가 확장된다.

	A	B	C	D	E	F	G
1							
2		1월	2월	3월	4월	5월	
3							

■ 행 번호, 열 번호

엑셀에서 행 번호의 범위는 '1 ~ 1,048,576'까지이며, 열 번호의 범위는 'A ~ XFD'까지이나. 'Ctrl + Shift + ↓'를 누르면 마지막 행 번호를 확인할 수 있고, 'Ctrl + Shift + →'를 누르면 마지막 열 번호를 확인할 수가 있다.

XFD1048576

	XEU	XEV	XEW	XEX	XEY	XEZ	XFA	XFB	XFC	XFD
1048562										
1048563										
1048564										
1048565										
1048566										
1048567										
1048568										
1048569										
1048570										
1048571										
1048572										
1048573										
1048574										
1048575										
1048576										

■ 시트 탭 이동

여러 장의 워크시트가 열리면 시트 탭을 모두 볼 수가 없다. 이때 마우스를 이용하여 보고 싶은 워크시트의 제목을 클릭하면 해당 시트의 내용이 나타난다. 왼쪽 방향과 오른쪽 방향의 '시트 탭 이동' 버튼을 누르면 좌우로 워크시트를 이동하며 볼 수가 있다. 'Ctrl + 마우스 왼쪽 버튼'을 누르면 첫 번째 시트(◂)나 마지막 시트(▸)로 스크롤하며 '시트 탭 이동' 버튼에서 마우스 오른쪽 버튼을 누르면 모든 시트가 나타나고 원하는 워크시트를 활성화 할 수가 있다.

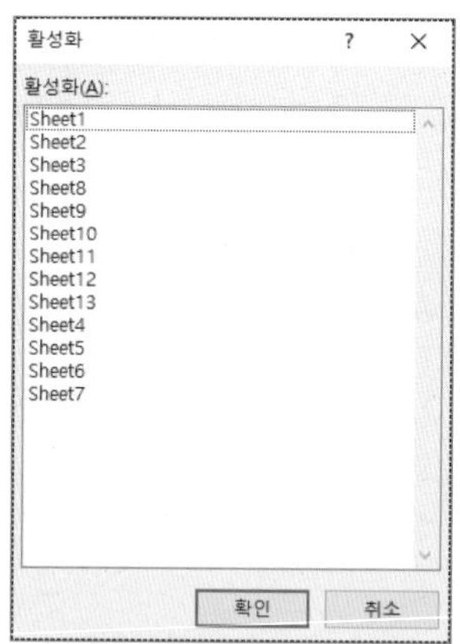

■ 시트 탭, 새 시트

'새 통합 문서'를 열면 기본적으로 1개의 워크시트가 열린다. '새 시트' 버튼을 눌러서 워크시트의 추가가 가능하며 이름을 정하기 전에는 'Sheet1', 'Sheet2', 'Sheet3' … 등으로 자동으로 부여되며 이를 '시트 탭'이라고 한다.

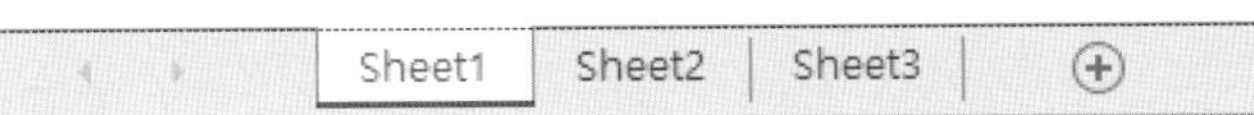

시트의 이름을 변경하기 위해서는 시트 이름을 더블 클릭하거나 마우스의 오른쪽 버튼을 클릭해서 '이름 바꾸기'를 선택한 다음 이름을 지정하면 된다. 그 밖에 시트를 '삽입', '삭제', '이동/복사' 등도 가능하다.

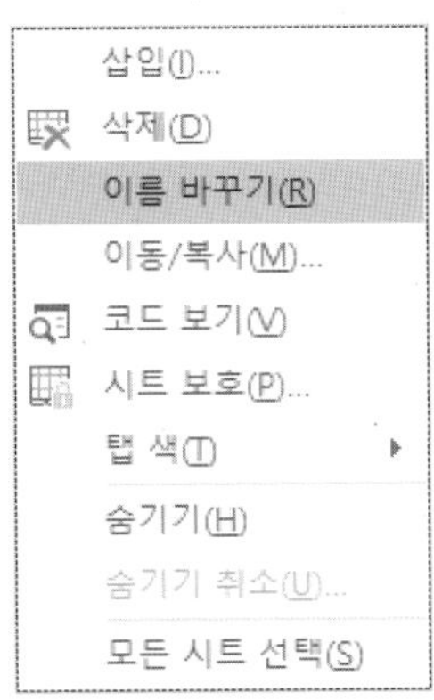

■ 기본 보기, 페이지 레이아웃, 페이지 나누기 미리 보기

현재 작업 중인 워크시트를 '기본 보기', '페이지 레이아웃', '페이지 나누기 미리 보기'를 할 수가 있다. 상태 표시줄 오른쪽 끝에 있는 '확대/축소' 명령 아이콘 옆 3개의 아이콘 중 하나를 선택한다.

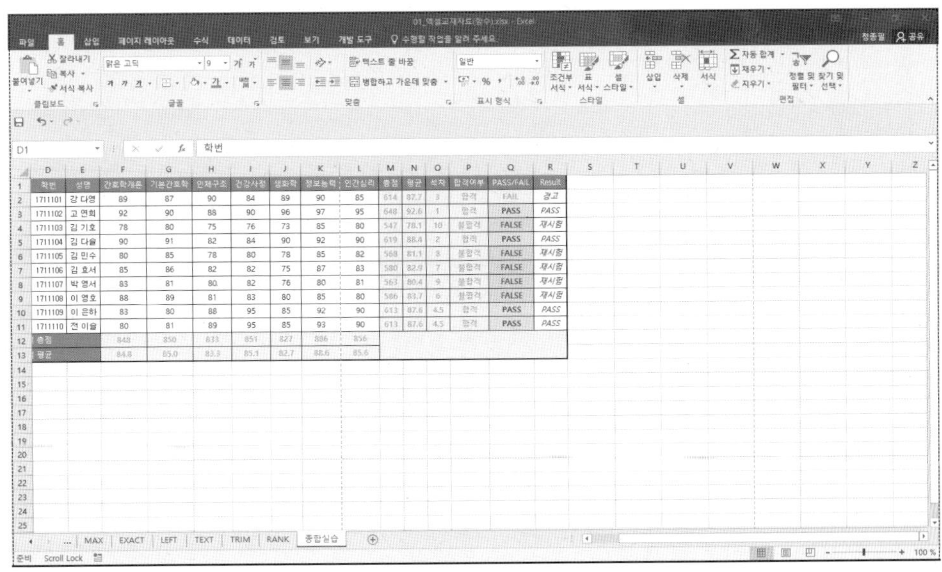

[기본 보기]

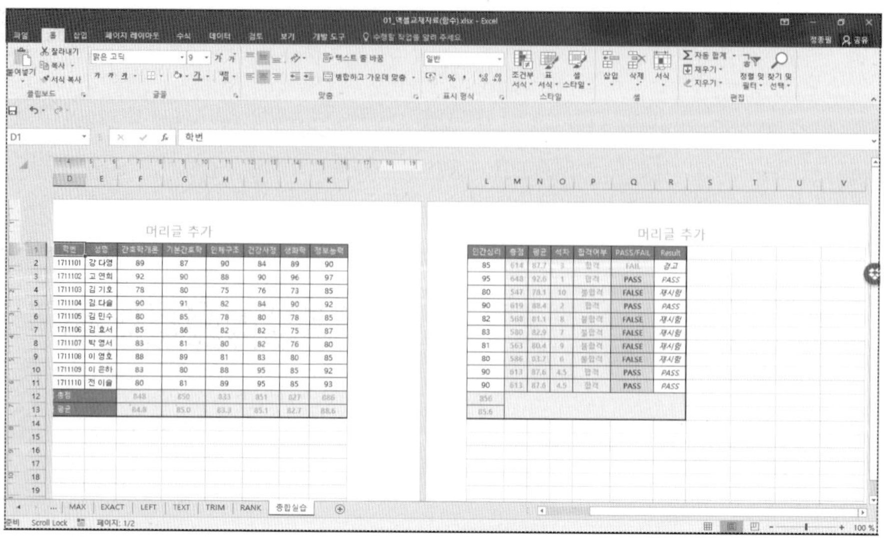

[페이지 레이아웃]

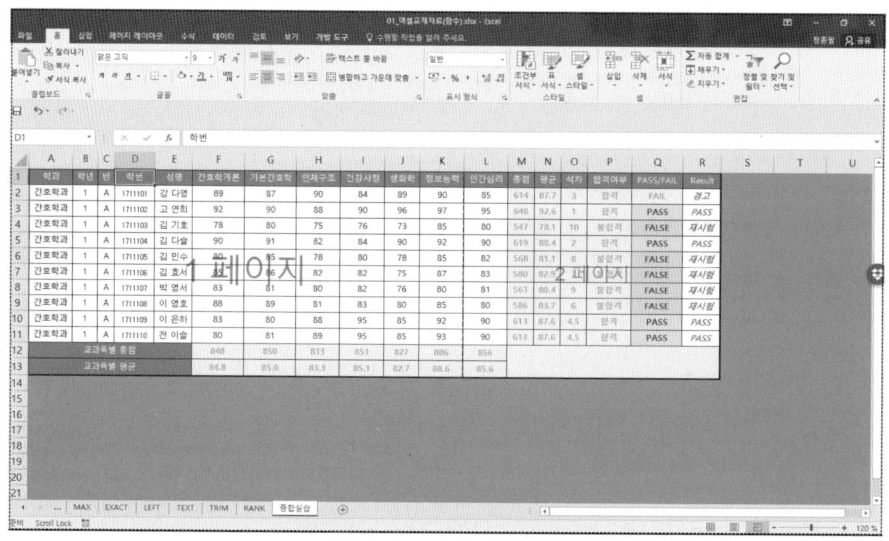

[페이지 나누기 미리 보기]

■ 화면 확대/축소

'탭' 메뉴의 '보기'에 '확대/축소' 그룹의 '확대/축소'를 클릭하면 배율에 따라 화면을 확대하거나 축소 할 수 있다. 상태 표시줄에 있는 '드랙바'를 이용하면 손쉽게 화면 배율을 지정할 수 있다.

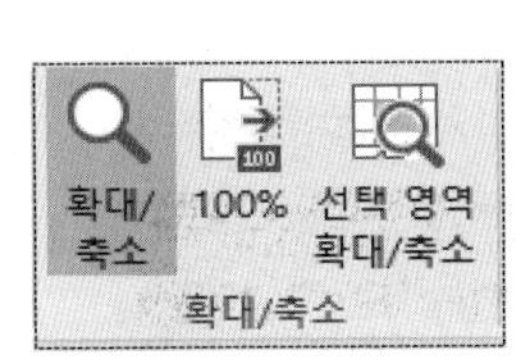

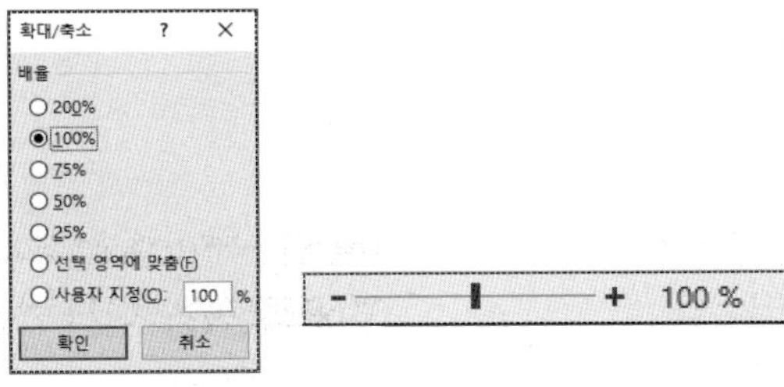

■ 스크롤바

워크시트에 비해 모니터에 나타나는 화면은 워크시트의 일부에 불과하다. 따라서 다른 영역의 화면을 나타내고자 할 경우 '스크롤바'를 이용해 수직 또는 수평으로 스크롤해서 이동해야 한다.

■ 상태 표시줄

'현재 작업 상태', '키보드 상태' 등을 보여 주고 셀의 데이터들을 범위로 지정한 경우 간단한 '평균', '개수', '합계' 등을 나타낸다.

준비 Scroll Lock 평균: 84.18 개수: 50 합계: 4209

제3장

파일 관리

가. 파일 생성

■ 새로 만들기

엑셀 2016을 실행하면 다음과 같은 녹색의 '시작 화면'이 표시된다. 시작 화면은 '최근 항목'과 '서식'의 두 영역으로 나뉜다. 왼쪽 '최근 항목'의 녹색 영역에는 이전에 사용 했던 파일 목록이 나타나고, 오른쪽 '서식'의 흰색 영역에는 MS에서 제공하는 무료 서식 파일 중 하나를 고를 수 있도록 구성되어 있어서 유사한 작업을 할 때 보다 빠르게 서식을 무료로 다운로드 받아 작업할 수 있다.

아래 그림은 '서식'을 선택했을 때 나타나는 창으로 '만들기' 버튼을 클릭하면 서식 파일을 컴퓨터로 다운로드 받아 바로 엑셀에서 열린다. 수정하면서 원하는 작업을 하면 된다.

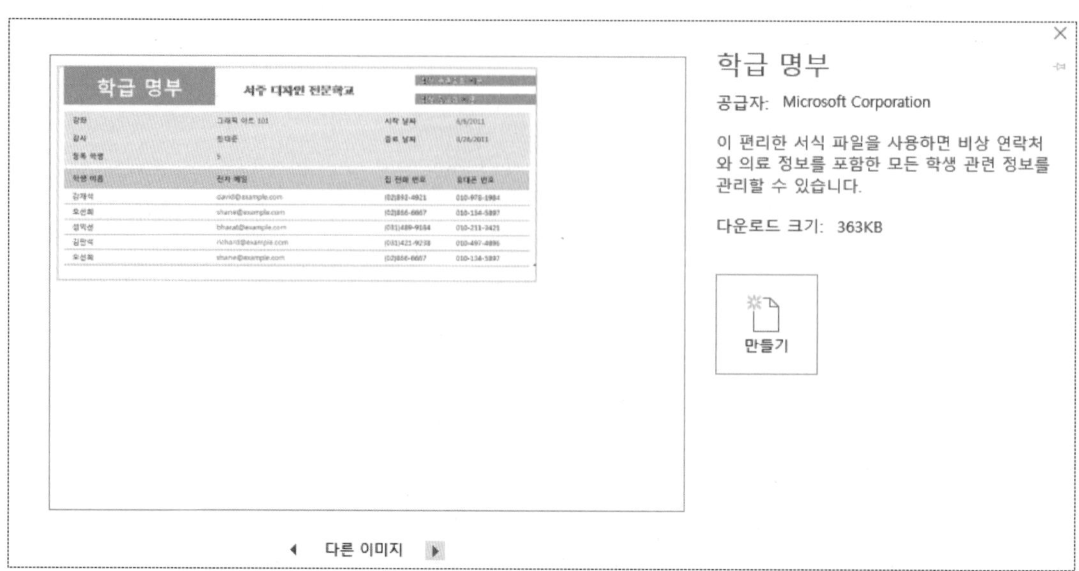

학급 명부
공급자: Microsoft Corporation
이 편리한 서식 파일을 사용하면 비상 연락처와 의료 정보를 포함한 모든 학생 관련 정보를 관리할 수 있습니다.
다운로드 크기: 363KB
만들기
다른 이미지

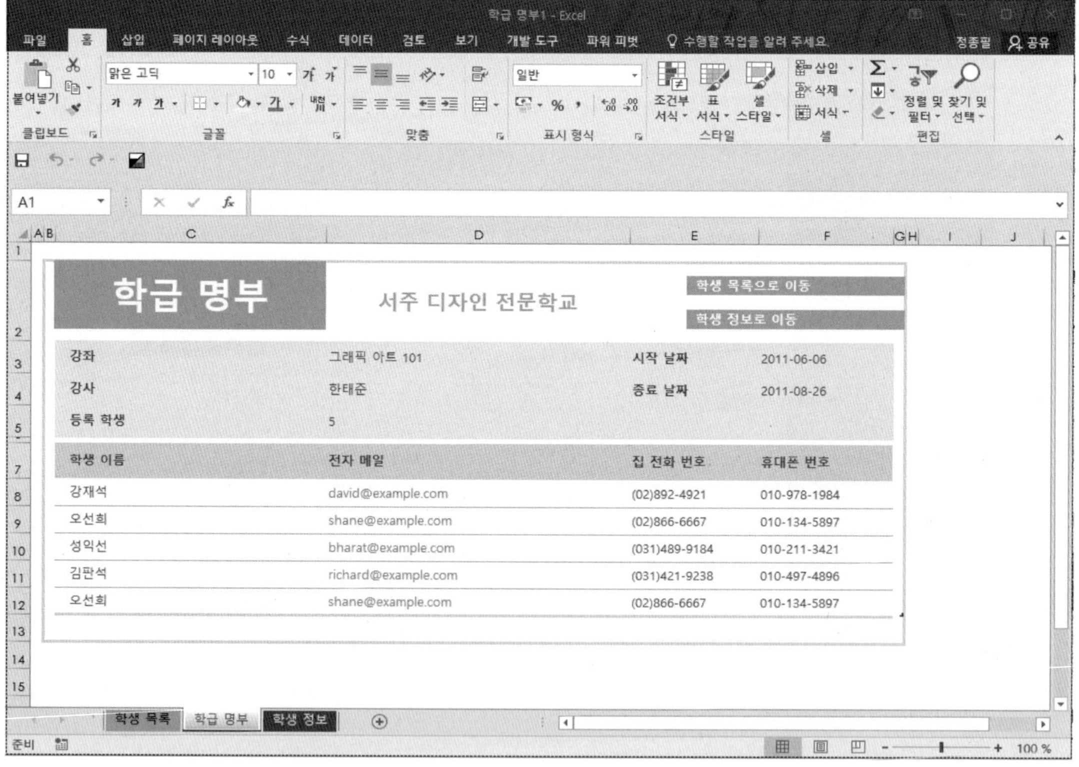

학급 명부1 - Excel
학급 명부
서주 디자인 전문학교
학생 목록으로 이동
학생 정보로 이동
강좌 그래픽 아트 101
시작 날짜 2011-06-06
강사 한태준
종료 날짜 2011-08-26
등록 학생 5
학생 이름
전자 메일
집 전화 번호
휴대폰 번호
강재석 david@example.com (02)892-4921 010-978-1984
오선희 shane@example.com (02)866-6667 010-134-5897
성익선 bharat@example.com (031)489-9184 010-211-3421
김판석 richard@example.com (031)421-9238 010-497-4896
오선희 shane@example.com (02)866-6667 010-134-5897
학생 목록
학급 명부
학생 정보

다음은 유용한 무료 서식 파일들 중 일부이다.

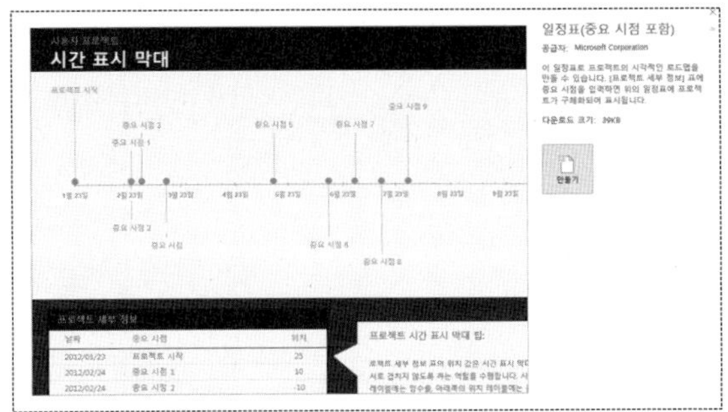

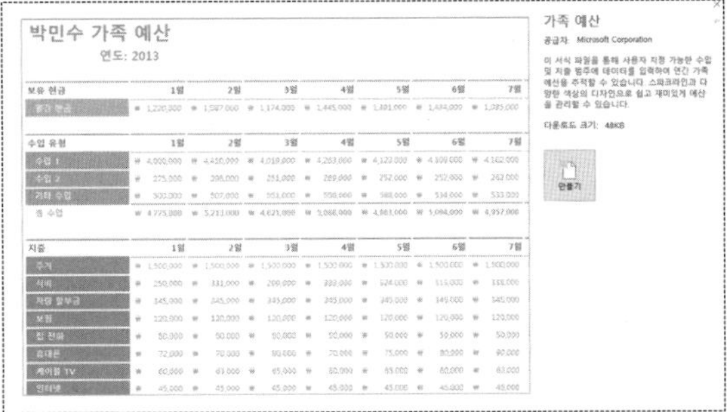

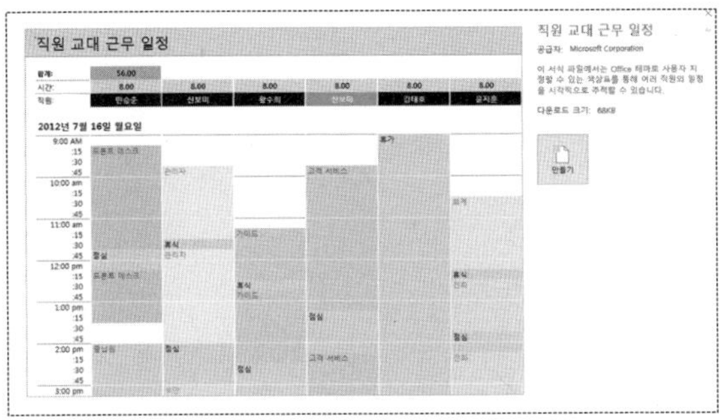

시작 화면에서 '새 통합 문서 만들기'를 선택하면 빈 엑셀 파일이 만들어진다. 또는 리본 메뉴 '파일' 탭을 클릭한 다음 '새로 만들기'를 선택하고 '새 통합 문서'를 더블 클릭한다.

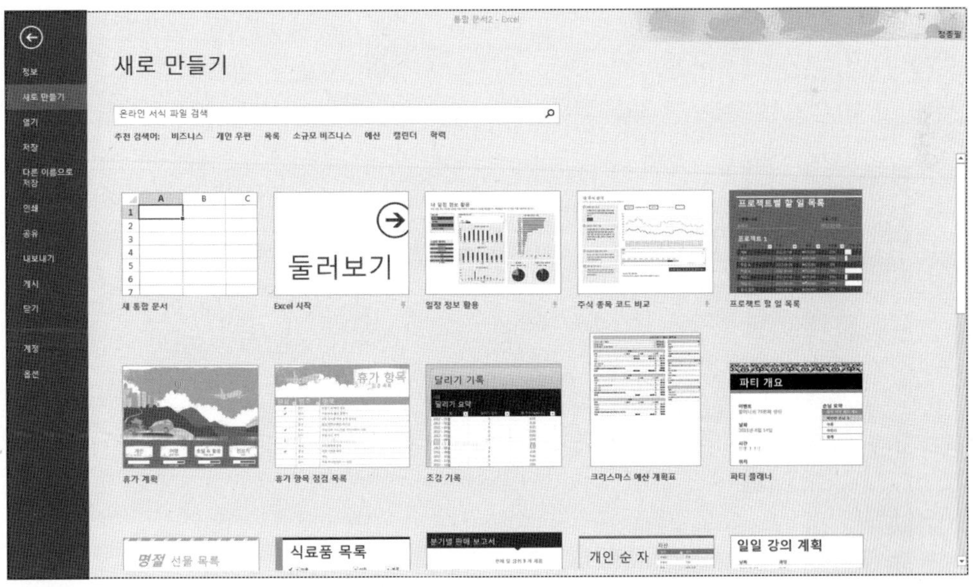

리본 메뉴 '파일' 탭의 '옵션'에서 '일반' 범주를 선택하고 '시작 옵션'에서 '이 응용 프로그램을 시작할 때 시작 화면 표시(H)'를 체크 해제하면 이전 버전처럼 바로 빈 엑셀 파일이 열리게 할 수 있다.

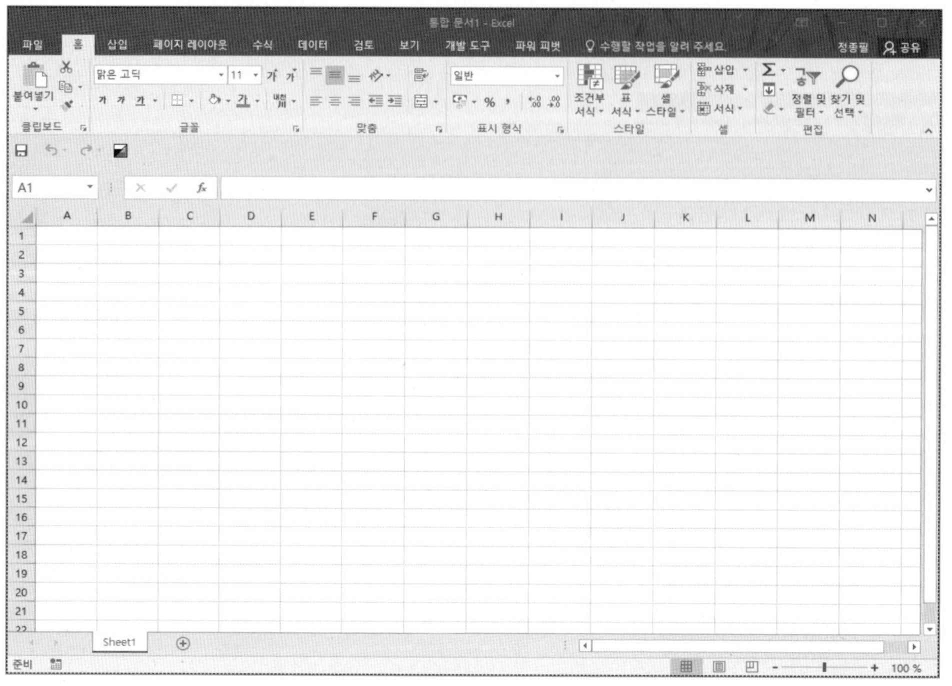

■ 열기

이미 작성한 엑셀 파일을 열어서 데이터를 수정하거나 재작성 또는 인쇄할 경우에 사용한다. 리본 메뉴 '파일' 탭을 클릭한 다음 '열기'를 선택하면 '열기' 대화상자가 나타나고, 원하는 엑셀 파일을 지정한다. '최근에 사용한 항목'에서 선택하거나 'OneDrive'에 저장된 파일을 선택하거나 '이 PC'. '위치 추가', '찾아보기'를 선택하여 원하는 엑셀 파일을 선택한다. 또는 윈도우 탐색기에서 열려고 한 파일을 선택하고 마우스 오른쪽 단추를 누른 다음 '열기'를 누른다.

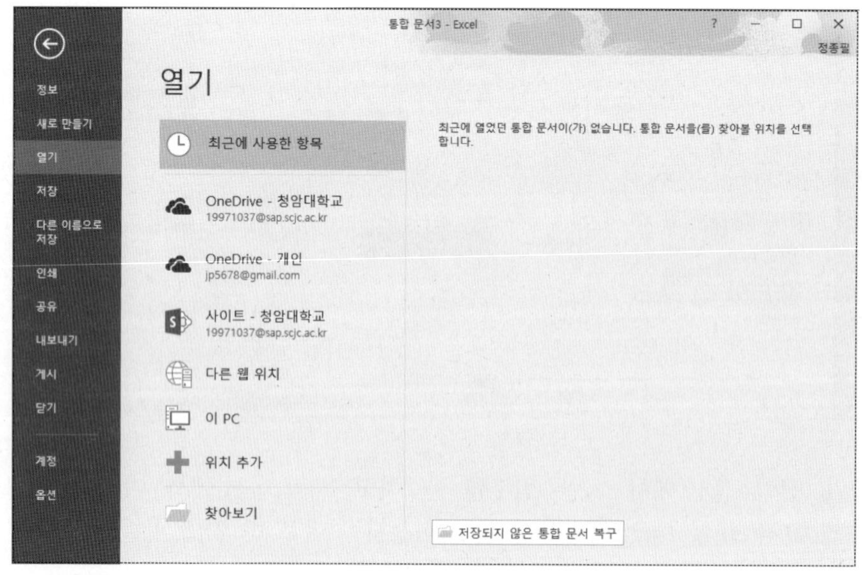

엑셀 2016 버전에서는 리본 메뉴 '파일' 탭의 '열기'를 선택하면 다음 화면이 표시되고 MS사의 클라우드 서비스인 'OneDrive'에 저장된 파일을 열어서 다른 사람들과 '공유'하고 공동 작업을 할 수 있다.

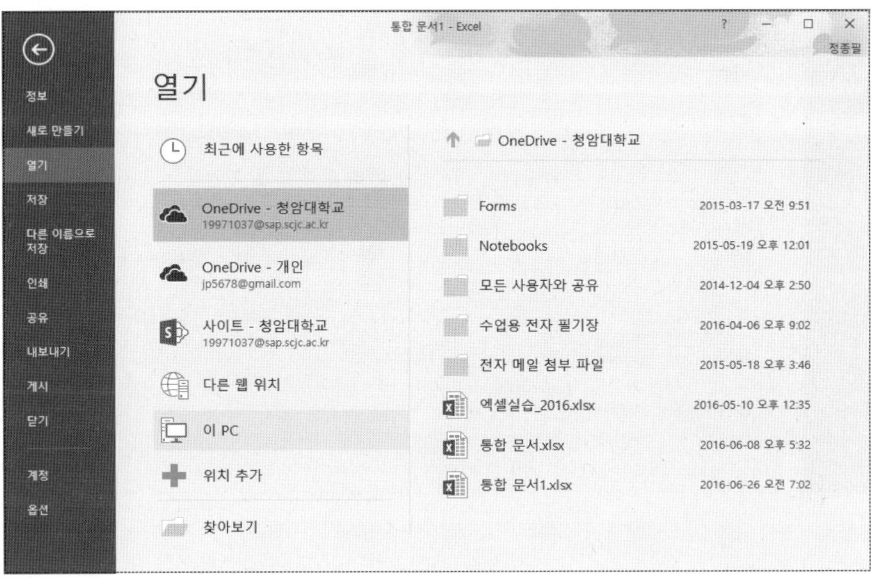

MS에서 제공하는 'OneDrive' 서비스를 이용하기 위해서는 MS 라이브 계정(무료)을 이용해 로그인해야 한다. 리본 메뉴 '파일' 탭의 '계정'을 클릭한 다음 백스테이지뷰 화면에서 '로그인' 버튼을 누르고 자신의 '이메일 주소'와 '암호'를 입력한 후 '로그인' 버튼을 누른다.

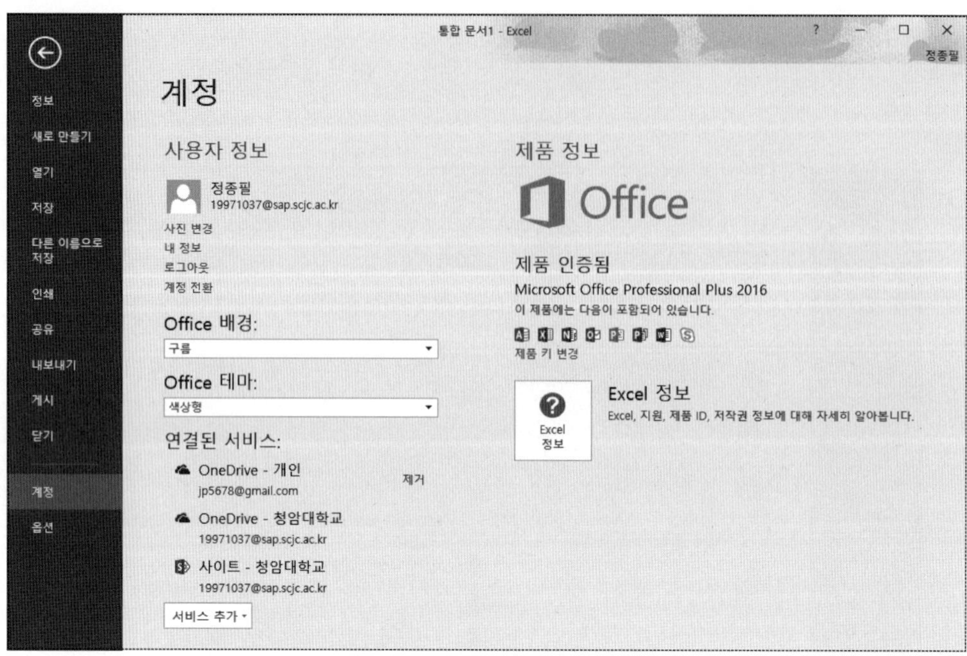

통합 문서1 - Excel
정종필
정보
새로 만들기
열기
저장
다른 이름으로 저장
인쇄
공유
내보내기
게시
닫기
계정
옵션
계정
사용자 정보
정종필
19971037@sap.scjc.ac.kr
사진 변경
내 정보
로그아웃
계정 전환
Office 배경:
구름
Office 테마:
색상형
연결된 서비스:
OneDrive - 개인
jp5678@gmail.com
제거
OneDrive - 청암대학교
19971037@sap.scjc.ac.kr
사이트 - 청암대학교
19971037@sap.scjc.ac.kr
서비스 추가
제품 정보
Office
제품 인증됨
Microsoft Office Professional Plus 2016
이 제품에는 다음이 포함되어 있습니다.
제품 키 변경
Excel 정보
Excel 정보
Excel, 지원, 제품 ID, 저작권 정보에 대해 자세히 알아봅니다.

나. 파일 저장

■ 저장, 다른 이름으로 저장

엑셀 2016 버전에서는 통합 문서의 저장이 '엑셀 2007, 엑셀 2010, 엑셀 2013' 버전과 같으며, 다른 다양한 형식의 파일로 저장할 수도 있다. 리본 메뉴 '파일' 탭의 '저장'은 현재 작업 중인 파일명으로 저장된다.

리본 메뉴 '파일' 탭을 클릭한 다음 '다른 이름으로 저장'을 누르면 '파일을 저장할 위치'를 지정하고 '파일 이름'과 '파일 형식'을 지정할 수 있다.

일반적으로 '엑셀 통합 문서'를 선택하면 '*.xlsx' 확장명으로 저장된다.

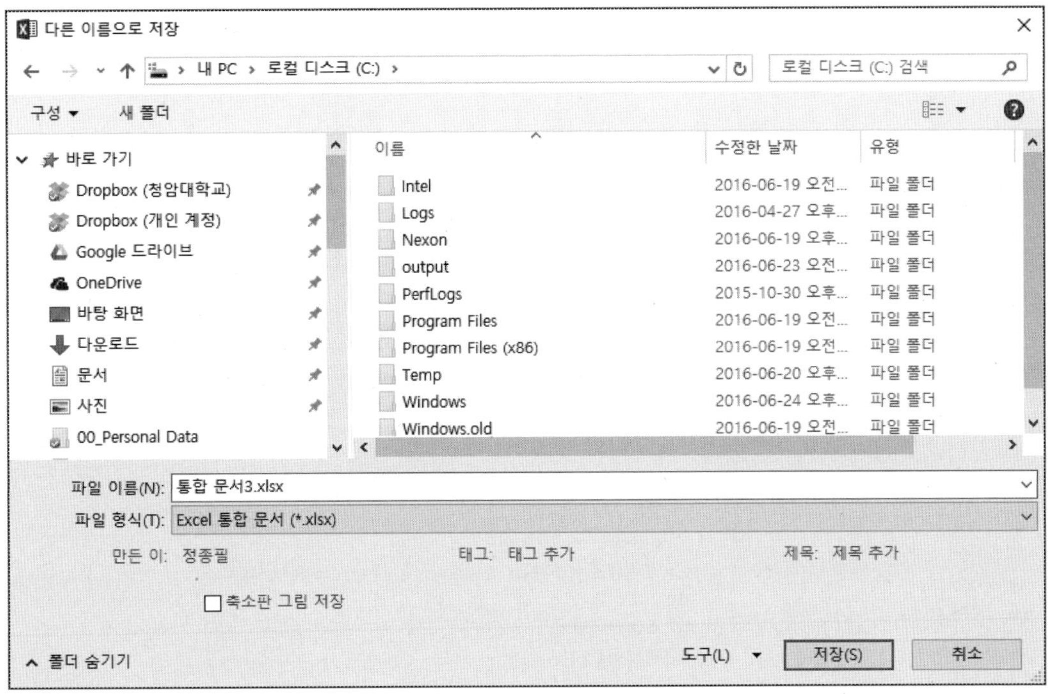

'OneDrive'는 MS에서 제공하는 무료 클라우드 서비스로 엑셀 2013 버전부터 연동되어 사용자는 언제든지 인터넷에 연결만 되어 있다면 파일을 바로 'OneDrive'에 저장하고 다른 사용자들과 공유해 협업할 수 있다. 엑셀 2016 버전에서 파일을 저장하기 위해 '다른 이름으로 저장'을 선택하면 다음과 같은 화면이 표시된다. 사용자가 인터넷에 연결되어 있고 MS 계정을 가지고 있다면 파일을 컴퓨터에 저장하지 않고 'OneDrive'에 저장할 수 있다.

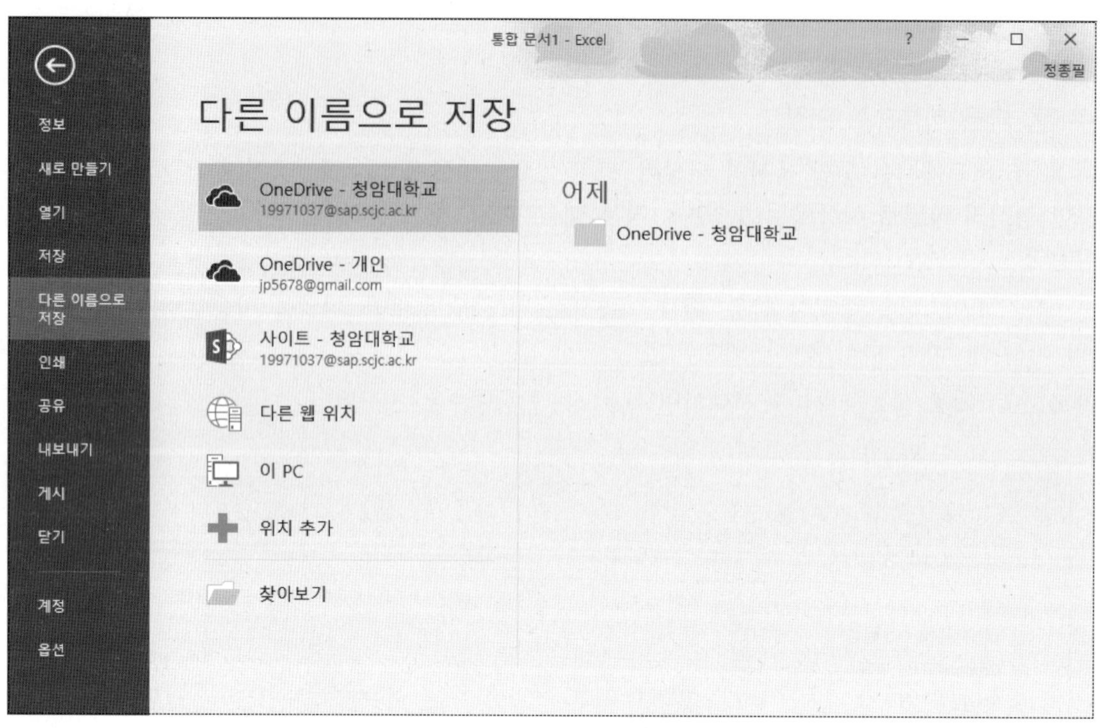

통합 문서1 - Excel
정종필
정보
새로 만들기
열기
저장
다른 이름으로 저장
인쇄
공유
내보내기
게시
닫기
계정
옵션
다른 이름으로 저장
OneDrive - 청암대학교
19971037@sap.scjc.ac.kr
OneDrive - 개인
jp5678@gmail.com
사이트 - 청암대학교
19971037@sap.scjc.ac.kr
다른 웹 위치
이 PC
위치 추가
찾아보기
어제
OneDrive - 청암대학교

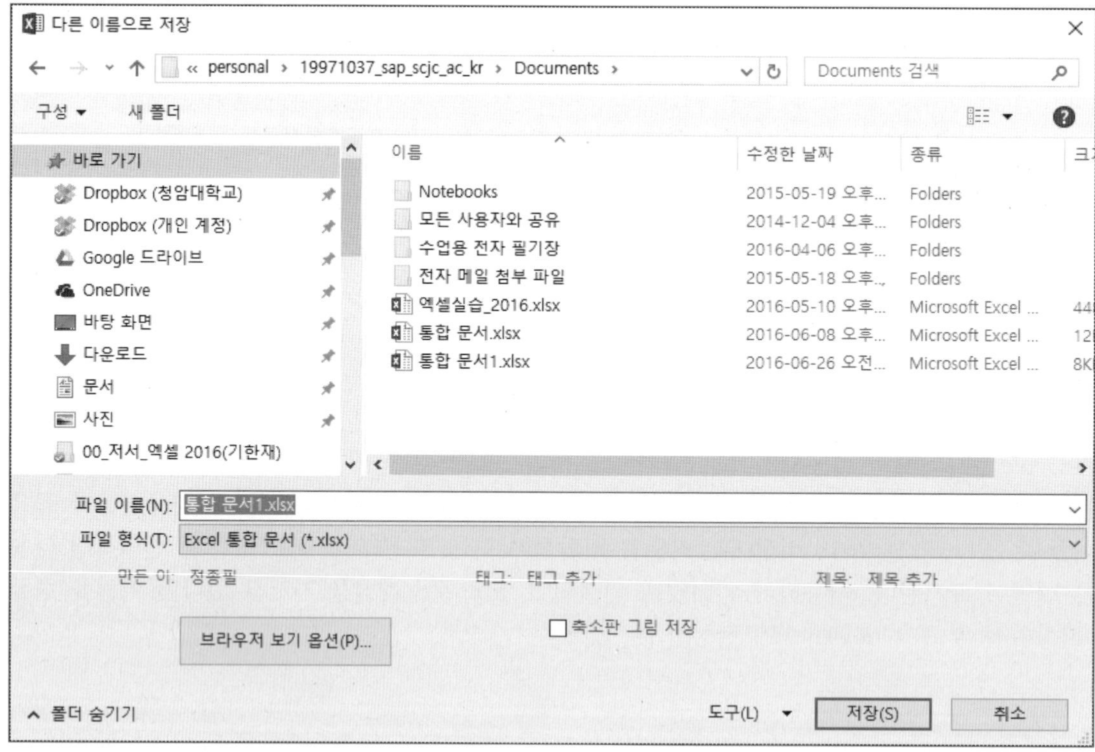

다른 이름으로 저장
« personal › 19971037_sap_scjc_ac_kr › Documents ›
Documents 검색
구성 ▾
새 폴더
바로 가기
Dropbox (청암대학교)
Dropbox (개인 계정)
Google 드라이브
OneDrive
바탕 화면
다운로드
문서
사진
00_저서_엑셀 2016(기한재)
이름
수정한 날짜
종류
Notebooks
모든 사용자와 공유
수업용 전자 필기장
전자 메일 첨부 파일
엑셀실습_2016.xlsx
통합 문서.xlsx
통합 문서1.xlsx
2015-05-19 오후...
2014-12-04 오후...
2016-04-06 오후...
2015-05-18 오후...
2016-05-10 오후...
2016-06-08 오후...
2016-06-26 오전...
Folders
Microsoft Excel ...
파일 이름(N): 통합 문서1.xlsx
파일 형식(T): Excel 통합 문서 (*.xlsx)
만든 이: 정종필
태그: 태그 추가
제목: 제목 추가
브라우저 보기 옵션(P)...
축소판 그림 저장
폴더 숨기기
도구(L)
저장(S)
취소

■ 파일 저장 형식

파일형식	확장명	설 명
엑셀 통합 문서	xlsx	XML 기반의 기본 Office 엑셀 2016 파일 형식
엑셀 매크로 사용 통합 문서	xlsm	XML 기반의 Office 엑셀 2016 파일 형식으로 매크로를 포함한다.
엑셀 바이너리 통합 문서	xlsb	Office 엑셀 2016 이진 파일 형식으로 파일크기가 매우 작다.
엑셀 97-2003 통합 문서	xls	엑셀 97-2003 파일 형식
XML 데이터	xml	XML 데이터 형식
엑셀 서식 파일	xltx	엑셀 서식 파일의 기본 Office 엑셀 2016 파일 형식
엑셀 매크로 사용 서식 파일	xltm	엑셀 서식 파일의 Office 엑셀 2016 파일 형식으로 매크로를 포함한다.
Microsoft Office 엑셀 추가 기능	xlam	XML 기반의 Office 엑셀 2016 추가 기능으로 매크로를 포함한다.
PDF	pdf	PDF 데이터 형식
텍스트	txt	TXT 데이터 형식
웹 페이지	html	HTML 데이터 형식

제4장

데이터 입력

가. 데이터 형식

■ 엑셀의 데이터 형식

엑셀에서는 셀에 입력된 데이터의 형식을 구분한다. 다시 말해 셀에 입력된 데이터의 형식에 따라 계산 작업을 할 수 있다. 셀에 입력된 값은 계산할 수 있는 값과 계산할 수 없는 값으로 나누어지는데 계산할 수 있는 값은 '숫자', '날짜/시간', '논리 값'으로 구분할 수 있고, 계산할 수 없는 값은 '텍스트'로 구분되어진다.

값	계산 가능	숫자
		날짜/시간
		논리
	계산 불가능	텍스트

■ 숫자 데이터 형식

엑셀의 수치 계산에 기본이 되는 데이터 형식으로 '0~9', '\', '%', '$', '.', ',', '-' 등의 문자를 결합해 숫자를 의미하는 데이터를 말한다. 엑셀에서는 셀에 입력된 값이 숫자로 인식되면 셀의 '오른쪽'에 표시된다. 예를 들어 아래 그림에서 'D 열', 'E 열', 'F 열', 'G 열'은 모두 숫자 데이터로 셀의 오른쪽에 표시되는 것을 확인할 수 있다.

	B	C	D	E	F	G
1	외과가산 분류등급	수술명	상급종합병원	종합병원	병원	의원
2	C8534100	절개생검(심부[장기절개생검])-개복에의한것	118,833	114,263	109,692	110,320
3	Q2755100	서혜부허니아근본수술(기타의것,고위결찰만하는경우)	86,619	83,288	79,956	80,420
4	Q2756100	서혜부허니아근본수술(기타의것,고위결찰및후벽보강-인공막이용포함)	95,849	92,163	88,476	88,987
5	Q2757100	대퇴허니아수술	90,402	86,925	83,448	83,916
6	Q2850100	충수주위농양절개술	53,014	50,975	48,936	49,220
7	Q2861100	충수절제술(단순)	95,316	91,650	87,984	88,493
8	Q2862100	충수절제술(천공성)	98,527	94,738	90,948	91,460
9	Q2863100	충수절제술(충수농양절제및충수주위농양배액술)	88,049	84,663	81,278	81,731
10	Q2881100	직장항문주위농양수술(표재성-절개배농)	38,298	36,825	35,352	35,558

'B 열'은 문자와 숫자가 결합된 형태로 '텍스트 데이터'에 해당되고 셀의 '왼쪽'에 표시된다. 겉으로 보이는 모양은 숫자 형태지만 계산할 수 없는 값이 존재하는데 이를 '텍스트형 숫자'라고 하고 텍스트 데이터처럼 모두 셀의 왼쪽에 표시된다.

예를 들어 아래 그림에서 'A 열' 데이터는 '텍스트형 숫자'로 모두 셀의 '왼쪽'에 표시되는 것을 확인할 수 있다. 물론 숫자 데이터 형식이라고 하더라도 리본 메뉴 '홈' 탭의 '맞춤' 그룹에서 셀의 '왼쪽', '가운데', '오른쪽'으로 맞춰 주는 기능으로 '왼쪽 맞춤', '가운데 맞춤', '오른쪽 맞춤' 명령이 있다.

	A	B	C	D	E	F	G	H	I
1	신코드	구코드	제품명	업체명	규격	단위	상한금액	전일	적용일
2	657200130	G01000221	라제팜정(플루니트라제팜)	환인제약(주)	1	정	60	전문	2014-07-28
3	651901770	G12000181	졸민정0.125밀리그람(트리아졸람)	명인제약(주)	1	정	95	전문	2004-11-16
4	648901230	M00610011	할시온정0.125밀리그람(트리아졸람)	한국화이자제약(주)	1	정	95	전문	2002-11-22
5	651901780	G12000191	졸민정0.25밀리그람(트리아졸람)	명인제약(주)	1	정	158	전문	2004-06-04
6	648901240	M00610021	할시온정0.25밀리그람(트리아졸람)	한국화이자제약(주)	1	정	158	전문	2002-11-22
7	651901790	C03400311	졸피신정10밀리그램(주석산졸피뎀)	명인제약(주)	1	정	160	전문	2009-04-16
8	668100180	M00690011	산도스졸피뎀정10mg(주석산졸피뎀)	한국산도스(주)	1	정	174	전문	2008-09-05
9	652100640	C01800051	스틸녹스정10밀리그람(주석산졸피뎀)	(주)한독	1	정	174	전문	2012-03-19
10	643502320	G09700011	졸피드정(주석산졸피뎀)	한미약품(주)	1	정	174	전문	2005-05-10

■ 날짜/시간 데이터 형식

엑셀에서 날짜 데이터 형식은 '년, 월, 일'을 의미하는 숫자를 '하이픈(-)'이나 '슬래시(/)'로 구분하여 입력한다. 시간 데이터는 '시, 분, 초'를 의미하는 숫자를 '콜론(:)'으로 구분하여 입력한다. 날짜/시간 데이터 형식은 셀에 입력한 값이 날짜 또는 시간 값으로 인식되면 숫자 취급하여 셀 '오른쪽'에 표시된다.

예를 들어 아래 그림에서 'E 열' 데이터는 날짜 데이터로 모두 셀의 오른쪽 표시되는 것을 확인할 수 있다. 물론 날짜 데이터 형식이라고 하더라도 리본 메뉴 0'홈' 탭의 '맞춤' 그룹에서 셀의 '왼쪽', '가운데', '오른쪽'으로 맞춰 주는 기능으로 '왼쪽 맞춤', '가운데 맞춤', '오른쪽 맞춤' 명령이 있다.

	A	B	C	D	E	F	G	H
1	나이	성별	신장	체중	수술일	최종 암병기	입원일수	주상병코드
2	54	여	158.0	70.0	2012-01-31	I	11	C180
3	80	남	166.5	58.4	2012-02-02	II	26	C182
4	69	남	167.0	54.5	2012-02-23	II	14	C20
5	68	남	170.4	66.2	2012-03-06	I	10	C187
6	85	여	152.0	51.5	2012-03-13	II	11	C187
7	70	여	150.0	50.0	2012-03-22	II	11	C19
8	68	여	156.0	55.6	2012-03-08	IV	20	C187
9	73	남	153.4	53.5	2012-03-23	II	13	C186
10	81	남	172.0	60.0	2012-03-15	IV	26	C189

엑셀에서 날짜/시간 데이터는 '숫자'로 취급하고 관리한다. 날짜는 '정수' 타입의 숫자로 관리하는데 '1900년 1월 1일'을 기준으로 하루가 지날 때마다 '1'씩 증가시켜 '9999년 12월 31일'까지 표시할 수 있다. 이런 숫자를 '날짜 일련번호'라고 한다. 엑셀에서 하루가 '1'씩 증가한다고 했으므로 시간은 하루가 24시간이므로 '0과 1사이의 소수 값'으로 관리한다. 정오는 '0.5'가 된다.

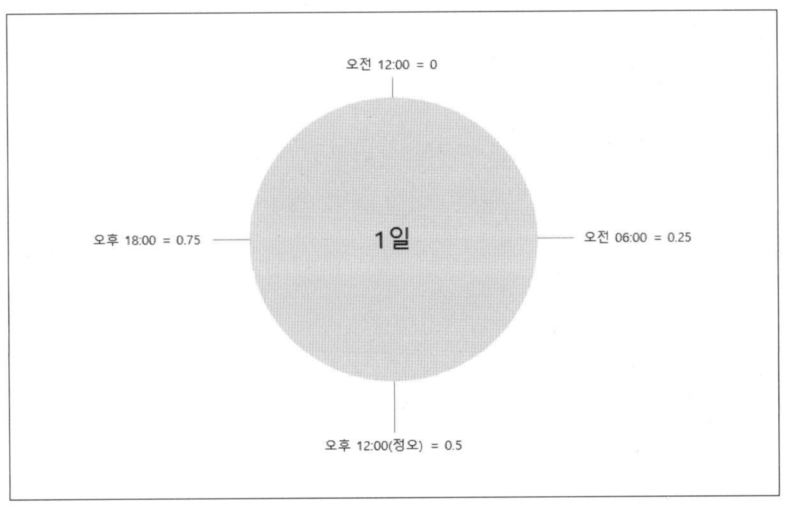

'A1' 셀에 '2017-05-05'을 입력하고 입력된 셀을 선택한 다음 '홈' 탭의 '표시형식' 그룹에서 '일반'을 선택하면 '42860'을 확인할 수 있다. 여기서 '42860'이라는 숫자의 의미는 '2017년 5월 5일'이 '1900년 1월 1일부터 시작해서 42860번째 되는 날이다'라는 뜻이다.

	A
1	2017-05-05

	A
1	42860

■ 논리 데이터 형식

논리 값은 'TRUE'나 'FALSE'로 직접 입력하는 경우보다 수식의 결과로 반환되어지며 셀 가운데 표시된다. 예를 들어 아래 그림에서 'A1' 셀에 '엑셀', 'A2' 셀에 '엑셀'을 입력하고 '=EXACT(A1,A2)' 함수를 사용해서 같은지를 물어보면 'FALSE' 값을 반환한다.

	A	B	C
1	Excel	EXACT	FALSE
2	excel		

■ 텍스트 데이터 형식

모든 문자를 사용해서 입력할 수가 있다. 텍스트 값은 계산할 수 없으며 셀의 '왼쪽'에 표시된다. 예를 들어 아래 그림에서 'C 열', 'D 열'은 텍스트 데이터로 셀 왼쪽에 표시된다.

	A	B	C	D	E	F	G	H	I
1	신코드	구코드	제품명	업체명	규격	단위	상한금액	전일	적용일
2	657200130	G01000221	라제팜정(플루니트라제팜)	환인제약(주)	1	정	60	전문	2014-07-28
3	651901770	G12000181	졸민정0.125밀리그람(트리아졸람)	명인제약(주)	1	정	95	전문	2004-11-16
4	648901230	M00610011	할시온정0.125밀리그람(트리아졸람)	한국화이자제약(주)	1	정	95	전문	2002-11-22
5	651901780	G12000191	졸민정0.25밀리그람(트리아졸람)	명인제약(주)	1	정	158	전문	2004-06-04
6	648901240	M00610021	할시온정0.25밀리그람(트리아졸람)	한국화이자제약(주)	1	정	158	전문	2002-11-22
7	651901790	C03400311	졸피신정10밀리그램(주석산졸피뎀)	명인제약(주)	1	정	160	전문	2009-04-16
8	668100180	M00690011	산도스졸피뎀정10mg(주석산졸피뎀)	한국산도스(주)	1	정	174	전문	2008-09-05
9	652100640	C01800051	스틸녹스정10밀리그람(주석산졸피뎀)	(주)한독	1	정	174	전문	2012-03-19
10	643502320	G09700011	졸피드정(주석산졸피뎀)	한미약품(주)	1	정	174	전문	2005-05-10

나. 데이터 입력

■ 셀 이동

워크시트의 셀에 데이터를 입력한 후 Enter↵ 키를 눌렀을 때 셀의 이동 방향을 설정할 수가 있다. '파일' 탭의 'Excel 옵션'에서 '고급'을 선택하면 '편집 옵션'에 '<Enter> 키를 누른 후 다음 셀로 이동'에서 셀 이동 방향을 변경하면 된다.

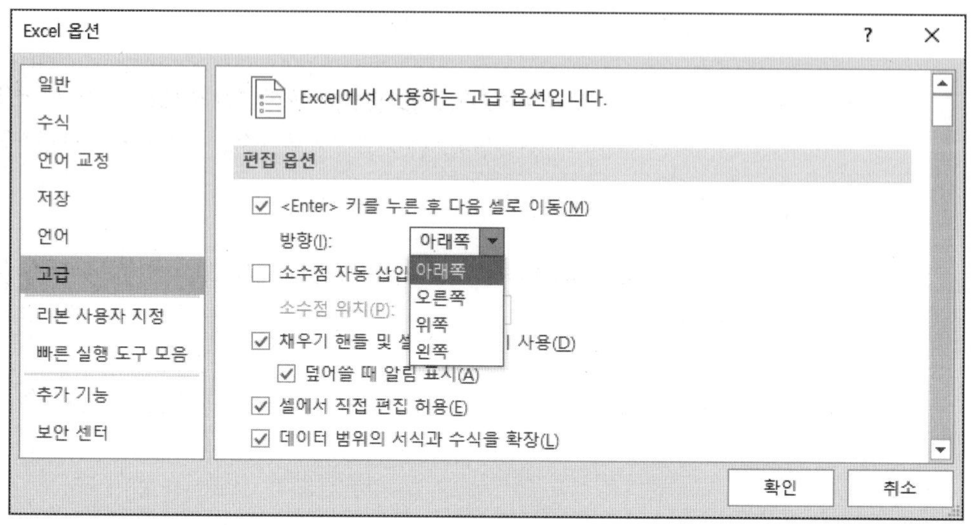

■ 셀 포인터 이동

엑셀에서 셀 포인터를 이동할 경우 화면 안에서는 마우스를 이용하면 간단하게 옮길 수 있으나, 멀리 떨어져 있거나 화면에 보이지 않는 셀 주소로 이동할 경우 '이름 상자'에 이동하고자 하는 셀 주소를 입력한 후 Enter↵ 키를 누른다.

또는 F5 키를 누른 후 '이동' 대화상자의 '참조' 입력란에 셀 주소를 입력한 후 '확인' 버튼을 클릭한다.

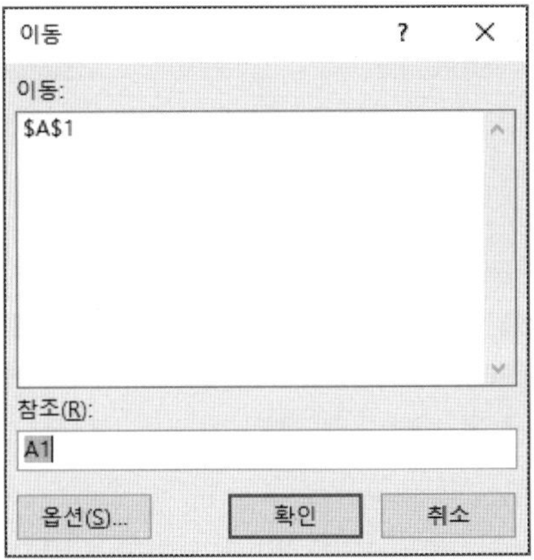

■ 데이터 입력

엑셀을 실행해서 '새 통합 문서'를 클릭한 다음 시트명은 '데이터 입력'이라고 변경한 다음 파일을 저장한 후 아래 순서대로 데이터를 입력해 보자.

실습 04-01 *시트명 : '데이터 입력'*

1. 'A1' 셀을 클릭하여 '학과'를 입력한 후 Enter↵ 키를 누른다.
2. 'A2' 셀을 클릭하여 '학년'을 입력한 후 Enter↵ 키를 누른다.
3. 'A3' 셀을 클릭하여 '성명'을 입력한 후 Enter↵ 키를 누른다.
4. 'A4' 셀을 클릭하여 '학적'을 입력한 후 Enter↵ 키를 누른다.
5. 'A2' 셀부터 'A7' 셀에 그림과 같이 입력한 후 Enter↵ 키를 누른다.

	A	B	C	D
1	학과	학년	성명	학적
2	간호학과			
3	안경광학과			
4	물리치료과			
5	응급구조과			
6	치위생과			
7	병원의료정보과			

6. 'A8' 셀에 '간호학과'를 입력하기 위해 '간'을 입력하면 '간호학과'가 자동으로 나타나는데 이를 '자동완성 기능'이라고 한다. 이때 Enter↵ 키를 누르면 자동으로 '간호학과'가 입력된다.
   '자동완성 기능'이란 동일한 하나의 열에 같은 문자열로 시작하는 셀이 있는 경우에 일치하는 첫 문자를 입력하면 나머지 문자열을 자동으로 입력하는 기능이다. 자동으로 기록된 내용으로 입력하려면 입력 도중에 Enter↵ 키를 누르고 자동으로 기록된 내용을 무시하고 새로운 문자열을 입력하려면 계속해서 새로운 내용을 입력한 후 Enter↵ 키를 누르면 된다. 키보드를 사용하여 자동완성 목록을 나타내려면 'Alt+↓' 키를 누른다. 마우스를 사용하여 자동완성 목록을 나타내려면 마우스 오른쪽 단추를 누른 후 '드롭다운 목록에서 선택'을 클릭한다.

	A	B	C	D
1	학과	학년	성명	학적
2	간호학과			
3	안경광학과			
4	물리치료과			
5	응급구조과			
6	치위생과			
7	병원의료정보과			
8	간호학과			

7. 나머지 'A9' 셀부터 'A20' 셀까지 같은 방법으로 데이터를 입력한다.
8. 'B2' 셀을 클릭하여 '1학년'을 입력한 후 Enter↵ 키를 누른다.
9. 다시 'B2' 셀을 클릭하여 '셀 지시자' 오른쪽 아래 점(범위 확장 지정자 또는 자동 채우기 핸들러)을 Ctrl 키를 누른 상태에서 'B11' 셀까지 드래그하면 복사가 된다.
10. 나머지 'B12' 셀부터 'B20' 셀까지 같은 방법으로 데이터를 입력한다.
11. 'C2' 셀부터 'C20' 셀까지 '성명'을 입력한다. 이때도 6번 과정처럼 '자동완성 기능'을 이용하면 된다. 키보드를 사용하여 자동완성 목록을 나타내려면 'Alt+↓' 키를 누른다.

	A	B	C	D
1	학과	학년	성명	학적
2	간호학과	1학년	김이슬	
3	안경광학과	1학년	이슬기	
4	물리치료과	1학년	정준호	
5	응급구조과	1학년	박진서	
6	치위생과	1학년		
7	병원의료정보과	1학년	김이슬	
8	간호학과	1학년	박진서 이슬기	
9	안경광학과	1학년	정준호	

12. 'D2' 셀을 클릭하여 '재학'을 입력한 후 Enter↵ 키를 누른다.
13. 다시 'D2' 셀을 클릭하여 '셀 지시자' 오른쪽 아래 점(범위 확장 지정자 또는 자동 채우기 핸들러)을 'D20' 셀까지 드래그하면 복사가 된다.

	A	B	C	D
1	학과	학년	성명	학적
2	간호학과	1학년	김이슬	재학
3	안경광학과	1학년	이슬기	재학
4	물리치료과	1학년	정준호	재학
5	응급구조과	1학년	박진서	재학
6	치위생과	1학년	김호서	재학
7	병원의료정보과	1학년	양영일	재학
8	간호학과	1학년	김이슬	재학
9	안경광학과	1학년	이슬기	재학
10	응급구조과	1학년	박진서	재학
11	치위생과	1학년	김호서	재학
12	물리치료과	2학년	나영호	재학
13	응급구조과	2학년	서상길	재학
14	치위생과	2학년	이나라	재학
15	병원의료정보과	2학년	김미순	재학
16	안경광학과	2학년	이남일	재학
17	물리치료과	2학년	나영호	재학
18	병원의료정보과	2학년	김미순	재학
19	간호학과	3학년	정희수	재학
20	간호학과	4학년	정민영	재학

■ 하나의 셀에 여러 줄 입력

'A1' 셀을 클릭하여 '2017년도 시도별 종별 요양기관 현황 및'을 입력한 후 'Alt + Enter↵' 키를 누른다. '2017년도 시도별 표시과목별 의원 현황'을 입력한 후 Enter↵ 키를 누른다.

리본 메뉴 '홈' 탭의 '셀' 그룹에서 '서식(▾)'의 '셀 서식' 대화 상자에서 '맞춤' 탭의 '텍스트 조정' 영역에서 '텍스트 줄 바꿈' 옵션을 선택하여 이 기능을 수행할 수도 있다.

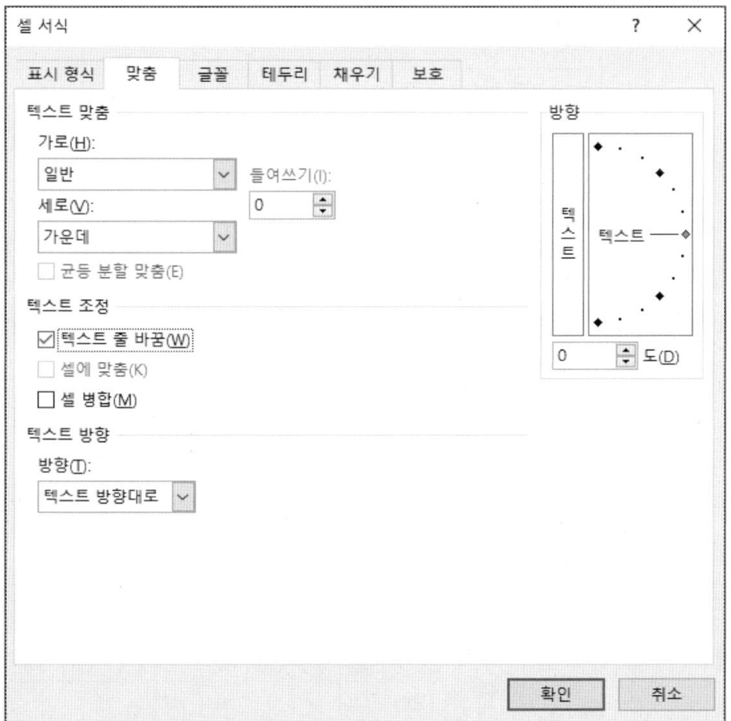

이때는 셀의 너비에 따라 '자동으로 텍스트 줄 바꾸기'가 된다.

A1
2017년도 시도별 종별 요양기관 현황 및 2017년도 시도별 표시과목별 의원 현황
2017년도 시도별 종별 요양기관 현황 및 2017년도 시도별 표시과목별 의원 현황

■ 여러 셀에 같은 데이터 동시 입력

'B3' 셀을 클릭한 다음 Ctrl 키를 누른 상태에서 마우스로 'B4', 'B6', 'B8', 'B11', 'B13'셀을 클릭하여 선택한다. 이 기능을 '다중 셀 영역 지정'이라고 한다. '1학년'을 입력하고 'Ctrl + Enter↵' 키를 누른다.

	A	B	C	D
1	학과	학년	성명	학적
2	병원의료정보과		김미순	재학
3	간호학과	1학년	김이슬	재학
4	치위생과	1학년	김호서	재학
5	물리치료과		나영호	재학
6	응급구조과	1학년	박진서	재학
7	응급구조과		서상길	재학
8	병원의료정보과	1학년	양영일	재학
9	치위생과		이나라	재학
10	안경광학과		이남일	재학
11	안경광학과	1학년	이슬기	재학
12	물리치료과		정준호	재학
13	간호학과	1학년	정희수	재학

■ 특수문자 입력

특수문자란 일반적으로 키보드를 사용하여 입력할 수 없는 기호를 말한다. 특수문자를 입력하고자 하는 셀을 클릭한 다음 '삽입' 탭의 '기호' 그룹에서 '기호'를 선택한다. '기호' 대화상자에서 원하는 기호를 선택한 후 '삽입' 버튼을 클릭한다.

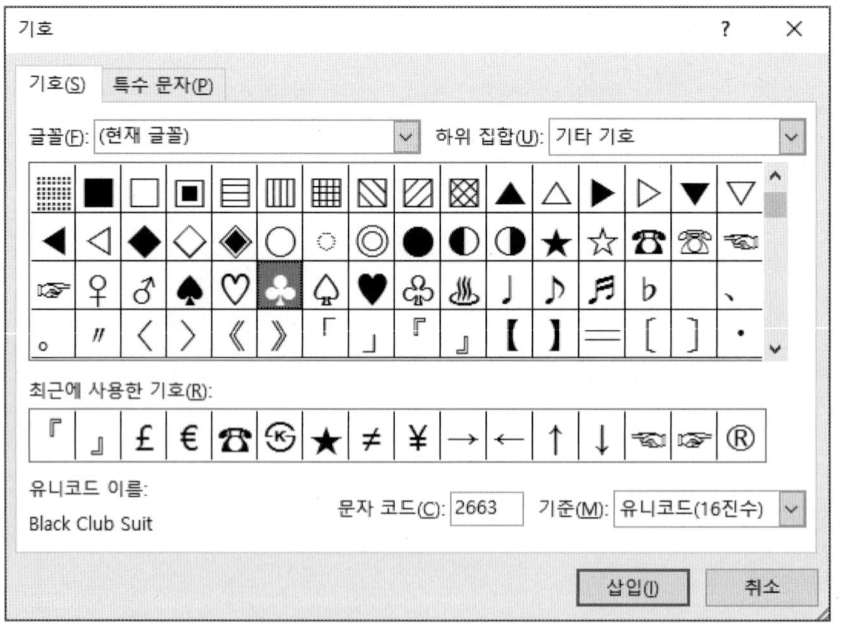

또는 입력하고자 하는 셀을 클릭한 다음 '한글 자음'을 입력한 후 '한자' 키를 누르면 특수문자 목록이 나타난다. 오른쪽의 스크롤바를 아래로 끌어 내려서 원하는 기호를 선택한다.

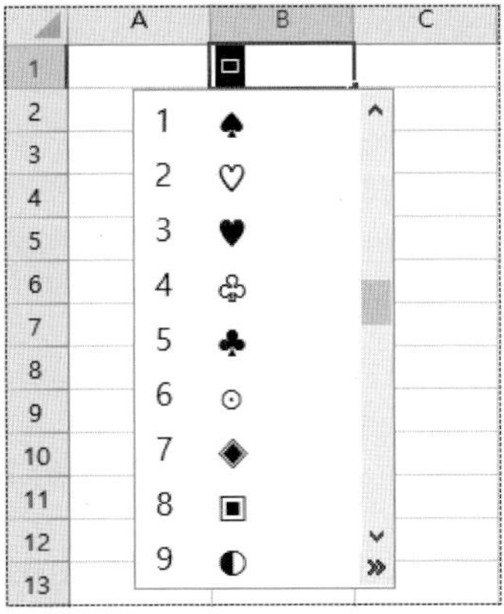

■ 셀 영역 지정 후 입력

'F2' 셀을 마우스로 클릭한 후 드래그하여 'L11' 셀까지 셀 영역을 지정한다. 셀 영역 내에서만 셀 포인터가 이동하므로 입력이 용이하다.

영역 지정 후 셀 포인터 이동은 Enter↵ 는 아래 셀로, 'Shift + Enter↵' 는 위 셀로, ⭾ 은 오른쪽 셀로, 'Shift + ⭾' 은 왼쪽 셀로 이동한다.

학과	학년	반	학번	성명	간호학개론	기본간호학	인체구조	건강사정	생화학	정보능력	인간심리	총점	평균	석차	합격여부	PASS/FAIL	Result
간호학과	1	A	1711101	강 다영													
간호학과	1	A	1711102	고 연희													
간호학과	1	A	1711103	김 기호													
간호학과	1	A	1711104	김 다슬													
간호학과	1	A	1711105	김 민수													
간호학과	1	A	1711106	김 효서													
간호학과	1	A	1711107	박 영서													
간호학과	1	A	1711108	이 영호													
간호학과	1	A	1711109	이 은하													
간호학과	1	A	1711110	전 이슬													
교과목별 총점																	
교과목별 평균																	

지정된 셀 영역에 과목별 성적을 입력한 후 마우스로 임의의 셀을 클릭하거나 ←, →, ↑, ↓ 등의 방향키를 눌러 셀 영역 지정을 해제한다.

학과	학년	반	학번	성명	간호학개론	기본간호학	인체구조	건강사정	생화학	정보능력	인간심리	총점	평균	석차	합격여부	PASS/FAIL	Result
간호학과	1	A	1711101	강 다영	89	87	90	84	89	90	85						
간호학과	1	A	1711102	고 연희	92	90	88	90	96	97	95						
간호학과	1	A	1711103	김 기호	78	80	75	76	73	85	80						
간호학과	1	A	1711104	김 다슬	90	91	82	84	90	92	90						
간호학과	1	A	1711105	김 민수	80	85	78	80	78	85	82						
간호학과	1	A	1711106	김 효서	85	86	82	82	75	87	83						
간호학과	1	A	1711107	박 영서	83	81	80	82	76	80	81						
간호학과	1	A	1711108	이 영호	88	89	81	83	80	85	80						
간호학과	1	A	1711109	이 은하	83	80	88	95	85	92	90						
간호학과	1	A	1711110	전 이슬	80	81	89	95	85	93	90						
교과목별 총점																	
교과목별 평균																	

■ 날짜/시간 입력

'A1' 셀에 날짜 '2017-04-25(또는 2017/04/25)'을 입력하고, 'B1' 셀에 시간 '10:25'을 입력한다. 날짜/시간 입력 기준은 날짜는 1900년 1월 1일을 기준으로 하고, 시간은 0시를 0으로 24시를 1로 정오를 0.5를 기준으로 한다. 엑셀 2016에서 입력 가능한 날짜의 범위는 1900년 1월 1일부터 9999년 12월 31일까지 입력할 수 있다.

	A	B
1	2017-04-25	10:25 AM

셀에 현재 날짜와 시간을 삽입하는 간단한 방법

실습 04-02 *시트명 : '날짜/시간 입력'*

1. 워크시트에서 현재 날짜 또는 시간을 삽입할 셀을 선택한다.
2. 현재 날짜를 삽입하려면 'Ctrl + ;(세미콜론)'을 누른다. 현재 시간을 삽입하려면 'Ctrl + Shift + ;(세미콜론)'을 누른다.
3. 현재 날짜 및 시간을 삽입하려면 'Ctrl + ;(세미콜론)'을 누른 후 '스페이스바'를 누르고 'Ctrl + Shift + ;(세미콜론)'을 누른다.

	A
1	2017-04-25 10:25

셀에 동적인 날짜나 시간을 반환하는 가장 일반적인 방법

워크시트를 다시 계산하거나 통합 문서를 열 때 업데이트되는 날짜 또는 시간은 고정된 값이 아닌 동적인 값으로 간주된다. 워크시트에서 셀에 동적 날짜나 시간을 반환하는 가장 일반적인 방법은 워크시트 함수를 사용하는 것이다. 업데이트 가능하도록 현재 날짜나 시간을 삽입하려면 'TODAY(현재 날짜)' 및 'NOW(현재 날짜와 시간)' 함수를 사용한다.

A1 =TODAY()

	A	B	C	D
1	2016-06-25			

A1 =NOW()

	A	B	C	D
1	2016-06-25 4:47			

■ 분수 입력

분수를 입력할 경우에는 '대분수'로 입력한다. 에를 들어 '1/3'을 입력하고자 할 경우 '0 1/3'로 입력한다. '1/3'으로 입력하면 '01월 03일'이 입력된다. 소수점은 15자리까지 계산한다.

A1 0.333333333333333

	A	B	C	D	E
1	1/3				

A1 2016-01-03

	A	B	C	D	E
1	01월 03일				

■ 수식 입력

'F12' 셀을 클릭한 다음 수식 입력줄에 '=SUM(F2:F11)'를 입력하고 Enter↵ 키를 누르고, 'F13' 셀을 클릭한 다음 수식 입력줄에 '=AVERAGE(F2:F12)'를 입력하고 Enter↵ 키를 누른다.

	A	B	C	D	E	F	G	H	I	J	K	L
1	학과	학년	반	학번	성명	간호학개론	기본간호학	인체구조	건강사정	생화학	정보능력	인간심리
2	간호학과	1	A	1711101	강 다영	89	87	90	84	89	90	85
3	간호학과	1	A	1711102	고 연희	92	90	88	90	96	97	95
4	간호학과	1	A	1711103	김 기호	78	80	75	76	73	85	80
5	간호학과	1	A	1711104	김 다슬	90	91	82	84	90	92	90
6	간호학과	1	A	1711105	김 민수	80	85	78	80	78	85	82
7	간호학과	1	A	1711106	김 효서	85	86	82	82	75	87	83
8	간호학과	1	A	1711107	박 영서	83	81	80	82	76	80	81
9	간호학과	1	A	1711108	이 영호	88	89	81	83	80	85	80
10	간호학과	1	A	1711109	이 은하	83	80	88	95	85	92	90
11	간호학과	1	A	1711110	전 이슬	80	81	89	95	85	93	90
12	교과목별 총점					848						
13	교과목별 평균					154.2						

■ 수식 자동 채우기

'F12' 셀을 클릭한 후 오른쪽 아래 점(자동 채우기 핸들러)을 'L12' 셀까지 드래그하여 자동으로 수식을 채운다. 'F13' 셀도 같은 방법으로 'L13' 셀까지 드래그하여 완성한다.

	A	B	C	D	E	F	G	H	I	J	K	L
1	학과	학년	반	학번	성명	간호학개론	기본간호학	인체구조	건강사정	생화학	정보능력	인간심리
2	간호학과	1	A	1711101	강 다영	89	87	90	84	89	90	85
3	간호학과	1	A	1711102	고 연희	92	90	88	90	96	97	95
4	간호학과	1	A	1711103	김 기호	78	80	75	76	73	85	80
5	간호학과	1	A	1711104	김 다슬	90	91	82	84	90	92	90
6	간호학과	1	A	1711105	김 민수	80	85	78	80	78	85	82
7	간호학과	1	A	1711106	김 효서	85	86	82	82	75	87	83
8	간호학과	1	A	1711107	박 영서	83	81	80	82	76	80	81
9	간호학과	1	A	1711108	이 영호	88	89	81	83	80	85	80
10	간호학과	1	A	1711109	이 은하	83	80	88	95	85	92	90
11	간호학과	1	A	1711110	전 이슬	80	81	89	95	85	93	90
12	교과목별 총점					848	850	833	851	827	886	856
13	교과목별 평균					154.2	154.5	151.5	154.7	150.4	161.1	155.6

■ 숫자 자동 채우기

'A1' 셀과 'B1' 셀에 숫자 '1'을 입력한다. 'A1' 셀을 클릭한 후 Ctrl 키를 누른 상태에서 '자동 채우기 핸들러'를 'A10' 셀까지 드래그하고, 'B1' 셀을 클릭한 후 '자동 채우기 핸들러'를 B10 셀까지 드래그하면 아래 그림처럼 A열은 '1'씩 증가하여 채워지고 B열은 '1'이 복사가 되어 채워진다.

	A	B
1	1	1
2	2	1
3	3	1
4	4	1
5	5	1
6	6	1
7	7	1
8	8	1
9	9	1
10	10	1

자동 채우기 증가 값을 부여한 후 마우스 끌기로 '숫자 자동 채우기'를 실행할 수도 있다.

	A	B	C	D	E	F
1	1	2				
2	2	4				
3	3	6				
4	4	8				
5	5	10				
6						
7						

	A	B	C	D	E	F
1	1	2	3	4	5	
2	2	4	6	8	10	
3	3	6	9	12	15	
4	4	8	12	16	20	
5	5	10	15	20	25	
6						
7						

	A	B	C
1	10	2	
2	6	5	
3			
4			
5			

	A	B	C
1	10	2	
2	6	5	
3	2	8	
4	-2	11	
5	-6	14	

■ 문자열 자동 채우기

'A1' 셀에 'Microsoft Excel 2016'을 입력하고 'B1' 셀에 'Microsoft Powerpoint 2016'을 입력한다. 'A1' 셀을 클릭한 후 Ctrl 키를 누른 상태에서 '자동 채우기 핸들러'를 'A5' 셀까지 드래그하고, 'B1' 셀을 클릭한 후 '자동 채우기 핸들러'를 'B5' 셀까지 드래그하면 아래 그림처럼 'A열'은 문자열이 복사가 되어 채워지고 'B열'은 숫자가 '1'씩 증가되어 채워진다.

	A	B
1	Microsoft Excel 2016	Microsoft Powerpoint 2016
2	Microsoft Excel 2016	Microsoft Powerpoint 2017
3	Microsoft Excel 2016	Microsoft Powerpoint 2018
4	Microsoft Excel 2016	Microsoft Powerpoint 2019
5	Microsoft Excel 2016	Microsoft Powerpoint 2020

제5장

워크시트 다루기

가. 드롭다운 목록 만들기

드롭다운 목록을 제공하면 워크시트를 사용하는 다른 사용자가 '드롭다운 버튼(▼)'을 클릭하고 목록에서 항목을 선택할 수가 있어서 보다 효율적이며 정확한 데이터 입력이 가능해 진다.

실습 05-01 *시트명 : '드롭다운 목록'*

1. 새 워크시트에서 드롭다운 목록에 표시하려는 항목을 입력한다. 항목은 빈 셀 없이 하나의 열 또는 행에 입력한다.

	A
1	학 과 명
2	간호학과
3	안경광학과
4	물리치료과
5	응급구조과
6	치위생과
7	병원의료정보과

2. 항목을 모두 선택하고 마우스 오른쪽 단추로 클릭한 후 '이름 정의'를 클릭한다.
3. '이름' 입력 상자에 '항목의 이름(예: 학과선택)'을 입력하고 '확인'을 클릭한다. 이 이름은 목록에 표시되지 않지만 드롭다운 목록에 연결할 수 있도록 이름을 지정해야 한다.

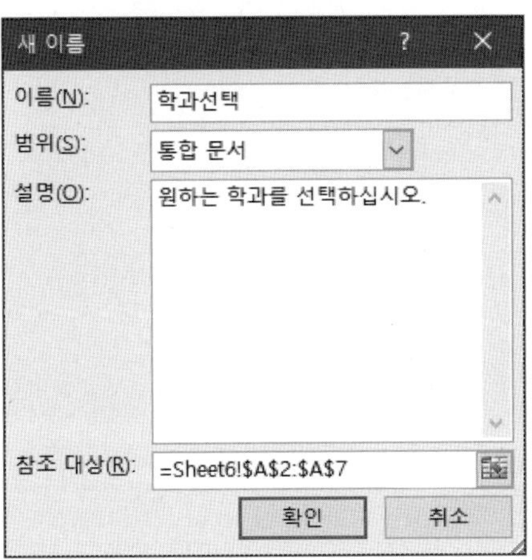

4. 워크시트에서 드롭다운 목록을 표시하려는 셀을 클릭한다.

5. '데이터' 탭에서 '데이터 도구' 그룹의 '데이터 유효성 검사'를 클릭한다.
6. '데이터 유효성' 대화 상자에서 '설정' 탭의 '제한 대상' 입력 상자에서 목록을 선택한다.
7. '원본' 상자에 '등호(=)'를 입력하고 3단계에서 목록에 지정한 '항목의 이름(=학과선택)'을 입력한다.

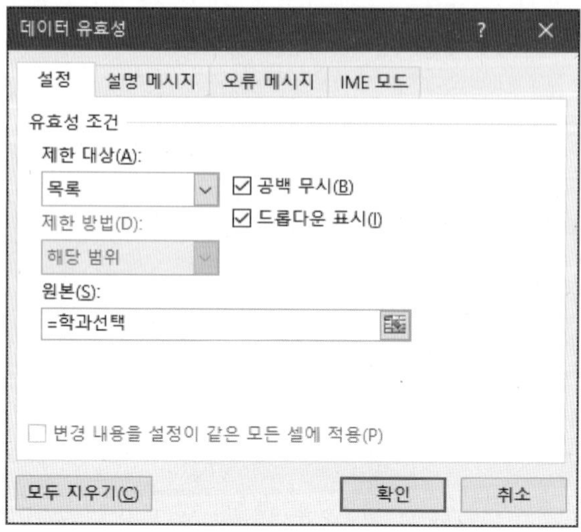

8. '드롭다운 표시' 확인란을 체크한다.
9. 다른 사용자가 셀을 비워 두어도 상관없으면 '공백 무시' 확인란을 체크한다.
10. '설명 메시지' 탭을 클릭한다.
11. 셀을 클릭할 때 메시지가 나타나도록 하려면 '셀을 선택하면 설명 메시지 표시' 확인란을 선택하고 제목을 입력한 뒤 상자에 메시지를 최대 255자로 입력한다. 메시지가 나타나지 않도록 하려면 확인란의 체크를 해제한다.

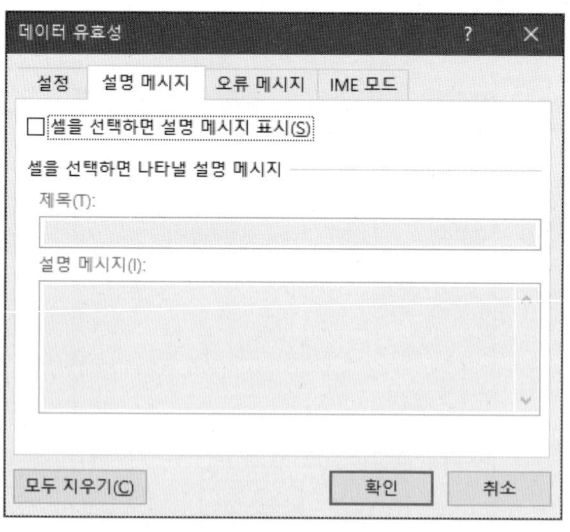

12. '오류 메시지' 탭을 클릭한다.

13. '유효하지 않은 데이터를 입력하면 오류 메시지 표시' 확인란을 체크하고 '스타일' 상자에서 '옵션'을 선택한 뒤 제목과 메시지를 입력한다. 메시지가 나타나지 않도록 하려면 확인란의 체크를 해제한다.

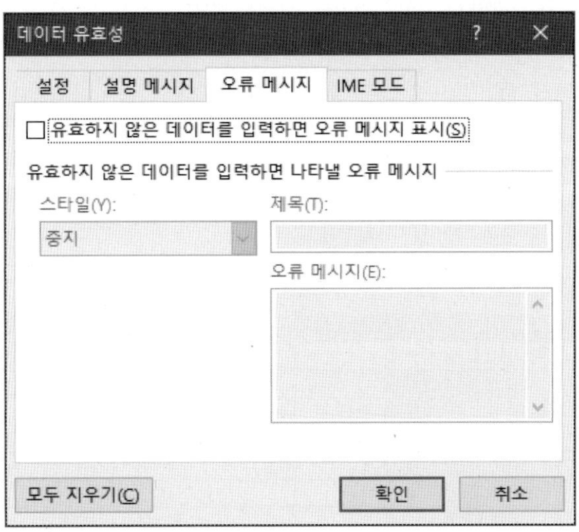

14. 4단계에서 선택한 셀에 드롭다운 목록이 표시된다.

	A	B	C	D
1	학 과 명			
2	간호학과			간호학과
3	안경광학과			
4	물리치료과			
5	응급구조과			
6	치위생과			
7	병원의료정보과			

간호학과
안경광학과
물리치료과
응급구조과
치위생과
병원의료정보과

나. 여러 셀로 텍스트 나누기

하나 이상의 셀에서 텍스트를 가져와 여러 셀로 확장할 수 있다. 이 방법은 둘 이상의 셀 텍스트를 하나의 셀로 결합하는 것과는 반대이다. 예를 들어 '전체 이름(성명)'의 열이 하나 있는 경우 이 열을 '성' 열과 '이름' 열로 나눌 수 있다.

실습 05-02 *시트명 : '텍스트 나누기'*

1. 나누려는 텍스트가 포함된 셀 또는 열을 선택한다.

	A	B	C	D	E	F	G	H	I
1	연번	학번	성명	성	이름	학적상태	학과명	학년	반
2	1	1711101	강 다영			재학생	간호학과	1	F
3	2	1711102	고 연희			재학생	간호학과	1	F
4	3	1711103	김 기호			재학생	간호학과	1	F
5	4	1711104	김 다슬			재학생	간호학과	1	F
6	5	1711105	김 민수			재학생	간호학과	1	F
7	6	1711106	김 효서			재학생	간호학과	1	F
8	7	1711107	박 영서			재학생	간호학과	1	F
9	8	1711108	이 영호			재학생	간호학과	1	F
10	9	1711109	이 은하			재학생	간호학과	1	F
11	10	1711110	전 이슬			재학생	간호학과	1	F

2. '데이터' 탭에서 '데이터 도구' 그룹의 '텍스트 나누기'를 클릭한다. 원본 데이터 형식에서 '구분 기호로 분리됨(D)'을 선택한 후 '다음' 버튼을 클릭한다.

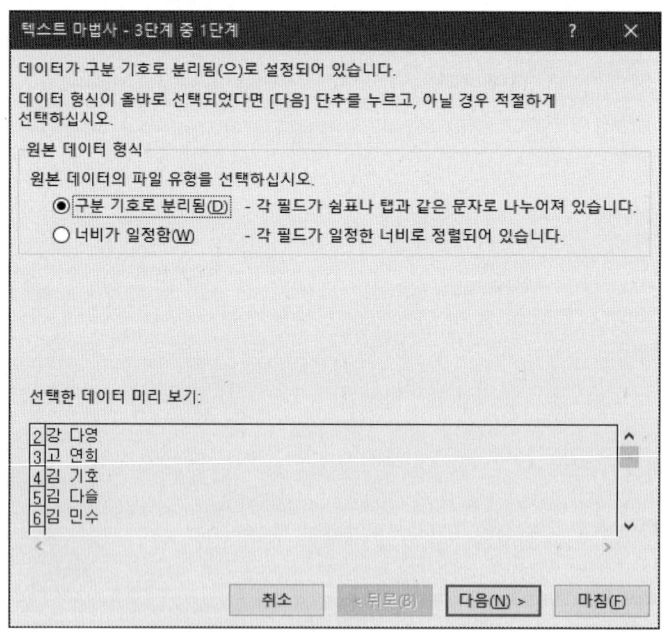

3. 구분 기호에서 '공백'을 선택하고 나머지 확인란을 해제하거나 텍스트를 나누는 방법에 따라 '쉼표' 및 '공백'을 선택한 후 '다음' 버튼을 클릭한다. 데이터 미리 보기 창에서 '데이터 미리 보기'를 볼 수 있다.

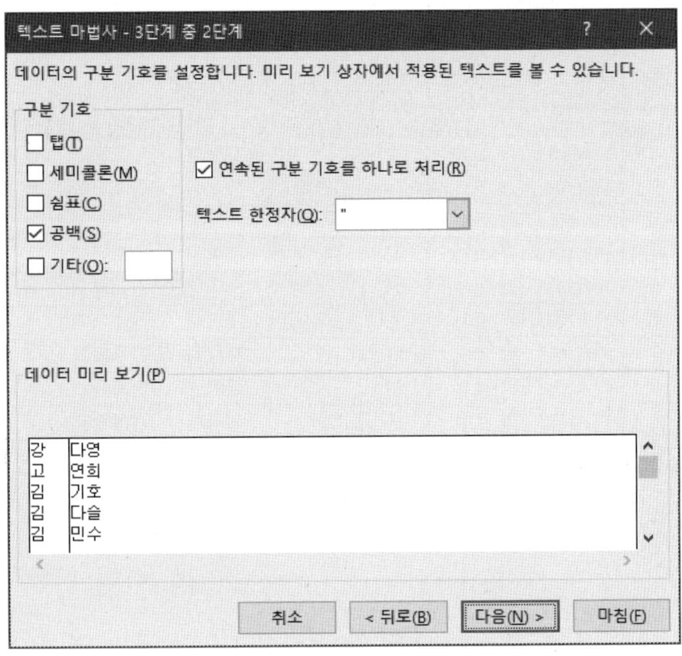

4. 새 열에 대한 데이터 서식을 직접 선택하거나 자동으로 선택되게 할 수 있다. 원하는 서식을 선택하려면 '텍스트' 같은 서식을 선택하고 데이터 미리 보기 창에서 데이터의 두 번째 열을 클릭한 후 같은 서식을 다시 한 번 클릭한다. 대상 상자에 나눈 데이터를 붙여 넣을 셀을 선택한 후 '마침' 버튼을 클릭한다.

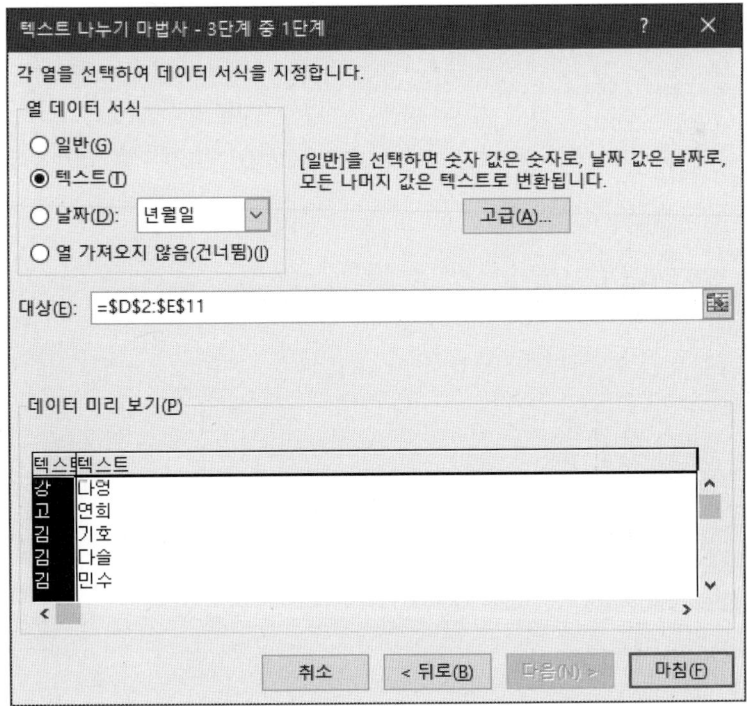

5. 다음과 같이 '성' 열과 '이름' 열로 분리되어 나타난다.

	A	B	C	D	E	F	G	H	I
1	연번	학번	성명	성	이름	학적상태	학과명	학년	반
2	1	1711101	강 다영	강	다영	재학생	간호학과	1	F
3	2	1711102	고 연희	고	연희	재학생	간호학과	1	F
4	3	1711103	김 기호	김	기호	재학생	간호학과	1	F
5	4	1711104	김 다슬	김	다슬	재학생	간호학과	1	F
6	5	1711105	김 민수	김	민수	재학생	간호학과	1	F
7	6	1711106	김 효서	김	효서	재학생	간호학과	1	F
8	7	1711107	박 영서	박	영서	재학생	간호학과	1	F
9	8	1711108	이 영호	이	영호	재학생	간호학과	1	F
10	9	1711109	이 은하	이	은하	재학생	간호학과	1	F
11	10	1711110	전 이슬	전	이슬	재학생	간호학과	1	F

다. 둘 이상의 셀 텍스트를 하나의 셀로 합치기

둘 이상의 셀 텍스트를 하나의 셀로 결합하거나 병합할 수 있다. 예를 들어 한 셀에는 어떤 사람의 '성'이 있고, 다른 셀에는 '이름'이 있는 경우, 새로운 셀에 성과 이름('성명')을 결합할 수 있다.

실습 05-03 *시트명 : '텍스트 합치기'*

1. 결합한 텍스트를 삽입할 셀을 선택한 후 '등호(=)'를 입력한다.
2. '성'과 같은 결합할 첫 번째 텍스트가 있는 셀을 선택하고 '&" "&(공백 입력)'를 입력한다.
3. '이름'과 같은 결합할 두 번째 텍스트가 있는 셀을 선택한 후 Enter↵ 키를 누른다.

	A	B	C	D	E	F	G	H	I	J
1	연번	학번	성	이름	성명1	성명2	학적상태	학과명	학년	반
2	1	1711101	강		=C2&" "&D2		재학생	간호학과	1	F
3	2	1711102	고	연희			재학생	간호학과	1	F
4	3	1711103	김	기호			재학생	간호학과	1	F
5	4	1711104	김	다슬			재학생	간호학과	1	F
6	5	1711105	김	민수			재학생	간호학과	1	F
7	6	1711106	김	효서			재학생	간호학과	1	F
8	7	1711107	박	영서			재학생	간호학과	1	F
9	8	1711108	이	영호			재학생	간호학과	1	F
10	9	1711109	이	은하			재학생	간호학과	1	F
11	10	1711110	전	이슬			재학생	간호학과	1	F

4. 자동 채우기 핸들러를 아래로 드래그하여 완성한다.

	A	B	C	D	E	F	G	H	I	J
1	연번	학번	성	이름	성명1	성명2	학적상태	학과명	학년	반
2	1	1711101	강	다영	강 다영		재학생	간호학과	1	F
3	2	1711102	고	연희	고 연희		재학생	간호학과	1	F
4	3	1711103	김	기호	김 기호		재학생	간호학과	1	F
5	4	1711104	김	다슬	김 다슬		재학생	간호학과	1	F
6	5	1711105	김	민수	김 민수		재학생	간호학과	1	F
7	6	1711106	김	효서	김 효서		재학생	간호학과	1	F
8	7	1711107	박	영서	박 영서		재학생	간호학과	1	F
9	8	1711108	이	영호	이 영호		재학생	간호학과	1	F
10	9	1711109	이	은하	이 은하		재학생	간호학과	1	F
11	10	1711110	전	이슬	전 이슬		재학생	간호학과	1	F

■ 텍스트를 결합할 데이터 행이 아주 많을 경우는 다음과 같이 한다.

실습 05-04 *시트명 : '텍스트 합치기'*

1. 결합한 첫 번째 텍스트를 삽입할 셀을 클릭한다.
2. 결합한 첫 번째 텍스트를 입력한다.
3. Enter↵ 키를 누른다.
4. 결합한 두 번째 텍스트를 입력하면 자동으로 나머지 행에 결합한 텍스트가 채워진 미리 보기가 표시된다.

	A	B	C	D	E	F	G	H	I	J
1	연번	학번	성	이름	성명1	성명2	학적상태	학과명	학년	반
2	1	1711101	강	다영	강 다영	강 다영	재학생	간호학과	1	F
3	2	1711102	고	연희	고 연희	고 연희	재학생	간호학과	1	F
4	3	1711103	김	기호	김 기호	김 기호	재학생	간호학과	1	F
5	4	1711104	김	다슬	김 다슬	김 다슬	재학생	간호학과	1	F
6	5	1711105	김	민수	김 민수	김 민수	재학생	간호학과	1	F
7	6	1711106	김	효서	김 효서	김 효서	재학생	간호학과	1	F
8	7	1711107	박	영서	박 영서	박 영서	재학생	간호학과	1	F
9	8	1711108	이	영호	이 영호	이 영호	재학생	간호학과	1	F
10	9	1711109	이	은하	이 은하	이 은하	재학생	간호학과	1	F
11	10	1711110	전	이슬	전 이슬	전 이슬	재학생	간호학과	1	F

5. 미리 보기를 수락하려고 Enter↵ 키를 누르면 나머지 모든 행의 텍스트가 결합되어 표시된다.

	A	B	C	D	E	F	G	H	I	J
1	연번	학번	성	이름	성명1	성명2	학적상태	학과명	학년	반
2	1	1711101	강	다영	강 다영	강 다영	재학생	간호학과	1	F
3	2	1711102	고	연희	고 연희	고 연희	재학생	간호학과	1	F
4	3	1711103	김	기호	김 기호	김 기호	재학생	간호학과	1	F
5	4	1711104	김	다슬	김 다슬	김 다슬	재학생	간호학과	1	F
6	5	1711105	김	민수	김 민수	김 민수	재학생	간호학과	1	F
7	6	1711106	김	효서	김 효서	김 효서	재학생	간호학과	1	F
8	7	1711107	박	영서	박 영서	박 영서	재학생	간호학과	1	F
9	8	1711108	이	영호	이 영호	이 영호	재학생	간호학과	1	F
10	9	1711109	이	은하	이 은하	이 은하	재학생	간호학과	1	F
11	10	1711110	전	이슬	전 이슬	전 이슬	재학생	간호학과	1	F

라. 셀 병합

둘 이상의 셀을 병합하여 더 큰 새로운 셀을 만든다. 이렇게 하면 여러 열로 확장되는 레이블을 만들 수가 있다.

실습 05-05 *시트명 : '셀 병합'*

1. 병합하려는 둘 이상의 인접한 셀을 선택한다.
2. '홈' 탭에서 '맞춤' 그룹의 '병합하고 가운데 맞춤(▾)'을 클릭하거나 셀을 가운데 맞추지 않고 병합하려면 옆의 화살표(▾)를 클릭하고 '전체 병합' 또는 '셀 병합'을 선택한다.

병합하고 가운데 맞춤(C)
전체 병합(A)
셀 병합(M)
셀 분할(U)

	A	B	C	D	E	F	G	H
1	대장암 환자의 신장 및 체중							
2	나이	성별	신장	체중	수술일	최종 암병기	입원일수	주상병코드
3	54	여	158.0	70.0	2012-01-31	I	11	C180
4	80	남	166.5	58.4	2012-02-02	II	26	C182
5	69	남	167.0	54.5	2012-02-23	II	14	C20
6	68	남	170.4	66.2	2012-03-06	I	10	C187
7	85	여	152.0	51.5	2012-03-13	II	11	C187
8	70	여	150.0	50.0	2012-03-22	II	11	C19
9	68	여	156.0	55.6	2012-03-08	IV	20	C187
10	73	남	153.4	53.5	2012-03-23	II	13	C186
11	81	남	172.0	60.0	2012-03-15	IV	26	C189
12	69	여	151.0	60.0	2012-03-29	III	15	C20

마. 셀에서 텍스트 줄 바꿈

■ 자동으로 텍스트 줄 바꿈

실습 05-06 *시트명 : '텍스트 줄 바꿈'*

1. 워크시트에서 서식을 지정하려는 셀을 선택한다.
2. '홈' 탭에서 '맞춤' 그룹의 '텍스트 줄 바꿈'을 선택하면 열 너비에 맞게 셀 안의 텍스트가 자동으로 줄 바꿈 되고, 열 너비를 변경하면 '텍스트 줄 바꿈'이 자동으로 조정된다.

	A	B
1		
2		워크시트의 셀에서 텍스트가 여러 줄 로 나타나도록 배 치할 수 있다.

■ 수동으로 텍스트 줄 바꿈

셀의 특정 지점에서 텍스트의 새 줄을 시작하려면 다음과 같이 한다.

1. 줄 바꿈을 입력할 셀을 더블 클릭하거나 F2를 누른다.
2. 셀에서 줄 바꿈 할 위치를 클릭하고 'Alt + Enter↵'를 누른다.

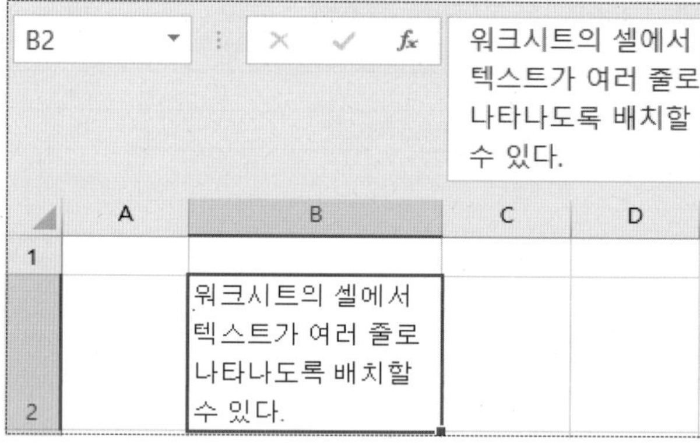

바. 행 또는 열 고정

워크시트의 다른 영역으로 스크롤하는 동안 워크시트의 한 영역을 표시된 상태로 유지하려는 경우 창을 고정하여 특정 행 또는 열을 고정하여 잠글 수 있다.

■ 특정 행 또는 열 고정

워크시트의 위쪽에 있는 행과 왼쪽에 있는 열만 고정하거나 여러 행과 열을 동시에 고정할 수 있다.

실습 05-07 *시트명 : '틀고정'*

1. 행을 잠그려면 스크롤할 때 표시된 상태로 유지할 행 아래에 있는 행을 선택하거나, 열을 잠그려면 스크롤할 때 표시된 상태로 유지할 열 오른쪽에 있는 열을 선택하거나, 행과 열을 모두 잠그려면 스크롤할 때 표시된 상태로 유지할 행과 열의 오른쪽 아래에 있는 셀을 선택한다.
2. '보기' 탭에서 '창' 그룹의 '틀 고정(▾)'을 클릭한다.
3. 하나의 행만 잠그려면 '첫 행 고정'을 선택하고, 하나의 열만 잠그려면 '첫 열 고정'을 선택하고, 두 개 이상의 행이나 열을 잠그거나 행과 열을 동시에 잠그려면 '틀 고정'을 선택한다.

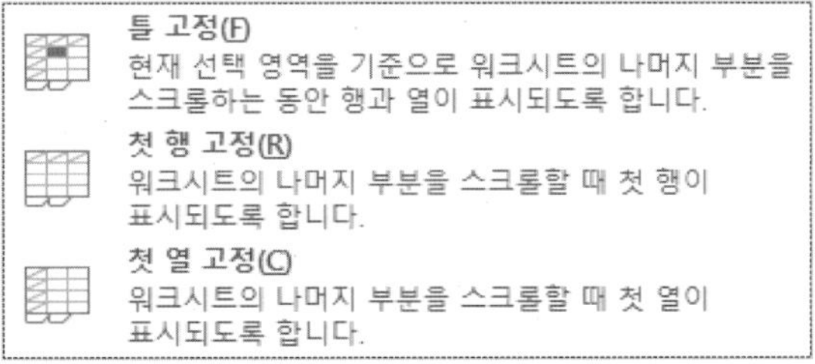

■ 특정 행 또는 열 고정 취소

실습 05-08 *시트명 : '틀고정'*

1. '보기' 탭에서 '창' 그룹의 '틀 고정(▾)'을 클릭한다.
2. '틀 고정 취소'를 선택하면 워크시트에서 고정된 행과 열이 모두 해제된다.

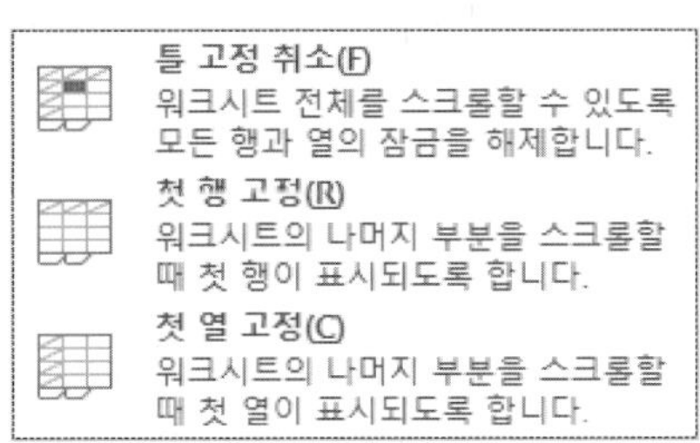

사. 데이터 행/열 바꾸기(회전)

실습 05-09 *시트명 : '행/열 바꾸기'*

1. 모든 행 또는 열 레이블을 포함하여 다시 정렬할 데이터 범위를 선택하고 'Ctrl + C'를 누른다.
2. 복사한 데이터를 붙여 넣을 첫 번째 셀을 선택하고 '홈' 탭에서 '클립보드' 그룹의 '붙여넣기(▾)'를 클릭하여 '바꾸기(T)'를 선택한다.

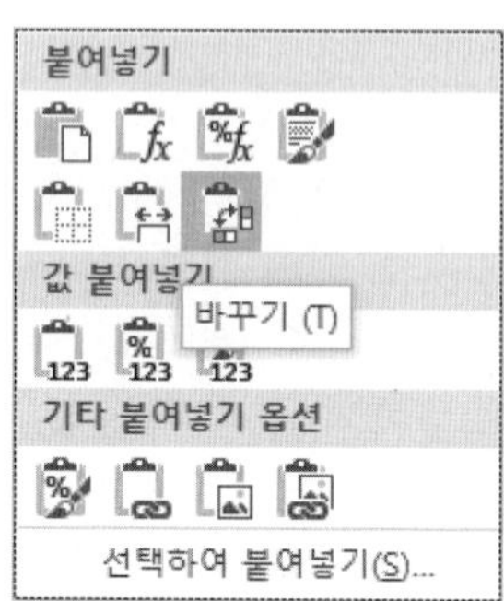

3. 아래 그림과 같이 행과 열이 바뀐다.

시도별	2008. 12 월	2008. 11 월	2008. 10 월	2008. 09 월	2008. 08 월	2008. 07 월
총계	78461	78389	78263	78175	78054	77933
서울	20084	20068	20027	20017	20002	19959
부산	5809	5817	5818	5813	5809	5800
대구	4183	4181	4173	4171	4162	4155
인천	3578	3573	3562	3548	3537	3535
광주	2281	2262	2257	2258	2256	2258
대전	2566	2570	2568	2564	2558	2547
울산	1497	1498	1494	1494	1490	1485
경기	15407	15399	15373	15355	15325	15298
강원	2186	2183	2180	2172	2167	2168
충북	2312	2302	2297	2296	2285	2278
충남	3109	3100	3100	3099	3098	3087
전북	3240	3231	3225	3218	3219	3227
전남	2986	2983	2980	2963	2965	2958
경북	3930	3929	3922	3926	3917	3914
경남	4441	4440	4435	4427	4409	4410
제주	852	853	852	854	855	854
세종	-	-	-	-	-	-

시도별	총계	서울	부산	대구	인천	광주	대전	울산	경기	강원	충북	충남	전북	전남	경북	경남	제주	세종
2008. 12 월	78,461	20,084	5,809	4,183	3,578	2,281	2,566	1,497	15,407	2,186	2,312	3,109	3,240	2,986	3,930	4,441	852	-
2008. 11 월	78,389	20,068	5,817	4,181	3,573	2,262	2,570	1,498	15,399	2,183	2,302	3,100	3,231	2,983	3,929	4,440	853	-
2008. 10 월	78,263	20,027	5,818	4,173	3,562	2,257	2,568	1,494	15,373	2,180	2,297	3,100	3,225	2,980	3,922	4,435	852	-
2008. 09 월	78,175	20,017	5,813	4,171	3,548	2,258	2,564	1,494	15,355	2,172	2,296	3,099	3,218	2,963	3,926	4,427	854	-
2008. 08 월	78,054	20,002	5,809	4,162	3,537	2,256	2,558	1,490	15,325	2,167	2,285	3,098	3,219	2,965	3,917	4,409	855	-
2008. 07 월	77,933	19,959	5,800	4,155	3,535	2,258	2,547	1,485	15,298	2,168	2,278	3,087	3,227	2,958	3,914	4,410	854	-

아. 워크시트에서 표 만들기

워크시트에서 표를 만들면 쉽게 데이터를 관리하고 분석할 뿐만 아니라 기본 제공되는 '필터링', '정렬', '행 음영'도 사용할 수 있다.

실습 05-10 *시트명 : '표 만들기'*

1. 표에 포함할 셀 범위를 선택한다.
2. '삽입' 탭에서 '표' 그룹의 '표'를 클릭한다(Ctrl + T).
3. 선택한 범위의 첫 행에 표 머리글로 사용할 데이터가 있으면 '머리글 포함' 확인란을 선택하고, '머리글 포함' 확인란을 선택하지 않으면 '열1' 및 '열2' 와 같은 기본 이름의 표 머리글이 표의 데이터 위에 추가된다. 기본 머리글은 언제든지 변경할 수 있다.

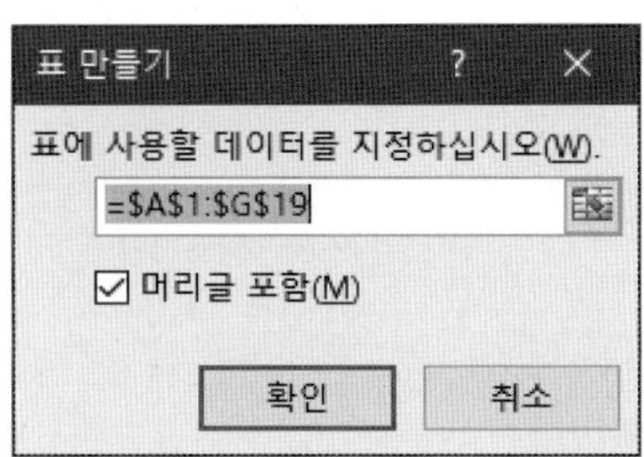

	A	B	C	D	E	F	G
1	시도별	2008. 12 월	2008. 11 월	2008. 10 월	2008. 09 월	2008. 08 월	2008. 07 월
2	총계	78,461	78,389	78,263	78,175	78,054	77,933
3	서울	20,084	20,068	20,027	20,017	20,002	19,959
4	부산	5,809	5,817	5,818	5,813	5,809	5,800
5	대구	4,183	4,181	4,173	4,171	4,162	4,155
6	인천	3,578	3,573	3,562	3,548	3,537	3,535
7	광주	2,281	2,262	2,257	2,258	2,256	2,258
8	대전	2,566	2,570	2,568	2,564	2,558	2,547
9	울산	1,497	1,498	1,494	1,494	1,490	1,485
10	경기	15,407	15,399	15,373	15,355	15,325	15,298
11	강원	2,186	2,183	2,180	2,172	2,167	2,168
12	충북	2,312	2,302	2,297	2,296	2,285	2,278
13	충남	3,109	3,100	3,100	3,099	3,098	3,087
14	전북	3,240	3,231	3,225	3,218	3,219	3,227
15	전남	2,986	2,983	2,980	2,963	2,965	2,958
16	경북	3,930	3,929	3,922	3,926	3,917	3,914
17	경남	4,441	4,440	4,435	4,427	4,409	4,410
18	제주	852	853	852	854	855	854
19	세종	-	-	-	-	-	-

4. '홈' 탭의 '스타일' 그룹에서 '표 서식(▾)'을 클릭하여 '밝게', '보통', '어둡게' 중에서 사용할 표 스타일을 선택한다.
5. 기존의 표에 행을 추가하려면 표의 마지막 행에 있는 마지막 셀을 선택하고 Tab 키를 누른다.

제6장

파일 저장 및 공유

가. 엑셀 2016 통합 문서 공유

윈도우용 엑셀 2016에서는 통합 문서를 다른 사용자와 더욱 쉽게 공유할 수 있다. OneDrive, 비즈니스용 OneDrive 또는 SharePoint를 사용하여 통합 문서를 공유하면 엑셀 2016 내에서 바로 모든 공유 작업을 수행할 수 있다.

실습 06-01 *시트명 : '통합 문서 공유'*

1. 새로운 통합 문서를 만들고 리본 메뉴의 오른쪽 위에서 '공유' 버튼을 클릭하면 스프레드시트를 OneDrive, 비즈니스용 OneDrive 또는 SharePoint에 아직 저장하지 않은 경우, 지금 저장하라는 메시지가 나타난다. 클라우드에 저장을 선택하고 통합 문서를 저장할 위치를 선택한다.

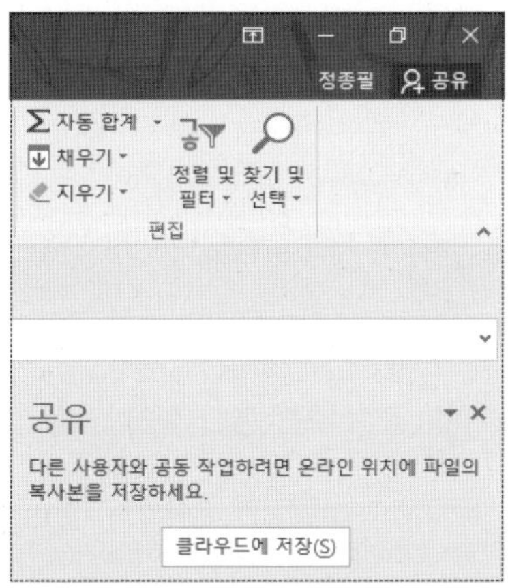

2. 저장하고 나면 다른 사용자도 편집하거나 볼 수 있도록 초대할 수 있다. '사용자 초대' 텍스트 필드에 공유하려는 사람의 '전자 메일 주소'를 입력하여 초대하고 '편집 가능' 또는 '보기 가능'을 선택한다. 초대하려는 사람의 연락처 정보가 이미 저장되어 있는 경우에는 이름만 입력해도 된다.

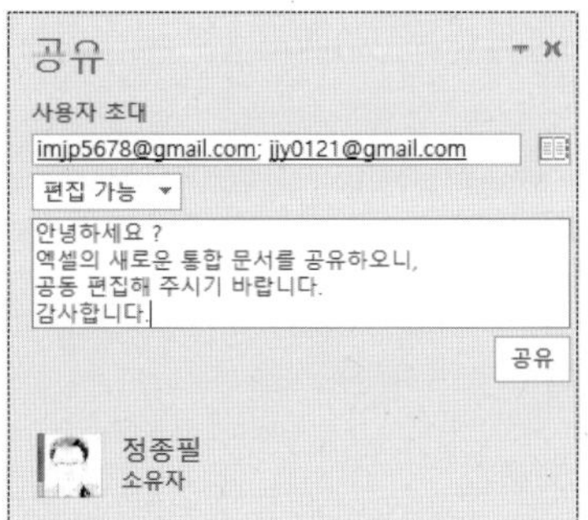

3. '공유' 버튼을 누르면 초대한 사람에게 전자 메일이 전송된다.

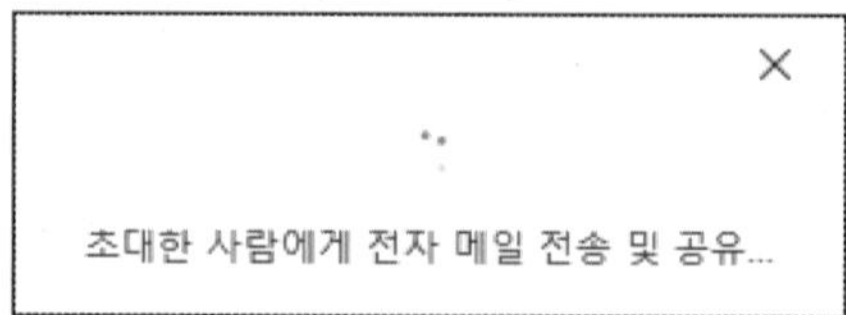

4. 공유가 완료되면 초대한 사람들의 정보가 공유 목록에 나타난다.

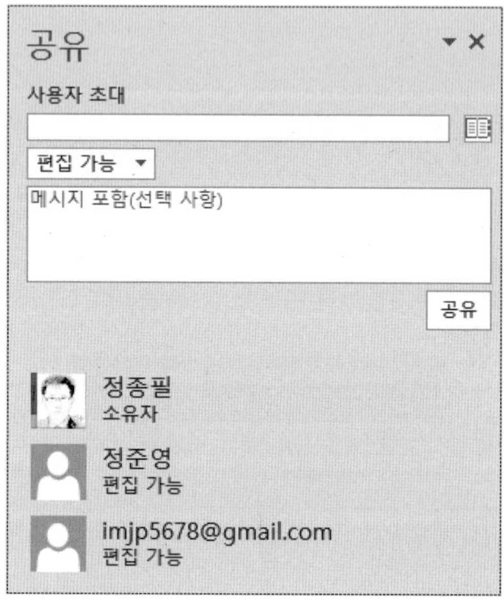

5. 오른쪽 아래쪽에 '공유 링크 가져오기'를 클릭하면 '편집 링크 만들기'와 '보기 전용 링크 만들기'를 만들어 공유할 수 있다.

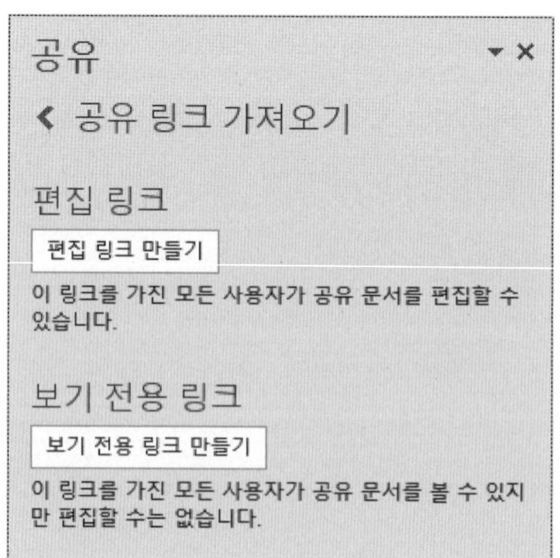

나. 다른 파일 형식으로 통합 문서 저장

대부분의 경우에는 최신 파일 형식(.xlsx)으로 통합 문서를 저장하기를 원할 것이다. 하지만 때로는 통합 문서를 이전 버전의 엑셀 파일 형식, 텍스트 파일, PDF 또는 XPS 파일 등 다른 파일 형식으로 저장해야 할 수도 있다. 통합 문서를 다른 파일 형식으로 저장할 때는 일부 서식, 데이터, 기능이 저장되지 않을 수도 있다.

실습 06-02 *시트명 : '통합 문서 공유'*

1. 저장할 통합 문서를 연다.
2. 리본 메뉴 '파일' 탭의 '다른 이름으로 저장'을 클릭한다.

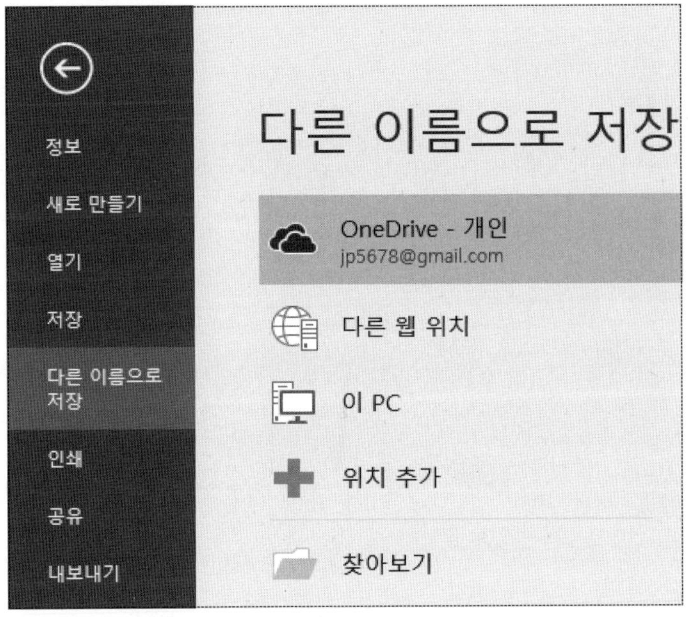

3. 통합 문서를 저장할 위치를 선택한다.
4. 파일 이름 상자에 '파일명'을 입력하고, 파일 형식 목록에서 원하는 '파일 형식'을 선택한다.

다. 이전 버전의 엑셀과 호환되도록 엑셀 통합 문서 저장

통합 문서를 '엑셀 97-2003(*.xls)' 형식으로 저장하면 호환성 검사가 자동으로 실행된다. 엑셀 2013, 엑셀 2010 또는 엑셀 2007을 사용하는 사람들과 공유하는 경우 직접 실행할 수도 있다.

■ 파일을 .xls 형식으로 저장하고 호환성 검사 문제 검토

실습 06-03 *시트명 : '통합 문서 공유'*

1. '파일' 탭의 '내보내기'를 클릭한다.
2. 내보내기에서 '파일 형식 변경'을 클릭한다.
3. 통합 문서 파일 유형에서 '엑셀 97 - 2003 통합 문서(*.xls)'를 더블 클릭한다.

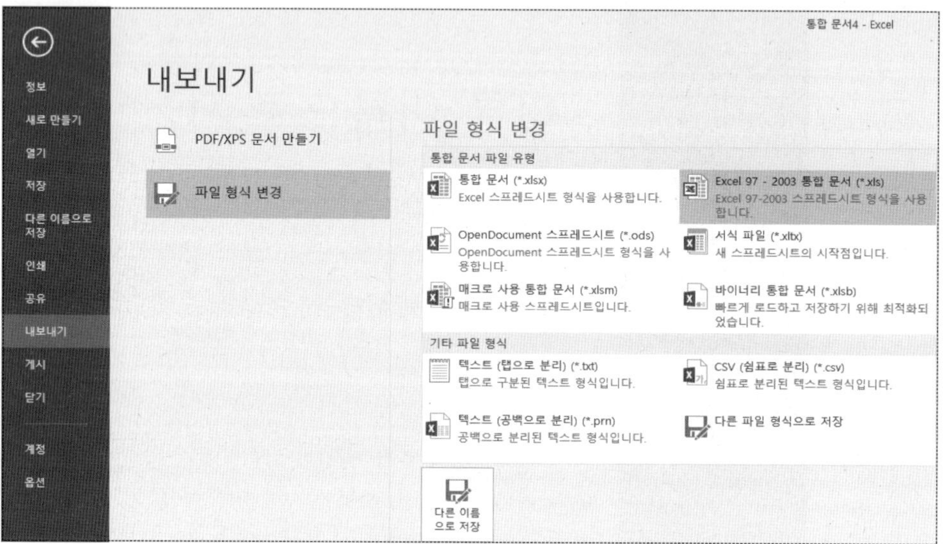

4. 다른 이름으로 저장 대화 상자에서 통합 문서를 저장할 위치를 선택한다.
5. 파일 이름 상자에서 새 파일 이름을 입력하거나 기존 이름을 그대로 사용한다.
6. '저장'을 클릭한다.
7. '호환성 검사'가 나타나면 발견된 호환성 문제를 검토한다.

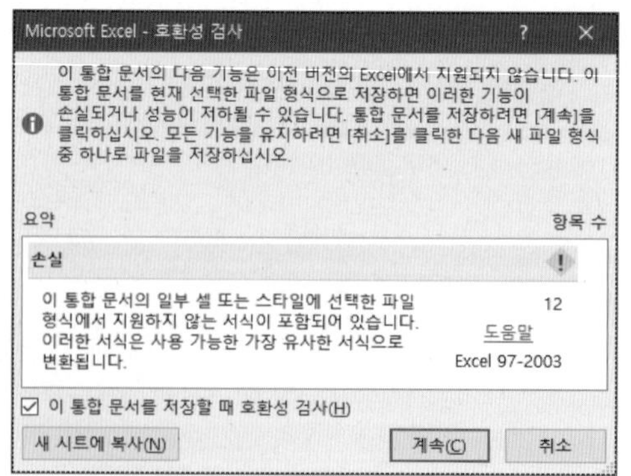

라. 온라인으로 통합 문서 저장

클라우드에 파일을 저장하면 인터넷 환경에서는 어디서나 액세스할 수 있고 손쉽게 가족 및 친구들과 공유할 수 있다. OneDrive를 통해 통합 문서를 온라인으로 저장하려면 Office에 로그인해야 한다. 파일은 OneDrive.com(온라인)과 컴퓨터의 OneDrive 폴더에 동시 저장되므로 오프라인에서 작업한 다음 다시 연결되면 변경 내용을 동기화할 수 있다.

엑셀 통합 문서를 열고 '파일' 탭에서 '다른 이름으로 저장'을 클릭하고 'OneDrive'를 선택한다.

Microsoft 계정이 없는 경우 등록을 마치고 로그인 후 OneDrive에 통합 문서를 저장한다.

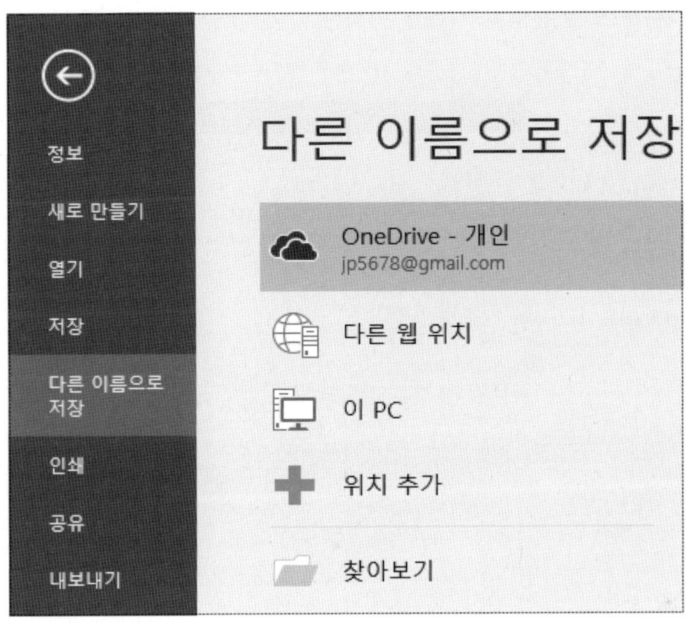

마. PDF로 저장

실습 06-04 *시트명 : 'PDF 저장'*

1. 저장할 통합 문서를 열고 '파일' 탭에서 '다른 이름으로 저장'을 클릭한다.
2. '찾아보기'를 클릭하여 다른 이름으로 저장 대화 상자에서 파일 이름을 입력하고 파일 형식 목록에서 PDF(*.pdf)를 선택한다. 이때 문서를 고품질로 인쇄해야 할 경우 '표준(온라인 게시 및 인쇄)'을 선택하고, 파일 크기가 인쇄 품질보다 중요한 경우에는 '최소 크기(온라인 게시)'를 선택하고, 저장 후 선택한 형식으로 파일을 열려면 '게시 후 파일 열기' 확인란을 선택한다. 또 옵션에서는 페이지 범위를 선택하거나 게시 대상에서 전체 통합 문서 또는 선택한 시트를 선택한 다음 '저장' 버튼을 클릭하여 파일을 저장한다.

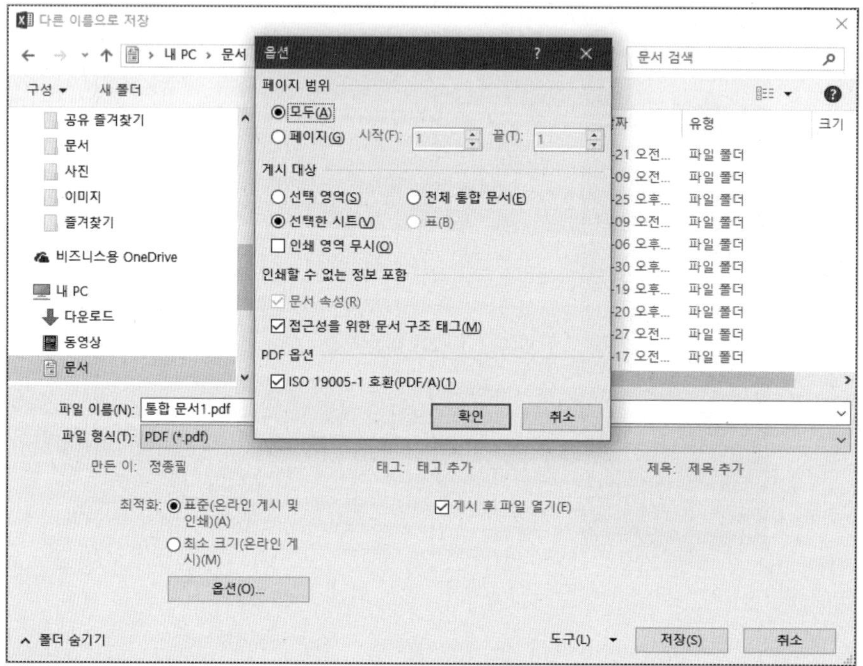

바. 암호로 통합 문서 보호

실습 06-05 *시트명 : '통합 문서 보호'*

1. '파일' 탭에서 '다른 이름으로 저장'을 클릭한다.
2. 저장할 위치를 선택한다.
3. 다른 이름으로 저장 대화 상자에서 '파일 이름'과 '파일 형식'을 지정하고 '도구(L) (▾)'을 열고 '일반 옵션'을 선택한다.
4. 암호를 입력 한 다음 '확인' 버튼을 클릭한다. 확인을 위해 동일한 암호를 입력하고 '확인' 버튼을 다시 클릭한다. 파일을 '엑셀 97-2003' 형식으로 저장할 때는 암호가 삭제된다.

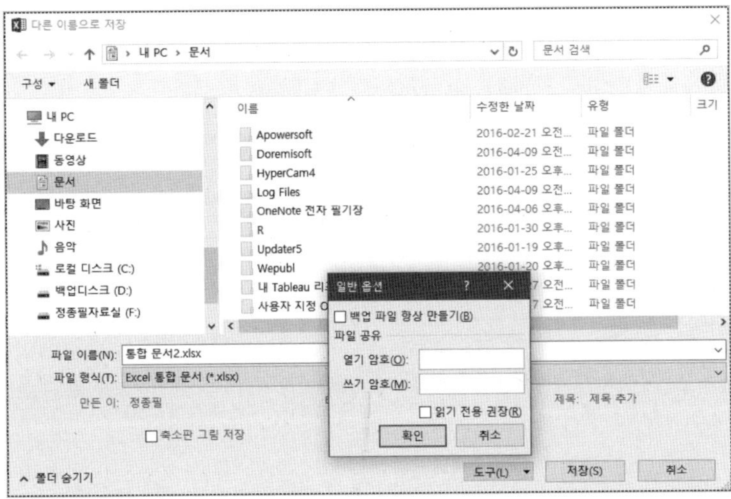

사. 암호로 워크시트 또는 통합 문서 요소 보호

사용자가 실수나 고의로 중요한 데이터를 변경, 이동 또는 삭제할 수 없도록 하기 위해 암호를 사용 여부와 관계없이 특정 워크시트 또는 통합 문서 요소를 보호할 수 있다. 워크시트에서 보호는 필요에 따라 제거할 수 있다.

■ 워크시트 요소 보호

실습 06-06 *시트명 : '통합 문서 보호'*

1. 보호할 워크시트를 선택한다.
2. 다른 사용자가 변경할 수 있도록 셀이나 셀 범위의 잠금을 해제하려면 다음을 수행한다.
   a. 잠금을 해제할 각 셀 또는 셀 범위를 선택한다.
   b. '홈' 탭에서 '셀' 그룹의 '서식(▾)'에서 '셀 서식'을 선택한다.
   c. 셀 서식의 '보호' 탭에서 '잠금' 상자의 선택을 취소한 다음 '확인' 버튼을 클릭한다.

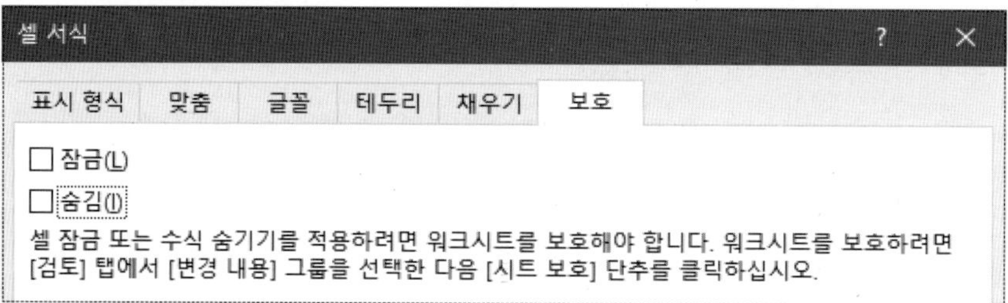

3. 표시하지 않으려는 수식을 모두 숨기려면 다음을 수행한다.
   a. 워크시트에서 숨기려는 수식이 들어 있는 셀을 선택한다.
   b. '홈' 탭에서 '셀' 그룹의 '서식(▾)'에서 '셀 서식'을 선택한다.
   c. 셀 서식의 '보호' 탭에서 '숨김' 상자를 선택한 다음 '확인' 버튼을 클릭한다.

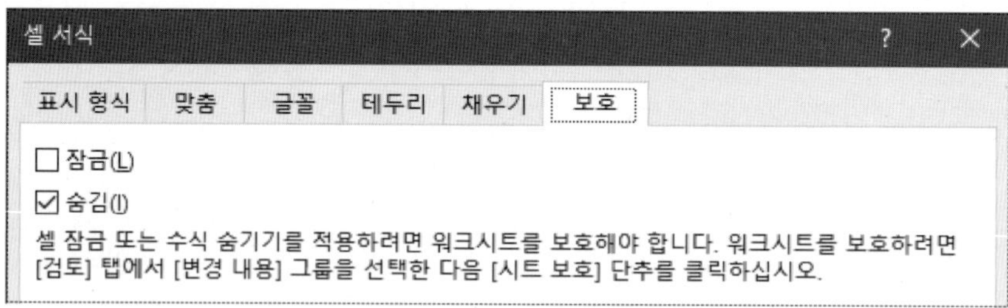

4. 다른 사용자가 변경할 수 있도록 그림, 클립아트, 도형, SmartArt 그래픽과 같은 그래픽 개체의 잠금을 해제하려면 다음을 수행한다.
   a. Ctrl 키를 누른 채로 잠금을 해제할 각 그래픽 개체를 클릭하여 선택한다.
   b. '서식' 탭을 클릭하고 '크기' 그룹에서 '크기 및 속성' 아이콘을 클릭한다.

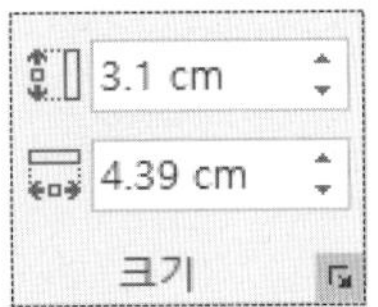

c. '크기 및 속성' 탭의 '속성'에서 '잠금' 확인란의 선택을 취소한다.

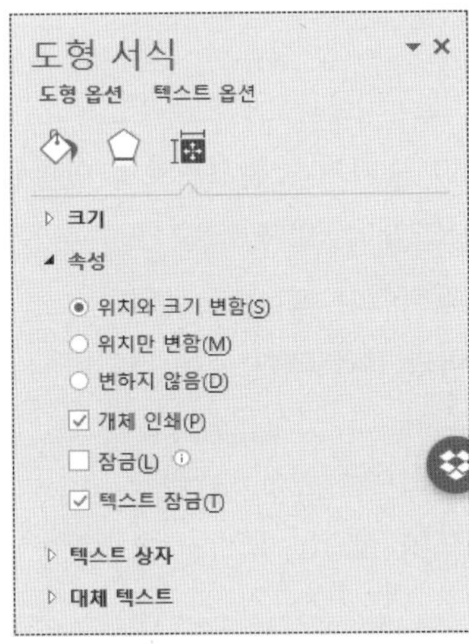

5. '검토' 탭에서 '변경 내용' 그룹의 '시트 보호'를 클릭한다.
6. 사용자가 변경할 수 있도록 허용할 요소를 워크시트에서 허용할 내용 목록에서 선택한다.

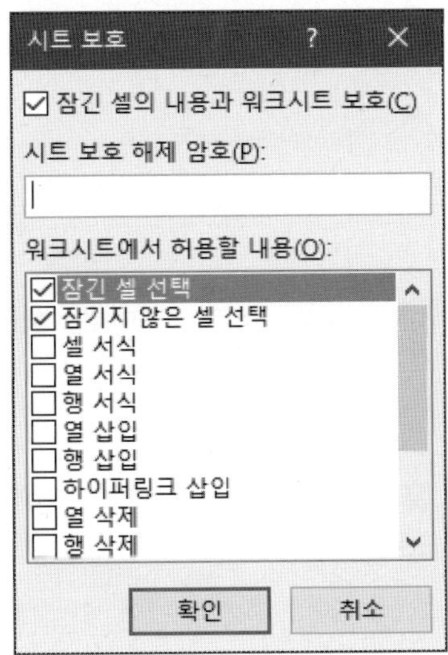

■ 통합 문서 요소 보호

실습 06-07 *시트명 : '통합 문서 보호'*

1. '검토' 탭에서 '변경 내용' 그룹의 '통합 문서 보호'를 클릭한다.
2. 보호할 대상에서 통합 문서의 구조를 보호하려면 '구조' 상자를 선택하고, 통합 문서를 열 때마다 통합 문서 창의 크기 및 위치를 동일하게 유지하려면 '창' 확인란을 선택한다.

   a. 구조를 선택한 경우
   - 숨긴 워크시트를 볼 수 없다.
   - 워크시트를 이동하거나 삭제하거나 숨기거나 워크시트의 이름을 변경할 수 없다.
   - 새 워크시트 또는 차트 시트를 삽입할 수 없다.
   - 워크시트를 다른 통합 문서로 이동하거나 복사할 수 없다.
   - 피벗 테이블 보고서에 데이터 영역의 셀에 대한 원본 데이터를 표시하거나 별도 워크시트의 페이지 필드 페이지를 표시할 수 없다.
   - 시나리오의 경우 시나리오 요약 보고서를 만들 수 없다.
   - 분석 도구를 사용하여 새 워크시트에 결과를 표시할 수 없다.

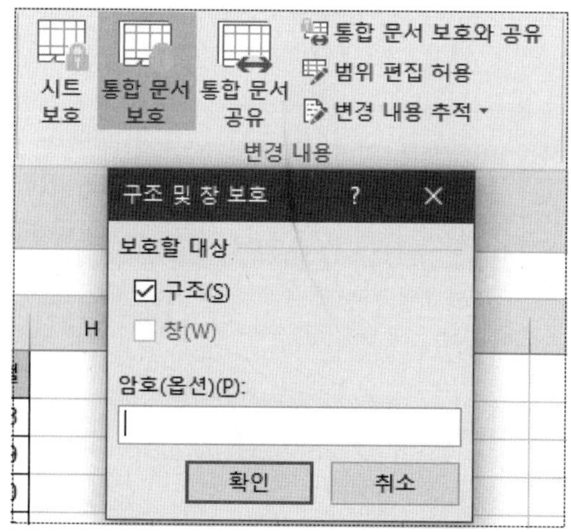

   b. 창을 선택한 경우
   - 통합 문서가 열려 있을 때 통합 문서 창의 크기와 위치를 변경할 수 없다.
   - 창을 이동하거나 닫거나 창 크기를 조절할 수 없다.

3. 다른 사용자가 통합 문서 보호를 제거하지 못하도록 하려면 '암호(옵션)' 상자에서 암호를 입력하고 '확인' 버튼을 클릭한 다음 암호를 다시 입력하여 확인한다.

■ 공유 통합 문서의 요소 보호

통합 문서가 이미 공유되고 있는 경우 공유를 보호하기 위해 암호를 지정하려면 먼저 다음을 실행하여 통합 문서의 공유를 해제해야 한다.

실습 06-08 *시트명 : '통합 문서 보호'*

1. 다른 모든 사용자가 자신의 작업이 손실되지 않도록 공유 통합 문서를 저장하고 닫도록 한다.
2. 통합 문서를 연다.
3. 통합 문서의 공유를 해제할 때 손실되는 변경 내용 정보의 복사본을 유지하려면 다음을 실행한다.
   a. '검토' 탭에서 '변경 내용' 그룹의 '변경 내용 추적(▾)'을 클릭하고 '변경 내용 표시'를 선택한다.
   b. '언제' 목록에서 '모두'를 선택하고, '누가' 및 '어디'에 확인란의 선택을 취소한다.
   c. '새 시트에 변경 내용 작성' 확인란을 선택한 다음 '확인' 버튼을 클릭한다.

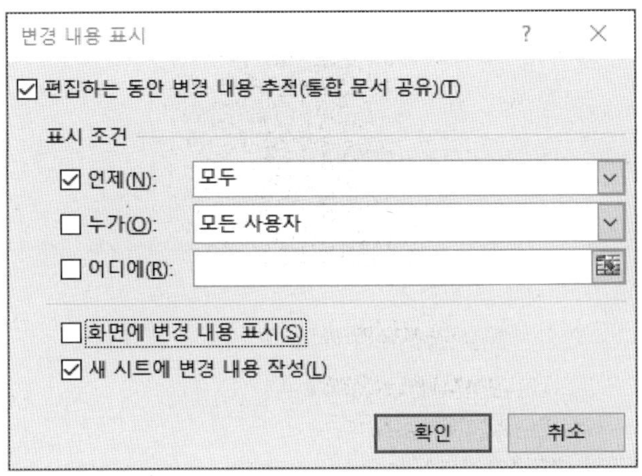

   d. 다음 중 하나 또는 모두를 실행한다.
   e. 변경 내용 워크시트를 인쇄하려면 '인쇄' 버튼을 클릭한다.
   f. 변경 내용을 다른 통합 문서에 복사하려면 복사할 셀을 선택하고 '홈' 탭의 '클립보드' 그룹에서 '복사' 버튼을 클릭한다.
4. 공유 통합 문서에서 '검토' 탭에서 '변경 내용' 그룹의 '통합 문서 보호와 공유'를 클릭한다.

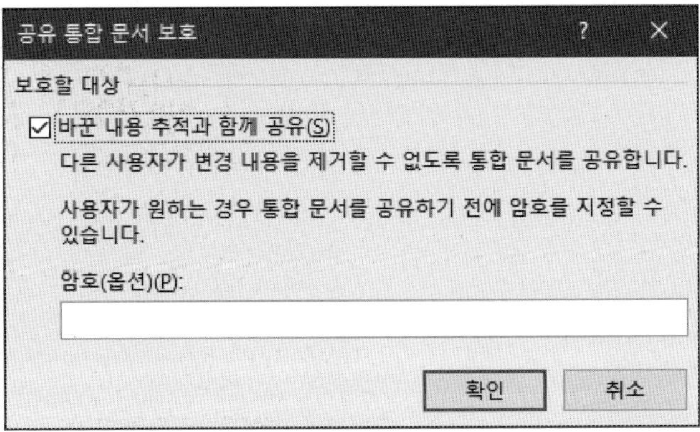

5. '검토' 탭의 '변경 내용' 그룹에서 '통합 문서 공유'를 클릭한다. '편집' 탭에서 '다음 사용자가 이 통합 문서를 사용하고 있습니다'. 라고 목록이 나타난다. 목록에 자신만 나열되어 있는지 확인한다.

6. '여러 사용자가 동시에 변경할 수 있으며 통합 문서 병합도 가능' 확인란의 선택을 취소한다.
   a. 확인을 클릭하여 통합 문서 공유 대화 상자를 닫는다.
   b. '검토' 탭에서 '변경 내용 그룹'의 '공유 통합 문서 보호 해제'를 클릭한다.
   c. 메시지가 표시되면 '암호'를 입력한 다음 '확인' 버튼을 클릭한다.
   d. '검토' 탭에서 '변경 내용' 그룹의 '통합 문서 공유'를 클릭한다.
   e. '편집' 탭에서 '여러 사용자가 동시에 변경할 수 있으며 통합 문서 병합도 가능' 확인란의 선택을 취소한다.
   f. 다른 사용자에 대한 영향을 알리는 메시지가 표시되면 '예'를 클릭한다.
   g. 필요한 경우 다음을 실행하여 범위에 대한 특정 사용자 액세스를 제공하고 워크시트를 보호하며 통합 문서 요소를 보호하고 보기 및 편집 암호를 설정한다.
   - '검토' 탭에서 '변경 내용' 그룹의 '공유 통합 문서 보호'를 클릭한다.
   - '바꾼 내용 추적과 함께 공유' 확인란을 선택한다.
   - 다른 사용자가 변경 내용을 해제하거나 통합 문서의 공유 사용을 제거하기 위해 암호를 제공하도록 요구하려면 '암호(옵션)' 상자에서 암호를 입력하고 '확인'을 클릭한 다음 암호를 다시 입력하여 확인한다.
   - 메시지가 나타나면 통합 문서를 저장한다.

■ 워크시트의 보호 제거

실습 06-09 *시트명 : '통합 문서 보호'*

1. '검토' 탭의 '변경 내용' 그룹에서 '시트 보호 해제'를 클릭한다. 워크시트가 보호되어 있으면 시트 보호 옵션이 시트 보호 해제로 바뀐다.

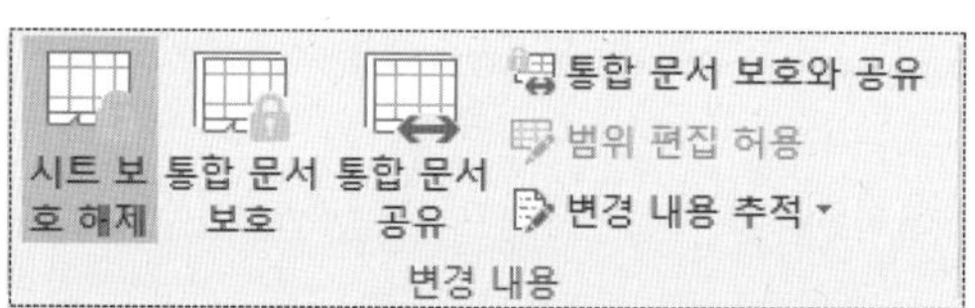

2. 확인 메시지가 나타나면 암호를 입력하여 워크시트 보호를 해제한다.

아. 워크시트 또는 통합 문서에서 암호 제거

■ 워크시트에서 암호를 제거하려면

실습 06-10 *시트명 : '통합 문서 보호'*

1. '검토' 탭의 '변경 내용' 그룹에서 '시트 보호 해제'를 선택한다.

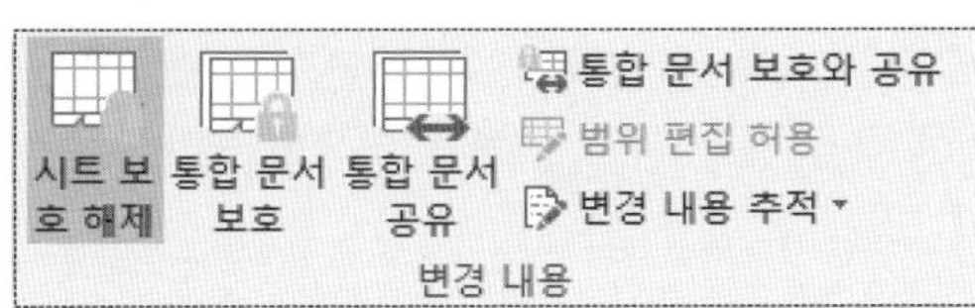

2. 시트의 암호를 입력한 다음 '확인' 버튼을 클릭한다.

■ 통합 문서에서 암호를 제거하려면

실습 06-11 *시트명 : '통합 문서 보호'*

1. '검토' 탭의 '변경 내용' 그룹에서 '통합 문서 보호'를 선택한다.

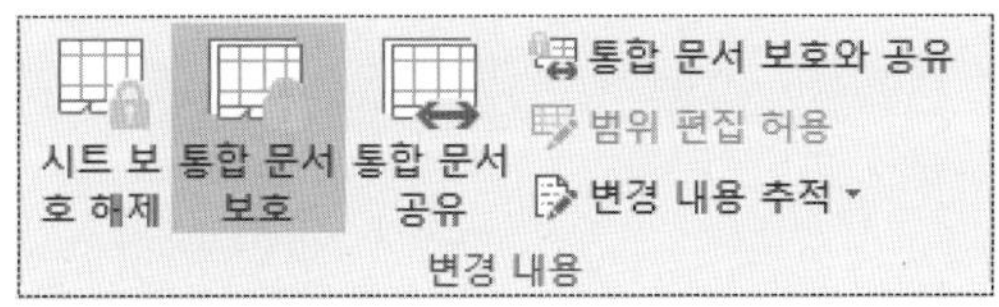

2. 암호를 입력한 다음 '확인' 버튼을 클릭한다.

자. 셀을 잠금으로 보호

실습 06-12 *시트명 : '통합 문서 보호'*

1. 잠그려는 셀을 선택한다.
2. '홈' 탭의 '맞춤' 그룹에서 '맞춤 설정' 아이콘을 클릭하여 셀 서식 대화 상자를 연다.

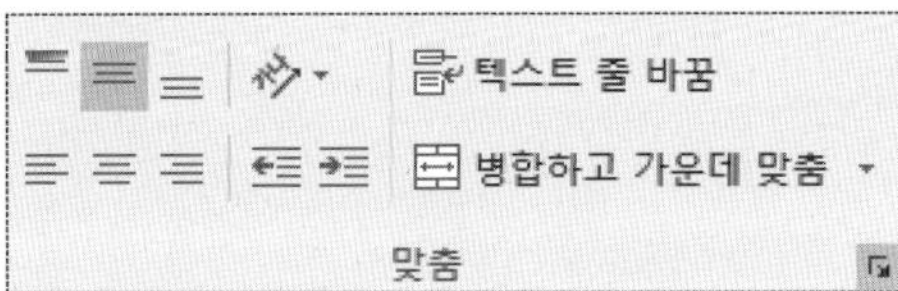

3. '보호' 탭에서 '잠금' 확인란을 선택한 다음 '확인' 버튼을 클릭한다.

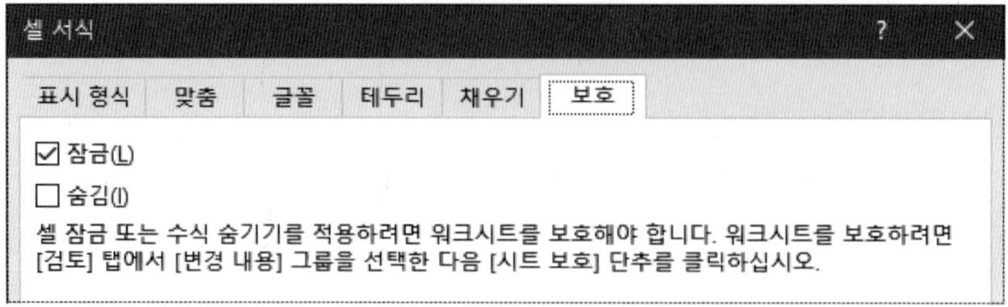

4. 리본 메뉴의 '검토' 탭에 있는 '변경 내용' 그룹에서 '시트 보호' 또는 '통합 문서 보호'를 선택한 다음 보호를 다시 적용한다. 통합 문서 및 워크시트 외에 수식을 보호할 수도 있다.

제7장

데이터 정렬 및 필터링

가. 워크시트에서 데이터 정렬

워크시트의 정보를 정렬할 경우 원하는 방법으로 데이터를 보고 값을 빠르게 찾을 수 있다. 하나 이상의 데이터 열에서 데이터의 범위나 표를 정렬할 수 있다.

■ 빠른 정렬

실습 07-01 *시트명 : '데이터 정렬'*

1. 정렬할 열에서 아무 셀이나 한 셀을 클릭한다.
2. '데이터' 탭의 '정렬 및 필터' 그룹에서 '텍스트 오름차순 정렬' 또는 '텍스트 내림차순 정렬'을 선택한다.

■ 정렬 기준을 지정하여 정렬

정렬하려는 열과 '값', '셀 색', '글꼴 색', '셀 아이콘' 등의 정렬 기준을 지정하여 정렬을 할 수가 있다.

실습 07-02 *시트명 : '데이터 정렬'*

1. 정렬할 열에서 아무 셀이나 한 셀을 클릭한다.
2. '데이터' 탭의 '정렬 및 필터' 그룹에서 '정렬'을 클릭한다.

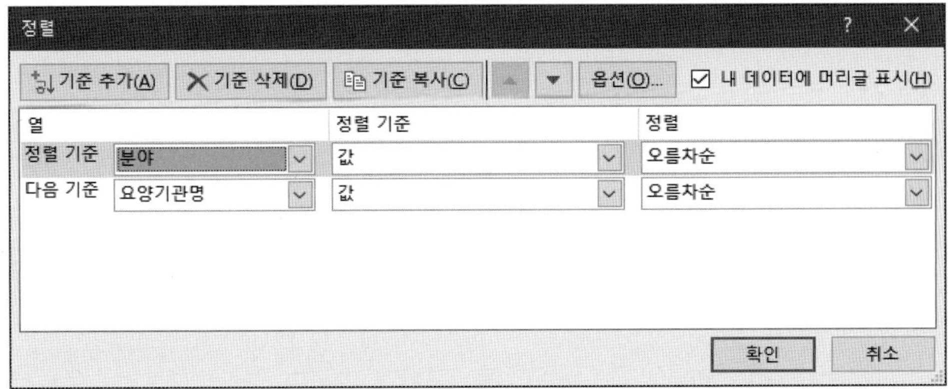

3. '열' 목록에서 정렬할 첫 번째 열과 두 번째 열을 선택한다.
4. '정렬 기준' 목록에서 '값', '셀 색', '글꼴 색', '셀 아이콘' 중에서 선택한다.
5. '정렬' 목록에서 정렬 작업에 적용할 순서(오름차순 또는 내림차순)를 선택한다.

	A	B	C	D	E
1	제2기 전문병원 현황 (지정기간 : 2015.1.1 ~ 2017.12.31)				
2	연번	분야	요양기관명	소재지	종별
3	12	관절	나은병원	전라북도 익산시 무왕로 1004, (영등동)	병원
4	13	관절	동아병원	광주광역시 남구 대남대로 238, (백운동)	종합병원
5	3	관절	목동힘찬병원	서울특별시 양천구 신목로 120, (목동)	병원
6	22	뇌혈관	굿모닝병원	대구광역시 남구 성당로 224, (대명동)	병원
7	19	뇌혈관	명지성모병원	서울특별시 영등포구 도림로 156, (대림동)	종합병원
8	25	대장항문	대항병원	서울특별시 서초구 남부순환로 2151, (방배동)	병원
9	26	대장항문	부산항운병원	부산광역시 동래구 충렬대로 348번길 1, (안락동)	병원
10	23	대장항문	서울송도병원	서울특별시 중구 다산로 78, (신당동)	병원
11	67	산부인과	미즈메디병원	서울특별시 강서구 강서로 295, (내발산동)	종합병원
12	77	산부인과	미즈피아병원	광주광역시 서구 시청로 17, (치평동)	병원
13	70	산부인과	봄빛병원	경기도 안양시 동안구 평촌대로 211번길 26, (호계동)	병원
14	75	산부인과	분당제일여성병원	경기도 성남시 분당구 서현로 180번길 27, (서현동)	병원
15	31	수지접합	더블유병원	대구광역시 달서구 달구벌대로 1632, (감삼동)	병원
16	28	수지접합	의료법인센텀의료재단서부산센텀병원	부산광역시 사상구 새벽로 226, (괘법동)	병원
17	82	신경과	문성병원	대구광역시 남구 성당로 168, (대명동)	병원
18	32	심장	의료법인혜원의료재단세종병원	경기도 부천시 소사구 호현로 489번길 28, (소사본동,세종병원)	종합병원
19	84	안과	건양의료재단김안과병원	서울특별시 영등포구 영신로 136, (영등포동4가)	병원
20	85	안과	누네안과병원	서울특별시 강남구 선릉로 404, 1층일부,2층-8층(대치동)	병원
21	90	안과	제일안과병원	대구광역시 동구 아양로 1, (신암동)	병원
22	38	알코올	(의료법인)다사랑병원	광주광역시 서구 풍서우로 224, (벽진동)	병원

나. 엑셀 표의 데이터 필터링

실습 07-03 *시트명 : '데이터 필터링'*

1. '홈' 탭의 '스타일' 그룹에서 '표 서식(▾)'을 클릭하면 '밝게', '보통', '어둡게' 중 원하는 '표 스타일'을 선택한다.

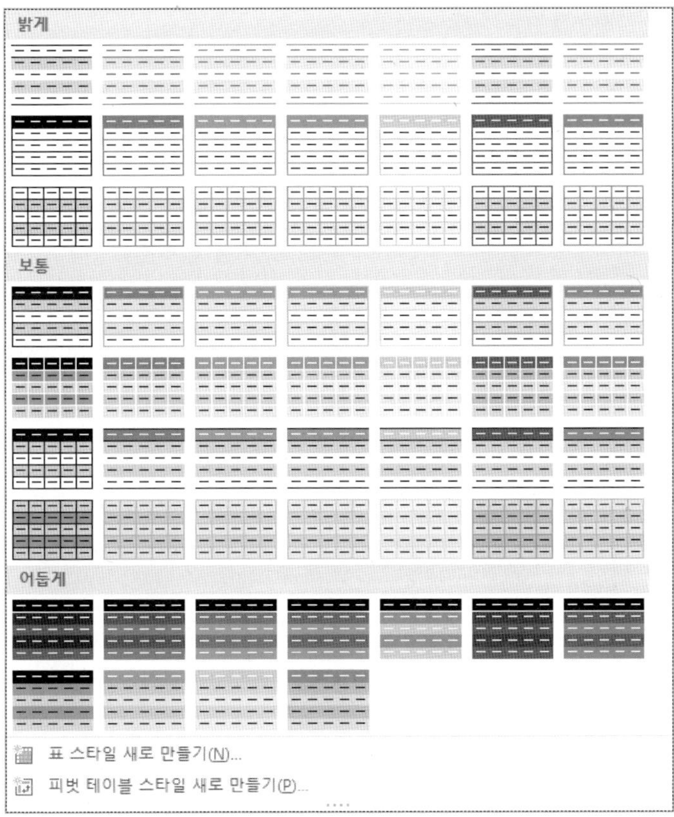

2. '표 만들기' 대화상자에서 표에 사용할 데이터의 범위를 지정한다.

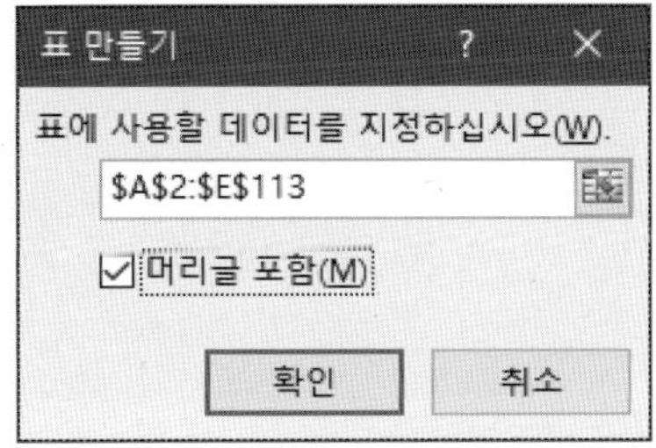

3. 필터링할 열의 표 머리글에 있는 '필터 드롭다운 버튼(▾)'을 클릭한다.

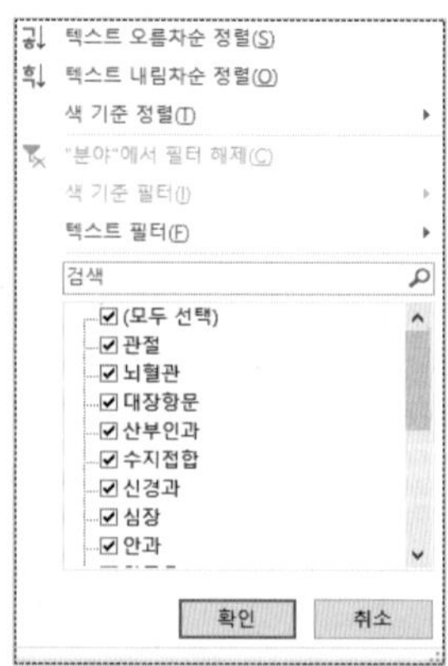

4. 텍스트 또는 숫자 목록의 맨 위에 있는 '(모두 선택)' 확인란의 선택을 취소하고 표에 표시할 항목의 확인란을 선택한다.

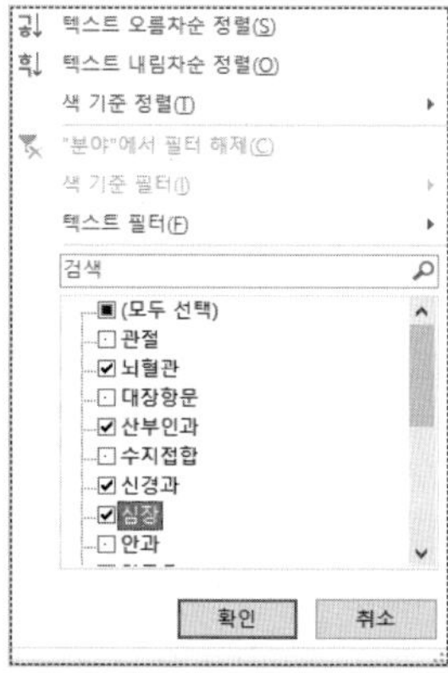

5. '확인' 버튼을 클릭하면 '분야'라는 표 머리글의 필터링 화살표가 깔때기와 같은 아이콘으로 바뀌어 필터가 적용되었음을 나타낸다.

	A	B	C	D	E
1	제2기 전문병원 현황 (지정기간 : 2015.1.1 ~ 2017.12.31)				
2	연번	분야	요양기관명	소재지	종별
21	19	뇌혈관	명지성모병원	서울특별시 영등포구 도림로 156, (대림동)	종합병원
22	20	뇌혈관	의료법인정산의료재단효성병원	충청북도 청주시 상당구 쇠내로 16, (금천동)	종합병원
23	21	뇌혈관	에스포항병원	경상북도 포항시 북구 포스코대로 246, (죽도동)	종합병원
24	22	뇌혈관	굿모닝병원	대구광역시 남구 성당로 224, (대명동)	병원
34	32	심장	의료법인혜원의료재단세종병원	경기도 부천시 소사구 호현로 489번길 28, (소사본동,세종병원)	종합병원
68	66	산부인과	의료법인제일의료재단제일병원	서울특별시 중구 서애로 1길 17, (묵정동)	종합병원
69	67	산부인과	미즈메디병원	서울특별시 강서구 강서로 295, (내발산동)	종합병원
70	68	산부인과	유광사여성병원	서울특별시 강서구 강서로 194, (화곡동)	병원
71	69	산부인과	인정병원	서울특별시 은평구 응암로 164, (응암동)	병원
72	70	산부인과	봄빛병원	경기도 안양시 동안구 평촌대로 211번길 26, (호계동)	병원
73	71	산부인과	시온여성병원	경기도 수원시 영통구 반달로 107, (영통동)	병원
74	72	산부인과	허유재병원	경기도 고양시 일산동구 중앙로 1317, (장항동,일산복합빌딩)	병원
75	73	산부인과	서울여성병원	경기도 부천시 원미구 길주로 84, 지하5층~8층일부,(상동,서울여성병원)	병원
76	74	산부인과	의료법인아인의료재단서울여성병원	인천광역시 남구 경원대로 771, (주안동)	병원
77	75	산부인과	분당제일여성병원	경기도 성남시 분당구 서현로 180번길 27, (서현동)	병원
78	76	산부인과	에덴병원	광주광역시 북구 면앙로 170번길 10, (두암동)	병원
79	77	산부인과	미즈피아병원	광주광역시 서구 시청로 17, (치평동)	병원
80	78	산부인과	신세계여성병원	대구광역시 북구 동북로 196, (산격동)	병원
81	79	산부인과	여성아이병원	경상북도 포항시 북구 우창로 80-1, (우현동)	병원
82	80	산부인과	의료법인삼정의료재단포항여성병원	경상북도 포항시 북구 포스코대로 269, (죽도동)	병원
83	81	산부인과	의료법인경동의료재단효성병원	대구광역시 수성구 수성로 194, (중동)	병원
84	82	신경과	문성병원	대구광역시 남구 성당로 168, (대명동)	병원

■ 특정 텍스트나 숫자로 필터링

실습 07-04 *시트명 : '데이터 필터링'*

1. 필터링할 열의 표 머리글에 있는 '필터 드롭다운 버튼(▾)'을 클릭한다.
2. 열에 숫자가 포함된 경우 '숫자 필터'를 클릭하거나, 열에 텍스트 항목이 포함된 경우 '텍스트 필터'를 클릭한다.
3. 원하는 필터링 옵션을 선택하고 필터링 조건을 입력한다. 찾을 조건에서 두 가지 조건으로 필터링하려면 두 상자에 모두 필터링 조건을 입력하고 두 조건을 모두 적용하려는 경우 '그리고'를, 둘 중 한 가지 조건을 적용하려는 경우 '또는'을 선택한다.

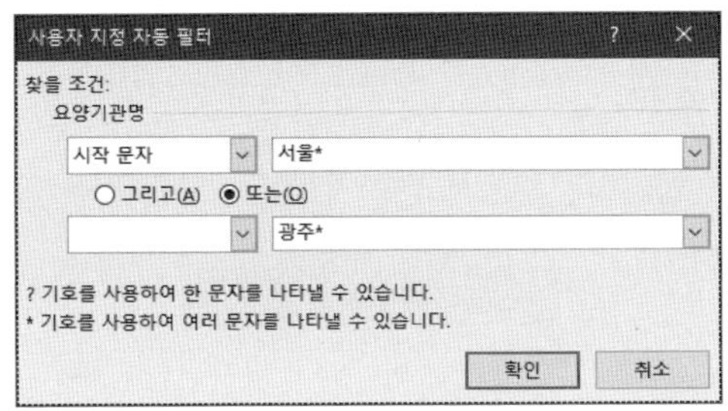

■ 색을 기준으로 필터링

실습 07-05 *시트명 : '데이터 필터링'*

1. '색 서식' 또는 '조건부 서식'이 적용된 열의 표 머리글에 있는 '필터 드롭다운 버튼(▾)'을 클릭한다.
2. '색 기준 필터'를 클릭하고 필터링 기준으로 사용할 '셀 색', '글꼴 색' 또는 '아이콘'을 선택한다.

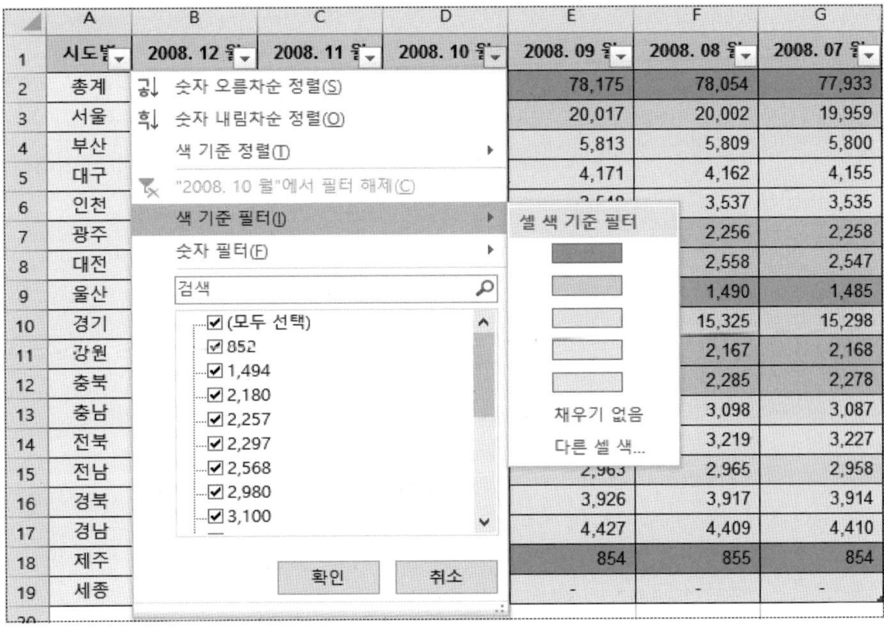

■ 슬라이서로 필터링

슬라이서는 데이터를 필터링한 후 표에 표시되는 데이터를 명확하게 보여주므로 매우 유용하다.

실습 07-06 *시트명 : '데이터 필터링'*

1. 표에서 아무 셀이나 클릭하여 리본 메뉴의 '표 도구'를 표시한다.
2. '표 도구'의 '디자인' 탭에서 '도구' 그룹의 '슬라이서 삽입'을 클릭한다.

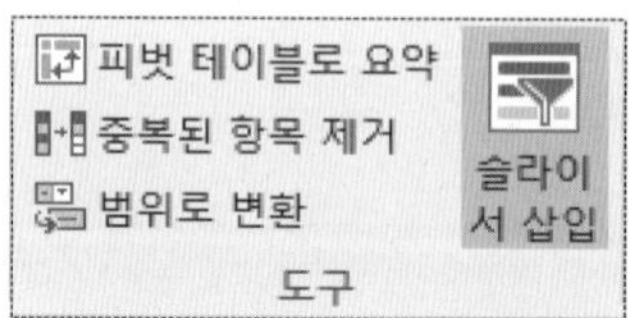

3. '슬라이서 삽입' 대화 상자에서 슬라이서를 만들려는 항목의 '확인란'을 체크하고 '확인' 버튼을 클릭한다.

4. '슬라이서 삽입' 대화 상자에서 선택한 각 표 머리글에 대해 슬라이서가 나타난다. 각 슬라이서에서 표에 표시할 항목을 클릭한다. 항목을 두 개 이상 선택하려면 Ctrl 키를 누른 상태로 표시할 항목을 선택한다. 슬라이서의 모양을 변경하려면 슬라이서를 클릭하여 리본 메뉴에 '슬라이서 도구'를 표시한 다음 '옵션' 탭에서 '슬라이서 스타일' 그룹에서 원하는 슬라이서 스타일을 적용하거나 다른 설정을 변경한다.

	시도별	2008. 12 월	2008. 11 월	2008. 10 월	2008. 09 월	2008. 08 월	2008. 07 월
3	서울	20,084	20,068	20,027	20,017	20,002	19,959
7	광주	2,281	2,262	2,257	2,258	2,256	2,258
8	대전	2,566	2,570	2,568	2,564	2,558	2,547
9	울산	1,497	1,498	1,494	1,494	1,490	1,485
10	경기	15,407	15,399	15,373	15,355	15,325	15,298
11	강원	2,186	2,183	2,180	2,172	2,167	2,168
15	전남	2,986	2,983	2,980	2,963	2,965	2,958
17	경남	4,441	4,440	4,435	4,427	4,409	4,410

시도별: 강원, 경기, 경남, 경북, 광주, 대구, 대전, 부산

2008. 12 월: 1,497, 2,186, 2,281, 2,566, 2,986, 4,441, 15,407, 20,084

다. 자동 필터를 사용한 데이터 필터링

자동 필터를 사용하여 하나 이상의 데이터 열에서 원하는 값을 찾고 표시하거나 숨겨진다. 목록에서 선택한 항목을 기준으로 필터링하고 검색하여 원하는 데이터를 찾을 수 있다. 데이터를 필터링할 경우, 하나 이상의 열에 있는 값이 필터링 조건에 맞지 않을 경우 전체 행이 숨겨진다.

실습 07-07 *시트명 : '데이터 필터링'*

1. 필터링할 데이터 목록에서 아무 셀이나 클릭하고 '데이터' 탭의 '정렬 및 필터' 그룹의 '필터'를 클릭한다.

2. 열 머리글에 있는 '필터 드롭다운 화살표(▾)'를 클릭한 다음 '(모두 선택)'을 클릭하여 모든 확인란의 선택을 취소한 다음에 표시할 값만 선택한 후 '확인' 버튼을 클릭하여 필터를 적용한다.

라. 피벗 테이블의 데이터 정렬

매우 많은 양의 데이터가 포함된 피벗 테이블을 만든 경우 데이터를 '사용자 지정순', '내림차순' 또는 '오름차순'으로 정렬하면 편리하다. 이렇게 정렬하면 분석할 항목을 쉽게 찾을 수 있도록 데이터를 정리할 수 있다.

■ 필터 드롭다운 화살표(▾) 단추를 사용하여 정렬

실습 07-08 *시트명 : '피벗 테이블 데이터 정렬'*

1. 정렬할 행 또는 열의 필드를 클릭한다.
2. 행 레이블 또는 열 레이블에서 '필터 드롭다운 화살표(▾)'를 클릭한 다음, 원하는 정렬 옵션(오름차순, 내림차순 등)으로 데이터를 정렬하려면 '텍스트 오름차순 정렬' 또는 '텍스트 내림차순 정렬'을 선택한다.

■ 필터 드롭다운 화살표(▾) 단추가 없는 열에서 정렬

셀을 마우스 오른쪽 단추로 클릭하고 '정렬'을 선택한 후 정렬 방법을 선택하여 개별 값 또는 부분합을 정렬할 수 있다. 정렬 순서는 셀이 들어 있는 열에서 동일한 수준에 있는 모든 셀에 적용된다.

■ 사용자 지정 정렬 옵션 설정

특정 항목을 수동으로 정렬하거나 정렬 순서를 변경하려면 사용자가 직접 정렬 옵션을 설정하면 된다.

실습 07-09 *시트명 : '사용자 지정 정렬'*

1. 정렬할 행 또는 열의 필드를 클릭한다.

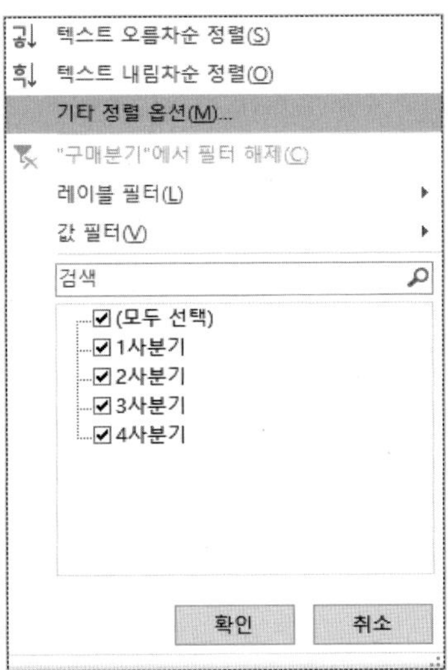

2. 행 레이블 또는 열 레이블에서 '필터 드롭다운 화살표(▾)'를 클릭한 다음 '기타 정렬 옵션'을 클릭한다.

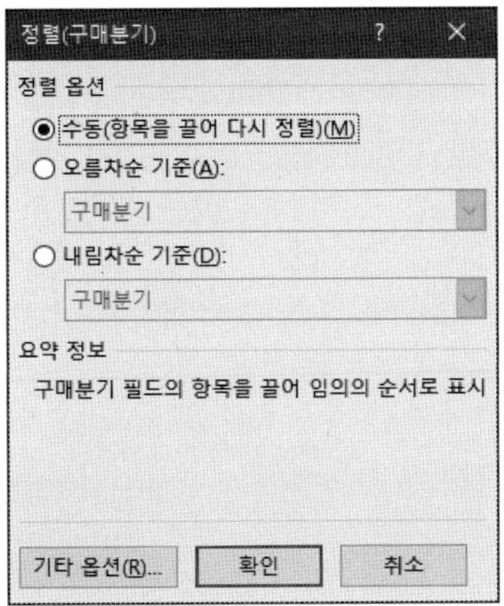

3. '정렬' 대화 상자에서 원하는 정렬 유형을 선택한다. 다른 설정을 하려면 '기타 옵션'을 클릭한 다음 기타 정렬 옵션 대화 상자에서 원하는 옵션을 선택한다.

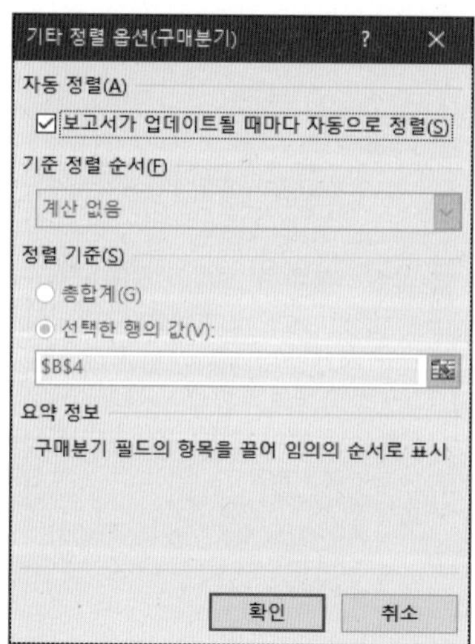

■ 피벗 테이블 데이터 정렬시 주의사항

실습 07-10 *시트명 : '피벗 테이블 데이터 정렬'*

1. 선행 공백이 있는 데이터는 정렬 결과에 영향을 주므로, 최상의 결과를 위해서는 데이터를 정렬하기 전에 선행 공백을 제거하는 것이 좋다.
2. 텍스트 항목은 대/소문자를 구분하여 정렬할 수 없다.
3. '셀 색', '글꼴 색' 등의 특정 형식 또는 '아이콘 집합' 등의 조건부 서식 표시기를 기준으로 데이터를 정렬할 수 없다.

마. 행 또는 열 표시/숨기기

'숨기기' 명령을 사용하거나 행 높이 또는 열 너비를 0으로 변경하여 행이나 열을 숨길 수 있다. 숨겨진 행이나 열은 '숨기기 취소' 명령을 사용하여 다시 표시할 수 있다.

■ 하나 이상의 행이나 열 숨기기

실습 07-11 *시트명 : '행(열) 숨기기'*

1. 숨기려는 행이나 열을 선택한다.
2. '홈' 탭의 '셀' 그룹에서 '서식'을 클릭한다.
3. '표시 유형'에서 '숨기기 및 숨기기 취소'를 가리킨 다음 '행 숨기기'나 '열 숨기기'를 클릭하거나, 셀 크기에서 행 높이나 열 너비를 클릭한 다음 행 높이나 열 너비 상자에 0을 입력한다. 행이나 열(행이나 열이 여러 개인 경우 선택 영역)을 마우스 오른쪽 단추로 클릭한 후 '숨기기'를 클릭할 수도 있다.

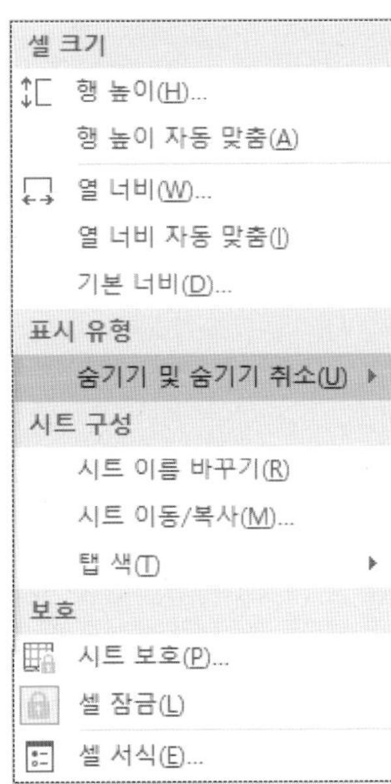

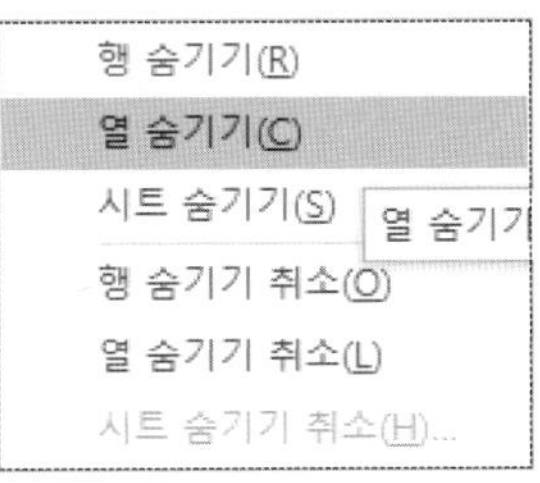

■ 하나 이상의 숨겨진 행이나 열 표시

실습 07-12 *시트명 : '행(열) 숨기기'*

1. 숨겨진 행을 표시하려면 숨김을 취소할 행의 위쪽 행과 아래쪽 행을 선택하고, 숨겨진 열을 표시하려면 숨김을 취소할 열의 양쪽에 인접한 열을 선택한다. 워크시트의 첫 번째 행이나 열이 숨겨진 경우 이를 표시하려면 수식 입력줄 옆에 있는 이름 상자에 A1을 입력하고 '숨기기 취소'를 선택한다.
2. '홈' 탭의 '셀' 그룹에서 '서식'을 클릭한다.
3. '표시 유형'에서 '숨기기' 및 '숨기기 취소'를 가리킨 다음 '행 숨기기 취소'나 '열 숨기기 취소'를 클릭한다.

셀 크기에서 행 높이나 열 너비를 클릭한 다음 행 높이나 열 너비 상자에 원하는 값을 입력한다. 숨겨진 행과 열 주위의 표시된 행과 열의 선택 영역을 마우스 오른쪽 단추로 클릭한 다음 '숨기기 취소'를 클릭할 수도 있다.

■ 숨겨진 모든 행과 열을 동시에 표시

실습 07-13 *시트명 : '행(열) 숨기기'*

1. 워크시트의 셀을 모두 선택하려면 워크시트의 가장 왼쪽 위쪽에 있는 '모두 선택 단추'를 클릭하거나 Ctrl+A를 누른다.

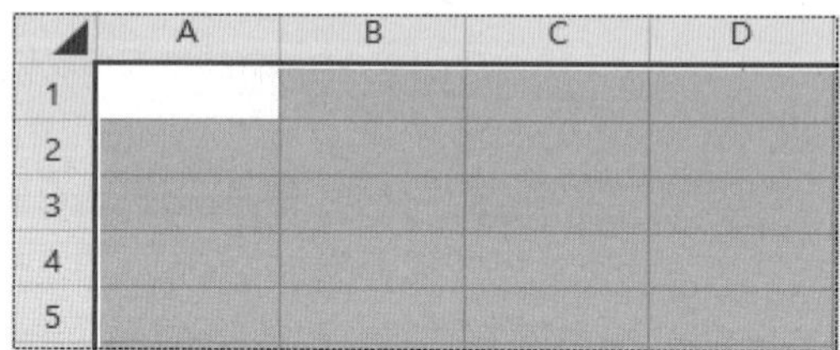

2. '홈' 탭의 '셀' 그룹에서 '서식'을 클릭한다.
3. '표시 유형'에서 '숨기기' 및 '숨기기 취소'를 가리킨 다음 '행 숨기기 취소'나 '열 숨기기 취소'를 클릭한다. 셀 크기에서 행 높이나 열 너비를 클릭한 다음 행 높이나 열 너비 상자에 원하는 값을 입력한다. 기본 행 높이는 15이고, 기본 열 너비는 8.43이다.

■ 워크시트의 첫째 행 또는 첫째 열의 숨기기 취소

실습 07-14 *시트명 : '행(열) 숨기기'*

1. 워크시트에서 숨겨진 첫째 행이나 열을 선택하려면 수식 입력줄 옆의 이름 상자에 'A1'을 입력하거나 '홈' 탭의 '편집' 그룹에서 '찾기 및 선택'을 클릭하고, '이동'을 클릭(F5)하고 참조 상자에 'A1'을 입력한 다음 '확인' 버튼을 클릭한다.

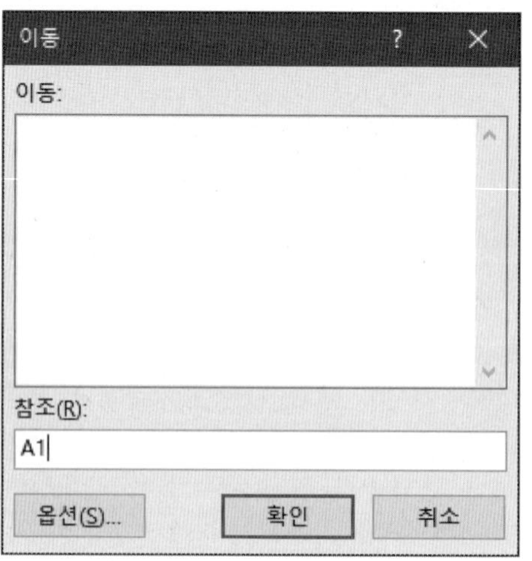

2. '홈' 탭의 '셀' 그룹에서 '서식'을 클릭한다.
3. '표시 유형'에서 '숨기기' 및 '숨기기 취소'를 가리킨 다음 '행 숨기기 취소'나 '열 숨기기 취소'를 클릭한다. 셀 크기에서 '행 높이'나 '열 너비'를 클릭한 다음 행 높이나 열 너비 상자에 원하는 값을 입력한다.

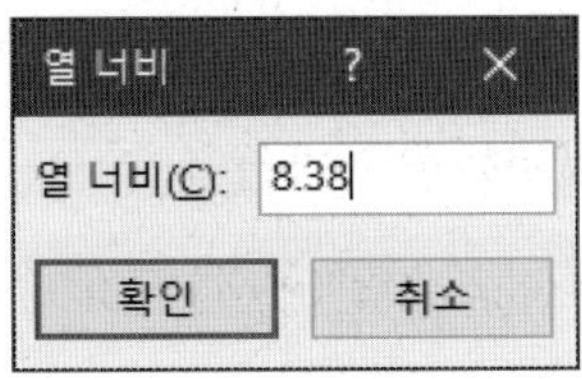

바. 피벗 테이블의 데이터 필터링

데이터가 매우 많은 피벗 테이블을 심도 있게 분석하기 위해 데이터의 일부에만 초점을 맞추려면 데이터를 필터링하면 된다. 필터링 방법에는 여러 가지가 있다. 우선 데이터를 신속하고도 효율적으로 필터링하기 위해 슬라이서를 하나 이상 삽입한다. 슬라이서에는 클릭하면 데이터가 필터링되는 단추가 있으며 필터링된 피벗 테이블에서 표시되거나 숨겨진 필드를 항상 알 수 있도록 슬라이서가 데이터와 함께 표시된다.

실습 07-15 *시트명 : '피벗 테이블 데이터 필터링'*

1. 피벗 테이블에서 아무 곳이나 클릭하여 리본 메뉴에 '피벗 테이블 도구'를 표시한다.

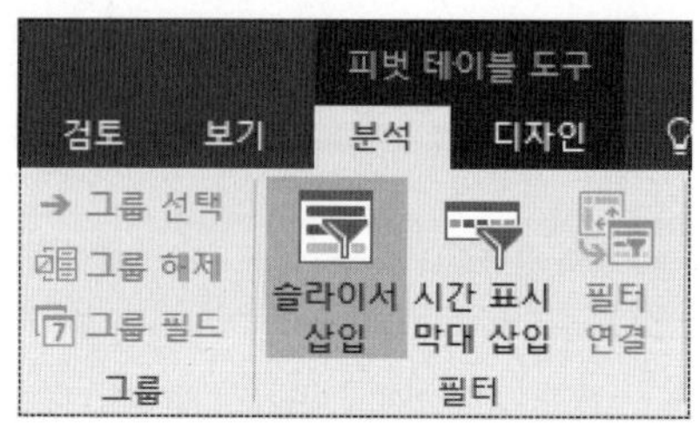

2. '분석' 탭에서 '슬라이서 삽입'을 클릭한다.
3. '슬라이서 삽입' 상자에서 슬라이서를 만들 필드의 '확인란'을 선택한다.

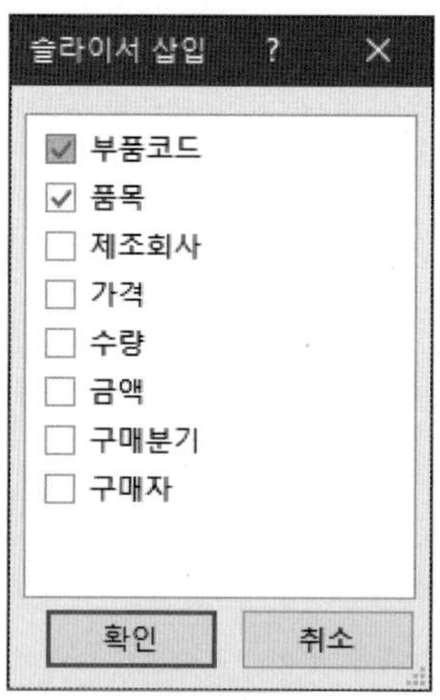

4. '확인' 버튼을 클릭한다.
5. 각 슬라이서에서 피벗 테이블에 표시할 항목을 클릭한다. 항목을 두 개 이상 선택하려면 Ctrl 키를 누른 상태로 표시할 항목을 선택한다.

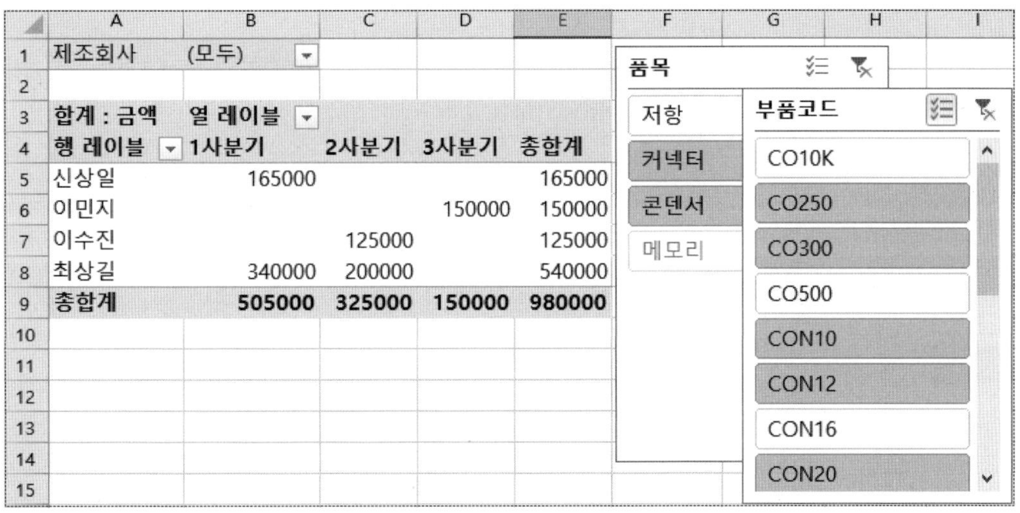

	A	B	C	D	E
1	제조회사	(모두)			
2					
3	합계 : 금액	열 레이블			
4	행 레이블	1사분기	2사분기	3사분기	총합계
5	신상일	165000			165000
6	이민지			150000	150000
7	이수진		125000		125000
8	최상길	340000	200000		540000
9	총합계	505000	325000	150000	980000

■ 피벗 테이블 데이터 필터링(수동)

실습 07-16 *시트명 : '피벗 테이블 데이터 필터링'*

1. 피벗 테이블에서 행 레이블 또는 열 레이블의 '필터 드롭다운 화살표(▾)'를 클릭한다.
2. 행 또는 열 레이블 목록의 맨 위에 있는 '(모두 선택)' 확인란의 선택을 취소하고, 피벗 테이블에 표시할 항목의 '확인란'을 선택한다.

3. '확인' 버튼을 클릭한다. 모든 필터링을 한 번에 제거하려면 피벗 테이블의 아무 곳이나 클릭한 다음 '분석' 탭의 '지우기'에서 '필터 해제'를 클릭한다.

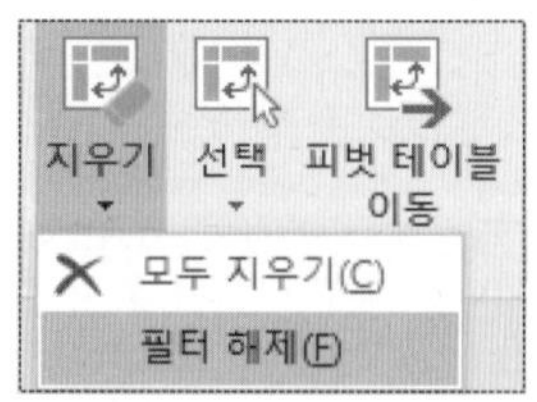

■ 피벗 테이블 데이터 필터링(특정 텍스트, 값, 날짜)

실습 07-17 *시트명 : '피벗 테이블 데이터 필터링'*

1. 피벗 테이블에서 텍스트, 값 또는 날짜 필드 레이블 옆의 '필터 드롭다운 화살표(▾)'를 클릭하고 '레이블 필터', '값 필터' 또는 '날짜 필터'를 클릭한다.

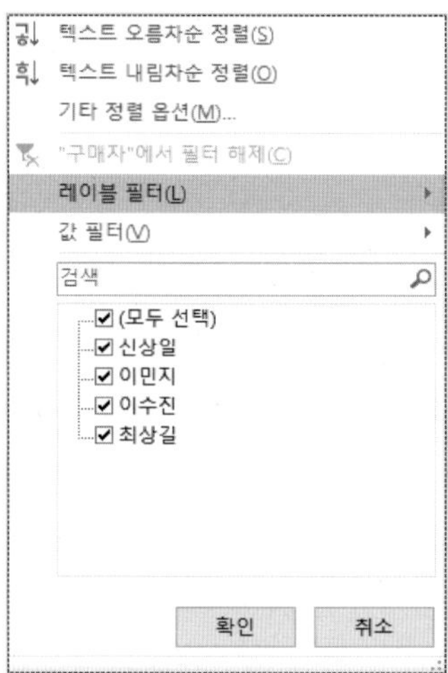

2. 사용할 '비교 연산자' 명령을 클릭한다.

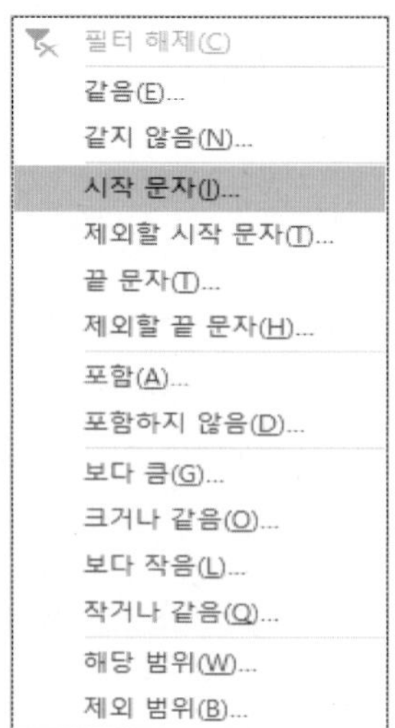

3. '레이블' 필터 '필드 이름' 상자에 필터링할 '텍스트'를 입력하거나, '값' 필터 '필드 이름' 상자에 필터링할 '값'을 입력하거나, '날짜' 필터 '필드 이름' 상자에 필터링할 '날짜'를 입력한다.

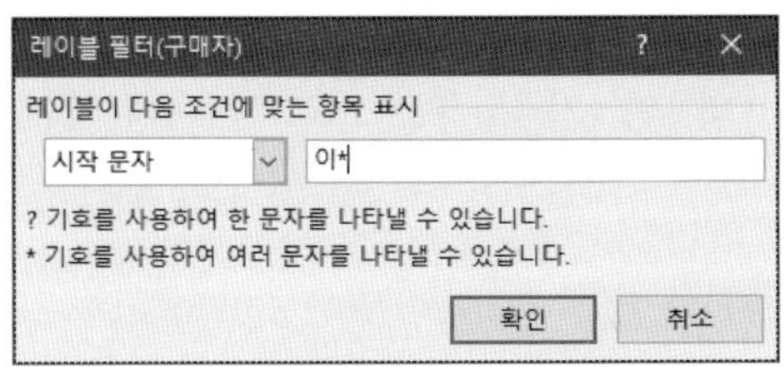

■ 피벗 테이블 데이터 필터링(상위 또는 하위 10개 항목 표시)

필터를 적용하여 특정 조건에 맞는 상위 또는 하위 10개의 값 또는 데이터를 표시할 수도 있다.

실습 07-18 *시트명 : '피벗 테이블 데이터 필터링'*

1. 피벗 테이블 보고서에서 행 레이블 또는 열 레이블의 '필터 드롭다운 화살표(▾)'를 클릭하고 '값 필터'를 클릭한 다음 상위 10을 클릭한다.

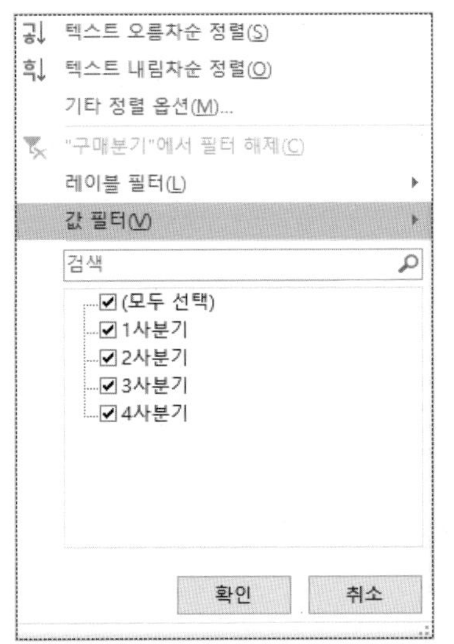

2. 상위 10 필터 '필드 이름' 상자에서
   a. 첫 번째 상자에서 상위 또는 하위를 선택한다.
   b. 두 번째 상자에서 숫자를 입력한다.
   c. 세 번째 상자에서 필터링할 옵션을 선택한다.
   - 항목 수를 기준으로 필터링하려면 항목을 선택한다.
   - 백분율을 기준으로 필터링하려면 백분율을 선택한다.
   - 합계를 기준으로 필터링하려면 합계를 선택한다.
   d. 네 번째 상자에서 원하는 필드를 선택한다.

사. 사용자 지정 목록을 사용하여 데이터 정렬

기본적으로 제공되는 사용자 지정 목록을 사용하면 요일 또는 월을 기준으로 데이터를 정렬할 수 있다. 또는 사전순으로 제대로 정렬되지 않는 다른 특징(예: '서울, 부산, 인천, 광주, 대전, 대구, 울산, 경기, 강원, 충북' 또는 '수, 우, 미, 양, 가')을 기준으로 정렬하기 위한 사용자 지정 목록을 만들 수도 있다.

실습 07-19 *시트명 : '사용자 지정 목록 데이터 정렬'*

1. 정렬할 열을 선택한다.
2. '데이터' 탭의 '정렬 및 필터' 그룹의 '정렬'을 클릭한다.
3. '열' 아래의 '정렬 기준' 상자에서 정렬 기준으로 사용할 열을 선택한다.
4. '정렬'에서 '사용자 지정 목록'을 선택한다.

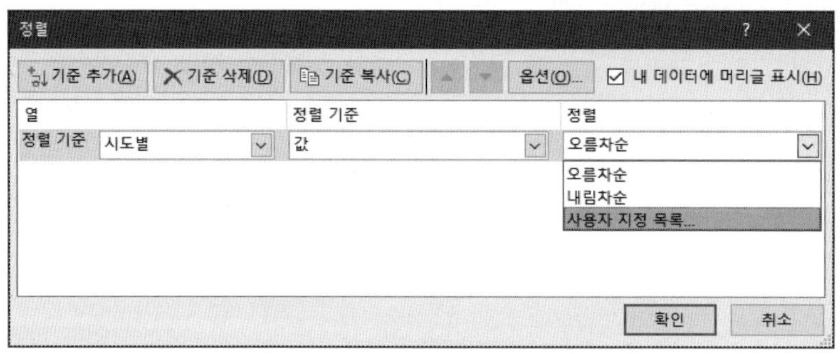

5. '사용자 지정 목록' 상자에서 새로운 목록 항목을 입력한 다음 '추가' 버튼을 누르면 왼쪽의 사용자 지정 목록에 새롭게 추가 되고 '확인' 버튼을 클릭하여 데이터를 정렬한다.

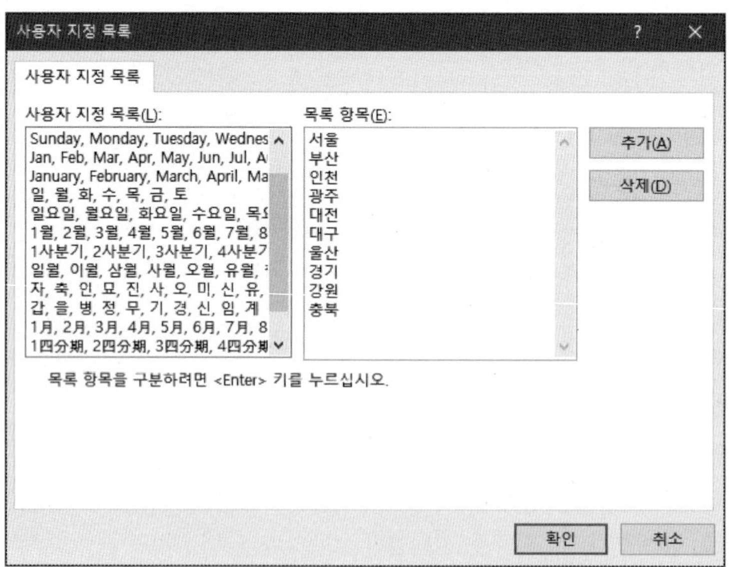

아. 범위 또는 표의 데이터 정렬

데이터를 정렬하면 데이터를 빠르게 시각화하여 이해도를 높일 수 있을 뿐 아니라 원하는 데이터만 구성하고 찾을 수 있으므로 보다 효과적인 결정을 내리는 데 많은 도움이 된다.

하나 이상의 열에서 텍스트(오름차순 또는 내림차순), 숫자(오름차순 또는 내림차순), 날짜 및 시간(오름차순 또는 내림차순)을 기준으로 데이터를 정렬할 수 있다. 사용자 지정 목록을 기준으로 또는 셀 색, 글꼴 색 또는 아이콘 집합을 비롯한 서식을 기준으로 정렬할 수도 있다. 대부분의 정렬 작업은 열 정렬이지만 행을 기준으로 정렬할 수도 있다.

엑셀 표의 정렬 조건은 통합 문서와 함께 저장되므로 통합 문서를 열 때마다 해당 표에 정렬을 다시 적용할 수 있지만 셀 범위에 대해서는 정렬 기준이 저장되지 않는다. 따라서 정렬 조건을 저장하여 통합 문서를 열 때마다 정렬을 다시 적용하려면 표를 사용하는 것이 좋다. 이는 여러 열을 정렬하거나 정렬을 만드는 데 시간이 오래 걸리는 경우에 특히 중요하다.

다음과 같은 경우 정렬을 다시 적용하면 다른 결과가 나타날 수 있다.

- 셀 범위 또는 표 열에서 데이터를 추가, 수정 또는 삭제한 경우
- 수식에서 반환되는 값이 변경되어 워크시트가 다시 계산된 경우

■ 텍스트(숫자, 날짜, 시간) 정렬

실습 07-20 *시트명 : '데이터 정렬'*

1. 셀 범위에서 텍스트(숫자, 날짜, 시간) 데이터 열을 선택하거나 현재 셀이 텍스트(숫자, 날짜, 시간) 데이터를 포함하는 표 열 안에 있는지 확인한다.
2. '데이터' 탭의 '정렬 및 필터' 그룹에서 텍스트(숫자, 날짜, 시간)를 오름차순으로 정렬하려면 'ㄱ에서 ㅎ(오름차순 정렬)'을 클릭하거나, 텍스트(숫자, 날짜, 시간)를 내림차순으로 정렬하려면 'ㅎ에서 ㄱ(내림차순 정렬)'을 클릭한다.
   영문자 대/소문자를 구분하여 정렬하려면 '데이터' 탭의 '정렬 및 필터' 그룹에서 '정렬'을 클릭한 후 '정렬 옵션'에서 '대/소문자 구분'을 체크하고 '확인' 버튼을 누른다.

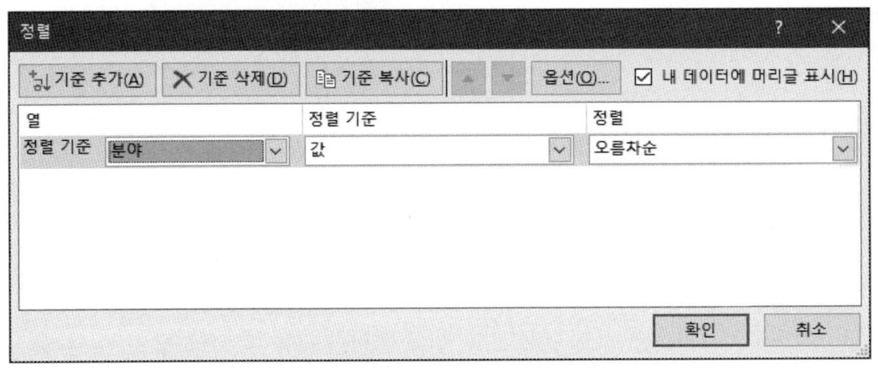

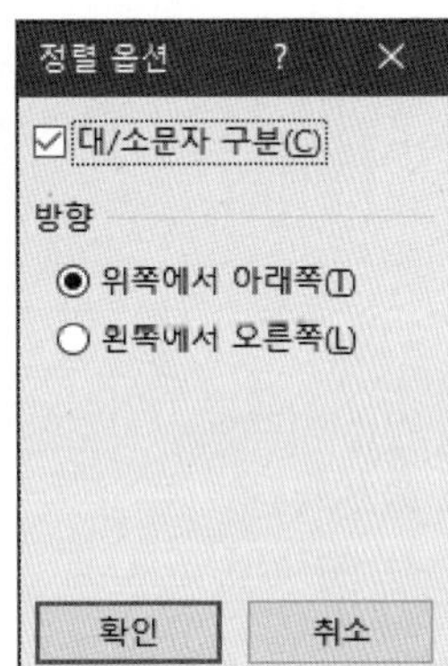

■ 셀 색, 글꼴 색, 아이콘을 기준으로 정렬

셀 색, 글꼴 색을 사용하여 셀 범위나 표 열의 서식을 수동으로 또는 조건부로 지정한 경우 이러한 색을 기준으로 정렬할 수 있다. 또한 조건부 서식을 적용하여 만든 아이콘 집합을 기준으로 정렬할 수도 있다.

실습 07-21 *시트명 : '데이터 정렬'*

1. 셀 범위에서 데이터 열을 선택하거나 현재 셀이 표 열 안에 있는지 확인한다.
2. '데이터' 탭의 '정렬 및 필터' 그룹에서 '정렬'을 클릭한다.
3. '열' 아래의 '정렬 기준' 상자에서 정렬할 열을 선택한다.
4. '정렬 기준'에서 정렬 유형을 선택한다.
   - '셀 색'을 기준으로 정렬하려면 셀 색을 선택한다.
   - '글꼴 색'을 기준으로 정렬하려면 글꼴 색을 선택한다.
   - '아이콘 집합'을 기준으로 정렬하려면 셀 아이콘을 선택한다.
5. '정렬'에서 화살표(▾)를 클릭하고 서식 종류에 따라 '셀 색', '글꼴 색' 또는 '셀 아이콘'을 선택한다.
6. '정렬'에서 정렬하려는 방법을 선택합니다.
   - '셀 색', '글꼴 색' 또는 '아이콘'을 맨 위나 왼쪽으로 이동하려면 열 정렬의 경우에는 '위에 표시'를, 행 정렬의 경우에는 '왼쪽에 표시'를 선택한다.
   - '셀 색', '글꼴 색' 또는 '아이콘'을 맨 아래나 오른쪽으로 이동하려면 열 정렬의 경우에는 '아래 쪽에 표시'를, 행 정렬의 경우에는 '오른쪽에 표시'를 선택한다.

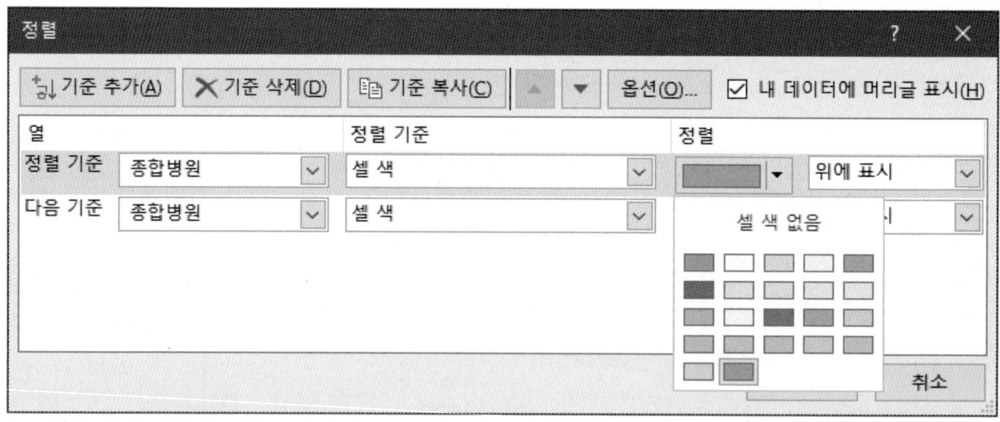

7. 정렬 기준으로 사용할 다음 '셀 색', '글꼴 색' 또는 '아이콘'을 지정하려면 '기준 추가'를 클릭하고 위의 단계를 반복한다. 다음 기준 상자에서 같은 열을 선택하고 정렬에서 같은 항목을 선택해야 한다. 정렬에 포함할 각 '셀 색', '글꼴 색' 또는 '아이콘'에 대해 이 과정을 반복한다.
8. 데이터를 변경한 후에 정렬을 다시 적용하려면 범위 또는 표의 셀을 클릭한 다음 '데이터' 탭의 '정렬 및 필터' 그룹에서 다시 적용을 클릭한다.

■ 행 정렬

대부분의 정렬 작업은 열 정렬이지만 행을 기준으로 정렬할 수도 있다. '데이터' 탭의 '정렬 및 필터' 그룹에서 '정렬'을 클릭하고 '옵션'을 클릭한 후 '정렬 옵션' 대화 상자의 방향에서 '왼쪽에서 오른쪽'을 선택하고 '확인' 버튼을 클릭한다.

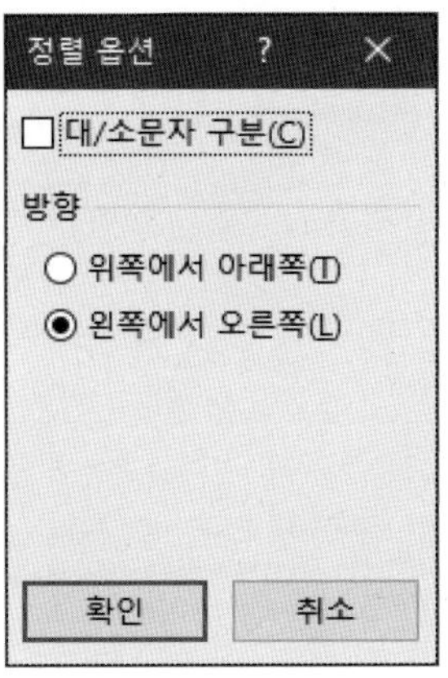

자. 데이터 범위 필터링

워크시트가 크거나 특정 데이터 범위에 집중하고 싶을 때 매우 유용한 기능으로 원하는 데이터만 표시하고 나머지 데이터는 숨길 수 있다. 최상의 결과를 얻으려면 열에 제목이 있어야 한다.

실습 07-22 *시트명 : '데이터 필터링'*

1. '데이터' 탭의 '정렬 및 필터' 그룹에서 '필터'를 클릭한다.

2. 열 머리글의 '필터 드롭다운 화살표(▼)'를 클릭한 다음 '텍스트 필터' 또는 '숫자 필터'를 클릭한 다음 '비교 연산자' 중 하나를 선택한다.

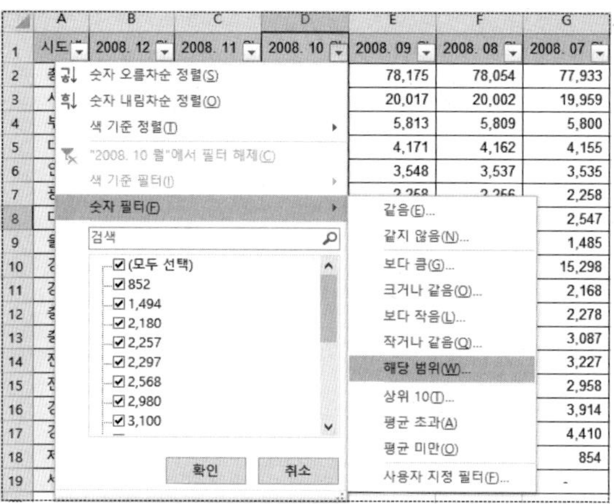

3. '사용자 지정 자동 필터'에서 상자에 입력 하거나 데이터를 필터링하기 위한 조건을 선택한다.

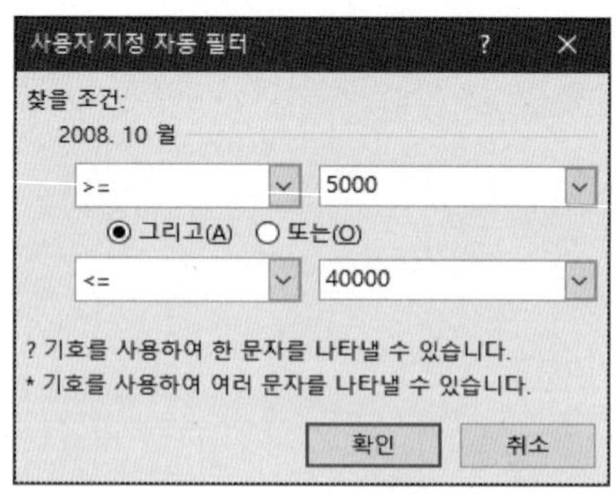

4. '확인' 버튼을 클릭하여 필터를 적용한다.

차. 중복 값이 있는 범위에서 고유값 개수 계산

고급 필터 대화 상자를 사용하면 데이터 열에서 고유 값을 추출하여 새 위치로 붙여 넣을 수 있다. 그런 다음 ROWS 함수를 사용하여 새 범위에 있는 항목의 개수를 계산할 수 있다.

실습 07-23 *시트명 : '고유값 개수'*

1. 셀 범위를 선택하거나 현재 셀이 표 안에 있는지 확인한다. 이때 해당 셀 범위에 열 머리글이 있어야 한다.
2. '데이터' 탭의 '정렬 및 필터' 그룹에서 '고급'을 클릭한다.

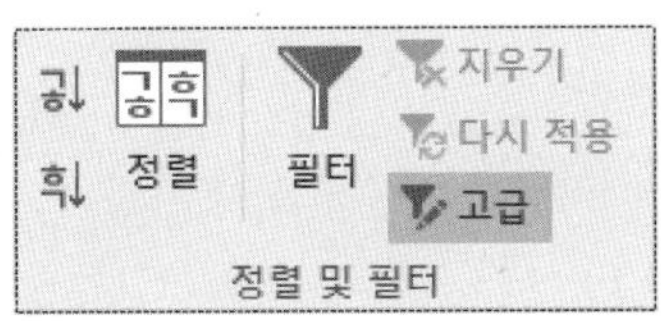

3. '고급 필터' 대화 상자에서 '다른 장소에 복사'를 선택한다.
4. 복사 위치 상자에 셀 참조를 입력하거나 대화 상자 축소 버튼을 눌러도 된다.
5. '동일한 레코드는 하나만' 확인란을 선택하고 '확인' 버튼을 클릭한다.

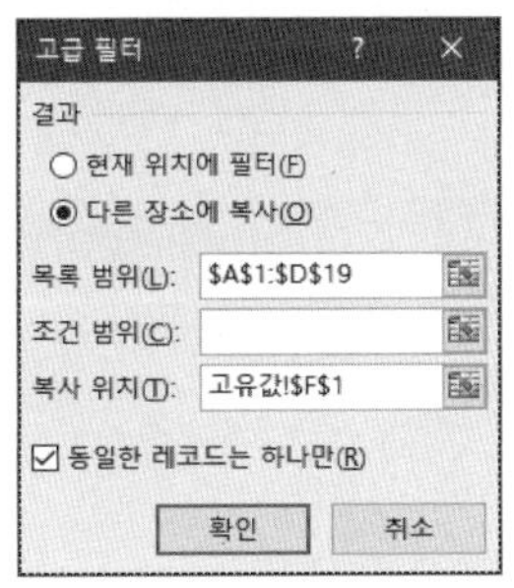

6. 범위의 마지막 셀 아래의 빈 셀에 'ROWS 함수'를 입력한다. 열 머리글 제외하고 인수로 방금 복사한 고유 값의 범위를 사용한다.

	A	B	C	D	E	F	G	H	I
1	학과	학년	성명	학적		학과	학년	성명	학적
2	간호학과	1학년	김이슬	재학		간호학과	1학년	김이슬	재학
3	안경광학과	1학년	이슬기	재학		안경광학과	1학년	이슬기	재학
4	물리치료과	1학년	정준호	재학		물리치료과	1학년	정준호	재학
5	응급구조과	1학년	박진서	재학		응급구조과	1학년	박진서	재학
6	치위생과	1학년	김호서	재학		치위생과	1학년	김호서	재학
7	병원의료정보과	1학년	양영일	재학		병원의료정보과	1학년	양영일	재학
8	간호학과	1학년	김이슬	재학		물리치료과	2학년	나영호	재학
9	안경광학과	1학년	이슬기	재학		응급구조과	2학년	서상길	재학
10	응급구조과	1학년	박진서	재학		치위생과	2학년	이나라	재학
11	치위생과	1학년	김호서	재학		병원의료정보과	2학년	김미순	재학
12	물리치료과	2학년	나영호	재학		안경광학과	2학년	이남일	재학
13	응급구조과	2학년	서상길	재학		간호학과	3학년	정희수	재학
14	치위생과	2학년	이나라	재학					
15	병원의료정보과	2학년	김미순	재학		고유값의 개수는 ?		=ROWS(F2:F13)	
16	안경광학과	2학년	이남일	재학					
17	물리치료과	2학년	나영호	재학					
18	병원의료정보과	2학년	김미순	재학					
19	간호학과	3학년	정희수	재학					
20	간호학과	4학년	정민영	재학					

제 8 장

수식

가. 오류값

■ **#DIV/0! 오류** : 엑셀에서 영(0)으로 숫자를 나누면 #DIV/0! 오류가 표시된다. 예를 들어 =2/0 등의 간단한 수식을 입력하거나 값이 영(0)이거나 비어 있는 셀을 수식이 참조하면 이러한 오류가 발생한다.

	A	B	C
1	값	형식	결과
2	10	=2/0	#DIV/0!
3	0	=A1/A2	#DIV/0!

■ **#NAME? 오류** : 엑셀에서 수식의 이름 또는 텍스트를 인식하지 못하는 경우에 #NAME? 오류가 표시된다. 예를 들어 A5셀의 이름이 '수입'이고, A6셀의 이름이 '지출'이라면 'C5(잔액)=수입-지출'이어야 하는데 'C(5)잔액=수출-지출'이라고 하면 이러한 오류가 발생한다.

	A	B	C
1	값	형식	결과
5	100	=수출-지출	#NAME?
6	50	="수입은 "&수입&"원"	수입은 100원
7		="지출은 "&지출&원	#NAME?

■ **#VALUE! 오류** : 엑셀에서 인수 또는 연산을 잘못 사용할 경우에 #VALUE! 오류가 표시된다. 예를 들어 A9셀의 데이터는 텍스트 '값은', A10셀의 데이터는 숫자 '100'이 들어 있을 경우에 수식을 C10셀에 '=A9+100' 입력하거나, C11셀에 '=A9+A10'을 입력하면 이러한 오류가 발생한다.

	A	B	C
1	값	형식	결과
9	값은	=SUM(A9:A11)	300
10	100	=A9+100	#VALUE!
11	200	=A9+A10	#VALUE!

■ **#NUM! 오류** : 엑셀에서 수식이나 함수에 잘못된 숫자 값이 포함된 경우에 #NUM! 오류가 표시된다. 예를 들어 연금의 기간별 이자율을 반환해 주는 RATE 함수를 사용한 경우에 수식을 C14셀에 '=RATE(A14*12,A15,A16)'라고 입력하면 이러한 오류가 발생한다.

	A	B	C
1	값	형식	결과
13	4	=RATE(A13*12,A14,A15)	1%
14	-200	=RATE(A14*12,A15,A16)	#NUM!
15	8000	=RATE(A13*12,A16,A17)	#NUM!

■ **#REF! 오류** : 엑셀에서 수식에 올바르지 않은 셀 참조가 포함되어 있으면 #REF! 오류가 표시된다. 예를 들어 왼쪽 그림과 같은 경우일 때 19행을 삭제하고 나면 오른쪽과 같이 C18셀에 이러한 오류가 발생한다.

	A	B	C
1	값	형식	결과
17	10	=A17+A18	30
18	20	=A17+A18+A19	60
19	30		

	A	B	C
1	값	형식	결과
17	10	=A17+A18	30
18	20	=A17+A18+A19	#REF!

■ **#N/A 오류** : 엑셀에서 수식이나 함수에 값을 사용할 수 없는 경우에 #N/A 오류가 표시된다. 엑셀 함수에서 VLOOKUP 함수와 같은 찾기 함수를 사용할 때 결과값을 찾지 못하면 #N/A 오류가 발생한다.

	A	B	C	D	E	F	G
1	학과	학년	성명	학적	강의동		간호학과 강의동은 ?
2	간호학과	1학년	김이슬	재학	A동		A동
3	안경광학과	1학년	이슬기	재학	B동		
4	물리치료과	1학년	정준호	재학	C동		간호과 강의동은 ?
5	응급구조과	1학년	박진서	재학	D동		#N/A
6	치위생과	1학년	김호서	재학	E동		
7	병원의료정보과	1학년	양영일	재학	F동		

■ **#NULL! 오류** : 엑셀에서 수식에 잘못된 범위 연산자를 사용하거나 교차되지 않는 두 영역의 교집합을 지정하기 위해 범위 참조 사이에 교집합 연산자(공백 문자)를 사용하면 #NULL! 오류가 표시된다. 예를 들어 D3셀에 수식 '=A2+B2 A3+B3'를 입력하면 이러한 오류가 발생한다.

	A	B	C	D
1	값		형식	결과
2	10	20	=A2+B2+A3+B3	100
3	30	40	=A2+B2 A3+B3	#NULL!

■ **###### 오류** : 엑셀에서 열 너비가 좁아 셀의 일부 문자를 표시할 수 없거나 셀에 음수로 된 날짜 또는 시간 값이 포함된 경우에 ###### 오류가 표시된다. 셀 너비를 넓혀주면 해결된다.

	A	B	C
1	값	형식	결과
21	1234	=A21*A22	####
22	5678		

	A	B	C
1	값	형식	결과
21	1234	=A21*A22	7006652
22	5678		

나. 이름 정의 및 수식에 이름 사용

이름을 사용하면 처음 봐서는 이해하기 어려운 셀 참조, 상수, 수식, 테이블 등의 용도를 보다 쉽게 이해하고 관리할 수 있다. 이름은 셀 범위, 함수, 상수 또는 표에 대해 정의할 수 있다. 통합 문서에서 이름을 사용하여 작업한 다음에는 이러한 이름을 쉽게 업데이트하고 감사하고 관리할 수 있다.

■ 이름 정의 및 입력

다음과 같은 방법을 사용하여 이름을 정의할 수 있다. 기본적으로 이름에는 절대 셀 참조가 사용된다.

a. 수식 입력줄의 이름 상자 : 선택한 범위에 대해 통합 문서 수준의 이름을 만들 때 적합하다.

b. 선택 영역을 사용하여 이름 만들기 : 워크시트의 셀 선택 영역을 선택하여 기존 행과 열 레이블에서 이름을 만들 수 있다.

c. 새 이름 대화 상자 : 로컬 워크시트 수준의 범위를 지정하거나 이름 메모를 만들 때와 같이 이름을 보다 유연하게 만들려는 경우에 적합하다.

다음과 같은 방법으로 이름을 입력할 수 있다.

a. 직접 입력 : 수식에 대한 인수를 입력할 때와 같이 이름을 직접 입력한다.

b. 수식 자동 완성 사용 : 적절한 이름이 자동으로 표시되는 수식 자동 완성 드롭다운 목록을 사용한다.

c. 수식에서 사용 명령에서 선택 : 수식 탭의 정의된 이름 그룹에 있는 수식에서 사용 명령의 목록에서 정의된 이름을 선택한다.

다음은 이름을 만들고 편집할 때 알아야 할 구문 규칙이다.

a. 이름의 첫 번째 문자는 문자, 밑줄(_) 또는 백슬래시(\ )여야 한다. 이름의 나머지 문자는 문자, 숫자, 마침표 및 밑줄이 될 수 있다.

b. 이름이 Z$100 또는 R1C1과 같이 셀 참조와 동일하면 안 된다.

c. 공백은 이름의 일부로 사용할 수 없다. 밑줄(_)이나 마침표(.)를 단어 구분 기호로 사용한다.

d. 이름에는 최대 255개 문자가 포함될 수 있다.

e. 이름에는 대문자와 소문자가 포함될 수 있다. 이름의 대문자와 소문자가 구별되지 않는다.

■ 워크시트의 셀 또는 셀 범위에 대한 이름 정의

실습 08-01 *시트명 : '이름 정의'*

1. 이름을 지정할 셀, 셀 범위 또는 인접하지 않은 선택 영역을 선택한다.
2. 수식 입력줄의 왼쪽 끝에 있는 '이름 상자'를 클릭한다.
3. 선택 영역을 참조하는데 사용할 이름을 입력한다.
4. Enter↵ 키를 누른다.

■ 워크시트의 셀의 선택 영역을 사용하여 이름 정의

실습 08-02 *시트명 : '이름 정의'*

1. 행 또는 열 레이블을 비롯한 이름을 지정할 범위를 선택한다.

	A	B	C	D	E
1	학과	학년	성명	학적	강의동
2	간호학과	1학년	김이슬	재학	A동
3	안경광학과	1학년	이슬기	재학	B동
4	물리치료과	1학년	정준호	재학	C동
5	응급구조과	1학년	박진서	재학	D동
6	치위생과	1학년	김호서	재학	E동
7	병원의료정보과	1학년	양영일	재학	F동

2. '수식' 탭의 '정의된 이름' 그룹에서 '선택 영역에서 만들기'를 클릭한다.

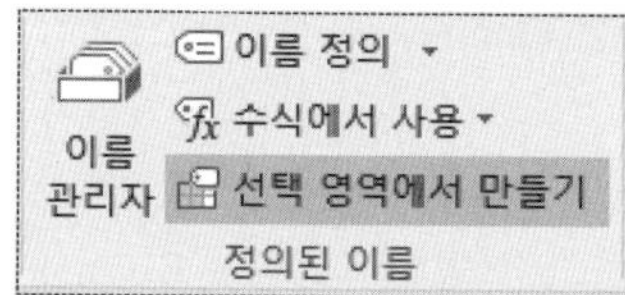

3. 선택 영역에서 이름 만들기 대화 상자에서 '첫 행', '왼쪽 열', '끝 행' 또는 '오른쪽 열' 확인란을 선택하여 레이블을 포함하는 위치를 지정하고 '확인' 버튼을 클릭한다. 이 방법을 사용하여 만든 이름은 값이 있고 기존 행 및 열 레이블이 포함되지 않은 셀만 참조한다.

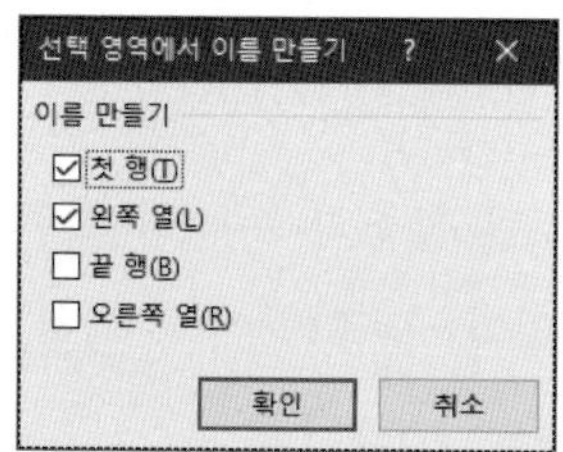

4. '수식' 탭의 '정의된 이름' 그룹에서 '이름 관리자'를 클릭해서 확인해 보면 이름이 정의되어 있다.

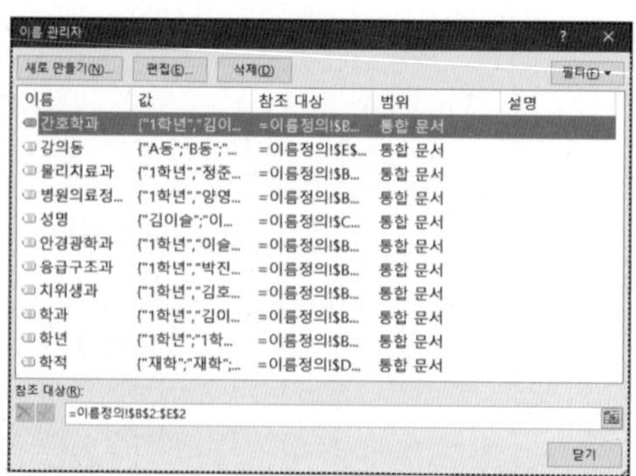

■ 새 이름 대화 상자를 사용하여 이름 정의

실습 08-03 *시트명 : '이름 정의'*

1. '수식' 탭의 '정의된 이름' 그룹에서 '이름 정의'를 클릭한다.

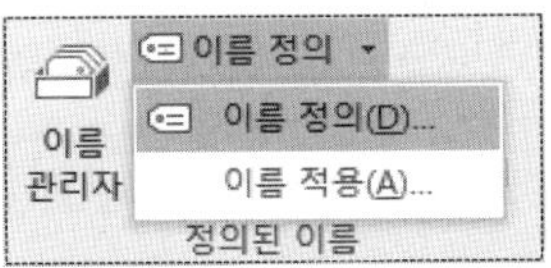

2. 새 이름 대화 상자의 이름 상자에 참조로 사용할 이름을 입력한다.

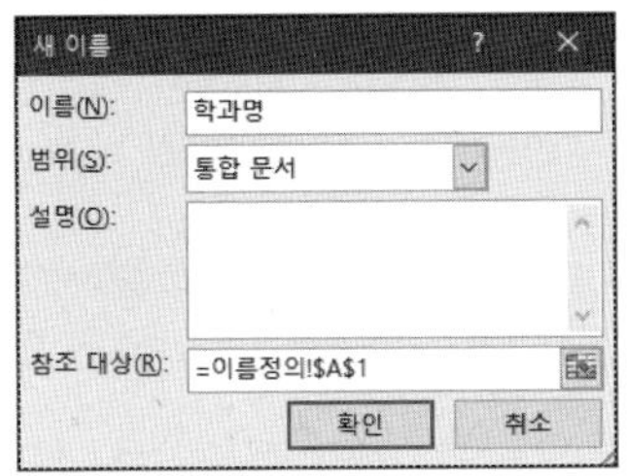

3. 이름의 범위를 지정하려면 '범위' 드롭다운 목록에서 통합 문서 또는 통합 문서에 있는 워크시트의 이름을 선택한다.
4. 필요한 경우 설명을 255자까지 설명 상자에 입력할 수 있다.
5. 참조 대상 상자에서 다음 중 하나를 실행한다.
   a. 셀 참조를 입력하려면 해당 셀 참조를 입력한다.
   b. 상수를 입력하려면 '=(등호)'를 입력한 다음 상수 값을 입력한다.
   c. 수식을 입력하려면 '=(등호)'를 입력한 다음 수식을 입력한다.
6. '확인' 버튼을 클릭한다.

■ 이름 관리자 대화 상자를 사용하여 이름 관리

'수식' 탭의 '정의된 이름' 그룹의 '이름 관리자'를 사용하면 워크시트의 모든 정의된 이름과 표 이름을 관리할 수 있다. '이름 관리자' 대화 상자에는 각 이름에 대한 정보가 표시된다.

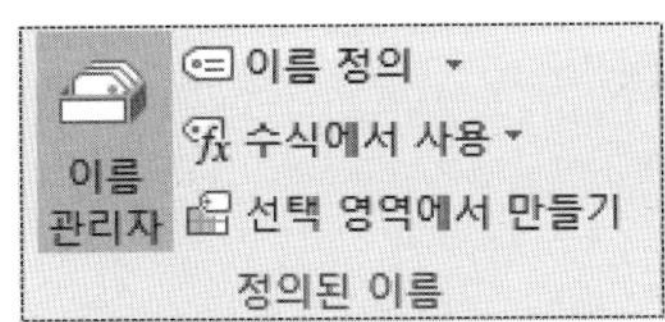

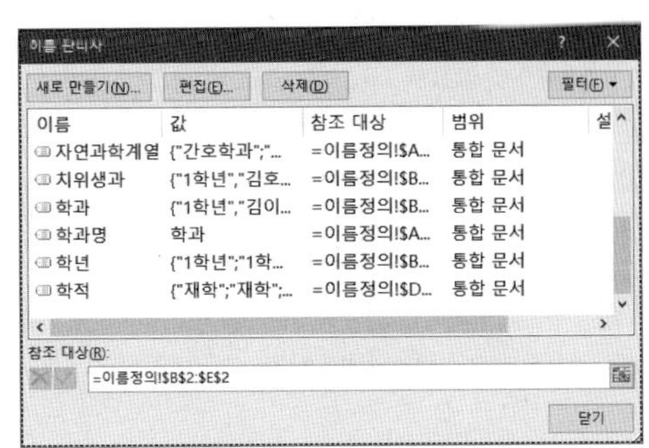

■ 이름 변경

정의된 이름 또는 표 이름을 변경하는 경우 통합 문서에서 해당 이름을 사용하는 모든 항목도 변경된다.

실습 08-04 *시트명 : '이름 정의'*

1. '수식' 탭의 '정의된 이름' 그룹에서 '이름 관리자'를 클릭한다.
2. '이름 관리자' 대화 상자에서 변경할 이름을 클릭한 다음 '편집'을 클릭한다.
3. '이름 편집' 대화 상자의 이름 상자에 새 참조 이름을 입력한다.
4. '참조 대상' 상자에서 참조를 변경하고 '확인' 버튼을 클릭한다.
5. '이름 관리자' 대화 상자의 '참조 대상' 상자에서 이름으로 표시되는 셀, 수식 또는 상수를 변경한다.
   a. 원치 않는 변경 내용이나 실수로 변경한 내용을 취소하려면 취소를 클릭하거나 Esc 키를 누른다.
   b. 변경 내용을 저장하려면 '적용'을 클릭하거나 Enter↵ 키를 누른다.

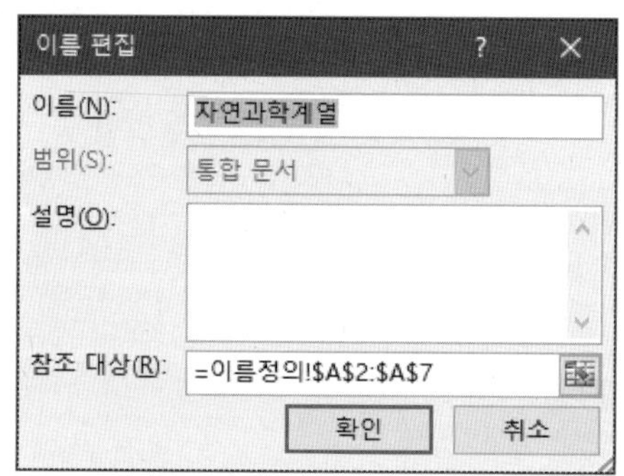

■ 이름 삭제

실습 08-05 *시트명 : '이름 정의'*

1. '수식' 탭의 '정의된 이름' 그룹에서 '이름 관리자'를 클릭한다.
2. '이름 관리자' 대화 상자에서 변경할 이름을 클릭한다.
3. 다음 중 하나를 실행하여 이름을 하나 이상 선택한다.
   a. 이름을 클릭하면 해당 이름이 선택된다.
   b. 연속된 그룹에서 이름을 두 개 이상 선택하려면 이름을 클릭한 채 끌거나 Shift 키를 누른 상태로 그룹의 각 이름을 마우스 단추로 클릭한다.
   c. 연속되지 않은 그룹에서 이름을 두 개 이상 선택하려면 Ctrl 키를 누른 상태로 그룹의 각 이름을 마우스 단추로 클릭한다.
4. 삭제(Del)를 클릭한다.
5. '확인' 버튼을 클릭하여 삭제되었는지 확인한다.

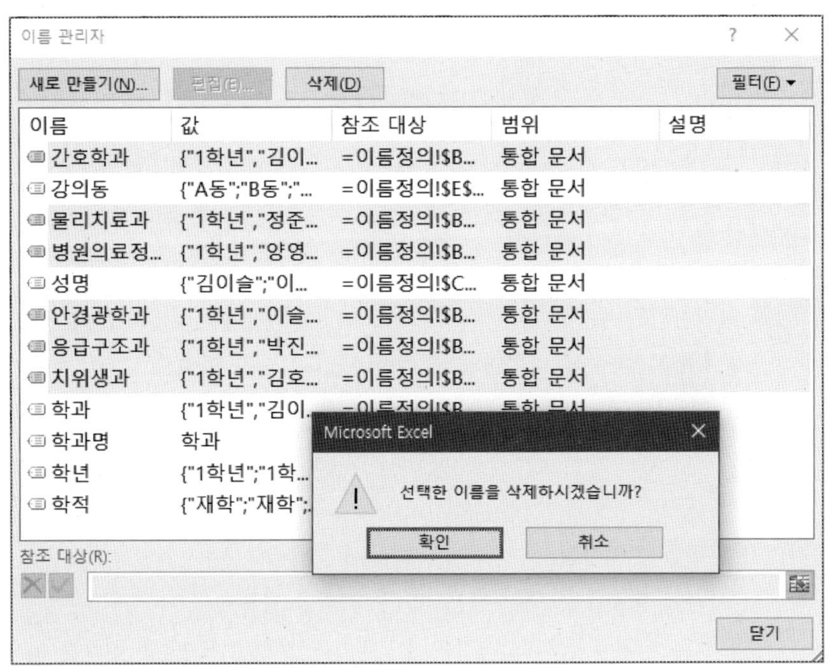
이름 관리자
새로 만들기(N)...
편집(E)...
삭제(D)
필터(F)
이름
값
참조 대상
범위
설명
간호학과
{"1학년","김이...
=이름정의!$B...
통합 문서
강의동
{"A동";"B동";"...
=이름정의!E...
통합 문서
물리치료과
{"1학년","정준...
=이름정의!$B...
통합 문서
병원의료정...
{"1학년","양영...
=이름정의!$B...
통합 문서
성명
{"김이슬";"이...
=이름정의!$C...
통합 문서
안경광학과
{"1학년","이슬...
=이름정의!$B...
통합 문서
응급구조과
{"1학년","박진...
=이름정의!$B...
통합 문서
치위생과
{"1학년","김호...
=이름정의!$B...
통합 문서
학과
학과명
학과
학년
학적
Microsoft Excel
선택한 이름을 삭제하시겠습니까?
확인
취소
참조 대상(R):
닫기

다. 함수를 사용하여 수식 만들기

함수를 사용하여 워크시트에서 값을 계산하는 수식을 만들 수 있다. 예를 들어 수식 =SUM(A1:A2)와 SUM(A1,A2)는 모두 SUM 함수를 사용하여 셀 'A1' 및 'A2'의 값을 더한다. 수식은 항상 '등호(=)'로 시작한다.

실습 08-06 *시트명 : '함수 수식'*

1. 수식을 입력할 셀을 클릭한다.
2. 함수가 있는 수식을 시작하려면 '수식 입력줄'을 클릭한다. 등호(=)가 자동으로 삽입된다.

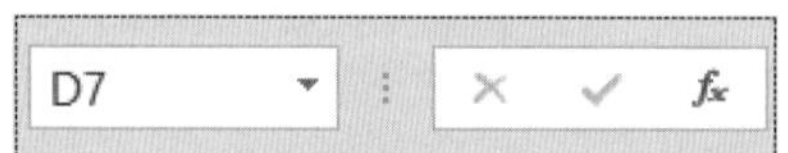

3. '범주 선택' 상자에서 모두를 선택한다.
4. '함수 선택' 상자에서 사용할 함수를 선택한 다음 '확인' 버튼을 클릭한다.
5. 선택한 함수에 대해 표시되는 인수 상자에 원하는 값, 텍스트 문자열 또는 셀 참조를 입력한다.
6. 수식에 인수를 입력한 후 '확인' 버튼을 클릭한다.

	A	B	C	D
1	값		형식	결과
2	1	5	=SUM(A2:B5)	36
3	2	6	=AVERAGE(A2:B5)	4.5
4	3	7	=COUNT(A2:B5)	8
5	4	8	=MAX(A2:B5)	8

라. 수식을 사용하여 조건부 서식 적용

조건부 서식을 사용하면 워크시트의 중요 정보가 빠르게 강조되어 표시된다. 예를 들어 '생일이 다가오는 학생들에게 SMS를 통해 축하 메시지를 발송한다'고 했을 때를 가정해 보자.

■ 첫 번째 규칙

실습 08-07 *시트명 : '조건부 서식'*

1. '생일' 열의 'G2' 셀부터 'G11' 셀까지를 선택한다.
2. '홈' 탭의 '스타일' 그룹에서 '조건부 서식(▾)'의 '새 규칙'을 클릭한다.

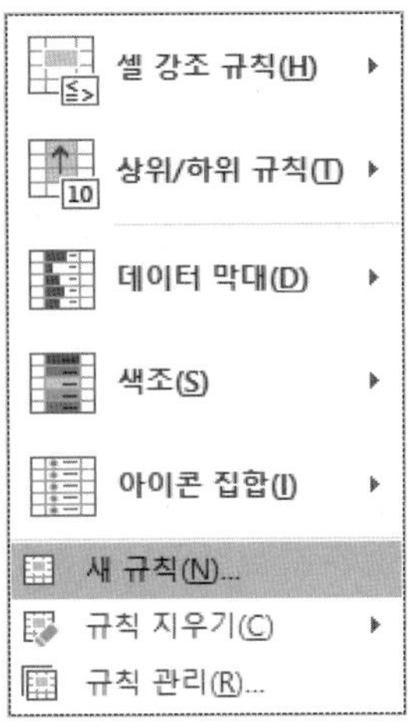

3. '새 서식 규칙' 대화 상자에서 '수식을 사용하여 서식을 지정할 셀 결정'을 클릭한다.

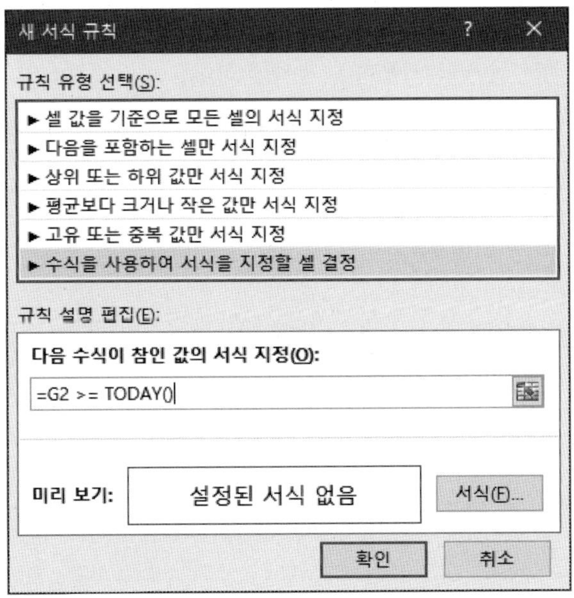

4. '다음 수식이 참인 값의 서식 지정'에 수식을 입력한다(=G2>TODAY()).
5. '서식'을 클릭한다.
6. '글꼴' 탭의 '색 상자'에서 '빨강'과 '글꼴 스타일' 상자에서 '굵게'를 선택한다.

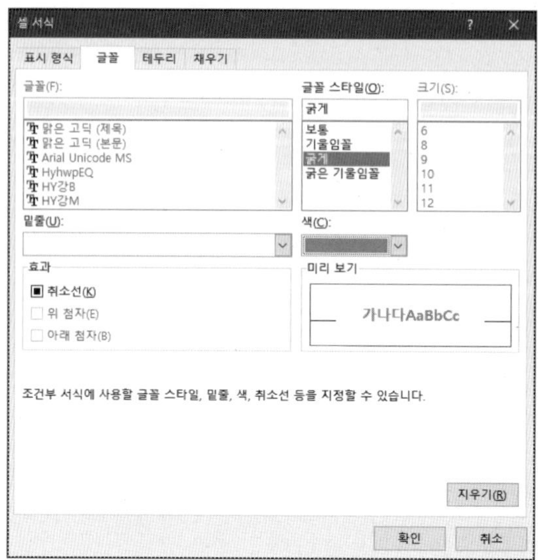

7. 모든 대화 상자가 닫힐 때까지 '확인' 버튼을 클릭한다.

■ 두 번째 규칙

실습 08-08 *시트명 : '조건부 서식'*

1. 'SMS' 열의 J2 셀부터 J11셀까지 선택한다.
2. '홈' 탭의 '스타일' 그룹에서 '조건부 서식(▾)'의 '새 규칙'을 클릭한다.
3. '새 서식 규칙' 대화 상자에서 '수식을 사용하여 서식을 지정할 셀 결정'을 클릭한다.

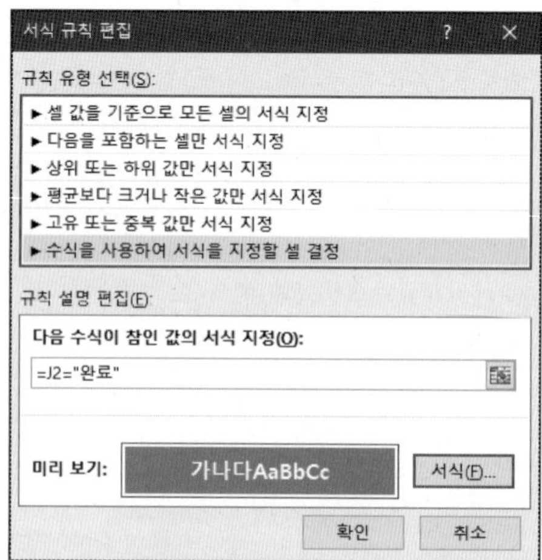

4. '다음 수식이 참인 값의 서식 지정'에 수식을 입력한다(=J2="완료").
5. '서식'을 클릭한다.
6. '글꼴' 탭의 '색 상자'에서 흰색과 '글꼴 스타일' 상자에서 굵게를 선택하고, '채우기' 탭의 '배경색'에서 녹색을 선택한다.

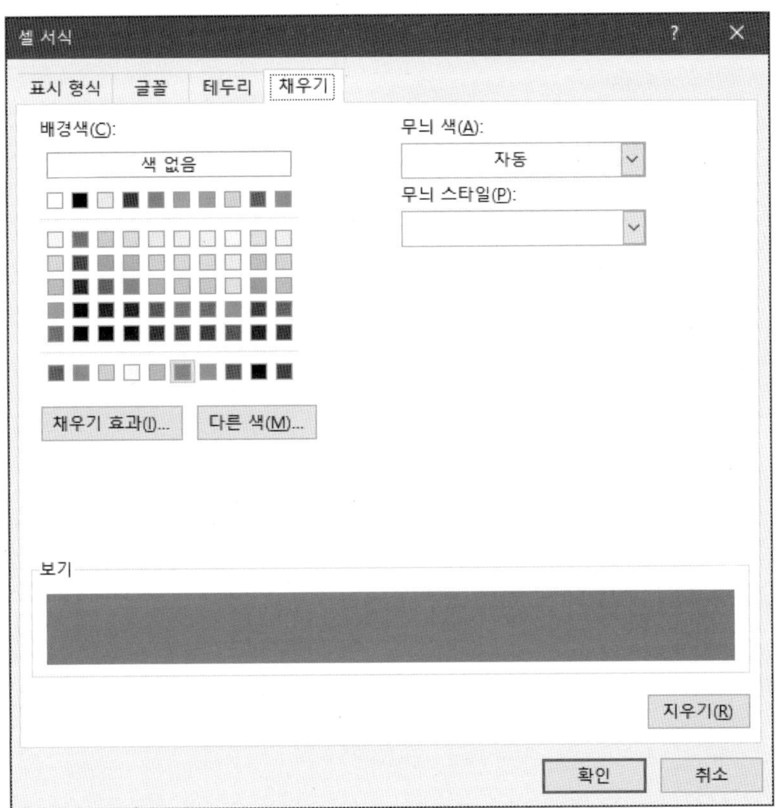

7. 모든 대화 상자가 닫힐 때까지 '확인' 버튼을 클릭한다. 곧 생일이 다가오는 학생들의 '생일' 열에는 빨강색 굵은 글씨가 표시된다.

	A	B	C	D	E	F	G	H	I	J
1	학과	학년	반	학번	성명	생년월일	생일	주소지	학적	SMS
2	간호학과	1	A	1711101	강 다영	1998-01-04	2016-01-04	순천	재학	완료
3	간호학과	1	A	1711102	고 연희	1998-07-15	**2016-07-15**	순천	재학	
4	간호학과	1	A	1711103	김 기호	1998-09-02	**2016-09-02**	여수	휴학	
5	간호학과	1	A	1711104	김 다슬	1998-11-07	**2016-11-07**	순천	재학	
6	간호학과	1	A	1711105	김 민수	1998-03-23	2016-03-23	진주	재학	완료
7	간호학과	1	A	1711106	김 효서	1998-05-09	2016-05-09	마산	재학	완료
8	간호학과	1	A	1711107	박 영서	1998-08-17	**2016-08-17**	순천	재학	
9	간호학과	1	A	1711108	이 영호	1998-02-11	2016-02-11	고흥	휴학	완료
10	간호학과	1	A	1711109	이 은하	1998-01-12	2016-01-12	광양	재학	완료
11	간호학과	1	A	1711110	전 이슬	1998-11-13	**2016-11-13**	순천	재학	

마. 상대 참조, 절대 참조 및 혼합 참조 간 전환

엑셀의 셀 참조는 기본적으로 상대 참조이고 절대 참조 또는 혼합 참조 간 전환을 위해서는 F4키를 누른다('상대(A2)' → '절대($A$2)' → '혼합(A$2)' → '혼합($A2)').

실습 08-09 *시트명 : '셀 참조'*

1. 수식이 들어 있는 셀을 선택한다.
2. '수식 입력줄'에서 변경할 참조를 선택한다.
3. F4 키를 눌러 참조 형식 간에 전환한다.
   a. 상대 참조(=A2+A3+A4)
   b. 절대 참조(=$A$2+A3+A4)
   c. 혼합 참조(=A$2+A3+A4)
   d. 혼합 참조(=$A2+A3+A4)

	A	B	C	D	E	F	G	H	I	J	K	L	M	N
1	값			상대참조(A2)			절대참조($A$2)			혼합참조(A$2)			혼합참조($A2)	
2	1	2		9	12		9	11		9	12		9	11
3	3	4		15	18		13	15		13	16		15	17
4	5	6		21	24		17	19		17	20		21	23
5	7	8		16	18		10	11		10	12		16	17
6	9	10		9	10		1	1		1	2		9	9

바. 수식 숨기기 및 보호

다른 사용자가 수식을 보거나 변경하지 못하게 하려는 경우 워크시트 셀과 워크시트 맨 위에 있는 수식 입력줄에 수식이 표시되지 않도록 숨기고 보호할 수 있다. 다른 사용자가 데이터를 변경하여 수식 결과를 변경하지 못하게 하려는 경우 수식에 사용되는 데이터도 같은 방법으로 보호할 수 있다.

■ 수식 숨기기 및 보호

실습 08-10 *시트명 : '수식 숨기기'*

1. 워크시트의 왼쪽 위 모서리에서 '모두 선택' 아이콘을 클릭하여 전체 워크시트를 선택한다.
2. 워크시트의 아무 셀이나 마우스 오른쪽 단추로 클릭하고 '셀 서식'을 선택한다.
3. '보호' 탭을 클릭하고 '잠금' 확인란을 선택 취소한 다음 '확인' 버튼을 클릭한다.

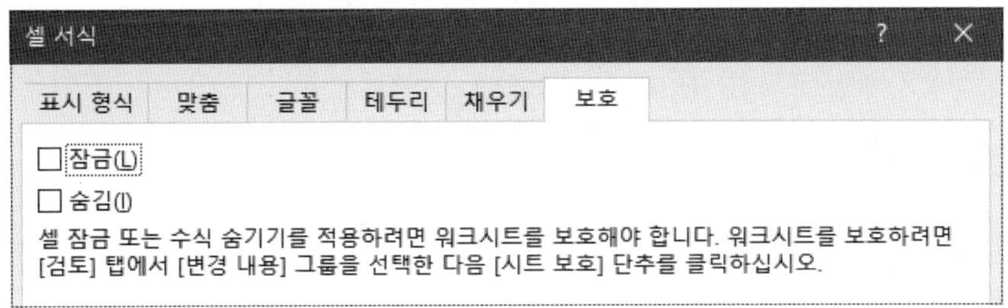

4. 숨기려는 수식이 있는 셀 범위를 선택한다. 인접하지 않은 범위를 선택하려면 Ctrl키를 누른다.
5. 선택한 셀을 마우스 오른쪽 단추로 클릭하고 '셀 서식'을 선택한다.
6. '보호' 탭을 클릭하고 '잠금' 및 '숨김' 확인란을 선택한 다음 '확인' 버튼을 클릭한다.

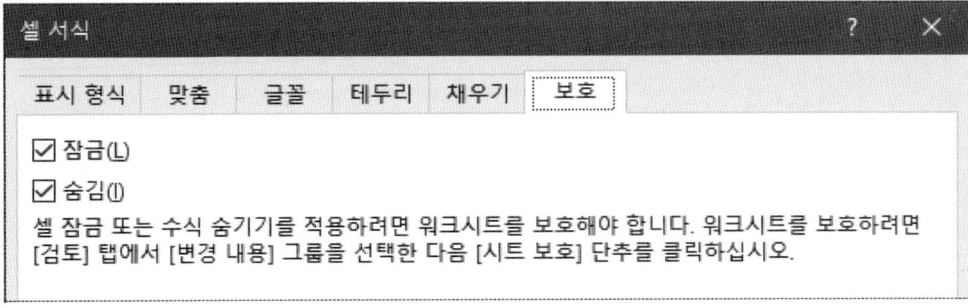

7. '섬토' 탭의 '변경 내용' 그룹에서 '시트 보호'를 클릭한다.

8. '잠긴 셀의 내용과 워크시트 보호' 확인란을 선택하고 시트 보호 해제 암호를 입력하고 '확인'버튼을 클릭한다.

■ 보호 해제 및 수식 숨기기 취소

실습 08-11 *시트명 : '수식 숨기기'*

1. '검토' 탭의 '변경 내용' 그룹에서 '시트 보호 해제'를 클릭한다.
2. 암호를 만든 경우 암호 입력 메시지가 나타나면 암호를 입력한다.
3. 숨기기를 취소하려는 수식이 있는 셀의 범위(수식에 사용된 셀도 숨긴 경우 해당 셀 포함)를 선택한다.
4. 셀 범위를 마우스 오른쪽 단추로 클릭하고 '셀 서식'을 클릭한다.
5. '보호' 탭에서 '숨김' 확인란을 선택 취소한 다음 '확인' 버튼을 클릭한다.

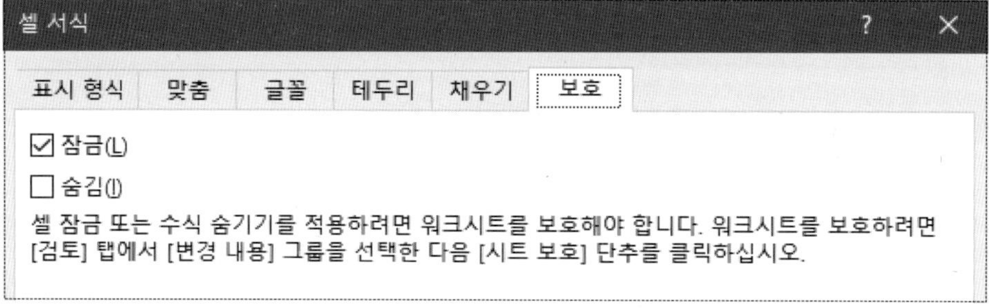

제9장 함수

가. 함수

SUM 함수

SUM 함수는 수학 및 삼각 함수중 하나로 값을 합한다. 개별 값, 셀 참조 또는 범위 또는 세 가지 모두를 혼합하여 합을 계산할 수 있다.

실습 09-01 *시트명 : '함수'*

▸ 구문

SUM(number1,[number2],...)

▸ 예제

① =SUM(100,A2,A4)

	A	B	C
1	10		160
2	20		
3	30		
4	40		
5	50		

② =SUM(F2:L2)

	B	C	D	E	F	G	H	I	J	K	L	M
1	학년	반	학번	성명	간호학개론	기본간호학	인체구조	건강사정	생화학	정보능력	인간심리	총점
2	1	A	1711101	강 다영	89	87	90	83	89	90	85	613
3	1	A	1711102	고 연희	92	90	88	90	96	97	95	648
4	1	A	1711103	김 기호	78	80	75	76	73	85	80	547
5	1	A	1711104	김 다슬	90	91	82	84	90	92	90	619
6	1	A	1711105	김 민수	80	85	78	80	78	85	82	568
7	1	A	1711106	김 효서	85	86	82	82	75	87	83	580
8	1	A	1711107	박 역서	83	81	80	82	76	80	81	563
9	1	A	1711108	이 영호	88	89	81	83	80	85	80	586
10	1	A	1711109	이 은하	83	80	88	95	85	92	90	613
11	1	A	1711110	전 이슬	80	81	89	95	85	93	90	613

■ 상태 표시줄에 있는 빠른 합계, 평균, 개수

셀 범위의 합계, 평균, 개수 등을 신속하게 원하는 경우 범위를 선택하고 워크시트의 아래쪽 상태 표시줄을 확인하면 관련된 정보가 표시된다. 상태 표시줄에서 마우스 오른쪽 단추를 클릭하면 상태 표시줄 사용자 지정에서 다양한 옵션을 선택하여 표시할 수 있다.

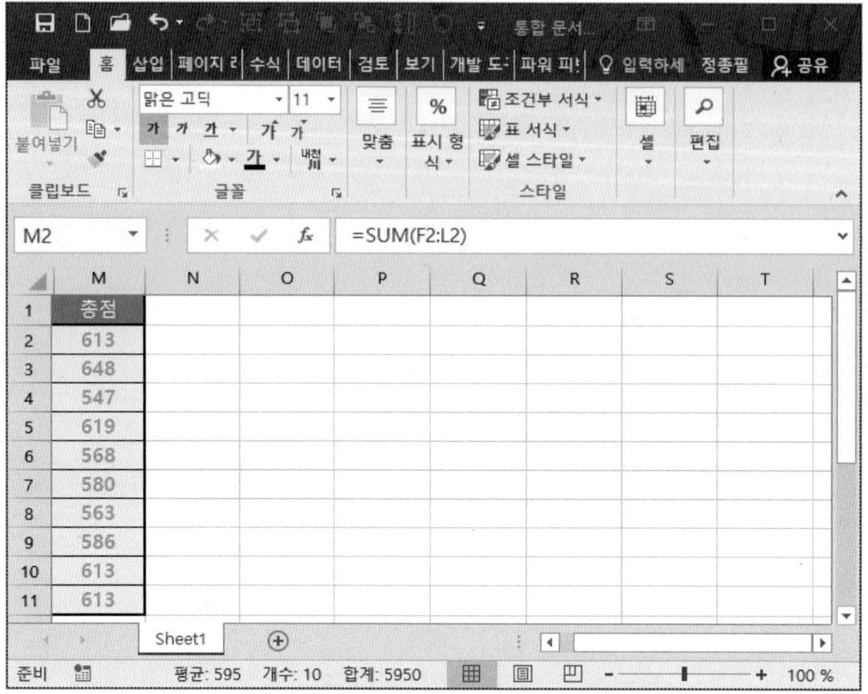

■ 자동합계 마법사

SUM 함수를 워크시트에 추가하는 가장 쉬운 방법은 '자동 합계 마법사'를 사용 하는 것이다. 바로 위의 빈 셀을 선택하거나 합계를 구하려는 범위 아래 빈 셀을 선택하고 리본 메뉴의 '홈' 탭 또는 '수식' 탭에서 '자동 합계'를 선택하면 자동으로 인접한 셀들의 합계를 구해준다. 왼쪽 또는 오른쪽 범위의 합계를 구할 셀을 선택하면 가로로 사용할 수도 있다.

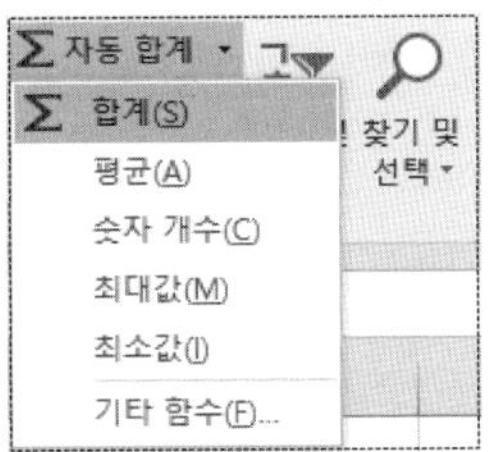

	A	B	C	D	E	F	G	H	I	J	K	L	M
1	학과	학년	반	학번	성명	간호학개론	기본간호학	인체구조	건강사정	생화학	정보능력	인간심리	총점
2	간호학과	1	A	1711101	강 다영	89	87	90	83	89	90	85	
3	간호학과	1	A	1711102	고 연희	92	90	88	90	96	97	95	
4	간호학과	1	A	1711103	김 기호	78	80	75	76	73	85	80	
5	간호학과	1	A	1711104	김 다슬	90	91	82	84	90	92	90	
6	간호학과	1	A	1711105	김 민수	80	85	78	80	78	85	82	
7	간호학과	1	A	1711106	김 효서	85	86	82	82	75	87	83	
8	간호학과	1	A	1711107	박 영서	83	81	80	82	76	80	81	
9	간호학과	1	A	1711108	이 영호	88	89	81	83	80	85	80	
10	간호학과	1	A	1711109	이 은하	83	80	88	95	85	92	90	
11	간호학과	1	A	1711110	전 이슬	80	81	89	95	85	93	90	
12	합계					=SUM(F2:F11)							
13						SUM(**number1**, [number2], ...)							

	A	B	C	D	E	F	G	H	I	J	K	L	M
1	학과	학년	반	학번	성명	간호학개론	기본간호학	인체구조	건강사정	생화학	정보능력	인간심리	총점
2	간호학과	1	A	1711101	강 다영	89	87	90	83	89	90	85	613
3	간호학과	1	A	1711102	고 연희	92	90	88	90	96	97	95	648
4	간호학과	1	A	1711103	김 기호	78	80	75	76	73	85	80	547
5	간호학과	1	A	1711104	김 다슬	90	91	82	84	90	92	90	619
6	간호학과	1	A	1711105	김 민수	80	85	78	80	78	85	82	568
7	간호학과	1	A	1711106	김 효서	85	86	82	82	75	87	83	580
8	간호학과	1	A	1711107	박 영서	83	81	80	82	76	80	81	563
9	간호학과	1	A	1711108	이 영호	88	89	81	83	80	85	80	586
10	간호학과	1	A	1711109	이 은하	83	80	88	95	85	92	90	613
11	간호학과	1	A	1711110	전 이슬	80	81	89	95	85	93	90	613
12	합계					848	850	833	850	827	886	856	

IF 함수

IF 함수는 가장 많이 사용하는 엑셀 함수 중 하나로, 특정 값과 예상값을 논리적으로 비교할 수 있는 함수이다. 따라서 IF 문에서는 두 개의 결과가 나타날 수 있다. 첫 번째 결과는 비교가 True인 경우이고, 두 번째 결과는 비교가 False인 경우이다.

IF 함수는 텍스트와 값을 평가하는 데 모두 사용할 수 있다. 또한 오류를 평가하는 데도 사용할 수 있다. 한 항목이 다른 항목에 일치하여 단일 결과를 반환하는지 확인하는 데만 이 함수를 사용하는 것이 아니라, 조건에 따라 수학 연산자도 사용할 수 있고 다른 계산도 추가적으로 할 수 있다. 또한 비교를 여러 개 하기 위해 여러 IF 함수를 함께 중첩할 수도 있다. 수식에 텍스트를 사용할 경우에는 텍스트를 따옴표(" ")로 묶어야 한다. 따옴표로 묶지 않아도 되는 유일한 경우는 TRUE 또는 FALSE 이다. 이 두 텍스트는 엑셀에서 자동으로 인식한다.

IF 문을 가장 효과적으로 작성하려면 원하는 결과가 무엇인지 생각해야 한다. 어떤 항목을 비교하려는지 생각해야 한다. 대부분의 경우 IF 문은 '이 조건에 맞으면 어떤 결과가 발생하고 이 조건에 맞지 않으면 어떤 결과가 발생하도록 할까?' 하고 논리적으로 생각하여 아주 간단하게 작성할 수 있다. 항상 단계가 논리적으로 진행되고 그러지 않을 경우에는 수식에 오류가 발생하도록 만들 수 있다. 이 점은 중첩된 IF 문을 만들 때 특히 중요하다.

▸ 구문

IF(logical_test, value_if_true, value_if_false)

▸ 예제

① =IF(A2="Yes","1","0") 또는 =IF(A3="Yes","1","0")

	A	B
1	스마트폰 보유 유무	Code
2	Yes	1
3	No	0

② =IF(N2>=85,"합격","불합격")

	A	B	C	D	E	N	P
1	학과	학년	반	학번	성명	평균	합격여부
2	간호학과	1	A	1711101	강 다영	87.6	합격
3	간호학과	1	A	1711102	고 연희	92.6	합격
4	간호학과	1	A	1711103	김 기호	78.1	불합격
5	간호학과	1	A	1711104	김 다슬	88.4	합격
6	간호학과	1	A	1711105	김 민수	81.1	불합격
7	간호학과	1	A	1711106	김 효서	82.9	불합격
8	간호학과	1	A	1711107	박 영서	80.4	불합격
9	간호학과	1	A	1711108	이 영호	83.7	불합격
10	간호학과	1	A	1711109	이 은하	87.6	합격
11	간호학과	1	A	1711110	전 이슬	87.6	합격

③ =IF(K2>90,"PASS",IF(K2=90,"경고","재시험"))

	A	B	C	D	E	F	G	K	Q
1	학과	학년	반	학번	성명	간호학개론	기본간호학	정보능력	Result
2	간호학과	1	A	1711101	강 다영	89	87	90	경고
3	간호학과	1	A	1711102	고 연희	92	90	97	PASS
4	간호학과	1	A	1711103	김 기호	78	80	85	재시험
5	간호학과	1	A	1711104	김 다슬	90	91	92	PASS
6	간호학과	1	A	1711105	김 민수	80	85	85	재시험
7	간호학과	1	A	1711106	김 효서	85	86	87	재시험
8	간호학과	1	A	1711107	박 영서	83	81	80	재시험
9	간호학과	1	A	1711108	이 영호	88	89	85	재시험
10	간호학과	1	A	1711109	이 은하	83	80	92	PASS
11	간호학과	1	A	1711110	전 이슬	80	81	93	PASS

LOOKUP 함수

하나의 행 또는 열을 찾은 다음 두 번째 행 또는 열에서 같은 위치에 있는 값을 찾아야 한다면 조회 및 참조 함수 중 하나인 LOOKUP을 사용한다. LOOKUP 함수를 사용하여 하나의 행이나 하나의 열을 검색할 수 있다.

벡터형: 이 형식의 LOOKUP은 하나의 행이나 하나의 열에서 값을 조회한다. 찾으려는 값을 포함하는 범위를 지정하려면 벡터형을 사용한다.

▸ 구문

LOOKUP(lookup_value, lookup_vector, [result_vector])

▸ 예제

① =LOOKUP(4.19,A2:A6,B2:B6)

② =LOOKUP(5.75,A2:A6,B2:B6)

③ =LOOKUP(7.66,A2:A6,B2:B6)

④ =LOOKUP(0,A2:A6,B2:B6) (0이 A열에 있는 최솟값(4.14) 보다 작기 때문에 오류)

	A	B	C	D
1	빈도	색		
2	4.14	빨강		주황
3	4.19	주황		노랑
4	5.17	노랑		파랑
5	5.77	초록		#N/A
6	6.39	파랑		

배열형: 배열형 대신 VLOOKUP 또는 HLOOKUP을 사용하는 것이 좋다. 배열형은 다른 스프레드시트 프로그램과의 호환성을 위해 제공되지만 기능이 제한적이다. 배열은 표와 같이 행과 열로 이루어진 검색할 값 모음이다. LOOKUP은 가장 가까운 항목을 반환한다. 배열형을 사용하려면 데이터가 정렬되어 있어야 한다.

▸ 구문

LOOKUP(lookup_value, array)

VLOOKUP 함수

표나 범위에서 행을 기준으로 항목을 찾아야 할 경우 조회 및 참조 함수 중 하나인 VLOOKUP을 사용한다. VLOOKUP의 비결은 조회하는 값이 찾으려는 반환 값 왼쪽에 있도록 데이터를 구성하는데 있다.

▸ 구문

VLOOKUP (lookup_value, table_array, col_index_num, [range_lookup])

▸ 예제

① =VLOOKUP("장",B2:E11,2,FALSE)

② =VLOOKUP(201700005,A2:E11,2,FALSE)

③ =IF(VLOOKUP(201700008,A2:E11,2,FALSE)="서","찾음","못찾음")

④ =VLOOKUP(201700003,A2:E11,2,FALSE) & "" & VLOOKUP(201700003,A2:E11,3,FALSE) & "님의 병명은 "& VLOOKUP(201700003,A2:E11,4,FALSE) & "입니다."

	A	B	C	D	E	F	G
1	ID	성	이름	병명	생년월일		
2	201700001	고	영일	결막염	1962-04-03		나라
3	201700002	김	수희	고지혈증	1958-04-09		서
4	201700003	이	기호	중이염	1959-11-26		못찾음
5	201700004	박	이슬	우울증	1972-06-25		이기호님의 병명은 중이염입니다.
6	201700005	서	민영	피부염	1978-06-10		
7	201700006	황	서영	화상	1968-03-19		
8	201700007	장	나라	폐렴	1972-09-30		
9	201700008	전	슬기	패혈증	1956-12-24		
10	201700009	이	은하	결핵	1959-07-20		
11	201700010	정	지혜	고혈압	1960-06-05		

HLOOKUP 함수

표의 첫 행에 있는 값 또는 값의 배열을 검색한 다음 표나 배열에서 지정한 행으로부터 같은 열에 있는 값을 반환한다. 비교 값이 데이터 표의 위쪽에 있을 때 지정한 행 수를 위에서 아래로 조사하려면 HLOOKUP을 사용한다. 비교 값이 찾으려는 데이터의 왼쪽 열에 있으면 VLOOKUP을 사용한다.

▸ 구문

HLOOKUP (lookup_value, table_array, row_index_num, [range_lookup])

▸ 예제

① =HLOOKUP("아이폰",A1:C4,2,TRUE)

② =HLOOKUP("안드로이드폰",A1:C4,3,FALSE)

③ =HLOOKUP("윈도우폰",A1:C4,4)

④ =HLOOKUP(3,{1,2,3;"A","B","C";"d","e","f"},3,TRUE)

	A	B	C	D	E
1	아이폰	안드로이드폰	윈도우폰		
2	40	30	12		40
3	50	45	25		45
4	60	55	33		33
5					f

MATCH 함수

MATCH 함수는 셀 범위에서 지정된 항목을 검색하고 범위에서 해당 항목이 차지하는 상대 위치를 반환한다. 항목 자체가 아니라 범위에서의 항목 위치가 필요한 경우 LOOKUP 함수 중 하나를 사용하는 대신 MATCH 함수를 사용한다.

▸ 구문

MATCH(lookup_value, lookup_array, [match_type])

▸ 예제

① =MATCH(13,B2:B11,0)

② =MATCH(20,B2:B11,1)

③ =MATCH(40,B2:B11,-1) (내림차순이 아니므로 오류 발생)

	A	B	C	D	E
1	과일	개수	가격		
2	수박	1	18,000		4
3	참외	10	13,000		7
4	포도	12	25,000		#N/A
5	사과	13	35,000		
6	레몬	14	30,000		
7	배	15	45,000		
8	바나나	18	12,000		
9	복숭아	25	23,000		
10	블루베리	30	32,000		
11	딸기	80	20,000		

CHOOSE 함수

'index_num'을 사용하여 인수 값 목록에서 값을 반환한다. CHOOSE 함수를 사용하여 254개까지의 값 중에서 인덱스 번호를 기준으로 한 개의 값을 선택할 수 있다.

▸ 구문

CHOOSE(index_num, value1, [value2], ...)

▸ 예제

① =CHOOSE(2,A2,A3,A4,A5)

② =CHOOSE(4,B2,B3,B4,B5)

③ =CHOOSE(3,"정보",100,"능력",200)

④ =SUM(A2:CHOOSE(2,A3,A4,A5))

	A	B	C	D
1	빈도	색		
2	3	빨강		4
3	4	주황		초록
4	5	노랑		능력
5	6	초록		12
6	7	파랑		

FIND, FINDB 함수

FIND와 FINDB는 두 번째 텍스트 문자열에서 지정된 텍스트 문자열을 검색하고, 두 번째 텍스트 문자열의 첫 문자를 기준으로 첫 번째 문자열이 시작하는 위치에 해당하는 숫자를 반환한다. FIND는 SBCS(싱글바이트 문자 집합)를 사용하는 언어에 사용하며 FINDB는 DBCS(더블바이트 문자 집합)를 사용하는 언어에 사용한다. 컴퓨터의 기본 언어 설정은 다음과 같이 반환 값에 영향을 준다. FIND는 싱글바이트 문자든 더블바이트 문자든 상관없이, 또한 기본 언어 설정에 상관없이 항상 각 문자를 1로 계산한다. FINDB는 DBCS를 지원하는 언어를 편집할 수 있도록 설정하고 이 언어를 기본 언어로 설정한 경우 각 더블바이트 문자를 2로 계산한다. 이러한 경우가 아니면 FINDB는 각 문자를 1로 계산한다. DBCS를 지원하는 언어로는 한국어, 일본어, 중국어(간체) 및 중국어(번체)가 있다.

▸ 구문

FIND(find_text, within_text, [start_num])

FINDB(find_text, within_text, [start_num])

▸ 예제

① =FIND("O",A1)

② =MID(A1,1,FIND("c",A1,5)-2)

③ =FINDB("오",A3)

④ =MID(A3,5,FINDB("피",A3)-2)

	A	B	C
1	Microsoft Office 2016		11
2			Microsoft Off
3	마이크로소프트 오피스 2016		16
4			소프트 오피스 2016

INDEX 함수

INDEX 함수는 테이블이나 범위에서 값 또는 값에 대한 참조를 반환한다. INDEX 함수를 사용하는 방법에는 다음 두 가지가 있다.

- 지정된 셀이나 셀 배열의 값을 반환하려는 경우에는 배열형을 사용한다.
- 지정된 셀에 대한 참조를 반환하려는 경우에는 참조형을 사용한다.

배열형: 행과 열 번호 인덱스로 선택한 배열이나 표 요소의 값을 반환한다. INDEX 함수의 첫 번째 인수가 배열 상수이면 배열형을 사용한다.

▸ 구문

INDEX(array, row_num, [column_num])

▸ 예제

① =INDEX(A2:B11,5,2)

② =INDEX(A2:B11,7,2)

③ =INDEX({1,2,3;4,5,6},2,2)

④ =INDEX({1,2;3,4},0,2)

	A	B	C	D	E
1	과일	가격		배열형	참조형
2	배	45,000		30,000	18,000
3	딸기	20,000		25,000	13,000
4	수박	18,000			
5	참외	13,000			
6	레몬	30,000		5	253,000
7	사과	35,000		2	126,000
8	포도	25,000			
9	바나나	12,000			
10	복숭아	23,000			
11	블루베리	32,000			

참조형: 특정 행과 열이 교차되는 위치의 셀 참조를 반환한다. 참조가 인접하지 않은 영역으로 이루어진 경우에는 찾아볼 영역을 선택할 수 있다.

▸ 구문

INDEX(reference, row_num, [column_num], [area_num])

▸ 예제

① =INDEX(A2:B11,3,2)

② =INDEX(A2:B11,4,2)

③ =SUM(INDEX(A2:B11,0,2,1))

④ =SUM(B2:INDEX(A2:B11,5,2))

	A	B	C	D	E
1	과일	가격		배열형	참조형
2	배	45,000		30,000	18,000
3	딸기	20,000		25,000	13,000
4	수박	18,000			
5	참외	13,000			
6	레몬	30,000		5	253,000
7	사과	35,000		2	126,000
8	포도	25,000			
9	바나나	12,000			
10	복숭아	23,000			
11	블루베리	32,000			

COUNTIF 함수

COUNTIF 함수를 사용하여 기준을 충족하는 셀의 개수를 계산할 수 있다.

▸ 구문

COUNTIF(range, criteria)

▸ 예제

① =COUNTIF(A2:A11,"간호학과")

② =COUNTIF(A2:A11,A4)

③ =COUNTIF(A2:A11,A2)+COUNTIF(A2:A11,A7)

④ =COUNTIF(C2:C11,"김*")

	A	B	C	D	E	F
1	학과	학년	성명	학적		
2	간호학과	1학년	김이슬	재학		2
3	안경광학과	1학년	이슬기	재학		1
4	물리치료과	1학년	정준호	재학		3
5	응급구조과	1학년	박진서	재학		4
6	치위생과	1학년	김호서	재학		
7	병원의료정보과	1학년	양영일	재학		
8	간호학과	1학년	김이슬	재학		
9	안경광학과	1학년	이슬기	재학		
10	응급구조과	1학년	박진서	재학		
11	치위생과	1학년	김호서	재학		

SUMIF 함수

SUMIF 함수를 사용하여 지정한 조건에 맞는 범위의 값을 더할 수 있다. 원하는 경우 하나의 범위에 조건을 적용하고 다른 범위에서 해당하는 값을 더할 수 있다.

▸ 구문

SUMIF(range, criteria, [sum_range])

▸ 예제

① =SUMIF(A2:A11,"야채",C2:C11)

② =SUMIF(A2:A11,A2,C2:C11)

③ =SUMIF(B2:B11,"*박",C2:C11)

	A	B	C	D	E
1	범주	품명	판매액		
2	과일	수박	230,000		400,000
3	야채	호박	80,000		2,080,000
4	과일	포도	320,000		310,000
5	과일	사과	450,000		
6	과일	레몬	460,000		
7	야채	당근	120,000		
8	야채	감자	90,000		
9	과일	복숭아	380,000		
10	야채	오이	110,000		
11	과일	딸기	240,000		
12	TOTAL		2,480,000		

DSUM 함수

목록이나 데이터베이스의 레코드 필드(열)에서 지정한 조건에 맞는 숫자의 합계를 계산한다.

▸ 구문

DSUM(database, field, criteria)

▸ 예제

① =DSUM(A1:C11,3,E2:E3)

	A	B	C	D	E
1	범주	품명	판매액		
2	과일	수박	230,000		범주
3	야채	호박	80,000		과일
4	과일	포도	320,000		
5	과일	사과	450,000	DSUM	2,080,000
6	과일	레몬	460,000		
7	야채	당근	120,000	DAVERAGE	346666.67
8	야채	감자	90,000		
9	과일	복숭아	380,000		
10	야채	오이	110,000		
11	과일	딸기	240,000		

DAVERAGE 함수

목록이나 데이터베이스의 레코드 필드(열)에서 지정한 조건에 맞는 값의 평균을 계산한다.

▸ 구문

DAVERAGE(database, field, criteria)

▸ 예제

① =DAVERAGE(A1:C11,3,E2:E3)

DCOUNT 함수

목록이나 데이터베이스의 레코드 필드(열)에서 지정한 조건에 맞는 숫자가 있는 셀의 개수를 계산한다. field 인수는 선택 사항이. field 인수를 생략하면 데이터베이스에서 조건에 맞는 모든 레코드 개수가 구한다.

▸ 구문

DCOUNT(database, field, criteria)

▸ 예제

① =DCOUNT(A1:C11,3,E2:E3)

	A	B	C	D	E
1	범주	품명	판매액		
2	과일	수박	230,000		범주
3	야채	호박	80,000		야채
4	과일	포도	320,000		
5	과일	사과	450,000	DCOUNT	3
6	과일	레몬	460,000		
7	야채	-	-	DCOUNTA	4
8	야채	감자	90,000		
9	과일	복숭아	380,000		
10	야채	오이	110,000		
11	과일	딸기	240,000		

DCOUNTA 함수

목록이나 데이터베이스의 레코드 필드(열)에서 지정한 조건에 맞는 셀 중 비어 있지 않은 셀의 개수를 계산한다.

▸ 구문

DCOUNTA(database, field, criteria)

▸ 예제

① =DCOUNTA(A1:C11,3,E2:E3)

DMAX 함수

목록이나 데이터베이스의 레코드 필드(열)에서 지정한 조건에 맞는 가장 큰 값을 반환한다.

▸ 구문

DMAX(database, field, criteria)

▸ 예제

① =DMAX(A1:C11,3,E2:E3)

	A	B	C	D	E
1	범주	품명	판매액		
2	과일	수박	230,000		범주
3	야채	호박	80,000		야채
4	과일	포도	320,000		
5	과일	사과	450,000	DMAX	120,000
6	과일	레몬	460,000		
7	야채	당근	120,000	DMIN	80,000
8	야채	감자	90,000		
9	과일	복숭아	380,000		
10	야채	오이	110,000		
11	과일	딸기	240,000		

DMIN 함수

목록이나 데이터베이스의 레코드 필드(열)에서 지정한 조건에 맞는 가장 작은 값을 반환한다.

▸ 구문

DMIN(database, field, criteria)

▸ 예제

① =DMIN(A1:C11,3,E2:E3)

TODAY 함수

현재 날짜의 일련 번호를 반환한다. 일련 번호는 엑셀에서 날짜와 시간 계산에 사용하는 날짜-시간 코드이다. 함수를 입력하기 전의 셀에 일반 서식이 지정되어 있더라도 결과값은 날짜 서식으로 지정된다. 일련 번호를 보려면 셀 서식을 일반 또는 숫자로 변경해야 한다.

TODAY 함수는 통합 문서를 연 날짜에 관계없이 현재 날짜를 워크시트에 표시해야 하는 경우에 유용하며, 간격을 계산할 때도 유용하다.

▸ 구문

TODAY()

TODAY 함수 구문에는 인수가 없다.

▸ 예제

① =TODAY()

② =D1-B2

③ =TODAY()+5

④ =MONTH(TODAY())

⑤ =DATEVALUE("2020-01-01")-TODAY()

	A	B	C	D
1	오늘 날짜	2016-06-16	TODAY	2016-06-16
2	태어난 날짜	1998-10-23		6446
3				2016-06-21
4				6
5				1294

TIME 함수

특정 시간에 대한 실수를 반환한다. 함수가 입력되기 전의 셀 서식이 일반이었으면 결과값은 날짜 서식으로 지정된다. TIME에서 반환하는 소수는 0에서 0.99988426 사이의 값이며 0:00:00(오전 12:00:00)에서 23:59:59(오후 11:59:59) 사이의 시간을 나타낸다.

▸ 구문

TIME(hour, minute, second)

▸ 예제

① =TIME(A1,B1,C1)

② =TIME(A1,B1,C1)

	A	B	C	D	E
1	13	35	42	TIME	오후 1:35:42
2					0.566458333

HOUR 함수

시간 값의 시를 반환한다. 시간은 0(오전 12:00)에서 23(오후 11:00) 사이의 정수로 표시된다.

▸ 구문

HOUR(serial_number)

▸ 예제

① =HOUR(A4)

② =HOUR(A5)

③ =HOUR(A6)

	A	B	C
4	0.75	HOUR	18
5	2017-04-12 9:23		9
6	2017-05-04		0

MINUTE 함수

시간 값의 분을 반환한다. 분은 0에서 59 사이의 정수로 표시된다.

▸ 구문

MINUTE(serial_number)

▸ 예제

① =MINUTE(A8)

	A	B	C
8	13시 24분 00초	MINUTE	24

SECOND 함수

시간 값의 초를 반환한다. 초는 0에서 59 사이의 정수로 제공된다.

▸ 구문

SECOND(serial_number)

▸ 예제

① =SECOND(A10)

	A	B	C
10	15:32:47	SECOND	47

DATE 함수

세 개의 별도 값을 사용하여 날짜를 결합해야 할 경우 DATE 함수를 사용한다.

▸ 구문

DATE(year,month,day)

▸ 예제

	A	B	C	D	E
1	년	월	일		2017-05-08
2	2017	5	8		42863

DAYS 함수

두 날짜 사이의 일 수를 반환한다.

▸ 구문

DAYS(end_date, start_date)

▸ 예제

① =DAYS(A2,A1)

② =DAYS(A3,A1)

③ =DAYS(TODAY(),DATE(2000,5,5))

	A	B	C
1	1999-10-20		6343
2	2017-03-02		6084
3	2016-06-16		5886

YEAR 함수

날짜에 해당하는 연도를 반환한다. 연도는 1900에서 9999 사이의 정수이다.

▸ 구문

YEAR(serial_number)

▸ 예제

① =YEAR(A12)

	A	B	C
12	2017-04-16	YEAR	2017
13		MONTH	4
14		DAY	16

MONTH 함수

일련 번호가 나타내는 날짜의 월을 반환한다. 월은 1(1월)에서 12(12월) 사이의 정수로 표시된다.

▸ 구문

MONTH(serial_number)

▸ 예제

① =MONTH(A12)

DAY 함수

일련 번호가 나타내는 날짜의 일을 반환한다. 일은 1에서 31 사이의 정수로 표시된다.

▸ 구문

DAY(serial_number)

▸ 예제

① =DAY(A12)

NOW 함수

현재 날짜와 시간의 일련 번호를 반환한다. 함수를 입력하기 전 셀 형식이 일반인 경우 셀 형식이 국가별 설정의 날짜 및 시간 형식과 일치하도록 변경된다. 리본 메뉴의 홈 탭에 있는 표시 형식 그룹의 명령을 사용하여 셀의 날짜 및 시간 형식을 변경할 수 있다.

NOW 함수는 워크시트에 현재 날짜 및 시간을 표시하거나 현재 날짜 및 시간을 기준으로 값을 계산할 때 유용하며 워크시트를 열 때마다 해당 값이 업데이트 된다.

▸ 구문

NOW()

NOW 함수 구문에는 인수가 없다.

▸ 예제

① =NOW()

② =NOW()+5

③ =NOW()-0.5

④ =NOW()-2.25

	B	C
16	NOW	2016-06-16 13:50
17		2016-06-21 13:50
18		2016-06-16 1:50
19		2016-06-14 7:50

WEEKDAY 함수

날짜에 해당하는 요일을 반환한다. 요일은 기본적으로 1(일요일)에서 7(토요일) 사이의 정수로 표시된다.

▸ 구문

WEEKDAY(serial_number,[return_type])

return_type은 결과값의 유형을 결정하는 수(1,2,3)로 일요일(1)에서 토요일(7)까지의 유형은 1을, 월요일(1)에서 일요일(7)까지의 유형은 2를, 월요일(0)에서 일요일(6)까지의 유형은 3을 사용한다.

▸ 예제

① =WEEKDAY(A21,1)

② =WEEKDAY(A22,2)

③ =WEEKDAY(A23,3)

	A	B	C
21	2010-05-05	WEEKDAY	4
22	2020-05-05		2
23	2030-05-05		6

NETWORKDAYS 함수

'start_date'와 'end_date' 사이의 전체 작업 일수를 반환한다. 작업일 수에 주말과 공휴일은 포함되지 않는다. NETWORKDAYS를 사용하면 특정 기간 동안 작업한 날짜 수를 기초로 하여 발생된 직원의 임금을 계산할 수 있다.

▸ 구문

NETWORKDAYS(start_date, end_date, [holidays])

▸ 예제

① =NETWORKDAYS(B1,B2)

② =NETWORKDAYS(B1,B2,B3)

③ =NETWORKDAYS(B1,B2,B3:B11)

	A	B	C	D
1	프로젝트 시작일	2016-03-10	NETWORKDAYS	187
2	프로젝트 종료일	2016-11-25		186
3	국회의원 선거일	2016-04-13		179
4	어린이날	2016-05-05		
5	현충일	2016-06-06		
6	광복절	2016-08-15		
7	추석	2016-09-14		
8	추석	2016-09-15		
9	추석	2016-09-16		
10	개천절	2016-10-03		

AND 함수

인수가 모두 TRUE이면 TRUE를 반환한다.

▸ 구문

AND(logical1, [logical2], ...)

▸ 예제

① =AND(A1>10,A2>100)

② =IF(AND(A1<100,A2<200),"값이 범위 안에 있습니다.")

③ =IF(AND(A2>50,A3>100),"값이 범위를 초과 하였습니다.")

	A	B	C
1	50	AND	FALSE
2	100		값이 범위안에 있습니다.
3	200		값이 범위를 초과 하였습니다.

OR 함수

하나 이상의 인수가 TRUE이면 TRUE를 반환한다. 인수가 모두 FALSE인 경우에만 FALSE를 반환한다.

▸ 구문

OR(logical1, [logical2], ...)

▸ 예제

① =OR(A5>10,A6>100)

② =IF(OR(A5<100,A6<100),"값이 범위 안에 있습니다.")

③ =IF(OR(A6>50,A7>200),"값이 범위를 초과 하였습니다.")

	A	B	C
5	50	OR	TRUE
6	100		값이 범위안에 있습니다.
7	200		값이 범위를 초과 하였습니다.

XOR 함수

모든 인수의 논리 배타적 OR 값을 반환한다.

▸ 구문

XOR(logical1, [logical2], ...)

▸ 예제

① =XOR(A9>10,A10>20)

② =XOR(A9>200,A10<300)

	A	B	C
9	100	XOR	FALSE
10	200		TRUE

ABS 함수

절대값을 반환한다.

▸ 구문

ABS(number)

▸ 예제

① =ABS(2)

② =ABS(-2)

③ =ABS(A1)

	A	B	C
1	-4	ABS	2
2			2
3			4

EVEN 함수

가장 가까운 짝수로 올림한 수를 반환한다.

▸ 구문

EVEN(number)

▸ 예제

① =EVEN(1.5)

② =EVEN(2)

③ =EVEN(3)

④ =EVEN(-3)

	A	B
1	EVEN	2
2		2
3		4
4		-4

INT 함수

가장 가까운 정수로 내림한다.

▸ 구문

INT(number)

▸ 예제

① =INT(8.5)

② =INT(-8.5)

③ =A1-INT(A1)

④ =INT(A1)

	A	B	C
1	18.9	INT	8
2			-9
3			0.9
4			18

MOD 함수

number를 divisor로 나눈 나머지를 반환한다. 결과는 나누는 수와 같은 부호를 갖는다.

▸ 구문

MOD(number, divisor)

▸ 예제

① =MOD(3,2)

② =MOD(A3,A2)

③ =MOD(-3,2)

④ =MOD(-3,-2)

	A	B	C
1	2	MOD	1
2	3		2
3	5		1
4	7		-1

RAND 함수

0 이상 1 미만의 실수인 난수를 반환한다. 워크시트를 계산할 때마다 새로운 난수가 반환된다.

▸ 구문

RAND()

RAND 함수 구문에는 인수가 없다.

▸ 예제

① =RAND()

② =RAND() * 100

	A	B
1	RAND	0.752774355
2		1.862519448

ROUND 함수

숫자를 지정한 자릿수로 반올림한다.

▸ 구문

ROUND(number, num_digits)

▸ 예제

① =ROUND(83.46,1)

② =ROUND(3.517,1)

③ =ROUND(-3.517,1)

④ =ROUND(243.517,-1)

⑤ =ROUND(-1243.517,-3)

⑥ =ROUND(-1243.517,0)

	A	B
1	ROUND	83.5
2		3.5
3		-3.5
4		240
5		-1000
6		-1244

SQRT 함수

양의 제곱근을 반환한다.

▸ 구문

SQRT(number)

▸ 예제

① =SQRT(A1)

② =SQRT(A2)

③ =SQRT(ABS(A2))

	A	B	C
1	4	SQRT	2
2	-4		#NUM!
3			2

TRUNC 함수

수의 소수점 이하를 버리고 정수로 변환한다.

▸ 구문

TRUNC(number, [num_digits])

▸ 예제

① =TRUNC(7.8)

② =TRUNC(A1)

③ =TRUNC(A2)

④ =TRUNC(0.35)

	A	B	C
1	8.9	TRUNC	7
2	-6.7		8
3			-6
4			0

AVERAGE 함수

인수들의 평균(산술 평균)을 반환한다.

▸ 구문

AVERAGE(number1, [number2], ...)

▸ 예제

① =AVERAGE(B2:B6)

② =AVERAGE(50000,B3:B7)

	A	B	C	D
1	과일	가격		
2	배	45,000	AVERAGE	25,200
3	딸기	20,000		26,200
4	수박	18,000		
5	참외	13,000		
6	레몬	30,000		

COUNT 함수

숫자를 포함하고 있는 셀의 개수와 인수 목록에 포함된 숫자 개수를 반환한다.

▸ 구문

COUNT(value1, [value2], ...)

▸ 예제

① =COUNT(A1:A10)

② =COUNT(A1:A10,10,20)

	A	B	C
1	2016-06-16	COUNT	5
2	2010		7
3	120.35		
4	TRUE		
5	FALSE		
6	정보능력		
7	#DIV/0!		
8	0		
9			
10	-100		

COUNTA 함수

범위에서 비어 있지 않은 셀의 개수를 반환한다.

▸ 구문

COUNTA(value1, [value2], ...)

▸ 예제

① =COUNTA(A1:A10)

	A	B	C
1	2016-06-16	COUNT	5
2	2010		7
3	120.35		
4	TRUE	COUNTA	9
5	정보처리		
6	정보능력	COUNTBLANK	1
7	#DIV/0!		
8	0	COUNTIF	2
9			
10	-100		

COUNTBLANK 함수

지정한 범위에 있는 빈 셀의 개수를 반환한다.

▸ 구문

COUNTBLANK(range)

▸ 예제

① =COUNTBLANK(A1:A10)

COUNTIF 함수

지정한 범위에 있는 조건에 맞는 셀의 개수를 반환한다.

▸ 구문

COUNTIF(range, criteria)

▸ 예제

① =COUNTIF(A1:A10,"정보*")

MAX 함수

값 집합에서 가장 큰 값을 반환한다.

▸ 구문

MAX(number1, [number2], ...)

▸ 예제

① =MAX(B2:B6)

	A	B	C	D
1	과일	가격		
2	배	45,000	MAX	45,000
3	딸기	20,000		
4	수박	18,000	MIN	13,000
5	참외	13,000		
6	레몬	30,000		

MIN 함수

값 집합에서 가장 작은 값을 반환한다.

▸ 구문

MIN(number1, [number2], ...)

▸ 예제

① =MIN(B2:B6)

RANK.AVG 함수

수 목록에서 특정 수의 순위를 반환한다. 수의 순위는 목록에 있는 다른 수와의 상대 크기를 말한다. 순위가 같은 수가 여러 개이면 평균 순위가 반환된다.

▸ 구문

RANK.AVG(number,ref,[order])

▸ 예제

① =RANK.AVG(B2,$B$2:$B$11,0)

	A	B	C	D
1	날짜	최고온도(℃)	RANK.AVG	RANK.EQ
2	2016-06-17	28	9.5	9
3	2016-06-18	29	7.5	7
4	2016-06-19	28	9.5	9
5	2016-06-20	31	4.5	4
6	2016-06-21	33	2	2
7	2016-06-22	32	3	3
8	2016-06-23	30	6	6
9	2016-06-24	34	1	1
10	2016-06-25	29	7.5	7
11	2016-06-26	31	4.5	4

RANK.EQ 함수

순위가 같은 수가 여러 개이면 해당 수 집합의 최상위 순위가 반환된다.

▸ 구문

RANK.EQ(number,ref,[order])

▸ 예제

① =RANK.EQ(B2,$B$2:$B$11,0)

EXACT 함수

두 텍스트 문자열을 비교하여 정확히 같으면 TRUE를 반환하고, 그렇지 않으면 FALSE를 반환한다. EXACT는 대/소문자를 구분하지만 서식 차이는 무시한다.

▸ 구문

EXACT(text1, text2)

▸ 예제

① =EXACT(A1,A2)

② =EXACT(A2,A3)

③ =EXACT(A1,A3)

④ =EXACT(A3,"엑셀")

	A	B	C
1	Excel	EXACT	FALSE
2	excel		FALSE
3	EXCEL		FALSE
4	EX CEL		TRUE

LEFT 함수 및 LEFTB 함수

LEFT 함수는 텍스트 문자열의 첫 번째 문자부터 시작하여 지정한 문자 수만큼 문자를 반환한다. LEFTB 함수는 텍스트 문자열의 첫 번째 문자부터 시작하여 지정한 바이트 수만큼 문자를 반환한다.

▸ 구문

LEFT(text, [num_chars])

LEFTB(text, [num_bytes])

▸ 예제

① =LEFT(A1,16)

② =LEFT(A2,2)

③ =LEFTB(A1,9)

④ =LEFTB(A2,2)

	A	B	C
1	Microsoft Office 2016	LEFT	Microsoft Office
2	엑셀 2016		엑셀
3			
4		LEFTB	Microsoft
5			엑

LEN 함수 및 LENB 함수

LEN 함수는 텍스트 문자열의 문자 수를 반환한다.

LENB 함수는 텍스트 문자열의 문자를 나타내는 데 사용되는 바이트 수를 반환한다.

▸ 구문

LEN(text)

LENB(text)

▸ 예제

① =LEN(A1)

② =LEN(A2)

③ =LENB(A1)

④ =LENB(A2)

	A	D	E
1	Microsoft Office 2016	LEN	21
2	엑셀 2016		7
3			
4		LENB	21
5			9

LOWER 함수

텍스트 문자열의 모든 문자를 소문자로 변환한다.

▸ 구문

LOWER(text)

▸ 예제

① =LOWER(A1)

	A	F	G
1	Microsoft Office 2016	LOWER	microsoft office 2016
2	엑셀 2016		
3	HELLO, DIGITAL WORLD	UPPER	MICROSOFT OFFICE 2016
4			
5		PROPER	Hello, Digital World

UPPER 함수

텍스트 문자열의 모든 문자를 대문자로 변환한다.

▸ 구문

UPPER(text)

▸ 예제

① =UPPER(A1)

PROPER 함수

단어의 첫째 문자와 영문자가 아닌 문자 다음에 오는 영문자를 대문자로 변환한다. 나머지 문자들은 소문자로 변환한다.

▸ 구문

PROPER(text)

▸ 예제

① =PROPER(A3)

MID 함수 및 MIDB 함수

MID 함수는 텍스트 문자열에서 지정된 위치로부터 지정된 수만큼 문자를 반환한다.

MIDB 함수는 지정한 바이트 수에 따라 문자열의 지정한 위치로부터 지정한 개수의 문자를 반환한다.

▸ 구문

MID(text, start_num, num_chars)

MIDB(text, start_num, num_bytes)

▸ 예제

① =MID(A1,11,6)

② =MID(A2,4,4)

③ =MIDB(A3,8,7)

④ =MIDB(A2,3,7)

	A	H	I
1	Microsoft Office 2016	MID	Office
2	엑셀 2016		2016
3	HELLO, DIGITAL WORLD		
4		MIDB	DIGITAL
5			셀 2016

REPLACE 함수 및 REPLACEB 함수

REPLACE 함수는 텍스트 문자열의 일부를 지정된 문자 수만큼 다른 텍스트 문자열로 바꾼다.

REPLACEB 함수는 지정한 바이트 수에 따라 텍스트 문자열의 일부를 다른 텍스트 문자열로 바꾼다.

▸ 구문

REPLACE(old_text, start_num, num_chars, new_text)

REPLACEB(old_text, start_num, num_bytes, new_text)

▸ 예제

① =REPLACE(A1,11,6,"Excel")

② =REPLACE(A2,1,2,"Excel")

③ =REPLACEB(A1,11,6,"Powerpoint")

④ =REPLACEB(A3,8,7,"Excel")

	A	J	K
1	Microsoft Office 2016	REPLACE	Microsoft Excel 2016
2	엑셀 2016		Excel 2016
3	HELLO, DIGITAL WORLD		
4		REPLACEB	Microsoft Powerpoint 2016
5			HELLO, EXCEL WORLD

RIGHT 함수 및 RIGHTB 함수

RIGHT 함수는 지정한 문자 수에 따라 텍스트 문자열의 마지막 문자부터 지정된 개수의 문자를 반환한다.

RIGHTB 함수는 지정한 바이트 수에 따라 텍스트 문자열의 마지막 문자부터 지정된 길이의 문자를 반환한다.

▸ 구문

RIGHT(text,[num_chars])

RIGHTB(text,[num_bytes])

▸ 예제

① =RIGHT(A1,11)

② =RIGHT(A2,4)

③ =RIGHTB(A3,5)

④ =RIGHTB(A3,13)

	A	L	M
1	Microsoft Office 2016	RIGHT	Office 2016
2	엑셀 2016		2016
3	HELLO, DIGITAL WORLD		
4		RIGHTB	WORLD
5			DIGITAL WORLD

TRIM 함수

단어 사이에 있는 하나의 공백을 제외하고 나머지 모든 공백을 제거한다.

▸ 구문

TRIM(text)

▸ 예제

① =TRIM(A1)

② =TRIM(A2)

③ =EXACT(A3,A4)

④ =EXACT(A3,TRIM(A4))

	A	B	C
1	" 2017년 지역별 의료기관 현황 "	TRIM	" 2017년 지역별 의료기관 현황 "
2	Microsoft Office 2016		Microsoft Office 2016
3	Excel 2016		FALSE
4	Excel 2016		TRUE

TEXT 함수

숫자를 지정한 표시 형식의 텍스트로 변환한다.

▸ 구문

TEXT(value, format_text)

▸ 예제

① =TEXT(A1,"#,##0.00")

② =TEXT(A1,"₩#,###.00")

③ =TEXT("2017-5-18","dddd")

④ =TEXT("2017-5-18","mmm")

	A	B	C
1	12345.6789	TEXT	12,345.68
2			₩12,345.68
3			Thursday
4			May

나. 사용자 지정 숫자 서식

엑셀에서는 백분율, 통화, 회계, 날짜 등으로 숫자를 표시 하기 위한 다양한 옵션을 제공한다. 기본적으로 제공하는 형식이 용도에 맞지 않을 경우 직접 숫자 서식을 사용자가 지정할 수 있다.

'사용자 지정 숫자 서식'을 만들 수 있는 기본 제공 숫자 서식 중 하나를 선택하여 시작한다. 그런 다음 사용자 지정 숫자 서식을 직접 만들려면 서식 코드 섹션 중 하나를 변경할 수 있다. 숫자 서식의 코드는 최대 4개의 섹션으로 이루어지며 각 섹션은 세미콜론(;)으로 구분된다. 이러한 코드 섹션은 '양수', '음수', '0 값', '텍스트'의 순서로 서식을 정의한다.

예를 들어 이러한 코드 섹션을 사용하여 다음과 같은 사용자 지정 서식을 만들 수 있다.

[파랑]#,##0.00_);[빨강](#,##0.00);0.00;@" 예산액"

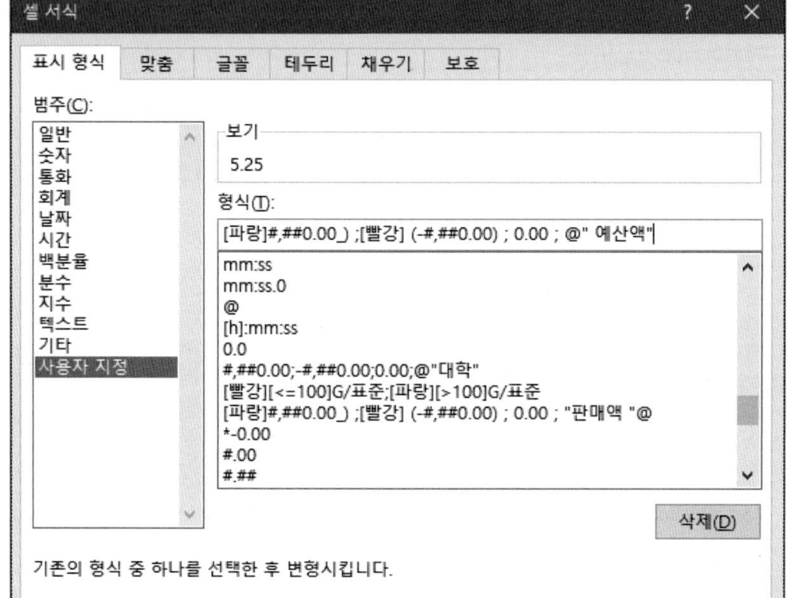

실습 09-02 *시트명 : '사용자 지정 숫자 서식'*

사용자 지정 서식이 적용된 '12.34', '1234', '-12.34', '0', '2017년도'의 값들은 아래 그림처럼 표시된다. 네 번째 섹션 '@'의 위치에는 셀에 입력한 문자열이 표시된다.

	A	B	C
1	값		결과
2	12.34		12.34
3	1234		1,234.00
4	-12.34		(-12.34)
5	0		0.00
6	2017년도		2017년도 예산액

모든 코드 섹션에 사용자 지정 숫자 서식을 지정하지 않아도 된다. 사용자 지정 숫자 서식에 두 개의 코드 섹션을 지정하는 경우에는 첫 번째 섹션이 '양수와 0'에 적용되며, 두 번째 섹션은 '음수'에 적용된다. 한 개의 코드 섹션을 지정하는 경우에는 '모든 숫자'에 적용된다.

섹션 수	서식 정의
4개	양수 ; 음수 ; 0 ; 텍스트
2개	양수와 0 ; 음수
1개	모든 숫자

서식 코드	의 미
0	유효하지 않은 0을 0으로 표시한다.
,	천단위 구분기호이다. 자릿수 자리 표시자 다음의 (,)로 1,000으로 수를 나눈다.
#	유효하지 않은 0을 표시하지 않는다.
?	유효하지 않은 0 대신에 공백으로 표시하고 소숫점을 기준으로 자리를 맞춘다.
_	공백을 삽입한다. 오른쪽 중괄호 앞에 (_))을 사용하면 양수와 음수가 나란히 정렬된다.
*	다음에 오는 문자를 반복한다.
;;;	셀에 입력된 내용을 숨긴다.
[ ]	서식에 색을 지정하는 조건 서식이다. [검정] [흰색] [빨강] [녹색] [파랑] [자홍] [녹청] [노랑]

아래 실습 예제를 보고 따라해 보자.

실습 09-03 *시트명 : '사용자 지정 숫자 서식'*

	A	B	C
1	표시할 항목	해당코드	형식
2	2.9	#.00	**2.90**
3	2.9	#.##	**2.9**
4	2.9	0.0?	**2.9**
5	12.99		**12.99**
6	1234.56	####.#	**1234.6**
7	2.9	#.000	**2.900**
8	0.675	0.#	**0.7**
9	12	#.0#	**12.0**
10	1234.567		**1234.57**
11	12.345	???.???	**12.345**
12	123.89		**123.89**
13	2.9		**2.9**
14	5.25	# ???/???	**5 1/4**
15	5.3		**5 3/10**
16	12000	#,###	**12,000**
17	12000	#,	**12**
18	12340000	0.0,,	**12.3**
19	12345	*-0.00	**------- 12345.00**

다. 함수 종합 실습 (성적표)

실습 09-04 *시트명 : '함수 종합 실습(성적표)'*

① 개인별 총점은 SUM 함수를 이용해서 구한다.

② 교과목별 총점은 자동합계(▾)를 이용해서 구한다.

③ 개인별 평균은 AVERAGE 함수를 이용해서 구한다.

④ 교과목별 평균은 자동합계(▾)를 이용해서 구한다.

⑤ 석차는 RANK.AVG 함수를 이용해서 구한다.

⑥ 합격여부는 평균이 85점 이상이면 "합격", 그렇지 않으면 "불합격"으로 표시한다.

⑦ PASS/FAIL은 정보능력과 인간심리가 모두 90점 이상이면 "PASS", 그렇지 않으면 "FAIL"로 표시한다.

⑧ PASS/FAIL에서 "PASS"는 셀의 조건부 서식을 '진한 녹색 텍스트가 있는 녹색 채우기'로 표시한다.

⑨ PASS/FAIL에서 "FALSE"는 셀의 조건부 서식을 '진한 빨강 텍스트가 있는 연한 빨강 채우기'로 표시한다.

⑩ Result는 정보능력이 90점 이상이면 "PASS", 90점이면 "경고" 그렇지 않으면 "재시험"으로 표시한다.

	A	B	C	D	E	F	G	H	I	J	K	L	M	N	O	P	Q	R
1	학과	학년	반	학번	성명	간호학개론	기본간호학	인체구조	건강사정	생화학	정보능력	인간심리	총점	평균	석차	합격여부	PASS/FAIL	Result
2	간호학과	1	A	1711101	강 다영	89	87	90	84	89	90	85	614	87.7	3	합격	FAIL	*경고*
3	간호학과	1	A	1711102	고 연희	92	90	88	90	96	97	95	648	92.6	1	합격	PASS	*PASS*
4	간호학과	1	A	1711103	김 기호	78	80	75	76	73	85	80	547	78.1	10	불합격	FALSE	*재시험*
5	간호학과	1	A	1711104	김 다슬	90	91	82	84	90	92	90	619	88.4	2	합격	PASS	*PASS*
6	간호학과	1	A	1711105	김 민수	80	85	78	80	78	85	82	568	81.1	8	불합격	FALSE	*재시험*
7	간호학과	1	A	1711106	김 효서	85	86	82	82	75	87	83	580	82.9	7	불합격	FALSE	*재시험*
8	간호학과	1	A	1711107	박 영서	83	81	80	82	76	80	81	563	80.4	9	불합격	FALSE	*재시험*
9	간호학과	1	A	1711108	이 영호	88	89	81	83	80	85	80	586	83.7	6	불합격	FALSE	*재시험*
10	간호학과	1	A	1711109	이 은하	83	80	88	95	85	92	90	613	87.6	4.5	합격	PASS	*PASS*
11	간호학과	1	A	1711110	전 이슬	80	81	89	95	85	93	90	613	87.6	4.5	합격	PASS	*PASS*
12	교과목별 총점					848	850	833	851	827	886	856						
13	교과목별 평균					84.8	85.0	83.3	85.1	82.7	88.6	85.6						

라. 범주별 엑셀 함수

■ 호환성 함수

함수	설명
BETADIST 함수	누적 베타 분포 함수를 반환한다.
BETAINV 함수	지정된 베타 분포에 대한 역 누적 분포 함수를 반환한다.
BINOMDIST 함수	개별항 이항 분포 확률을 반환한다.
CHIDIST 함수	카이 제곱 분포의 단측 검정 확률을 반환한다.
CHIINV 함수	카이 제곱 분포의 역 단측 검정 확률을 반환한다.
CHITEST 함수	독립 검증 결과를 반환한다.
CONCATENATE 함수	두 개 이상의 텍스트 문자열을 하나의 문자열로 연결한다.
CONFIDENCE 함수	모집단 평균의 신뢰 구간을 반환한다.
COVAR 함수	각 데이터 요소 쌍에 대한 편차의 곱의 평균(공분산)을 반환한다.
CRITBINOM 함수	누적 이항 분포가 기준치 이하가 되는 값 중 최솟값을 반환한다.
EXPONDIST 함수	지수 분포값을 반환한다.
FDIST 함수	F 확률 분포값을 반환한다.
FINV 함수	F 확률 분포의 역함수를 반환한다.
FLOOR 함수	0에 가까워지도록 수를 내림한다.
FORECAST 함수	기존 값을 사용하여 미래 값 계산 또는 예측한다.
FTEST 함수	F-검정 결과를 반환한다.
GAMMADIST 함수	감마 분포값을 반환한다.
GAMMAINV 함수	감마 누적 분포의 역함수 값을 반환한다.
HYPGEOMDIST 함수	초기하 분포값을 반환한다.
LOGINV 함수	로그 정규 누적 분포 함수의 역함수 값을 반환한다.
LOGNORMDIST 함수	로그 정규 누적 분포값을 반환한다.
MODE 함수	데이터 집합에서 가장 많이 나오는 값을 반환한다.
NEGBINOMDIST 함수	음 이항 분포값을 반환한다.
NORMDIST 함수	정규 누적 분포값을 반환한다.
NORMINV 함수	정규 누적 분포의 역함수 값을 반환한다.
NORMSDIST 함수	표준 정규 누적 분포값을 반환한다.
NORMSINV 함수	표준 정규 누적 분포의 역함수 값을 반환한다.
PERCENTILE 함수	범위에서 k번째 백분위수를 반환한다.
PERCENTRANK 함수	데이터 집합의 값에 대한 백분율 순위를 반환한다.
POISSON 함수	포아송 확률 분포값을 반환한다.
QUARTILE 함수	데이터 집합에서 사분위수를 반환한다.
RANK 함수	수 목록 내에서 지정한 수의 크기 순위를 반환한다.
STDEV 함수	표본 집단의 표준 편차를 구한다.
STDEVP 함수	모집단의 표준 편차를 계산한다.
TDIST 함수	스튜던트 t-분포값을 반환한다.
TINV 함수	스튜던트 t-분포의 역함수 값을 반환한다.
TTEST 함수	스튜던트 t-검정에 근거한 확률을 반환한다.

VAR 함수	표본 집단의 분산을 구한다.
VARP 함수	모집단의 분산을 계산한다.
WEIBULL 함수	와이블 분포값을 반환한다.
ZTEST 함수	z-검정의 단측 검정 확률값을 반환한다.

■ 큐브 함수

함수	설명
CUBEKPIMEMBER 함수	KPI(핵심 성과 지표) 속성을 반환하고 셀에 KPI 이름을 표시한다. KPI는 월별 매출 총이익, 분기별 직원 전직률과 같이 수량화할 수 있는 측정값이며 조직의 성과를 모니터링 하는데 사용된다.
CUBEMEMBER 함수	큐브에서 구성원이나 튜플을 반환한다. 큐브에 구성원이나 튜플이 있는지 확인하는데 사용한다.
CUBEMEMBERPROPERTY 함수	큐브에서 구성원 속성 값을 반환한다. 큐브 내에 구성원 이름이 있는지 확인하고 해당 구성원에 지정된 속성을 반환하는 데 사용한다.
CUBERANKEDMEMBER 함수	집합에서 n번째 또는 순위 내의 구성원을 반환한다. 최고 판매 사원이나 10등 내의 학생 등 집합에서 하나 이상의 요소를 반환하는데 사용한다.
CUBESET 함수	서버의 큐브에 집합을 만드는 식을 전송하여 계산된 구성원이나 튜플 집합을 정의하고 이 집합을 Microsoft Office 엑셀에 반환한다.
CUBESETCOUNT 함수	집합에서 항목 개수를 반환한다.
CUBEVALUE 함수	큐브에서 집계 값을 반환한다.

■ 데이터베이스 함수

함수	설명
DAVERAGE 함수	선택한 데이터베이스 항목의 평균을 반환한다.
DCOUNT 함수	데이터베이스에서 숫자가 있는 셀의 개수를 계산한다.
DCOUNTA 함수	데이터베이스에서 데이터가 들어 있는 셀의 개수를 계산한다.
DGET 함수	데이터베이스에서 찾을 조건에 맞는 레코드가 하나인 경우 그 레코드를 추출한다.
DMAX 함수	선택한 데이터베이스 항목 중에서 최댓값을 반환한다.
DMIN 함수	선택한 데이터베이스 항목 중에서 최솟값을 반환한다.
DPRODUCT 함수	데이터베이스에서 조건에 맞는 특정 레코드 필드의 값을 곱한다.
DSTDEV 함수	데이터베이스 필드 값들로부터 표본 집단의 표준 편차를 구한다.
DSTDEVP 함수	데이터베이스 필드 값들로부터 모집단의 표준 편차를 계산한다.
DSUM 함수	데이터베이스에서 조건에 맞는 레코드 필드 열 값들의 합을 구한다.
DVAR 함수	데이터베이스 필드 값들로부터 표본 집단의 분산을 구한다.
DVARP 함수	데이터베이스 필드 값들로부터 모집단의 분산을 계산한다.

■ 날짜 및 시간 함수

함수	설명
DATE 함수	특정 날짜의 일련번호를 반환한다.
DATEDIF 함수	두 날짜 사이의 일, 월 또는 연도 수를 계산한다. 이 함수는 경과한 날짜를 계산해야 하는 수식에 유용하다.
DATEVALUE 함수	텍스트 형태의 날짜를 일련번호로 변환한다.
DAY 함수	일련 번호를 주어진 달의 날짜로 변환한다.
DAYS 함수	두 날짜 사이의 일 수를 반환한다.
DAYS360 함수	1년을 360일로 하여, 두 날짜 사이의 날짜 수를 계산한다.
EDATE 함수	지정한 날짜 전이나 후의 개월 수를 나타내는 날짜의 일련번호를 반환한다.
EOMONTH 함수	지정된 달 수 이전이나 이후 달의 마지막 날의 날짜 일련번호를 반환한다.
HOUR 함수	일련번호를 시간으로 변환한다.
ISOWEEKNUM 함수	지정된 날짜에 따른 해당 연도의 ISO 주 번호를 반환한다.
MINUTE 함수	일련번호를 분으로 변환한다.
MONTH 함수	일련번호를 월로 변환한다.
NETWORKDAYS 함수	두 날짜 사이의 전체 작업 일수를 반환한다.
NETWORKDAYS.INTL 함수	주말인 날짜와 해당 날짜 수를 나타내는 매개 변수를 사용하여 두 날짜 사이의 전체 작업 일수를 반환한다.
NOW 함수	현재 날짜 및 시간의 일련번호를 반환한다.
SECOND 함수	일련번호를 초로 변환한다.
TIME 함수	특정 시간의 일련번호를 반환한다.
TIMEVALUE 함수	텍스트 형태의 시간을 일련번호로 변환한다.
TODAY 함수	오늘 날짜의 일련번호를 반환한다.
WEEKDAY 함수	일련번호를 요일로 변환한다.
WEEKNUM 함수	일련번호를 해당 주가 일 년 중 몇 번째 주인지 나타내는 숫자로 변환한다.
WORKDAY 함수	특정 일(시작 날짜)의 전이나 후의 날짜 수에서 주말이나 휴일을 제외한 날짜 수, 즉 평일 수를 반환한다.
WORKDAY.INTL 함수	주말인 날짜와 해당 날짜 수를 나타내는 매개 변수를 사용하여 지정된 작업 일수 이전 또는 이후 날짜의 일련번호를 반환한다.
YEAR 함수	일련 번호를 연도로 변환한다.
YEARFRAC 함수	start_date와 end_date사이의 날짜 수가 일 년 중 차지하는 비율을 반환한다.

■ 공학 함수

함수	설명
BESSELI 함수	수정된 Bessel 함수 In(x) 값을 반환한다.
BESSELJ 함수	Bessel 함수 Jn(x) 값을 반환한다.
BESSELK 함수	수정된 Bessel 함수 Kn(x) 값을 반환한다.
BESSELY 함수	Bessel 함수 Yn(x) 값을 반환한다.
BIN2DEC 함수	2진수를 10진수로 변환한다.
BIN2HEX 함수	2진수를 16진수로 변환한다.

BIN2OCT 함수	2진수를 8진수로 변환한다.
BITAND 함수	두 숫자의 '비트 단위 And'를 반환한다.
BITLSHIFT 함수	shift_amount비트씩 왼쪽으로 이동한 값 숫자를 반환한다.
BITOR 함수	두 숫자의 비트 단위 OR을 반환한다.
BITRSHIFT 함수	shift_amount비트씩 오른쪽으로 이동한 값 숫자를 반환한다.
BITXOR 함수	두 숫자의 비트 단위 '배타적 Or'를 반환한다.
COMPLEX 함수	실수부와 허수부의 계수를 복소수로 변환한다.
CONVERT 함수	다른 단위 체계의 숫자로 변환한다.
DEC2BIN 함수	10진수를 2진수로 변환한다.
DEC2HEX 함수	10진수를 16진수로 변환한다.
DEC2OCT 함수	10진수를 8진수로 변환한다.
DELTA 함수	두 값이 같은지 여부를 검사한다.
ERF 함수	오차 함수를 반환한다.
ERF.PRECISE 함수	오차 함수를 반환한다.
ERFC 함수	ERF 함수의 여값을 반환한다.
ERFC.PRECISE 함수	x에서 무한대까지 적분된 ERF 함수의 여값을 반환한다.
GESTEP 함수	숫자가 임계값보다 큰지 여부를 검사한다.
HEX2BIN 함수	16진수를 2진수로 변환한다.
HEX2DEC 함수	16진수를 10진수로 변환한다.
HEX2OCT 함수	16진수를 8진수로 변환한다.
IMABS 함수	복소수의 절대값을 반환한다.
IMAGINARY 함수	복소수의 허수부 계수를 반환한다.
IMARGUMENT 함수	각도가 라디안으로 표시되는 테타 인수를 반환한다.
IMCONJUGATE 함수	복소수의 켤레 복소수를 반환한다.
IMCOS 함수	복소수의 코사인을 반환한다.
IMCOSH 함수	복소수의 하이퍼볼릭 코사인 값을 반환한다.
IMCOT 함수	복소수의 코탄젠트 값을 반환한다.
IMCSC 함수	복소수의 코시컨트 값을 반환한다.
IMCSCH 함수	복소수의 하이퍼볼릭 코시컨트 값을 반환한다.
IMDIV 함수	두 복소수의 나눗셈 몫을 반환한다.
IMEXP 함수	복소수의 지수를 반환한다.
IMLN 함수	복소수의 자연 로그값을 반환한다.
IMLOG10 함수	복소수의 밑이 10인 로그값을 반환한다.
IMLOG2 함수	복소수의 밑이 2인 로그값을 반환한다.
IMPOWER 함수	복소수의 멱을 반환한다.
IMPRODUCT 함수	복소수 2개부터 255개까지의 곱을 반환한다.
IMREAL 함수	복소수의 실수부 계수를 반환한다.
IMSEC 함수	복소수의 시컨트 값을 반환한다.
IMSECH 함수	복소수의 하이퍼볼릭 시컨트 값을 반환한다.
IMSIN 함수	복소수의 사인을 반환한다.
IMSINH 함수	복소수의 하이퍼볼릭 사인 값을 반환한다.
IMSQRT 함수	복소수의 제곱근을 반환한다.

IMSUB 함수	두 복소수 간의 차를 반환한다.
IMSUM 함수	복소수의 합을 반환한다.
IMTAN 함수	복소수의 탄젠트 값을 반환한다.
OCT2BIN 함수	8진수를 2진수로 변환한다.
OCT2DEC 함수	8진수를 10진수로 변환한다.
OCT2HEX 함수	8진수를 16진수로 변환한다.

■ 재무 함수

함수	설명
ACCRINT 함수	정기적으로 이자를 지급하는 유가 증권의 경과 이자를 반환한다.
ACCRINTM 함수	만기에 이자를 지급하는 유가 증권의 경과 이자를 반환한다.
AMORDEGRC 함수	감가 상각 계수를 사용하여 매 회계 기간의 감가 상각액을 반환한다.
AMORLINC 함수	매 회계 기간에 대한 감가 상각액을 반환한다.
COUPDAYBS 함수	이자 지급 기간의 시작일부터 결산일까지의 날짜 수를 반환한다.
COUPDAYS 함수	결산일이 들어 있는 이자 지급 기간의 날짜 수를 반환한다.
COUPDAYSNC 함수	결산일부터 다음 이자 지급일까지의 날짜 수를 반환한다.
COUPNCD 함수	결산일 다음 첫 번째 이자 지급일을 나타내는 숫자를 반환한다.
COUPNUM 함수	결산일과 만기일 사이의 이자 지급 횟수를 반환한다.
COUPPCD 함수	결산일 바로 전 이자 지급일을 나타내는 숫자를 반환한다.
CUMIPMT 함수	주어진 기간 중에 납입하는 대출금 이자의 누계액을 반환한다.
CUMPRINC 함수	주어진 기간 중에 납입하는 대출금 원금의 누계액을 반환한다.
DB 함수	정율법을 사용하여 지정한 기간 동안 자산의 감가 상각을 반환한다.
DDB 함수	이중 체감법이나 기타 방법을 사용하여 지정된 기간의 감가 상각액을 반환한다.
DISC 함수	유가 증권의 할인율을 반환한다.
DOLLARDE 함수	분수로 표시된 금액을 소수로 표시된 금액으로 변환한다.
DOLLARFR 함수	소수로 표시된 금액을 분수로 표시된 금액으로 변환한다.
DURATION 함수	정기적으로 이자를 지급하는 유가 증권의 연간 듀레이션을 반환한다.
EFFECT 함수	연간 실질 이자율을 반환한다.
FV 함수	투자의 미래 가치를 반환한다.
FVSCHEDULE 함수	초기 원금에 일련의 복리 이율을 적용했을 때의 예상 금액을 반환한다.
INTRATE 함수	완전 투자한 유가 증권의 이자율을 반환한다.
IPMT 함수	일정 기간 동안의 투자 금액에 대한 이자 지급액을 반환한다.
IRR 함수	일련의 현금 흐름에 대한 내부 수익률을 반환한다.
ISPMT 함수	일정 기간 동안의 투자에 대한 이자 지급액을 계산한다.
MDURATION 함수	가정된 액면가 $100에 대한 유가 증권의 수정된 Macauley 듀레이션을 반환한다.
MIRR 함수	다른 이율로 형성되는 양의 현금 흐름과 음의 현금 흐름에 대한 내부 수익률을 반환한다.
NOMINAL 함수	명목상의 연이율을 반환한다.
NPER 함수	투자의 기간을 반환한다.
NPV 함수	주기적인 현금 흐름과 할인율을 기준으로 투자의 순 현재 가치를 반환한다.
ODDFPRICE 함수	첫 이수 기간이 경상 이수 기간과 다른 유가 증권의 액면가 $100당 가격을 반환한다.
ODDFYIELD 함수	첫 이수 기간이 경상 이수 기간과 다른 유가 증권의 수익률을 반환한다.

ODDLPRICE 함수	마지막 이수 기간이 경상 이수 기간과 다른 유가 증권의 액면가 $100당 가격을 반환한다.
ODDLYIELD 함수	마지막 이수 기간이 경상 이수 기간과 다른 유가 증권의 수익률을 반환한다.
PDURATION 함수	투자 금액이 지정된 값에 도달할 때까지 필요한 기간을 반환한다.
PMT 함수	연금의 정기 납입액을 반환한다.
PPMT 함수	일정 기간 동안의 투자에 대한 원금의 지급액을 반환한다.
PRICE 함수	정기적으로 이자를 지급하는 유가 증권의 액면가 $100당 가격을 반환한다.
PRICEDISC 함수	할인된 유가 증권의 액면가 $100당 가격을 반환한다.
PRICEMAT 함수	만기일에 이자를 지급하는 유가 증권의 액면가 $100당 가격을 반환한다.
PV 함수	투자의 현재 가치를 반환한다.
RATE 함수	연금의 기간별 이자율을 반환한다.
RECEIVED 함수	완전 투자 유가 증권에 대해 만기 시 수령하는 금액을 반환한다.
RRI 함수	투자 수익에 해당하는 이자율을 반환한다.
SLN 함수	한 기간 동안 정액법에 의한 자산의 감가 상각액을 반환한다.
SYD 함수	지정된 감가 상각 기간 중 자산의 감가 상각액을 연수 합계법으로 반환한다.
TBILLEQ 함수	국채에 대해 채권에 해당하는 수익률을 반환한다.
TBILLPRICE 함수	국채에 대해 액면가 $100당 가격을 반환한다.
TBILLYIELD 함수	국채의 수익률을 반환한다.
VDB 함수	일정 또는 일부 기간 동안 체감법으로 자산의 감가 상각액을 반환한다.
XIRR 함수	비정기적일 수도 있는 현금 흐름의 내부 회수율을 반환한다.
XNPV 함수	비정기적일 수도 있는 현금 흐름의 순 현재 가치를 반환한다.
YIELD 함수	정기적으로 이자를 지급하는 유가 증권의 수익률을 반환한다.
YIELDDISC 함수	국채와 같이 할인된 유가 증권의 연 수익률을 반환한다.
YIELDMAT 함수	만기 시 이자를 지급하는 유가 증권의 연 수익률을 반환한다.

■ 정보 함수

함수	설명
CELL 함수	셀의 서식 지정이나 위치, 내용에 대한 정보를 반환한다.
ERROR.TYPE 함수	오류 유형에 해당하는 숫자를 반환한다.
INFO 함수	현재 운영 환경에 대한 정보를 반환한다.
ISBLANK 함수	값이 비어 있으면 TRUE를 반환한다.
ISERR 함수	값이 #N/A를 제외한 오류 값이면 TRUE를 반환한다.
ISERROR 함수	값이 오류 값이면 TRUE를 반환한다.
ISEVEN 함수	숫자가 짝수이면 TRUE를 반환한다.
ISFORMULA 함수	수식을 포함하는 셀에 대한 참조가 있으면 TRUE를 반환한다.
ISLOGICAL 함수	값이 논리값이면 TRUE를 반환한다.
ISNA 함수	값이 #N/A 오류 값이면 TRUE를 반환한다.
ISNONTEXT 함수	값이 텍스트가 아니면 TRUE를 반환한다.
ISNUMBER 함수	값이 숫자이면 TRUE를 반환한다.
ISODD 함수	숫자가 홀수이면 TRUE를 반환한다.
ISREF 함수	값이 셀 주소이면 TRUE를 반환한다.
ISTEXT 함수	값이 텍스트이면 TRUE를 반환한다.

N 함수	숫자로 변환된 값을 반환한다.
NA 함수	#N/A 오류 값을 반환한다.
SHEET 함수	참조된 시트의 시트 번호를 반환한다.
SHEETS 함수	참조 영역에 있는 시트 수를 반환한다.
TYPE 함수	값의 데이터 형식을 나타내는 숫자를 반환한다.

■ 논리 함수

함수	설명
AND 함수	인수가 모두 TRUE이면 TRUE를 반환한다.
FALSE 함수	논리값 FALSE를 반환한다.
IF 함수	수행할 논리 검사를 지정한다.
IFERROR 함수	수식이 오류이면 사용자가 지정한 값을 반환하고, 그렇지 않으면 수식 결과를 반환한다.
IFNA 함수	식이 #N/A로 계산되면 지정한 값을 반환하고, 그렇지 않으면 식의 결과를 반환한다.
IFS 함수	하나 이상의 조건이 충족되는지 여부를 확인하고 첫 번째 TRUE정의에 해당하는 값을 반환한다.
NOT 함수	인수의 논리 역을 반환한다.
OR 함수	인수가 하나라도 TRUE이면 TRUE를 반환한다.
SWITCH 함수	값의 목록에 대한 식을 계산하고 첫 번째 일치하는 값에 해당하는 결과를 반환한다. 일치하는 항목이 없는 경우 선택적 기본값이 반환될 수 있다.
TRUE 함수	논리값 TRUE를 반환한다.
XOR 함수	모든 인수의 논리 배타적 OR을 반환한다.

■ 찾기 및 참조 영역 함수

함수	설명
ADDRESS 함수	참조를 워크시트의 한 셀에 대한 텍스트로 반환한다.
AREAS 함수	참조 영역 내의 영역 수를 반환한다.
CHOOSE 함수	값 목록에서 값을 선택한다.
COLUMN 함수	참조 영역의 열 번호를 반환한다.
COLUMNS 함수	참조 영역의 열 수를 반환한다.
FORMULATEXT 함수	주어진 참조 영역에 있는 수식을 텍스트로 반환한다.
GETPIVOTDATA 함수	피벗 테이블 보고서에 저장된 데이터를 반환한다.
HLOOKUP 함수	배열의 첫 행을 찾아 표시된 셀의 값을 반환한다.
HYPERLINK 함수	네트워크 서버, 인트라넷 또는 인터넷에 저장된 문서로 이동할 바로가기 키를 만든다.
INDEX 함수	인덱스를 사용하여 참조 영역이나 배열의 값을 선택한다.
INDIRECT 함수	텍스트 값으로 표시된 참조를 반환한다.
LOOKUP 함수	벡터나 배열에서 값을 찾는다.
MATCH 함수	참조 영역이나 배열에서 값을 찾는다.
OFFSET 함수	주어진 참조 영역으로부터의 참조 영역 간격을 반환한다.
ROW 함수	참조의 행 번호를 반환한다.
ROWS 함수	참조 영역에 있는 행 수를 반환한다.
RTD 함수	COM 자동화를 지원하는 프로그램으로부터 실시간 데이터를 가져온다.

TRANSPOSE 함수	배열의 행과 열을 바꾼다.
VLOOKUP 함수	배열의 첫째 열을 찾아 행 쪽으로 이동하여 셀 값을 반환한다.

■ 수학 및 삼각 함수

함수	설명
ABS 함수	숫자의 절대 값을 반환한다.
ACOS 함수	숫자의 아크코사인을 반환한다.
ACOSH 함수	숫자의 역 하이퍼볼릭 코사인을 반환한다.
ACOT 함수	아크코탄젠트 값을 반환한다.
ACOTH 함수	하이퍼볼릭 아크코탄젠트 값을 반환한다.
AGGREGATE 함수	목록 또는 데이터베이스에서 집계 값을 반환한다.
ARABIC 함수	로마 숫자를 아라비아 숫자로 변환한다.
ASIN 문자	숫자의 아크사인을 반환한다.
ASINH 함수	숫자의 역 하이퍼볼릭 사인을 반환한다.
ATAN 함수	숫자의 아크탄젠트를 반환한다.
ATAN2 함수	x, y 좌표의 아크탄젠트를 반환한다.
ATANH 함수	숫자의 역 하이퍼볼릭 탄젠트를 반환한다.
BASE 함수	숫자를 지정된 기수의 텍스트 표현으로 변환한다.
CEILING 함수	가장 가까운 정수 또는 가장 가까운 significance의 배수로 숫자를 반올림한다.
CEILING.MATH 함수	가장 가까운 정수 또는 가장 가까운 significance의 배수로 올림한다.
CEILING.PRECISE 함수	가장 가까운 정수 또는 가장 가까운 significance의 배수로 올림한다. 숫자의 부호에 상관없이 숫자는 올림된다.
COMBIN 함수	주어진 개체 수로 만들 수 있는 조합의 수를 반환한다.
COMBINA 함수	주어진 개체 수로 만들 수 있는 조합의 수(반복 포함)를 반환한다.
COS 함수	숫자의 코사인을 반환한다.
COSH 함수	숫자의 하이퍼볼릭 코사인을 반환한다.
COT 함수	각도의 코탄젠트 값을 반환한다.
COTH 함수	하이퍼볼릭 코탄젠트 값을 반환한다.
CSC 함수	각도의 코시컨트 값을 반환한다.
CSCH 함수	각도의 하이퍼볼릭 코시컨트 값을 반환한다.
DECIMAL 함수	주어진 기수의 텍스트 표현을 10진수로 변환한다.
DEGREES 함수	라디안 형태의 각도를 도 단위로 바꾼다.
EVEN 함수	가징 가까운 짝수로 숫자를 반올림한다.
EXP 함수	e를 주어진 수만큼 거듭제곱한 값을 반환한다.
FACT 함수	number의 계승값을 반환한다.
FACTDOUBLE 함수	number의 이중 계승값을 반환한다.
FLOOR 함수	0에 가까워지도록 수를 내림한다.
FLOOR.MATH 함수	가장 가까운 정수 또는 가장 가까운 significance의 배수로 내림한다.
FLOOR.PRECISE 함수	가장 가까운 정수 또는 가장 가까운 significance의 배수로 내림한다. 숫자의 부호에 상관없이 숫자는 내림된다.
GCD 함수	최대 공약수를 반환한다.
INT 함수	가장 가까운 정수로 숫자를 내림한다.

ISO.CEILING 함수	가장 가까운 정수 또는 significance의 배수로 반올림한 숫자를 반환한다.
LCM 함수	최소 공배수를 반환한다.
LN 함수	숫자의 자연 로그를 반환한다.
LOG 함수	지정한 밑에 대한 로그를 반환한다.
LOG10 함수	밑이 10인 로그값을 반환한다.
MDETERM 함수	배열의 행렬식을 반환한다.
MINVERSE 함수	배열의 역행렬을 반환한다.
MMULT 함수	두 배열의 행렬 곱을 반환한다.
MOD 함수	나눗셈의 나머지를 반환한다.
MROUND 함수	원하는 배수로 반올림된 수를 반환한다.
MULTINOMIAL 함수	각 계승값의 곱에 대한 합계의 계승값 비율을 반환한다.
MUNIT 함수	지정된 차원에 대한 단위 행렬을 반환한다.
ODD 함수	가장 가까운 홀수로 숫자를 반올림한다.
PI 함수	원주율(파이) 값을 반환한다.
POWER 함수	밑수를 지정한 만큼 거듭제곱한 결과를 반환한다.
PRODUCT 함수	인수를 곱한다.
QUOTIENT 함수	나눗셈 몫의 정수 부분을 반환한다.
RADIANS 함수	도 단위로 표시된 각도를 라디안으로 변환한다.
RAND 함수	0과 1 사이의 난수를 반환한다.
RANDBETWEEN 함수	지정한 두 수 사이의 난수를 반환한다.
ROMAN 함수	아라비아 숫자를 텍스트인 로마 숫자로 변환한다.
ROUND 함수	수를 지정한 자릿수로 반올림한다.
ROUNDDOWN 함수	0에 가까워지도록 수를 내림한다.
ROUNDUP 함수	0에서 멀어지도록 수를 올림한다.
SEC 함수	각도의 시컨트 값을 반환한다.
SECH 함수	각도의 하이퍼볼릭 시컨트 값을 반환한다.
SERIESSUM 함수	수식에 따라 멱급수의 합을 반환한다.
SIGN 함수	수의 부호값을 반환한다.
SIN 함수	지정된 각도의 사인을 반환한다.
SINH 함수	숫자의 하이퍼볼릭 사인을 반환한다.
SQRT 함수	양의 제곱근을 반환한다.
SQRTPI 함수	(number * pi)의 제곱근을 반환한다.
SUBTOTAL 함수	목록이나 데이터베이스의 부분합을 반환한다.
SUM 함수	인수의 합을 구한다.
SUMIF 함수	주어진 조건에 의해 지정된 셀들의 합을 구한다.
SUMIFS 함수	범위 내에서 여러 조건에 맞는 셀들의 합을 구한다.
SUMPRODUCT 함수	배열의 대응되는 구성 요소끼리 곱해서 그 값을 반환한다.
SUMSQ 함수	인수의 제곱의 합을 반환한다.
SUMX2MY2 함수	두 배열에서 대응값의 제곱을 구한 다음 그 차이의 합을 반환한다.
SUMX2PY2 함수	두 배열에서 대응값의 제곱을 구한 다음 그 합의 합을 반환한다.
SUMXMY2 함수	두 배열에서 대응값의 차이를 구한 다음 그 제곱의 합을 반환한다.
TAN 함수	숫자의 탄젠트를 반환한다.

TANH 함수	숫자의 하이퍼볼릭 탄젠트를 반환한다.
TRUNC 함수	수의 소수점 이하를 버린다.

■ 통계 함수

함수	설명
AVEDEV 함수	데이터 요소의 절대 편차의 평균을 반환한다.
AVERAGE 함수	인수의 평균을 반환한다.
AVERAGEA 함수	인수의 평균(숫자, 텍스트, 논리값 포함)을 반환한다.
AVERAGEIF 함수	범위 내에서 주어진 조건에 맞는 모든 셀의 평균(산술 평균)을 반환한다.
AVERAGEIFS 함수	여러 조건에 맞는 모든 셀의 평균(산술 평균)을 반환한다.
BETA.DIST 함수	누적 베타 분포 함수를 반환한다.
BETA.INV 함수	지정된 베타 분포에 대한 역 누적 분포 함수를 반환한다.
BINOM.DIST 함수	개별항 이항 분포 확률을 반환한다.
BINOM.DIST.RANGE 함수	이항 분포를 사용한 시행 결과의 확률을 반환한다.
BINOM.INV 함수	누적 이항 분포가 기준치 이하가 되는 값 중 최솟값을 반환한다.
CHISQ.DIST 함수	누적 베타 확률 밀도 함수 값을 반환한다.
CHISQ.DIST.RT 함수	카이 제곱 분포의 단측 검정 확률을 반환한다.
CHISQ.INV 함수	누적 베타 확률 밀도 함수 값을 반환한다.
CHISQ.INV.RT 함수	카이 제곱 분포의 역 단측 검정 확률을 반환한다.
CHISQ.TEST 함수	독립 검증 결과를 반환한다.
CONFIDENCE.NORM 함수	모집단 평균의 신뢰 구간을 반환한다.
CONFIDENCE.T 함수	스튜던트 t-분포를 사용하는 모집단 평균의 신뢰 구간을 반환한다.
CORREL 함수	두 데이터 집합 사이의 상관 계수를 반환한다.
COUNT 함수	인수 목록에서 숫자의 수를 계산한다.
COUNTA 함수	인수 목록에서 값의 수를 계산한다.
COUNTBLANK 함수	범위 내에서 빈 셀의 수를 계산한다.
COUNTIF 함수	범위 내에서 주어진 조건에 맞는 셀의 수를 계산한다.
COUNTIFS 함수	범위 내에서 여러 조건에 맞는 셀의 수를 계산한다.
COVARIANCE.P 함수	각 데이터 요소 쌍에 대한 편차의 곱의 평균(공 분산)을 반환한다.
COVARIANCE.S 함수	두 데이터 집합 사이에서 각 데이터 요소 쌍에 대한 편차의 곱의 평균(표본 집단 공분산)을 반환한다.
DEVSQ 함수	편차의 제곱의 합을 반환한다.
EXPON.DIST 함수	지수 분포값을 반환한다.
F.DIST 함수	F 확률 분포값을 반환한다.
F.DIST.RT 함수	F 확률 분포값을 반환한다.
F.INV 함수	F 확률 분포의 역함수를 반환한다.
F.INV.RT 함수	F 확률 분포의 역함수를 반환한다.
F.TEST 함수	F-검정 결과를 반환한다.
FISHER 함수	Fisher 변환 값을 반환한다.
FISHERINV 함수	Fisher 변환의 역변환 값을 반환한다.
FORECAST 함수	선형 추세에 따라 값을 반환한다.

FORECAST.ETS 함수	AAA 버전의 ETS(지수 평활법) 알고리즘을 사용하여 기존(기록) 값을 기반으로 미래 값을 반환한다.
FORECAST.ETS.CONFINT 함수	지정된 대상 날짜의 예측 값에 대한 신뢰 구간을 반환한다.
FORECAST.ETS.SEASONALITY 함수	엑셀에서 지정된 시계열에 대해 감지하는 반복적인 패턴의 길이를 반환한다.
FORECAST.ETS.STAT 함수	시계열 예측의 결과로 통계 값을 반환한다.
FORECAST.LINEAR 함수	기존 값을 기반으로 미래 값을 반환한다.
FREQUENCY 함수	빈도 분포값을 세로 배열로 반환한다.
GAMMA 함수	감마 함수 값을 반환한다.
GAMMA.DIST 함수	감마 분포값을 반환한다.
GAMMA.INV 함수	감마 누적 분포의 역함수 값을 반환한다.
GAMMALN 함수	감마 함수 Γ(x)의 자연 로그값을 반환한다.
GAMMALN.PRECISE 함수	감마 함수 Γ(x)의 자연 로그값을 반환한다.
GAUSS 함수	표준 정규 누적 분포값보다 0.5 작은 값을 반환한다.
GEOMEAN 함수	기하 평균을 반환한다.
GROWTH 함수	지수 추세를 따라 값을 반환한다.
HARMEAN 함수	조화 평균을 반환한다.
HYPGEOM.DIST 함수	초기하 분포값을 반환한다.
INTERCEPT 함수	선형 회귀선의 절편을 반환한다.
KURT 함수	데이터 집합의 첨도를 반환한다.
LARGE 함수	데이터 집합에서 k번째로 큰 값을 반환한다.
LINEST 함수	선형 추세의 매개 변수를 반환한다.
LOGEST 함수	지수 추세의 매개 변수를 반환한다.
LOGNORM.DIST 함수	로그 정규 누적 분포값을 반환한다.
LOGNORM.INV 함수	로그 정규 누적 분포의 역함수 값을 반환한다.
MAX 함수	인수 목록에서 최댓값을 반환한다.
MAXA 함수	인수 목록에서 최댓값(숫자, 텍스트, 논리값 포함)을 반환한다.
MAXIFS 함수	주어진 조건에 맞는 셀에서 최댓값을 반환한다.
MEDIAN 함수	주어진 수들의 중간값을 반환한다.
MIN 함수	인수 목록에서 최솟값을 반환한다.
MINA 함수	인수 목록에서 최솟값(숫자, 텍스트, 논리값 포함)을 반환한다.
MINIFS 함수	주어진 조건에 맞는 셀에서 최솟값을 반환한다.
MODE.MULT 함수	배열이나 데이터 범위에서 가장 자주 발생하는 값의 세로 배열을 반환한다.
MODE.SNGL 함수	데이터 집합에서 가장 많이 나오는 값을 반환한다.
NEGBINOM.DIST 함수	음 이항 분포값을 반환한다.
NORM.DIST 함수	정규 누적 분포값을 반환한다.
NORM.INV 함수	정규 누적 분포의 역함수 값을 반환한다.
NORM.S.DIST 함수	표준 정규 누적 분포값을 반환한다.
NORM.S.INV 함수	표준 정규 누적 분포의 역함수 값을 반환한다.
PEARSON 함수	피어슨 곱 모멘트 상관 계수를 반환한다.
PERCENTILE.EXC 함수	범위에서 k번째 백분위수를 반환한다. 이때 k는 경계값을 제외한 0에서 1 사이의 수이다.
PERCENTILE.INC 함수	범위에서 k번째 백분위수를 반환한다.

PERCENTRANK.EXC 함수	데이터 집합에서 경계값을 제외한 0에서 1 사이의 백분율 순위를 반환한다.
PERCENTRANK.INC 함수	데이터 집합의 값에 대한 백분율 순위를 반환한다.
PERMUT 함수	주어진 개체 수로 만들 수 있는 순열의 수를 반환한다.
PERMUTATIONA 함수	전체 개체에서 선택하여 주어진 개체 수(반복 포함)로 만들 수 있는 순열의 수를 반환한다.
PHI 함수	표준 정규 분포의 밀도 함수 값을 반환한다.
POISSON.DIST 함수	포아송 확률 분포값을 반환한다.
PROB 함수	영역 내의 값이 두 한계값 사이에 있을 확률을 반환한다.
QUARTILE.EXC 함수	데이터 집합에서 경계값을 제외한 0에서 1 사이의 사분위수를 반환한다.
QUARTILE.INC 함수	데이터 집합에서 사분위수를 반환한다.
RANK.AVG 함수	수 목록 내에서 지정한 수의 크기 순위를 반환한다.
RANK.EQ 함수	수 목록 내에서 지정한 수의 크기 순위를 반환한다.
RSQ 함수	피어슨 곱 모멘트 상관 계수의 제곱을 반환한다.
SKEW 함수	분포의 왜곡도를 반환한다.
SKEW.P 함수	모집단을 기준으로 분포의 왜곡도를 반환한다. 왜곡도란 평균에 대한 분포의 비대칭 정도를 나타낸다.
SLOPE 함수	선형 회귀선의 기울기를 반환한다.
SMALL 함수	데이터 집합에서 k번째로 작은 값을 반환한다.
STANDARDIZE 함수	정규화된 값을 반환한다.
STDEV.P 함수	모집단의 표준 편차를 계산한다.
STDEV.S 함수	표본 집단의 표준 편차를 구한다.
STDEVA 함수	표본 집단의 표준 편차(숫자, 텍스트, 논리값 포함)를 구한다.
STDEVPA 함수	모집단의 표준 편차(숫자, 텍스트, 논리값 포함)를 계산한다.
STEYX 함수	회귀분석에 의해 예측한 y 값의 표준 오차를 각 x값에 대하여 반환한다.
T.DIST 함수	스튜던트 t-분포의 백분율(확률값)을 반환한다.
T.DIST.2T 함수	스튜던트 t-분포의 백분율(확률값)을 반환한다.
T.DIST.RT 함수	스튜던트 t-분포값을 반환한다.
T.INV 함수	스튜던트 t-분포의 t-값을 확률과 자유도에 대한 함수로 반환한다.
T.INV.2T 함수	스튜던트 t-분포의 역함수 값을 반환한다.
T.TEST 함수	스튜던트 t-검정에 근거한 확률을 반환한다.
TREND 함수	선형 추세에 따라 값을 반환한다.
TRIMMEAN 함수	데이터 집합의 양 끝값을 제외하고 평균을 구한다.
VAR.P 함수	모집단의 분산을 계산한다.
VAR.S 함수	표본 집단의 분산을 구한다.
VARA 함수	표본 집합의 분산(숫자, 텍스트, 논리값 포함)을 구한다.
VARPA 함수	모집단의 분산(숫자, 텍스트, 논리값 포함)을 계산한다.
WEIBULL.DIST 함수	와이블 분포값을 반환한다.
Z.TEST 함수	z-검정의 단측 검정 확률값을 반환한다.

■ 텍스트 함수

함수	설명
ASC 함수	문자열에서 영문 전자(더블바이트)나 가타가나 전자를 반자(싱글바이트)로 바꾼다.
BAHTTEXT 함수	ß(바트) 통화 형식을 사용하여 숫자를 텍스트로 변환한다.
CHAR 함수	코드 번호에 해당하는 문자를 반환한다.
CLEAN 함수	인쇄할 수 없는 모든 문자들을 텍스트에서 제거한다.
CODE 함수	텍스트 문자열의 첫째 문자를 나타내는 코드값을 반환한다.
CONCAT 함수	여러 범위 및/또는 문자열의 텍스트를 결합하지만 구분 기호나 IgnoreEmpty 인수는 제공하지 않는다.
CONCATENATE 함수	여러 텍스트 항목을 한 텍스트 항목으로 조인시킨다.
DBCS 함수	문자열에서 영문 반자(싱글바이트)나 가타가나 반자를 전자(더블바이트)로 바꾼다.
WON 함수	₩원) 통화 형식을 사용하여 숫자를 텍스트로 변환한다.
EXACT 함수	두 텍스트 값이 동일한지 검사한다.
FIND, FINDB 함수	텍스트 값에서 다른 텍스트 값을 찾는다(대/소문자 구분).
FIXED 함수	숫자 표시 형식을 고정 소수점을 사용하는 텍스트로 지정한다.
LEFT, LEFTB 함수	텍스트 값에서 맨 왼쪽의 문자를 반환한다.
LEN, LENB 함수	텍스트 문자열의 문자 수를 반환한다.
LOWER 함수	텍스트를 소문자로 변환한다.
MID, MIDB 함수	지정된 위치에서 시작하여 특정 개수의 문자를 텍스트 문자열에서 반환한다.
NUMBERVALUE 함수	로캘에 영향을 받지 않으면서 텍스트를 숫자로 변환한다.
PHONETIC 함수	텍스트 문자열에서 윗주 문자를 추출한다.
PROPER 함수	텍스트 값에 있는 각 단어의 첫째 문자를 대문자로 바꾼다.
REPLACE, REPLACEB 함수	텍스트 내의 문자를 바꾼다.
REPT 함수	텍스트를 지정된 횟수만큼 반복한다.
RIGHT, RIGHTB 함수	텍스트 값에서 맨 오른쪽의 문자를 반환한다.
SEARCH, SEARCHB 함수	지정한 텍스트 값을 다른 텍스트 값 내에서 찾는다(대/소문자 구분 안 함).
SUBSTITUTE 함수	텍스트 문자열에서 기존 텍스트를 새 텍스트로 바꾼다.
T 함수	인수를 텍스트로 변환한다.
TEXT 함수	숫자 표시 형식을 지정하고 텍스트로 변환한다.
TEXTJOIN 함수	여러 범위 및/또는 문자열의 텍스트를 결합하며, 결합할 각 텍스트 값 사이에 지정되는 구분 기호를 포함한다. 구분 기호가 빈 텍스트 문자열인 경우 이 함수는 범위를 효율적으로 연결한다.
TRIM 함수	텍스트에서 공백을 제거한다.
UNICHAR 함수	주어진 숫자 값이 참조하는 유니코드 문자를 반환한다.
UNICODE 함수	텍스트의 첫 문자에 해당하는 숫자(코드 포인트)를 반환한다.
UPPER 함수	텍스트를 대문자로 변환한다.
VALUE 함수	텍스트 인수를 숫자로 변환한다.

■ 추가 기능과 함께 설치되는 사용자 정의 함수

함수	설명
CALL 함수	DLL(동적 연결 라이브러리) 또는 코드 리소스의 프로시저를 호출한다.
EUROCONVERT 함수	숫자를 유로화로, 유로화에서 유로 회원국 통화로 또는 유로화를 매개 통화로 사용하여 숫자를 현재 유로 회원국 통화에서 다른 유로 회원국 통화로 변환(3각 변환)한다.
REGISTER.ID 함수	지정한 DLL(동적 연결 라이브러리) 또는 코드 리소스의 레지스터 ID를 반환한다.
SQL.REQUEST 함수	외부 데이터 원본과 연결하여 워크시트에서 쿼리를 실행한 다음 매크로 프로그래밍을 사용하지 않고 결과를 배열로 표시한다.

■ 웹 함수

함수	설명
ENCODEURL 함수	URL로 인코딩된 문자열을 반환한다.
FILTERXML 함수	지정된 XPath를 사용하여 XML 콘텐츠의 특정 데이터를 반환한다.
WEBSERVICE 함수	웹 서비스에서 데이터를 반환한다.

제10장

데이터 분석

가. 데이터 유효성 검사

데이터 유효성 검사를 사용하면 사용자가 셀에 입력하는 데이터 또는 값 유형을 제어할 수 있다.

즉, 데이터 유효성 검사는 셀에 입력할 수 있거나 입력해야 할 데이터에 적용되는 제한 사항을 정의하는 데 사용할 수 있는 엑셀의 기능이다. 유효하지 않은 데이터를 사용자가 입력하지 못하도록 데이터 유효성 검사를 구성할 수 있다. 원하는 경우 유효하지 않은 데이터를 입력할 수도 있지만 사용자가 셀에 데이터를 입력하려 할 때 경고 메시지가 표시되도록 할 수 있다. 셀에 필요한 입력 데이터를 정의하여 보여 주는 메시지를 제공하고 사용자가 오류를 수정하는 데 도움이 되는 지침을 제공할 수도 있다.

예를 들어, 입력할 수 있는 데이터를 특정 범위의 날짜로 제한하거나, 목록을 사용하여 선택 항목을 제한하거나, 양의 정수만 입력 가능하도록 할 수 있다.

실습 10-01 *시트명 : '유효성 검사'*

1. '데이터' 탭의 '데이터 도구' 그룹에서 '데이터 유효성 검사(▾)'의 '데이터 유효성 검사'를 클릭한다.

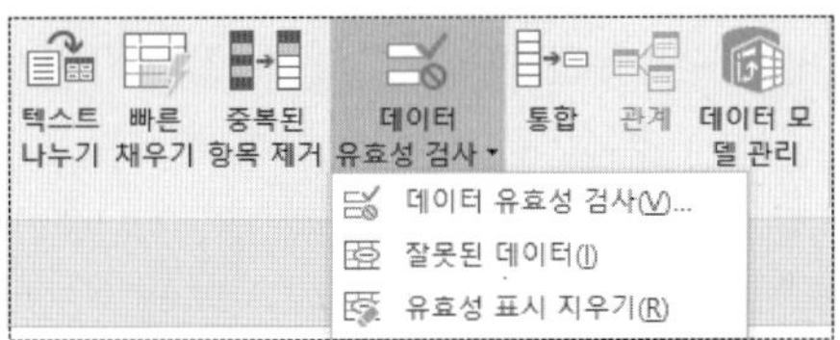

2. '데이터 유효성 검사'를 구성하려면 '데이터 유효성' 검사 대화 상자를 열고 '유효성 조건', '설명 메시지', '오류 메시지' 등을 설정하고 '확인' 버튼을 클릭한다.

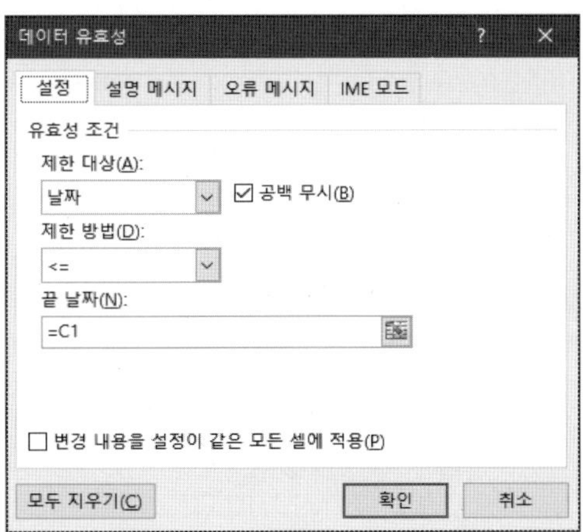

3. 예를 들어, 'A1' 셀에 '등록기간'이 지난 날짜를 입력하려고 하면 '등록기간이 초과하였습니다.'라는 경고 창이 뜬다.

■ 데이터 유효성 검사 메시지

사용자가 셀에 잘못된 데이터를 입력했을 때 사용자에게 표시되는 내용은 데이터 유효성 검사를 어떻게 구성했는가에 따라 달라진다. 사용자가 셀을 선택하면 설명 메시지가 표시되도록 선택할 수 있다. 대개의 경우 설명 메시지는 셀에 입력해야 할 데이터 형식에 대한 지침을 사용자에게 제공할 목적으로 사용된다. 이 유형의 메시지는 셀 옆에 표시된다. 원하는 경우 이 메시지를 다른 곳으로 이동할 수 있다. 이 메시지는 다른 셀로 이동하거나 Esc 키를 누르기 전까지 계속 표시된다. 사용자가 잘못된 데이터를 입력한 경우에만 나타나는 오류 메시지를 표시하도록 선택할 수도 있다. 메시지를 사용자 지정하지 않으면 기본 메시지가 표시된다. 설명 메시지와 오류 메시지는 데이터를 셀에 직접 입력한 경우에만 나타난다.

■ 데이터 유효성 검사가 유용한 경우

데이터 유효성 검사는 조직의 다른 사람들과 통합 문서를 공유하면서 통합 문서에 입력한 데이터의 정확성과 일관성을 유지하려는 경우에 특히 중요한 역할을 한다.

다음과 같은 작업을 수행하는데 데이터 유효성 검사를 사용할 수 있다.

a. 목록에 미리 정의되어 있는 항목으로 데이터 제한

예를 들어, 학과의 종류를 제한할 수 있다. 마찬가지로 워크시트의 다른 위치에 있는 셀 범위를 사용하여 값 목록을 만들 수도 있다.

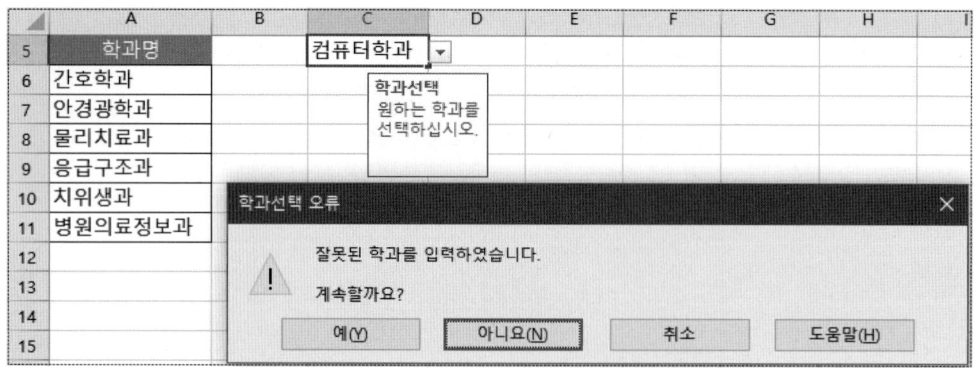

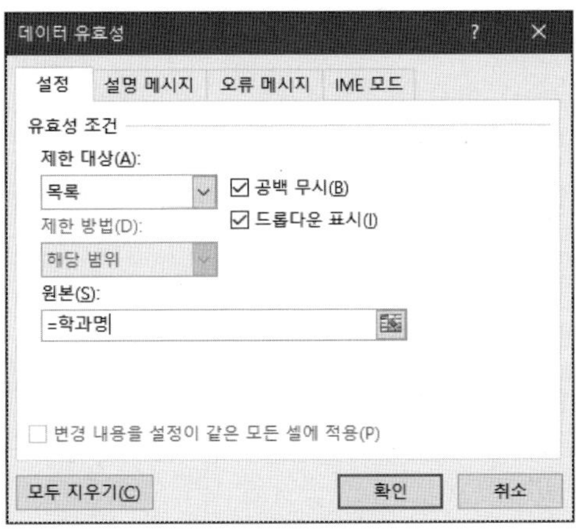

b. 지정된 범위를 벗어난 숫자 제한

예를 들어, 특정 셀에서 최소 공제 금액을 자녀 수의 두 배까지로 지정할 수 있다.

c. 지정된 기간을 벗어난 날짜 제한

예를 들어, 오늘 날짜부터 시작하여 오늘 날짜에서 며칠 후의 날짜까지를 기간으로 지정할 수 있다.

d. 지정된 기간을 벗어난 시간 제한

예를 들어, 식당 문을 연 시각부터 그 후 다섯 시간 동안을 아침 식사 메뉴 제공 시간대로 지정할 수 있다.

e. 텍스트 문자 수 제한

예를 들어, 한 셀에 허용되는 텍스트의 길이를 10자 이하로 제한할 수 있다. 마찬가지로 전체 이름 필드(C1)의 길이를 이름 필드(A1)와 성 필드(B1)의 현재 길이에 10자를 더한 길이로 설정할 수 있다.

f. 다른 셀의 수식이나 값을 기반으로 데이터 유효성 검사

예를 들어, 예산에 잡혀 있는 전체 급여를 기반으로 하여 수수료와 보너스가 최대 5천만원을 넘지 않도록 설정하는 데 데이터 유효성 검사를 사용할 수 있다. 사용자가 셀에 5천만원을 초과하는 금액을 입력하면 유효성 검사 메시지가 표시되도록 할 수 있다.

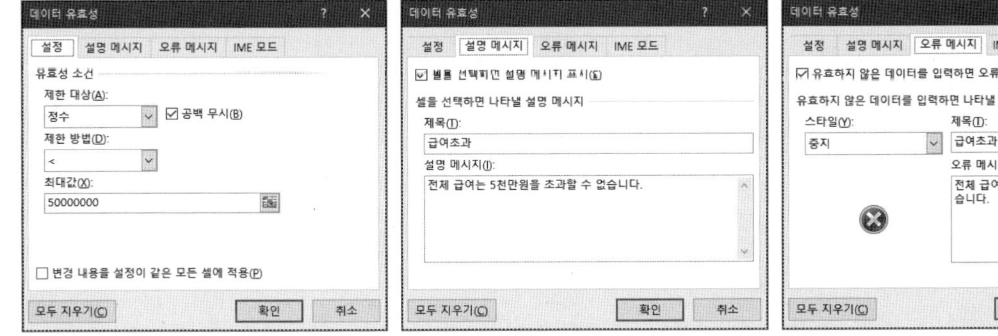

나. 즉각적인 데이터 분석

데이터를 분석하는 데 많은 작업이 필요했지만 이제는 몇 단계만 거치면 간단하게 완료할 수 있다. 선형 및 세로 막대형 차트 등 여러 가지 종류의 차트를 즉시 만들거나 스파크라인을 추가할 수 있다. 표 스타일을 적용하고, 피벗 테이블을 만들고, 합계를 빠르게 삽입하고, 조건부 서식을 적용할 수도 있다.

실습 10-02 *시트명 : '데이터 분석'*

1. 분석하려는 데이터를 포함하는 셀을 선택한다.
2. 선택한 데이터의 오른쪽 아래에 표시되는 '빠른 분석'을 클릭하거나 Ctrl + Q를 누른다.
3. '빠른 분석' 갤러리에서 원하는 탭(서식, 차트, 합계, 표, 스파크라인)을 선택한다.

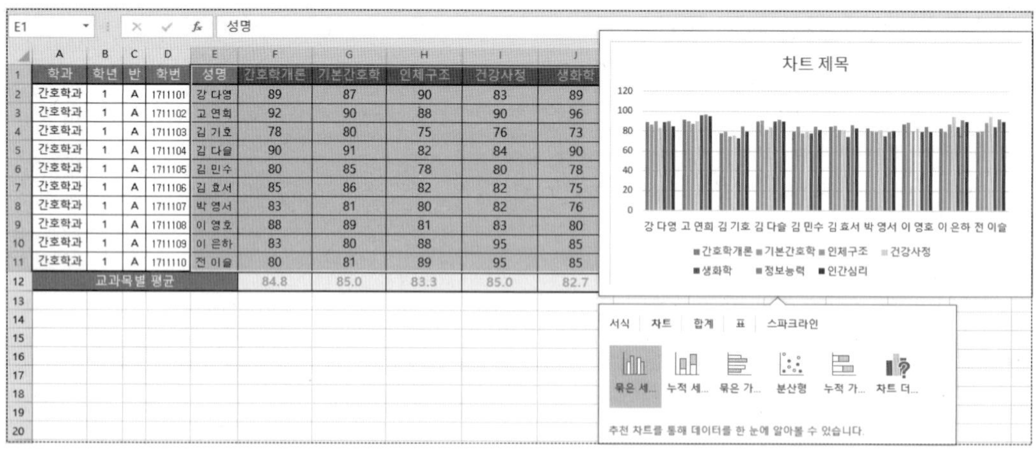

학과	학년	반	학번	성명	간호학개론	기본간호학	인체구조	건강사정	생화학
간호학과	1	A	1711101	강 다영	89	87	90	83	89
간호학과	1	A	1711102	고 연희	92	90	88	90	96
간호학과	1	A	1711103	김 기호	78	80	75	76	73
간호학과	1	A	1711104	김 다슬	90	91	82	84	90
간호학과	1	A	1711105	김 민수	80	85	78	80	78
간호학과	1	A	1711106	김 효서	85	86	82	82	75
간호학과	1	A	1711107	박 영서	83	81	80	82	76
간호학과	1	A	1711108	이 영호	88	89	81	83	80
간호학과	1	A	1711109	이 은하	83	80	88	95	85
간호학과	1	A	1711110	전 이슬	80	81	89	95	85
교과목별 평균					84.8	85.0	83.3	85.0	82.7

■ 데이터 분석 기능

a. 서식

데이터 막대와 색 등을 추가해 데이터의 일부분을 강조 표시할 수 있다. 이렇게 하면 무엇보다도 높은 값과 낮은 값을 빠르게 확인할 수 있다.

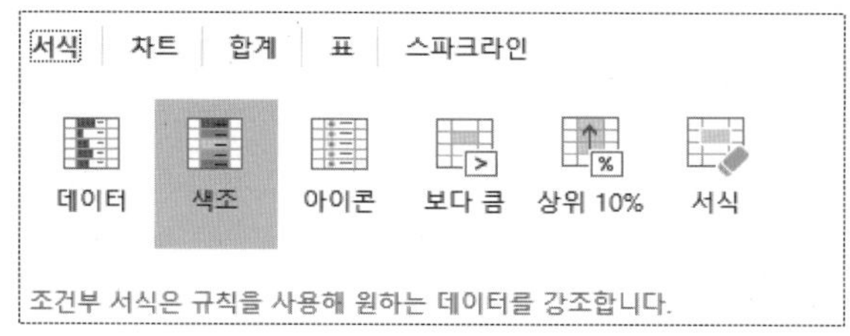

b. 차트

선택한 데이터 형식에 따라 여러 가지 차트를 추천한다. 원하는 차트가 보이지 않을 경우 차트 더 보기를 클릭한다.

c. 합계

열과 행에 있는 숫자를 계산할 수 있다. 예를 들어 누계는 데이터에 항목을 추가할수록 늘어나는 합계를 삽입한다. 추가 옵션을 보려면 오른쪽 및 왼쪽의 작은 검정 화살표를 클릭한다.

d. 표

데이터를 쉽게 필터링하고 정렬할 수 있다. 원하는 표 스타일이 보이지 않을 경우 더 보기를 클릭한다.

e. 스파크라인

데이터와 함께 표시할 수 있는 작은 그래프이다. 추세를 빠르게 확인할 수 있다.

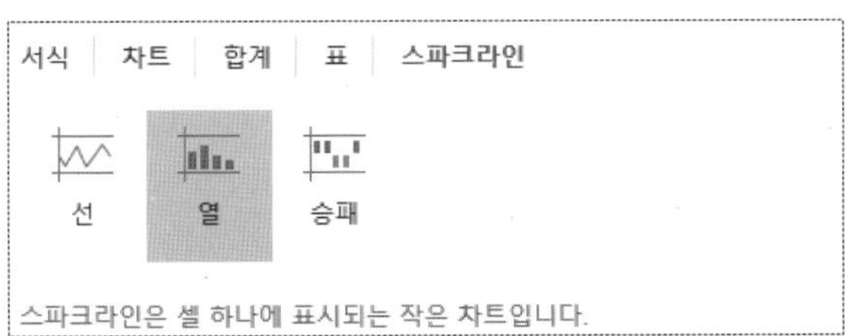

다. 피벗 테이블을 만들어 워크시트 데이터 분석

워크시트에 있는 모든 데이터를 분석할 수 있다면 효과적인 비즈니스 의사 결정을 내리는 데 큰 도움이 된다. 하지만 데이터 양이 많은 경우 어디서부터 시작해야 할지 모르겠다는 사용자가 많다. 엑셀에서 추천하는 자동으로 생성되는 피벗 테이블을 통해 간단하게 데이터를 요약, 분석, 탐색, 표시할 수 있다. 기본 피벗 테이블이 만들어진 후에는 다각도로 살펴보고 특정한 결과를 얻기 위해 필드를 다시 정렬할 수 있다.

■ 추천 피벗 테이블 만들기

실습 10-03 *시트명 : '추천 피벗 테이블'*

1. 피벗 테이블을 만들 통합 문서를 연다.
2. 피벗 테이블에 사용할 데이터가 포함된 목록이나 표의 셀을 클릭한다.
3. '삽입' 탭의 '표' 그룹에서 '추천 피벗 테이블'을 클릭한다.

4. '피벗 테이블 만들기' 대화 상자에서 '표 또는 범위를 선택'하고 '확인' 버튼을 클릭한다.

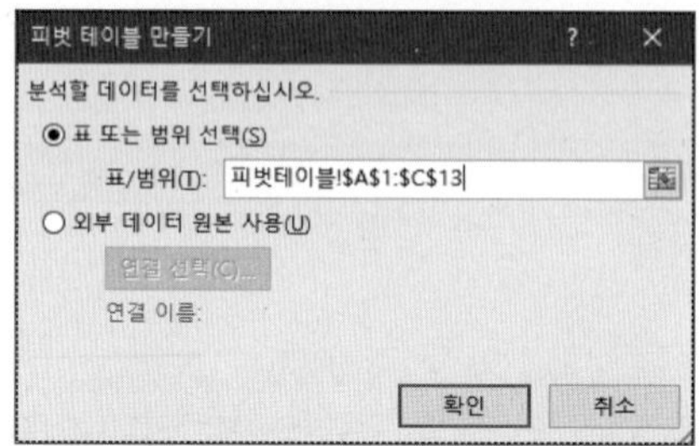

5. '권장 피벗 테이블' 대화 상자에서 원하는 피벗 테이블을 선택하고 '확인' 버튼을 클릭한다.

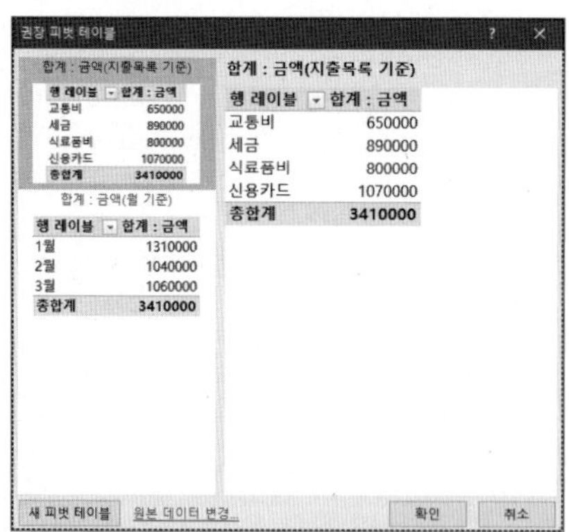

■ 수동으로 피벗 테이블 만들기

실습 10-04 *시트명 : '피벗 테이블'*

1. 피벗 테이블을 만들 통합 문서를 연다.
2. 피벗 테이블에 사용할 데이터가 포함된 목록이나 표의 셀을 클릭한다.
3. '삽입' 탭의 '표' 그룹에서 '피벗 테이블'을 클릭한다.

4. 워크시트에서 데이터가 파선으로 묶여 표시된다. 그렇지 않으면 데이터를 클릭하고 끌어서 선택한다. 이렇게 하면 '표 또는 범위 선택' 상자에 선택한 셀 범위가 자동으로 입력된다.

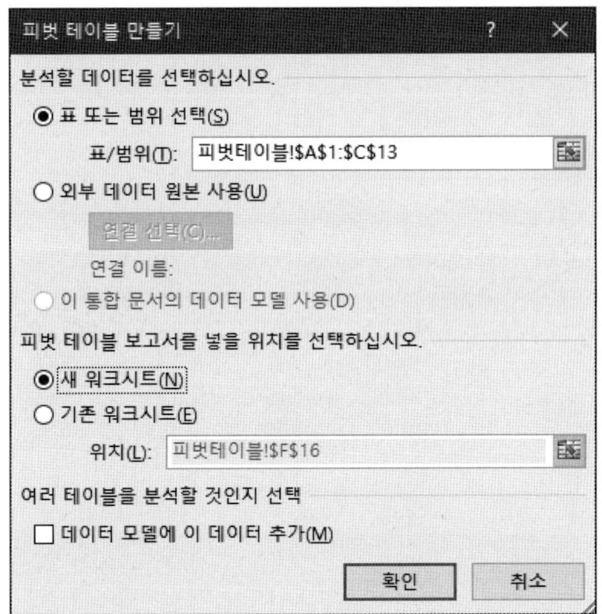

5. '피벗 테이블 보고서를 넣을 위치를 선택하십시오.' 에서 '새 워크시트'를 선택한다. 또는 '기존 워크시트'를 클릭한 다음 시트를 클릭하여 위치를 지정한다. 피벗 테이블에서 여러 표를 분석하려면 '데이터 모델에 이 데이터 추가' 확인란을 선택한다.
6. '확인' 버튼을 클릭한다.
7. '피벗 테이블 필드' 목록에서 '필드 추가', '필드 이동', '필드 제거', '값 필드'에 사용되는 계산 변경 등을 수행한다.

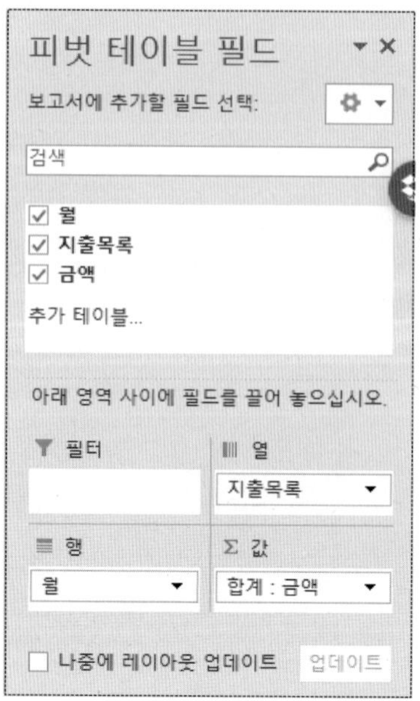

8. 보고서에 추가할 필드를 아래 '필터', '행', '열', '값' 영역으로 드래그하면 새로운 워크시트에 피벗 테이블이 만들어진다.

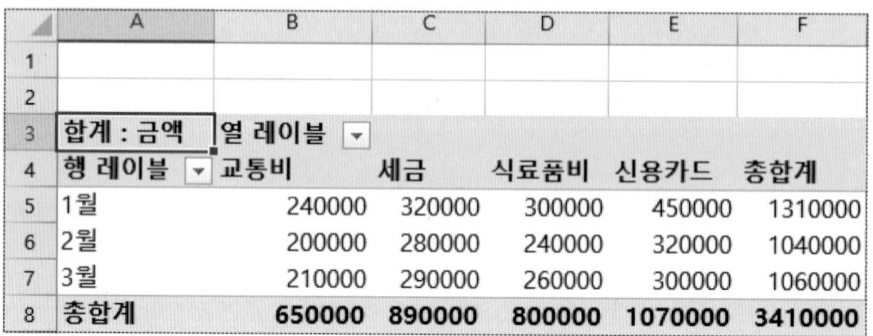

	A	B	C	D	E	F
1						
2						
3	**합계 : 금액**	**열 레이블**				
4	**행 레이블**	**교통비**	**세금**	**식료품비**	**신용카드**	**총합계**
5	1월	240000	320000	300000	450000	1310000
6	2월	200000	280000	240000	320000	1040000
7	3월	210000	290000	260000	300000	1060000
8	**총합계**	**650000**	**890000**	**800000**	**1070000**	**3410000**

라. 조건부 서식 추가, 변경, 찾기 또는 지우기

조건부 서식을 사용하면 데이터를 시각적으로 탐색 및 분석하고 중요한 문제를 감지하며 패턴과 추세를 식별하는 데 도움이 된다.

■ 2색조로 모든 셀의 서식 지정

색조는 데이터 분포와 변화를 파악하는 데 도움이 되는 시각적 표시이다. 2색조를 사용하여 두 가지 색의 그라데이션으로 셀 범위를 비교할 수 있다. 색의 음영은 높은 값이나 낮은 값을 나타낸다.

실습 10-05 *시트명 : '조건부 서식'*

1. 범위, 표 또는 피벗 테이블 보고서에서 한 개 이상의 셀을 선택한다.
2. '홈' 탭의 '스타일' 그룹에서 '조건부 서식(▾)'을 클릭한 다음 '색조(▸)'를 클릭한다.
3. '2색조'를 선택한다.

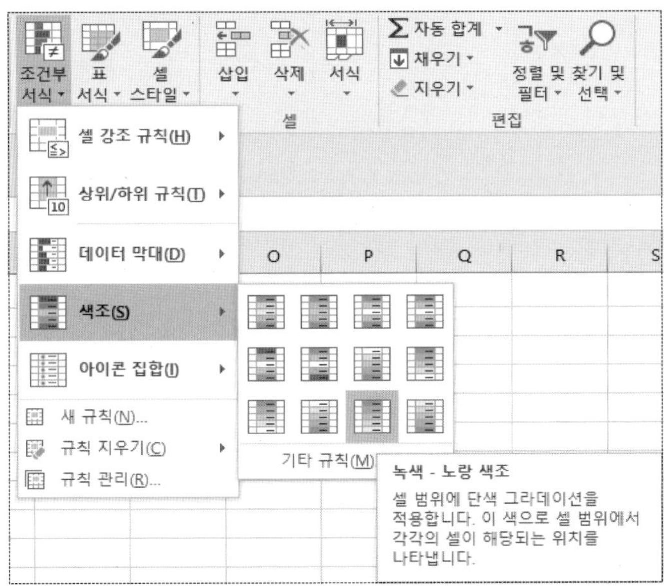

	A	B	C	D	E
1	시/도	1사분기	2사분기	3사분기	4사분기
2	서울	7,453	7,507	7,497	7,505
3	부산	2,093	2,104	2,109	2,119
4	대구	1,559	1,568	1,571	1,576
5	인천	1,378	1,385	1,382	1,384
6	광주	844	853	859	864
7	대전	992	993	996	995
8	울산	528	534	534	537
9	경기	5,816	5,847	5,866	5,876
10	강원	678	686	691	695
11	충북	780	784	782	775
12	충남	987	997	999	991
13	전북	1,089	1,091	1,083	1,080
14	전남	891	893	894	894
15	경북	1,181	1,180	1,174	1,168
16	경남	1,485	1,484	1,483	1,481
17	제주	327	331	330	331
18	세종	56	56	57	57

4. 고급 서식 지정은 '홈' 탭의 '스타일' 그룹에서 '조건부 서식(▾)'을 클릭한 다음 '규칙 관리'를 클릭한다. '조건부 서식 규칙 관리자' 대화 상자가 나타난다. 조건부 서식을 추가하려면 '새 규칙'을 클릭하고 조건부 서식을 변경하려면 '규칙 편집'을 클릭한다. '서식 규칙 편집'에서 '규칙 유형 선택'이나 '규칙 설명 편집'을 완료하고 '확인' 버튼을 클릭한다.

■ 3색조로 모든 셀의 서식 지정

3색조를 사용하여 세 가지 색의 그라데이션으로 셀 범위를 비교할 수 있다. 색의 음영은 높은 값, 중간값 또는 낮은 값을 나타낸다.

실습 10-06 *시트명 : '조건부 서식'*

1. 범위, 표 또는 피벗 테이블 보고서에서 한 개 이상의 셀을 선택한다.
2. '홈' 탭의 '스타일' 그룹에서 '조건부 서식(▾)'을 클릭한 다음 '색조(▸)'를 클릭한다.
3. '3색조'를 선택한다.

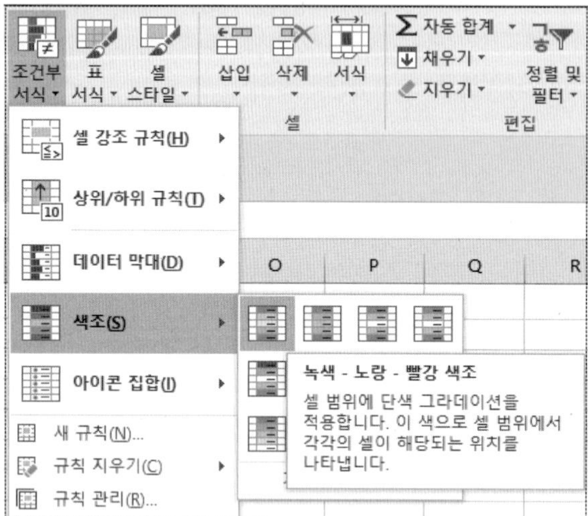

	A	B	C	D	E
1	시/도	1사분기	2사분기	3사분기	4사분기
2	서울	7,453	7,507	7,497	7,505
3	부산	2,093	2,104	2,109	2,119
4	대구	1,559	1,568	1,571	1,576
5	인천	1,378	1,385	1,382	1,384
6	광주	844	853	859	864
7	대전	992	993	996	995
8	울산	528	534	534	537
9	경기	5,816	5,847	5,866	5,876
10	강원	678	686	691	695
11	충북	780	784	782	775
12	충남	987	997	999	991
13	전북	1,089	1,091	1,083	1,080
14	전남	891	893	894	894
15	경북	1,181	1,180	1,174	1,168
16	경남	1,485	1,484	1,483	1,481
17	제주	327	331	330	331
18	세종	56	56	57	57

■ 데이터 막대를 사용하여 모든 셀의 서식 지정

데이터 막대를 사용하여 특정 셀 값을 다른 셀과 비교하여 볼 수 있다. 데이터 막대의 길이는 셀의 값을 나타낸다. 즉, 막대가 길수록 높은 값을 나타내고 막대가 짧을수록 낮은 값을 나타낸다. 데이터 막대는 많은 양의 데이터에서 높은 값과 낮은 값을 식별하는 데 특히 유용하다.

실습 10-07 *시트명 : '조건부 서식'*

1. 범위, 표 또는 피벗 테이블 보고서에서 한 개 이상의 셀을 선택한다.
2. '홈' 탭의 '스타일' 그룹에서 '조건부 서식(▾)'을 클릭한 다음 '데이터 막대(▸)'를 클릭한다.
3. 원하는 스타일의 데이터 막대를 선택한다.

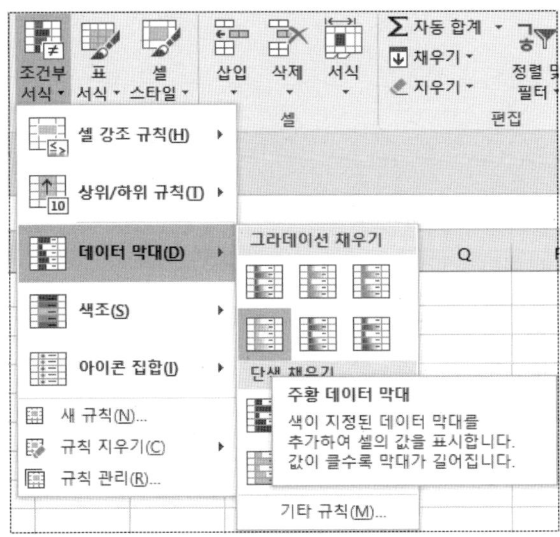

	A	B	C	D	E
1	시/도	1사분기	2사분기	3사분기	4사분기
2	서울	7,453	7,507	7,497	7,505
3	부산	2,093	2,104	2,109	2,119
4	대구	1,559	1,568	1,571	1,576
5	인천	1,378	1,386	1,382	1,384
6	광주	844	853	859	864
7	대전	992	993	996	995
8	울산	528	534	534	537
9	경기	5,816	5,847	5,866	5,876
10	강원	678	686	691	695
11	충북	780	784	782	775
12	충남	987	997	999	991
13	전북	1,089	1,091	1,083	1,080
14	전남	891	893	894	894
15	경북	1,181	1,180	1,174	1,168
16	경남	1,485	1,484	1,483	1,481
17	제주	327	331	330	331
18	세종	56	56	57	57

■ 아이콘 집합을 사용하여 모든 셀의 서식 지정

데이터를 임계값으로 구분되는 3~5가지 범주로 분류하여 주석을 달려면 아이콘 집합을 사용한다. 각 아이콘은 값의 범위를 나타낸다. 조건을 만족하는 셀에 대해서만 아이콘을 표시하도록 선택할 수 있다.

실습 10-08 *시트명 : '조건부 서식'*

1. 범위, 표 또는 피벗 테이블 보고서에서 한 개 이상의 셀을 선택한다.
2. '홈' 탭의 '스타일' 그룹에서 '조건부 서식(▾)'을 클릭한 다음 '아이콘 집합(▸)'을 클릭한다.
3. 원하는 스타일의 아이콘 집합을 선택한다.

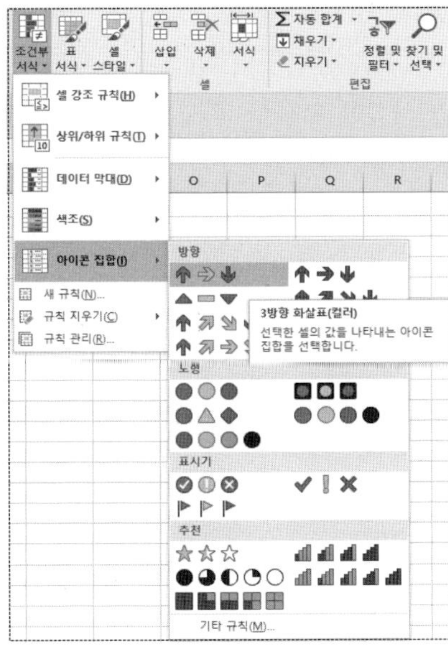

	A	B	C	D	E
1	시/도	1사분기	2사분기	3사분기	4사분기
2	서울	7,453	7,507	7,497	7,505
3	부산	2,093	2,104	2,109	2,119
4	대구	1,559	1,568	1,571	1,576
5	인천	1,378	1,385	1,382	1,384
6	광주	844	853	859	864
7	대전	992	993	996	995
8	울산	528	534	534	537
9	경기	5,816	5,847	5,866	5,876
10	강원	678	686	691	695
11	충북	780	784	782	775
12	충남	987	997	999	991
13	전북	1,089	1,091	1,083	1,080
14	전남	891	893	894	894
15	경북	1,181	1,180	1,174	1,168
16	경남	1,485	1,484	1,483	1,481
17	제주	327	331	330	331
18	세종	56	56	57	57

■ 텍스트, 숫자, 날짜 또는 시간 값이 있는 셀만 서식 지정

비교 연산자를 기준으로 셀 범위에서 특정 셀의 서식을 지정하여 해당 셀을 보다 쉽게 찾을 수 있다.

실습 10-09 *시트명 : '조건부 서식'*

1. 범위, 표 또는 피벗 테이블 보고서에서 한 개 이상의 셀을 선택한다.
2. '홈' 탭의 '스타일' 그룹에서 '조건부 서식(▾)'을 클릭한 다음 '셀 강조 규칙(▸)'을 클릭한다.
3. 원하는 스타일의 셀 강조 규칙을 선택하고 사용할 값과 서식을 지정한 후 '확인' 버튼을 클릭한다.

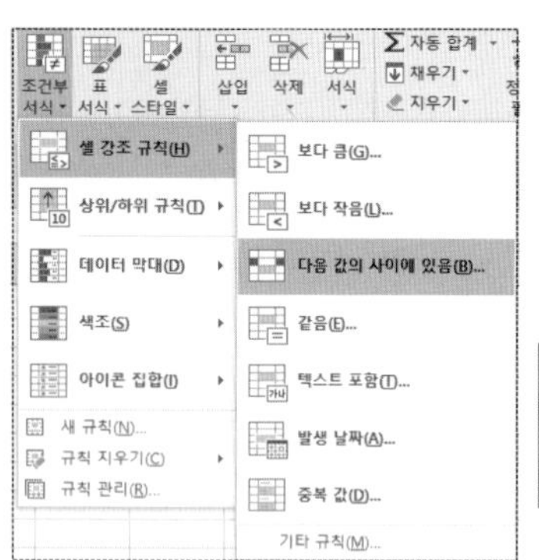

	A	B	C	D	E
1	시/도	1사분기	2사분기	3사분기	4사분기
2	서울	7,453	7,507	7,497	7,505
3	부산	2,093	2,104	2,109	2,119
4	대구	1,559	1,568	1,571	1,576
5	인천	1,378	1,385	1,382	1,384
6	광주	844	853	859	864
7	대전	992	993	996	995
8	울산	528	534	534	537
9	경기	5,816	5,847	5,866	5,876
10	강원	678	686	691	695
11	충북	780	784	782	775
12	충남	987	997	999	991
13	전북	1,089	1,091	1,083	1,080
14	전남	891	893	894	894
15	경북	1,181	1,180	1,174	1,168
16	경남	1,485	1,484	1,483	1,481
17	제주	327	331	330	331
18	세종	56	56	57	57

■ 상위 또는 하위 값만 서식 지정

지정하는 기준 값에 따라 셀 범위에서 최상위 값과 최하위 값을 찾을 수 있다.

실습 10-10 *시트명 : '조건부 서식'*

1. 범위, 표 또는 피벗 테이블 보고서에서 한 개 이상의 셀을 선택한다.
2. '홈' 탭의 '스타일' 그룹에서 '조건부 서식(▾)'을 클릭한 다음 '상위/하위 규칙(▸)'을 클릭한다.
3. 원하는 스타일의 상위/하위 규칙을 선택하고 사용할 값과 서식을 지정한 후 '확인' 버튼을 클릭한다.

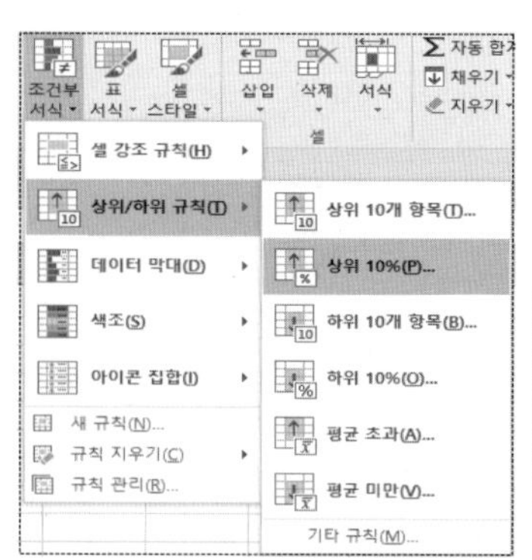

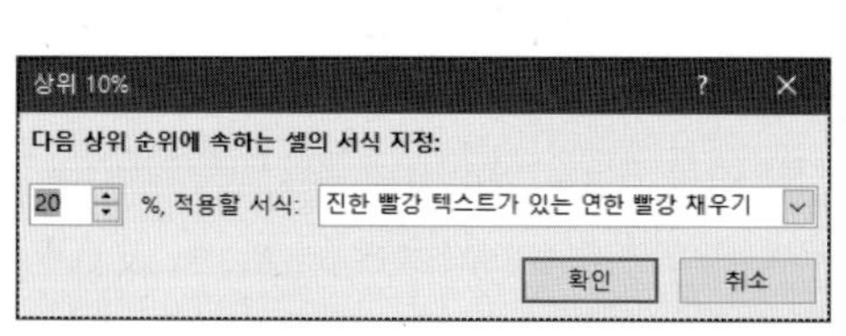

	A	B	C	D	E
1	시/도	1사분기	2사분기	3사분기	4사분기
2	서울	7,453	7,507	7,497	7,505
3	부산	2,093	2,104	2,109	2,119
4	대구	1,559	1,568	1,571	1,576
5	인천	1,378	1,385	1,382	1,384
6	광주	844	853	859	864
7	대전	992	993	996	995
8	울산	528	534	534	537
9	경기	5,816	5,847	5,866	5,876
10	강원	678	686	691	695
11	충북	780	784	782	775
12	충남	987	997	999	991
13	전북	1,089	1,091	1,083	1,080
14	전남	891	893	894	894
15	경북	1,181	1,180	1,174	1,168
16	경남	1,485	1,484	1,483	1,481
17	제주	327	331	330	331
18	세종	56	56	57	57

■ 평균보다 크거나 작은 값만 서식 지정

셀 범위에서 평균이나 표준 편차보다 높거나 낮은 값을 찾을 수 있다.

실습 10-11 *시트명 : '조건부 서식'*

1. 범위, 표 또는 피벗 테이블 보고서에서 한 개 이상의 셀을 선택한다.
2. '홈' 탭의 '스타일' 그룹에서 '조건부 서식(▾)'을 클릭한 다음 '상위/하위 규칙(▸)'을 선택하고 '평균 초과' 또는 '평균 미만'을 클릭한다.
3. 적용할 서식을 지정하고 '확인' 버튼을 클릭한다.

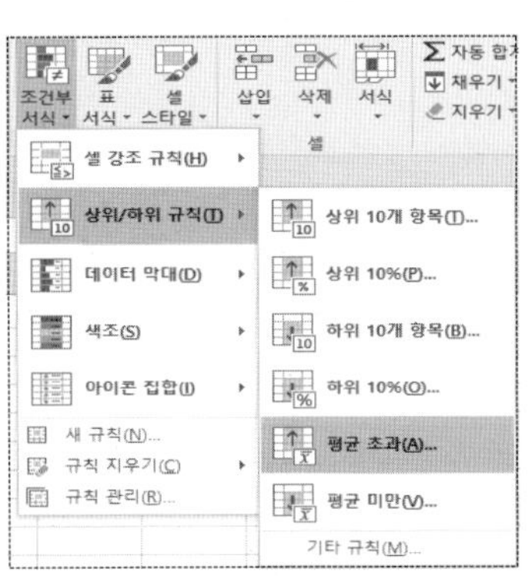

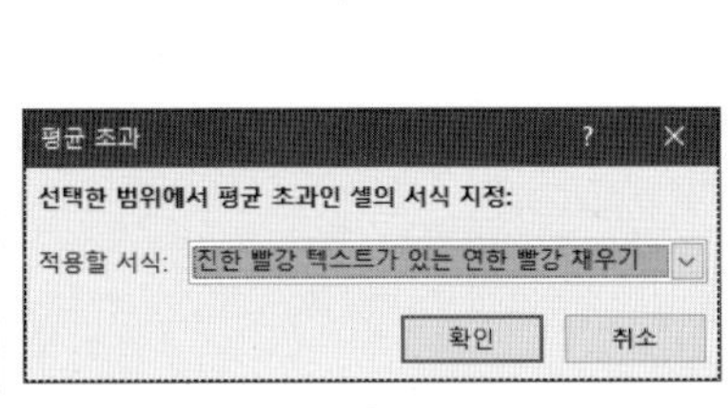

	A	B	C	D	E
1	시/도	1사분기	2사분기	3사분기	4사분기
2	서울	7,453	7,507	7,497	7,505
3	부산	2,093	2,104	2,109	2,119
4	대구	1,559	1,568	1,571	1,576
5	인천	1,378	1,385	1,382	1,384
6	광주	844	853	859	864
7	대전	992	993	996	995
8	울산	528	534	534	537
9	경기	5,816	5,847	5,866	5,876
10	강원	678	686	691	695
11	충북	780	784	782	775
12	충남	987	997	999	991
13	전북	1,089	1,091	1,083	1,080
14	전남	891	893	894	894
15	경북	1,181	1,180	1,174	1,168
16	경남	1,485	1,484	1,483	1,481
17	제주	327	331	330	331
18	세종	56	56	57	57

■ 고유 또는 중복 값만 서식 지정

고유 값이나 중복 값을 기준으로 조건부 서식을 지정할 수 있다.

실습 10-12 *시트명 : '조건부 서식'*

1. 범위, 표 또는 피벗 테이블 보고서에서 한 개 이상의 셀을 선택한다.
2. '홈' 탭의 '스타일' 그룹에서 '조건부 서식(▾)'을 클릭한 다음 '셀 강조 규칙(▸)'을 클릭한다.
3. '중복값'을 클릭하고 '고유값' 또는 '중복값', '서식'을 지정한 후 '확인' 버튼을 클릭한다.

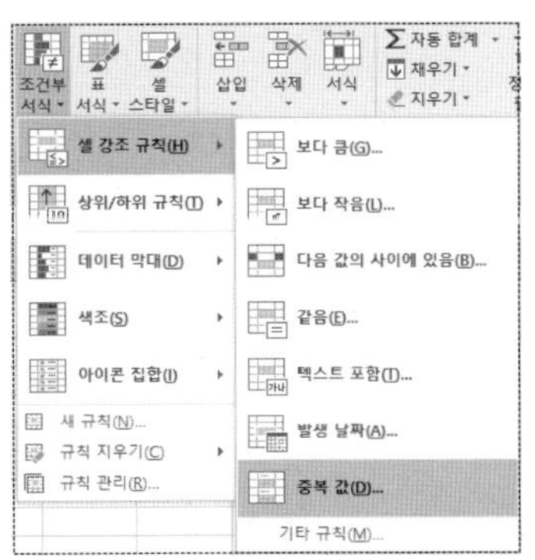

	A	B	C	D
1	학과	학년	성명	학적
2	간호학과	1학년	김이슬	재학
3	안경광학과	1학년	이슬기	재학
4	물리치료과	1학년	정준호	재학
5	응급구조과	1학년	박진서	재학
6	치위생과	1학년	김호서	재학
7	병원의료정보과	1학년	양영일	재학
8	간호학과	1학년	김이슬	재학
9	안경광학과	1학년	이슬기	재학
10	응급구조과	1학년	박진서	재학
11	치위생과	1학년	김호서	재학
12	물리치료과	2학년	나영호	재학
13	응급구조과	2학년	서상길	재학
14	치위생과	2학년	이나라	재학
15	병원의료정보과	2학년	김미순	재학
16	안경광학과	2학년	이남일	재학
17	물리치료과	2학년	나영호	재학
18	병원의료정보과	2학년	김미순	재학
19	간호학과	3학년	정희수	재학
20	간호학과	4학년	정민영	재학

■ 수식을 사용하여 서식을 지정할 셀 결정

논리 수식을 사용하여 서식 조건을 지정하면 복잡한 조건부 서식을 적용할 수 있다.

실습 10-13 *시트명 : '조건부 서식'*

1. '홈' 탭의 '스타일' 그룹에서 '조건부 서식(▾)'을 클릭한 다음 '규칙 관리'를 클릭한다.

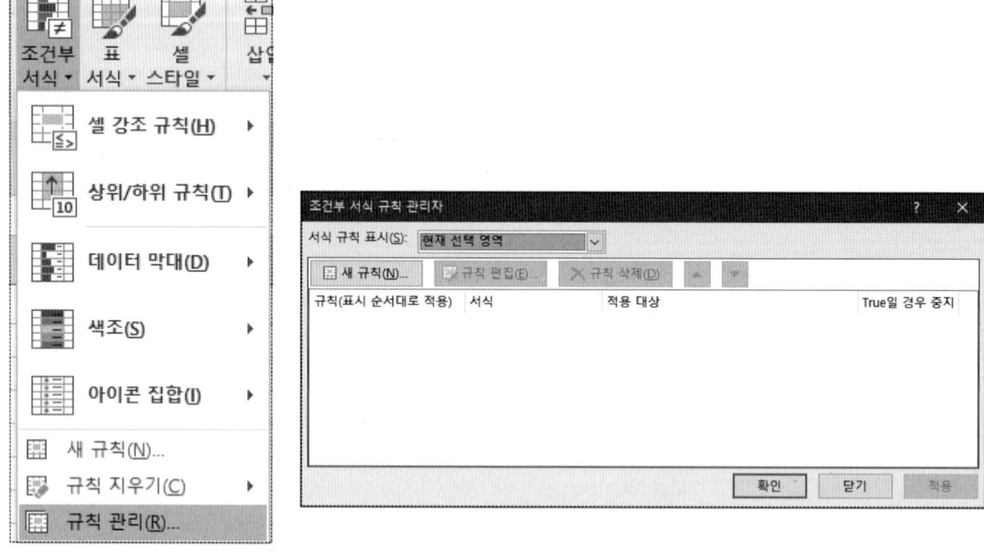

2. 조건부 서식을 추가하려면 '새 규칙'을 클릭하고, 조건부 서식을 변경하려면 '규칙 편집'을 클릭한다.

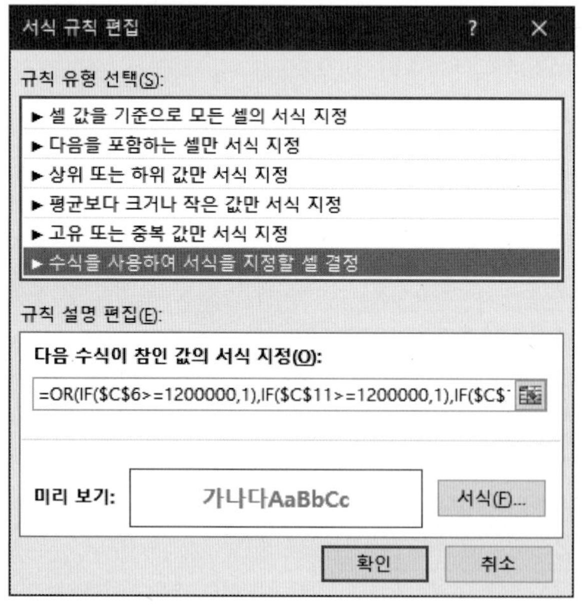

	A	B	C
1	월	지출목록	금액
2	1월	교통비	240,000
3	1월	식료품비	300,000
4	1월	신용카드	450,000
5	1월	세금	250,000
6	**1월 요약**		**1,240,000**
7	2월	교통비	200,000
8	2월	식료품비	240,000
9	2월	신용카드	320,000
10	2월	세금	350,000
11	**2월 요약**		**1,110,000**
12	3월	교통비	210,000
13	3월	식료품비	260,000
14	3월	신용카드	300,000
15	3월	세금	350,000
16	**3월 요약**		**1,120,000**
17	**총합계**		**3,470,000**

■ 조건부 서식이 있는 셀 찾기

워크시트에 조건부 서식이 적용된 셀이 하나 이상 있는 경우 해당 셀을 찾아 조건부 서식을 복사, 변경 또는 삭제할 수 있다. 이동 옵션 명령을 사용하여 특정 조건부 서식이 적용된 셀만 찾거나 조건부 서식이 있는 셀을 모두 찾을 수 있다.

a. 조건부 서식이 있는 모든 셀 찾기

실습 10-14 *시트명 : '조건부 서식'*

1. 조건부 서식이 없는 셀을 클릭한다.
2. '홈' 탭의 '편집' 그룹에서 '찾기 및 선택(▾)'을 클릭한 다음 '조건부 서식'을 클릭한다.

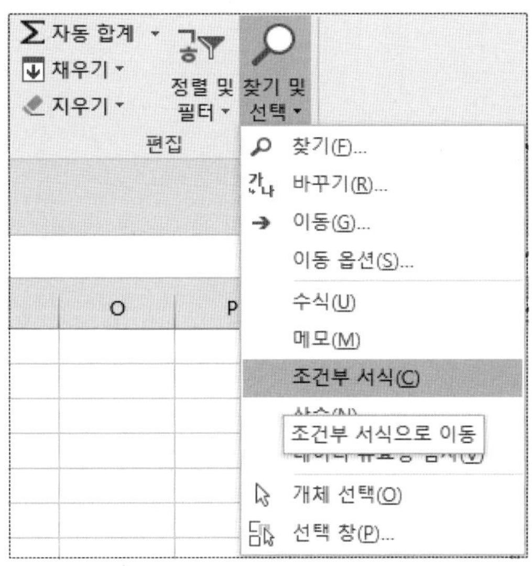

b. 동일한 조건부 서식이 있는 셀만 찾기

실습 10-15 *시트명 : '조건부 서식'*

1. 찾으려는 조건부 서식이 있는 셀을 클릭한다.
2. '홈' 탭의 '편집' 그룹에서 '찾기 및 선택(▾)'을 클릭한 다음 '이동 옵션'을 클릭한다.
3. '조건부 서식'을 클릭한다.
4. '데이터 유효성'에서 '조건 일치'를 선택하고 '확인' 버튼을 클릭한다.

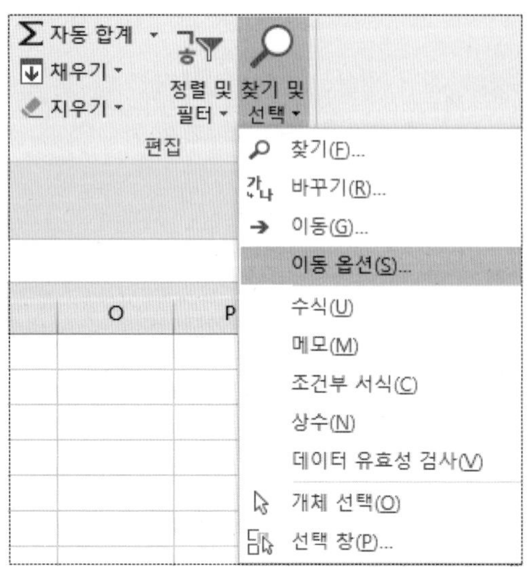

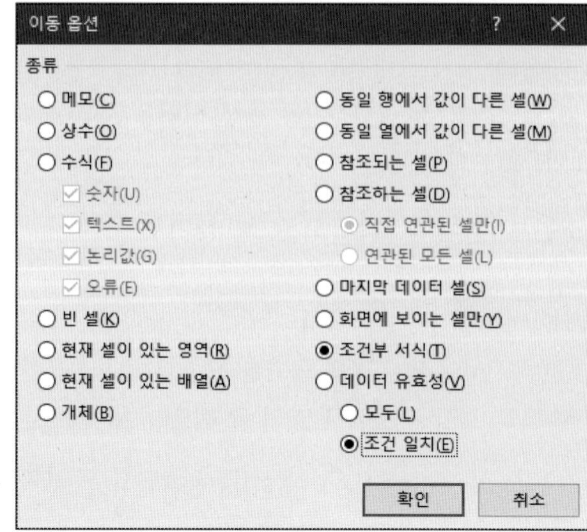

■ 조건부 서식 지우기

워크시트에서 다음 중 하나를 수행하면 조건부 서식을 지울 수 있다.

a. '홈' 탭의 '스타일' 그룹에서 '조건부 서식(▾)'을 클릭한 다음 '규칙 지우기(▸)'를 클릭한다.

b. 시트 전체에서 규칙 지우기를 클릭한다.

셀 범위, 표 또는 피벗 테이블에서 다음 중 하나를 수행하면 조건부 서식을 지울 수 있다.

a. 조건부 서식을 지울 셀 범위, 표 또는 피벗 테이블을 선택한다.

b. '홈' 탭의 '스타일' 그룹에서 '조건부 서식(▾)'을 클릭한 다음 '규칙 지우기(▸)'를 클릭한다.

c. 선택한 항목에 따라 '선택한 셀', '이 표' 또는 '이 피벗 테이블'을 클릭한다.

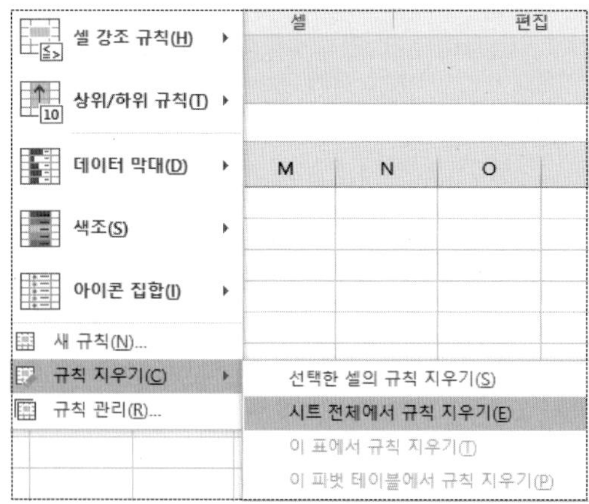

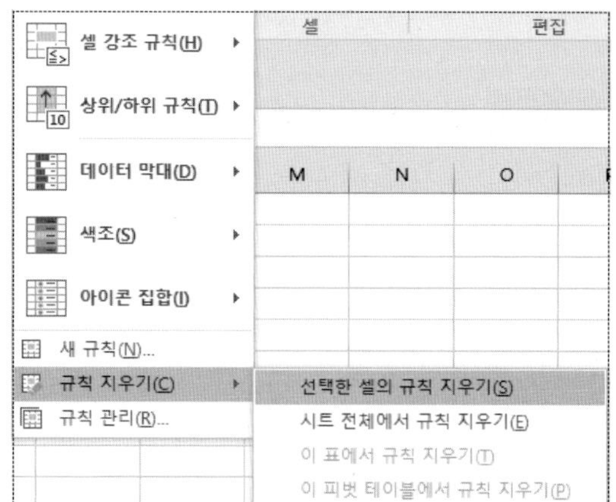

마. 데이터를 찾거나 서식을 적용하는 조건부 수식 만들기

엑셀의 기본 제공 조건부 서식 규칙이 사용자 요구에 맞지 않는 경우에는 수식을 사용하여 원하는 결과를 얻을 수 있다.

실습 10-16 *시트명 : '조건부 서식'*

1. 서식을 지정할 셀을 선택한다.
2. '홈' 탭의 '스타일' 그룹에서 '조건부 서식(▾)'을 클릭하고 '새 규칙'을 클릭한다.
3. '수식을 사용하여 서식을 지정할 셀 결정'을 선택한다.
4. '다음 수식이 참인 값의 서식 지정'에서 수식을 입력한다.
5. '서식'을 클릭한다.
6. '표시 형식', '글꼴', '테두리 및 채우기' 탭의 컨트롤을 사용하여 데이터나 데이터 주위의 셀을 변경한다. 예를 들어, 음수 값에 굵은 빨강 서식을 지정하거나 셀 배경에 연한 노랑 채우기를 추가하거나 파선 테두리를 추가할 수 있다.
7. '확인' 버튼을 클릭하여 열려 있는 모든 대화 상자를 닫는다.

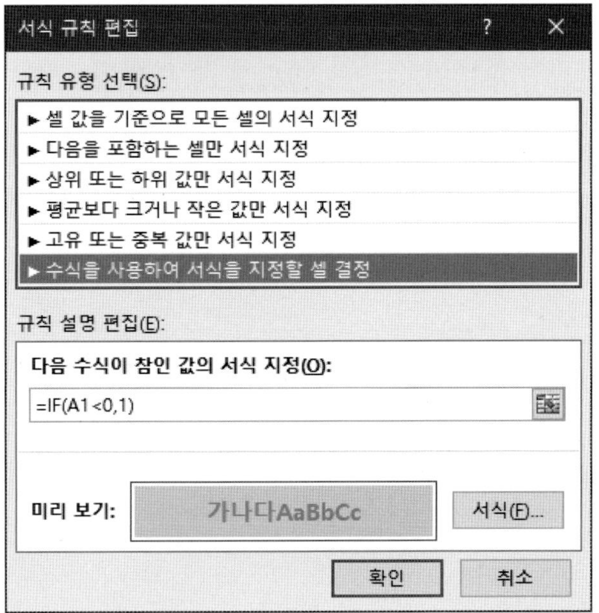

바. 스파크라인을 사용하여 데이터 추세 분석

스파크라인은 단일 워크시트 셀 안의 작은 차트로서, 데이터의 추세를 시각적으로 표현하는 데 사용된다. 스파크라인은 계절별 변화나 경기 순환과 같은 중요 항목을 눈에 띄게 표시하고 최댓값과 최솟값을 다른 색으로 강조 표시할 수 있다. 워크시트 데이터의 추세를 표시하면 특히 다른 사용자와 데이터를 공유할 때 유용할 수 있다.

실습 10-17 *시트명 : '스파크라인'*

1. 스파크라인으로 표시하려는 데이터 가까이에 있는 빈 셀을 선택한다.
2. '삽입' 탭의 '스파크라인' 그룹에서 '꺾은선형', '열' 또는 '승패'를 선택한다.

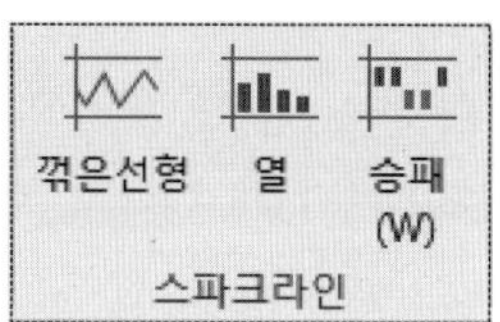

3. '데이터 범위' 상자에 스파크라인으로 표시할 데이터가 있는 셀 범위를 입력한다.

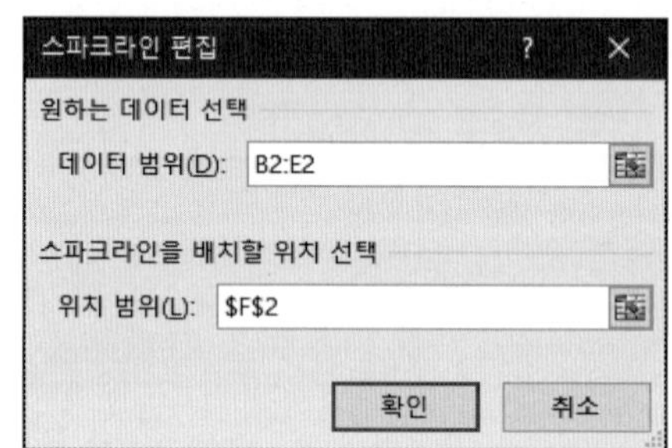

4. '확인' 버튼을 클릭한다.
5. 리본 메뉴에 '스파크라인 도구'가 표시된다. '디자인' 탭에 있는 명령을 사용하여 스파크라인을 원하는 대로 변경한다.

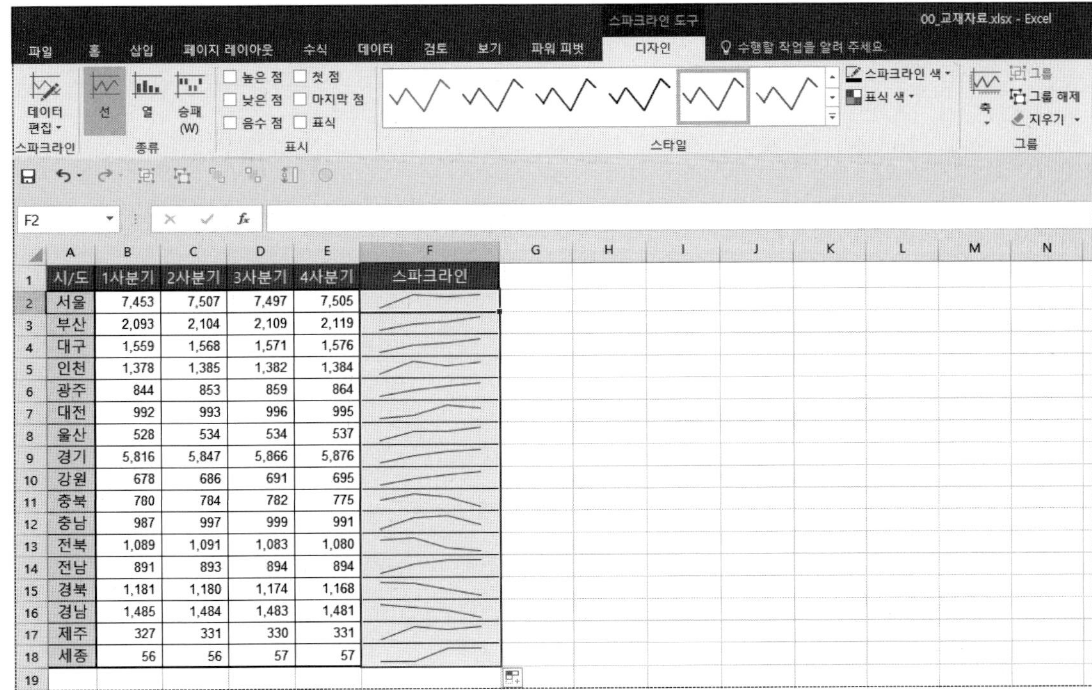

■ 스파크라인 사용자 지정

스파크라인은 만든 후에도 언제든지 종류, 스타일 및 서식 등을 변경할 수가 있다.

실습 10-18 *시트명 : '스파크라인'*

1. 사용자 지정할 스파크라인을 선택하여 리본 메뉴에 '스파크라인 도구'를 표시한다.
2. '스파크라인 도구'의 '디자인' 탭에서 원하는 옵션을 선택하여 변경한다.
   a. '스파크라인 도구'의 '디자인' 탭 '표시' 그룹에서 표식을 표시하여 꺾은선형 스파크라인의 개별 값을 강조한다.

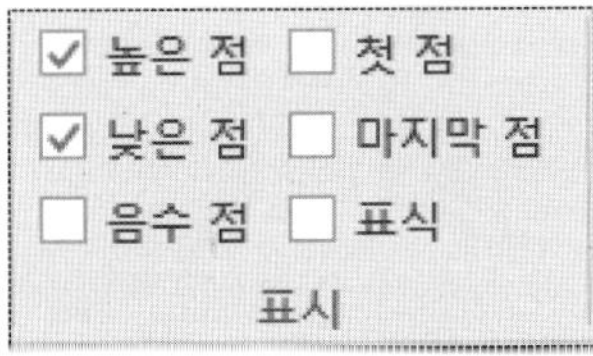

   b. 스파크라인의 '스타일'이나 '서식'을 변경한다.

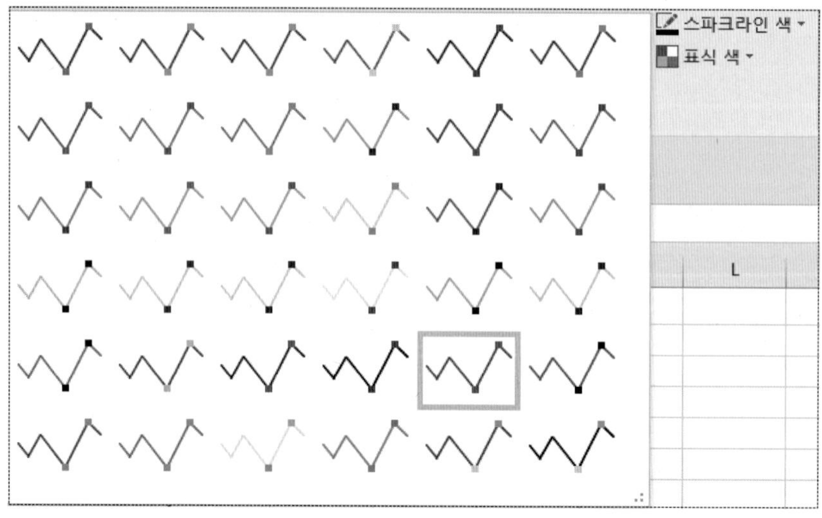

c. '축(▾)' 설정을 표시하거나 변경한다.

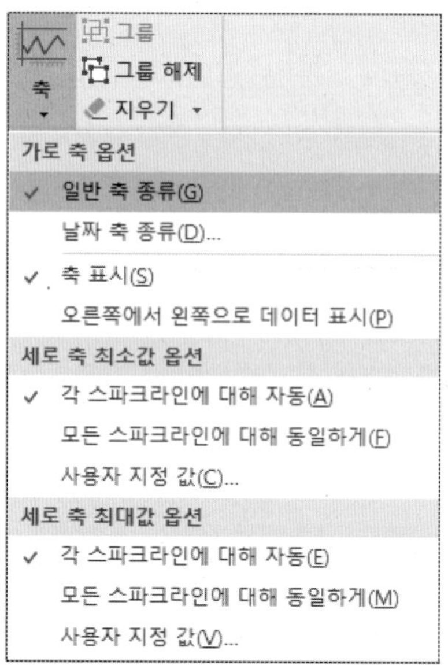

d. '데이터 편집(▾)'에서 데이터 표시 방식을 변경한다.

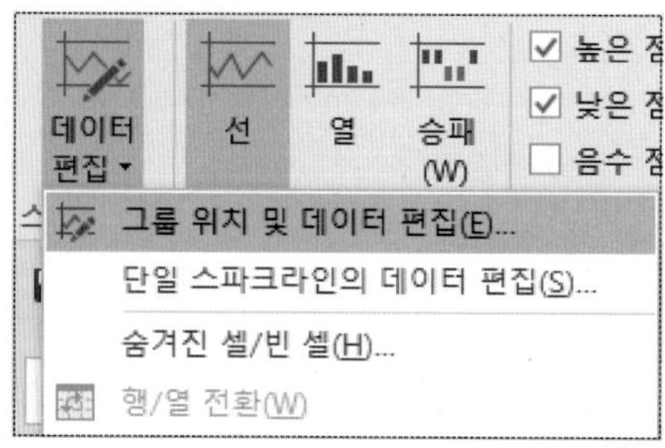

사. 목표값 찾기를 통해 입력 값을 조정하여 결과 찾기

수식으로 구하려는 결과는 알지만 해당 결과를 얻기 위해 입력해야 할 값을 모르는 경우 목표값 찾기 기능을 사용한다. 예를 들어 돈을 빌려야 하는 상황을 가정한다면, 빌리려는 금액과 대출금을 갚는 데 필요한 시간 및 매달 상환할 수 있는 금액을 알고 있다면 목표값 찾기를 사용해 자신의 대출 목표를 맞추는 데 필요한 이율을 결정할 수 있다. 목표값 찾기에는 하나의 변수 입력 값만 사용된다. 입력 값(예: 대출 금액 및 월별 상환액)을 두 개 이상 사용하려면 해 찾기 추가 기능을 사용한다.

■ 목표값 찾기

예를 들면, 100,000,000원을 대출하려고 한다. 180개월에 걸쳐 대출금을 갚을 계획이며 매달 900,000원을 상환할 수 있다. 목표를 맞추기 위해 필요한 이율을 계산해야 하므로 월별 상환액을 계산하는 함수인 PMT 함수를 사용한다. 이 예제에서는 월별 상환액이 찾으려는 목표값이다.

실습 10-19 *시트명 : '목표값'*

1. 빈 통합 문서를 새로 연다.
2. 워크시트를 읽기 쉽도록 첫 번째 열에 레이블을 추가하고, 두 번째 열에 알고 있는 값을 추가한다.

B4 | =PMT(B3/12,B2,B1)

	A	B	C	D
1	대출금액	100,000,000		
2	대출기간(개월 수)	180		
3	이자율			
4	상환액	-₩555,556		

3. 상환액을 계산하기 위해 B4 셀에 =PMT(B3/12,B2,B1) 입력한다. 이 예제에서 매달 상환하려는 금액은 900,000원이지만 목표값 찾기에서는 수식부터 시작해야 하므로 목표값 찾기를 통해 이율을 결정하려면 이 셀에 해당 금액을 입력하지 않는다.
   이 수식은 B1 및 B2 셀에 입력한 값을 참조하고 목표값 찾기를 통해 이율이 입력될 B3 셀도 참조한다. 사용자가 월별 상환액을 지정했으므로 PMT 함수에서 이율을 연간 이율로 간주하고 이 수식에서 B3 셀의 값을 12로 나눈다. B3 셀에는 값이 없으므로 엑셀에서는 이율을 0%로 가정하고 555,560원이라는 상환액을 반환한다. 현 단계에서 이 값은 무시해도 된다.

■ 목표값 찾기를 사용하여 이율 결정

실습 10-20 *시트명 : '목표값'*

1. '데이터' 탭의 '예측' 그룹에서 '가상 분석'을 클릭한 다음 '목표값 찾기'를 클릭한다.

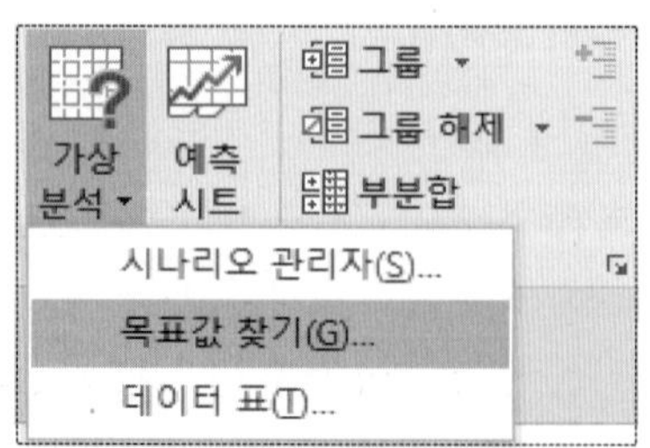

2. '목포값 찾기' 대화상자에서 '수식 셀' 상자에 확인할 수식이 있는 셀인 B4를 입력한다.
3. '찾는 값' 상자에 원하는 상환액 –900,000을 입력한다. 이 값은 상환액을 나타내므로 음수이며 수식에서 반환할 결과이다.
4. '값을 바꿀 셀' 상자에 조정할 값이 있는 셀에 대한 참조인 B3을 입력한다. 여기에 입력하는 셀은 수식 셀 상자에 지정한 수식에서 참조해야 한다.

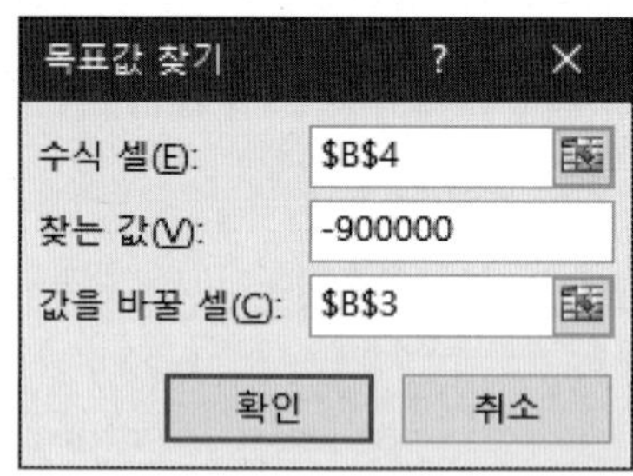

5. '확인' 버튼을 클릭한다.

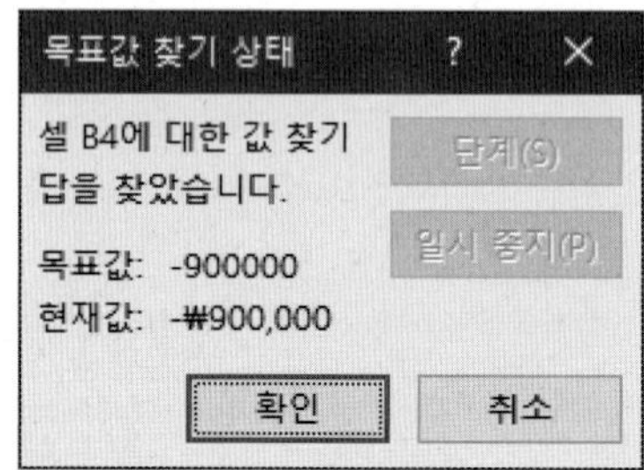

6. 대상 셀(B3)에 백분율로 결과가 표시되도록 형식을 지정한다.
   a. '홈' 탭에 있는 '표시 형식' 그룹에서 '백분율'을 클릭한다.
   b. 자릿수를 설정하려면 '자릿수 늘림' 또는 '자릿수 줄임'을 클릭한다.

	A	B
1	대출금액	**100,000,000**
2	대출기간(개월 수)	**180**
3	이자율	**7.021%**
4	상환액	**-₩900,000**

아. 목표값 찾기

엑셀에서 수식으로 구하려는 결과는 알지만 해당 결과를 얻기 위해 입력해야 할 값을 모르는 경우 '목표값 찾기' 기능을 사용한다. 목표값을 찾을 때 수식이 원하는 결과를 구할 때까지 지정한 셀에서 값을 바꿔가며 찾는다. '목표값 찾기'는 목표값을 찾기 위해 조건에 맞는 범위에서 다른 데이터를 변경시키는 역할을 한다. 이를 통해 목표를 조정하는 등 추가적인 판단 근거로 활용할 수 있기 때문이다.

실습 10-21 *시트명 : '목표값'*

1. 워크시트에 다음의 데이터를 입력하고 개인별 평균을 구하기 위해 수식 '=AVERAGE(B2:B8)'을 입력한 후 '자동 채우기 핸들러'를 우측으로 드래그하여 나머지도 완성한다.

B9 =AVERAGE(B2:B8)

	A	B	C	D	E	F	G	H	I	J	K
1	성명	강 다영	고 연희	김 기호	김 다슬	김 민수	김 효서	박 영서	이 영호	이 은하	전 이슬
2	간호학개론	72	65	65	84	79	85	83	88	83	80
3	기본간호학	80	70	75	67	82	86	81	74	80	81
4	인체구조	67	73	80	78	75	82	80	81	88	78
5	건강사정	88	80	73	75	66	82	82	83	70	83
6	생화학	79	75	81	73	77	75	76	80	85	85
7	정보능력	83	85	72	80	88	87	80	85	72	80
8	인간심리	74	84	84	83	82	83	81	80	69	76
9	평균	77.6	76.0	75.7	77.1	78.4	82.9	80.4	81.6	78.1	80.4

2. 여기에서 목표값은 개인별 평균 '80점'으로 가정한다. 평균 '80점'을 달성하기 위하여 '간호학개론' 교과목의 점수를 몇 점 향상시켜야 할지를 고민할 때 '목표값 찾기' 기능을 이용하면 된다.
   '데이터' 탭의 '예측' 그룹에서 '가상 분석(▾)'을 클릭하고 '목표값 찾기'를 선택한다. '목표값 찾기' 대화 상자에서 개인별 총점이 계산된 평균 셀(B9)을 '수식 셀'로 지정하고, '찾는 값'은 '80'을 입력한다. '값을 바꿀 셀'은 '간호학개론'의 점수인 'B2' 셀을 지정한다.

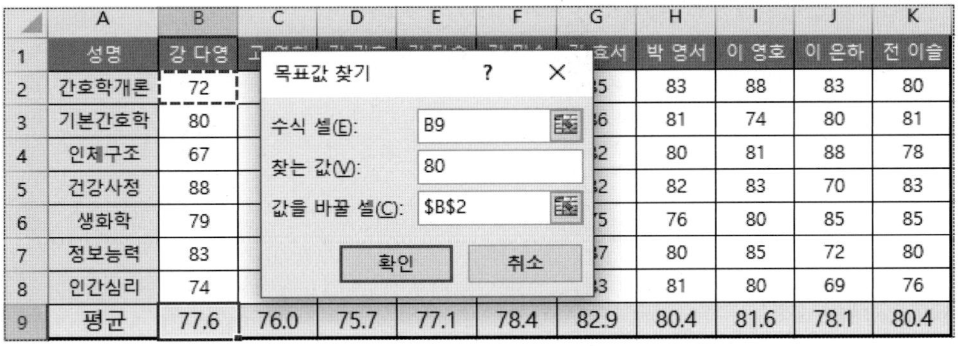

	A	B	C	D	E	F	G	H	I	J	K
1	성명	강 다영					효서	박 영서	이 영호	이 은하	전 이슬
2	간호학개론	72					5	83	88	83	80
3	기본간호학	80					6	81	74	80	81
4	인체구조	67					2	80	81	88	78
5	건강사정	88					2	82	83	70	83
6	생화학	79					5	76	80	85	85
7	정보능력	83					7	80	85	72	80
8	인간심리	74					3	81	80	69	76
9	평균	77.6	76.0	75.7	77.1	78.4	82.9	80.4	81.6	78.1	80.4

목표값 찾기 ? ×
수식 셀(E): B9
찾는 값(V): 80
값을 바꿀 셀(C): $B$2
확인 취소

3. '목표값 찾기 상태' 대화 상자가 나타난다. 찾은 값이 정확하면 '확인' 버튼을 클릭하고 그렇지 않으면 '취소' 버튼을 클릭한다. 'B2' 셀의 값이 '89'로 변경되면서 평균도 목표값 '80.0'으로 수정되었다. 개인별로 평균 목표값을 설정하고 교과목 달성 점수를 얼마만큼 향상시켜야 할지 구해보자.

	A	B	C	D	E	F	G	H	I	J	K
1	성명	강 다영	고 연희	김 기호	김 다슬	김 민수	김 효서	박 영서	이 영호	이 은하	전 이슬
2	간호학개론	89	65	95	84	79	85	83	88	83	80
3	기본간호학	80	98	75	67	82	86	81	98	80	81
4	인체구조	67	73	80	78	75	82	80	81	88	78
5	건강사정	88	80	73	95	66	82	82	83	70	83
6	생화학	79	75	81	73	88	75	94	80	85	85
7	정보능력	83	85	72	80	88	87	80	85	72	91
8	인간심리	74	84	84	83	82	98	81	80	82	76
9	평균	80.0	80.0	80.0	80.0	80.0	85.0	83.0	85.0	80.0	82.0

자. 해 찾기

해 찾기를 사용하여 워크시트의 다른 수식 셀 값에 대한 제약 조건 또는 제한에 따라 목표 셀 하나에 들어 있는 수식에 대한 최적의 값(최댓값 또는 최솟값)을 찾는다. 해 찾기에는 목표 및 제한 셀의 수식을 계신하는 데 사용되는 '결정 변수' 또는 단순히 '변수 셀'이라고 하는 셀 그룹이 사용된다. 해 찾기는 제한 조건 셀의 제한을 충족하고 목표 셀에 예상되는 결과를 생성하기 위해 결정 변수 셀의 값을 조정한다. 목표값은 한 셀의 값만 변경할 수 있었지만 해 찾기는 여러 셀의 값을 비교, 변경하면서 최적의 값을 찾아 준다.

해 찾기는 가상 분석에 사용할 수 있는 Microsoft 엑셀 추가 기능 프로그램이므로 '파일' 탭의 '엑셀 옵션'에서 '추가 기능'을 선택하고 '해 찾기 추가 기능'을 찾아서 추가해야 사용할 수 있다.

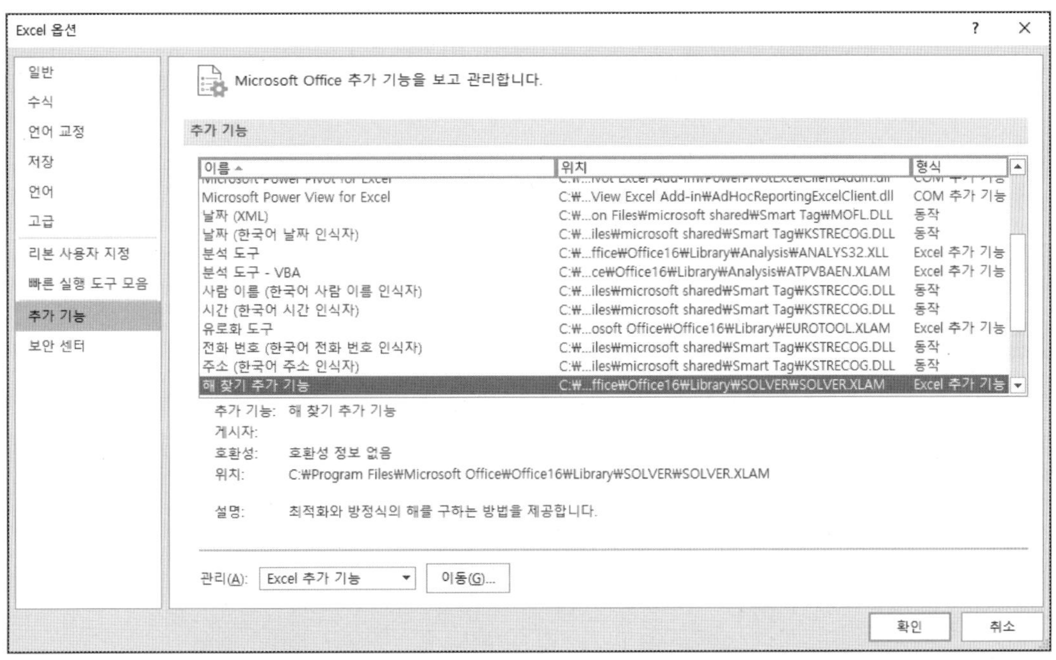

아래쪽 '엑셀 추가 기능' 옆에 있는 '이동' 버튼을 눌러서 사용 가능한 추가 기능을 선택하고 '확인' 버튼을 클릭한다. '데이터' 탭의 맨 오른쪽의 '분석' 그룹에 '해 찾기' 명령이 표시된다.

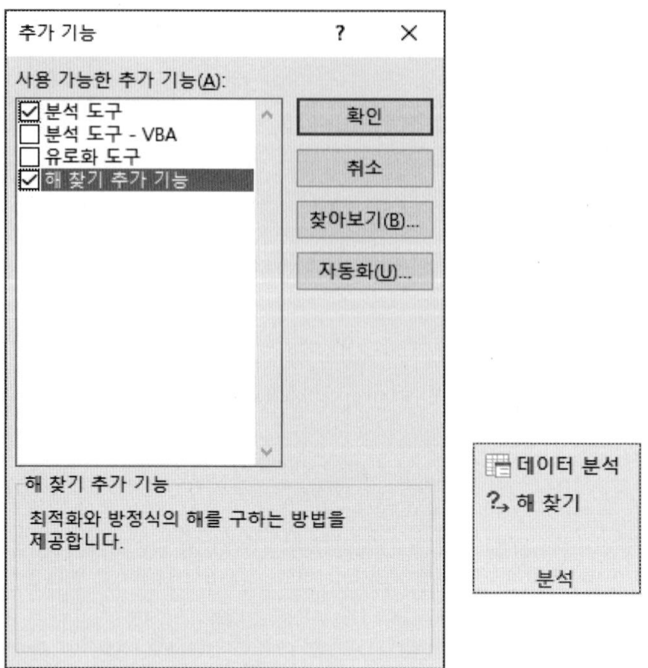

실습 10-22 *시트명 : '해 찾기'*

1. 워크시트에 다음의 데이터를 입력하고 '학과별' 예산 합계와 '분기별' 예산 합계를 구하고 '총 예산 합계'를 구한다.

	A	B	C	D	E
1	**2017년도 예산안**				
2	분기별	간호학과	응급구조과	치위생과	합계
3	1사분기	₩5,000,000	₩2,000,000	₩1,800,000	₩8,800,000
4	2사분기	₩4,500,000	₩1,500,000	₩2,100,000	₩8,100,000
5	3사분기	₩4,000,000	₩2,200,000	₩2,000,000	₩8,200,000
6	4사분기	₩5,500,000	₩1,800,000	₩1,700,000	₩9,000,000
7	합계	₩19,000,000	₩7,500,000	₩7,600,000	₩34,100,000

2. 예를 들어 2017년도 학과별 예산안 조정 결과 총 예산은 30,000,000원을 초과할 수 없으니 재조정하라는 지시가 있었다면 학과별로 분기별 예산이 재조정 되어야 한다. 이때 재조정되는 30,000,000이 찾으려는 해이다. 먼저 찾으려는 해 'E7' 셀을 선택한 후 '데이터' 탭의 '분석' 그룹에서 '해 찾기'를 클릭한다. '해 찾기 매개변수' 대화 상자가 나타난다. '목표 설정'은 해를 찾으려는 셀이므로 'E7' 셀을 선택한다. '대상'은 '지정값'을 선택하고 30,000,000을 입력한다. '변수 셀 변경'은 학과별로 분기별 예산이 들어 있는 셀 범위($B$3:$D$6)를 지정한다. 설정이 완료되었으면 '해 찾기' 버튼을 클릭한다.

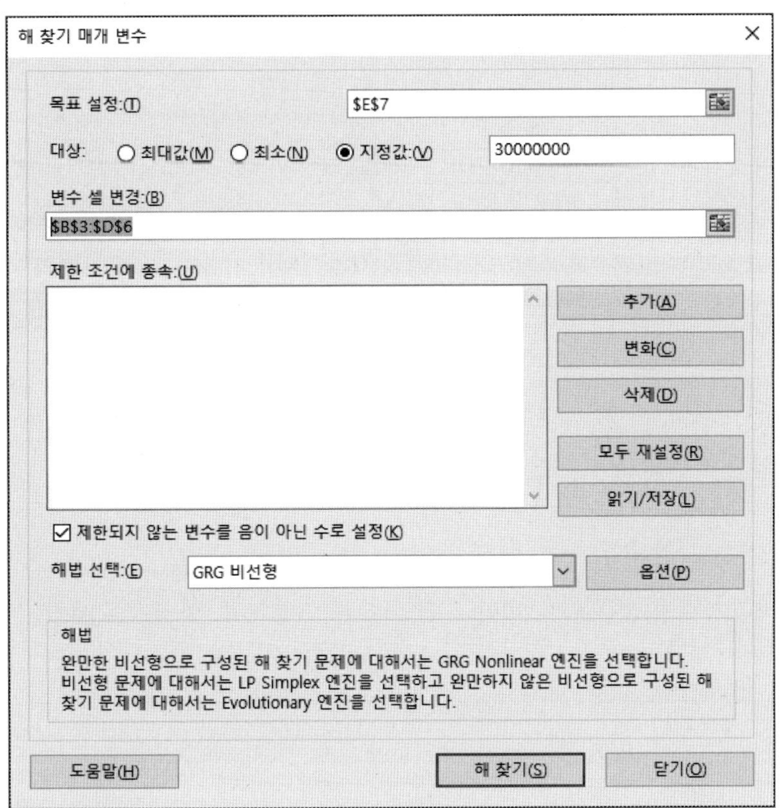

3. '해 찾기'가 진행되고 '해 찾기 결과' 대화 상자가 나타난다. '확인' 버튼을 클릭하면 지정한 셀의 값이 구한 해로 변경된다.

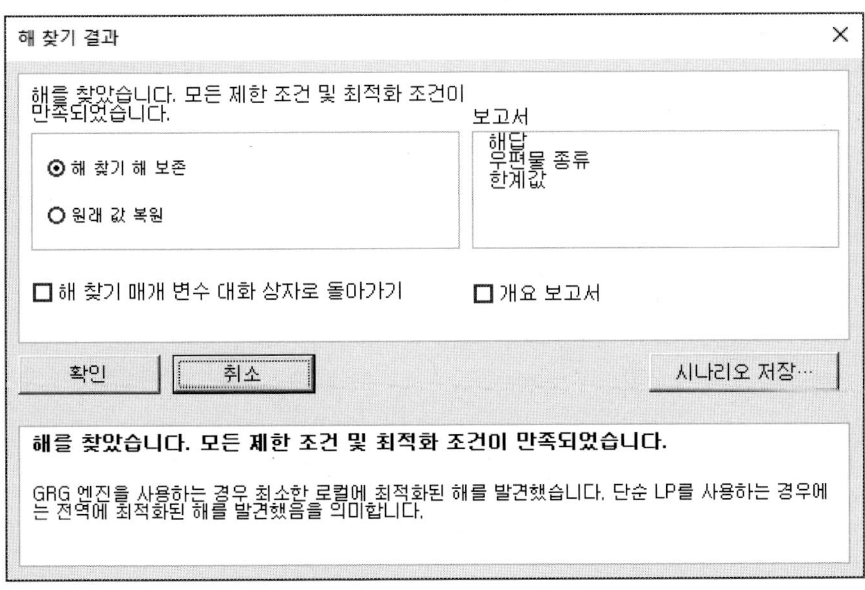

	A	B	C	D	E
1	2017년도 예산안				
2	분기별	간호학과	응급구조과	치위생과	합계
3	1사분기	₩4,148,459	₩1,863,753	₩1,689,640	₩7,701,853
4	2사분기	₩3,810,252	₩1,423,361	₩1,949,788	₩7,183,401
5	3사분기	₩3,455,014	₩2,035,142	₩1,863,753	₩7,353,909
6	4사분기	₩4,469,635	₩1,689,640	₩1,601,562	₩7,760,837
7	합계	₩15,883,360	₩7,011,897	₩7,104,744	₩30,000,000

■ 해 찾기의 조건 추가

해 찾기 조건을 설정하지 않으면 지정한 모든 셀의 값을 일괄적으로 변경해서 계산하게 된다.

실습 10-23 *시트명 : '해 찾기'*

1. 먼저 찾으려는 해 'E7' 셀을 선택한 후 '데이터' 탭의 '분석' 그룹에서 '해 찾기'를 클릭한다. '해 찾기 매개변수' 대화 상자가 나타난다.

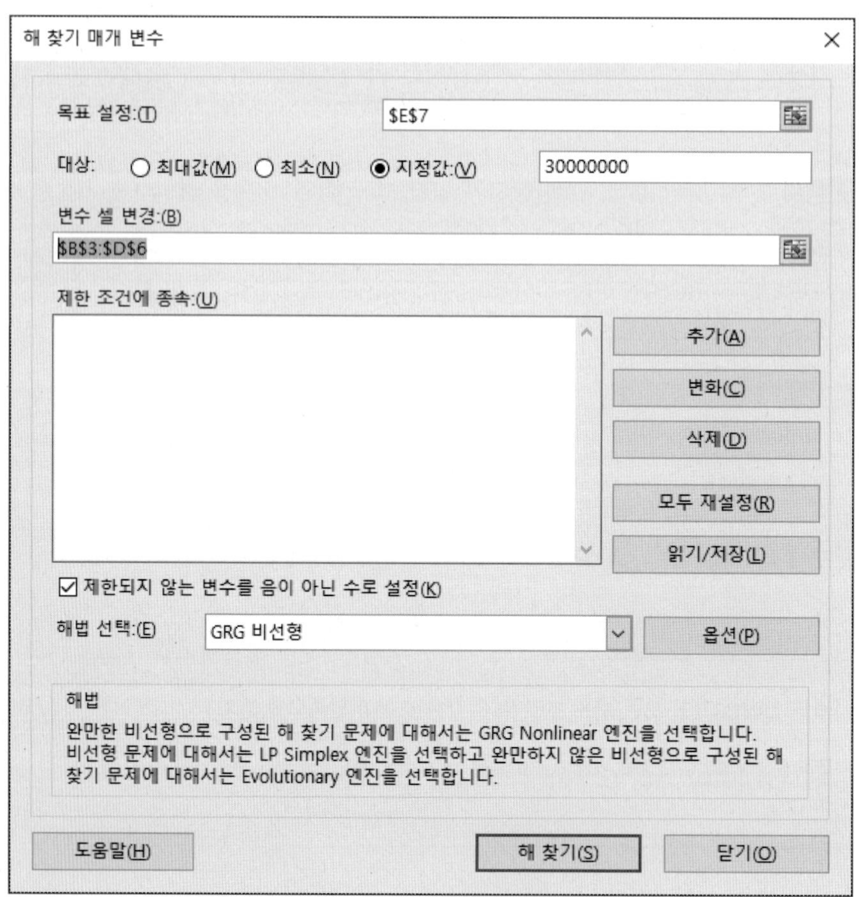

2. '제한 조건에 종속'에서 '추가'를 클릭하면 '제한 조건 추가' 대화 상자가 나타난다. 예를 들어 "첫 번째 제한 조건은 '1사 분기'에 4,000,000원을 초과하지 못한다. 두 번째 제한 조건은 '치위생과'의 예산은 2,000,000원을 초과하지 못한다." 라고 가정하고 조건을 추가한다.
3. 첫 번째 제한 조건을 추가한다('1사 분기'에 4,000,000원을 초과하지 못한다.).

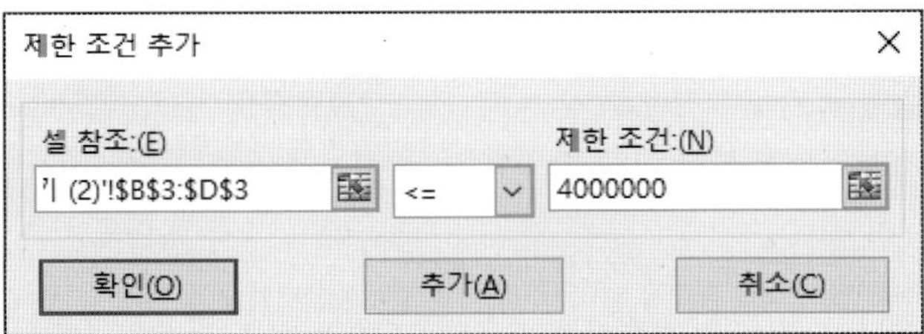

4. 두 번째 제한 조건을 추가한다('치위생과'의 예산은 2,000,000원을 초과하지 못한다.).

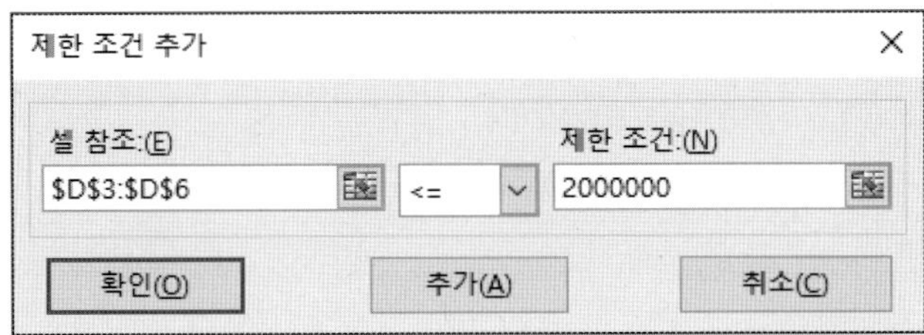

5. 설정이 완료되었으면 '해 찾기' 버튼을 클릭한다.

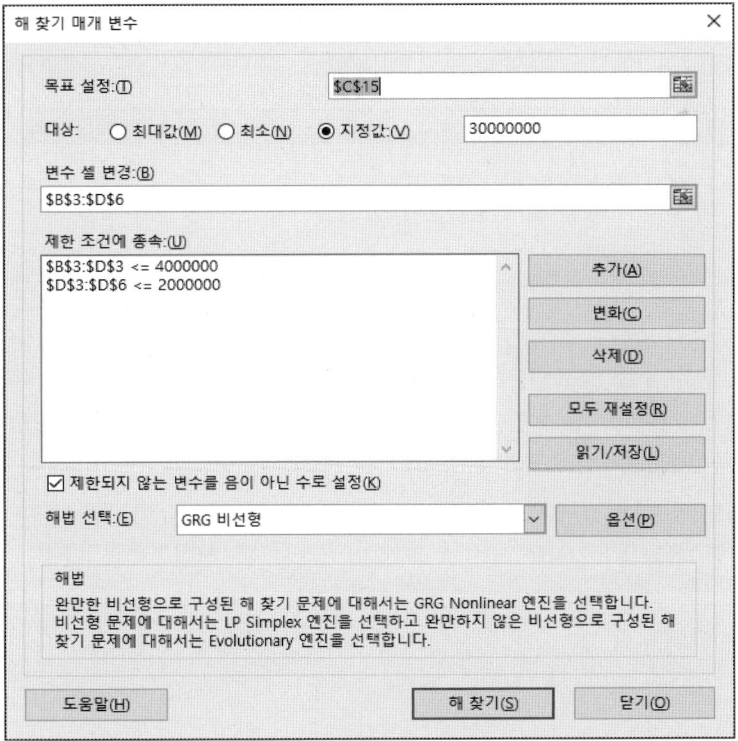

6. '해 찾기'가 진행되고 '해 찾기 결과' 대화 상자가 나타난다. '확인' 버튼을 클릭하면 지정한 셀의 값이 제한 조건을 최대한 만족시키는 값으로 해가 찾아지고 데이터가 변경된다.

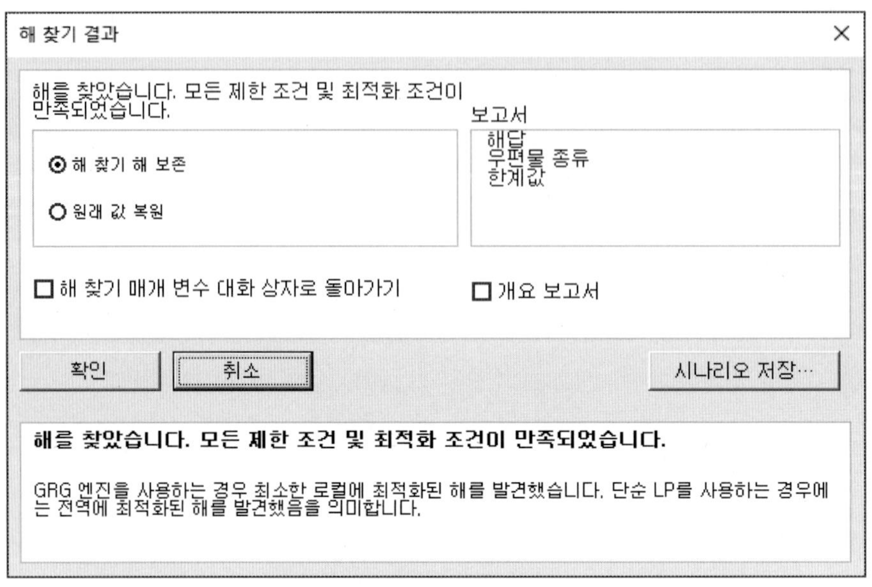

	A	B	C	D	E
1	2017년도 예산안				
2	분기별	간호학과	응급구조과	치위생과	합계
3	1사분기	₩3,376,921	₩1,900,307	₩1,719,249	₩6,996,478
4	2사분기	₩3,995,306	₩1,443,923	₩1,890,089	₩7,329,318
5	3사분기	₩3,601,230	₩2,079,372	₩1,900,307	₩7,580,909
6	4사분기	₩4,746,075	₩1,719,249	₩1,627,972	₩8,093,296
7	합계	₩15,719,531	₩7,142,851	₩7,137,617	₩30,000,000

엑셀의 고급 기능인 '해 찾기' 기능을 잘 활용하면 복잡한 업무를 분석할 경우 또는 업무 예측이 필요한 경우 등 매우 유용하다.

■ 데이터 통합

여러 개의 집계 표를 하나로 합쳐주는 기능이다. 보통 여러 지점이나 지역에서 작성된 표를 하나로 합칠 때 사용하면 매우 편리하다. 통합 기능은 각 집계 표의 머리글을 인식해 자동으로 숫자 값의 합계, 평균, 개수 등을 구할 수 있으므로 유용하다.

예를 들어 '2012년도 시도별 요양기관 현황'과 '2013년도 시도별 요양기관 현황' 표가 있다면 이를 하나로 합칠 때 통합 기능을 이용해 '년도별/시도별 요양기관 현황' 표를 만들 수 있다.

	A	B	C	D	E
1	시도별	2012 4/4	2012 3/4	2012 2/4	2012 1/4
2	서울	20,969	21,056	21,090	20,994
3	부산	6,111	6,093	6,111	6,074
4	대구	4,494	4,489	4,492	4,478
5	인선	3,835	3,831	3,819	3,776
6	광주	2,517	2,521	2,502	2,498
7	대전	2,748	2,739	2,720	2,694
8	울산	1,637	1,633	1,643	1,629
9	경기	16,953	16,911	16,893	16,780
10	강원	2,299	2,285	2,281	2,266
11	충북	2,443	2,449	2,456	2,432
12	충남	3,231	3,216	3,358	3,339
13	전북	3,464	3,471	3,461	3,434
14	전남	3,160	3,151	3,157	3,138
15	경북	4,107	4,089	4,091	4,078
16	경남	4,749	4,742	4,746	4,704
17	제주	927	920	915	903
18	세종	167	166	-	-

	A	B	C	D	E
1	시도별	2013 4/4	2013 3/4	2013 2/4	2013 1/4
2	서울	21,044	21,082	21,103	21,022
3	부산	6,202	6,192	6,181	6,157
4	대구	4,563	4,552	4,526	4,505
5	인천	3,911	3,000	3,072	3,861
6	광주	2,570	2,551	2,536	2,514
7	대전	2,787	2,776	2,763	2,753
8	울산	1,666	1,659	1,652	1,637
9	경기	17,342	17,285	17,203	17,067
10	강원	2,337	2,332	2,325	2,304
11	충북	2,468	2,473	2,467	2,453
12	충남	3,282	3,297	3,292	3,256
13	전북	3,505	3,515	3,522	3,501
14	전남	3,173	3,174	3,168	3,162
15	경북	4,141	4,142	4,145	4,123
16	경남	4,821	4,811	4,795	4,777
17	제주	973	966	958	944
18	세종	186	183	179	175

실습 10-24 *시트명 : '데이터 통합'*

1. 새로운 워크시트를 열고 '데이터' 탭의 '데이터 도구' 그룹에서 '통합'을 클릭한다.

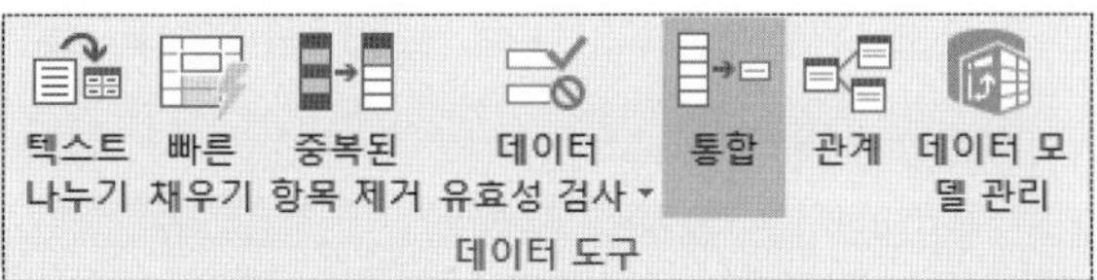

2. '통합' 대화 상자가 표시되면 '함수'에서 '합계'를 선택하고, '참조'에서 통합할 원본 표 범위를 지정하고 '추가'를 클릭해서 '모든 참조 영역' 리스트에 추가한다. '사용할 레이블'은 원본 표에서 값을 집계하기 위해 사용할 열 머리글의 위치를 지정한다. '첫 행'과 '왼쪽 열'을 둘 다 체크하면 열 머리글과 행 머리글을 자동으로 인식해서 가운데 있는 숫자 값을 통합한다. '원본 데이터 연결'은 원본 표의 데이터가 변경되면 자동으로 통합된 표에도 반영된다. 모든 설정이 끝났으면 '확인' 버튼을 클릭한다.

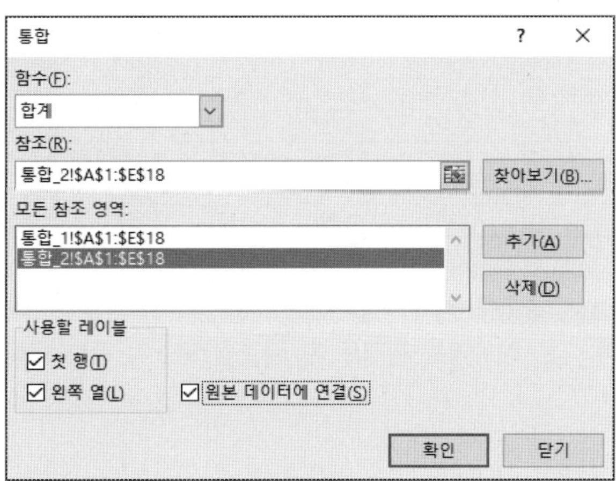

3. 새로운 워크시트에 하나로 통합된 집계 표가 나타난다. 집계 표의 테두리, 셀 서식 등 필요한 작업으로 집계 표를 완성한다.

	A	B	C	D	E	F	G	H	I
1	시도별	2013 4/4	2013 3/4	2013 2/4	2013 1/4	2012 4/4	2012 3/4	2012 2/4	2012 1/4
4	서울	21,044	21,082	21,103	21,022	20,969	21,056	21,090	20,994
7	부산	6,202	6,192	6,181	6,157	6,111	6,093	6,111	6,074
10	대구	4,563	4,552	4,526	4,505	4,494	4,489	4,492	4,478
13	인천	3,911	3,888	3,872	3,861	3,835	3,831	3,819	3,776
16	광주	2,570	2,551	2,536	2,514	2,517	2,521	2,502	2,498
19	대전	2,787	2,776	2,763	2,753	2,748	2,739	2,720	2,694
22	울산	1,666	1,659	1,652	1,637	1,637	1,633	1,643	1,629
25	경기	17,342	17,285	17,203	17,067	16,953	16,911	16,893	16,780
28	강원	2,337	2,332	2,325	2,304	2,299	2,285	2,281	2,266
31	충북	2,468	2,473	2,467	2,453	2,443	2,449	2,456	2,432
34	충남	3,282	3,297	3,292	3,256	3,231	3,216	3,358	3,339
37	전북	3,505	3,515	3,522	3,501	3,464	3,471	3,461	3,434
40	전남	3,173	3,174	3,168	3,162	3,160	3,151	3,157	3,138
43	경북	4,141	4,142	4,145	4,123	4,107	4,089	4,091	4,078
46	경남	4,821	4,811	4,795	4,777	4,749	4,742	4,746	4,704
49	제주	973	966	958	944	927	920	915	903
52	세종	186	183	179	175	167	166	-	-

4. '통합' 대화 상자에서 '원본 데이터 연결'을 선택했으므로 '2013년도 시도별 요양기관 현황' 표에서 '서울' 지역의 '2013 4/4'의 데이터를 '21,044'에서 '33,333'으로 수정하면 통합된 집계 표에도 변경되어 반영된다.

	A	B	C	D	E	F	G	H	I
1	시도별	2013 4/4	2013 3/4	2013 2/4	2013 1/4	2012 4/4	2012 3/4	2012 2/4	2012 1/4
4	서울	33,333	21,082	21,103	21,022	20,969	21,056	21,090	20,994
7	부산	6,202	6,192	6,181	6,157	6,111	6,093	6,111	6,074
10	대구	4,563	4,552	4,526	4,505	4,494	4,489	4,492	4,478
13	인천	3,911	3,888	3,872	3,861	3,835	3,831	3,819	3,776
16	광주	2,570	2,551	2,536	2,514	2,517	2,521	2,502	2,498
19	대전	2,787	2,776	2,763	2,753	2,748	2,739	2,720	2,694
22	울산	1,666	1,659	1,652	1,637	1,637	1,633	1,643	1,629
25	경기	17,342	17,285	17,203	17,067	16,953	16,911	16,893	16,780
28	강원	2,337	2,332	2,325	2,304	2,299	2,285	2,281	2,266
31	충북	2,468	2,473	2,467	2,453	2,443	2,449	2,456	2,432
34	충남	3,282	3,297	3,292	3,256	3,231	3,216	3,358	3,339
37	전북	3,505	3,515	3,522	3,501	3,464	3,471	3,461	3,434
40	전남	3,173	3,174	3,168	3,162	3,160	3,151	3,157	3,138
43	경북	4,141	4,142	4,145	4,123	4,107	4,089	4,091	4,078
46	경남	4,821	4,811	4,795	4,777	4,749	4,742	4,746	4,704
49	제주	973	966	958	944	927	920	915	903
52	세종	186	183	179	175	167	166	-	-

'통합' 기능은 여러 집계 표의 머리글 순서가 달라도 머리글을 자동으로 인식해 표를 합쳐 주지만 나중에 표를 추가하거나 머리글이 다른 경우에는 제대로 된 결과를 되돌려 주지 못하는 단점이 있다.

■ 3차원 참조를 이용한 표 합치기

3차원 참조는 여러 워크시트의 같은 셀을 참조하는 기능으로 통합할 표가 모두 동일한 양식으로 작성된 경우에 편리하게 사용된다. 3차원 참조를 이용해서 표를 통합하면 표를 추가하거나 삭제할 때는 '시트 탭'에서 워크시트를 드래그 해서 편리하게 작업할 수 있다.

예를 들어 '2011년도 시도별 요양기관 현황'과 '2012년도 시도별 요양기관 현황', '2013년도 시도별 요양기관 현황' 표가 있다면 이를 하나로 합칠 때 3차원 참조를 이용해 표를 하나로 합쳐서 '분기별/시도별 요양기관 현황' 표를 만들 수 있다.

	A	B	C	D	E
1	시도별	2011 4/4	2011 3/4	2011 2/4	2011 1/4
2	서울	20,938	20,953	21,120	20,999
3	부산	6,048	6,023	6,010	5,985
4	대구	4,463	4,458	4,441	4,409
5	인천	3,757	3,736	3,749	3,717
6	광주	2,490	2,482	2,470	2,455
7	대전	2,662	2,662	2,648	2,622
8	울산	1,627	1,627	1,614	1,595
9	경기	16,700	16,610	16,466	16,450
10	강원	2,257	2,250	2,271	2,260
11	충북	2,434	2,432	2,423	2,397
12	충남	3,338	3,319	3,308	3,275
13	전북	3,421	3,419	3,422	3,386
14	전남	3,147	3,128	3,123	3,089
15	경북	4,076	4,070	4,064	4,043
16	경남	4,695	4,679	4,676	4,632
17	제주	895	890	883	875
18	세종	-	-	-	-

	A	B	C	D	E
1	시도별	2012 4/4	2012 3/4	2012 2/4	2012 1/4
2	서울	20,969	21,056	21,090	20,994
3	부산	6,111	6,093	6,111	6,074
4	대구	4,494	4,489	4,492	4,478
5	인천	3,835	3,831	3,819	3,776
6	광주	2,517	2,521	2,502	2,498
7	대전	2,748	2,739	2,720	2,694
8	울산	1,637	1,633	1,643	1,629
9	경기	16,953	16,911	16,893	16,780
10	강원	2,299	2,285	2,281	2,266
11	충북	2,443	2,449	2,456	2,432
12	충남	3,231	3,216	3,358	3,339
13	전북	3,464	3,471	3,461	3,434
14	전남	3,160	3,151	3,157	3,138
15	경북	4,107	4,089	4,091	4,078
16	경남	4,749	4,742	4,746	4,704
17	제주	927	920	915	903
18	세종	167	166	-	-

	A	B	C	D	E
1	시도별	2013 4/4	2013 3/4	2013 2/4	2013 1/4
2	서울	21,044	21,082	21,103	21,022
3	부산	6,202	6,192	6,181	6,157
4	대구	4,563	4,552	4,526	4,505
5	인천	3,911	3,888	3,872	3,861
6	광주	2,570	2,551	2,536	2,514
7	대전	2,787	2,776	2,763	2,753
8	울산	1,666	1,659	1,652	1,637
9	경기	17,342	17,285	17,203	17,067
10	강원	2,337	2,332	2,325	2,304
11	충북	2,468	2,473	2,467	2,453
12	충남	3,282	3,297	3,292	3,256
13	전북	3,505	3,515	3,522	3,501
14	전남	3,173	3,174	3,168	3,162
15	경북	4,141	4,142	4,145	4,123
16	경남	4,821	4,811	4,795	4,777
17	제주	973	966	958	944
18	세종	186	183	179	175

실습 10-25 *시트명 : '표 합치기'*

1. 새로운 워크시트(3차원 참조 통합)를 열고 3차원 참조를 이용해 2011~2013 년도별 집계 표를 하나로 통합할 빈 양식을 만든다.

	A	B	C	D	E
1	시도별	4사분기	3사분기	2사분기	1사분기
2	서울				
3	부산				
4	대구				
5	인천				
6	광주				
7	대전				
8	울산				
9	경기				
10	강원				
11	충북				
12	충남				
13	전북				
14	전남				
15	경북				
16	경남				
17	제주				
18	세종				

2. 2011년, 2012년, 2013년 시트를 확인해 표의 구성을 확인해 보면 집계 표 양식이 모두 동일하다. 이처럼 3차원 참조는 동일한 양식의 표를 사용한 경우에만 사용할 수 있다.

3. 새로운 워크시트(3차원 참조 통합)의 'B2' 셀을 클릭한 다음 수식 '=SUM('2011년:2013년'!B2)'을 입력한다. 그런 다음 'B2' 셀의 채우기 핸들을 'B18' 셀까지 드래그 해 수식을 복사해서 채우고, 다시 'B2' 셀의 채우기 핸들을 'E2'까지 드래그 해 수식을 복사해서 채운다.

	A	B	C	D	E
1	시도별	4사분기	3사분기	2사분기	1사분기
2	서울	75,240			
3	부산	18,361			
4	대구	13,520			
5	인천	11,503			
6	광주	7,577			
7	대전	8,197			
8	울산	4,930			
9	경기	50,995			
10	강원	6,893			
11	충북	7,345			
12	충남	9,851			
13	전북	10,390			
14	전남	9,480			
15	경북	12,324			
16	경남	14,265			
17	제주	2,795			
18	세종	353			

	A	B	C	D	E
1	시도별	4사분기	3사분기	2사분기	1사분기
2	서울	75,240	63,091	63,313	63,015
3	부산	18,361			
4	대구	13,520			
5	인천	11,503			
6	광주	7,577			
7	대전	8,197			
8	울산	4,930			
9	경기	50,995			
10	강원	6,893			
11	충북	7,345			
12	충남	9,851			
13	전북	10,390			
14	전남	9,480			
15	경북	12,324			
16	경남	14,265			
17	제주	2,795			
18	세종	353			

4. 'C2' 셀부터 'E2' 셀까지 드래그하여 범위를 지정한 다음 채우기 핸들을 'E18' 셀까지 드래그 해 수식을 복사해서 채운다.

	A	B	C	D	E
1	시도별	4사분기	3사분기	2사분기	1사분기
2	서울	75,240	63,091	63,313	63,015
3	부산	18,361	18,308	18,302	18,216
4	대구	13,520	13,499	13,459	13,392
5	인천	11,503	11,455	11,440	11,354
6	광주	7,577	7,554	7,508	7,467
7	대전	8,197	8,177	8,131	8,069
8	울산	4,930	4,919	4,909	4,861
9	경기	50,995	50,806	50,562	50,297
10	강원	6,893	6,867	6,877	6,830
11	충북	7,345	7,354	7,346	7,282
12	충남	9,851	9,832	9,958	9,870
13	전북	10,390	10,405	10,405	10,321
14	전남	9,480	9,453	9,448	9,389
15	경북	12,324	12,301	12,300	12,244
16	경남	14,265	14,232	14,217	14,113
17	제주	2,795	2,776	2,756	2,722
18	세종	353	349	179	175

5. 다음과 같이 2011년, 2012년, 2013년 시트를 통합한 '분기별/시도별 요양기관 현황' 집계 표를 확인할 수 있다.

	A	B	C	D	E
1	시도별	4사분기	3사분기	2사분기	1사분기
2	서울	75,240	63,091	63,313	63,015
3	부산	18,361	18,308	18,302	18,216
4	대구	13,520	13,499	13,459	13,392
5	인천	11,503	11,455	11,440	11,354
6	광주	7,577	7,554	7,508	7,467
7	대전	8,197	8,177	8,131	8,069
8	울산	4,930	4,919	4,909	4,861
9	경기	50,995	50,806	50,562	50,297
10	강원	6,893	6,867	6,877	6,830
11	충북	7,345	7,354	7,346	7,282
12	충남	9,851	9,832	9,958	9,870
13	전북	10,390	10,405	10,405	10,321
14	전남	9,480	9,453	9,448	9,389
15	경북	12,324	12,301	12,300	12,244
16	경남	14,265	14,232	14,217	14,113
17	제주	2,795	2,776	2,756	2,722
18	세종	353	349	179	175

6. 예를 들어 '2014년' 시트를 추가하려면 '2011년~2013년' 시트 범위 사이로 해당 시트를 옮기기만 하면 된다. '2012년' 시트를 삭제하려면 '시트 탭'에서 '2012년' 시트를 드래그 해 해당 워크시트를 3차원 참조의 시트 범위 밖으로 옮겨 놓으면 된다.

	A	B	C	D	E
1	시도별	4사분기	3사분기	2사분기	1사분기
2	서울	54,271	42,035	42,223	42,021
3	부산	12,250	12,215	12,191	12,142
4	대구	9,026	9,010	8,967	8,914
5	인천	7,668	7,624	7,621	7,578
6	광주	5,060	5,033	5,006	4,969
7	대전	5,449	5,438	5,411	5,375
8	울산	3,293	3,286	3,266	3,232
9	경기	34,042	33,895	33,669	33,517
10	강원	4,594	4,582	4,596	4,564
11	충북	4,902	4,905	4,890	4,850
12	충남	6,620	6,616	6,600	6,531
13	전북	6,926	6,934	6,944	6,887
14	전남	6,320	6,302	6,291	6,251
15	경북	8,217	8,212	8,209	8,166
16	경남	9,516	9,490	9,471	9,409
17	제주	1,868	1,856	1,841	1,819
18	세종	186	183	179	175
19					
20					
21					

... 2011년 | 2013년 | 3차원참조통합 | 2012년

7. 만약 3차원 참조의 시작 시트나 마지막 시트를 변경해야 한다면 수식도 변경해야 한다. 또한 3차원 참조는 모든 함수에 사용할 수 있는 것이 아니라 아래 표의 11개 집계/통계 함수에서 사용할 수 있다.

구 분	함 수
합계	SUM
평균	AVERAGE, AVERAGEA
개수	COUNT, COUNTA
최대	MAX, MAXA
최소	MIN, MINA
분산	VAR, VARA, VARP, VARPA
순위	RANK, RANK_EQ, RANK_AVG
중앙값	MEDIAN
곱하기	PRODUCT
표준편차	STDEV, STDEVA, STDEVP, STDEVPA
n번째 큰(작은) 값	LARGE, SMALL

■ 부분합

엑셀 테이블 형태의 표에서 특정 열의 항목별 요약 행을 빠르게 삽입할 때 사용하는 'SUBTOTAL' 함수를 사용해 요약된 값을 반환해 주는 편리한 기능이다. 부분합 기능은 엑셀 '표'로 변환한 상태에서는 사용할 수 없으며, 사용하려면 '범위로 변환'해야 한다.

실습 10-26 *시트명 : '부분합'*

1. '부분합'을 구하고자 하는 시트를 열고, 가장 먼저 요약할 기준 열(예; 실습실명)을 필요에 따라 정렬한다.

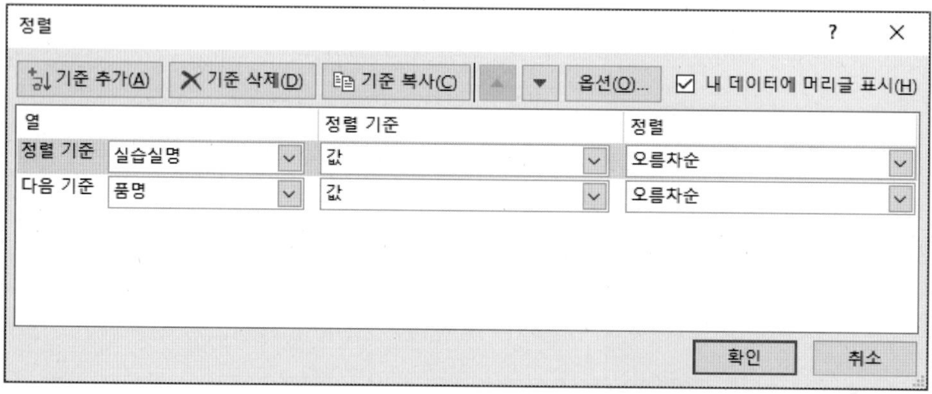

	A	B	C	D	E	F	G
1	실습실명	품명	단위	수량	단가	금액	구입처
2	건강사정	거즈	PK	5	10,000	50,000	미래메디컬
3	건강사정	긴 면봉	BOX	10	1,000	10,000	희망메디컬
4	건강사정	설압자	BOX	10	1,500	15,000	뉴욕메디컬
5	건강사정	손소독제(데톨)	EA	10	8,000	80,000	미래메디컬
6	건강사정	클린스왑	BOX	50	2,500	125,000	성암메디컬
7	기본간호학	거즈	BOX	10	10,000	100,000	서울메디컬
8	기본간호학	긴면봉	PK	6	1,000	6,000	희망메디컬
9	기본간호학	설압자	BOX	6	1,500	9,000	서울메디컬
10	기본간호학	천반창고	PK	2	21,000	42,000	성암메디컬
11	기본간호학	코트볼	PK	5	5,800	29,000	서울메디컬
12	시뮬레이션	latex glove	BOX	15	10,000	150,000	희망메디컬
13	시뮬레이션	One way Valve	EA	100	5,500	550,000	희망메디컬
14	시뮬레이션	poly glove	BOX	20	10,000	200,000	서울메디컬
15	시뮬레이션	stylet	EA	6	13,000	78,000	성암메디컬
16	시뮬레이션	생리식염수	BOX	2	13,000	26,000	뉴욕메디컬
17	임상수기	Dust box 속지	BOX	1	98,000	98,000	미래메디컬
18	임상수기	paper towel	BOX	6	58,000	348,000	서울메디컬
19	임상수기	두루마리화장지	PK	1	22,000	22,000	성암메디컬
20	임상수기	손소독제(데톨)	EA	24	8,000	192,000	성암메디컬
21	임상수기	핸드워시(데톨)	EA	32	4,600	147,200	뉴욕메디컬

2. 리본 메뉴 '데이터' 탭의 '윤곽선' 그룹에서 '부분합'을 클릭한다.

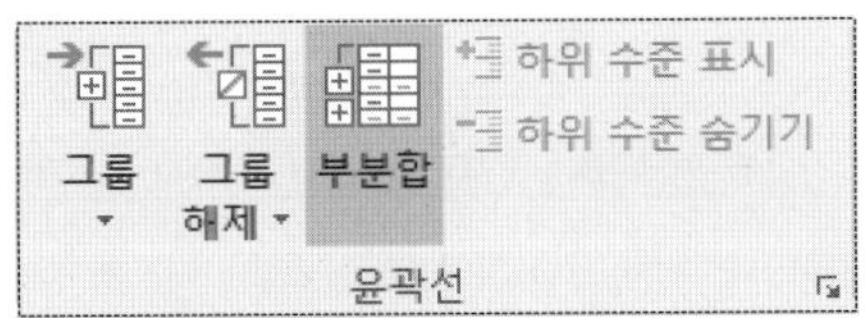

3. '부분합' 대화 상자에서 '그룹화할 항목'에서 '실습실명', '사용할 함수'는 '합계'를 선택하고, '부분합 계산 항목' 확인란에 '수량', '금액'을 체크하고, '새로운 값으로 대치'와 '데이터 아래에 요약행 표시'를 체크한 다음 '확인' 버튼을 클릭한다.

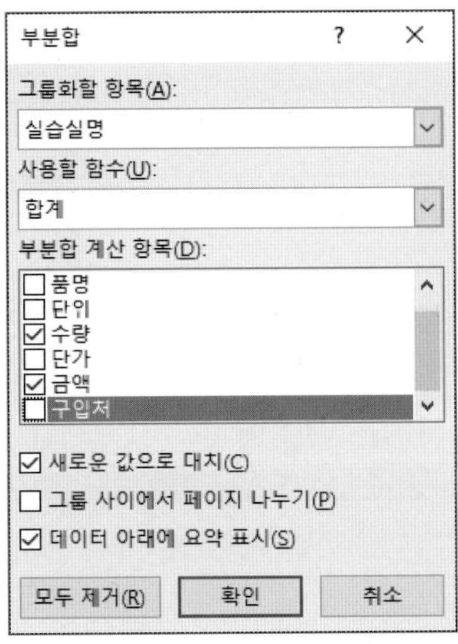

4. '실습실명'으로 요약된 값을 확인한다.

	A	B	C	D	E	F	G
1	실습실명	품명	단위	수량	단가	금액	구입처
2	건강사정	거즈	PK	5	10,000	50,000	미래메디컬
3	건강사정	긴 면봉	BOX	10	1,000	10,000	희망메디컬
4	건강사정	설압자	BOX	10	1,500	15,000	뉴욕메디컬
5	건강사정	손소독제(데톨)	EA	10	8,000	80,000	미래메디컬
6	건강사정	클린스왑	BOX	50	2,500	125,000	성암메디컬
7	**건강사정 요약**			85		280,000	
8	기본간호학	거즈	BOX	10	10,000	100,000	서울메디컬
9	기본간호학	긴면봉	PK	6	1,000	6,000	희망메디컬
10	기본간호학	설압자	BOX	6	1,500	9,000	서울메디컬
11	기본간호학	천반창고	PK	2	21,000	42,000	성암메디컬
12	기본간호학	코튼볼	PK	5	5,800	29,000	서울메디컬
13	**기본간호학 요약**			29		186,000	
14	시뮬레이션	latex glove	BOX	15	10,000	150,000	희망메디컬
15	시뮬레이션	One way Valve	EA	100	5,500	550,000	희망메디컬
16	시뮬레이션	poly glove	BOX	20	10,000	200,000	서울메디컬
17	시뮬레이션	stylet	EA	6	13,000	78,000	성암메디컬
18	시뮬레이션	생리식염수	BOX	2	13,000	26,000	뉴욕메디컬
19	**시뮬레이션 요약**			143		1,004,000	
20	임상수기	Dust box 속지	BOX	1	98,000	98,000	미래메디컬
21	임상수기	paper towel	BOX	6	58,000	348,000	서울메디컬
22	임상수기	두루마리화장지	PK	1	22,000	22,000	성암메디컬
23	임상수기	손소독제(데톨)	EA	24	8,000	192,000	성암메디컬
24	임상수기	핸드워시(데톨)	EA	32	4,600	147,200	뉴욕메디컬
25	**임상수기 요약**			64		807,200	
26	**총합계**			321		2,277,200	

5. 왼쪽의 윤곽기호(1, 2, 3)를 선택사용해서 레벨에 따라 요약 값을 확인한다. '윤곽기호 2'를 선택하면 '요약 행'과 '총합계' 행만 나타난다. 요약행의 위치에는 확장(+) 단추와 축소(-) 단추가 나타난다. '확장(+)' 단추 및 '축소(-)' 단추를 눌러 '총합계', '요약 행', '전체 데이터'를 표시할 수 있다.

	A	B	C	D	E	F	G
1	실습실명	품명	단위	수량	단가	금액	구입처
7	**건강사정 요약**			85		280,000	
13	**기본간호학 요약**			29		186,000	
19	**시뮬레이션 요약**			143		1,004,000	
25	**임상수기 요약**			64		807,200	
26	**총합계**			321		2,277,200	

6. '윤곽기호 1'을 선택하면 '총합계' 행만 나타난다.

	A	B	C	D	E	F	G
1	실습실명	품명	단위	수량	단가	금액	구입처
26	**총합계**			321		2,277,200	

■ 부분합 제거

부분합을 제거하려면 리본 메뉴 '데이터' 탭의 '윤곽선' 그룹에서 '부분합'을 클릭한 다음 '모두 제거' 버튼을 클릭한다.

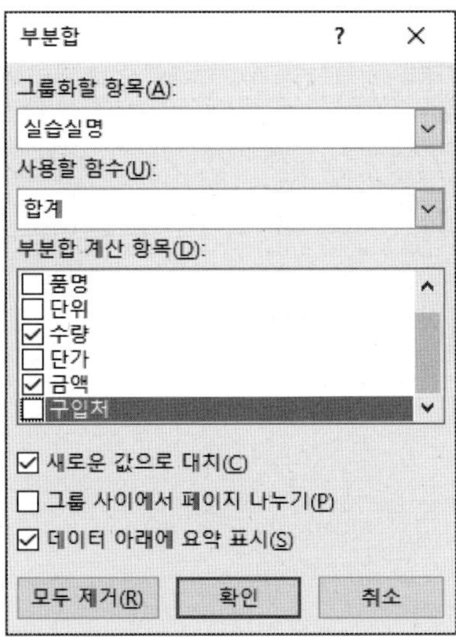

■ 범위로 변환

아래처럼 엑셀 '표' 형태로 변환된 상태에서는 '부분합' 기능을 사용할 수가 없다.

	A	B	C	D	E	F	G
1	실습실명	품명	단위	수량	단가	금액	구입처
2	건강사정	거즈	PK	5	10,000	50,000	미래메디컬
3	건강사정	긴 면봉	BOX	10	1,000	10,000	희망메디컬
4	건강사정	설압자	BOX	10	1,500	15,000	뉴욕메디컬
5	건강사정	손소독제(데톨)	EA	10	8,000	80,000	미래메디컬
6	건강사정	클린스왑	BOX	50	2,500	125,000	성암메디컬
7	기본간호학	거즈	BOX	10	10,000	100,000	서울메디컬
8	기본간호학	긴면봉	PK	6	1,000	6,000	희망메디컬
9	기본간호학	설압자	BOX	6	1,500	9,000	서울메디컬
10	기본간호학	천반창고	PK	2	21,000	42,000	성암메디컬
11	기본간호학	코튼볼	PK	5	5,800	29,000	서울메디컬
12	시뮬레이션	latex glove	BOX	15	10,000	150,000	희망메디컬
13	시뮬레이션	One way Valve	EA	100	5,500	550,000	희망메디컬
14	시뮬레이션	poly glove	BOX	20	10,000	200,000	서울메디컬
15	시뮬레이션	stylet	EA	6	13,000	78,000	성암메디컬
16	시뮬레이션	생리식염수	BOX	2	13,000	26,000	뉴욕메디컬
17	임상수기	Dust box 속지	BOX	1	98,000	98,000	미래메디컬
18	임상수기	paper towel	BOX	6	58,000	348,000	서울메디컬
19	임상수기	두루마리화장지	PK	1	22,000	22,000	성암메디컬
20	임상수기	손소독제(데톨)	EA	24	8,000	192,000	성암메디컬
21	임상수기	핸드워시(데톨)	EA	32	4,600	147,200	뉴욕메디컬

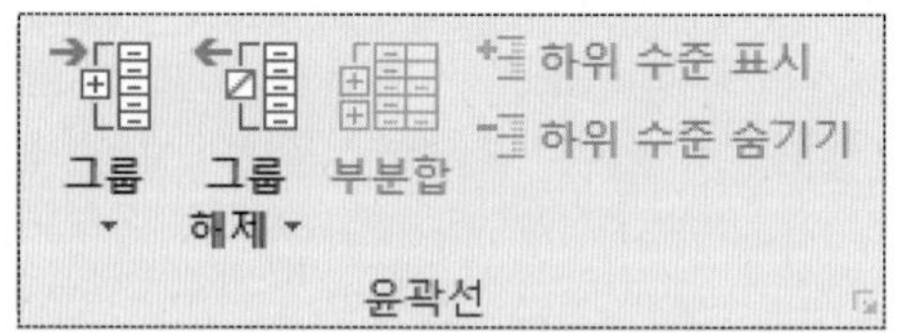

이럴 때는 '표'에 해당하는 아무 셀이나 클릭하고 '표 도구'가 나타나면 '디자인' 탭의 '도구' 그룹에서 '범위로 변환'을 클릭해서 표를 범위로 전환해야 부분합 기능을 사용할 수가 있다.

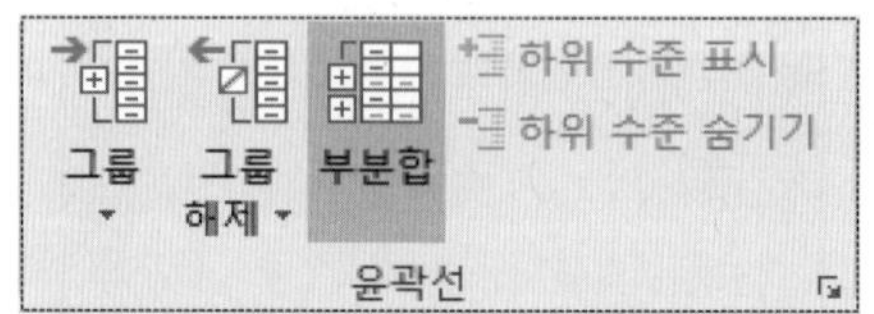

제11장

차트 및 도형

가. 차트 만들기

엑셀 2016에서는 삽입 탭의 추천 차트 명령을 사용하여 신속하게 데이터에 가장 적합 한 차트를 만들 수 있다.

실습 11-01 *시트명 : '차트'*

1. 차트에 포함할 데이터를 선택한다.
2. '삽입' 탭의 '차트' 그룹에서 '추천 차트'를 클릭한다.

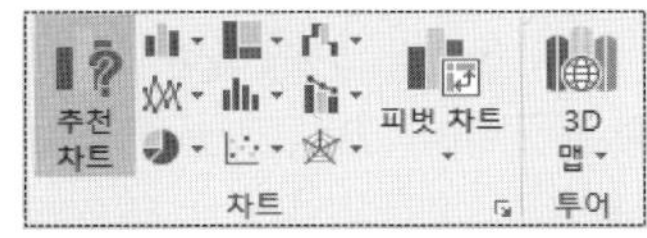

3. '추천 차트' 탭에서 엑셀 데이터에 맞게 추천 차트 종류의 목록을 스크롤한다. 해당 형식의 데이터 모양을 모두 확인하려면 '모든 차트' 종류를 클릭한다.

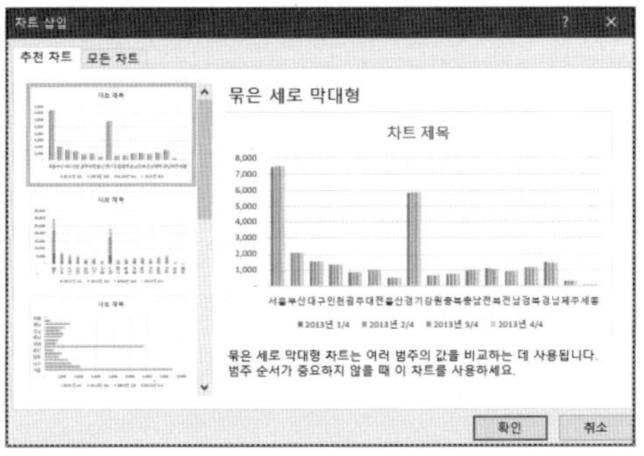

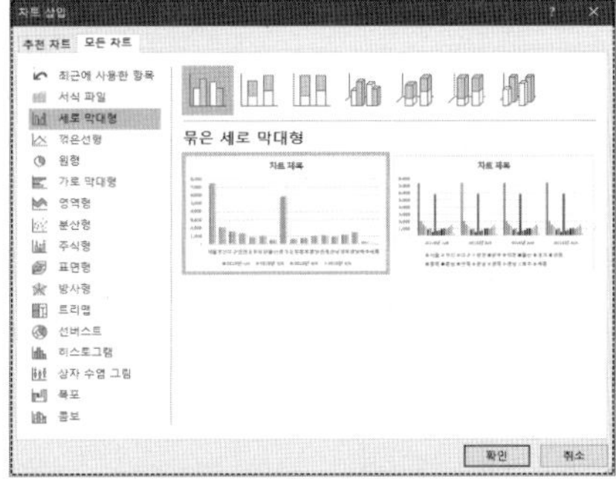

4. 원하는 차트 종류를 선택한 다음 '확인' 버튼을 클릭한다.

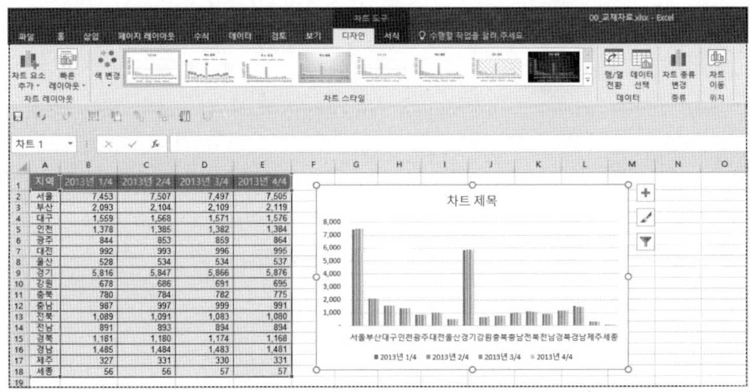

5. 차트 모양 사용자 지정 또는 차트에 표시되는 데이터를 변경하려면 축 제목 또는 데이터 레이블 같은 차트 요소를 추가 하려면 차트의 오른쪽 위 모서리 옆에 있는 '차트 요소', '차트 스타일', '차트 필터' 단추를 사용한다.

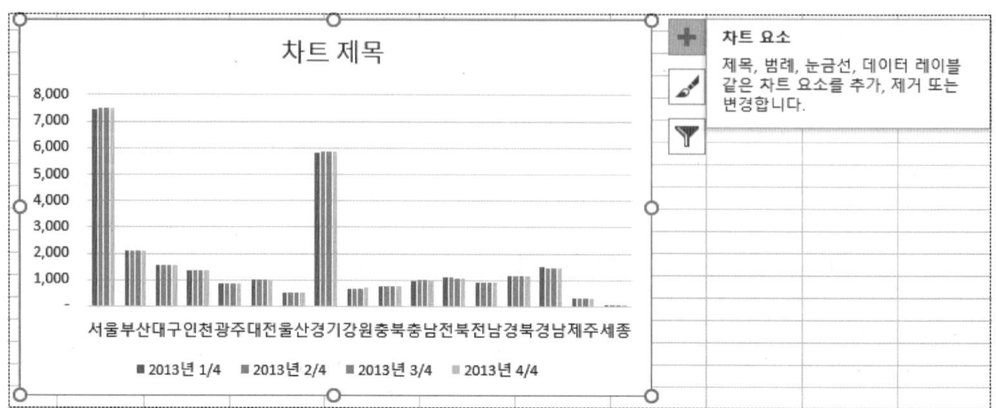

6. '차트 도구'의 '디자인' 및 '서식' 탭에 있는 옵션을 사용하여 차트의 모양을 사용자 지정할 수 있다. '차트 도구' 탭이 보이지 않으면 차트에서 아무 곳이나 클릭하면 '차트 도구'가 나타난다.

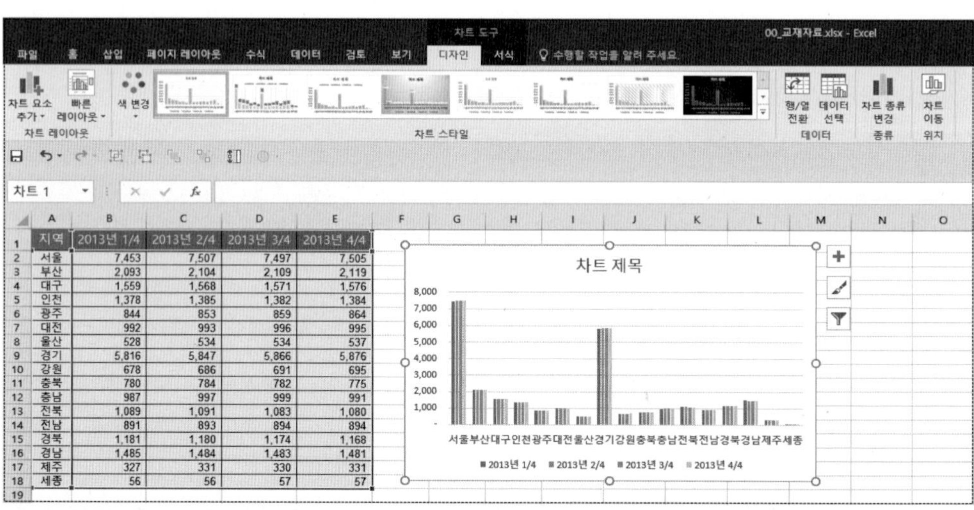

지역	2013년 1/4	2013년 2/4	2013년 3/4	2013년 4/4
서울	7,453	7,507	7,497	7,505
부산	2,093	2,104	2,109	2,119
대구	1,559	1,568	1,571	1,576
인천	1,378	1,385	1,382	1,384
광주	844	853	859	864
대전	992	993	996	995
울산	528	534	534	537
경기	5,816	5,847	5,866	5,876
강원	678	686	691	695
충북	780	784	782	775
충남	987	997	999	991
전북	1,089	1,091	1,083	1,080
전남	891	893	894	894
경북	1,181	1,180	1,174	1,168
경남	1,485	1,484	1,483	1,481
제주	327	331	330	331
세종	56	56	57	57

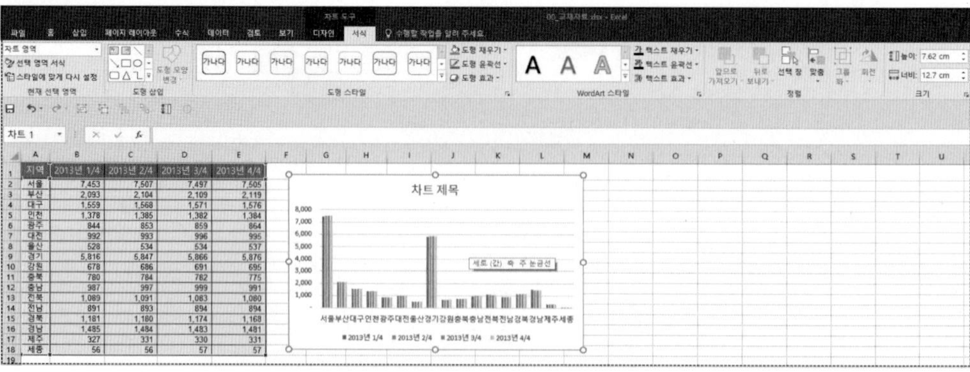

나. 히스토그램 차트 만들기

히스토그램 또는 파레토(순차적 히스토그램)는 빈도 데이터를 보여 주는 세로 막대형 차트이다.

실습 11-02 *시트명 : '차트'*

1. 히스토그램에 포함할 데이터를 선택한다.
2. '삽입' 탭의 '차트' 그룹에서 '통계 차트 삽입(▾)'의 '히스토그램'을 선택한다.

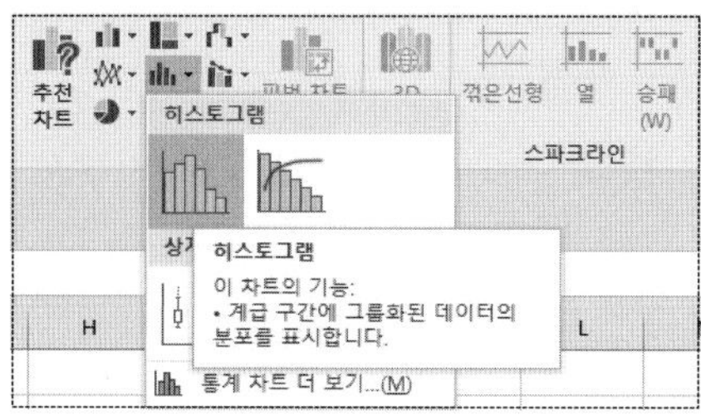

3. 히스토그램 차트가 만들어진다.

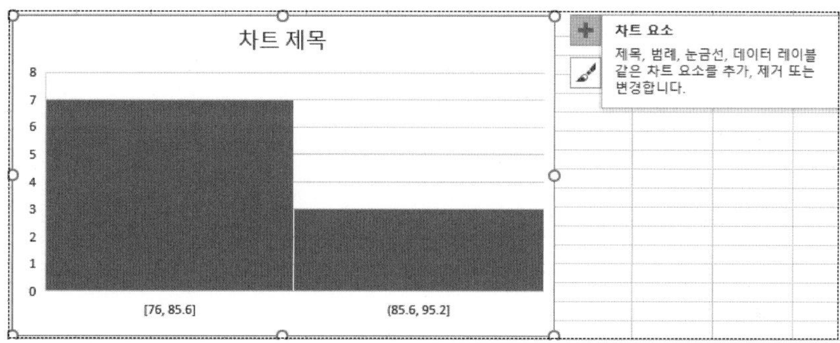

4. 차트의 가로 축을 마우스 오른쪽 단추로 클릭하고, '축 서식'을 클릭 다음 '축 옵션'과 '텍스트 옵션'을 클릭해서 '축 서식' 작업창에서 설정 옵션을 결정한다.

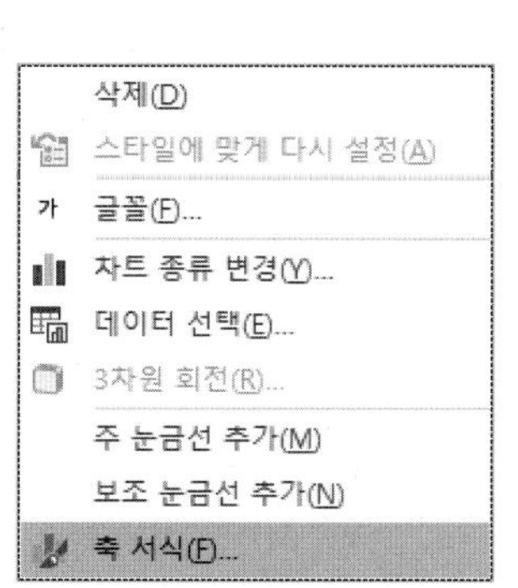

다. 원형 차트 만들기

원형 차트는 분기별 매출액과 같은 개별 분량이 총 연간 매출과 같은 전체 분량을 차지하는 부분을 표시하는 데 자주 사용된다. 워크시트에서 데이터의 한 열 또는 한 행을 원형 차트로 변환할 수 있다. 각 원형 조각(데이터 요소)은 원형 전체를 기준으로 해당 조각의 크기 또는 백분율을 보여 준다. 원형 차트는 다음 경우에 가장 효과적이다.

- 데이터 계열이 하나만 있는 경우
- 데이터에 음수 값이 없는 경우
- 데이터 값 중 0 값이 거의 없는 경우
- 항목의 수가 7개 이하이며 이 항목이 모두 전체 원형의 일부분을 나타내는 경우

실습 11-03 *시트명 : '차트'*

1. 워크시트에서 원형 차트에 사용할 데이터를 선택한다.
2. '삽입' 탭의 '차트' 그룹에서 '원형 또는 도넛형 차트 삽입'을 클릭한 다음, 원하는 차트를 선택한다.

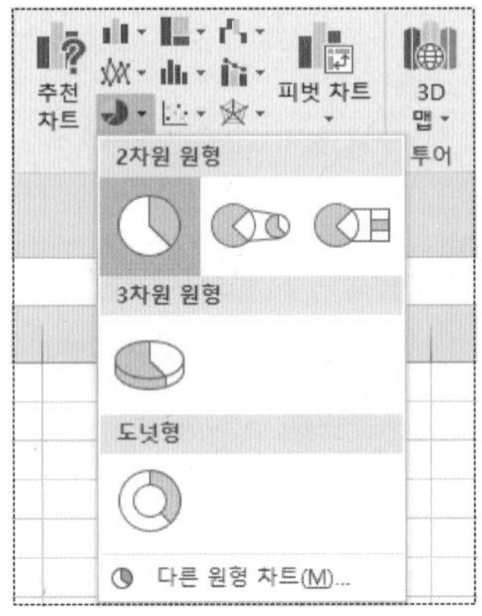

3. 차트를 클릭한 다음 차트 오른쪽 위의 모서리에 있는 아이콘을 클릭하여 다음과 같은 마무리 효과를 추가한다.

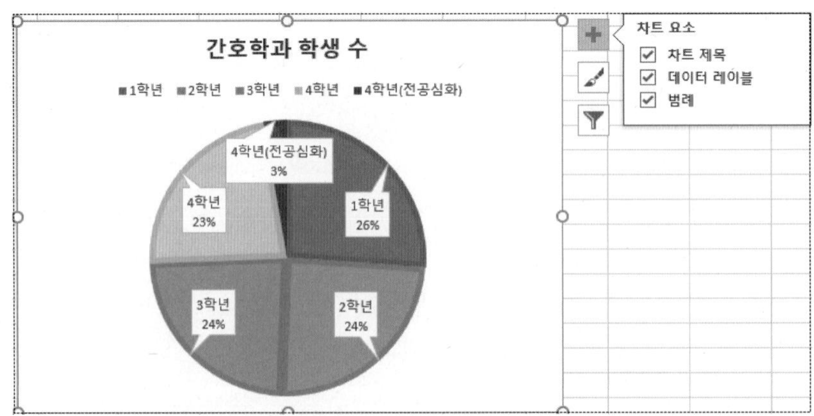

a. '축 제목' 또는 '데이터 레이블'과 같은 요소를 표시하거나, 숨기거나, 서식을 지정하려면 '차트 요소'를 클릭한다.

b. 빠르게 차트의 색 또는 스타일을 변경하려면 '차트 스타일'을 선택한다.

c. 차트에 데이터를 표시하거나 숨기려면 '차트 필터'를 클릭한다.

■ 다른 종류의 원형 차트

3차원 원형 차트뿐 아니라 원형 대 원형 또는 원형 대 가로 막대형 또는 도넛형 차트를 만들 수 있다. 이러한 차트는 작은 값을 쉽게 구별할 수 있도록 보조 원형 또는 누적 가로 막대형 차트로 표시한다. 이러한 원형 차트 중 하나로 전환하려면

실습 11-04 *시트명 : '차트'*

1. 변경하려는 차트를 클릭한다.
2. '차트 도구'의 '디자인' 탭에서 '차트 종류 변경'을 클릭한다.

3. '차트 종류 변경' 대화 상자에서 원하는 항목을 선택한다.

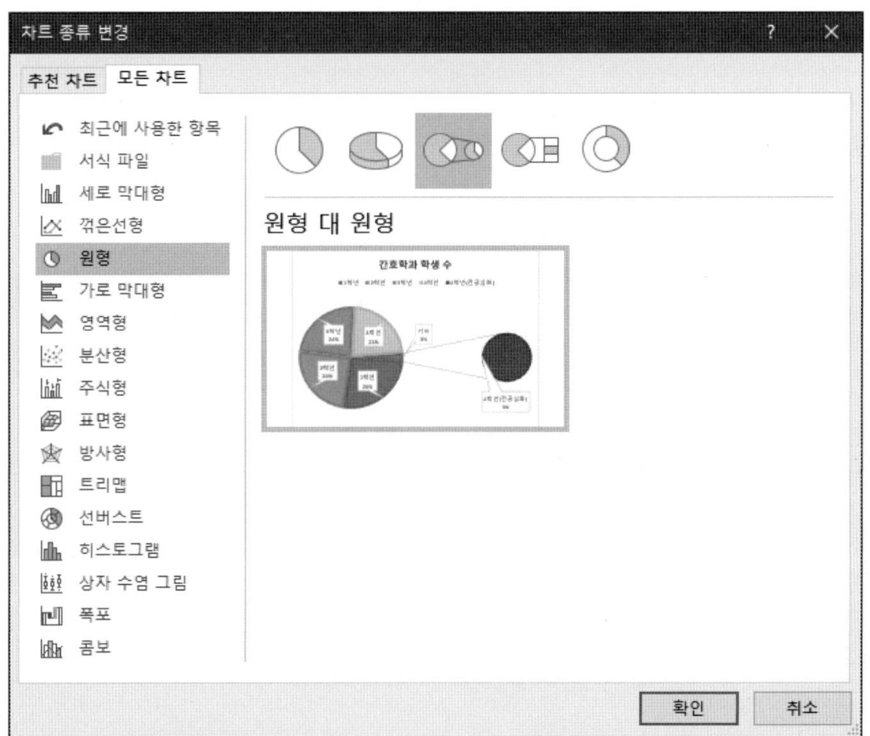

4. 차트를 클릭한 다음 차트 오른쪽 위의 모서리에 있는 아이콘을 클릭하여 다음과 같은 마무리 효과를 추가한다.

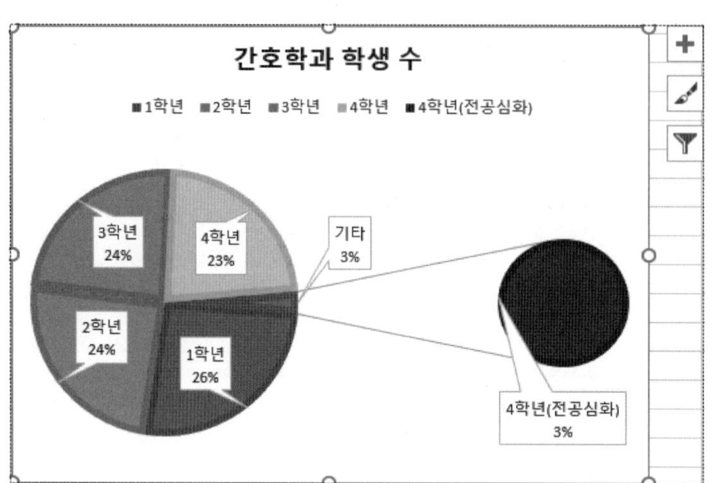

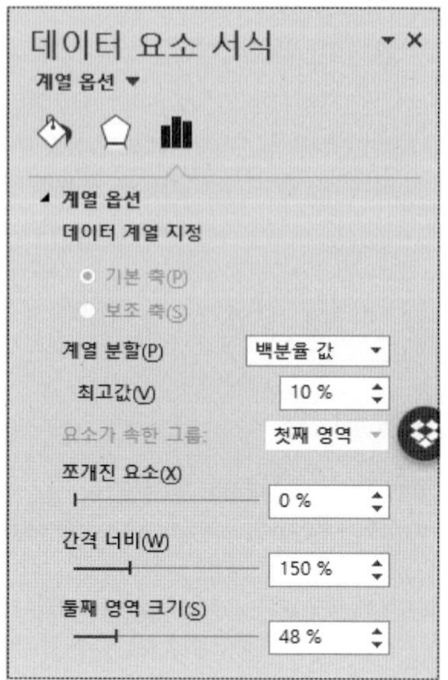

라. 차트 종류

엑셀 워크시트에서 차트를 만드는 경우 다양한 옵션이 있다. 사용할 데이터에 대한 기본 차트 또는 모든 차트 목록에서 직접 선택한 차트 중 어떤 것을 사용하든, 각 차트 종류에 대해 자세히 알아보자.

■ 세로 막대형 차트

워크시트에서 열 또는 행으로 정렬된 데이터는 세로 막대형 차트로 그릴 수 있다. 세로 막대형 차트에는 일반적으로 가로(항목) 축을 따라 항목이 표시되고, 세로(값) 축을 따라 값이 표시된다.

a. 묶은 세로 막대형 및 3차원 묶은 세로 막대형

묶은 세로 막대형 차트에서는 2차원 막대에 값이 표시된다. 3차원 묶은 세로 막대형 차트에서는 막대가 3차원 형식으로 표시되지만 제3의 값 축(깊이 축)은 사용되지 않는다. 다음을 나타내는 항목이 있는 경우 이 차트를 사용한다.

- 값 범위(예: 항목 개수)
- 특정 평가 배열(예: 매우 동의함, 동의함, 보통, 동의 안 함, 매우 동의 안 함 등의 항목이 있는 Likert 평가)
- 특정한 순서 없이 배열되어 있는 여러 이름(예: 항목 이름, 지명 또는 인명)

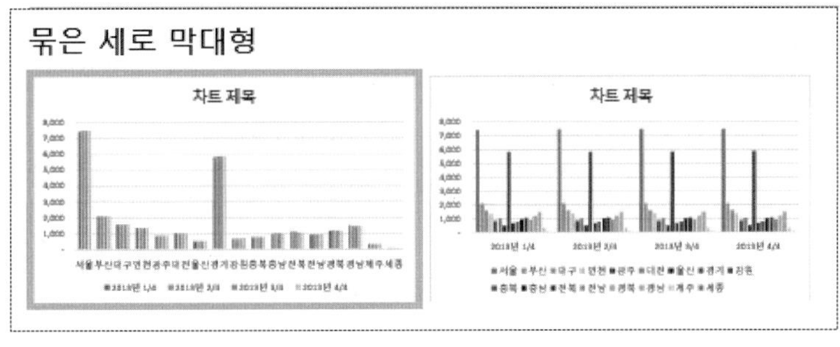

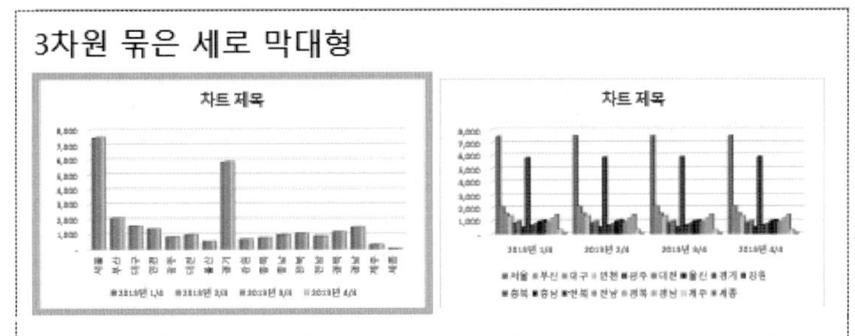

b. 누적 세로 막대형 및 3차원 누적 세로 막대형

누적 세로 막대형 차트에는 2차원 누적 세로 막대에 값이 표시된다. 3차원 누적 세로 막대형 차트에는 누적 막대가 3차원으로 표시되지만 깊이 축은 사용되지 않는다. 데이터 계열이 여러 개 있고 합계를 강조하려는 경우 이 차트를 사용한다.

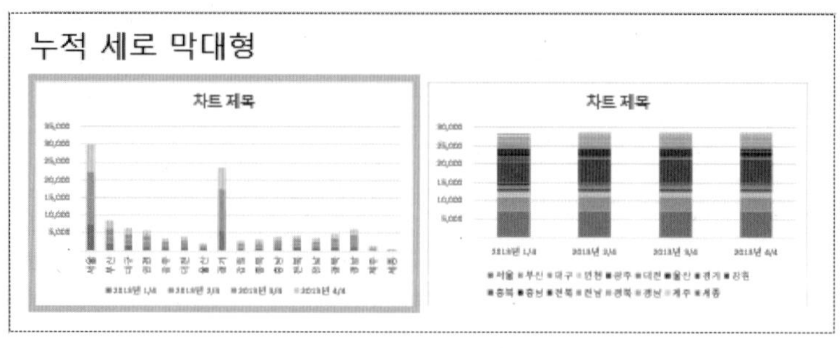

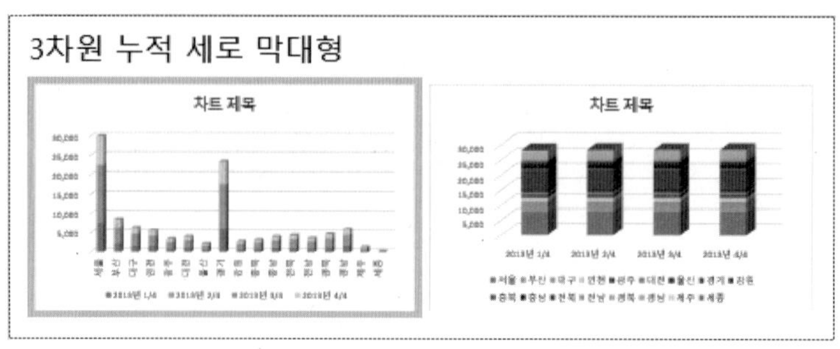

c. 100% 기준 누적 세로 막대형 및 3차원 100% 기준 누적 세로 막대형

100% 기준 누적 세로 막대형 차트에는 100% 기준을 표시하는 누적된 2차원 세로 막대로 값이 표시된다. 3차원 100% 기준 누적 세로 막대형 차트에는 막대가 3차원으로 표시되지만 깊이 축은 사용되지 않는다. 데이터 계열이 두 개 이상 있고 전체에 대한 기여도를 강조하려는 경우, 특히 각 항목의 합계가 동일한 경우에 이 차트를 사용한다.

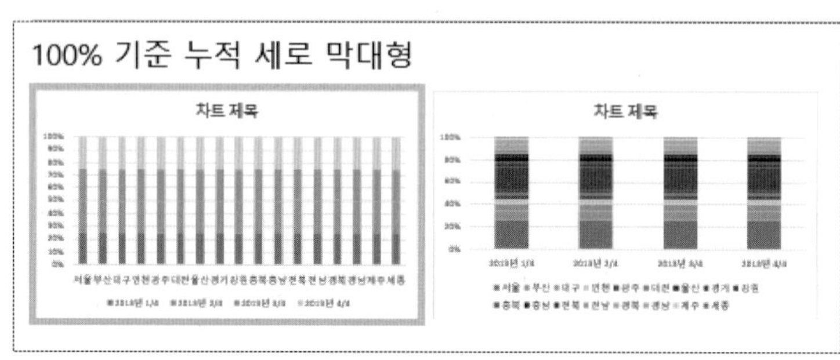

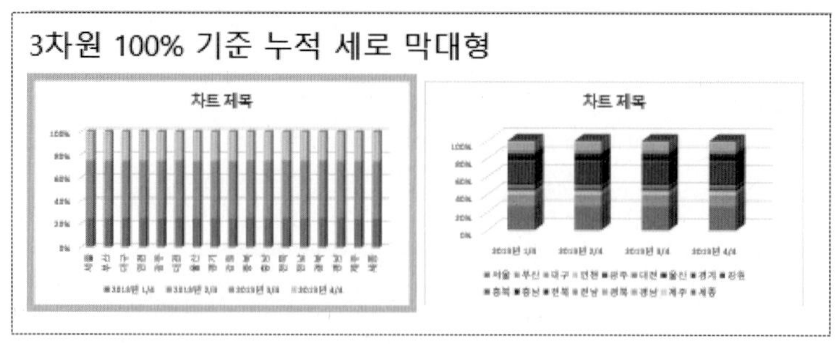

d. 3차원 세로 막대형

3차원 세로 막대형 차트에서는 사용자가 수정할 수 있는 세 축(가로 축, 세로 축 및 깊이 축)이 사용되며 가로 축 및 깊이 축을 따라 데이터 요소가 비교된다. 항목과 데이터 계열 모두에서 데이터를 비교하려는 경우 이 차트를 사용한다.

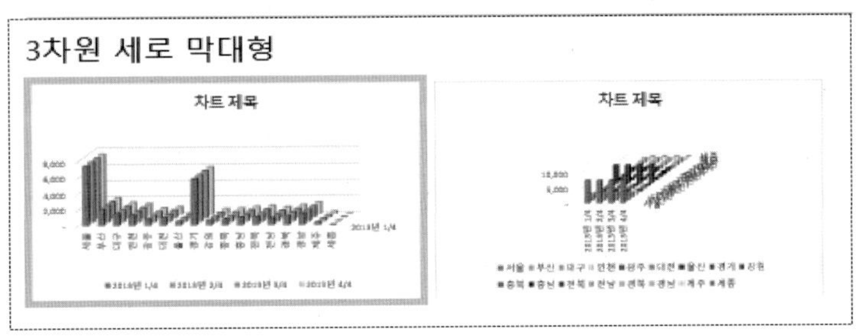

■ 꺾은선형 차트

워크시트의 여러 열이나 행에 있는 데이터를 꺾은선형 차트로 그릴 수 있다. 꺾은선형 차트에서 항목 데이터는 가로 축을 따라 일정한 간격으로 표시되고 모든 값 데이터는 세로 축을 따라 일정한 간격으로 표시된다. 꺾은선형 차트는 일정한 배율의 축에 시간에 따른 연속 데이터가 표시되므로 월, 분기, 회계 연도 등과 같은 일정 간격에 따라 데이터의 추세를 표시하는 데 유용하다.

꺾은선형 차트는 차트에 여러 개의 데이터 계열이 있을 때 가장 효과적이다.

a. 꺾은선형 및 표식이 있는 꺾은선형

개별 데이터 값을 나타내는 표식이 있거나 없는 꺾은선형 차트는 시간의 흐름이나 일정 간격의 항목에 따른 추세를 표시하는 데 유용하며, 특히 데이터 요소가 많고 데이터 요소를 표시하는 순서가 중요한 경우에 적합하다. 항목이 많거나 값이 추정 값인 경우에는 표식이 없는 꺾은선형 차트를 사용하는 것이 좋다.

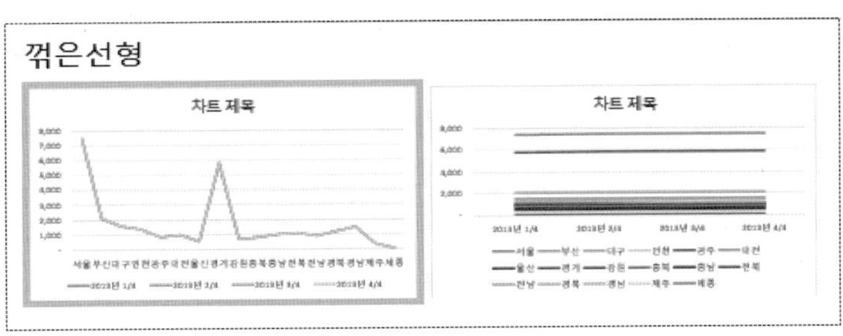

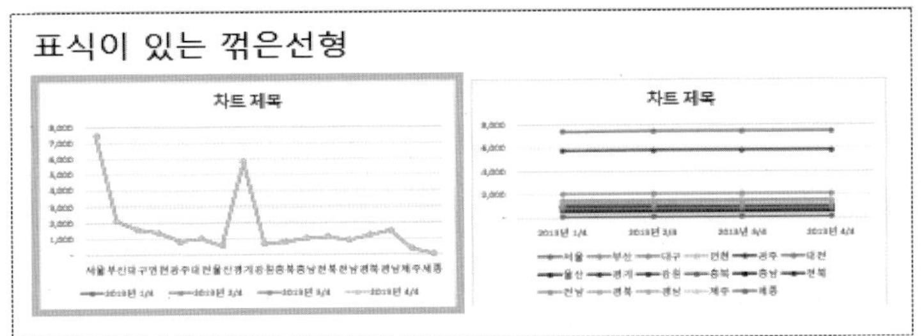

b. 누적 꺾은선형 및 표식이 있는 누적 꺾은선형

개별 데이터 값을 나타내는 표식이 있거나 없는 누적 꺾은선형 차트는 시간의 흐름이나 일정 간격의 항목에 따른 각 값의 기여도 추세를 표시할 수 있다.

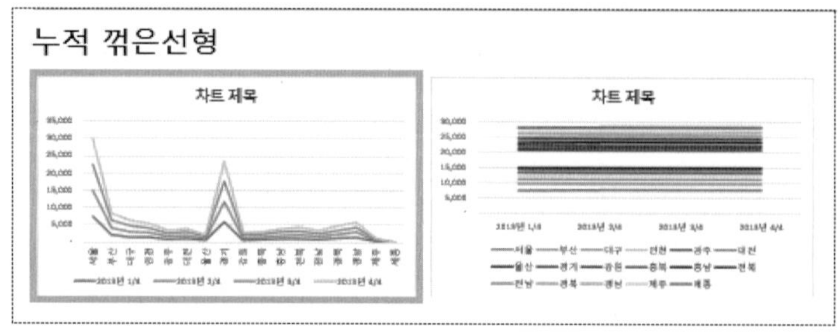

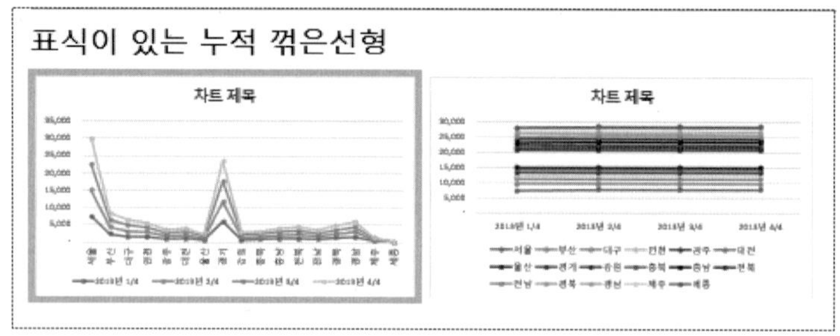

c. 100% 기준 누적 꺾은선형 및 표식이 있는 100% 기준 누적 꺾은선형

개별 데이터 값을 나타내는 표식이 있거나 없는 100% 기준 누적 꺾은선형 차트는 시간의 흐름이나 일정 간격의 항목에 따른 각 값의 기여도 추세를 표시할 수 있다. 항목이 많거나 값이 추정 값인 경우에는 표식이 없는 100% 기준 꺾은선형 차트를 사용하는 것이 좋다.

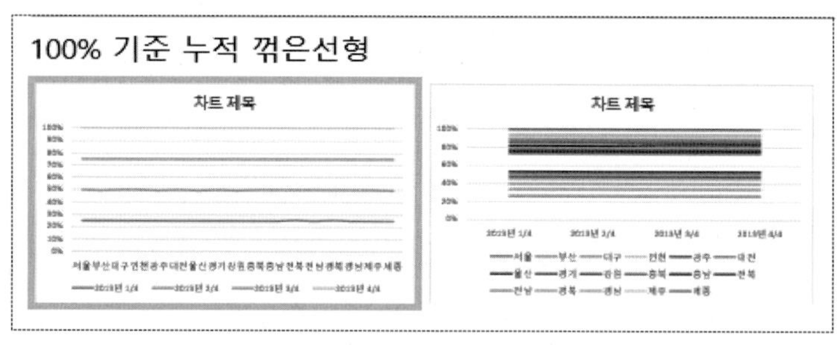

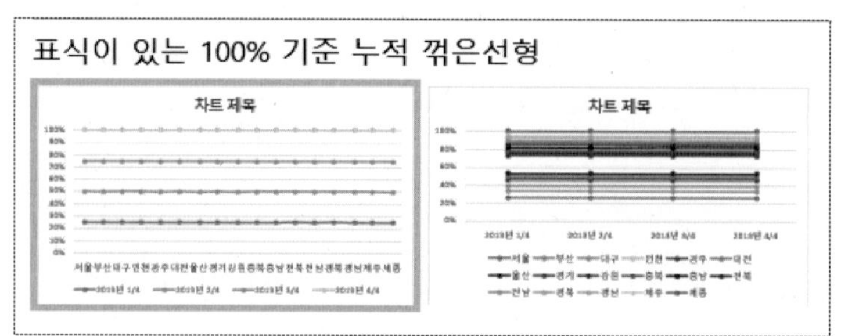

d. 3차원 꺾은선형

3차원 꺾은선형 차트에서는 각 데이터 행이나 열을 3차원 표식으로 보여 준다. 3차원 꺾은선형 차트에는 변경 가능한 가로, 세로, 깊이 축이 있다.

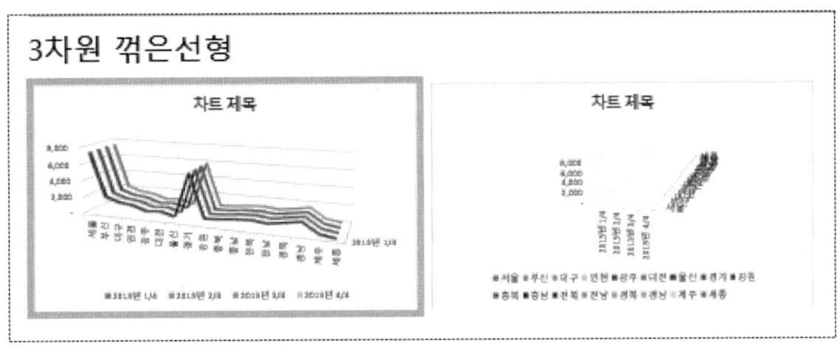

■ 원형 차트와 도넛형 차트

워크시트의 한 열이나 행에 있는 데이터를 원형 차트로 그릴 수 있다. 원형 차트에서는 데이터 계열 하나에 있는 항목의 크기가 항목 합계에 비례하여 표시된다. 원형 차트의 데이터 요소는 원형 전체에 대한 백분율로 표시된다. 원형 차트는 다음과 같은 경우에 사용하는 것이 좋다.

- 데이터 계열이 하나만 있는 경우
- 데이터에 음수 값이 없는 경우
- 데이터의 값 중 0 값이 거의 없는 경우
- 항목의 수가 7개 이하이며 이 항목이 모두 전체 원형의 일부분을 나타내는 경우

a. 원형 및 3차원 원형

원형 차트는 각 값이 합계에서 차지하는 부분을 2차원 또는 3차원 형식으로 표시된다. 원형 차트의 조각을 수동으로 따로 분리하여 특정 원형 조각을 강조할 수 있다.

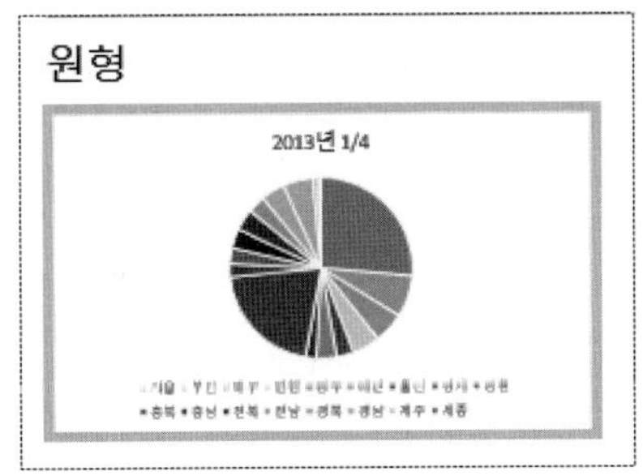

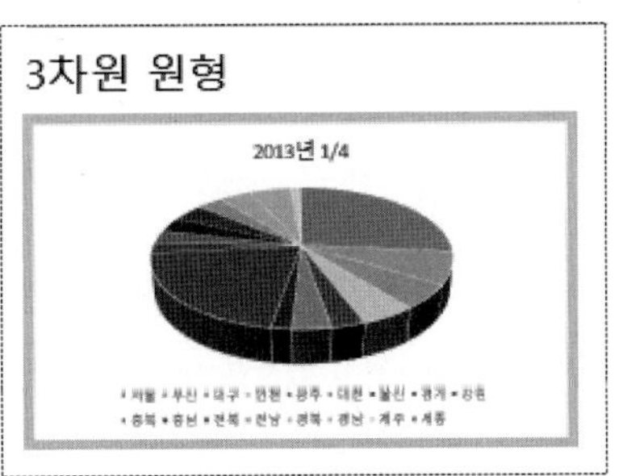

b. 원형 대 원형 또는 원형 대 가로 막대형

원형 대 원형 또는 원형 대 가로 막대형 차트에서는 비교적 작은 값을 추출하여 보조 원형 또는 누적 막대형 차트로 결합하여 해당 내용이 더 쉽게 구분되도록 만든다.

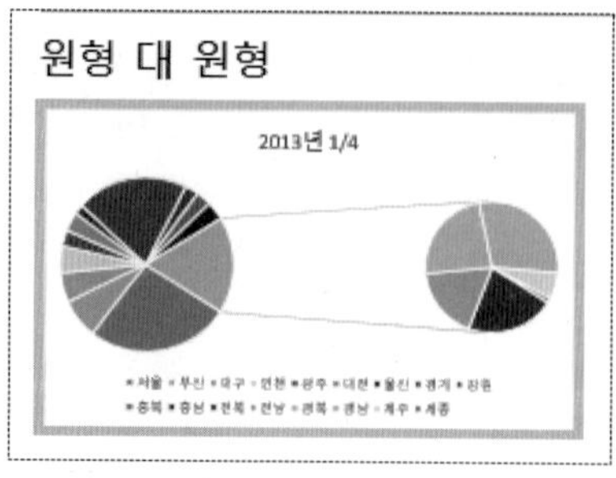

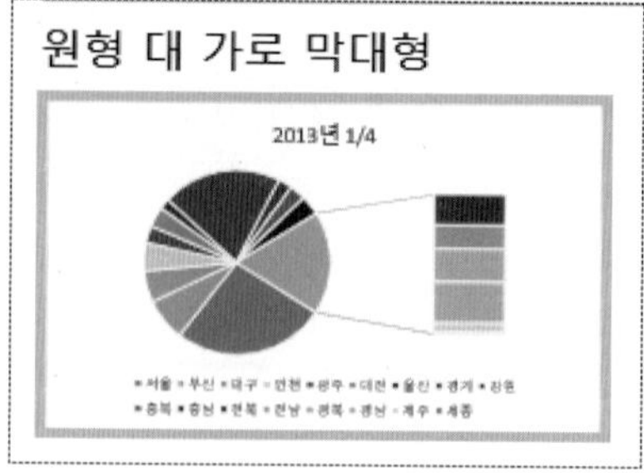

c. 도넛형

워크시트의 여러 열이나 행에 있는 데이터만 도넛형 차트로 그릴 수 있다. 도넛형 차트에서는 원형 차트와 마찬가지로 전체에 대한 각 부분의 관계를 보여 주지만 데이터 계열이 두 개 이상 포함될 수 있다는 점이 다르다. 도넛형 차트에서는 데이터가 고리로 표시되며 각 고리는 데이터 계열을 나타낸다. 데이터 레이블에 백분율을 표시하는 경우 각 고리의 합계는 100%가 된다.

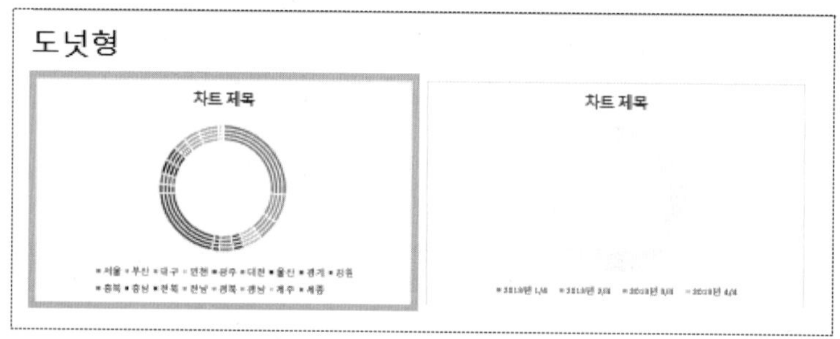

■ 가로 막대형 차트

워크시트의 여러 열이나 행에 있는 데이터를 가로 막대형 차트로 그릴 수 있다. 가로 막대형 차트에서는 개별 항목을 비교하여 보여 준다. 가로 막대형 차트에서는 일반적으로 항목은 세로 축을 따라 구성되고 값은 가로 축을 따라 구성된다. 가로 막대형 차트는 다음과 같은 경우에 사용할 수 있다.

- 레이블이 긴 경우
- 표시되는 값이 기간인 경우

a. 묶은 가로 막대형 및 3차원 묶은 가로 막대형

묶은 가로 막대형 차트에서는 막대를 2차원 형식으로 표시한다. 3차원 묶은 가로 막대형 차트에는 막대가 3차원 형식으로 표시되며 깊이 축이 사용되지 않는다.

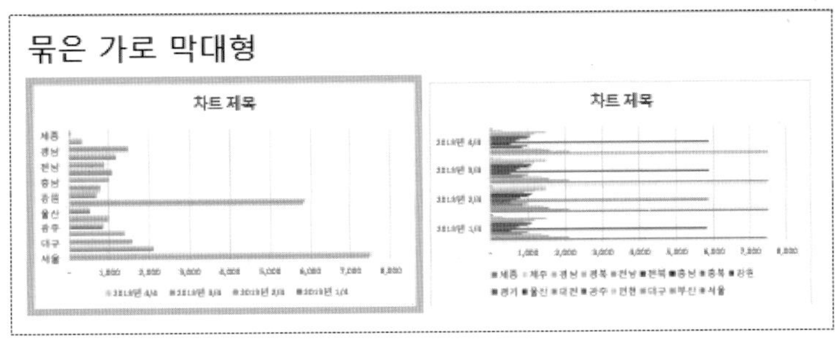

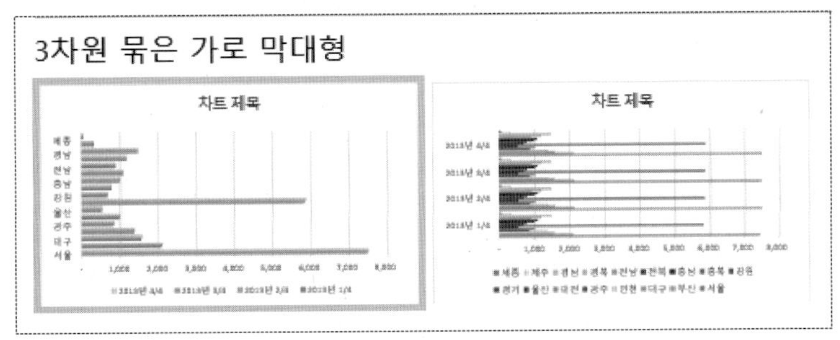

b. 누적 가로 막대형 및 3차원 누적 가로 막대형

누적 가로 막대형 차트에는 각 항목과 전체 간의 관계가 2차원 가로 막대로 표시된다. 3차원 누적 가로 막대형 차트에는 막대가 3차원 형식으로 표시되며 깊이 축이 사용되지 않는다.

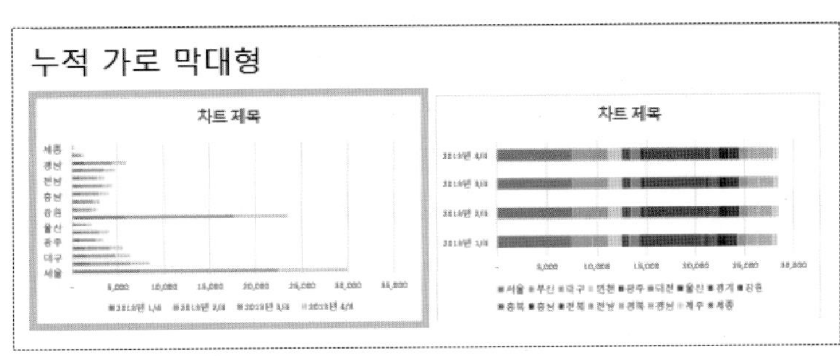

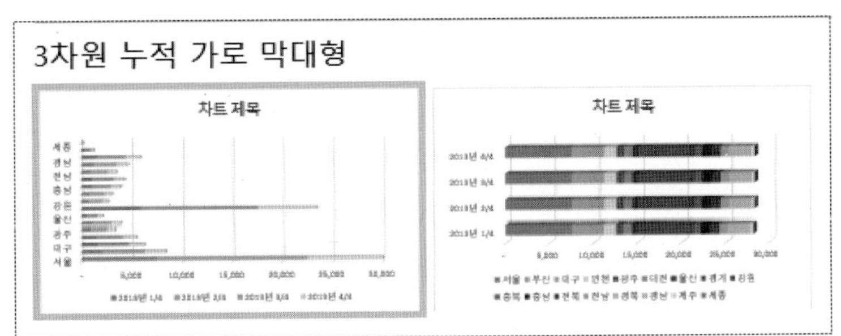

c. 100% 기준 누적 가로 막대형 및 3차원 100% 기준 누적 가로 막대형

100% 기준 누적 가로 막대형은 전체 항목의 합계를 기준으로 각 값의 백분율을 비교하는 2차원 가

로 막대를 보여 준다. 3차원 100% 기준 누적 가로 막대형 차트에는 막대가 3차원 형식으로 표시되며 깊이 축이 사용되지 않는다.

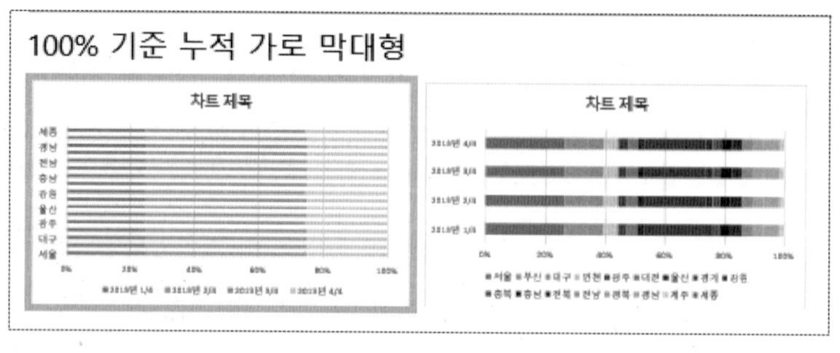

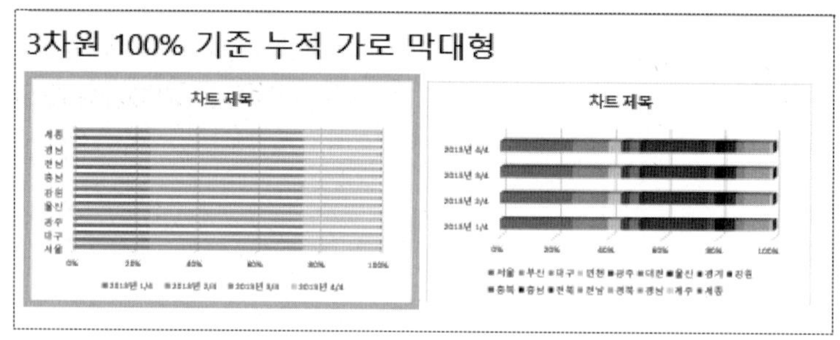

■ 영역형 차트

워크시트의 여러 열이나 행에 있는 데이터를 영역형 차트로 그릴 수 있다. 영역형 차트는 시간에 따른 변화를 보여 주며 합계 값을 추세와 함께 살펴볼 때 사용할 수 있다. 영역형 차트에서는 각 값의 합계를 표시하여 전체에 대한 부분의 관계도 보여 준다.

a. 영역형 및 3차원 영역형

2차원 또는 3차원 형식으로 표시되는 영역형 차트는 시간 또는 기타 항목 데이터에 따른 값의 추세를 보여 준다. 3차원 영역형 차트에서는 변경 가능한 세 개의 축(가로, 세로, 깊이)을 사용한다. 일반적으로 영역형 차트에서는 한 계열의 데이터가 다른 계열의 데이터 뒤에 가려질 수 있으므로 누적 영역형 차트인 경우를 제외하고는 영역형 차트 대신 꺾은선형 차트를 사용해 보자.

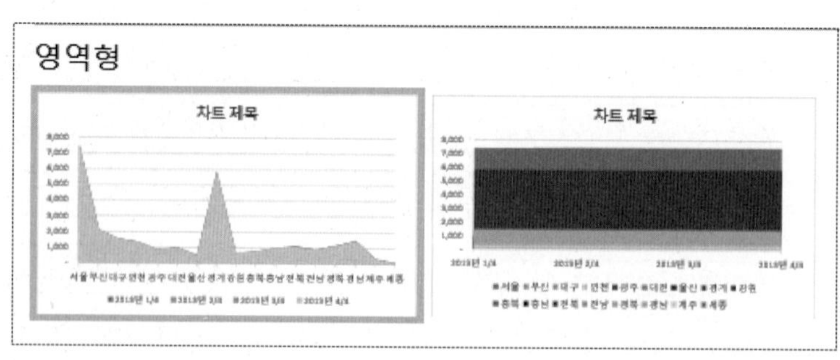

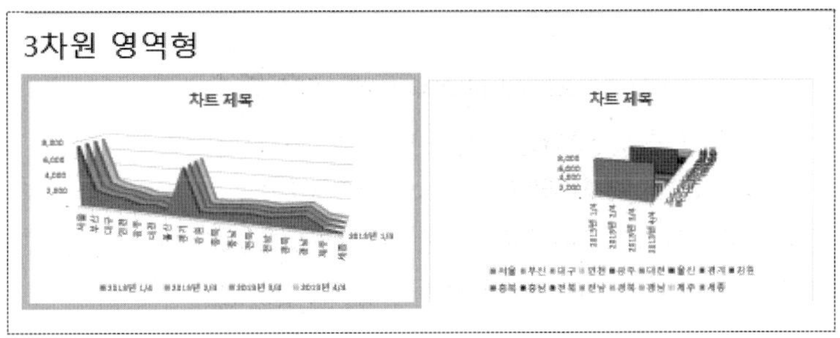

b. 누적 영역형 및 3차원 누적 영역형

누적 영역형 차트는 시간 또는 기타 항목 데이터에 따른 각 값의 기여도 추세를 2차원 형식으로 보여 준다. 3차원 누적 영역형 차트도 같은 역할을 하지만 깊이 축을 사용하지 않고 3차원 형식으로 영역을 표시한다.

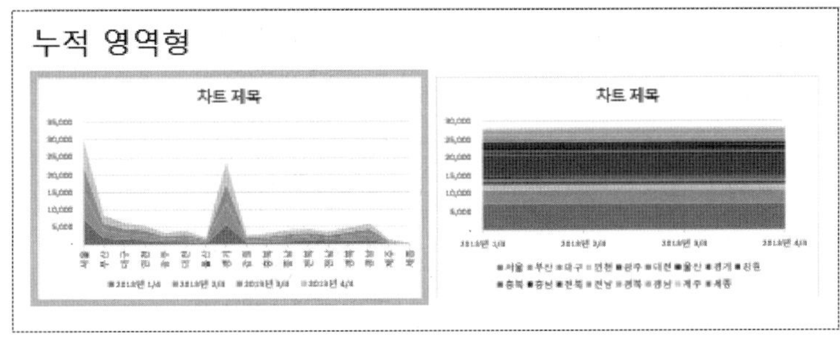

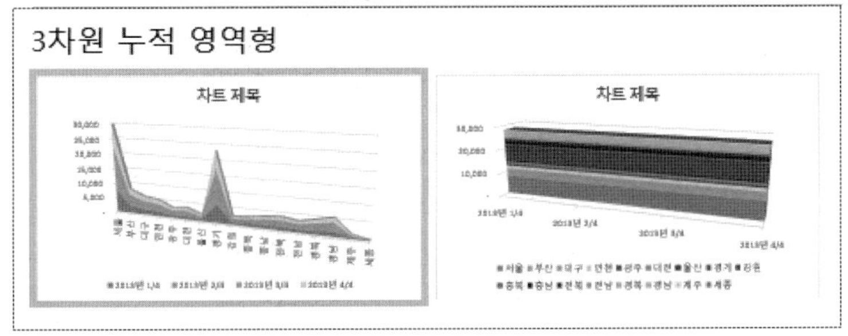

c. 100% 기준 누적 영역형 및 3차원 100% 기준 누적 영역형

100% 기준 누적 영역형 차트는 시간 또는 기타 항목 데이터에 따라 각 값이 기여하는 백분율의 추세를 보여 준다. 3차원 100% 기준 누적 영역형 차트도 같은 역할을 하지만 깊이 축을 사용하지 않고 3차원 형식으로 영역을 표시한다.

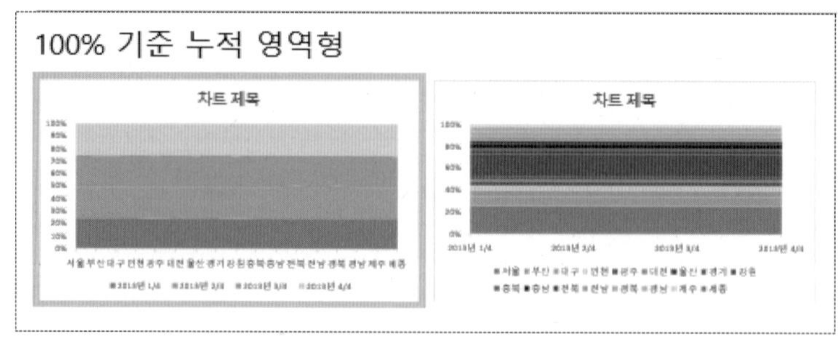

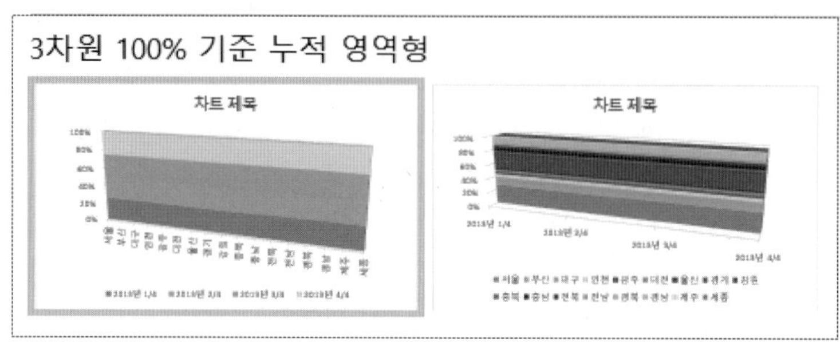

■ 분산형 차트와 거품형 차트

워크시트의 여러 열과 행에 있는 데이터를 XY(분산형) 차트로 그릴 수 있다. x 값을 한 행이나 열에 두고 해당 y 값을 인접한 행이나 열에 입력한다. 분산형 차트에는 두 개의 값 축, 즉 가로(x) 및 세로(y) 값 축이 있다. x 및 y 값이 단일 데이터 요소로 결합되어 일정하지 않은 간격이나 그룹으로 표시된다. 분산형 차트는 일반적으로 과학, 통계 및 공학 데이터와 같은 숫자 값을 표시하고 비교하는 데 사용된다. 분산형 차트는 다음과 같은 경우에 사용할 수 있다.

- 가로 축의 눈금 간격을 변경하려는 경우
- 축에 로그 눈금 간격을 표시하려는 경우
- 가로 축의 값이 일정한 간격이 아닌 경우
- 가로 축의 데이터 요소 수가 많은 경우
- 값 쌍이나 그룹화 된 값 집합이 포함된 데이터 정보를 효과적으로 표시하기 위해 분산형 차트의 개별 눈금을 조정하려는 경우
- 데이터 요소 간의 차이점보다는 큰 데이터 집합 간의 유사점을 표시하려는 경우
- 시간에 관계없이 많은 데이터 요소를 비교하려는 경우 분산형 차트에 포함되는 데이터가 많을수록 더 효과적으로 비교할 수 있다.

a. 분산형

분산형 차트는 값 쌍을 비교하기 위해 선을 연결하지 않고 데이터 요소를 보여 준다.

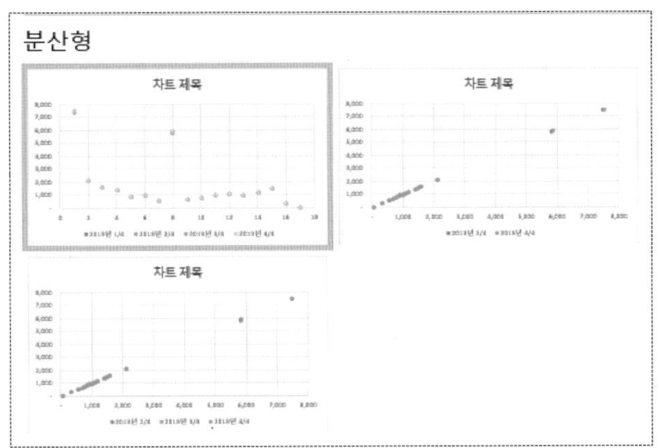

b. 곡선 및 표식이 있는 분산형 및 곡선이 있는 분산형

곡선 및 표식이 있는 분산형 차트에는 데이터 요소를 연결하는 곡선이 표시된다. 이러한 곡선은 표식을 사용하여 표시할 수도 있고 표식 없이 표시할 수도 있다. 데이터 요소가 많은 경우에는 표식이 없는 곡선을 사용해 보자.

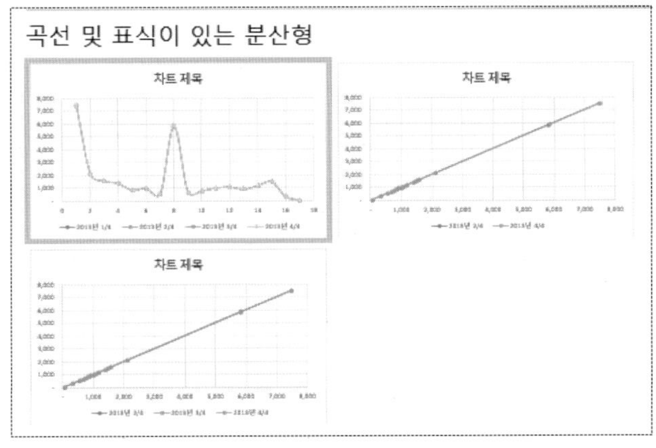

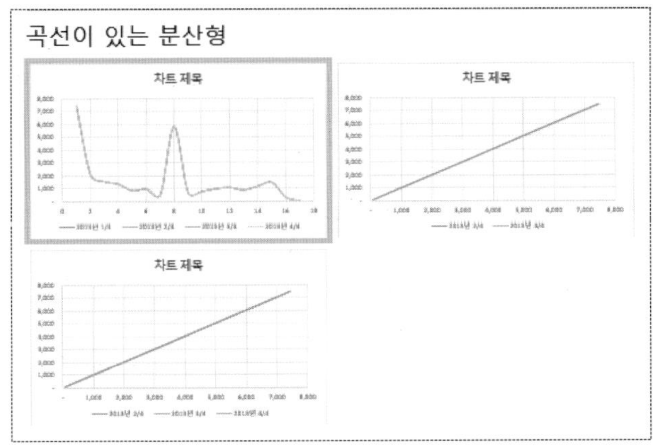

c. 직선 및 표식이 있는 분산형 및 직선이 있는 분산형

직선 및 표식이 있는 분산형 차트에는 데이터 요소를 연결하는 직선이 표시된다. 이러한 직선은 표식을 사용하거나 사용하지 않고 표시할 수 있다.

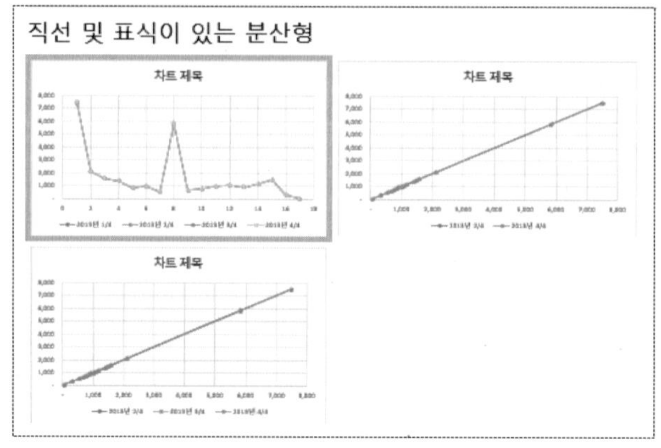

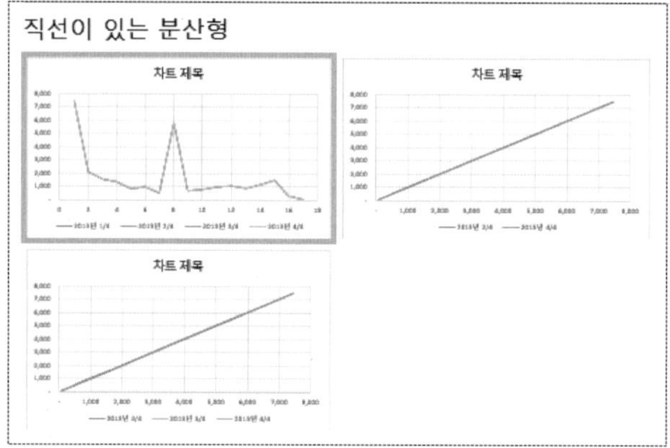

d. 거품형 차트 및 3차원 거품형 차트

분산형 차트와 매우 유사한 거품형 차트는 세 번째 열을 추가하여 데이터 계열의 데이터 요소를 나타내기 위해 표시하는 거품의 크기를 지정한다.

거품형 차트와 3차원 거품형 차트는 모두 2개의 값 집합 대신 3개의 값 집합을 비교하여 거품을 2차원 또는 3차원 형식으로 표시한다. 3차원 형식의 경우 깊이 축이 사용되지 않는다. 이 경우 세 번째 값에서 거품의 크기가 지정된다.

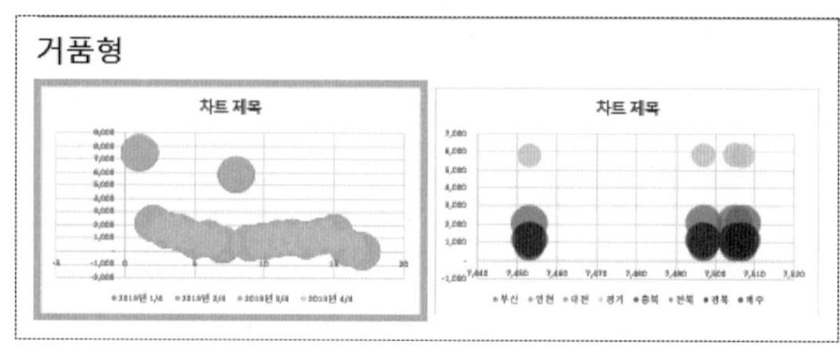

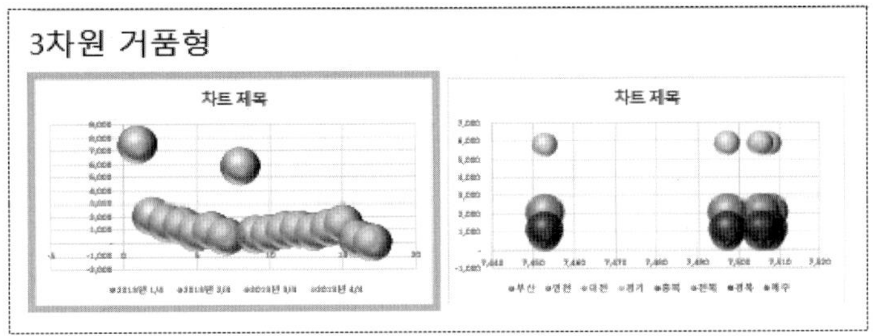

■ 주식형 차트

워크시트에서 특정 순서의 여러 열이나 행에 있는 데이터를 주식형 차트로 그릴 수 있다. 이름에서 알 수 있듯이 주식형 차트는 주가 변동을 나타낼 수 있다. 그러나 일일 강우량이나 연간 기온 등 기타 데이터의 변화도 이 차트로 표시할 수 있다. 주식형 차트를 만들려면 데이터를 올바른 순서로 구성해야 한다. 예를 들어 단순한 고가 - 저가 - 종가 주식형 차트를 만들려면 열 머리글로 입력된 고가, 저가, 종가를 순서대로 사용하여 데이터를 정렬해야 한다.

a. 고가-저가-종가

이 주식형 차트에서는 세 개의 값 계열을 고가, 저가, 종가의 순서에 따라 사용한다. 날짜나 주식 이름을 레이블로 사용하자.

b. 시가-고가-저가-종가

이 주식형 차트에서는 네 개의 값 계열을 시가, 고가, 저가, 종가의 순서에 따라 사용한다.

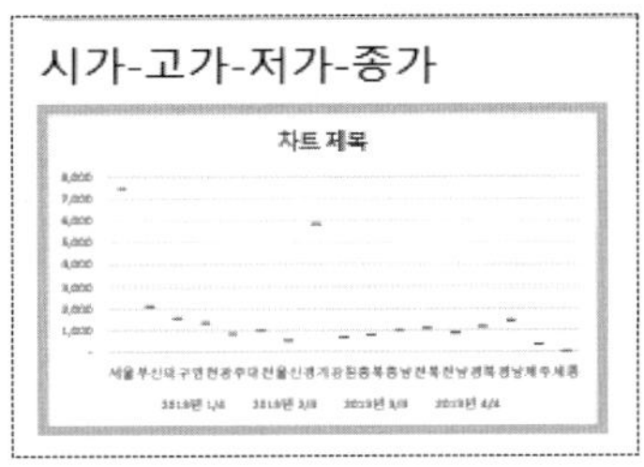

c. 거래량-고가-저가-종가

이 주식형 차트에서는 네 개의 값 계열을 거래량, 고가, 저가, 종가의 순서에 따라 사용한다. 두 개의 값 축을 사용하여 거래량을 나타낸다. 축 하나는 거래량을 나타내는 세로 막대를 위한 것이고 다른 하나는 주가를 나타낸다.

d. 거래량-시가-고가-저가-종가

이 주식형 차트에서는 다섯 개의 값 계열을 거래량, 시가, 고가, 저가, 종가의 순서에 따라 사용한다. 날짜나 주식 이름을 레이블로 사용하자.

■ 표면형 차트

워크시트의 여러 열이나 행에 있는 데이터를 표면형 차트로 그릴 수 있다. 이 차트는 두 데이터 집합 간의 최적 조합을 찾을 때 유용하다. 지형도에서 색과 무늬는 같은 값 범위에 있는 지역을 나타낸다. 표면형 차트는 항목과 데이터 계열이 모두 숫자 값인 경우에 만들 수 있다.

a. 3차원 표면형

이 차트는 데이터의 3차원 보기로, 3차원 세로 막대형 차트 위로 고무 시트를 늘인 것과 같은 모양이다. 일반적으로 데이터 양이 많고 다른 차트로는 알아보기 어려운 경우 데이터 간의 관계를 나타낼 때 사용된다. 표면형 차트에서 띠무늬는 데이터 계열을 나타내는 것이 아니라 값 사이의 차이를 나타낸다.

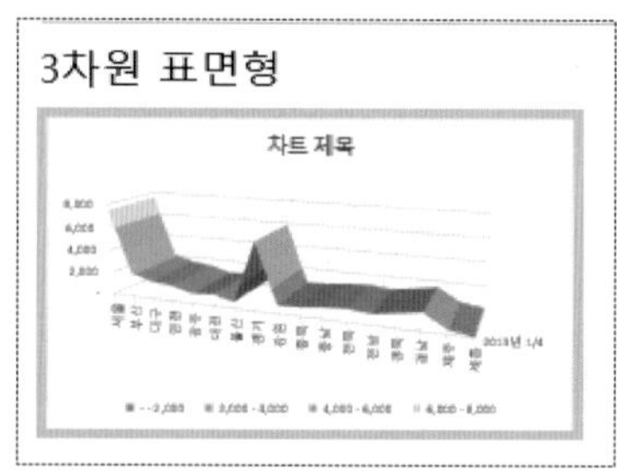

b. 3차원 표면형(골격형)

표면이 색으로 채워져 있지 않은 3차원 표면형 차트를 3차원 표면형(골격형) 차트라고 한다. 이 차트에는 선만 표시된다. 3차원 표면형(골격형) 차트는 읽기 어려운 대신 3차원 표면형 차트에 비해 큰 데이터 집합을 훨씬 빠르게 그릴 수 있다.

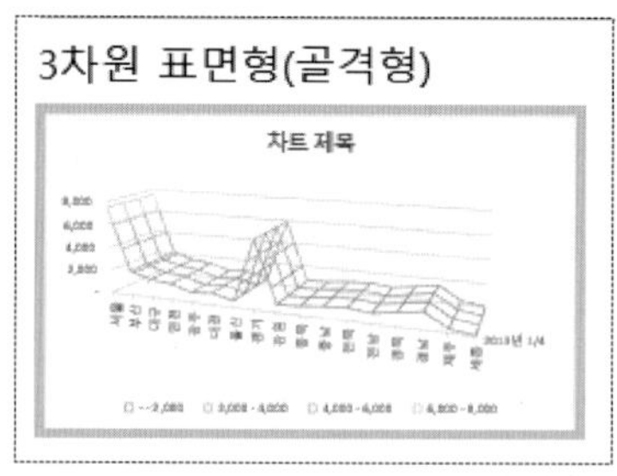

c. 표면형(조감도)

표면형(조감도) 차트는 위에서 내려다 본 표면형 차트로, 2차원 지형도와 유사하다. 표면형(조감도) 차트에서 띠무늬는 특정 값 범위를 나타내며, 선은 같은 값의 보간점을 연결한다.

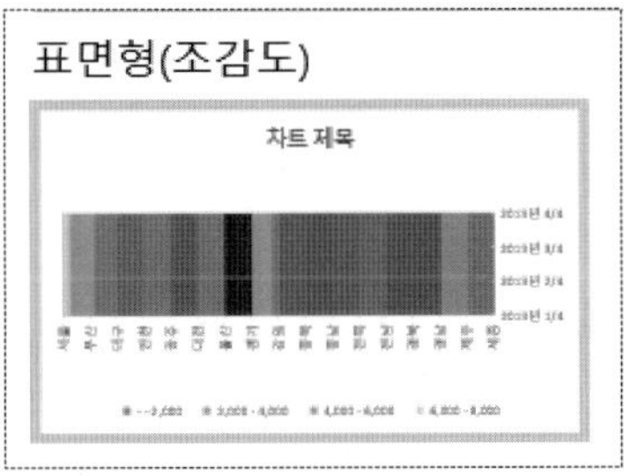

d. 표면형(골격형 조감도)

표면형(골격형 조감도) 차트도 위에서 내려다 본 표면형 차트로, 표면에 띠무늬가 표시되지 않으며 선으로 골격만 표시된다. 표면형(골격형 조감도) 차트는 읽기 어려운 대신 3차원 표면형 차트를 사용할 수 있다.

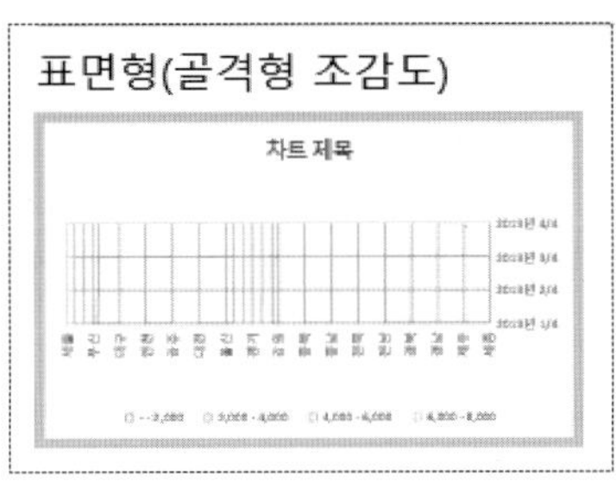

■ 방사형 차트

워크시트의 여러 열이나 행에 있는 데이터를 방사형 차트로 그릴 수 있다. 방사형 차트에서는 여러 데이터 계열의 집계 값을 비교한다.

a. 방사형 및 표식이 있는 방사형

방사형 차트는 각 데이터 요소에 대한 표식과 함께 표시되거나 이 표식 없이 표시되며 중간 지점에 대한 값의 변화를 보여 준다.

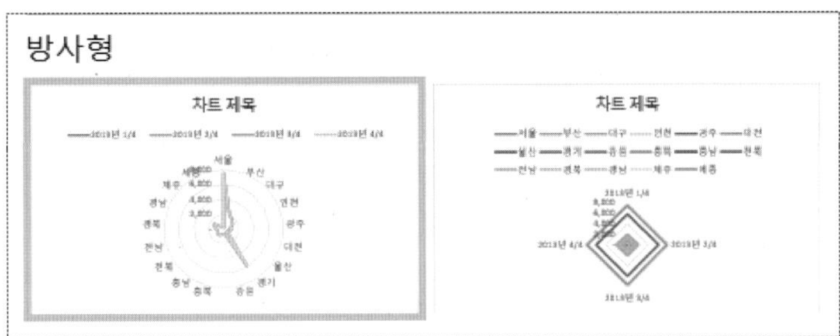

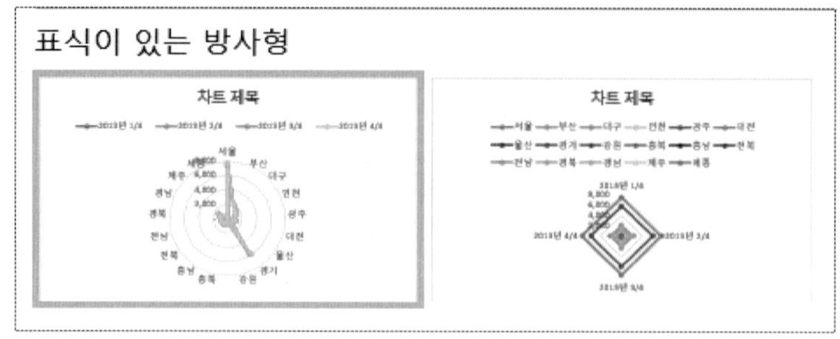

b. 채워진 방사형

채워진 방사형 차트에서는 데이터 계열에 해당하는 영역이 색으로 채워진다.

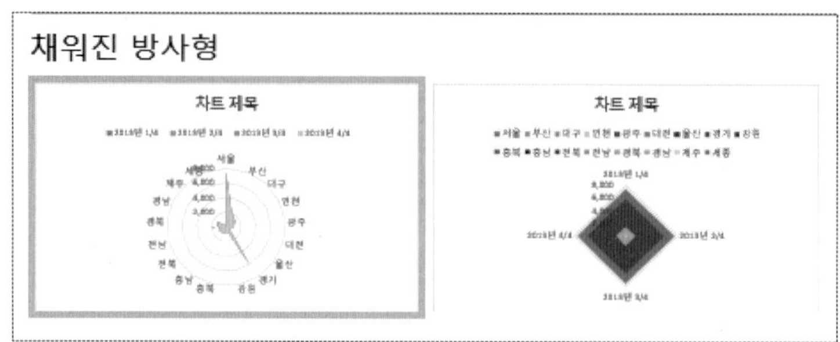

■ 트리맵 차트

트리맵 차트는 데이터를 계층 구조 보기로 제공하므로 다른 범주 수준을 비교하는 간편한 방법이 될 수 있다. 트리맵 차트는 색과 근접성을 기준으로 범주를 표시하며 다른 차트 유형으로 표시하기 어려운 많은 양의 데이터를 쉽게 표시할 수 있다. 트리맵 차트는 계층 구조 안에 빈(공백) 셀이 있는 경우에만 그릴 수 있으며 계층 안에서 비율을 비교하는 데 유용하다.

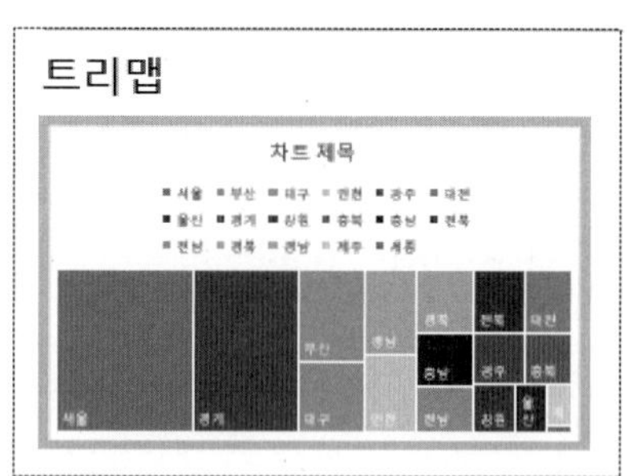

■ 선버스트 차트

선버스트 차트는 계층 구조 데이터를 표시하는 데 적합하며 계층 구조 안에 빈(공백) 셀이 있는 경우에만 그릴 수 있다. 하나의 고리 또는 원이 계층 구조의 각 수준을 나타내며 가장 안쪽에 있는 원이 계층 구조의 가장 높은 수준을 나타낸다. 계층 구조가 없는(하나의 범주 수준) 선버스트 차트는 도넛형 차트와 모양이 유사하다. 하지만, 범주 수준이 여러 개인 선버스트 차트는 외부 고리와 내부 고리의 관계를 보여 준다. 선버스트 차트는 하나의 고리가 어떤 요소로 구성되어 있는가를 보여 주는 데 가장 효과적이다.

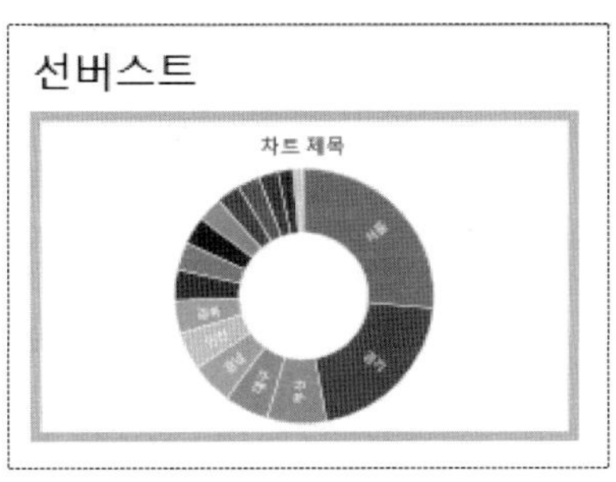

■ 히스토그램 차트

히스토그램 차트에 그려진 데이터는 분포 내의 빈도를 보여 준다. 계급구간이라고 하는 차트의 각 열을 변경하여 데이터를 보다 세부적으로 분석할 수 있다.

a. 히스토그램

히스토그램 차트는 빈도 계급구간으로 그룹화 된 데이터 분포를 보여 준다.

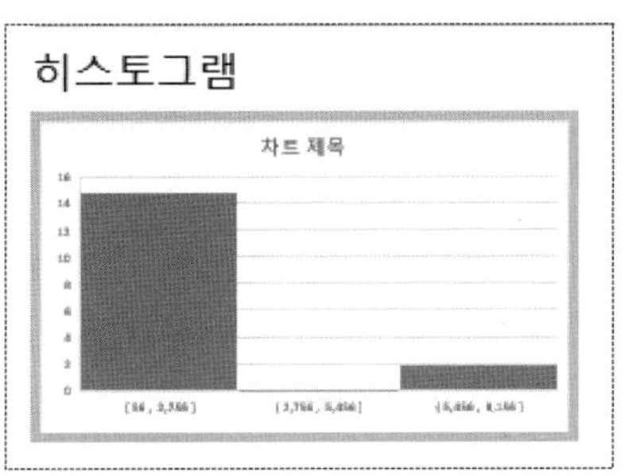

b. 파레토 차트

파레토 차트는 내림차순으로 정렬된 열과 총 누적 백분율을 나타내는 선을 모두 포함하는 순차적 히스토그램 차트이다.

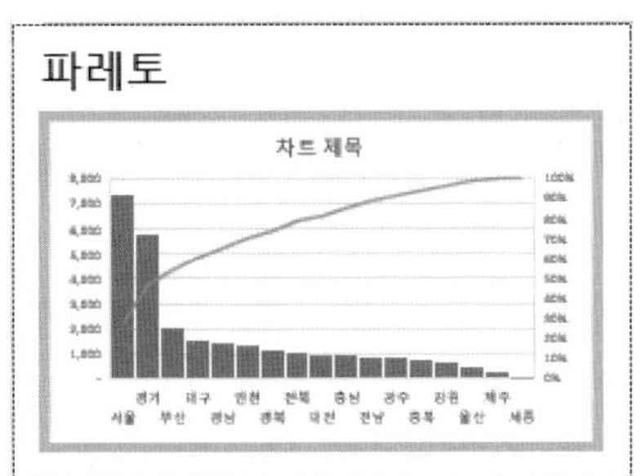

■ 상자 수염 차트

상자 수염 차트는 데이터 분포를 사분위수로 나타내며 평균 및 이상값을 강조하여 표시한다. 상자에는 수직으로 확장되는 "수염"이라는 선이 포함될 수 있다. 이러한 선은 제1사분위수와 제3사분위수 외부의 변동성을 나타내며 이와 같은 선 또는 수염 외부의 모든 점은 이상값으로 간주된다. 이 차트 종류는 서로 특정 방식으로 관계가 있는 여러 데이터 집합이 있는 경우에 사용한다.

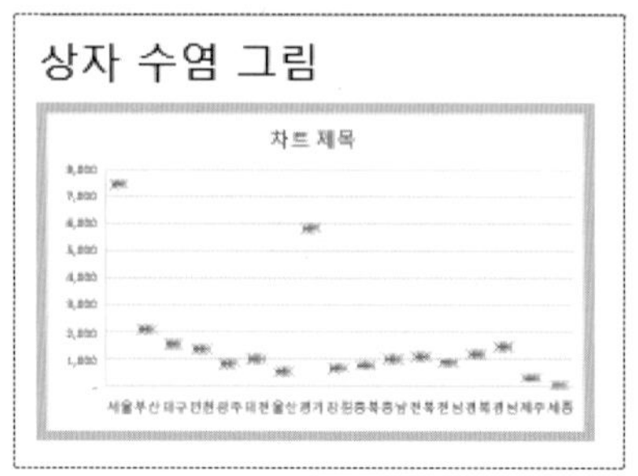

■ 폭포 차트

폭포 차트는 값을 더하거나 빼는 경우의 재무 데이터 누계를 나타내며 초기 값이 일련의 양의 값 및 음의 값에서 어떤 영향을 받는지 이해하는 데 유용하다. 막대는 색으로 구분되므로 양수와 음수를 빠르게 구분할 수 있다.

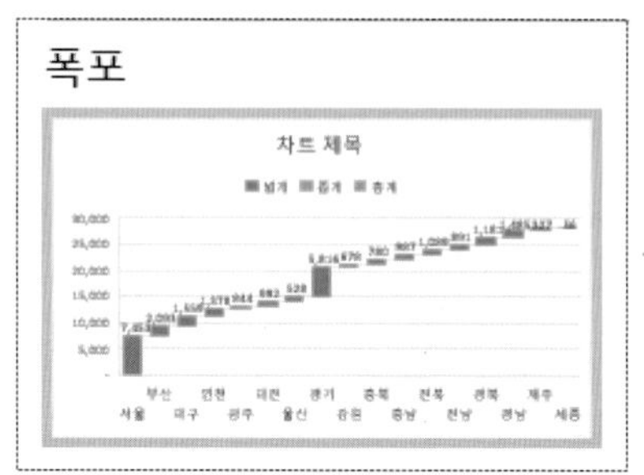

■ 깔때기형 차트

깔때기형 차트 프로세스에서 여러 스테이지 간에 값을 표시한다. 깔때기형 차트는 현재는 Office 365 버전에서만 지원된다.

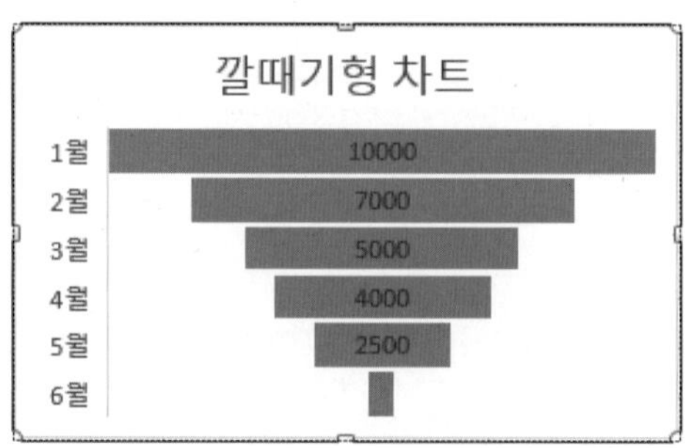

■ 콤보 차트

여러 열과 행에 있는 데이터를 콤보 차트로 그릴 수 있다. 콤보 차트는 특히 데이터 범위가 광범위한 경우 데이터를 쉽게 이해할 수 있도록 만들기 위해 두 개 이상의 차트 종류를 결합한다. 보조 축과 함께 표시되는 이 차트는 훨씬 더 읽기 쉽다.

a. 묶은 세로 막대형-꺾은선형 및 묶은 세로 막대형-꺾은선형, 보조 축

보조 축과 함께 표시되거나 이 보조 축 없이 표시되는 이 차트는 묶은 세로 막대형 차트와 꺾은선형 차트를 결합하여 같은 차트에서 일부 데이터 계열은 세로 막대로, 다른 데이터 계열은 꺾은선형으로 표시한다.

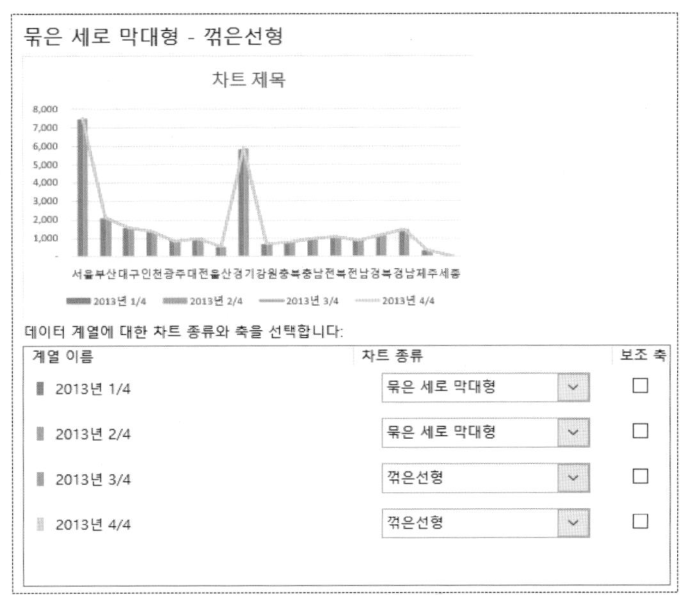

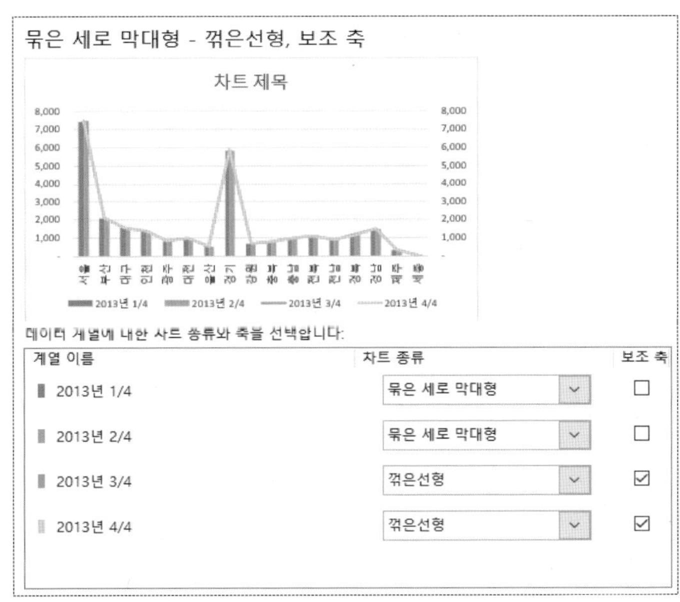

b. 누적 영역형-묶은 세로 막대형

이 차트는 누적 영역형 차트와 묶은 세로 막대형 차트를 결합하여 같은 차트에서 일부 데이터 계열은 누적 영역으로, 다른 데이터 계열은 세로 막대로 표시한다.

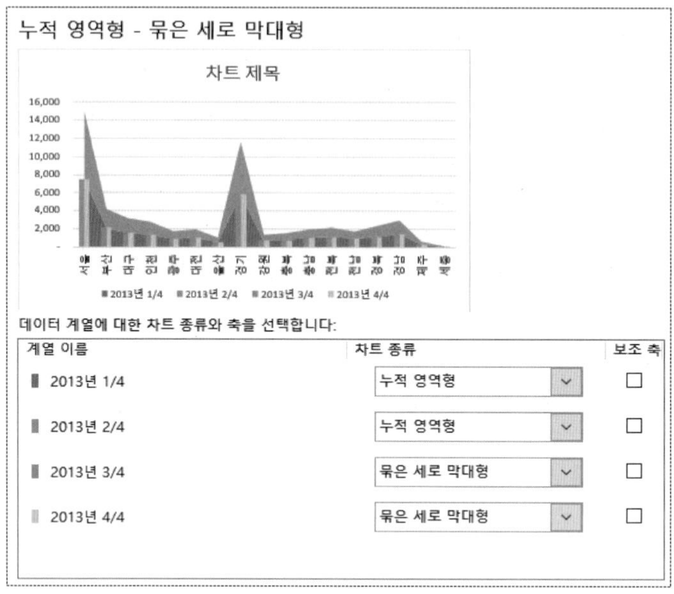

c. 사용자 지정 조합

이 차트를 사용하면 같은 차트에 표시할 차트를 결합할 수 있다.

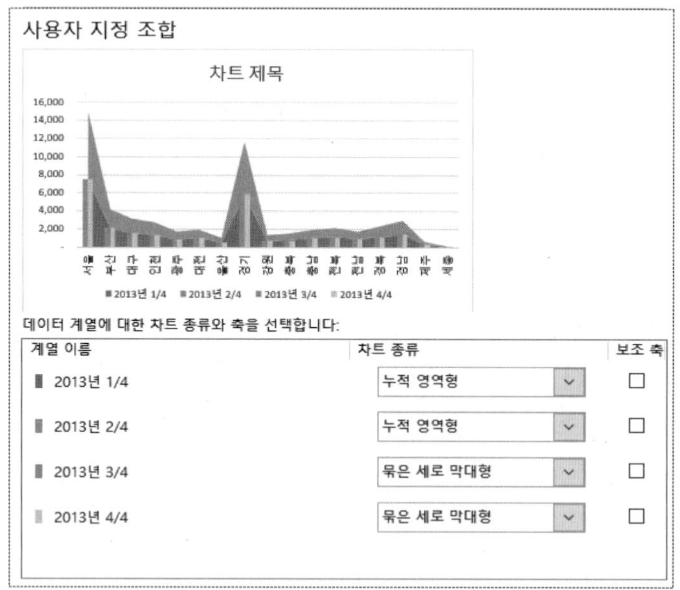

마. 차트 종합 실습(마일리지 누적 점수표)

실습 11-05 *시트명 : '차트 종합 실습(마일리지 누적 점수표)'*

청암대학교 개인별 CLM(Cheongam Life Mileage) 누적 점수표

지도 학생의 학번을 입력하세요.

비밀번호 입력 후 지도교수명을 입력하세요.

지도교수 : (인) | 학번 : | 성명 :

영역 (11,590)	항목	기준배점	최대점수	증빙자료	1학년-1 점수	1학년-2 점수	2학년-1 점수	2학년-2 점수	3학년-1 점수	3학년-2 점수	4학년-1 점수	4학년-2 점수	마일리지 총계
대인 관계 (1,800)	1. 신입생OT/건	200	-	참가확인 서류									0
	2. 실습기관OT/건	50	-	참가확인 서류									0
	3. MT/건	100	-	참가확인 서류									0
	4. 나이팅게일선서식/건	100	-	참가확인 서류									0
	5. 취업설명회/건	100	-	참가확인 서류									0
	6. 산업체인사 특강/건	100	-	참가확인 서류									0
	7. 체육대회 참가/건	100	-	참가확인 서류									0
	8. 체육대회 선수/건	200	-	참가확인 서류									0
	9. 축제 참가/건	100	-	참가확인 서류									0
	10. 축제 운영/건	200	-	참가확인 서류									0
	11. (실습시) 기숙사 입실/건	100	-	확인증									0
	12. (실습시) 기숙사 생활우수/건	200	-	확인증									0
	13. 리더십 캠프/건	200	졸업시까지 최대점수 500점을 초과할 수 없습니다.	참가확인 서류									0
	14. 멘토링 프로그램/건	50		참가확인 서류									0
소 계					0	0	0	0	0	0	0	0	0

~ 중간 생략 ~

청암대학교 개인별 CLM(Cheongam Life Mileage) 누적 점수표

지도 학생의 학번을 입력하세요.

비밀번호 입력 후 지도교수명을 입력하세요.

지도교수 : (인) | 학번 : | 성명 :

영역 (11,590)	항목	기준배점	최대점수	증빙자료	1학년-1 점수	1학년-2 점수	2학년-1 점수	2학년-2 점수	3학년-1 점수	3학년-2 점수	4학년-1 점수	4학년-2 점수	마일리지 총계
봉사 (2,140)	54. 재능 도우미/건	100	습니다.	참가확인 서류									0
	55. 헌혈/건	300	-	헌혈증 사본									0
	56. 연구 및 업무보조 학생/시간	20	500(학기)	참가확인 서류									0
	57. 교내외 봉사활동/시간	20	-	참가확인 서류									0
	58. 동아리(회장부회장총무)/학기	200	사회봉사 교과목 32시간 제외	증빙자료									0
	59. 방송부 및 학보사 기자/학기	200		증빙자료									0
	60. 학생회(회장, 부회장)/학기	500		증빙자료									0
	61. 학생회(임원)/학기	200	-	증빙자료									0
	62. 반 대표/학기	200	-	증빙자료									0
	63. 반 총무/학기	100		증빙자료									0
	64. 봉사활동 후기 공모전 참가/건	100	-	참가확인 서류									0
	65. 봉사활동 후기 공모전 입상/건	200	-	상장 사본									0
소 계					0	0	0	0	0	0	0	0	0
마일리지 총계					0	0	0	0	0	0	0	0	0

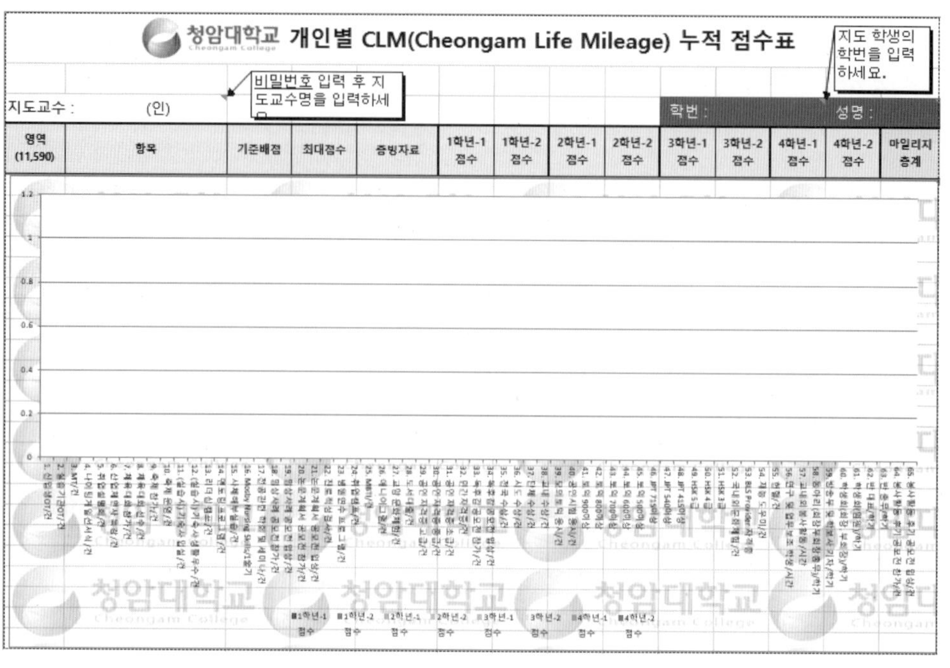

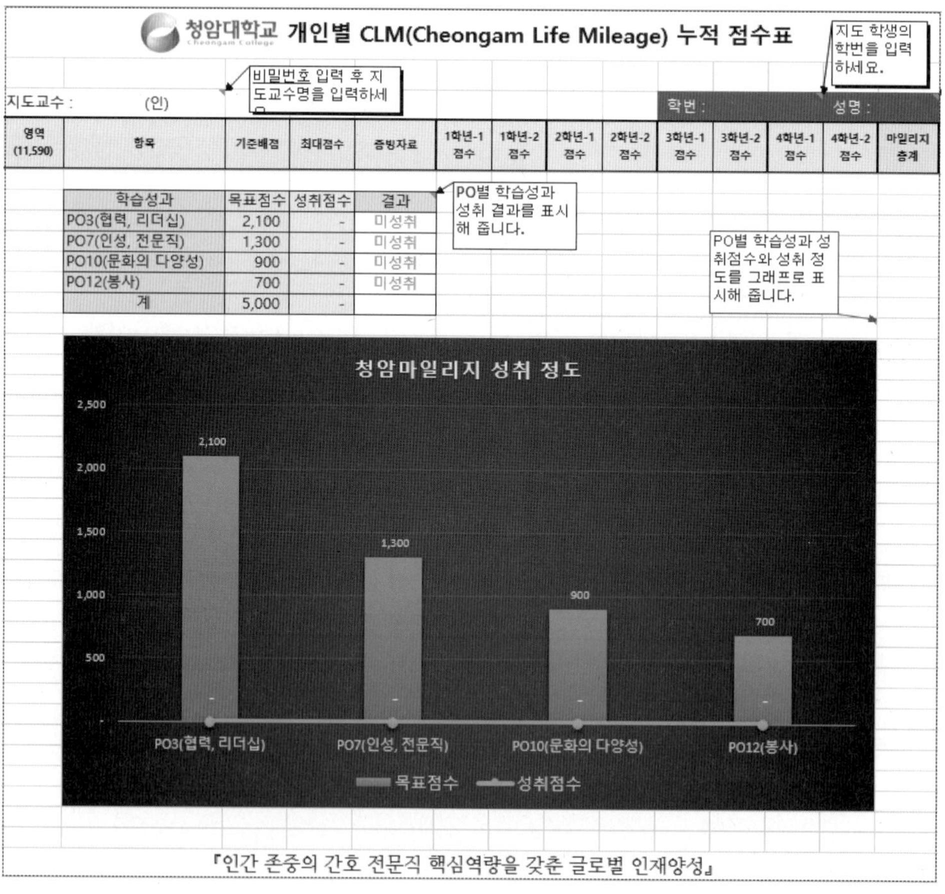

학습성과	목표점수	성취점수	결과
PO3(협력, 리더십)	2,100	-	미성취
PO7(인성, 전문직)	1,300	-	미성취
PO10(문화의 다양성)	900	-	미성취
PO12(봉사)	700	-	미성취
계	5,000	-	

바. 차트 종합 실습(마일리지 누적 점수표) 인쇄 미리보기

실습 11-06 *시트명 : '차트 종합 실습(마일리지 누적 점수표)'*

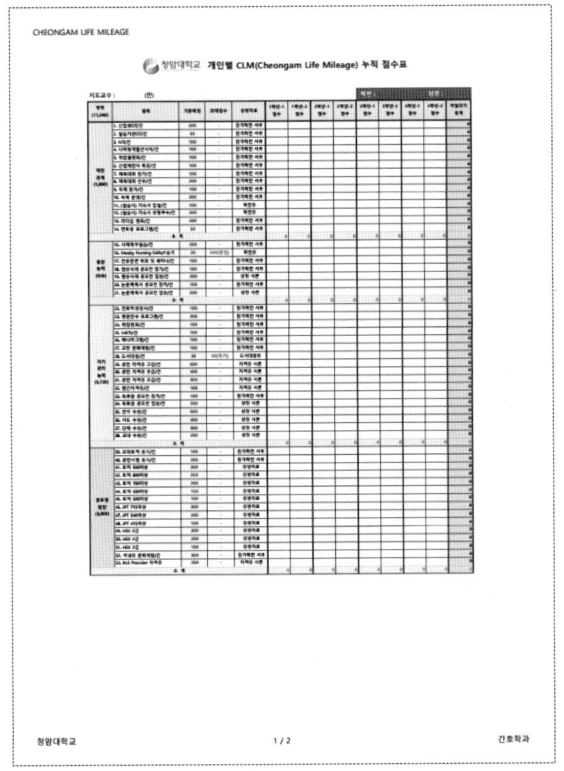

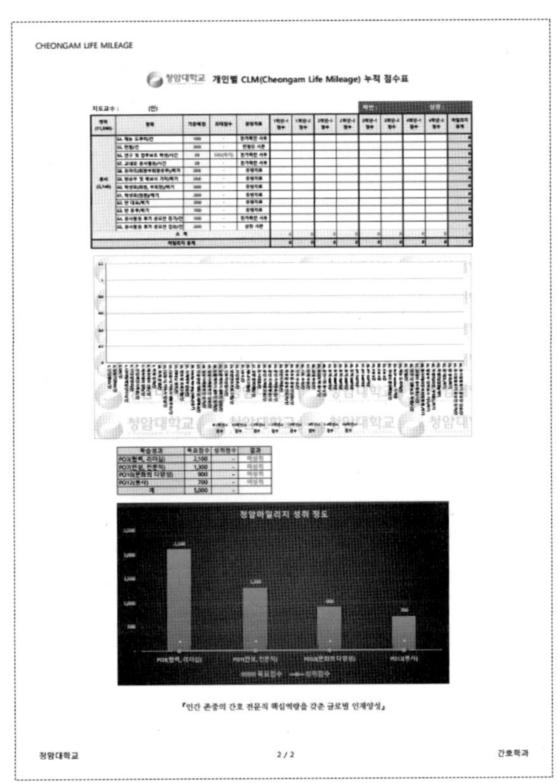

사. 도형 추가

워크시트에 상자, 원 및 화살표와 같은 도형을 추가할 수 있다. 도형을 추가하려면 삽입 탭의 일러스트레이션 그룹의 도형을 클릭하고 원하는 도형을 선택한 다음 끌어서 도형을 그리면 된다. 하나 이상의 도형을 추가한 후 텍스트, 글머리 기호 및 번호 매기기를 추가할 수 있으며 채우기, 윤곽선 및 도형 서식 탭의 효과 등을 변경할 수 있다. 차트에 개별 도형을 추가 하거나 차트를 사용자 지정 SmartArt 그래픽 또는 그래픽 위에 도형을 추가 수도 있다.

실습 11-07 *시트명 : '도형'*

1. '삽입' 탭의 '일러스트레이션' 그룹의 '도형'을 클릭한다.

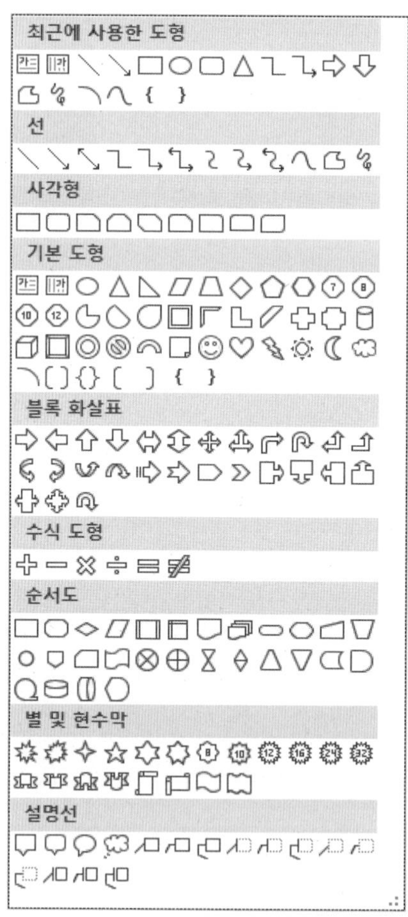

2. 원하는 작업 영역에서 아무 곳이나 클릭한 다음 도형을 끌어서 그린다. 가로, 세로 비율이 같은 사각형 또

는 원을 만들거나 다른 도형의 크기를 제한하려면 Shift 키를 누른 채 끌면 같은 비율의 도형이 그려진다. 도형에 텍스트 추가하려면 도형을 선택한 다음 텍스트를 입력한다.

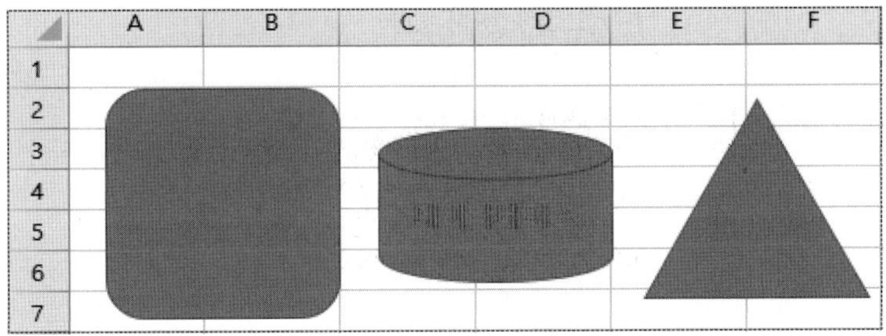

3. 도형을 선택하면 '그리기 도구'의 '서식' 탭이 활성화 되어서 '도형 편집', '도형 스타일', 'WordArt 스타일', '크기' 등 다양한 편집을 할 수가 있다.

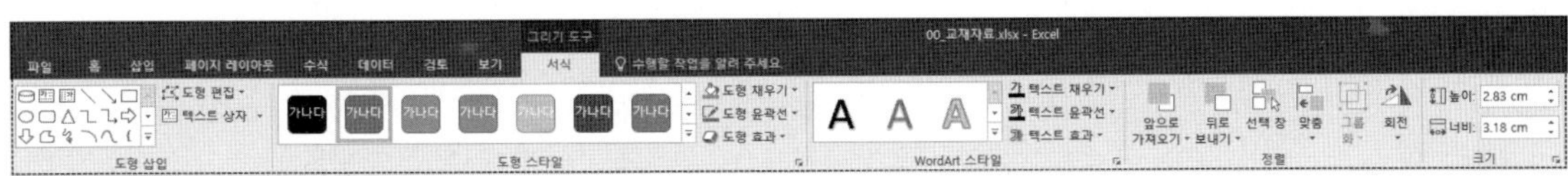

■ 도형을 다른 도형으로 변경

실습 11-08 *시트명 : '도형'*

1. 변경할 도형을 클릭한다. 여러 도형을 변경하려면 Ctrl 키를 누른 채 변경할 도형을 선택한다.
2. 그리기 도구'의 '서식'에서 탭 '도형 삽입' 그룹에서 '도형 편집(▾)'을 클릭하고 '도형 모양 변경(▸)'을 가리킨 다음 원하는 새 도형을 선택한다.

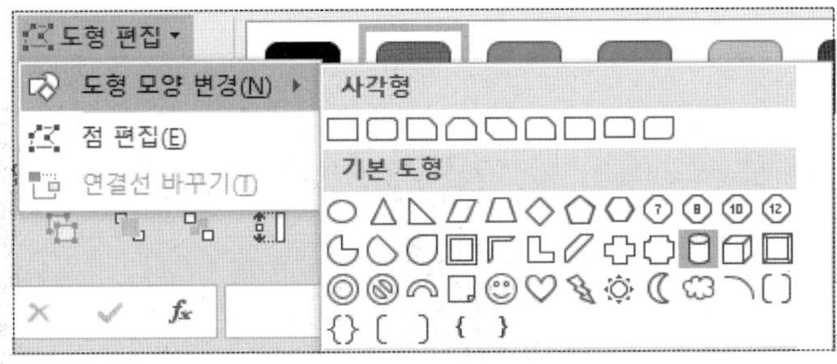

■ 여러 번 같은 도형 추가

실습 11-09 *시트명 : '도형'*

1. '삽입' 탭의 '일러스트레이션' 그룹의 '도형'을 클릭한다.
2. 추가할 도형을 마우스 오른쪽 단추로 클릭한 다음 '그리기 잠금 모드'를 클릭한다.

3. 워크시트에서 원하는 만큼 끌어서 도형을 그린다. 원하는 도형을 모두 추가한 후에 Esc 키를 눌러서 빠져나온다.

■ 도형에 글머리 기호 목록이나 번호 매기기 목록 추가

실습 11-10 *시트명 : '도형'*

1. 글머리 기호 및 번호 매기기를 추가할 도형에서 텍스트를 선택한다.
2. 선택한 텍스트를 마우스 오른쪽 단추로 클릭하고 바로 가기 메뉴에서 '글머리 기호'를 가리킨 다음 '글머리 기호 및 번호 매기기'를 클릭한다.

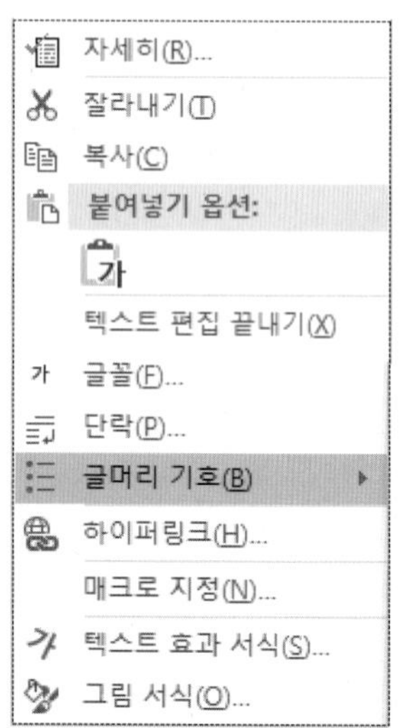

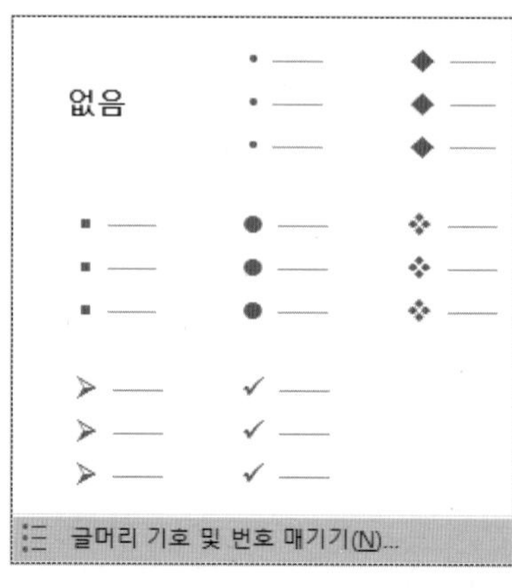

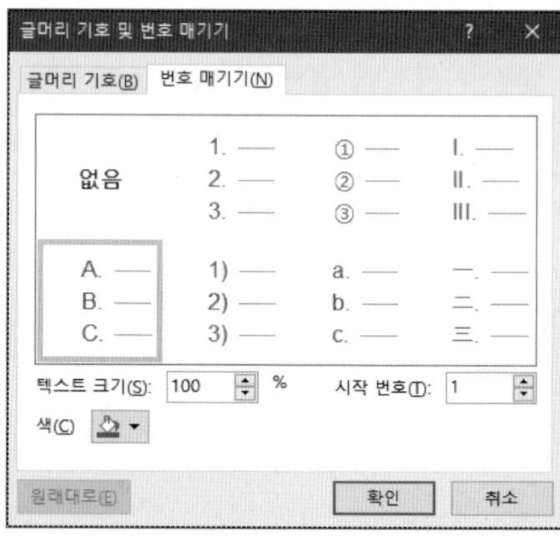

3. 글머리 기호를 추가하려면 '글머리 기호' 탭을 클릭한 다음 원하는 옵션을 선택하고, 번호 매기기를 추가하려면 '번호 매기기' 탭을 클릭한 다음 원하는 옵션을 선택한다.

■ 도형에 도형 스타일 추가

도형 스타일을 사용하면 클릭 한 번으로 도형에 스타일을 적용할 수 있다. 도형 스타일 축소판 그림 위에 포인터를 놓으면 도형에 스타일을 적용할 경우 예상되는 결과를 미리 확인할 수 있다.

실습 11-11 *시트명 : '도형'*

1. 변경할 도형을 클릭한다.
2. '그리기 도구'의 '서식' 탭에서 '도형 스타일' 그룹에서 사용할 도형 스타일을 클릭한다. 더 많은 빠른 스타일을 보려면 '사세히(▾)' 난수를 클릭한다.

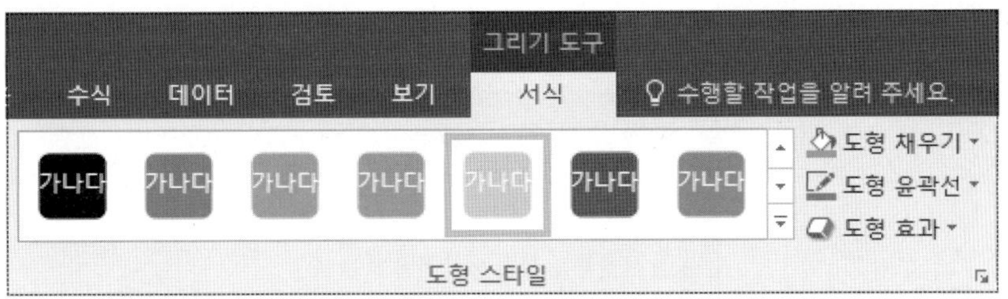

아. 보조 축이 있는 콤보 차트 만들기

차트의 숫자가 데이터 계열에서 데이터 계열로 광범위하게 변하는 경우나 데이터 형식이 혼합되어 있는 경우(예: 가격과 부피) 보조 세로(값) 축에 하나 이상의 데이터 계열을 그릴 수 있다. 보조 세로 축의 눈금은 연결된 데이터 계열의 값을 표시한다.

실습 11-12 *시트명 : '콤보 차트'*

1. 변경하려는 차트에서 아무 곳이나 클릭하여 '차트 도구'를 표시한다.
2. '차트 도구'의 '디자인' 탭에서 '차트 종류 변경'을 클릭한다.

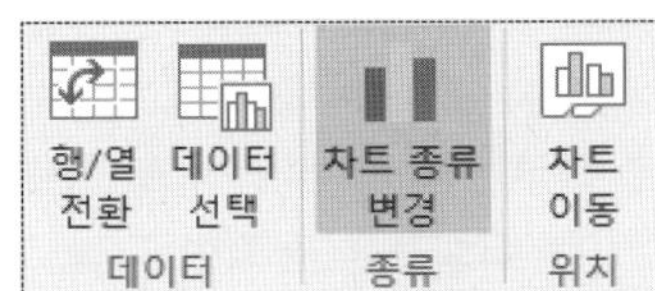

3. '모든 차트' 탭에서 '콤보'를 선택하고 '묶은 세로 막대형–꺾은선형, 보조 축' 차트를 선택한다.

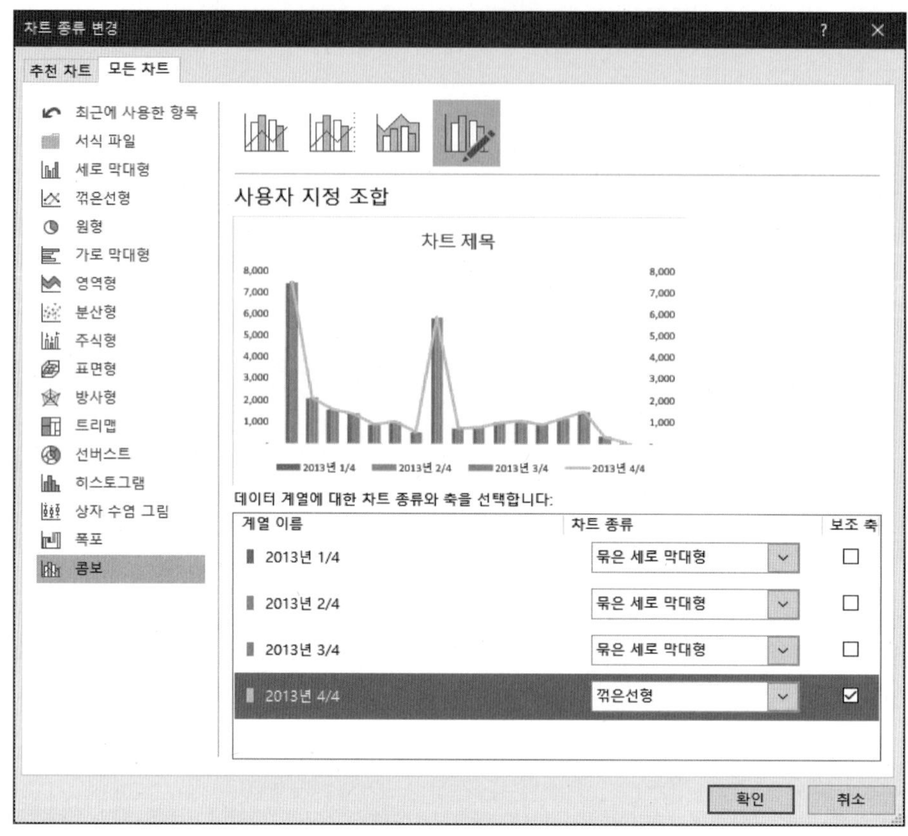

4. '데이터 계열에 대한 차트 종류와 축을 선택합니다.'에서 보조 축에 그리려는 각 데이터 계열에 대해 '보조 축' 확인란을 선택하고 차트 종류를 '꺾은선형'으로 변경한다.
5. 기타 모든 데이터 계열이 '묶은 세로 막대형'으로 표시되는지 확인한다. 각 세로 축에 그리는 내용을 명확히 하려면 축 제목을 추가하려면 차트 아무 곳이나 클릭하고 '차트 요소'를 클릭한다.
   '축 제목' 확인란을 선택하고 그 옆에 있는 화살표를 클릭한 다음 추가하려는 '축 제목'의 확인란을 선택한다. 차트에서 축 제목을 한 번에 하나씩 클릭하고 해당 축에 그리는 데이터를 설명하는 제목을 입력한다.

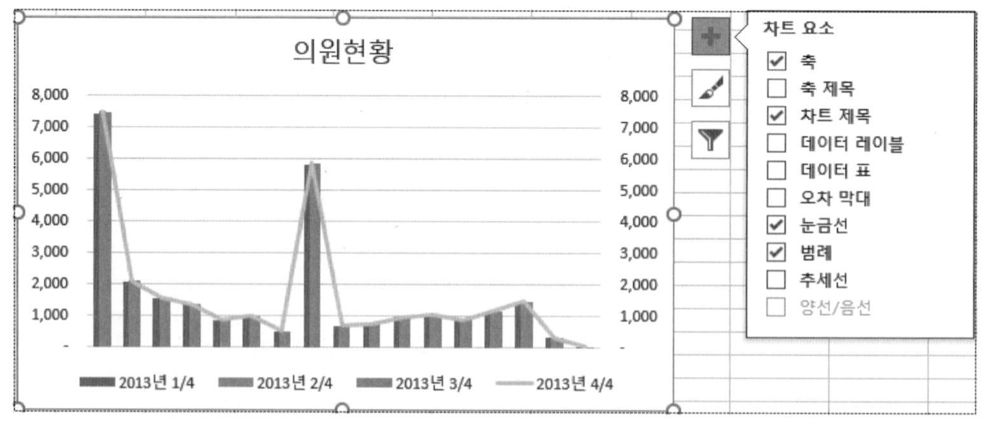

자. 3D 맵 만들기

엑셀용 3D 맵은 새로운 방법으로 정보를 확인할 수 있는 3D(3차원) 데이터 시각화 도구이다. 3D 맵에서는 기존의 2D(2차원) 표 및 차트에 나타나지 않을 수 있는 정보를 발견할 수 있다.

3D 맵을 사용하면 3D 지구본 또는 사용자 지정 지도에 지리 및 시간에 따른 데이터를 그리고 시간의 경과에 따라 보여 줄 수 있으며 시각적 투어를 만들어 다른 사람과 공유할 수 있다. 3D 맵은 다음과 같은 목적에 적합하다.

- **지도에 데이터 표시** : 엑셀 표 또는 엑셀의 데이터 모델에서 가져온 수백만 개 이상의 데이터 행을 3D 형식의 Bing 지도에 시각적으로 그릴 수 있다.
- **정보 발견** : 데이터를 지리적 공간에 표시하고 타임스탬프가 지정된 데이터가 시간에 따라 어떻게 변경되는지 확인하여 새로운 정보를 파악할 수 있다.
- **스토리 공유** : 스크린샷을 캡처하고 영화와 같은 가이드 비디오 투어를 만들어 폭넓게 공유하고 청중의 참여도를 그 어느 때보다 높일 수 있다. 또는 투어를 비디오로 내보내고 공유할 수도 있다.

예를 들어, 시/도, 구/군/시, 우편 번호, 국가/지역 또는 위도 및 경도가 포함된 행 및 열과 같이 표 형식 또는 데이터 모델로 지리적 속성이 포함된 엑셀 데이터가 있는 경우 시작할 수 있다.

실습 11-13 *시트명 : '3D 맵'*

1. 엑셀에서 3D 맵에서 탐색할 표 또는 데이터 모델 데이터가 있는 통합 문서를 연다.
2. 표의 아무 셀이나 클릭한다.
3. '삽입' 탭의 '투어' 그룹에서 '3D 맵'을 클릭한다. 처음으로 3D 맵을 클릭하면 3D 맵이 자동으로 활성화된다. 3D 맵은 Bing을 사용하여 데이터의 지리적 속성에 따라 데이터를 지오코딩 한다. 몇 초 후 레이어 창의 첫 번째 화면 옆에 지구본이 나타난다.

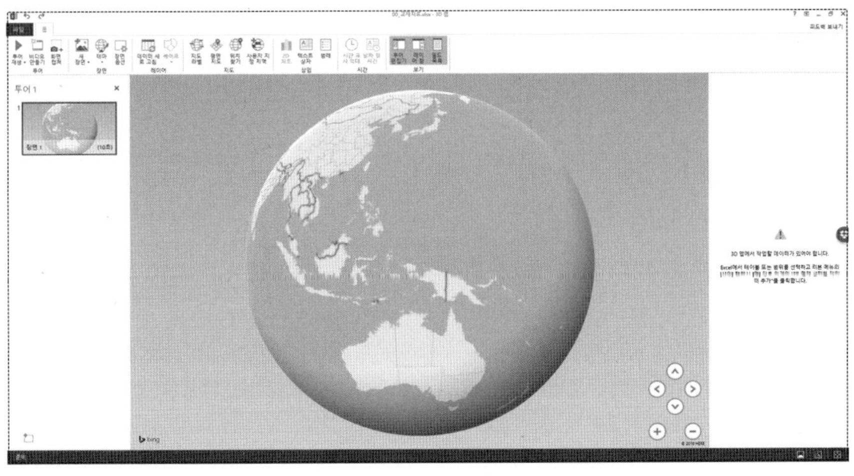

4. 레이어 창에서 필드가 올바르게 매핑 되었는지 확인하고 잘못 매핑된 필드가 있을 경우 해당 '드롭다운 화

살표'를 클릭하여 올바른 지리적 속성에 매핑한다.

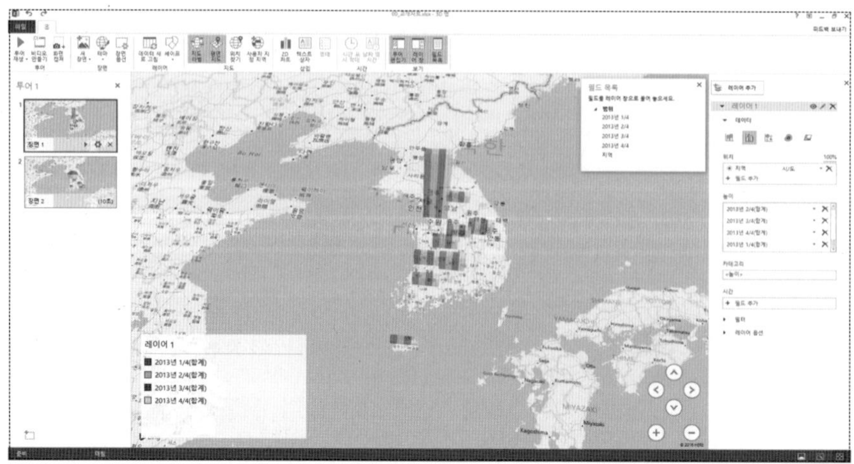

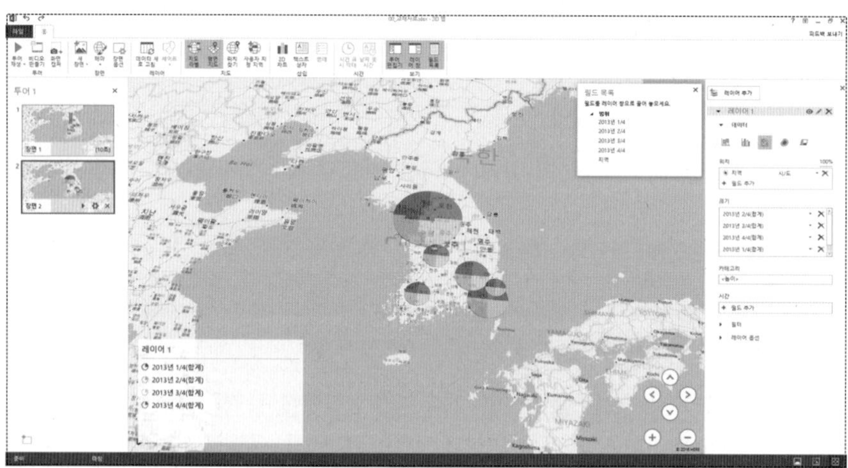

5. 3D 맵을 통해 데이터를 그리면 지구본에 점이 표시된다.

차. SmartArt 그래픽 추가

SmartArt 그래픽은 정보와 아이디어를 시각적으로 표현한 것이다. 여러 레이아웃 중 하나를 선택하여 SmartArt 그래픽을 만드는 방식으로 메시지를 쉽고 빠르게 효과적으로 전달할 수 있다. 다른 기능(예: 데미)과 함께 SmartArt 그래픽을 사용하면 몇 번의 마우스 클릭만으로 디자이너 수준의 일러스트레이션을 만들 수 있다.

SmartArt 그래픽의 레이아웃을 선택할 때는 전달하려는 내용이 무엇이고 정보를 표시하고자 하는 특정한 방식이 있는지 자문해 보자. 이러한 프로세스의 일환으로 SmartArt 그래픽을 만들 때는 프로세스형, 계층 구조형, 관계형 등의 형식을 선택하라는 메시지가 나타난다.

형식은 SmartArt 그래픽의 범주와 비슷하며 각 형식에는 여러 레이아웃이 포함되어 있다.

실습 11-14 *시트명 : 'SmartArt'*

1. '삽입' 탭의 '일러스트레이션' 그룹에서 'SmartArt' 그래픽 삽입을 클릭한다.

2. 'SmartArt 그래픽 선택' 대화 상자에서 용도에 맞는 유형을 선택하고 '확인' 버튼을 클릭한다.

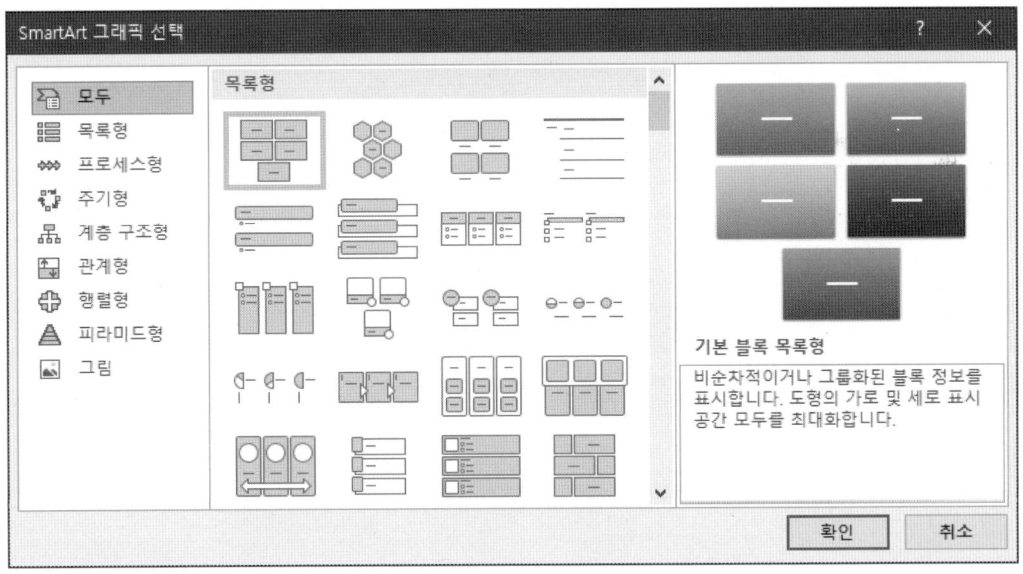

■ SmartArt 그래픽 유형

a. 목록형 : 비순차적인 정보를 표시한다.

b. 프로세스형 : 프로세스 또는 시간 표시 막대에 단계를 표시한다.

c. 주기형 : 연속적인 프로세스를 표시한다.

d. 계층 구조형 : 조직도를 만들거나 의사결정 트리를 표시한다.

e. 관계형 : 연결 관계를 표시한다.

f. 행렬형 : 부분과 전체의 관계를 표시한다.

g. 피라미드형 : 가장 큰 구성 요소를 맨 위 또는 맨 아래에 두고 상대적인 관계를 표시한다.

h. 그림 : 그림을 사용하여 콘텐츠를 표현하거나 강조한다.

제12장

인쇄

가. 엑셀에서 워터마크 추가

워크시트 인쇄물을 공유하면서 이 문서가 “Sample”이라는 것을 사용자에게 알리고 싶은 경우, 모든 인쇄된 페이지의 배경에 "Sample"이라는 단어를 추가한다.

실습 12-01 *시트명 : '워터마크'*

1. 엑셀에서 '삽입' 탭의 '텍스트' 그룹에서 '머리글/바닥글'을 클릭한다.

2. 머리글 안쪽을 클릭하고 '머리글/바닥글 도구'의 '디자인' 탭 '머리글/바닥글 요소'에서 '그림'을 클릭한다. Bing 이미지 검색에서 'Sample'을 입력하고 Enter↵ 를 누른다.

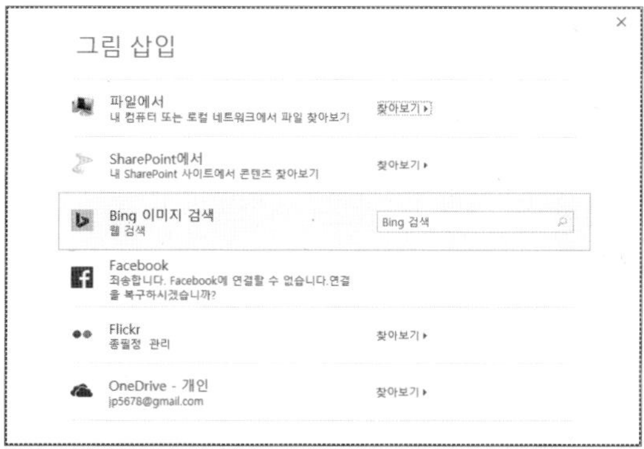

3. Bing 이미지 검색 결과가 나타나면 원하는 이미지를 선택한 후 '삽입' 버튼을 클릭한다.

4. 머리글 상자 바깥의 아무 위치나 클릭하면 'Sample' 워터마크가 나타난다.

5. 워터마크를 페이지 위와 아래 사이의 가운데에 배치할 수 있다. 이렇게 하려면 머리글을 선택하고 &[그림]의 "&" 앞에 커서를 놓는다. 그런 다음 워터마크가 원하는 위치에 세로로 정렬될 때까지 필요한 횟수만큼 Enter↵ 키를 누른다. 페이지 레이아웃 보기 또는 인쇄 미리 보기일 때만 워터마크가 표시된다.

■ 모든 인쇄된 페이지에 배경 그림 삽입

실습 12-02 *시트명 : '배경그림 삽입'*

1. 엑셀에서 '삽입' 탭의 '텍스트' 그룹에서 '머리글/바닥글'을 클릭한다.
2. 머리글 안쪽을 클릭하고 '머리글/바닥글 도구'의 '디자인' 탭 '머리글/바닥글 요소'에서 '그림'을 클릭한다.
3. '파일에서'를 클릭하고 컴퓨터에서 사용할 그림을 찾아 선택한 후 '삽입' 버튼을 누른다.
4. 머리글 상자 바깥의 아무 위치나 클릭하면 삽입된 워터마크가 배경에 나타난다.

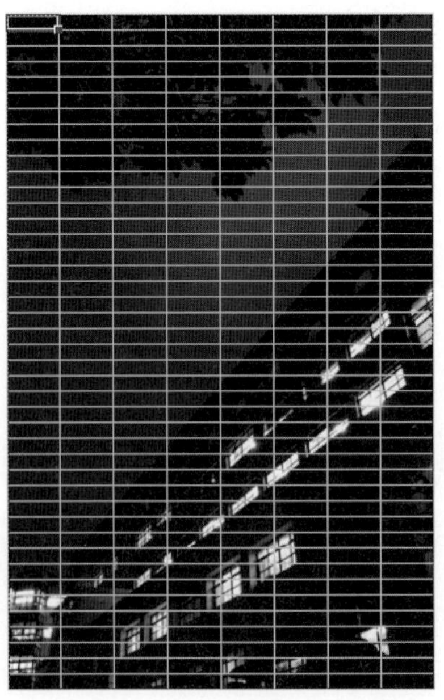

5. 이미지로 인해 스프레드시트의 데이터가 잘 보이지 않는 경우 밝기와 대비를 높여 더 '투명하게' 만들 수 있다. 머리글을 선택하고 &[그림]의 "&" 앞에 커서를 놓고, '머리글/바닥글 도구'의 '디자인' 탭 '머리글/바닥글 요소'에서 '그림 서식'을 클릭한다.

6. '그림' 탭의 이미지 조절 아래에 있는 색 상자에서 '희미하게'를 선택한다. 이렇게 하면 밝기 수준이 85%로, 대비가 15%로 설정된다. 원하는 대로 밝기 및 대비를 조정할 수 있다. 그림을 최적으로 조절하려면 80%와 20% 또는 67%와 33%와 같이 두 수준의 합이 100%가 되도록 한다.

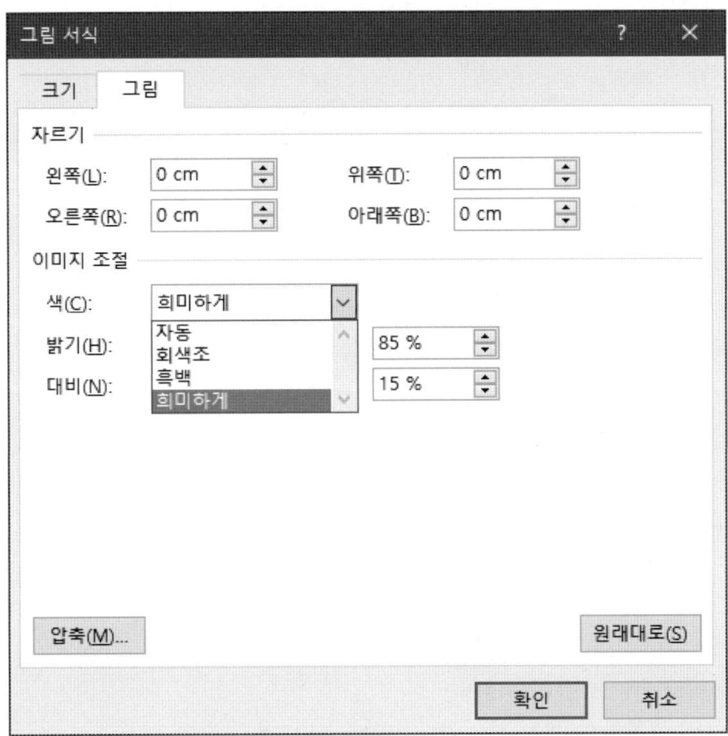

나. 워크시트의 머리글 및 바닥글

엑셀에서 인쇄되는 워크시트의 맨 위에 머리글을 추가하거나 맨 아래에 바닥글을 추가할 수 있다. 예를 들어 페이지 번호, 날짜 및 파일 이름이 있는 바닥글을 만들 수 있다. 머리글 및 바닥글을 직접 만들거나 여러 기본 제공 항목 중 하나를 사용할 수도 있다.

머리글 및 바닥글은 기본 보기일 경우 워크시트에 표시되지 않으며 페이지 레이아웃 보기 및 인쇄된 페이지에서만 표시된다. 엑셀 워크시트의 경우 머리글 또는 바닥글이 표시되는 페이지 레이아웃 보기에서 해당 항목을 삽입할 수 있다. 한 번에 둘 이상의 워크시트에 대해 머리글 또는 바닥글을 삽입할 경우 페이지 설정 대화 상자를 사용할 수도 있다. 차트 시트 등 다른 시트 형식의 경우에는 페이지 설정 대화 상자를 사용해야만 머리글 및 바닥글을 삽입할 수 있다.

■ 페이지 레이아웃 보기에서 머리글 또는 바닥글 텍스트 추가 또는 변경

실습 12-03 *시트명 : '머리글과 바닥글'*

1. 머리글 또는 바닥글을 추가할 워크시트나 변경할 머리글 또는 바닥글이 포함된 워크시트를 클릭한다.
2. '삽입' 탭의 '텍스트' 그룹에서 '머리글/바닥글'을 클릭한다.

'페이지 레이아웃 보기'에 워크시트가 표시된다. 상태 표시줄의 '페이지 레이아웃 보기' 단추 모양 를 클릭하여 이 보기를 표시할 수도 있다.

3. 머리글 또는 바닥글을 추가하려면 워크시트 페이지의 맨 위나 맨 아래(머리글 아래 또는 바닥글 위)에서 왼쪽, 가운데 또는 오른쪽에 있는 '머리글 또는 바닥글 텍스트 상자'를 클릭한다. 또는 머리글 또는 바닥글을 변경하려면 워크시트 페이지의 맨 위나 맨 아래에 있는 '머리글 또는 바닥글 텍스트 상자'를 클릭한 다음 변경할 텍스트를 선택한다.
4. '새 머리글 또는 바닥글' 텍스트를 입력한다.
   머리글 또는 바닥글의 일부를 삭제하려면 머리글 또는 바닥글 텍스트 상자에서 삭제할 부분을 선택한 다음 [Delete] 키 또는 [Back Space] 키를 누른다.
   머리글 또는 바닥글의 텍스트에 & 하나를 포함하려면 &를 두 번 사용한다. 예를 들어 머리글에 "하위 계약자 & 서비스"를 포함하려면 하위 계약자 && 서비스를 입력한다.
   머리글 또는 바닥글을 닫으려면 워크시트의 아무 곳이나 클릭한다. 적용한 변경 내용을 유지하지 않은 상태로 머리글 또는 바닥글을 닫으려면 [Esc] 키를 누른다.

머리글

	성적증명서	

■ 페이지 설정 대화 상자에서 머리글 또는 바닥글 텍스트 추가 또는 변경

실습 12-04 *시트명 : '머리글과 바닥글'*

1. 머리글 또는 바닥글을 추가하거나 변경할 워크시트, 차트 시트 또는 포함된 차트를 클릭한다.
2. '페이지 레이아웃' 탭의 '페이지 설정' 그룹에서 '대화 상자 표시' 아이콘을 클릭한다.

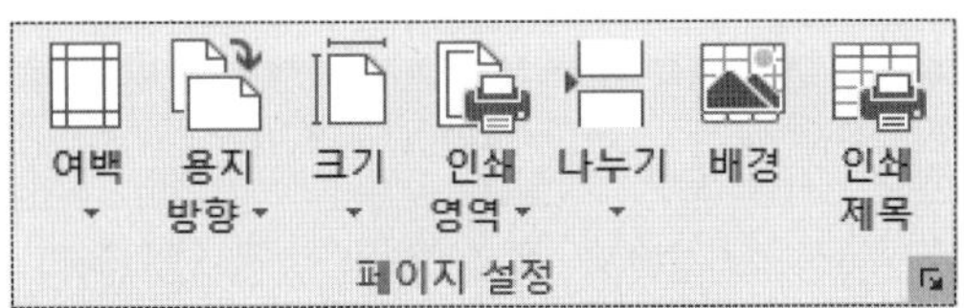

3. '머리글/바닥글' 탭에서 '머리글 편집 또는 바닥글 편집'을 클릭한다.

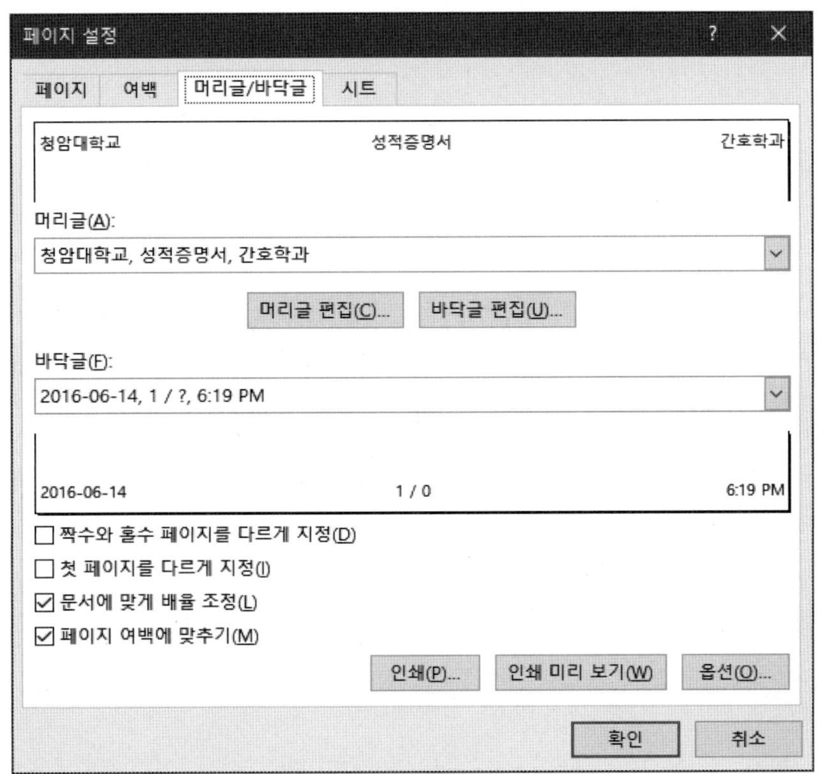

4. 왼쪽 구역, 가운데 구역 또는 오른쪽 구역 상자를 클릭하고 단추를 클릭하여 해당 구역에 원하는 머리글 또는 바닥글 정보를 삽입한다.
5. 머리글 또는 바닥글 텍스트를 추가하거나 변경하려면 왼쪽 구역, 가운데 구역 또는 오른쪽 구역 상자에서 추가 텍스트를 입력하거나 기존 텍스트를 편집한다.
6. '머리글 바닥글 도구'의 '디자인' 탭에서 원하는 '머리글/바닥글 요소'나 다양한 '옵션'을 선택한다.

다. 가로 방향 또는 세로 방향으로 워크시트 인쇄

기본적으로 엑셀에서는 길이가 너비보다 긴 세로 방향으로 워크시트를 인쇄한다. 용지 방향을 워크시트 단위로 가로 방향으로 변경할 수 있다.

■ 용지 방향 변경

실습 12-05 *시트명 : '인쇄'*

1. 방향을 변경할 하나 이상의 워크시트를 선택한다.
2. '페이지 레이아웃' 탭의 '페이지 설정' 그룹에서 '용지 방향(▾)'을 클릭하고 '세로' 또는 '가로'를 선택한다.

'파일' 탭에서 '인쇄(Ctrl + P)'를 클릭한 후 방향 변경을 하거나 맨 아래 페이지 설정에서도 '용지 방향' 변경이 가능하다.

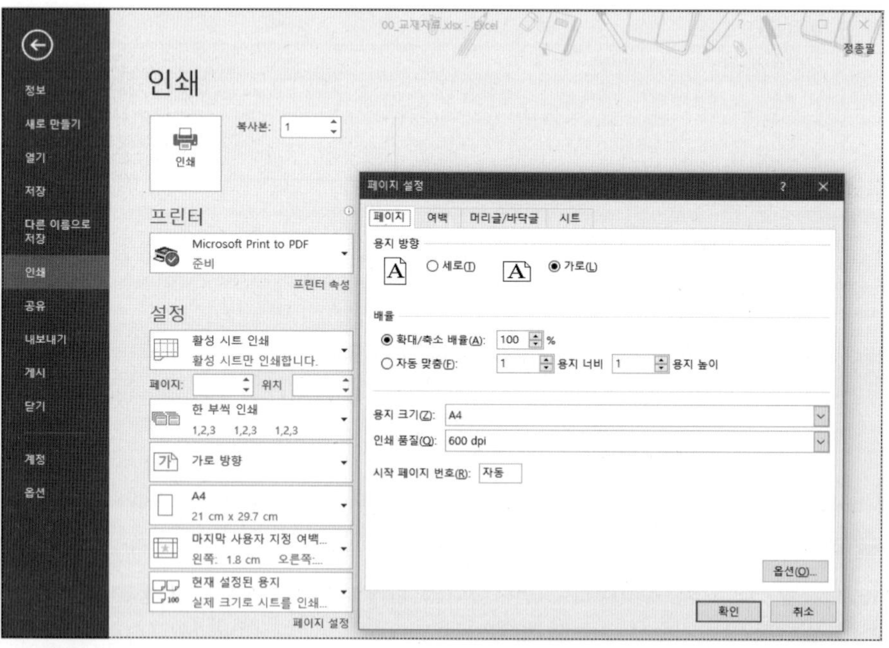

라. 모든 페이지의 맨 위에 열 머리글이 있는 행 인쇄

워크시트가 여러 페이지로 이루어진 경우 각 페이지에 행 및 열 머리글 또는 레이블(인쇄 제목)을 인쇄할 수 있다. 예를 들어 크고 복잡한 워크시트의 경우 모든 페이지에서 열 머리글의 첫 번째 행을 반복할 수 있다.

실습 12-06 *시트명 : '인쇄'*

1. 인쇄할 워크시트를 선택한다.
2. '페이지 레이아웃' 탭의 '페이지 설정' 그룹에서 '인쇄 제목'을 클릭한다.

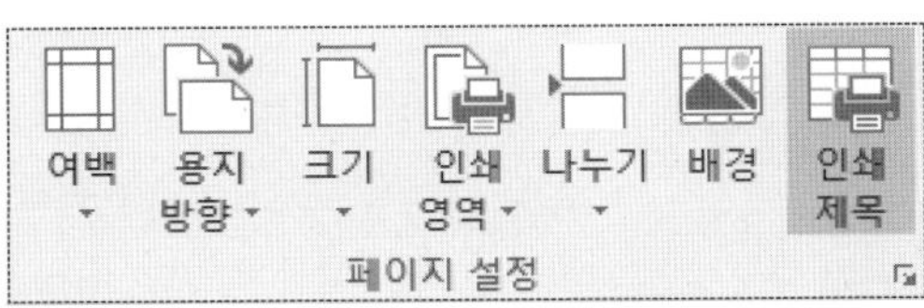

3. '시트' 탭의 인쇄 제목에서 '인쇄 영역', '반복할 행' 등을 입력한 후 '인쇄 미리 보기'를 하거나 또는 '확인' 버튼을 눌러 프린터로 인쇄한다. 인쇄하기 전에 반드시 '인쇄 미리 보기'를 통해 위지윅(What You See Is What You Get)으로 화면상에서 모든 설정을 확인하여야 한다. 모든 페이지의 첫 행에 같은 내용을 반복적으로 인쇄하려면 '반복할 행'에 인쇄하고자 하는 행을 선택하여 입력하면 된다.

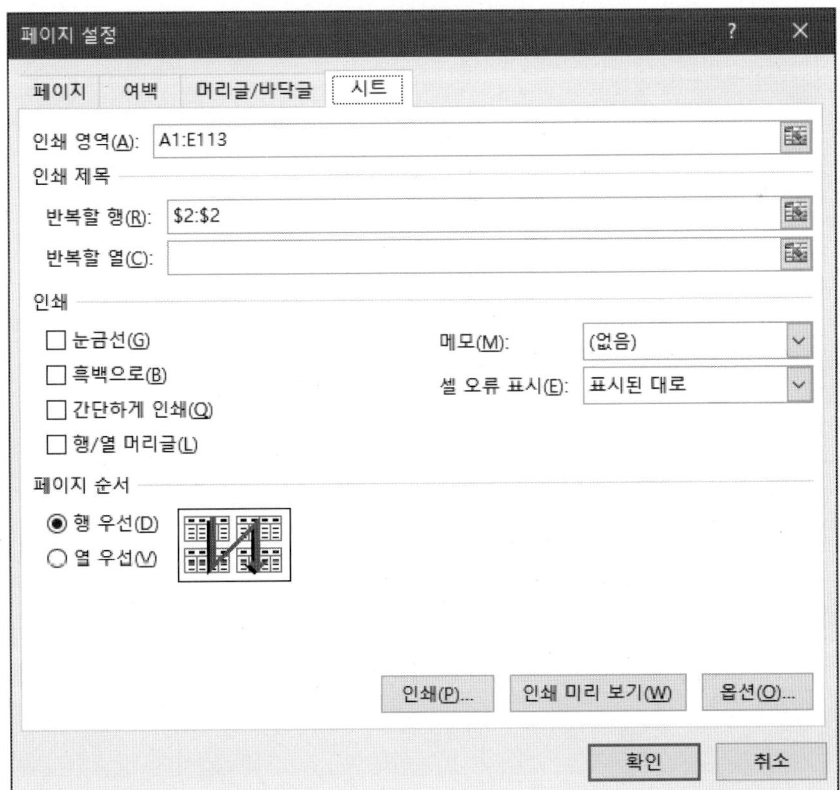

마. 특정 인쇄 영역 설정

워크시트의 특정 구역을 자주 인쇄하는 경우 해당 구역을 인쇄 영역으로 설정할 수 있다. 그러면 워크시트를 인쇄할 경우 해당 구역만 인쇄된다.

실습 12-07 *시트명 : '인쇄'*

1. 인쇄할 셀 영역을 선택한다.
2. '페이지 레이아웃' 탭을 클릭하고 '인쇄 영역(▾)'과 '인쇄 영역 설정'을 차례로 클릭한다.

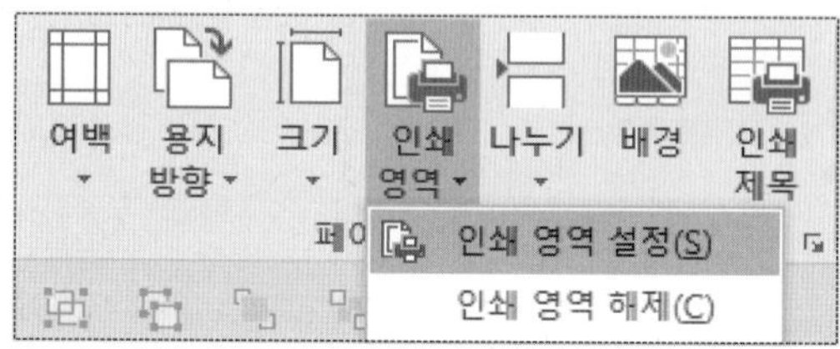

3. 선택한 인쇄 영역을 보려면 '보기' 탭을 클릭한 다음 '통합 문서 보기' 그룹의 '페이지 나누기 미리 보기'를 클릭한다. 통합 문서를 저장하면 인쇄 영역도 저장된다.

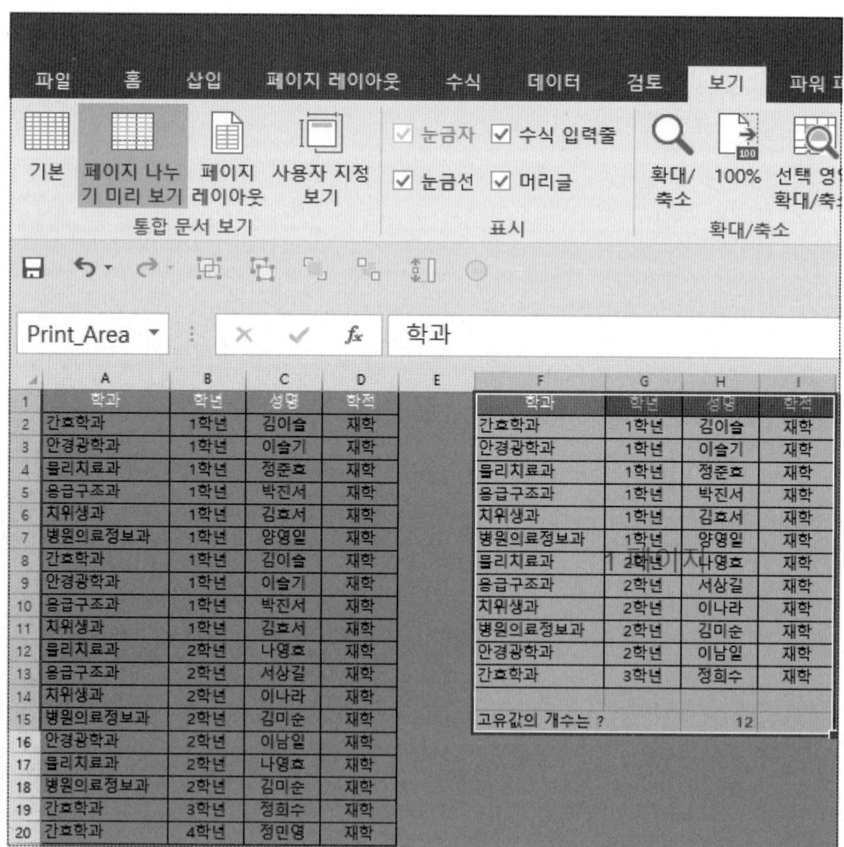

바. 페이지 나누기 추가

페이지 나누기는 워크시트를 인쇄할 때 별도의 페이지로 분할한다. 페이지 나누기는 워크시트에 자동으로 삽입되지만 워크시트를 원하는 대로 인쇄하기 위해 페이지 나누기를 직접 추가할 수 있다.

실습 12-08 *시트명 : '인쇄'*

1. '보기' 탭에서 '페이지 나누기 미리 보기'를 클릭한다.

2. 페이지 나누기를 삽입할 곳의 아래 행이나 오른쪽 열을 선택한다.
3. 행 또는 열을 마우스 오른쪽 단추로 클릭하고 '페이지 나누기 삽입'을 클릭한다.

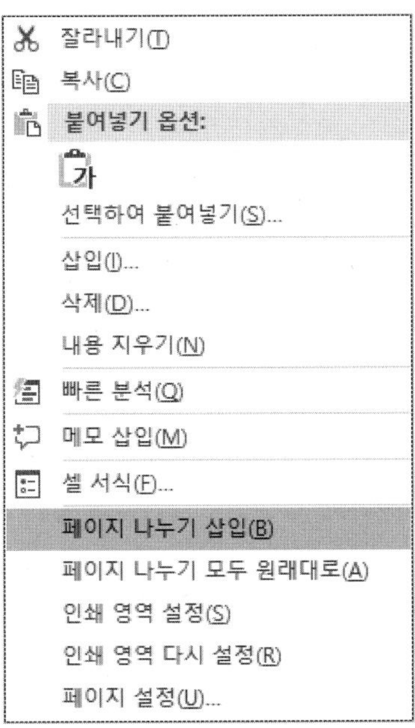

	A	B	C	D	E	F	G	H
1	연번	투여	식약분류	주성분코드_동일제품분류	주성분코드	신코드	구코드	제품명
2	1	내복	114	101303ATB	101303ATB	649700690	A31060451	크라운아세트아미노펜정300밀리그람
3	2	내복	114	101303ATB	101303ATB	670700730	A33001361	엠다펜정300밀리그람(아세트아미노펜)
4	3	내복	112	211701ATB	211701ATB	671801010	G02900011	위천페노바르비탈정(수출명:바르탈정(페노바르비탈)
5	4	내복	112	211701ATB	211701ATB	643100780	G11800021	바이넥스페노바르비탈정
6	5	내복	114	101306ATB	101306ATB	654200620	A23602321	알파아세트아미노펜정500밀리그람
7	6	내복	117	142902ATB	142902ATB	671800270	G02900131	대원디아제팜정2밀리그램(수출명:디아증정2밀리그램)
8	7	내복	222	118601ATB	118601ATB	653600920	M24260681	비졸본정(브롬화신명산염)
9	8	내복	114	101303ATB	101303ATB	653700610	A11801101	삼남아세트아미노펜정
10	9	내복	114	101306ATB	101306ATB	654303660	A15201271	세리콘정(아세트아미노펜)
11	10	내복	114	101306ATB	101306ATB	649700680	A31000681	크라운아세트아미노펜정
12	11	내복	114	101306ATB	101306ATB	653700620	A11860181	삼남아세트아미노펜정500밀리그람
13	12	내복	114	101306ATB	101306ATB	644000780	A36702601	수일아세트아미노펜정500밀리그람
14	13	내복	117	107604ATB	107604ATB	657202640		에나폰정5밀리그램(아미트리프틸린염산염)
15	14	내복	618	106102ASY	106102ASY	642703340	A06702071	파목신시럽(아목시실린수화물)
16	15	내복	114	110702ATB	110702ATB	648602210	A00300081	신풍아스피린정500밀리그램(수출명:ASPINTablets)
17	16	내복	141	131801ATB	131801ATB	642102670	A04600651	페니라민정(클로르페니라민말레산염)

4. '페이지 나누기 미리 보기'에서 파선은 자동으로 추가된 페이지 나누기이고, 실선은 수동으로 추가한 페이지 나누기이다. 원하는 페이지 나누기가 추가될 때까지 이 작업을 계속한 다음 '보기'탭에서 '기본'을 클릭한다.

제13장 사용자 지정

가. 셀 배경색 추가 또는 변경

채우기 색을 사용하여 셀의 배경색 또는 패턴을 추가하거나 변경하여 셀에서 데이터를 강조할 수 있다.

실습 13-01 *시트명 : '사용자 지정'*

1. 강조 표시할 셀을 선택한다. 전체 워크시트에서 다른 배경색을 사용하려면 '모두 선택' 단추를 클릭한다. 이렇게 하면 눈금선이 숨겨지지만 모든 셀 주위에 셀 테두리가 표시되므로 워크시트를 쉽게 읽을 수 있다.

	A	B	C	D	E	F	G	H
1	시/도	1사분기	2사분기	3사분기	4사분기	스파크라인		
2	서울	7,453	7,507	7,497	7,505			
3	부산	2,093	2,104	2,109	2,119			
4	대구	1,559	1,568	1,571	1,576			
5	인천	1,378	1,385	1,382	1,384			
6	광주	844	853	859	864			
7	대전	992	993	996	995			
8	울산	528	534	534	537			
9	경기	5,816	5,847	5,866	5,876			
10	강원	678	686	691	695			
11	충북	780	784	782	775			
12	충남	987	997	999	991			
13	전북	1,089	1,091	1,083	1,080			
14	전남	891	893	894	894			
15	경북	1,181	1,180	1,174	1,168			
16	경남	1,485	1,484	1,483	1,481			
17	제주	327	331	330	331			
18	세종	56	56	57	57			
19								
20								

2. '홈' 탭의 '글꼴' 그룹에서 '채우기 색(▼)'을 클릭한다.

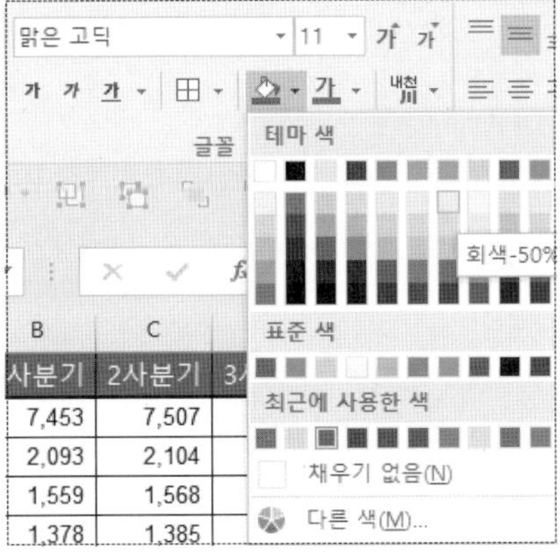

3. '테마 색' 또는 '표준 색'에서 원하는 색을 선택한다. 다른 색을 사용자 지정하려면 '다른 색'을 클릭한 다음 '색 대화 상자'에서 원하는 색을 선택한다. 최근에 사용한 색에서는 최근에 선택한 사용자 지정 색을 최대 10개까지 찾을 수 있다.

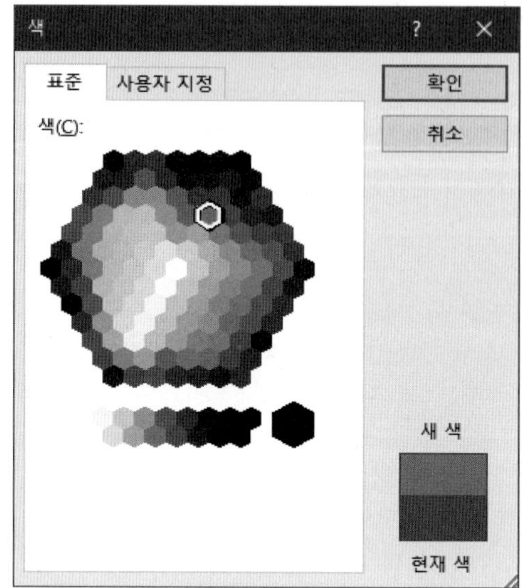

■ 패턴 또는 채우기 효과 적용

단색 색 채우기 외에 다른 작업을 수행하려면 패턴 또는 채우기 효과를 적용해 보자.

실습 13-02 *시트명 : '사용자 지정'*

1. 서식을 지정할 셀 또는 셀 범위를 선택한다.
2. '홈' 탭의 '셀 서식'을 클릭한다. '채우기' 탭의 '배경색'에서 원하는 색을 선택한다.

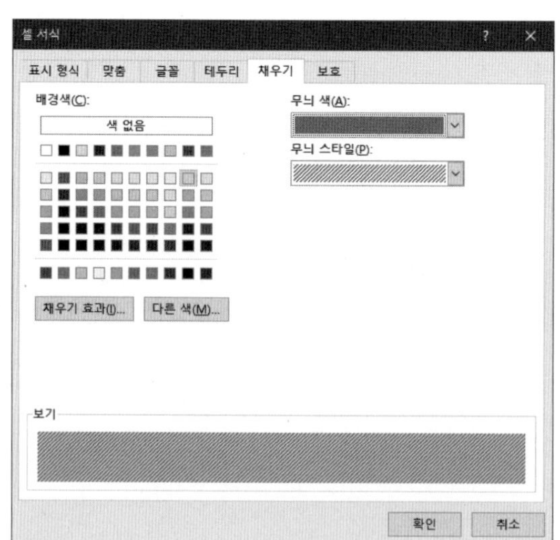

3. 두 가지 색으로 이루어진 패턴을 사용하려면 무늬 색 상자에서 색을 선택하고 무늬 스타일 상자에서 무늬를 선택한다. 특수 효과가 적용된 패턴을 사용하려면 채우기 효과를 클릭한 다음 원하는 옵션을 선택한다.

나. 테마를 변경하고 기본 테마로 만들기

'페이지 레이아웃' 탭의 '테마' 그룹에서 '테마(▾)'를 클릭하고 원하는 테마를 선택한다.

■ 표준 색 테마 선택

'페이지 레이아웃' 탭의 '테마' 그룹에서 '색(▾)'을 클릭하고 원하는 색 집합을 선택한다. 첫 번째 그룹의 색은 '현재 테마의 색'이다.

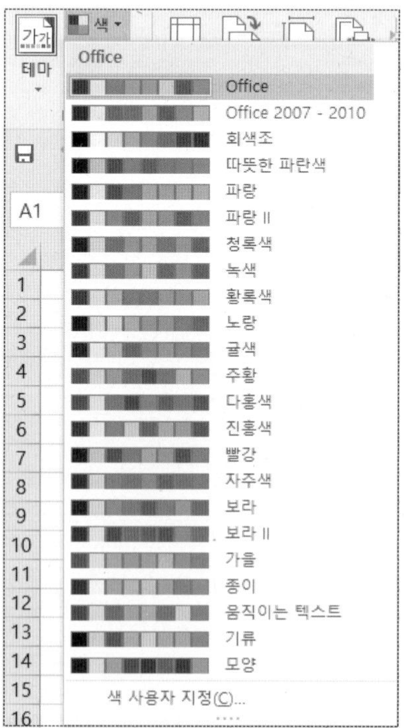

■ 나만의 색 테마 만들기

실습 13-03 *시트명 : '사용자 지정'*

1. '페이지 레이아웃' 탭의 '테마' 그룹에서 '색'을 클릭한 다음 '색 사용자 지정'을 클릭한다.
2. 변경할 테마 색 옆에 있는 '단추(▾)'를 클릭한 다음 '테마 색'에서 색을 선택한다.

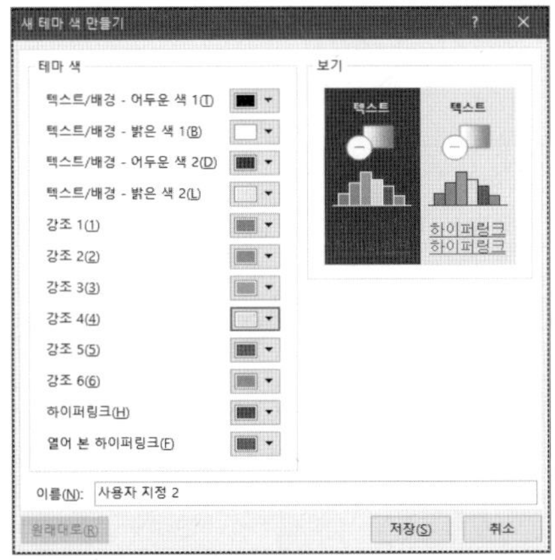

고유한 색을 만들려면 '다른 색'을 클릭한 다음 '표준' 탭에서 원하는 색 또는 '사용자 지정' 탭에서 숫자를 입력한다.

3. '보기' 창에서 적용한 변경 내용을 미리 본다.
4. 변경할 모든 색에 대해 이 과정을 반복한다.
5. 이름 상자에 새 테마 색의 이름을 입력하고 '저장'을 클릭한다. 원래 테마 색으로 돌아가려면 '원래대로'를 클릭한 다음 '저장'을 클릭한다.

■ 테마 글꼴 변경

실습 13-04 *시트명 : '사용자 지정'*

1. 페이지 레이아웃 탭의 테마 그룹에서 글꼴(▾)을 클릭하고 원하는 글꼴 집합을 선택한다.

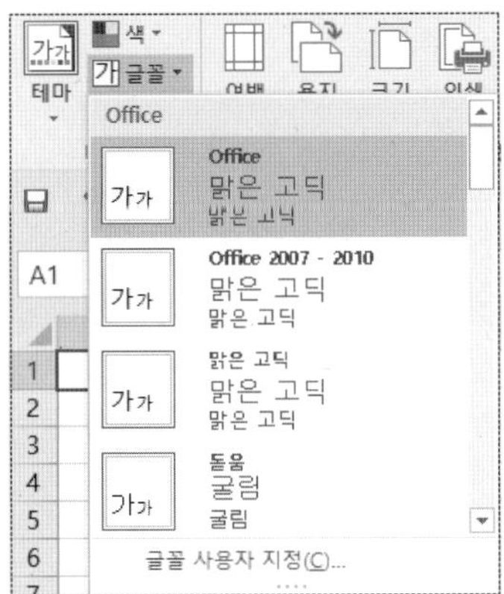

2. 고유한 글꼴 집합을 만들려면 '글꼴 사용자 지정'을 클릭한다.
3. '새 테마 글꼴 만들기' 상자의 제목 글꼴 및 본문 글꼴 상자에서 원하는 글꼴을 선택한다.
4. 이름 상자에 이름을 입력하고 '저장'을 클릭한다.

■ 테마 효과 변경

테마 효과는 그림자, 반사, 선, 채우기 등이 포함된다. 테마 효과의 집합을 직접 만들 수는 없지만 사용할 수 있는 효과의 집합을 선택할 수는 있다.

실습 13-05 *시트명 : '사용자 지정'*

1. '페이지 레이아웃' 탭의 '테마' 그룹에서 '효과(▾)'를 클릭한 다음 사용할 효과 모음을 클릭한다.

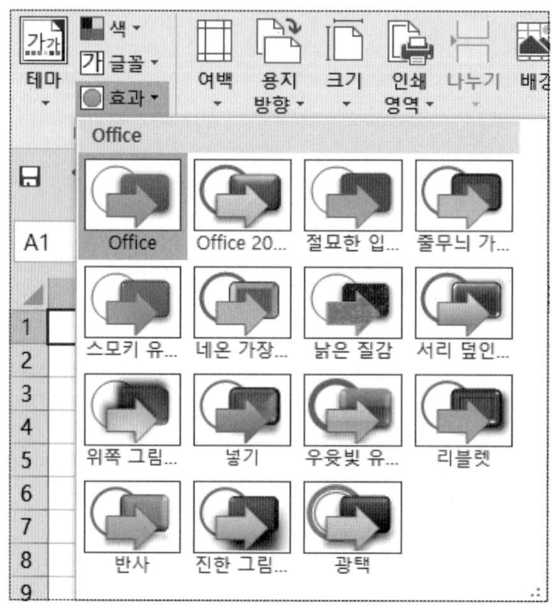

■ 다시 사용할 수 있도록 사용자 지정 테마 저장

실습 13-06 *시트명 : '사용자 지정'*

1. '페이지 레이아웃' 탭의 '테마' 그룹에서 '테마'를 클릭하고 '현재 테마 저장'을 클릭한다.
2. 파일 이름 상자에서 테마 이름을 입력하고 '저장'을 클릭한다.
   테마는 로컬 드라이브의 Document Themes 폴더에 .thmx 파일로 저장되고 테마를 클릭하면 나타나는 사용자 지정 테마 목록에 자동으로 추가된다.

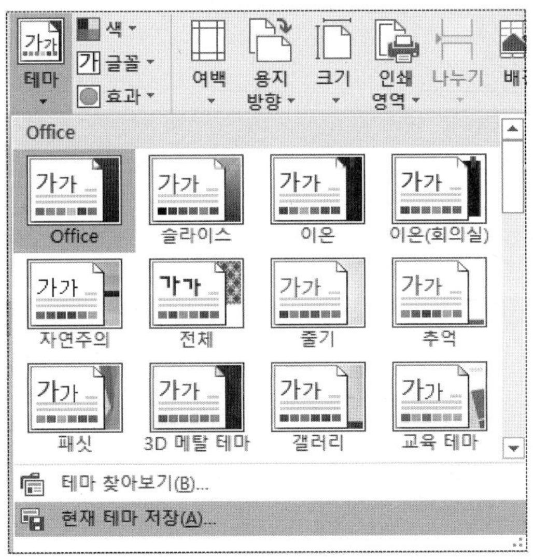

■ 변경 내용을 새 기본 테마로 만들기

테마를 저장한 후에는 모든 새 문서에 사용하도록 설정할 수 있다.

빈 통합 문서에 사용자 지정 테마를 적용한 다음 'Book.xltx'라는 이름을 지정하여 서식 파일로 '저장'한다.

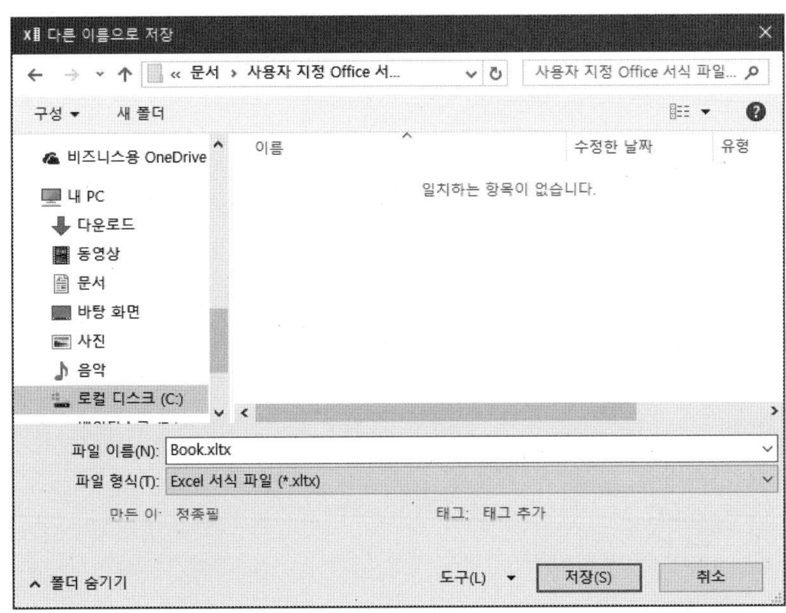

전환하거나 테마 제거 테마를 변경하려면 단순히 테마 메뉴에서 다른 테마를 선택하면 된다. 기본 테마로 돌아가려면 'Office 테마'를 선택한다.

다. 윈도우용 엑셀 2016에서 추가 기능 추가 또는 제거

추가 기능(Add-in)은 기존 오피스 패키지에 포함되어 있지는 않으나 마이크로소프트 오피스 스토어(https://store.office.com)를 통해 별도로 다운로드 하면 오피스에서 함께 이용할 수 있는 기능으로, 추가 기능을 잘 선택하여 활용하면 사용자의 오피스 능력을 향상 시킬 수가 있다.

■ People Graph

엑셀에서 기본적으로 제공해 주는 차트가 너무 식상하게 느껴진다면, 다양한 아이콘으로 차트를 구성해주는 People Graph를 추천한다. 예를 들어 사용자 수, 인구 통계 등을 보여줄 때에는 사람 아이콘을, 수익이나 판매현황과 같은 숫자를 보여줄 때에는 돈주머니 아이콘을 이용해 보고서 차트를 좀 더 시각적이고 효과적으로 나타낼 수 있다.

다이아몬드, 옷, 시계 등 다양한 아이콘과 디자인 옵션이 주어지기 때문에 클릭 몇 번만 하면 차트의 성격에 맞게 손쉽게 비쥬얼을 업그레이드할 수 있다. People Graph는 마이크로소프트가 만든 추가 기능으로 오피스 사용자라면 무료로 이용할 수 있다.

오피스 추가 기능 추가하기는 일반적인 앱 다운로드 과정과 매우 유사하다. 오피스 스토어(https://store.office.com)를 방문하여 추가하고자 하는 앱을 검색한 후 앱 소개 옆에 나오는 추가 버튼을 클릭하면 된다. 추가 버튼을 눌렀을 때 오피스제품 구매시 등록한 본인의 계정을 확인해 달라는 요청이 나오는데 이때 등록한 이메일 계정을 확인해 주면 바로 추가된다.

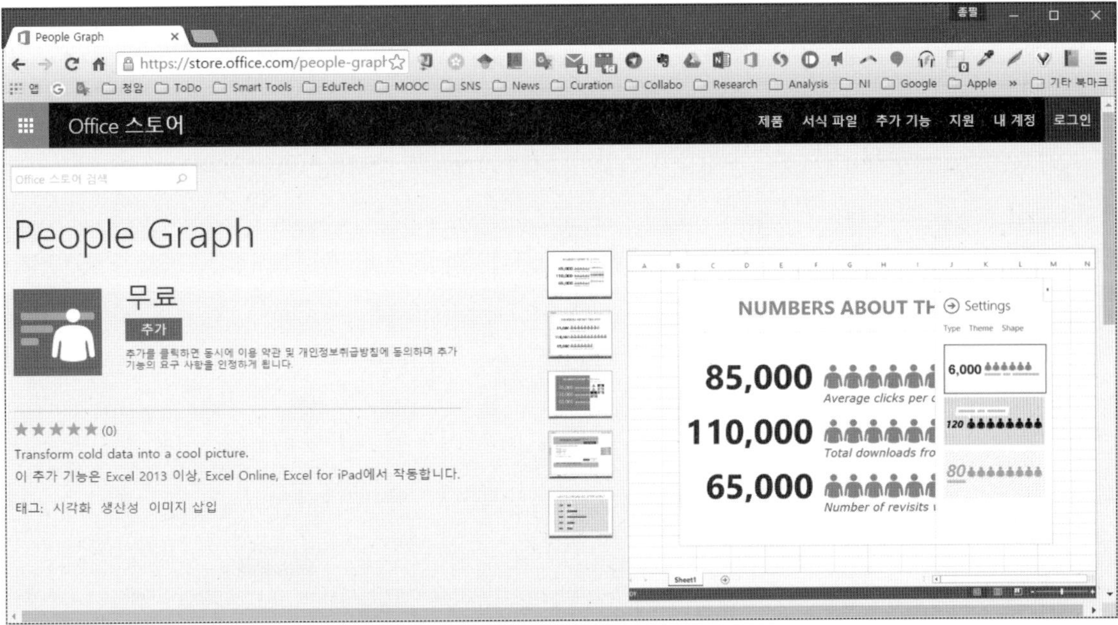
People Graph
https://store.office.com/people-graph
앱 청암 ToDo Smart Tools EduTech MOOC SNS News Curation Collabo Research Analysis NI Google Apple » 기타 북마크
Office 스토어
제품 서식 파일 추가 기능 지원 내 계정 로그인
Office 스토어 검색
People Graph
무료
추가
추가를 클릭하면 동시에 이용 약관 및 개인정보취급방침에 동의하며 추가 기능의 요구 사항을 인정하게 됩니다.
★★★★★ (0)
Transform cold data into a cool picture.
이 추가 기능은 Excel 2013 이상, Excel Online, Excel for iPad에서 작동합니다.
태그: 시각화 생산성 이미지 삽입
NUMBERS ABOUT TH
Settings
Type Theme Shape
85,000
Average clicks per
110,000
Total downloads fro
65,000
Number of revisits
6,000
120
80
Sheet1

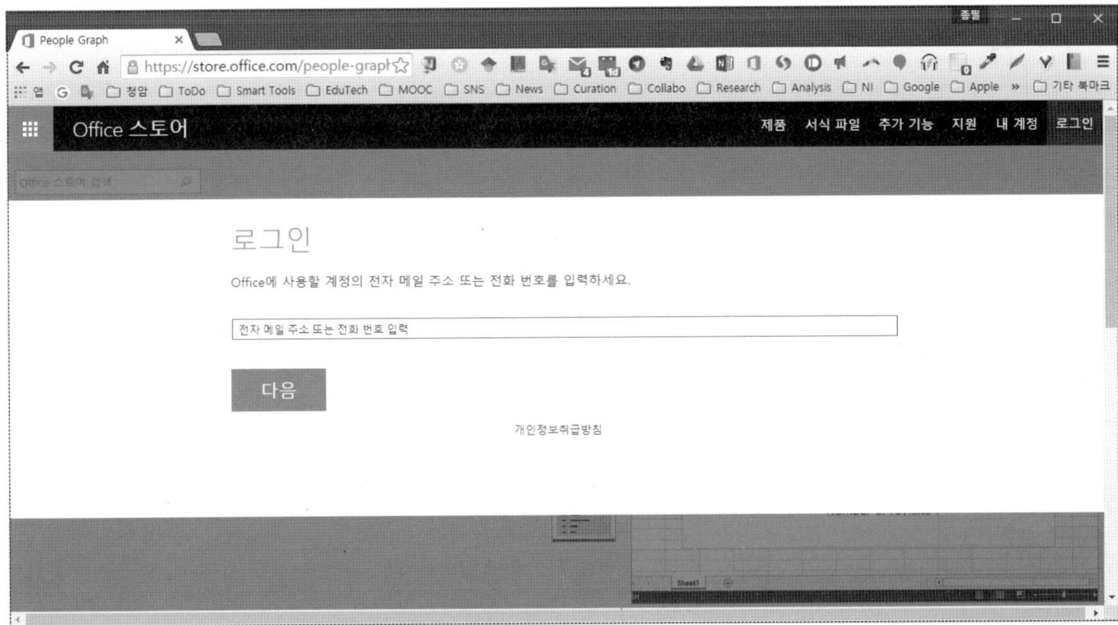
People Graph
https://store.office.com/people-graph
앱 청암 ToDo Smart Tools EduTech MOOC SNS News Curation Collabo Research Analysis NI Google Apple » 기타 북마크
Office 스토어
제품 서식 파일 추가 기능 지원 내 계정 로그인
로그인
Office에 사용할 계정의 전자 메일 주소 또는 전화 번호를 입력하세요.
전자 메일 주소 또는 전화 번호 입력
다음
개인정보취급방침

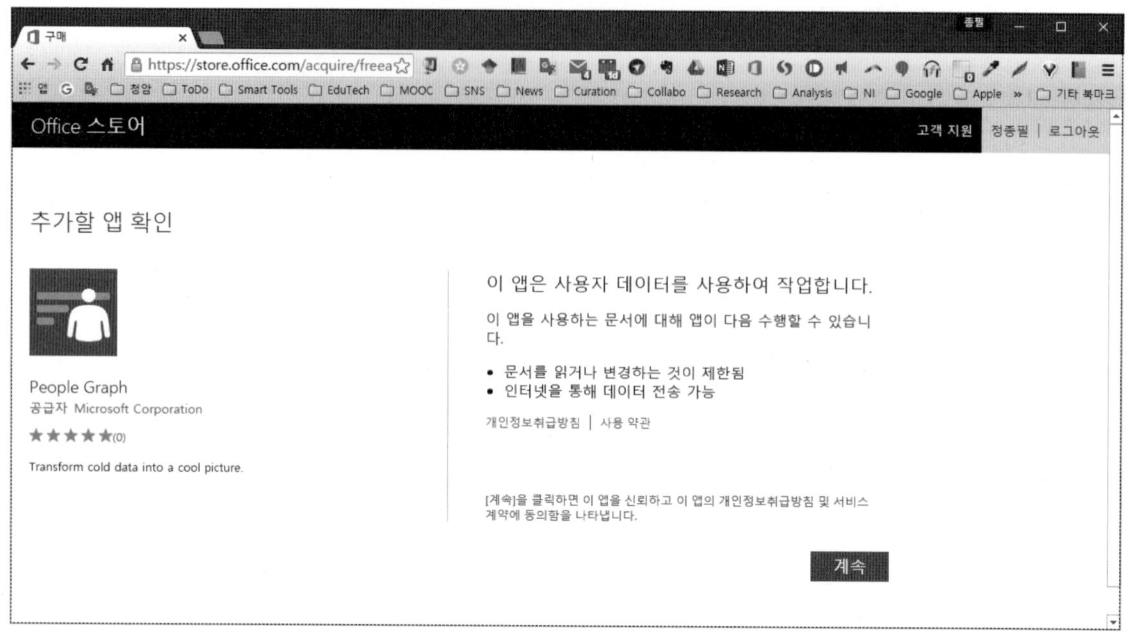

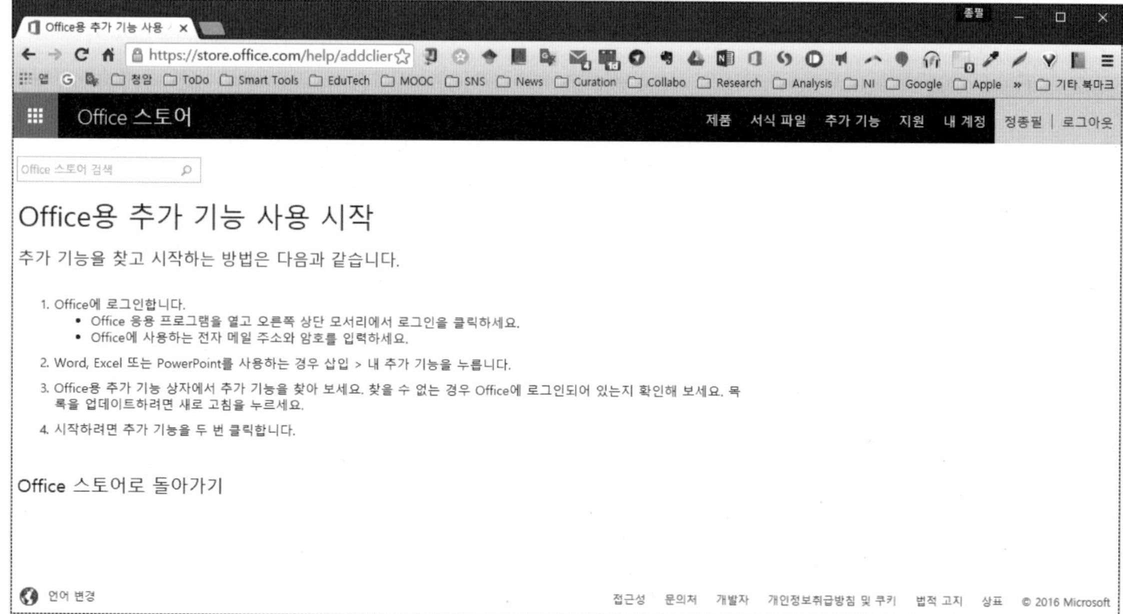

또는, 엑셀에서 '삽입' 탭의 '추가 기능' 그룹에서 '스토어' 버튼을 눌러 '오피스 스토어'를 연결한 다음에 검색창에 'People Graph'를 검색한 후 '신뢰' 버튼을 클릭한다.

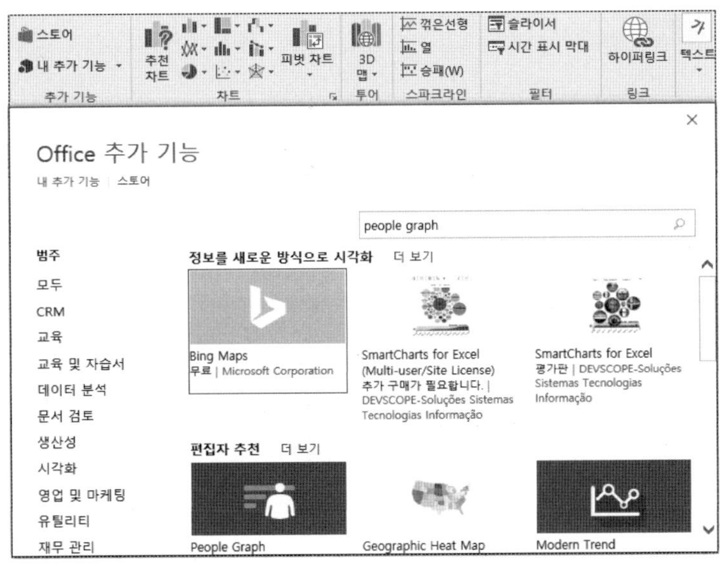

스토어
내 추가 기능
추가 기능
추천 차트
피벗 차트
3D 맵
차트
투어
꺾은선형
열
승패(W)
스파크라인
슬라이서
시간 표시 막대
필터
하이퍼링크
링크
텍스트
Office 추가 기능
내 추가 기능 | 스토어
people graph
범주
모두
CRM
교육
교육 및 자습서
데이터 분석
문서 검토
생산성
시각화
영업 및 마케팅
유틸리티
재무 관리
정보를 새로운 방식으로 시각화 더 보기
Bing Maps
무료 | Microsoft Corporation
SmartCharts for Excel (Multi-user/Site License)
추가 구매가 필요합니다. | DEVSCOPE-Soluções Sistemas Tecnologias Informação
SmartCharts for Excel
평가판 | DEVSCOPE-Soluções Sistemas Tecnologias Informação
편집자 추천 더 보기
People Graph
Geographic Heat Map
Modern Trend

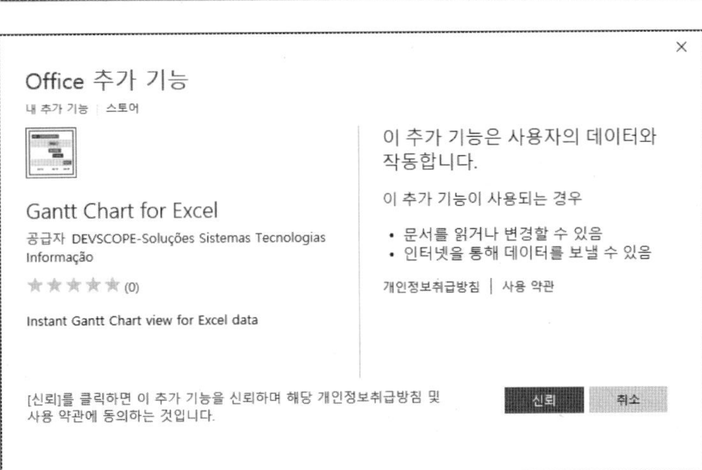

Office 추가 기능
내 추가 기능 | 스토어
Gantt Chart for Excel
공급자 DEVSCOPE-Soluções Sistemas Tecnologias Informação
(0)
Instant Gantt Chart view for Excel data
이 추가 기능은 사용자의 데이터와 작동합니다.
이 추가 기능이 사용되는 경우
• 문서를 읽거나 변경할 수 있음
• 인터넷을 통해 데이터를 보낼 수 있음
개인정보취급방침 | 사용 약관
[신뢰]를 클릭하면 이 추가 기능을 신뢰하며 해당 개인정보취급방침 및 사용 약관에 동의하는 것입니다.
신뢰
취소

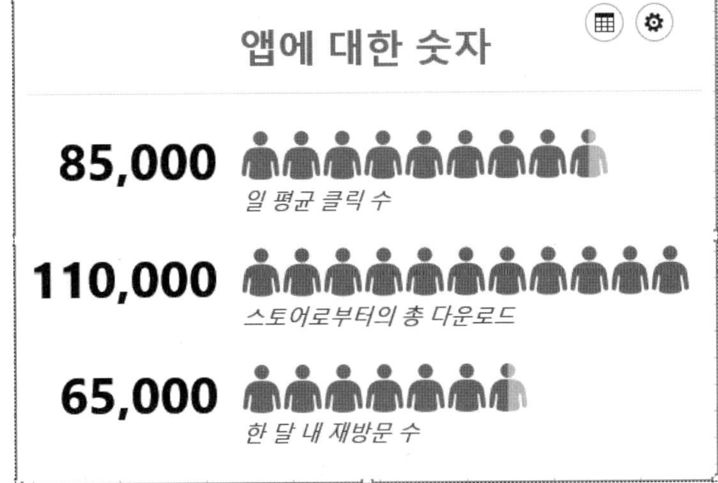

앱에 대한 숫자
85,000
일 평균 클릭 수
110,000
스토어로부터의 총 다운로드
65,000
한 달 내 재방문 수

■ People Graph 추가하기

실습 13-07 *시트명 : 'People Graph'*

1. People Graph를 불러왔으면 이제 내 용도에 맞게 데이터와 포맷을 변경하면 되는데, 먼저 데이터는 People Graph 오른쪽 상단에 나타난 표 아이콘을 눌러 변경한다. '표' 아이콘을 누르면 오른쪽에 People Graph의 제목과 데이터를 편집할 수 있는 창이 나타난다.

   녹색의 '데이터 편집' 버튼을 누르면 새로운 창이 뜨는데 이때 데이터를 입력해놓은 엑셀의 한 부분을 드래그하여 선택하면 바로 새로운 데이터가 적용된다.

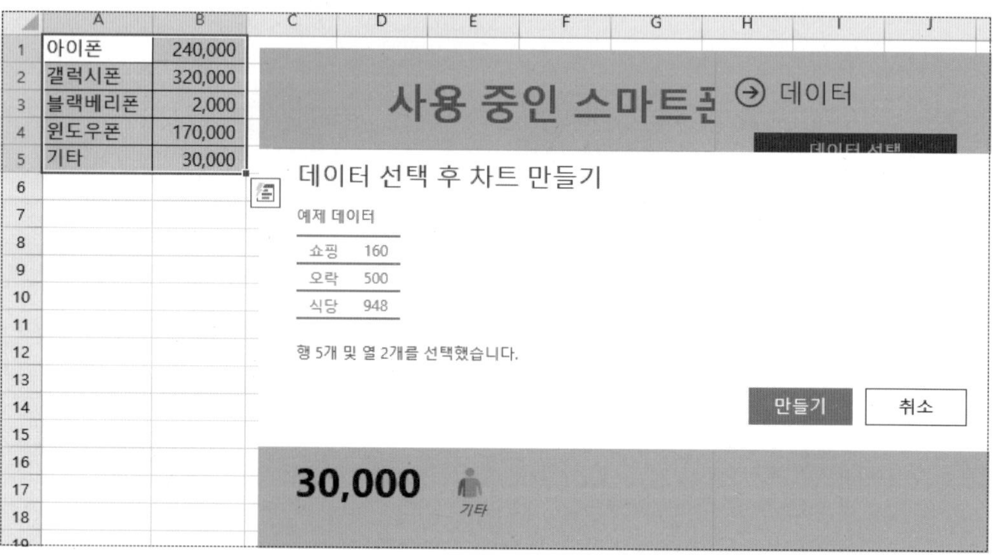

데이터 편집이 끝났다면 '설정' 아이콘을 누르면, 3가지 디자인 섹션이 나타나는데, 첫 째는 전체적인 디자인 레이아웃을 결정하는 '유형', 두 번째는 차트의 색상 조합인 '테마', 세 번째는 차트에 나타날 아이콘의 모양인 '도형'이다.

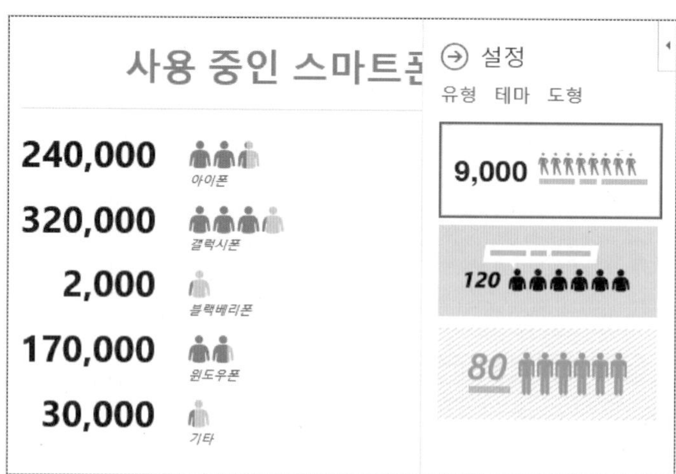

차트 디자인 편집까지 모두 끝나면 문서 내 원하는 위치로 옮겨 차트를 사용하면 된다.

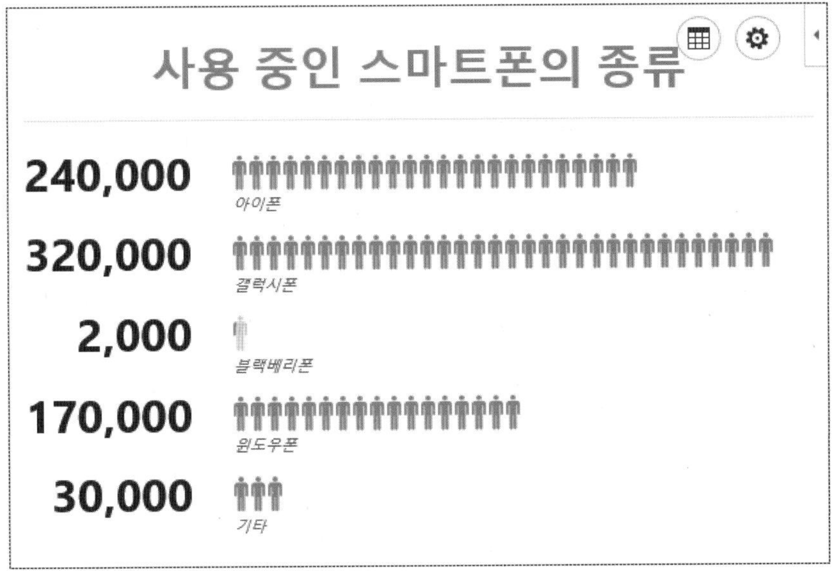

이 차트는 복사-붙여넣기를 통해 파워포인트나 워드 문서에 넣을 수도 있다. 단, 파워포인트나 워드에는 이미지 형식으로 들어가기 때문에 데이터 편집은 불가능하므로 모든 데이터 편집이 최종적으로 끝난 후 사용해야 한다.

■ Modern Trend

Modern Trend는 우리에게 익숙한 선 그래프를 좀 더 아름다운 비쥬얼로 표현할 수 있는 추가 기능이다. People Graph와 마찬가지로 마이크로소프트가 만든 추가 기능으로 '오피스 스토어'에서 다운로드 받을 수 있으며 무료이다.

■ Modern Trend 추가하기

People Graph와 동일한 방식으로 오피스 스토어(https://store.office.com)에서 검색을 통해 추가한 후, 엑셀 파일 열고 '삽입' 탭의 '추가 기능' 탭에서 '내 추가 기능(▾)'을 클릭한 후 'Modern Trend'를 선택한다.

Modern Trend에서 편집이 가능한 부분은 총 3가지이다. '데이터', '색 테마' 그리고 '차트 설명 텍스트' 부분이다. '데이터'는 이전 People Graph와 비슷하게 차트를 클릭했을 때 나타나는 '표' 아이콘을 클릭하여 편집하면 된다. '차트 설명 텍스트' 부분은 차트 위에서 바로 편집이 가능한데, '차트의 제목' 부분과 '하이라이트' 그리고 '인사이트 및 설명' 이렇게 3가지 부분이 모두 편집 가능하다. 단, Modern Trend 자체가 하나의 디자인으로 완성이 되어 나온 포맷이기 때문에 텍스트 자체만 수정될 뿐 폰트나 사이즈는 수정할 수 없다. '색 테마'는 오른쪽 상단 '설정' 아이콘을 클릭하여 변경할 수 있는데 총 6가지의 색 테마가 제공된다.

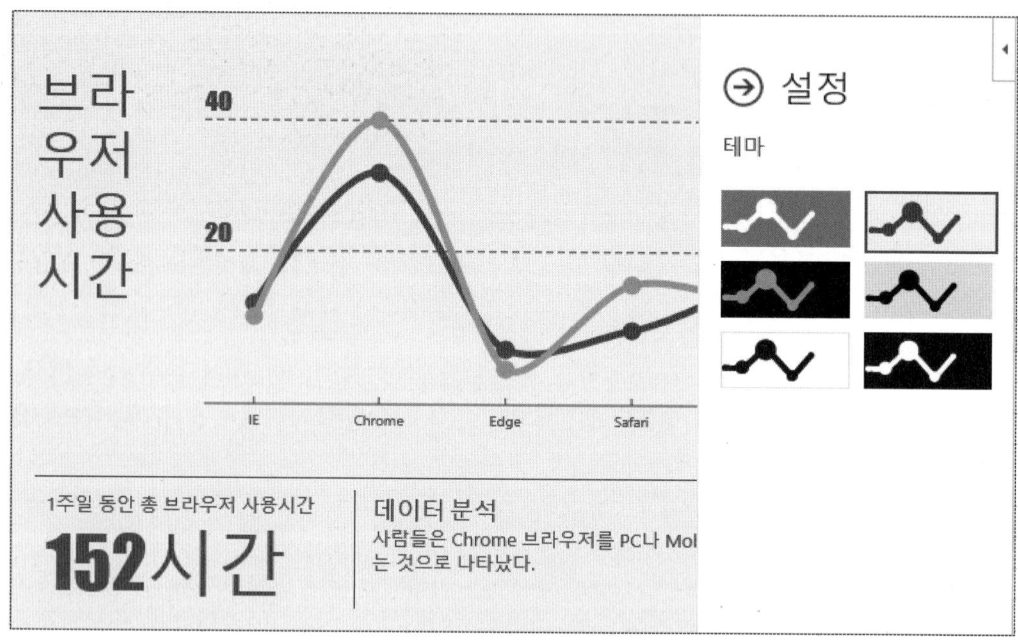

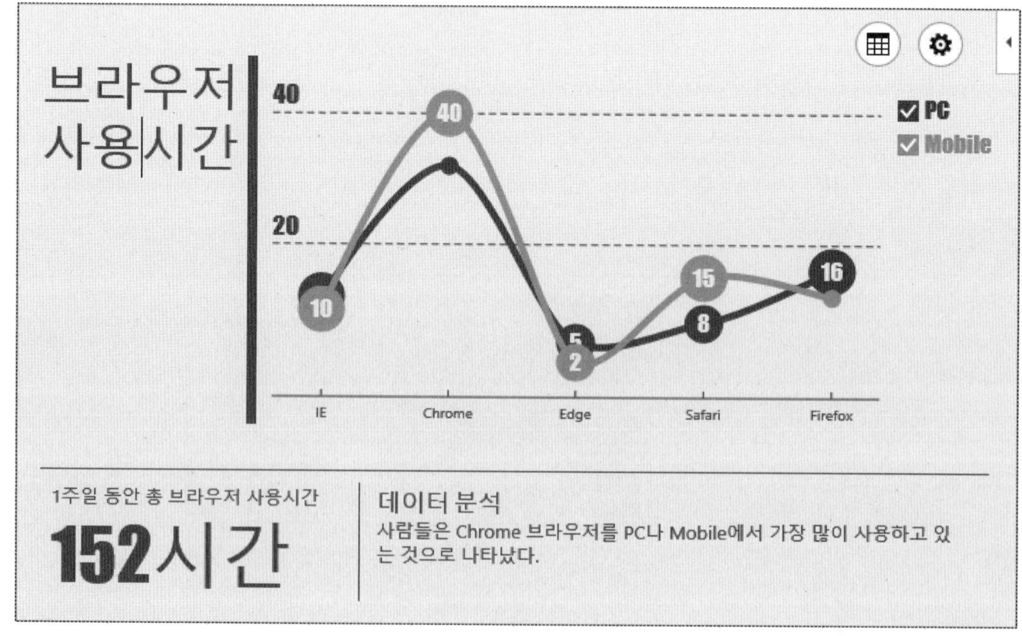

이 외에도 수정 가능한 부분이 있는데, 만약 차트 내 데이터 레이블을 보여 주길 원한다면 각각의 포인트를 클릭해 주면 '숫자 레이블'이 나타난다. 이 '숫자 레이블'을 다시 숨기고 싶으면 숫자가 나타난 원 부분을 다시 클릭하면 사라진다. 그리고 제목이 길어 제목 영역을 늘리고자 하거나 차트 영역을 줄이고자 한다면 마우스를 사이에 두고 영역을 조정할 수 있는 바가 나타나길 기다렸다가 좌우로 드래그하면 영역을 줄이거나 늘일 수 있다.

■ Bing Maps

Bing Maps는 지리적 위치와 숫자 데이터를 지도 위에 차트로 나타내 주는 추가 기능이다.

People Graph와 마찬가지로 마이크로소프트가 만든 추가 기능으로 '오피스 스토어'에서 다운로드 받을 수 있으며 무료이다.

■ Bing Maps 추가하기

People Graph와 동일한 방식으로 오피스 스토어(https://store.office.com)에서 검색을 통해 추가한 후, 엑셀 파일 열고 '삽입' 탭의 '추가 기능' 탭에서 '내 추가 기능(▾)'을 클릭한 후

'Bing Maps'를 선택한다.

Bing Maps를 사용하는 방법도 People Graph 또는 Modern Trend와 매우 유사하므로 생략한다.

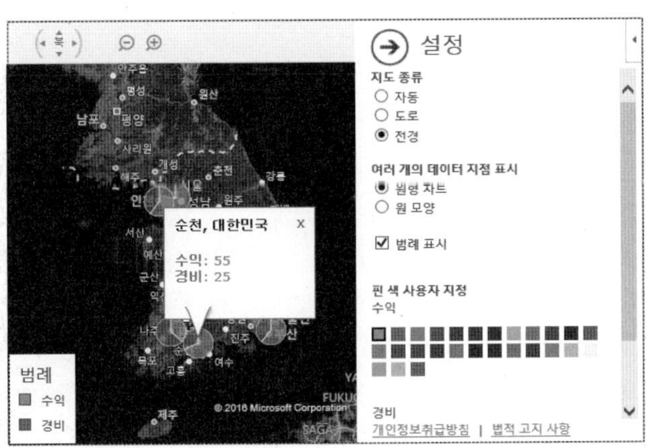

라. 리본 메뉴 표시 및 숨기기

리본 메뉴를 표시하려면 오른쪽 위 모서리에서 '리본 메뉴 표시' 옵션을 클릭한 다음 '탭 표시' 또는 '탭 및 명령 표시'를 선택한다.

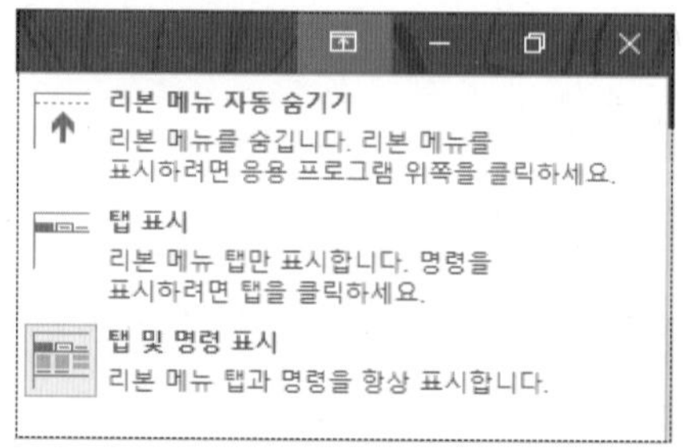

리본 메뉴를 숨기려면 오른쪽 위 모서리의 '리본 메뉴 축소 아이콘(^)'을 클릭한다.

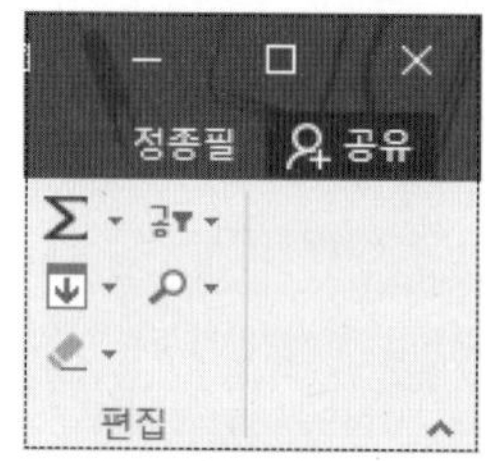

■ 리본 메뉴 사용자 지정

'파일' 탭의 '옵션'에서 '리본 사용자 지정'을 선택하면 '기본 탭' 또는 '도구 탭' 등 리본 메뉴를 사용자 지정할 수가 있다.

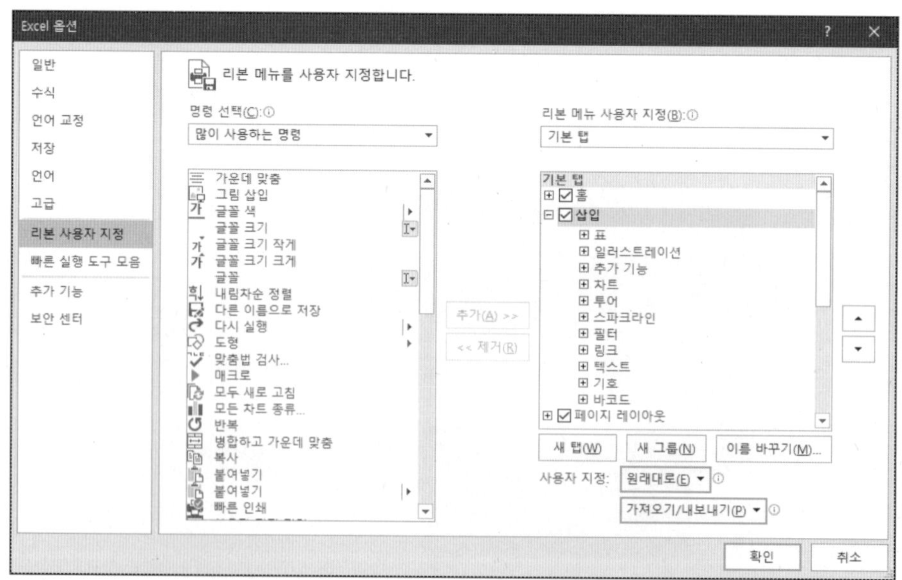

마. 빠른 실행 도구 모음

빠른 실행 도구 모음은 현재 표시되는 리본 메뉴의 탭에 독립적인 명령 집합이 포함된 사용자 지정 가능한 도구 모음이다. 가능한 두 위치(리본 메뉴 위 또는 아래) 중 한 곳에서 빠른 실행 도구 모음을 이동하거나 명령 단추를 빠른 실행 도구 모음에 추가할 수 있다.

■ 빠른 실행 도구 모음에 명령 추가

실습 13-08 *시트명 : '빠른 실행 도구 모음'*

1. 리본 메뉴에서 '탭' 또는 '그룹'을 클릭하여 '빠른 실행 도구 모음'에 추가할 명령을 표시한다.
2. 명령을 마우스 오른쪽 단추로 클릭한 후 바로 가기 메뉴에서 '빠른 실행 도구 모음에 추가'를 클릭한다.

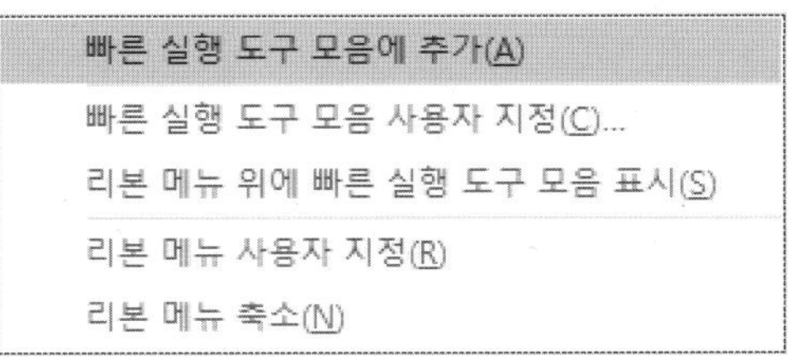

■ 빠른 실행 도구 모음에 리본 메뉴에 없는 명령 추가

실습 13-09 *시트명 : '빠른 실행 도구 모음'*

1. '파일' 탭의 '옵션'에서 '빠른 실행 도구 모음'을 선택하면 빠른 실행 도구 모음을 사용자 지정할 수가 있다. 명령을 마우스 오른쪽 단추로 클릭한 후 바로 가기 메뉴에서 '빠른 실행 도구 모음 사용자 지정'을 클릭한다. 또는 '빠른 실행 도구 모음 사용자 지정' 아이콘을 클릭한 다음 '기타 명령'을 클릭한다.

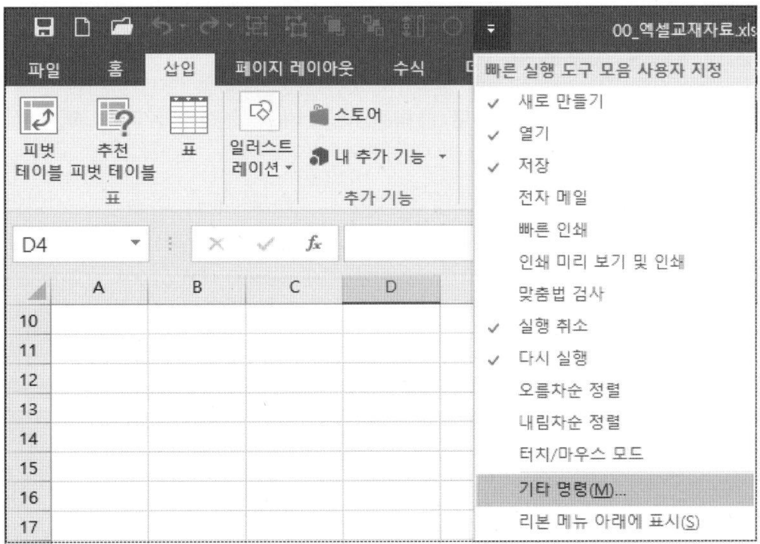

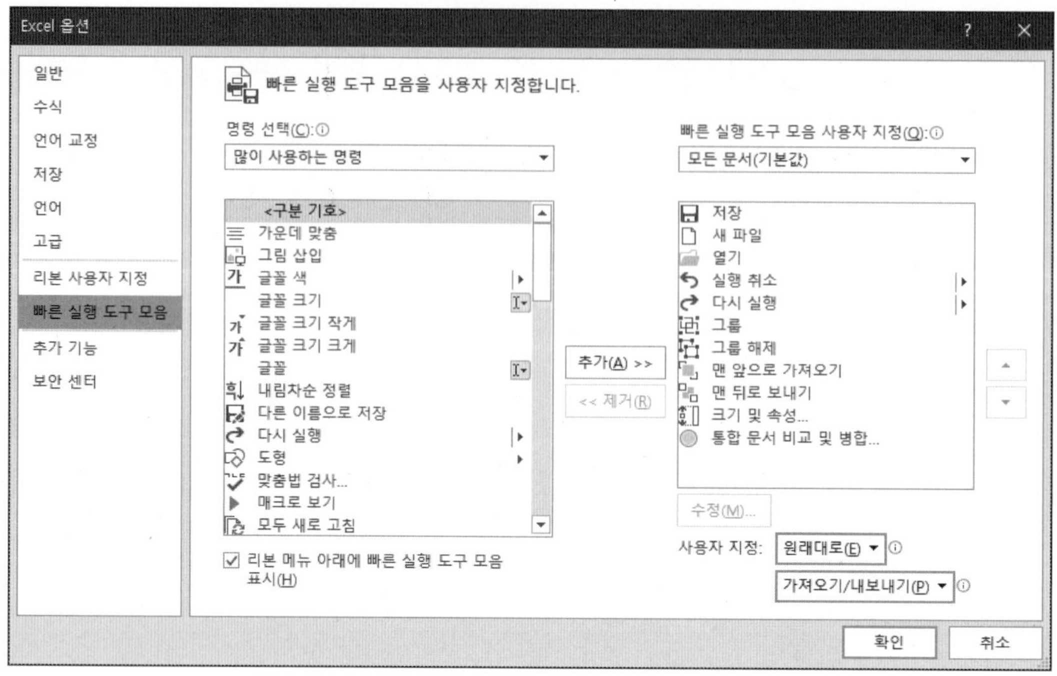

2. '명령 선택' 목록에서 리본 메뉴에 없는 명령을 클릭한다.
3. 목록에서 명령을 찾은 다음 '추가'를 클릭한다. 빠른 실행 도구 모음에서 제거하려면 '제거'를 클릭한다.

■ 빠른 실행 도구 모음에서 명령 제거

빠른 실행 도구 모음에서 제거할 명령을 마우스 오른쪽 단추로 클릭한 다음 바로 가기 메뉴에서 '빠른 실행 도구 모음에서 제거'를 클릭한다.

■ 빠른 실행 도구 모음에서 명령 순서 변경

실습 13-10 *시트명 : '빠른 실행 도구 모음'*

1. 빠른 실행 도구 모음을 마우스 오른쪽 단추로 클릭한 다음 바로 가기 메뉴에서 '빠른 실행 도구 모음 사용자 지정'을 클릭한다.
2. '빠른 실행 도구 모음 사용자 지정'에서 이동할 명령을 클릭하고 '위로 이동' 또는 '아래로 이동' 화살표를 클릭한다.

■ 명령 사이에 구분 기호를 추가하여 명령 그룹화

빠른 실행 도구 모음에 구역이 있는 것처럼 표시되도록 구분 기호를 사용하여 명령을 그룹화 할 수 있다.

실습 13-11 *시트명 : '빠른 실행 도구 모음'*

1. 빠른 실행 도구 모음을 마우스 오른쪽 단추로 클릭한 다음 바로 가기 메뉴에서 '빠른 실행 도구 모음을 사용자 지정'을 클릭한다.
2. '명령 선택' 목록에서 '많이 사용하는 명령'을 클릭한다.
3. <구분 기호>를 클릭한 다음 '추가'를 클릭한다.
4. 구분 기호를 원하는 위치에 배치하려면 '위로 이동' 또는 '아래로 이동' 화살표를 클릭한다.

■ 빠른 실행 도구 모음 이동

실습 13-12 *시트명 : '빠른 실행 도구 모음'*

1. '빠른 실행 도구 모음 사용자 지정' 아이콘을 클릭한다.
2. 목록에서 '리본 메뉴 아래에 표시' 또는 '리본 메뉴 위에 표시'를 선택한다.

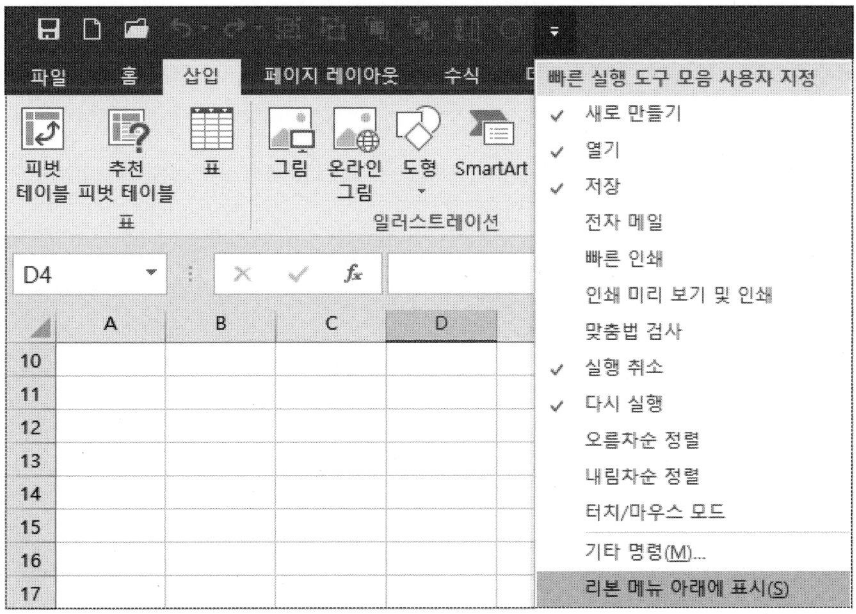

바. 최근에 사용한 파일 목록 사용자 지정

Microsoft Office 프로그램에는 최근에 해당 프로그램에서 열었던 몇몇 문서가 표시되는데 이 링크를 사용하면 파일에 신속하게 액세스할 수 있다. 이 기능은 기본적으로 설정되어 있지만 사용자가 해제하거나 다시 설정하거나 표시되는 파일을 지우거나 표시 개수를 조정할 수도 있다. 이 기능을 해제했다가 다시 설정하면 설정한 후에 열어서 저장한 파일만 목록에 표시된다. 파일을 닫은 후 파일 탐색기 등을 사용하여 파일을 다른 위치로 이동하면 이 파일을 만들었던 프로그램에서 파일 링크가 더 이상 작동하지 않는다. 열기 대화 상자를 사용하여 파일을 찾아 열어야 한다. 새 위치에 파일을 저장하면 해당 링크가 목록에 추가된다.

■ 최근 사용한 파일 목록에 파일 유지

실습 13-13 *시트명 : '최근 사용 파일 목록'*

1. '파일' 탭을 클릭한다.
2. '열기'를 클릭하여 최근에 사용한 항목을 확인한다.
3. 이 항목을 목록에 '고정 핀'을 클릭하면 파일을 고정할 수가 있다. 파일 고정을 해제 하려면 다시 '고정 핀'을 클릭한다.

2기 전문병원 현황.csv 바탕 화면	2016-06-10 오후 3:18

■ 최근에 사용한 파일 목록에 나타나는 파일 수 변경

실습 13-14 *시트명 : '최근 사용 파일 목록'*

1. '파일' 탭을 클릭한다.
2. '옵션'을 클릭한다.
3. '고급'을 클릭한다.
4. '표시' 아래의 '표시할 최근 통합 문서 수' 목록에서 표시할 파일의 개수를 입력한다. 최근에 사용한 파일 목록에 파일이 표시되지 않도록 하려면 표시할 최근 통합 문서 수를 0으로 설정한다.

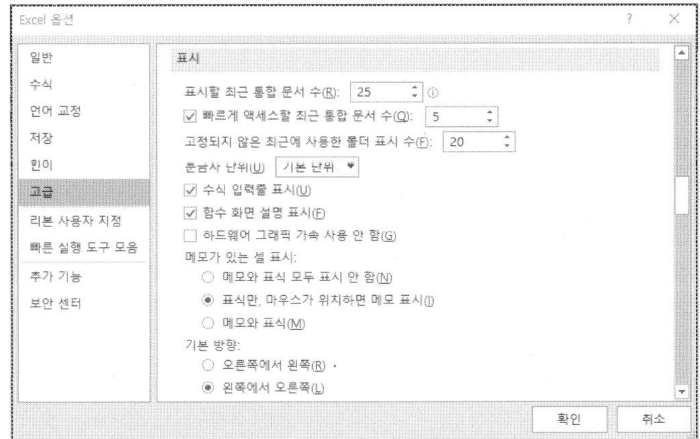

■ 최근에 사용한 파일 목록에서 고정되지 않은 파일 지우기

실습 13-15 *시트명 : '최근 사용 파일 목록'*

1. '파일' 탭을 클릭한다.
2. '열기'를 클릭한다.
3. 목록에서 파일을 마우스 오른쪽 단추로 클릭한 후 '고정되지 않은 통합 문서 지우기'를 클릭한다.

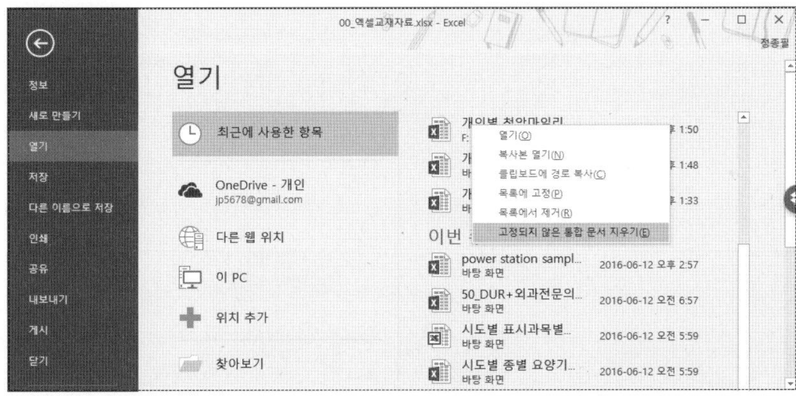

4. '예'를 클릭하여 목록을 지운다.

사. 엑셀 사양 및 제한

■ 워크시트와 통합 문서 사양 및 제한

기능	최대 한도
열 수 있는 통합 문서의 수	사용 가능한 메모리와 시스템 리소스에 따라 제한됨
워크시트 크기	1,048,576행x16,384열
열 너비	255자
행 높이	409포인트
페이지 나누기	가로/세로 1,026개
셀에 포함할 수 있는 총 문자 수	32,767자
머리글 또는 바닥글의 문자 수	255
통합 문서의 시트 수	사용 가능한 메모리에 따라 제한됨(기본값은 1개)
통합 문서의 색 수	1600만개(32비트-24비트 색 스펙트럼에 대한 모든 권한 포함)
통합 문서에서 명명된 보기의 수	사용 가능한 메모리에 따라 제한됨
고유 셀 서식/셀 스타일	64,000
채우기 스타일	256
선 두께 및 스타일	256
고유 글꼴 종류 수	1,024개의 전역 글꼴 사용 가능, 각 통합 문서마다 512개
통합 문서의 숫자 서식 수	설치된 엑셀의 언어 버전에 따라 200~250개
통합 문서의 이름 수	사용 가능한 메모리에 따라 제한됨
통합 문서의 창 수	사용 가능한 메모리에 따라 제한됨
워크시트의 하이퍼링크 수	66,530개
창의 구역 수	4
연결된 시트 수	사용 가능한 메모리에 따라 제한됨
시나리오	사용 가능한 메모리에 따라 제한됨(요약 보고서에는 처음 251개의 시나리오만 표시)
시나리오의 변경 셀 수	32
해 찾기의 값을 바꿀 셀 수	200
사용자 지정 함수의 수	사용 가능한 메모리에 따라 제한됨
확대/축소 범위	10%~400%
보고서	사용 가능한 메모리에 따라 제한됨
정렬 참조 수	단일 정렬의 경우 64개, 연속 정렬을 사용하는 경우에는 제한 없음
실행 취소 기억 수	100
데이터 폼의 필드 수	32
통합 문서 매개 변수의 수	각 통합 문서마다 255개의 매개 변수
필터 드롭다운 목록에 표시되는 항목 수	10,000
선택할 수 있는 인접하지 않은 셀 수	2,147,483,648셀
데이터 모델 통합 문서의 메모리 저장소 및 파일 크기 최대 한도	32비트 환경의 경우 2GB의 가상 주소 공간으로 제한되며, 이 공간은 동일한 프로세스에서 실행되는 엑셀, 통합 문서 및 추가 기능에서 공유된다. 데이터 모델에서 주소 공간은 최대 500 - 700MB까지 차지할 수 있지만 다른 데이터 모델 및 추가 기능이 로드된 경우 이보다 적을 수도 있다. 64비트 환경에서는 파일 크기에 대한 엄격한 제한이 없다. 통합 문서 크기를 제한하는 요소는 가용 메모리 및 시스템 리소스뿐이다.

■ 계산 사양 및 제한

기능	최대 한도
숫자 정밀도	15자리
사용할 수 있는 가장 작은 음수	-2.2251E-308
사용할 수 있는 가장 작은 양수	2.2251E-308
사용할 수 있는 가장 큰 양수	9.99999999999999E+307
사용할 수 있는 가장 큰 음수	-9.99999999999999E+307
수식에 사용할 수 있는 가장 큰 양수	1.7976931348623158e+308
수식에 사용할 수 있는 가장 큰 음수	-1.7976931348623158e+308
수식 내용의 길이	8,192자
수식 내부 길이	16,384바이트
반복 횟수	32,767
워크시트 배열 수	사용 가능한 메모리에 따라 제한됨
선택한 범위의 수	2,048
함수의 인수 개수	255
함수의 중첩 수준 개수	64
사용자 정의 함수 범주의 수	255
사용할 수 있는 워크시트 함수의 수	341
피연산자 스택 크기	1,024
워크시트 간 종속성	다른 시트를 참조할 수 있는 64,000개의 워크시트
워크시트 간 배열 수식 종속성	사용 가능한 메모리에 따라 제한됨
영역 종속성	사용 가능한 메모리에 따라 제한됨
각 워크시트별 영역 종속성	사용 가능한 메모리에 따라 제한됨
단일 셀의 종속성	단일 셀을 참조할 수 있는 40억 개의 수식
닫힌 통합 문서의 연결된 셀 내용 길이	32,767
계산할 수 있는 가장 빠른 날짜	1900년 1월 1일(1904 날짜 체계를 사용할 경우에는 1904년 1월 1일)
계산할 수 있는 가장 늦은 날짜	9999년 12월 31일
입력할 수 있는 가장 큰 시간	9999:59:59

■ 차트 만들기 사양 및 제한

기능	최대 한도
워크시트에 연결된 차트 수	사용 가능한 메모리에 따라 제한됨
차트에서 참조하는 워크시트 수	255
단일 차트의 데이터 계열 수	255
2차원 차트에 대한 데이터 계열의 데이터 요소 수	사용 가능한 메모리에 따라 제한됨
3차원 차트에 대한 데이터 계열의 데이터 요소 수	사용 가능한 메모리에 따라 제한됨
단일 차트의 모든 데이터 계열에 대한 데이터 요소 수	사용 가능한 메모리에 따라 제한됨

■ 피벗 테이블/피벗 차트 보고서 사양 및 제한

기능	최대 한도
시트의 피벗 테이블 보고서 수	사용 가능한 메모리에 따라 제한됨
각 필드별 고유 항목 수	1,048,576
피벗 테이블 보고서의 행 필드 또는 열 필드 수	사용 가능한 메모리에 따라 제한됨
피벗 테이블 보고서의 보고서 필터 수	256(사용 가능한 메모리에 따라 제한될 수 있음)
피벗 테이블 보고서의 값 필드 수	256
피벗 테이블 보고서의 계산 항목 수식 수	사용 가능한 메모리에 따라 제한됨
피벗 차트 보고서의 보고서 필터 수	256(사용 가능한 메모리에 따라 제한될 수 있음)
피벗 차트 보고서의 값 필드 수	256
피벗 차트 보고서의 계산된 항목 수식 수	사용 가능한 메모리에 따라 제한됨
피벗 테이블 항목에 대한 MDX 이름 길이	32,767
관계형 피벗 테이블 문자열의 길이	32,767
필터 드롭다운 목록에 표시되는 항목 수	10,000

■ 공유 통합 문서 사양 및 제한

기능	최대 한도
공유 통합 문서를 동시에 열고 공유할 수 있는 사용자 수	256
공유 통합 문서의 사용자 보기 수	사용 가능한 메모리에 따라 제한됨
변경 내용이 유지되는 일 수	32,767(기본값은 30일)
한 번에 병합할 수 있는 통합 문서의 수	사용 가능한 메모리에 따라 제한됨
공유 통합 문서에서 강조 표시할 수 있는 셀 수	32,767
변경 내용 강조 표시가 설정되어 있는 경우 여러 사용자가 변경한 내용을 식별하는 데 사용되는 색 수	32(각 사용자마다 다른 색이 지정되며 현재 사용자의 변경 내용은 짙은 파랑으로 강조 표시됨)
공유 통합 문서의 엑셀 표	0(영) 참고: 엑셀 표가 하나 이상 포함된 통합 문서는 공유할 수 없습니다.

제14장

매크로

가. 매크로

엑셀에서 반복적으로 수행하는 작업이 있는 경우 매크로를 기록하여 자동화할 수 있다. 매크로를 만들 때는 마우스 클릭 및 키 입력을 기록한다. 매크로를 만든 후 편집하여 변경할 수도 있다. 매크로는 엑셀에서 할 수 있는 모든 작업을 매크로 편집기의 모듈에 자동으로 기록하는 작업이다. 매크로를 자동으로 기록하는 기능이 있어서 매크로 기록을 위해 명령어를 알 필요가 없다. 제어 구문, 사용자 정의 대화상자 등 매크로 기록 기능으로 기록할 수 없는 경우를 제외한 모든 기능은 자동적으로 작성된다. 매크로 기록 방법은 자동으로 기록하는 방법과 Visual Basic 편집기에서 명령을 직접 입력할 수도 있다. 엑셀 2016에서는 매크로나 VBA를 작성한 파일은 별도로 확장명을 '.xlsm'으로 저장해야 한다.

매크로를 기록하기 전에 리본 메뉴에 '개발 도구' 탭이 표시되는지 확인한다. 기본적으로 '개발 도구' 탭은 표시되지 않으므로 '파일' 탭의 '옵션'을 클릭하고 '리본 사용자 지정'을 클릭한다. '리본 메뉴 사용자 지정' 아래의 기본 탭 목록에서 '개발 도구'를 클릭한 다음 '확인' 버튼을 누른다.

■ 매크로 기록

실습 14-01 *시트명 : '매크로 기록'*

1. '개발 도구' 탭의 '코드' 그룹에서 '매크로 기록'을 클릭한다.

2. '매크로 이름' 상자에 매크로 이름을 입력하고, '바로 가기 키' 상자에 바로 가기 키를 입력하고, '설명' 상자에 설명을 입력한 다음 '확인' 버튼을 클릭하여 기록을 시작한다.

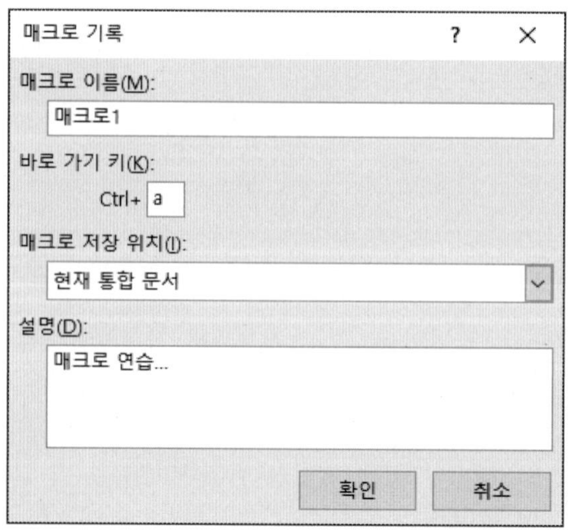

매크로 이름은 특수 문자를 사용할 수 없으며, 첫 글자는 반드시 문자이어야 한다. 첫 글자에 사용하는 문자는 한글이나 영문이 가능하며 숫자는 사용할 수 없다.

3. 상용구 입력, 데이터 열 채우기 등 자동화할 작업을 실행한다. 예를 들어 'B2' 셀에 '2017년도 학과별 예산안 편성 지침'이라는 문자열을 입력하고 글꼴, 글자 크기, 셀 서식 등을 지정한 다음 'B4' 셀과 'B6' 셀에 복사하여 셀 서식을 달리 지정한다.

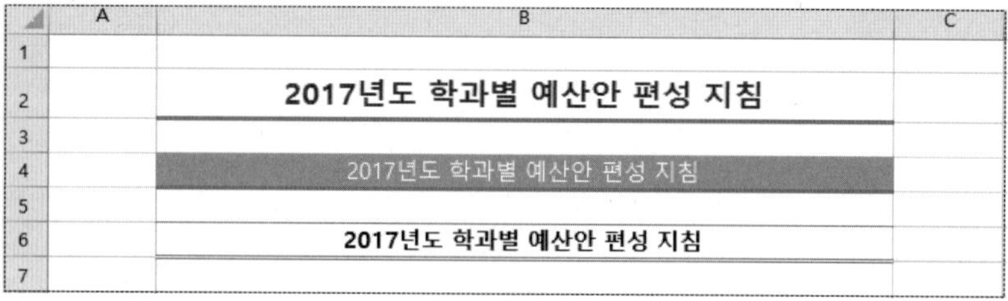

4. '개발 도구' 탭의 '코드' 그룹에서 '기록 중지'를 클릭한다.

■ 매크로 실행

실습 14-02 *시트명 : '매크로 실행'*

1. 매크로가 포함된 통합 문서를 열고 '새 시트'를 추가한다.
2. '개발 도구' 탭의 '코드' 그룹에서 '매크로'를 클릭한다.

3. '매크로 이름' 상자에서 실행할 매크로(예; 매크로1)를 선택한다.

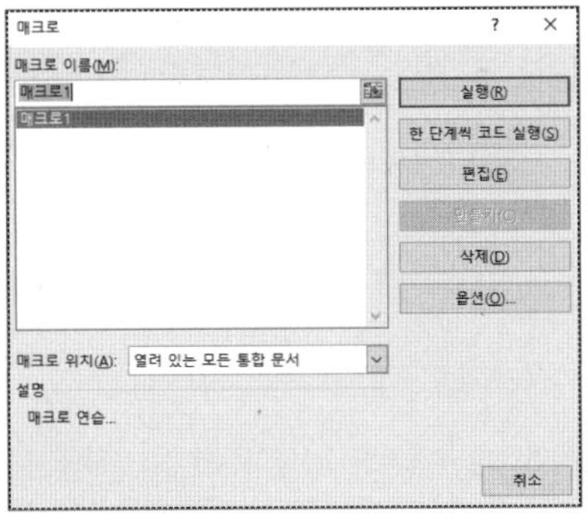

매크로 기록 내용을 보기 위해 '매크로' 대화상자에서 '편집'을 클릭하면 Visual Basic 언어로 작성된 소스 코드를 확인하고 수정할 수도 있다.

또는 '개발 도구' 탭의 '코드' 그룹에서 'Visual Basic'을 클릭하면 마찬가지로 'Visual Basic Editor'가 열린다.

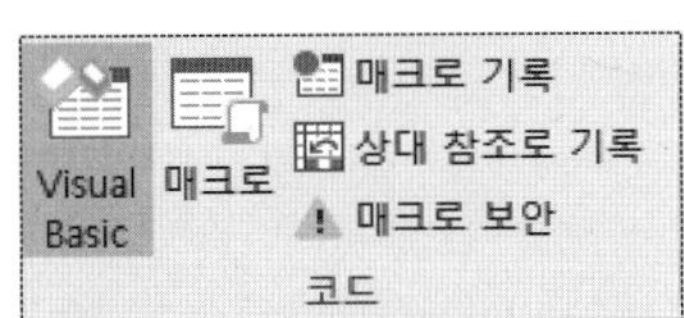

4. '실행' 버튼을 클릭한다. Microsoft VBA(Visual Basic for Applications) 모듈에서 매크로를 실행하려면 편집을 클릭한 다음 '실행' 메뉴에서 'Sub/사용자 정의 폼 실행'을 클릭하거나 'F5' 키를 누른다. 'Sheet2'에 '매크로1'이 실행된다.

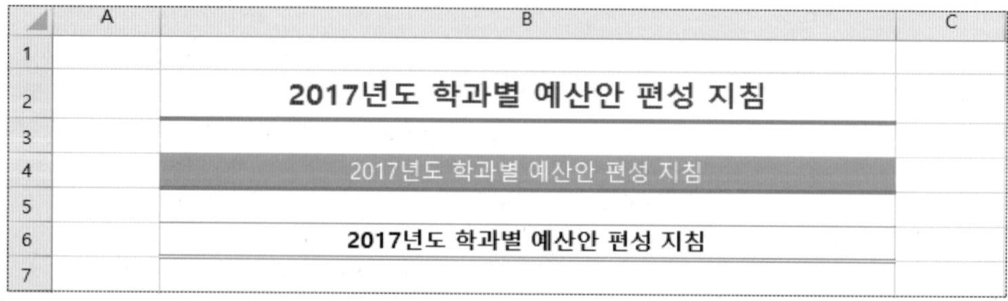

■ 빠른 실행 도구 모음 단추를 클릭하여 매크로 실행

'빠른 실행 도구 모음'의 단추를 통해 매크로를 실행하려면 먼저 도구 모음에 단추를 추가해야 한다.

실습 14-03 *시트명 : '매크로 실행'*

1. '파일' 탭의 '옵션'을 클릭한 다음 '빠른 실행 도구 모음'을 클릭한다.

2. '명령 선택' 목록에서 '매크로'를 선택한다.
3. 작성한 매크로(매크로1)를 목록에서 클릭한 다음 '추가'를 클릭한다.
4. 매크로의 단추 모양을 바꾸려면 매크로를 추가한 상자에서 매크로를 선택한 다음 '수정'을 클릭한다.

5. 기호 아래에서 원하는 단추 모양을 선택한다.
6. 단추에 포인터를 놓으면 표시되는 매크로 이름을 변경하려면 '표시 이름' 상자에 사용할 이름을 입력한다.
7. '확인' 버튼을 클릭하여 '빠른 실행 도구 모음'에 매크로 단추를 추가한다.

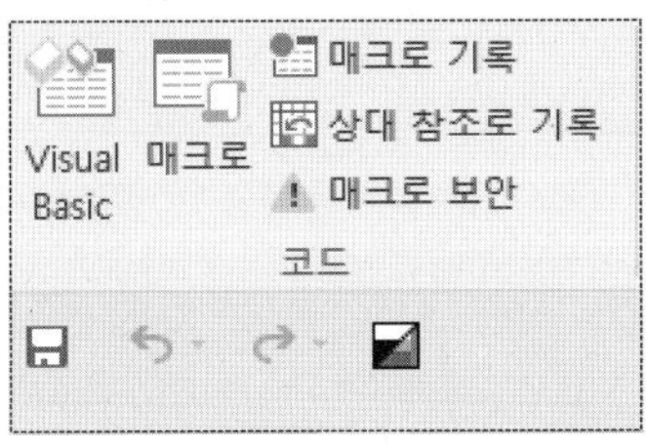

8. '빠른 실행 도구 모음'에서 방금 추가한 매크로 단추(매크로1)를 클릭하여 실행한다.

■ 그래픽 개체의 영역을 클릭하여 매크로 실행

그래픽 개체의 영역을 사용자가 클릭하여 매크로를 실행할 수 있는 핫스폿을 만들 수 있다.

실습 14-04 *시트명 : '매크로 실행'*

1. 워크시트에서 그림, 클립 아트, 도형 또는 SmartArt 같은 그래픽 개체를 삽입한다.

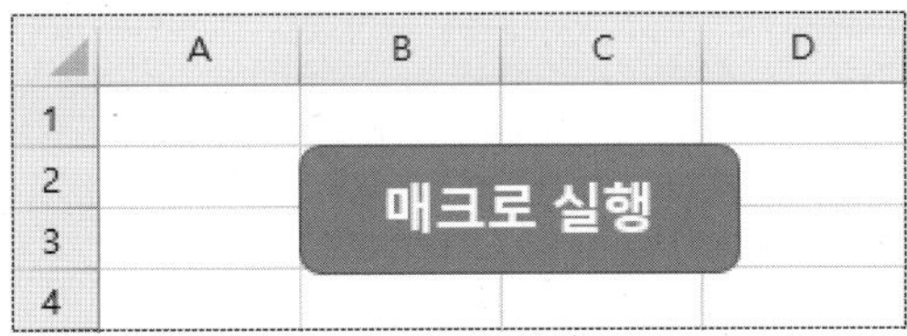

2. 기존 개체에 핫스폿을 만들려면 '삽입' 탭의 '일러스트레이션' 그룹에서 '도형'을 클릭하고 사용할 도형을 선택한 다음 기존 개체에 해당 도형을 그린다.

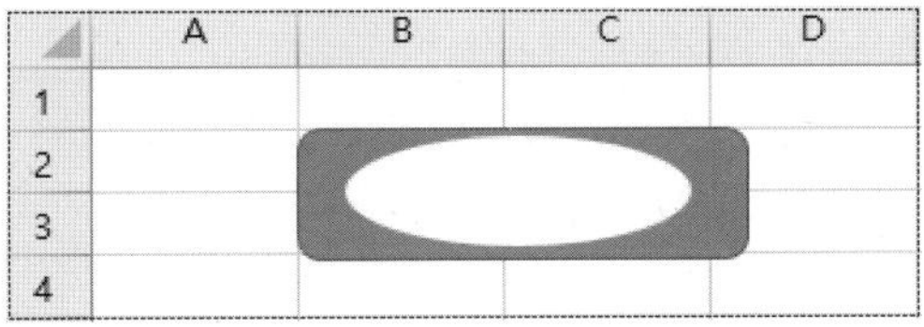

3. 만든 핫스폿을 미우스 오른쪽 단추로 클릭한 다음 '매크로 지정'을 클릭한다.

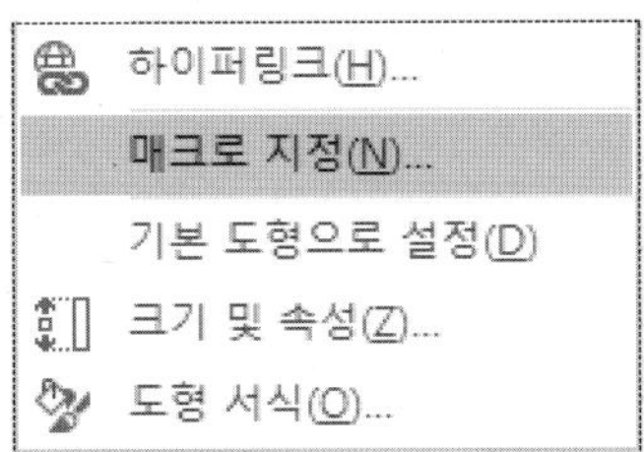

4. 사용하려는 매크로(매크로1)를 선택하고 '확인' 버튼을 클릭한다.

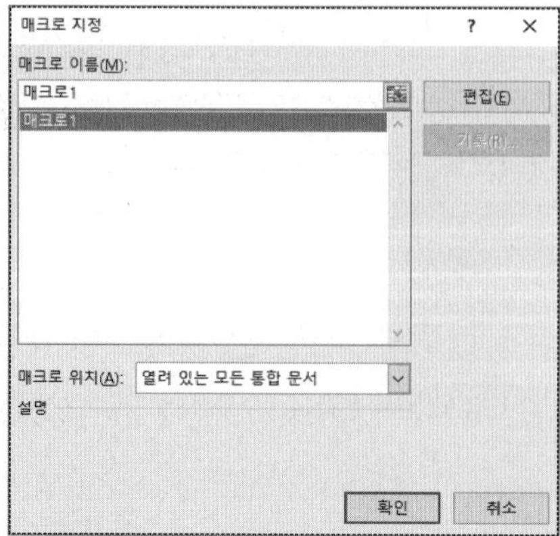

5. 도형(타원)을 다시 마우스 오른쪽 단추로 클릭하고 '도형 서식'을 클릭한다.
6. '채우기'에서 '채우기 없음'을 클릭하고, '선'에서 '선 없음'을 선택하여 투명하게 처리한다.
7. 도형 위의 핫스폿(타원)을 클릭하면 매크로(매크로1)가 실행된다.

제15장 개체 변환 및 외부 데이터 가져오기

가. 엑셀의 시트를 한글의 표로 변환

엑셀 2016에서 작성한 시트를 한글 2010의 표로 변환하는 기능은 중요하면서 대부분 잘 모르는 기능 중의 하나이다. 원활하게 이 기능을 처리하기 위해서는 엑셀 2016과 한글 2010을 동시에 실행한다. 예를 들어 '성적 관리'라는 시트를 한글 2010의 표로 변환해 보자.

실습 15-01 *시트명 : '엑셀-한글'*

1. 워크시트에서 해당 영역을 범위로 지정한다.

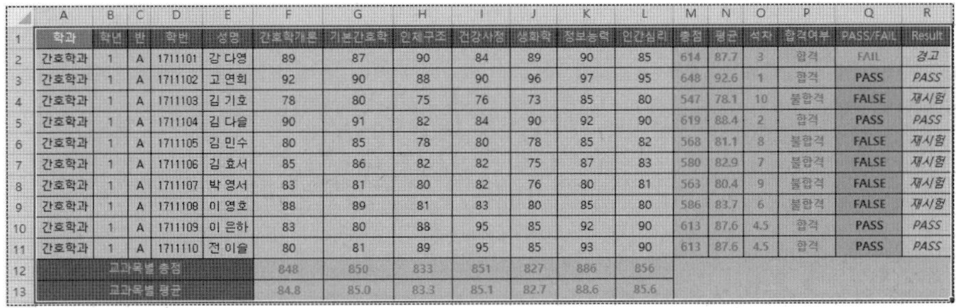

학과	학년	반	학번	성명	간호학개론	기본간호학	인체구조	건강사정	생화학	정보능력	인간심리	총점	평균	석차	합격여부	PASS/FAIL	Result
간호학과	1	A	1711101	강 다영	89	87	90	84	89	90	85	614	87.7	3	합격	FAIL	경고
간호학과	1	A	1711102	고 연희	92	90	88	90	96	97	95	648	92.6	1	합격	PASS	PASS
간호학과	1	A	1711103	김 기호	78	80	75	76	73	85	80	547	78.1	10	불합격	FALSE	재시험
간호학과	1	A	1711104	김 다을	90	91	82	84	90	92	90	619	88.4	2	합격	PASS	PASS
간호학과	1	A	1711105	김 민수	80	85	78	80	78	85	82	568	81.1	8	불합격	FALSE	재시험
간호학과	1	A	1711106	김 효서	85	86	82	82	75	87	83	580	82.9	7	불합격	FALSE	재시험
간호학과	1	A	1711107	박 영서	83	81	80	82	76	80	81	563	80.4	9	불합격	FALSE	재시험
간호학과	1	A	1711108	이 영호	88	89	81	83	80	85	80	586	83.7	6	불합격	FALSE	재시험
간호학과	1	A	1711109	이 은하	83	80	88	95	85	92	90	613	87.6	4.5	합격	PASS	PASS
간호학과	1	A	1711110	전 이슬	80	81	89	95	85	93	90	613	87.6	4.5	합격	PASS	PASS
교과목별 총점					848	850	833	851	827	886	856						
교과목별 평균					84.8	85.0	83.3	85.1	82.7	88.6	85.6						

2. 엑셀에서 '홈' 탭의 '클립보드' 그룹에서 '복사'(Ctrl + C)를 클릭한다.
3. 한글 2010을 실행한 후 한글로 이동한다.
4. 한글 2010에서 '편집' 탭의 '붙이기'(Ctrl + V)를 클릭한다.
5. 엑셀에서 복사된 내용이 한글 2010 문서에 복사되어 표로 나타난다.

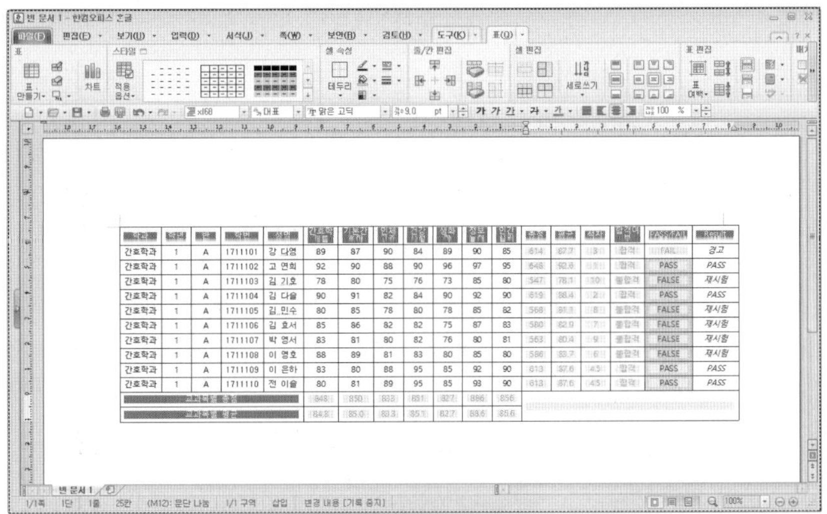

나. 엑셀의 시트를 한글 문서에 골라 붙이기

엑셀에서 작성한 시트를 한글 2010의 문서로 연결하여 골라 붙이는 기능으로 엑셀에서 셀의 내용을 바꿀 경우 한글 2010에 연결된 데이터도 수정되어 나타난다. 엑셀의 시트 일부를 한글 2010에서 문서의 일부분으로 참조할 경우 유용하게 사용된다.

실습 15-02 *시트명 : '엑셀-한글'*

1. 워크시트에서 해당 영역을 범위로 지정한다.
2. '홈' 탭의 '클립보드' 그룹에서 '복사'(Ctrl + C)를 클릭한다.
3. 한글 2010을 실행한 후 한글로 이동한다.
4. 한글 2010에서 '편집' 탭의 '골라 붙이기'(Ctrl + Alt + V)를 클릭한 후 '골라 붙이기' 대화상자가 나타나면 '연결하여 붙여넣기'를 선택하고 '확인' 버튼을 누른다.

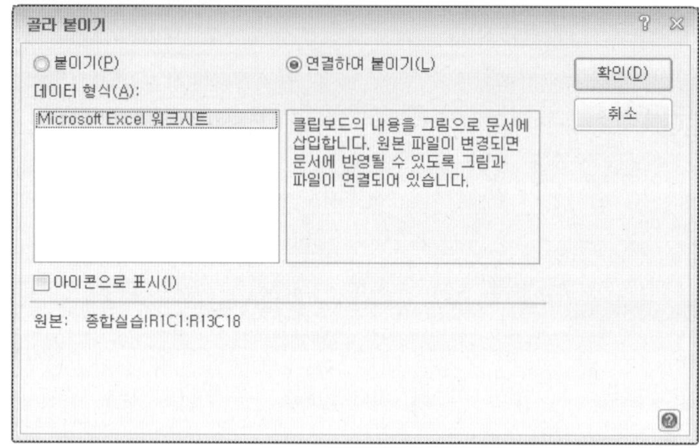

5. 엑셀에서 복사된 내용이 한글 2010 문서에 이미지 형태로 복사되어 나타난다.

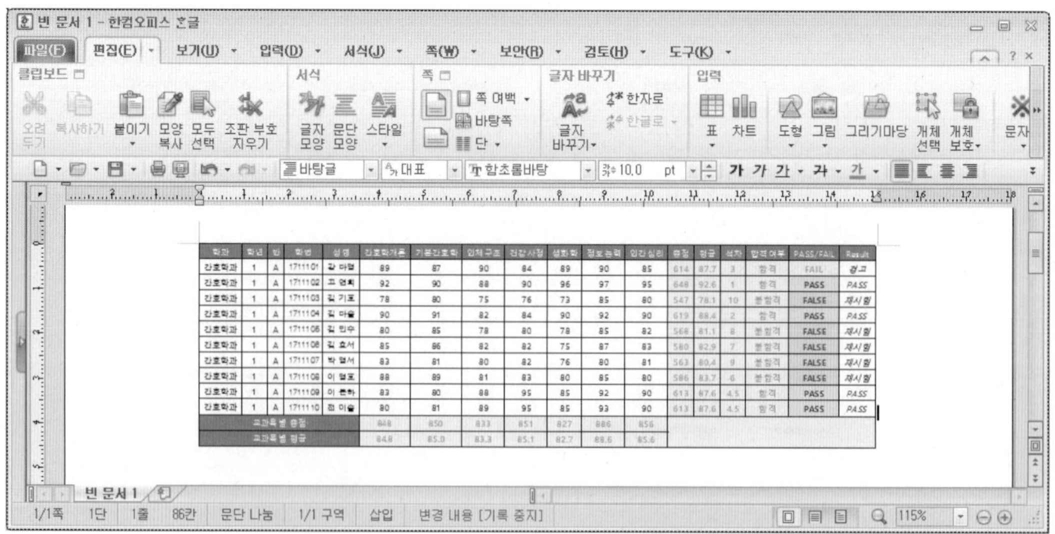

학과	학년	반	학번	성명	간호학개론	기본간호학	인체구조	건강사정	생화학	정보능력	인간심리	총점	평균	석차	합격여부	PASS/FAIL	Result
간호학과	1	A	1711101	[illegible]	89	87	90	84	89	90	85	614	87.7	3	합격	FAIL	경고
간호학과	1	A	1711102	[illegible]	92	90	88	90	96	97	95	648	92.6	1	합격	PASS	PASS
간호학과	1	A	1711103	[illegible]	78	80	75	76	73	85	80	547	78.1	10	불합격	FALSE	재시험
간호학과	1	A	1711104	[illegible]	90	91	82	84	90	92	90	619	88.4	2	합격	PASS	PASS
간호학과	1	A	1711105	[illegible]	80	85	78	80	78	85	82	568	81.1	8	불합격	FALSE	재시험
간호학과	1	A	1711106	[illegible]	85	86	82	82	75	87	83	580	82.9	7	불합격	FALSE	재시험
간호학과	1	A	1711107	[illegible]	83	81	80	82	76	80	81	563	80.4	9	불합격	FALSE	재시험
간호학과	1	A	1711108	[illegible]	88	89	81	83	80	85	80	586	83.7	6	불합격	FALSE	재시험
간호학과	1	A	1711109	[illegible]	83	80	88	95	85	92	90	613	87.6	4.5	합격	PASS	PASS
간호학과	1	A	1711110	[illegible]	80	81	89	95	85	93	90	613	87.6	4.5	합격	PASS	PASS
교과목별 총점					848	850	833	851	827	886	856						
교과목별 평균					84.8	85.0	83.3	85.1	82.7	88.6	85.6						

6. 엑셀에서 'F2' 셀의 데이터 '89'를 '77'로 수정하고, 바탕색은 주황색, 글자색은 빨강색, 글꼴은 진하게로 수정한다.

	A	B	C	D	E	F	G	H	I	J	K	L	M	N	O	P	Q	R
1	학과	학년	반	학번	성명	간호학개론	기본간호학	인체구조	건강사정	생화학	정보능력	인간심리	총점	평균	석차	합격여부	PASS/FAIL	Result
2	간호학과	1	A	1711101	강 다영	77	87	90	84	89	90	85	602	86.0	5	합격	FAIL	경고
3	간호학과	1	A	1711102	고 연희	92	90	88	90	96	97	95	648	92.6	1	합격	PASS	PASS
4	간호학과	1	A	1711103	김 기호	78	80	75	76	73	85	80	547	78.1	10	불합격	FALSE	재시험
5	간호학과	1	A	1711104	김 다슬	90	91	82	84	90	92	90	619	88.4	2	합격	PASS	PASS
6	간호학과	1	A	1711105	김 민수	80	85	78	80	78	85	82	568	81.1	8	불합격	FALSE	재시험
7	간호학과	1	A	1711106	김 효서	85	86	82	82	75	87	83	580	82.9	7	불합격	FALSE	재시험
8	간호학과	1	A	1711107	박 영서	83	81	80	82	76	80	81	563	80.4	9	불합격	FALSE	재시험
9	간호학과	1	A	1711108	이 영호	88	89	81	83	80	85	80	586	83.7	6	불합격	FALSE	재시험
10	간호학과	1	A	1711109	이 은하	83	80	88	95	85	92	90	613	87.6	3.5	합격	PASS	PASS
11	간호학과	1	A	1711110	전 이슬	80	81	89	95	85	93	90	613	87.6	3.5	합격	PASS	PASS
12	교과목별 총점					836	850	833	851	827	886	856						
13	교과목별 평균					83.6	85.0	83.3	85.1	82.7	88.6	85.6						

7. 한글 2010 문서의 내용을 확인해 보면 '89'가 '77'로 수정되었으며, 글꼴, 배경색과 글자색도 변경된다.

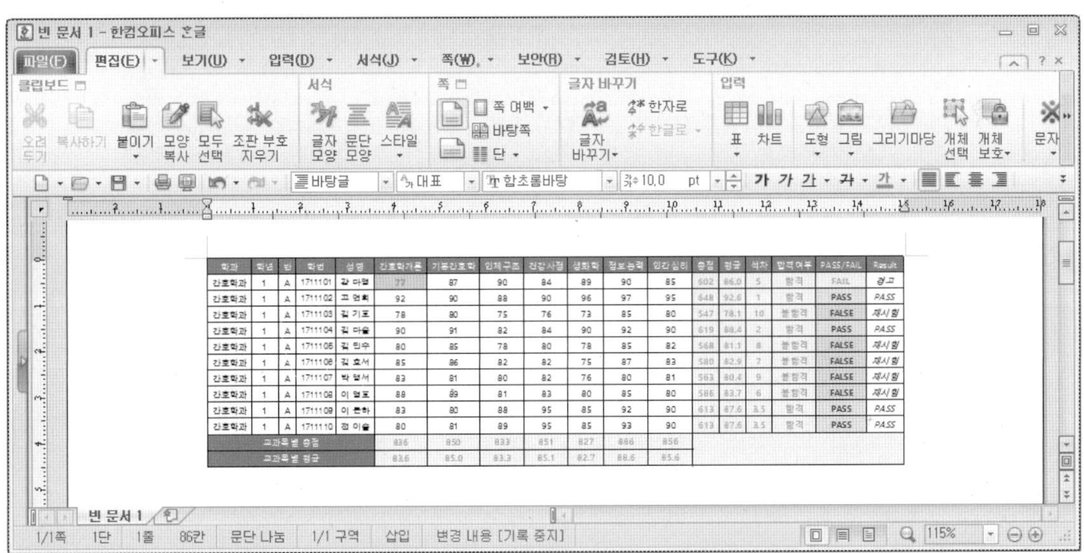

다. 한글 표를 엑셀 워크시트로 변환

실습 15-03 *시트명 : '한글-엑셀'*

1. 한글 2010에서 '표' 영역을 영역으로 지정하고 복사(Ctrl + C)한다.

2. 엑셀 2013의 'A1' 셀을 클릭하고 '붙여 넣기'(Ctrl + V)를 하면 한글에서 복사된 내용이 엑셀의 워크시트에 복사되어 나타난다.

	A	B	C	D	E	F	G	H	I	J	K	L	M	N	O	P	Q	R	S
1	졸업년도	1956	1957	1958	1959	1960	1961	1962	1963	1965	1966	1967	1968	1969	1970	1971	1972	1973	1974
2	졸업생수	14	20	25	45	43	45	32	40	20	39	33	31	42	52	44	88	84	81
3	졸업년도	1975	1976	1977	1978	1979	1980	1981	1982	1983	1984	1985	1986	1987	1988	1989	1990	1991	1992
4	졸업생수	39	63	74	78	75	73	69	74	79	83	85	200	199	200	198	197	198	193
5	졸업년도	1993	1994	1995	1996	1997	1998	1999	2000	2001	2002	2003	2004	2005	2006	2007	2008	2009	2010
6	졸업생수	195	199	193	202	192	201	207	207	201	221	217	207	213	225	217	228	214	232
7	졸업년도	2011	2012	2013	2014	2015													
8	졸업생수	228	175	90	146	180													
9	합계	6,622명																	

라. 엑셀 워크시트를 액세스 테이블에 복사

엑셀에서 작성한 워크시트를 액세스의 테이블로 복사하는 기능이다. 액세스에서 별도의 테이블이 생성되고 엑셀의 워크시트에는 아무런 영향을 미치지 않는다. 예를 들어 '금액정보'라는 엑셀의 워크시트를 액세스의 테이블로 복사해 보자.

	A	B	C	D	E	F	G	H
1	코드	외과가산 분류등급	수술명	상급종합병원	종합병원	병원	의원	합계
2	C8534	C8534100	절개생검(심부[장기절개생검])-개복에의한것	118,833	114,263	109,692	110,320	453,108
3	Q2755	Q2755100	서혜부허니아근본수술(기타의것,고위결찰만하는경우)	86,619	83,288	79,956	80,420	330,283
4	Q2756	Q2756100	서혜부허니아근본수술(기타의것,고위결찰및후벽보강-인공막이용포함)	95,849	92,163	88,476	88,987	365,475
5	Q2757	Q2757100	대퇴허니아수술	90,402	86,925	83,448	83,916	344,691
6	Q2850	Q2850100	충수주위농양절개술	53,014	50,975	48,936	49,220	202,145
7	Q2861	Q2861100	충수절제술(단순)	95,316	91,650	87,984	88,493	363,443
8	Q2862	Q2862100	충수절제술(천공성)	98,527	94,738	90,948	91,460	375,673
9	Q2863	Q2863100	충수절제술(충수농양절제및충수주위농양배액술)	88,049	84,663	81,276	81,731	335,719
10	Q2881	Q2881100	직장항문주위농양수술(표재성-절개배농)	38,298	36,825	35,352	35,558	146,033

실습 15-04 *시트명 : '엑셀-액세스'*

1. 액세스 2016을 실행한 다음 '새 데스크탑 데이터베이스'를 클릭한다. 파일 저장 위치를 정하고 파일 이름을 "금액정보.accdb"로 입력한 다음 '만들기' 버튼을 클릭한다.

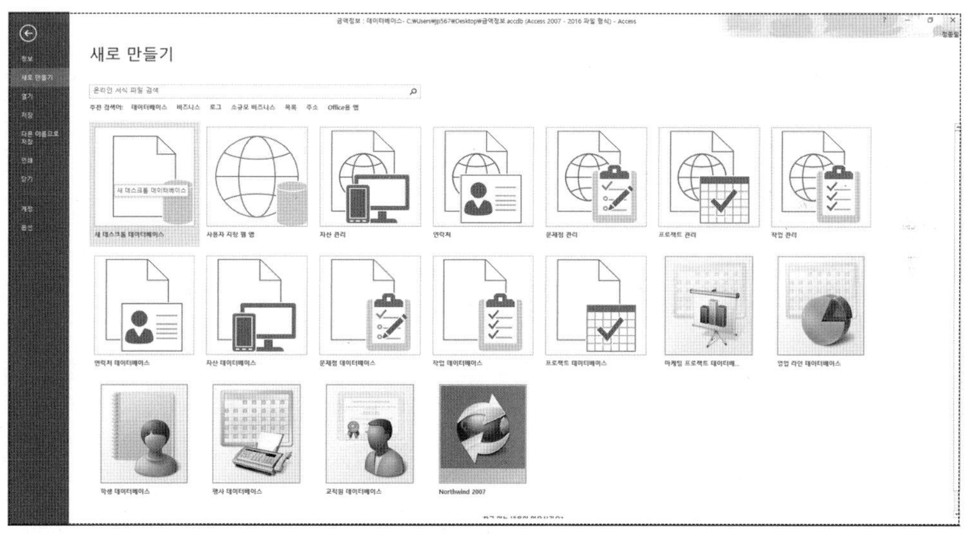

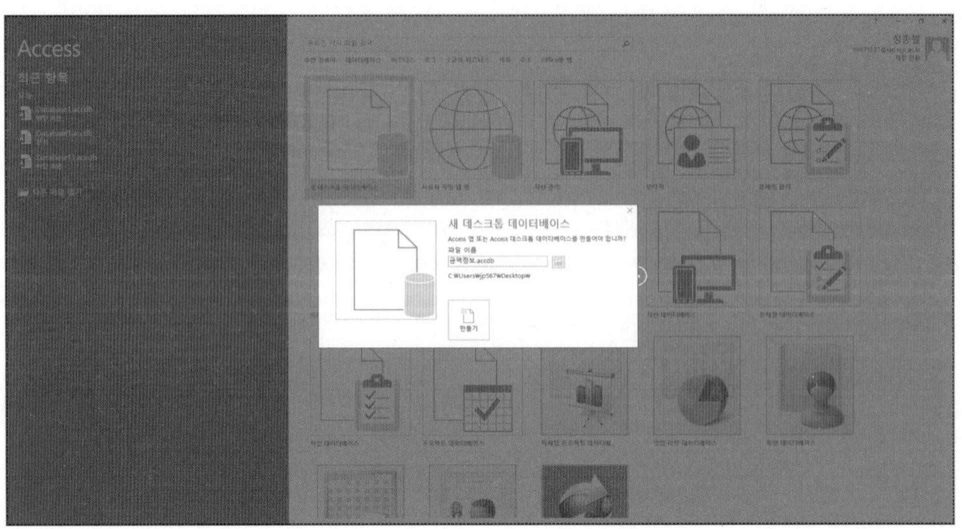

2. 액세스의 '외부 데이터' 탭의 '가져오기 및 연결' 그룹에서 '엑셀'을 클릭하면 '외부 데이터 가져오기 - 엑셀 스프레드시트' 창이 나타난다.

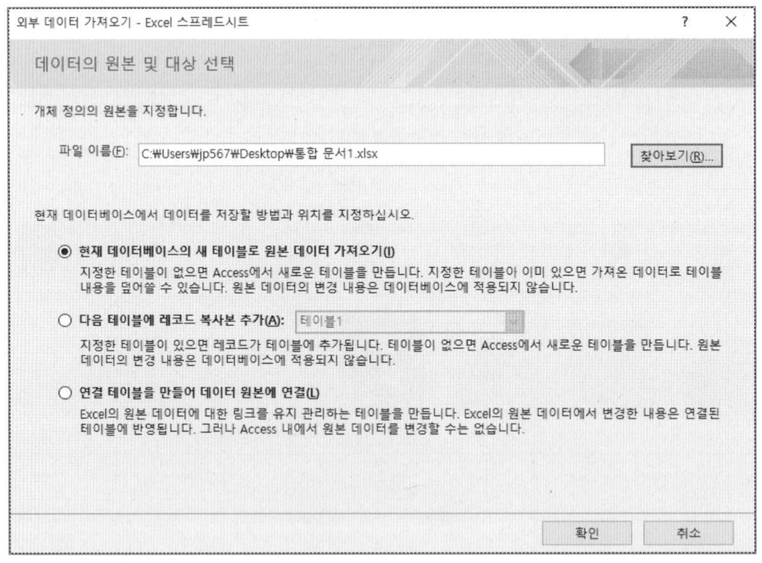

3. '찾아보기'를 클릭해서 '통합 문서1.xlsx'를 선택한 다음 '확인' 버튼을 클릭하면 '스프레드시트 가져오기 마법사' 화면이 나타난다.

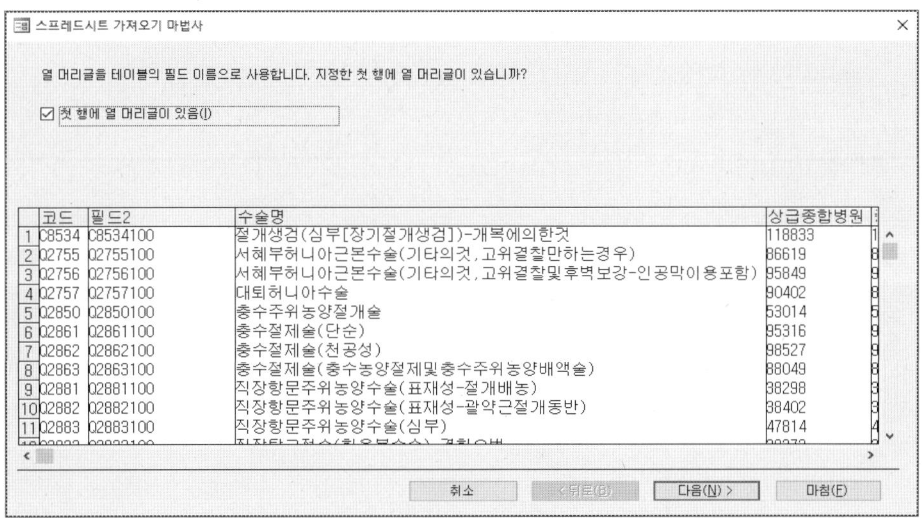

4. '첫 행에 머리글이 있음' 여부의 대화상자가 나타나면 액세스의 필드 제목으로 사용하기 위해 체크하고 '다음' 버튼을 클릭한다.

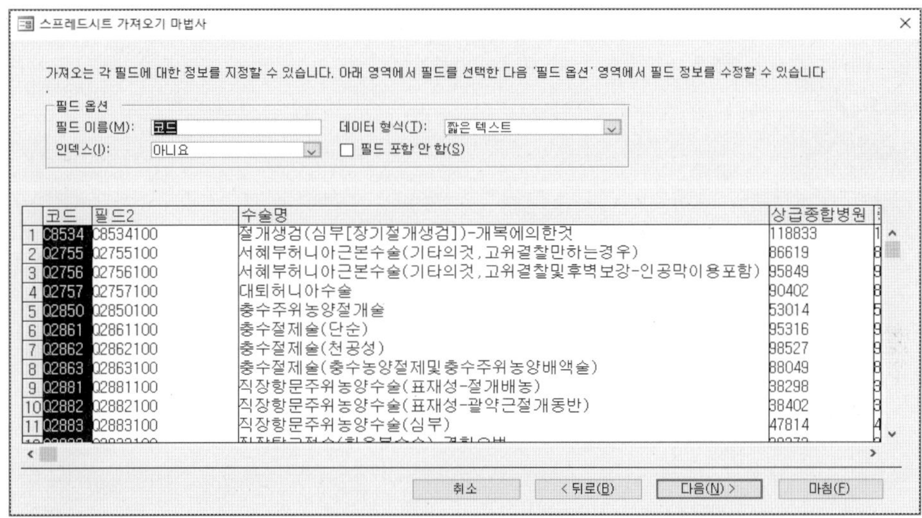

5. '필드 옵션'을 지정하기 위한 대화상자가 나타나고, '필드 이름'과 '인덱스'를 지정한 후 '다음' 버튼을 누른다.

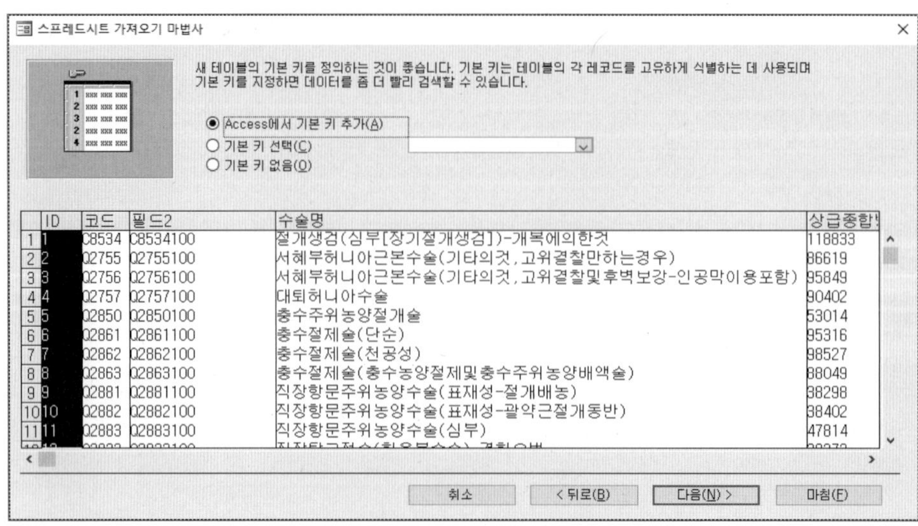

6. '기본 키'를 선택하기 위한 대화상자가 나타나고 'Access에서 기본 키 추가' 또는 '기본 키 없음'을 지정한 후 '다음' 버튼을 누른다.

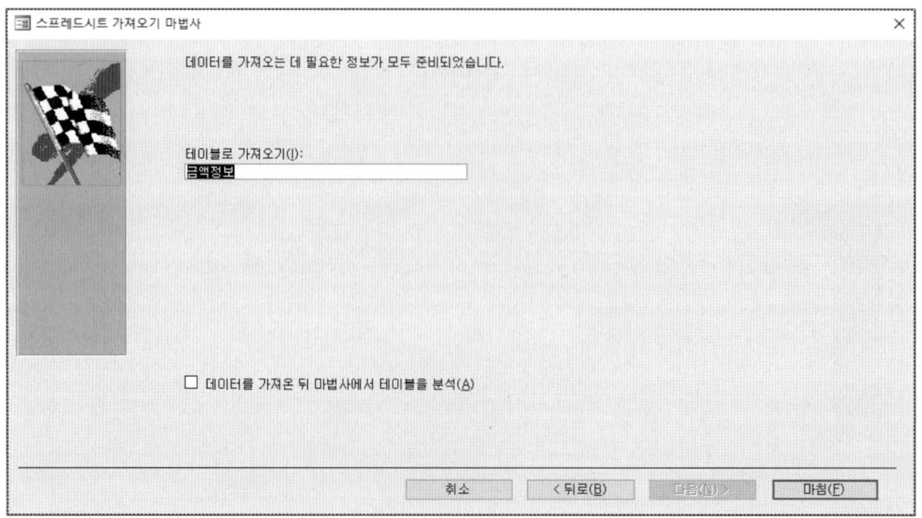

7. 마지막으로 테이블 이름을 '금액정보'로 입력하고 '마침' 버튼을 누르면 '가져오기 단계 저장' 여부를 묻는 화면이 나타난다.

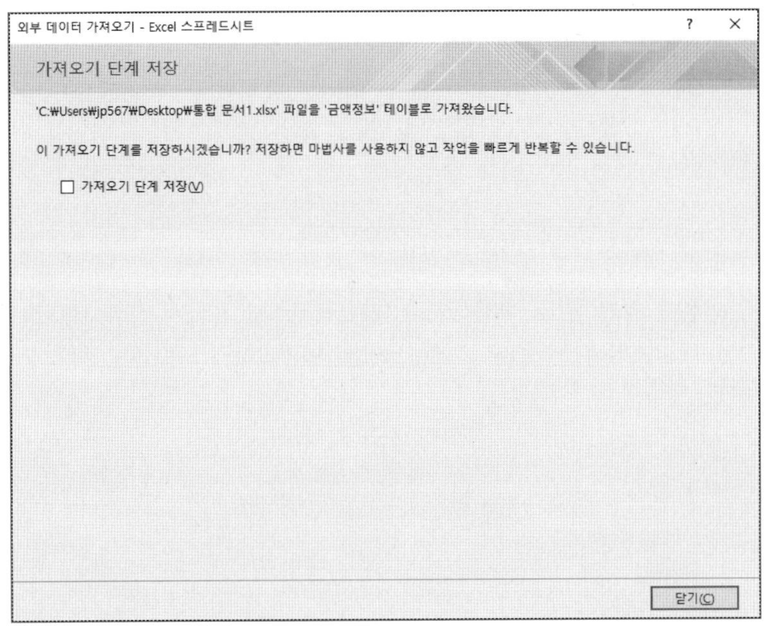

8. '닫기' 버튼을 클릭해서 마친다. 액세스에 다음과 같은 테이블 목록과 내용이 복사되어 나타난다.

마. 액세스 테이블을 엑셀 워크시트에 복사

액세스에서 작성한 테이블을 엑셀의 워크시트로 복사하는 기능이다. 별도의 워크시트가 생성되고 액세스의 테이블에는 아무런 영향을 미치지 않는다. 예를 들어 액세스의 '금액정보'라는 테이블을 엑셀의 워크시트로 복사해 보자.

실습 15-05 *시트명 : '액세스-엑셀'*

1. 액세스의 테이블을 엑셀의 워크시트로 복사하기 위해서 액세스 2016에서 '외부 데이터' 탭의 '내보내기' 그룹에서 '엑셀'을 선택하면 '내보내기 - 엑셀 스프레드시트' 대화상자가 나타난다. 파일 이름을 '금액정보.xlsx'로 지정한 다음 '확인' 버튼을 클릭한다.

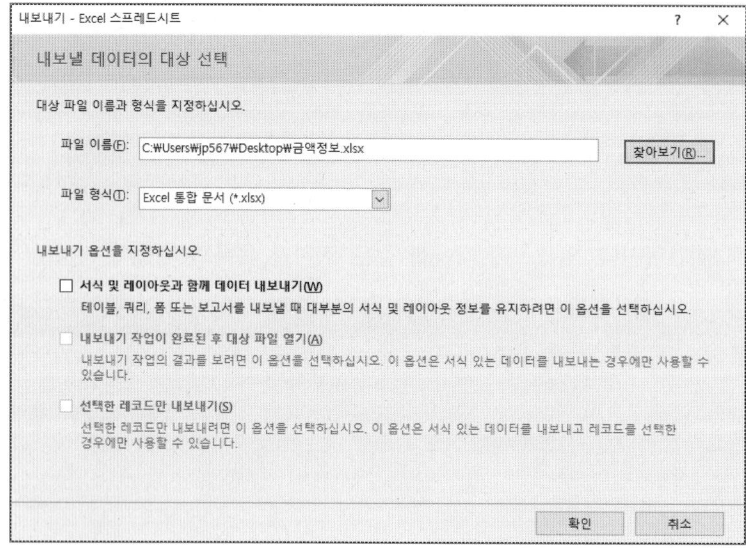

2. '내보내기 단계 저장' 여부를 묻는 화면이 나타난다. '닫기' 버튼을 눌러서 작업을 종료한다.

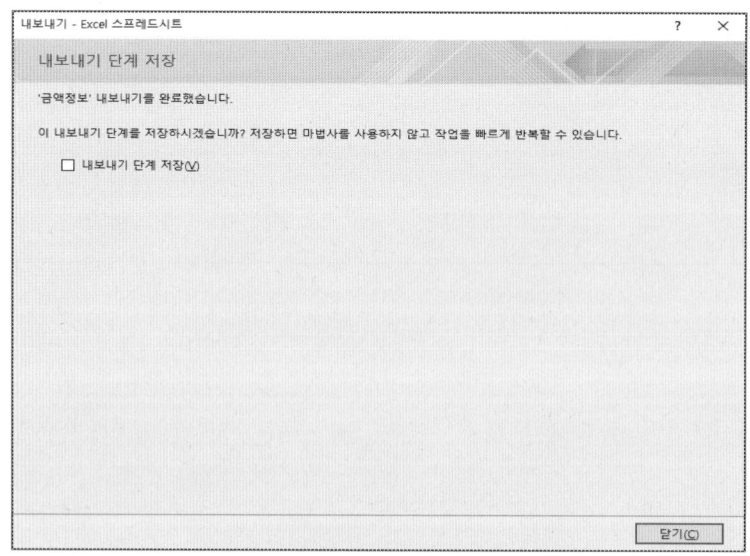

3. 엑셀에서 '금액정보.xlsx' 파일을 열면 다음과 같이 액세스의 테이블이 복사되어 워크시트에 나타난다.

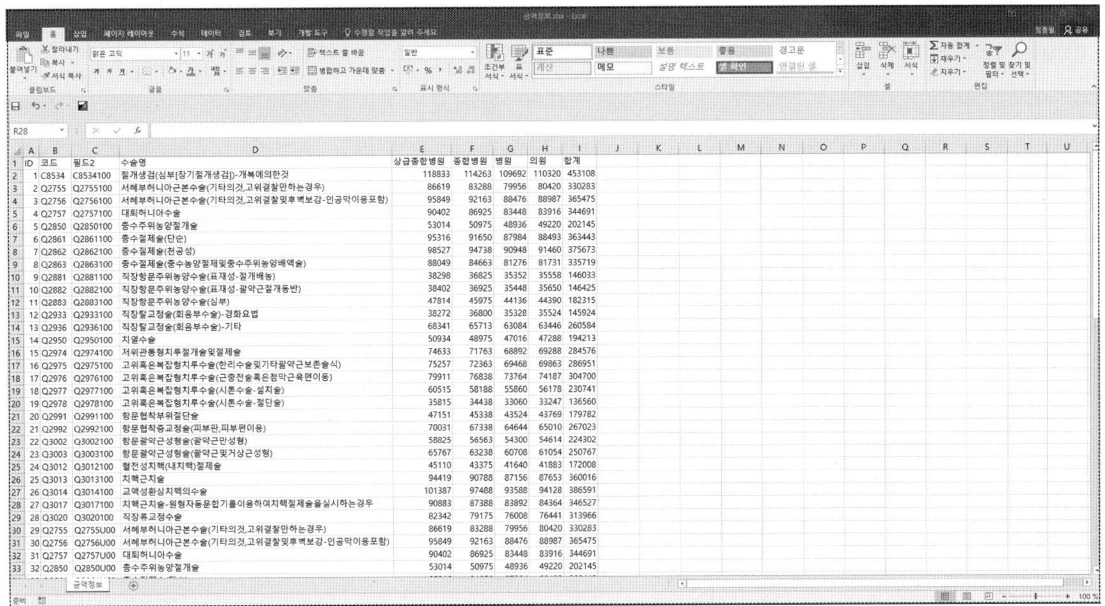

ID	코드	필드2	수술명	상급종합병원	종합병원	병원	의원	합계
1	C8534	C8534100	절개생검(심부[장기절개생검])-개복에의한것	118833	114263	109692	110320	453108
2	Q2755	Q2755100	서혜부허니아근본수술(기타의것,고위결찰만하는경우)	86619	83288	79956	80420	330283
3	Q2756	Q2756100	서혜부허니아근본수술(기타의것,고위결찰및후벽보강-인공막이용포함)	95849	92163	88476	88987	365475
4	Q2757	Q2757100	대퇴허니아수술	90402	86925	83448	83916	344691
5	Q2850	Q2850100	충수주위농양절개술	53014	50975	48936	49220	202145
6	Q2861	Q2861100	충수절제술(단순)	95316	91650	87984	88493	363443
7	Q2862	Q2862100	충수절제술(천공성)	98527	94738	90948	91460	375673
8	Q2863	Q2863100	충수절제술(충수농양절제및충수주위농양배액술)	88049	84663	81276	81731	335719
9	Q2881	Q2881100	직장항문주위농양수술(표재성-절개배농)	38298	36825	35352	35558	146033
10	Q2882	Q2882100	직장항문주위농양수술(표재성-괄약근절개동반)	38402	36925	35448	35650	146425
11	Q2883	Q2883100	직장항문주위농양수술(심부)	47814	45975	44136	44390	182315
12	Q2933	Q2933100	직장탈교정술(회음부수술)-경화요법	38272	36800	35328	35524	145924
13	Q2936	Q2936100	직장탈교정술(회음부수술)-기타	68341	65713	63084	63446	260584
14	Q2950	Q2950100	치열수술	50934	48975	47016	47288	194213
15	Q2974	Q2974100	저위관통형치루절개술및절제술	74633	71763	68892	69288	284576
16	Q2975	Q2975100	고위혹은복잡형치루수술(한리수술및기타괄약근보존술식)	75257	72363	69468	69863	286951
17	Q2976	Q2976100	고위혹은복잡형치루수술(근충전술혹은점막근육편이동)	79911	76838	73764	74187	304700
18	Q2977	Q2977100	고위혹은복잡형치루수술(시톤수술-설치술)	60515	58188	55860	56178	230741
19	Q2978	Q2978100	고위혹은복잡형치루수술(시톤수술-절단술)	35815	34438	33060	33247	136560
20	Q2991	Q2991100	항문협착부위절단술	47151	45338	43524	43769	179782
21	Q2992	Q2992100	항문협착증교정술(피부판,피부편이용)	70031	67338	64644	65010	267023
22	Q3002	Q3002100	항문괄약근성형술(괄약근만성형)	58825	56563	54300	54614	224302
23	Q3003	Q3003100	항문괄약근성형술(괄약근및거상근성형)	65767	63238	60708	61054	250767
24	Q3012	Q3012100	혈전성치핵(내치핵)절제술	45110	43375	41640	41883	172008
25	Q3013	Q3013100	치핵근치술	94419	90788	87156	87653	360016
26	Q3014	Q3014100	교액성환상치핵의수술	101387	97488	93588	94128	386591
27	Q3017	Q3017100	치핵근치술-원형자동문합기를이용하여치핵절제술을실시하는경우	90883	87388	83892	84364	346527
28	Q3020	Q3020100	직장류교정수술	82342	79175	76008	76441	313966
29	Q2755	Q2755U00	서혜부허니아근본수술(기타의것,고위결찰만하는경우)	86619	83288	79956	80420	330283
30	Q2756	Q2756U00	서혜부허니아근본수술(기타의것,고위결찰및후벽보강-인공막이용포함)	95849	92163	88476	88987	365475
31	Q2757	Q2757U00	대퇴허니아수술	90402	86925	83448	83916	344691
32	Q2850	Q2850U00	충수주위농양절개술	53014	50975	48936	49220	202145

바. 엑셀에서 CSV 파일 불러오기

CSV(Comma-Separated Values) 파일은 2차원 테이블 형태의 숫자나 문자를 저장하기 위한 텍스트 형식의 파일로 몇 개의 필드를 쉼표(,)로 구분한 텍스트 데이터 및 텍스트 파일이다. 대개 데이터베이스의 데이터를 파일시스템으로 저장할 때의 파일 형식으로 많이 사용한다. CSV 파일의 구분자는 일반적으로 콤마(,)기호를 사용하는데 꼭 콤마 기호를 사용할 필요는 없다. 일반적으로 휴대폰의 주소록 데이터를 편집하기 위해 엑셀로 불러와 편집하는 경우가 많다. 여기서는 '질환별 약제 사용 정보'라는 CSV 파일을 예로 들어 설명하겠다.

실습 15-06 *시트명 : 'CSV-엑셀'*

1. 먼저 메모장에서 가져올 CSV 파일을 열어 확인해 보고 엑셀 2016을 실행한다.

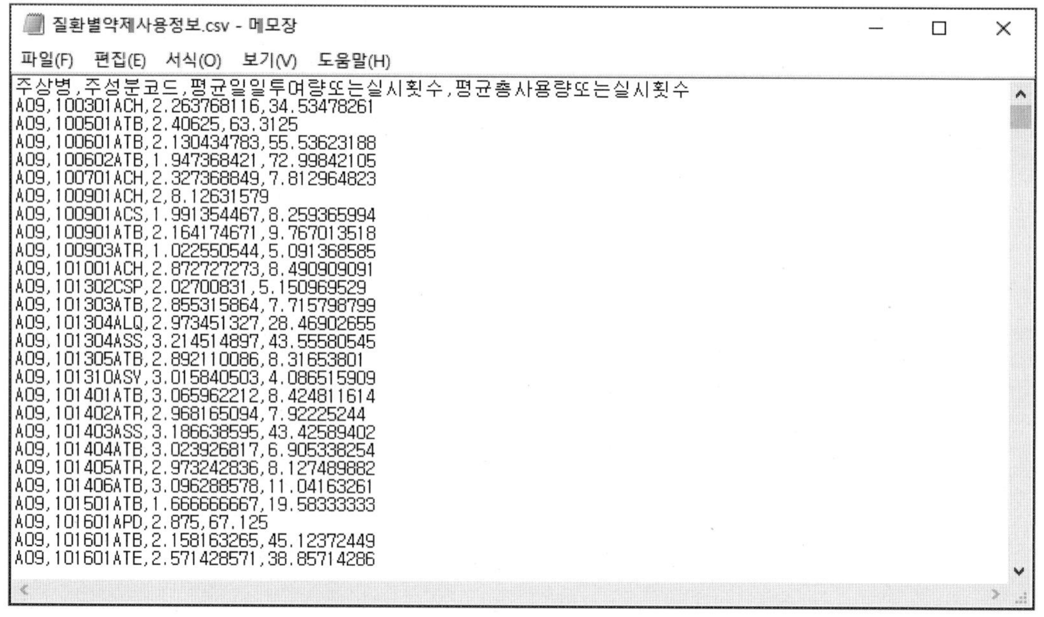

2. '데이터' 탭의 '외부 데이터 가져오기' 그룹에서 ' '텍스트'를 클릭한다.

3. '텍스트 파일 가져오기'에서 열고자 하는 .CSV 파일을 선택하고 '가져오기' 버튼을 클릭한다.

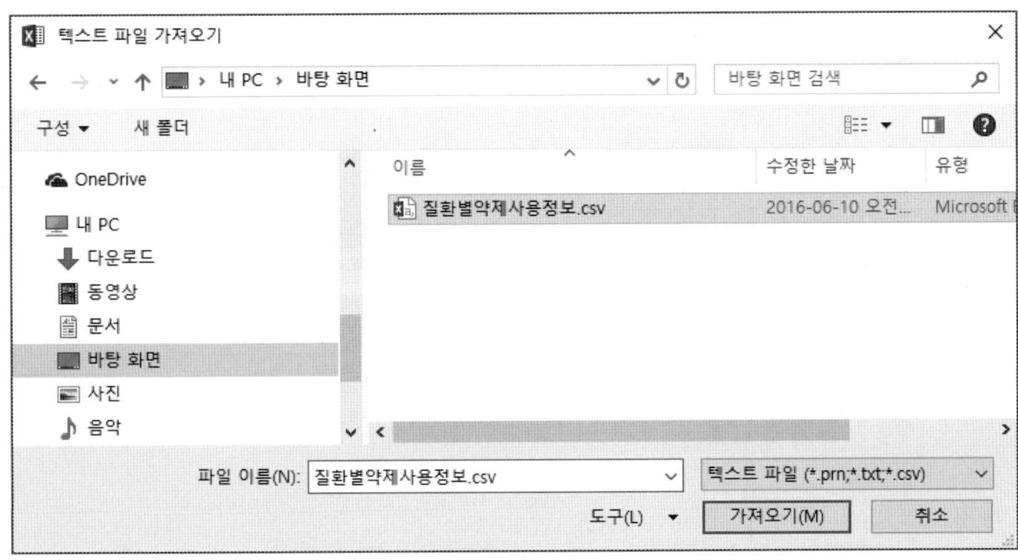

4. '텍스트 마법사 – 3단계 중 1단계' 창이 나타나는데 '원본 데이터 파일 유형을 선택 하십시오'에서 기본 값은 '구분 기호로 분리됨(D)'이 선택되어 있다. '다음'을 클릭한다.

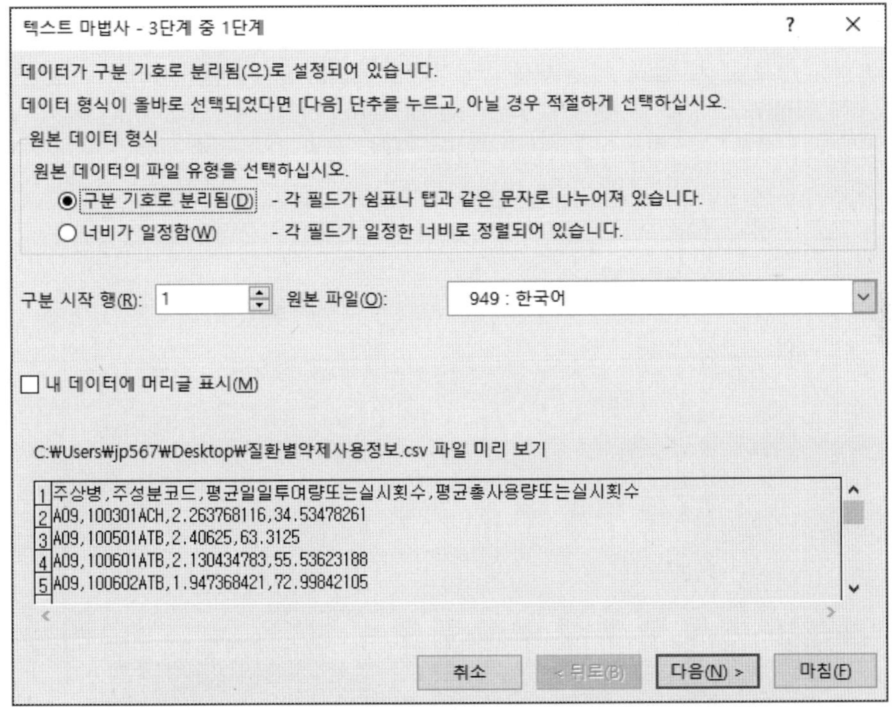

5. '텍스트 마법사 – 3단계 중 2단계'에서 데이터의 구분 기호를 설정하는 창이 나타난다. '구분 기호'에서 기본 값은 '탭'이 선택되어 있다. 열고자 하는 .CSV 파일의 구분기호를 확인하여 정확하게 체크해야 한다. 보통 쉼표를 가장 많이 사용한다. '데이터 미리 보기'를 통해 데이터가 정확하게 분리되었는지 확인하고 '다음' 버튼을 클릭한다.

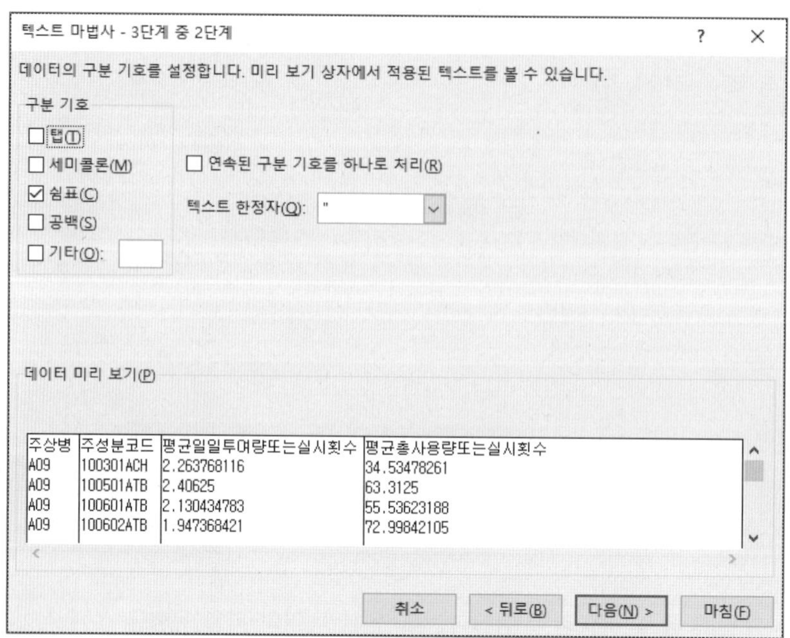

6. '텍스트 마법사 – 3단계 중 3단계'에서 각 열을 선택하여 데이터 서식을 지정한다. '열 데이터 서식'은 기본값으로 '일반'이 선택되어 있는데 이 경우 15자리를 초과하는 숫자 또는 숫자만으로 구성된 텍스트 등이 원하는 않는 결과를 가져 올 수 있다. 이 문제를 예방하려면 열 데이터 서식을 '텍스트'로 변경해야 한다. 먼저 아래 '데이터 미리 보기'에서 첫 번째 열을 클릭한 후 Shift 키를 누른 상태에서 마지막 열을 클릭해서 모든 열을 선택한다. 다음으로 '텍스트'를 선택하면 모든 열이 원본 값 그대로의 텍스트 서식으로 변경된다. 열 데이터 서식 지정이 완료되었으면 '마침' 버튼을 클릭한다.

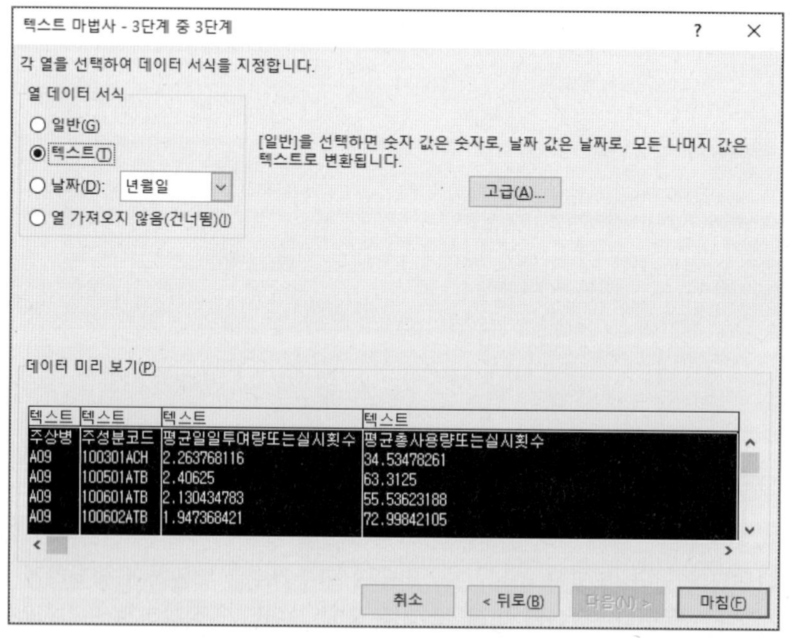

7. '데이터 가져오기' 대화 상자에서 워크시트에서 '데이터가 들어갈 위치'를 선택한 후 '확인' 버튼을 클릭하면 .CSV 파일이 정상적으로 엑셀로 읽어 들여진다.

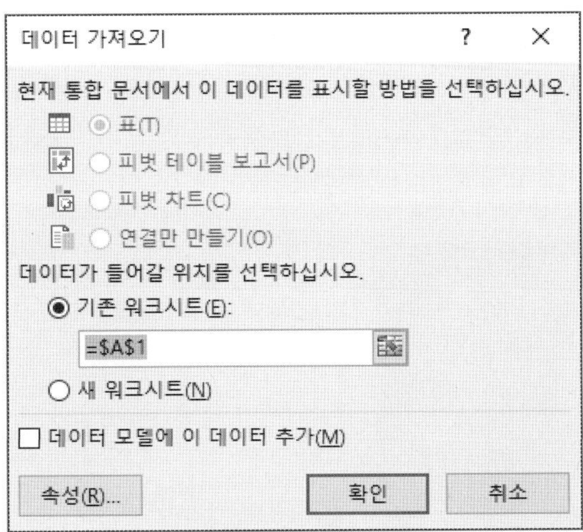

	A	B	C	D
1	주상병	주성분코드	평균일일투여량또는실시횟수	평균총사용량또는실시횟수
2	A09	100301ACH	2.263768116	34.53478261
3	A09	100501ATB	2.40625	63.3125
4	A09	100601ATB	2.130434783	55.53623188
5	A09	100602ATB	1.947368421	72.99842105
6	A09	100701ACH	2.327368849	7.812964823
7	A09	100901ACH	2	8.12631579
8	A09	100901ACS	1.991354467	8.259365994
9	A09	100901ATB	2.164174671	9.767013518
10	A09	100903ATR	1.022550544	5.091368585
11	A09	101001ACH	2.872727273	8.490909091
12	A09	101302CSP	2.02700831	5.150969529
13	A09	101303ATB	2.855315864	7.715798799
14	A09	101304ALQ	2.973451327	28.46902655
15	A09	101304ASS	3.214514897	43.55580545

사. 파워포인트에 엑셀 데이터 삽입

파워포인트에서 엑셀 워크시트 데이터를 프레젠테이션에 연결할 수 있다. 이렇게 하면 워크시트의 데이터가 변경될 경우 파워포인트 프레젠테이션에서 쉽게 업데이트할 수 있다.

실습 15-07 *시트명 : '엑셀-파워포인트'*

1. 파워포인트를 실행한 다음 '새 프레젠테이션'을 클릭한다.

2. '슬라이드'에서 마우스 오른쪽 버튼을 눌러 '레이아웃'의 'Office 테마'에서 '빈 화면'을 선택한다.

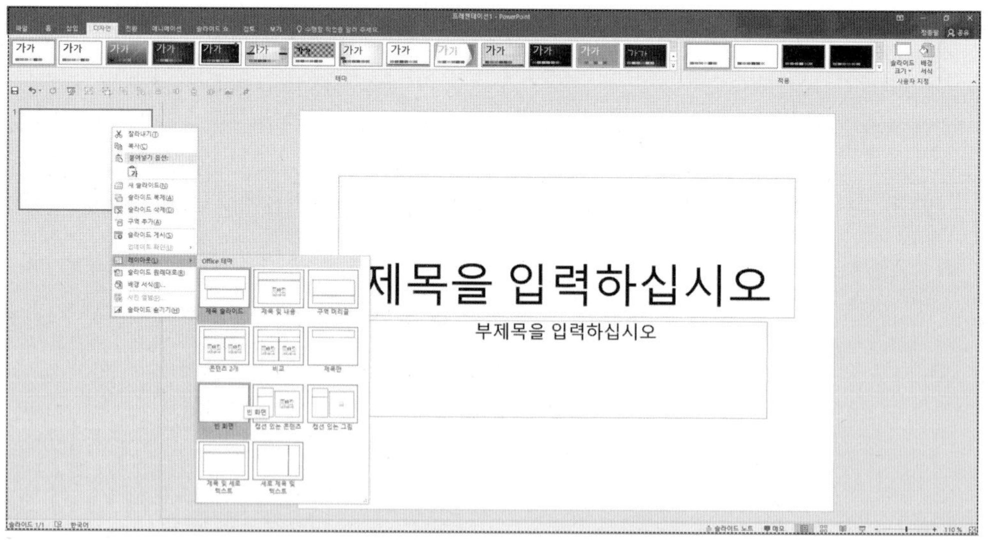

3. 파워포인트 '삽입' 탭의 '텍스트' 그룹에서 '개체'를 클릭한다.

4. '개체 삽입' 대화 상자에서 '파일로부터 만들기'를 선택하고 '찾아보기'를 클릭한 다음 찾아보기 상자에서 삽입하고 연결할 데이터가 있는 엑셀 통합 문서를 찾아 선택한다. 개체 삽입 대화 상자를 닫기 전에 '연결'을 선택하고 '확인' 버튼을 클릭한다.

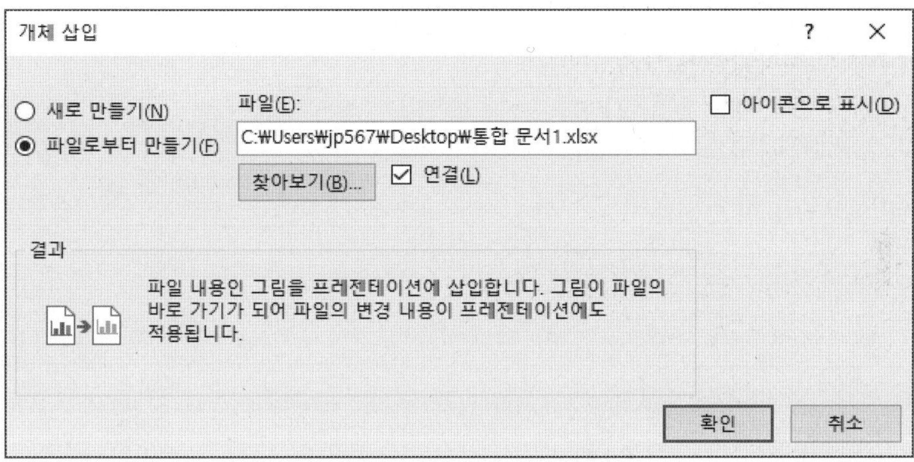

아. 파워포인트에 엑셀의 데이터 영역 연결

실습 15-08 *시트명 : '엑셀-파워포인트'*

1. 삽입하고 연결할 데이터가 있는 저장된 통합 문서를 엑셀에서 연다.
2. 파워포인트에 연결할 데이터 영역 위를 마우스로 끌어서 선택한 다음 '홈' 탭에서 '복사(▾)'를 클릭한다.

					간호학개론	기본간호학	인체구조	건강사정	생화학	정보능력	인간심리	총점	평균	석차	합격여부	PASS/FAIL	Result
간호학과	1	A	1711101	강 다영	89	87	90	84	89	90	85	614	87.7	3	합격	FAIL	경고
간호학과	1	A	1711102	고 연희	92	90	88	90	96	97	95	648	92.6	1	합격	PASS	PASS
간호학과	1	A	1711103	김 기호	78	80	75	76	73	85	80	547	78.1	10	불합격	FALSE	재시험
간호학과	1	A	1711104	김 다슬	90	91	82	84	90	92	90	619	88.4	2	합격	PASS	PASS
간호학과	1	A	1711105	김 민수	80	85	78	80	78	85	82	568	81.1	8	불합격	FALSE	재시험
간호학과	1	A	1711106	김 효서	85	86	82	82	75	87	83	580	82.9	7	불합격	FALSE	재시험
간호학과	1	A	1711107	박 영서	83	81	80	82	76	80	81	563	80.4	9	불합격	FALSE	재시험
간호학과	1	A	1711108	이 영호	88	89	81	83	80	85	80	586	83.7	6	불합격	FALSE	재시험
간호학과	1	A	1711109	이 은하	83	80	88	95	85	92	90	613	87.6	4.5	합격	PASS	PASS
간호학과	1	A	1711110	전 이슬	80	81	89	95	85	93	90	613	87.6	4.5	합격	PASS	PASS
교과목별 총점					848	850	833	851	827	886	856						
교과목별 평균					84.8	85.0	83.3	85.1	82.7	88.6	85.6						

3. 파워포인트에서 복사한 워크시트 데이터를 붙여 넣을 슬라이드를 선택한다.
4. '홈' 탭에서 '붙여넣기(▾)'를 선택하고 '선택하여 붙여넣기'를 클릭한다.

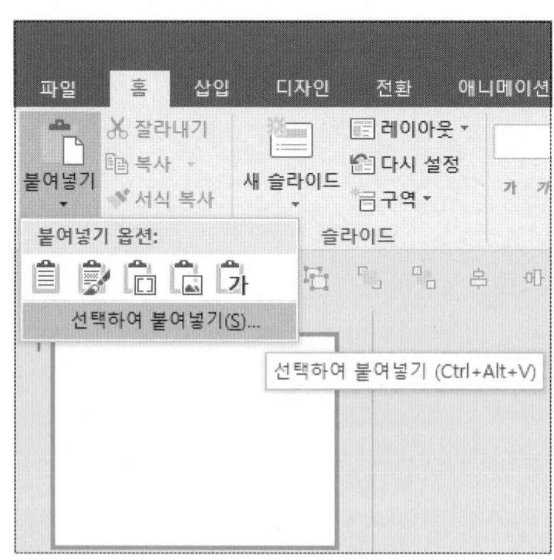

5. '선택하여 붙여넣기' 상자에서 '연결하여 붙여넣기'를 클릭한 다음 '형식' 아래에서 'Microsoft Excel 워크시트 개체'를 선택한다.

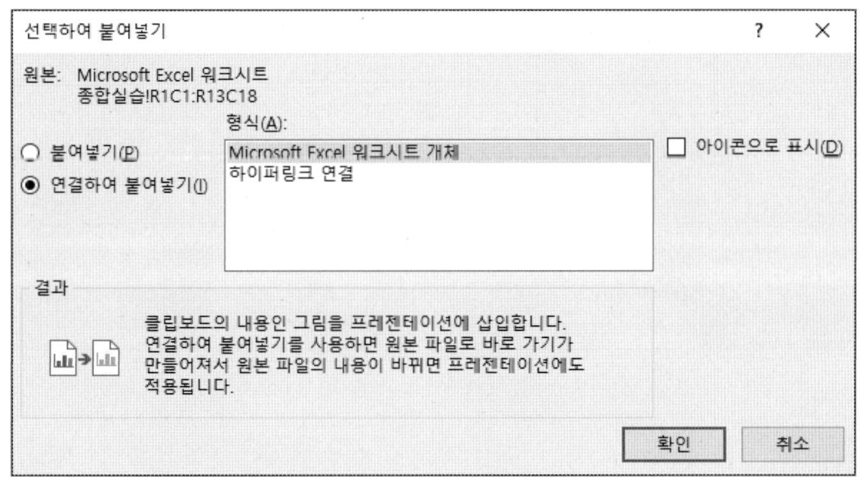

6. 파워포인트의 빈 슬라이드에 엑셀의 데이터가 삽입되어 나타난다.

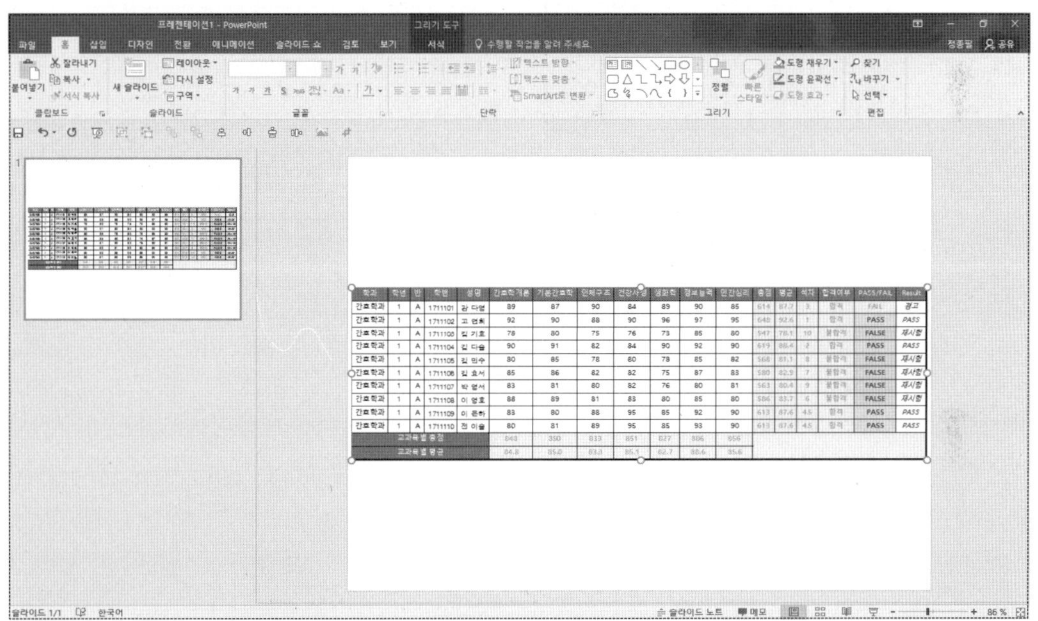

7. 엑셀의 워크시트에서 'F' 열(간호학개론)의 점수를 수정하면 파워포인트의 슬라이드에 삽입된 데이터도 '연결하여 붙여넣기'를 선택했기 때문에 변경된다.

	A	B	C	D	E	F	G	H	I	J	K	L	M	N	O	P	Q	R
1	학과	학년	반	학번	성명	간호학개론	기본간호학	인체구조	건강사정	생화학	정보능력	인간심리	총점	평균	석차	합격여부	PASS/FAIL	Result
2	간호학과	1	A	1711101	강 다영	65	87	90	84	89	90	85	590	84.3	3	불합격	FAIL	경고
3	간호학과	1	A	1711102	고 연희	75	90	88	90	96	97	95	631	90.1	1	합격	PASS	PASS
4	간호학과	1	A	1711103	김 기호	66	80	75	76	73	85	80	535	76.4	10	불합격	FALSE	재시험
5	간호학과	1	A	1711104	김 다슬	55	91	82	84	90	92	90	584	83.4	5	불합격	PASS	PASS
6	간호학과	1	A	1711105	김 민수	80	85	78	80	78	85	82	568	81.1	7	불합격	FALSE	재시험
7	간호학과	1	A	1711106	김 효서	68	86	82	82	75	87	83	563	80.4	8	불합격	FALSE	재시험
8	간호학과	1	A	1711107	박 영서	70	81	80	82	76	80	81	550	78.6	9	불합격	FALSE	재시험
9	간호학과	1	A	1711108	이 영호	75	89	81	83	80	85	80	573	81.9	6	불합격	FALSE	재시험
10	간호학과	1	A	1711109	이 은하	55	80	88	95	85	92	90	585	83.6	4	불합격	PASS	PASS
11	간호학과	1	A	1711110	전 이슬	65	81	89	95	85	93	90	598	85.4	2	합격	PASS	PASS
12	교과목별 총점					674	850	833	851	827	886	856						
13	교과목별 평균					67.4	85.0	83.3	85.1	82.7	88.6	85.6						

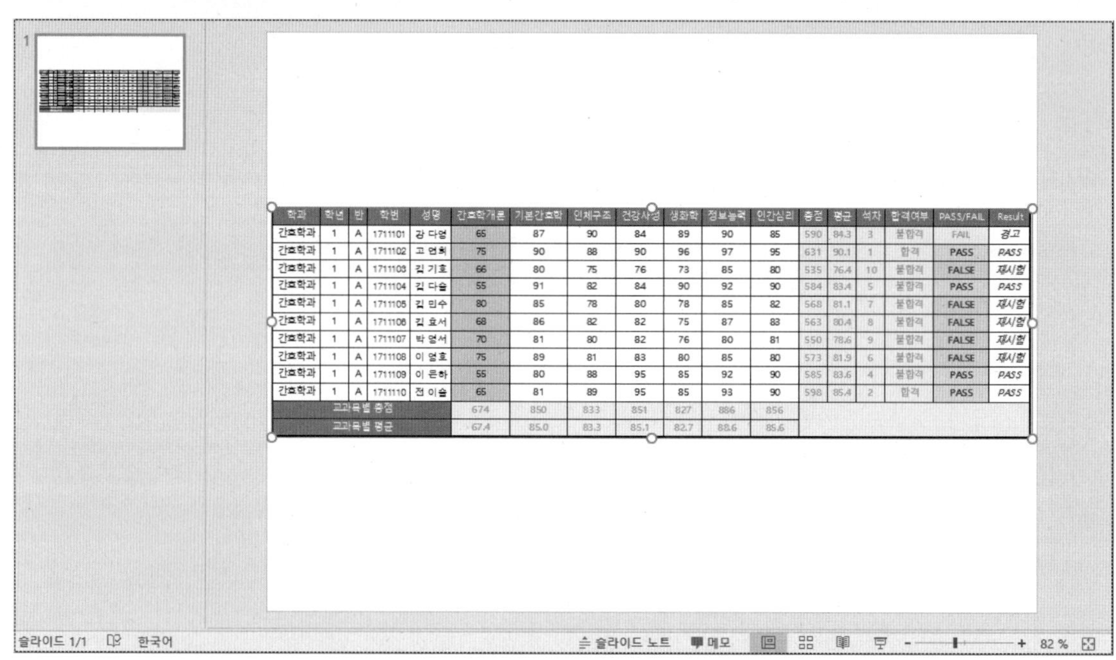

학과	학년	반	학번	성명	간호학개론	기본간호학	인체구조	건강사정	생화학	정보능력	인간심리	총점	평균	석차	합격여부	PASS/FAIL	Result
간호학과	1	A	1711101	강 다영	65	87	90	84	89	90	85	590	84.3	3	불합격	FAIL	경고
간호학과	1	A	1711102	고 연희	75	90	88	90	96	97	95	631	90.1	1	합격	PASS	PASS
간호학과	1	A	1711103	김 기호	66	80	75	76	73	85	80	535	76.4	10	불합격	FALSE	재시험
간호학과	1	A	1711104	김 다슬	55	91	82	84	90	92	90	584	83.4	5	불합격	PASS	PASS
간호학과	1	A	1711105	김 민수	80	85	78	80	78	85	82	568	81.1	7	불합격	FALSE	재시험
간호학과	1	A	1711106	김 효서	68	86	82	82	75	87	83	563	80.4	8	불합격	FALSE	재시험
간호학과	1	A	1711107	박 영서	70	81	80	82	76	80	81	550	78.6	9	불합격	FALSE	재시험
간호학과	1	A	1711108	이 영호	75	89	81	83	80	85	80	573	81.9	6	불합격	FALSE	재시험
간호학과	1	A	1711109	이 은하	55	80	88	95	85	92	90	585	83.6	4	불합격	PASS	PASS
간호학과	1	A	1711110	전 이슬	65	81	89	95	85	93	90	598	85.4	2	합격	PASS	PASS
교과목별 총점					674	850	833	851	827	886	856						
교과목별 평균					67.4	85.0	83.3	85.1	82.7	88.6	85.6						

자. 연결되지 않은 엑셀 데이터 복사 및 파워포인트에 붙여넣기

이 경우에는 엑셀 데이터를 파워포인트 프레젠테이션에 연결하지 않고 엑셀 워크시트의 데이터를 복사하여 붙여 넣기 때문에 워크시트에서 파워포인트에 자동 업데이트를 보내지 않는다. 그렇기 때문에 워크시트의 데이터가 수정되어도 파워포인트의 슬라이드에는 수정된 데이터가 적용되지 않는다.

실습 15-09 *시트명 : '엑셀-파워포인트'*

1. 복사할 데이터가 있는 통합 문서를 엑셀에서 연다.
2. 복사할 데이터 영역 위를 마우스로 끌어서 선택한 다음 '홈' 탭에서 '복사(▾)'를 클릭한다.
3. 파워포인트에서 복사한 워크시트 데이터를 붙여 넣을 슬라이드를 선택한다.
4. '홈' 탭의 '클립보드' 그룹에서 '붙여넣기(▾)'를 클릭한다.

5. '붙여넣기 옵션'에서 다음 중 하나를 선택한다.
   a. '대상 스타일 사용' : 프레젠테이션의 서식을 사용하여 데이터를 파워포인트 표로 복사한다.

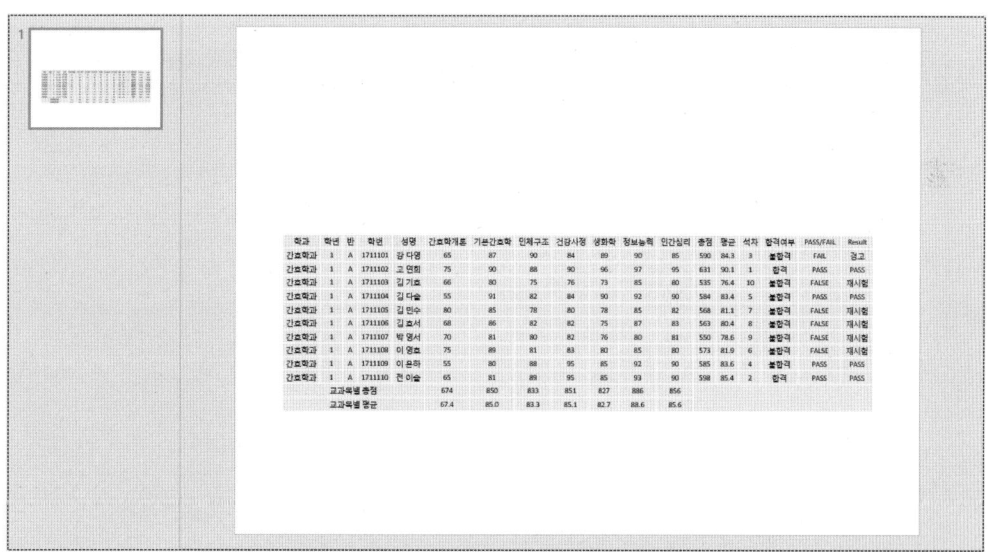

학과	학년	반	학번	성명	간호학개론	기본간호학	인체구조	건강사정	생화학	정보능력	인간심리	총점	평균	석차	합격여부	PASS/FAIL	Result
간호학과	1	A	1711101	강 다영	65	87	90	84	89	90	85	590	84.3	3	불합격	FAIL	경고
간호학과	1	A	1711102	고 연희	75	90	88	90	96	97	95	631	90.1	1	합격	PASS	PASS
간호학과	1	A	1711103	김 기효	66	80	75	76	73	85	80	535	76.4	10	불합격	FALSE	재시험
간호학과	1	A	1711104	김 다솔	55	91	82	84	90	92	90	584	83.4	5	불합격	PASS	PASS
간호학과	1	A	1711105	김 민수	80	85	78	80	78	85	82	568	81.1	7	불합격	FALSE	재시험
간호학과	1	A	1711106	김 효서	68	86	82	82	75	87	83	563	80.4	8	불합격	FALSE	재시험
간호학과	1	A	1711107	박 영서	70	81	80	82	76	80	81	550	78.6	9	불합격	FALSE	재시험
간호학과	1	A	1711108	이 영효	75	89	81	83	80	85	80	573	81.9	6	불합격	FALSE	재시험
간호학과	1	A	1711109	이 은하	55	80	88	95	85	92	90	585	83.6	4	불합격	PASS	PASS
간호학과	1	A	1711110	전 이슬	65	81	89	95	85	93	90	598	85.4	2	합격	PASS	PASS
	교과목별 총점				674	850	833	851	827	886	856						
	교과목별 평균				67.4	85.0	83.3	85.1	82.7	88.6	85.6						

   b. '원본 서식 유지' : 워크시트의 서식을 사용하여 엑셀 데이터를 파워포인트 표로 복사한다.
   c. '포함' : 데이터를 나중에 엑셀에서 편집할 수 있는 정보로 복사한다.
   d. '그림' : 데이터를 엑셀에서 편집할 수 없는 그림으로 복사한다.
   e. '텍스트만 유지' : 모든 데이터를 단일 텍스트 상자로 복사한다.

차. 엑셀의 시트를 MS Word 2016에 선택하여 붙여넣기

엑셀에서 작성한 시트를 MS Word 2016의 문서로 연결하여 선택하여 붙이는 기능으로 엑셀에서 셀의 내용을 바꿀 경우 MS Word 2016에 연결된 데이터도 수정되어 나타난다. 엑셀의 시트 일부를 MS Word 2016에서 문서의 일부분으로 참조할 경우 유용하게 사용된다.

실습 15-10 *시트명 : '엑셀-워드'*

1. 워크시트에서 해당 영역을 범위로 지정한다.
2. '홈' 탭의 '클립보드' 그룹에서 '복사'(Ctrl + C)를 클릭한다.
3. MS Word 2016을 실행한 후 MS Word 2016로 이동한다.
4. MS Word 2016에서 '홈' 탭의 '클립보드' 그룹의 '붙여넣기(▾)'에서 '선택하여 붙여넣기'(Ctrl + Alt + V)를 클릭한 후 '선택하여 붙여넣기' 대화상자가 나타나면 '형식'은 'Microsoft Excel 워크시트 개체'를 선택하고 '연결하여 붙여넣기'를 선택한 다음 '확인' 버튼을 누른다.

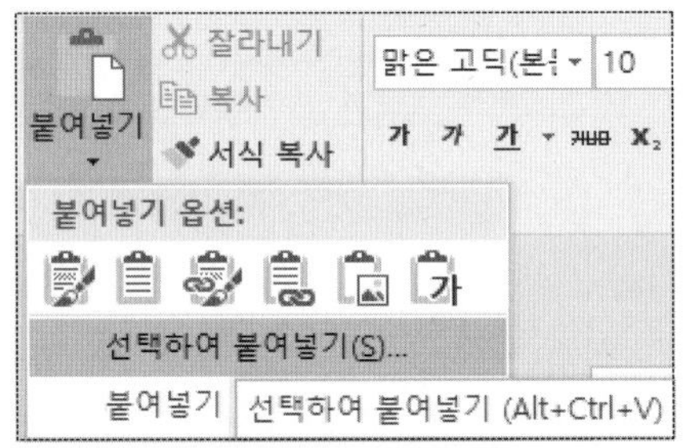

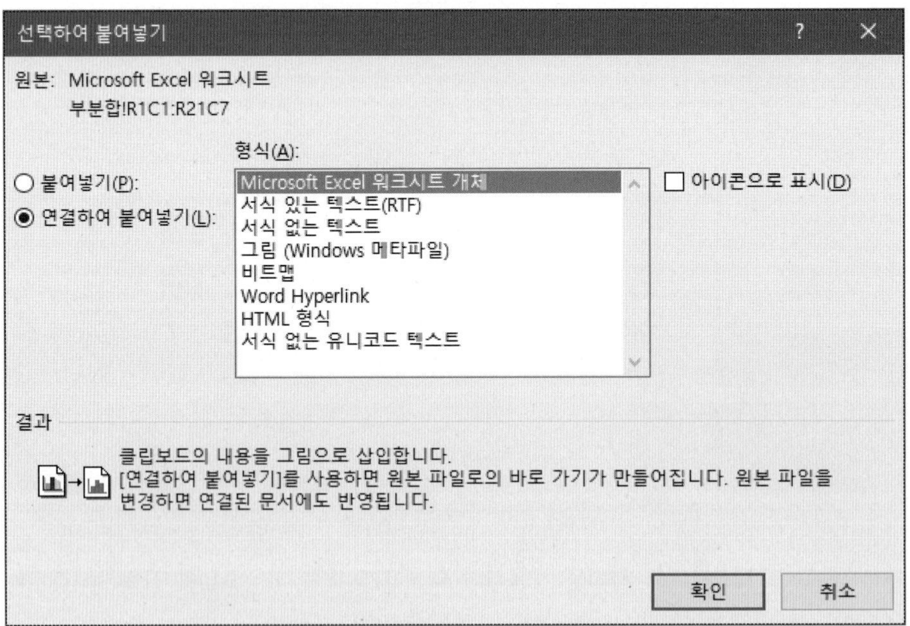

5. 엑셀에서 복사된 내용이 MS Word 2016 문서에 이미지 형태로 복사되어 나타난다.

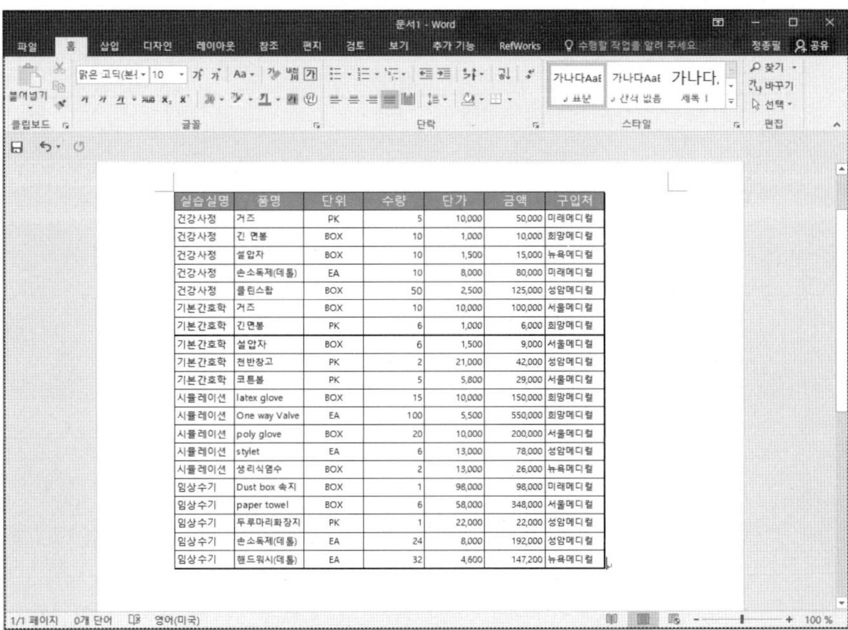

실습실명	품명	단위	수량	단가	금액	구입처
건강사정	거즈	PK	5	10,000	50,000	미래메디컬
건강사정	긴 면봉	BOX	10	1,000	10,000	희망메디컬
건강사정	설압자	BOX	10	1,500	15,000	뉴욕메디컬
건강사정	손소독제(데톨)	EA	10	8,000	80,000	미래메디컬
건강사정	클린스왑	BOX	50	2,500	125,000	성암메디컬
기본간호학	거즈	BOX	10	10,000	100,000	서울메디컬
기본간호학	긴면봉	PK	6	1,000	6,000	희망메디컬
기본간호학	설압자	BOX	6	1,500	9,000	서울메디컬
기본간호학	천반창고	PK	2	21,000	42,000	성암메디컬
기본간호학	코튼볼	PK	5	5,800	29,000	서울메디컬
시뮬레이션	latex glove	BOX	15	10,000	150,000	희망메디컬
시뮬레이션	One way Valve	EA	100	5,500	550,000	희망메디컬
시뮬레이션	poly glove	BOX	20	10,000	200,000	서울메디컬
시뮬레이션	stylet	EA	6	13,000	78,000	성암메디컬
시뮬레이션	생리식염수	BOX	2	13,000	26,000	뉴욕메디컬
임상수기	Dust box 속지	BOX	1	98,000	98,000	미래메디컬
임상수기	paper towel	BOX	6	58,000	348,000	서울메디컬
임상수기	두루마리화장지	PK	1	22,000	22,000	성암메디컬
임상수기	손소독제(데톨)	EA	24	8,000	192,000	성암메디컬
임상수기	핸드워시(데톨)	EA	32	4,600	147,200	뉴욕메디컬

6. 엑셀에서 'D2' 셀의 데이터 '5'를 '55'로 수정하고, 바탕색은 주황색, 글자색은 빨강색, 글꼴은 진하게로 수정한다.

	A	B	C	D	E	F	G
1	실습실명	품명	단위	수량	단가	금액	구입처
2	건강사정	거즈	PK	55	10,000	550,000	미래메디컬
3	건강사정	긴 면봉	BOX	10	1,000	10,000	희망메디컬
4	건강사정	설압자	BOX	10	1,500	15,000	뉴욕메디컬
5	건강사정	손소독제(데톨)	EA	10	8,000	80,000	미래메디컬
6	건강사정	클린스왑	BOX	50	2,500	125,000	성암메디컬
7	기본간호학	거즈	BOX	10	10,000	100,000	서울메디컬
8	기본간호학	긴면봉	PK	6	1,000	6,000	희망메디컬
9	기본간호학	설압자	BOX	6	1,500	9,000	서울메디컬
10	기본간호학	천반창고	PK	2	21,000	42,000	성암메디컬
11	기본간호학	코튼볼	PK	5	5,800	29,000	서울메디컬
12	시뮬레이션	latex glove	BOX	15	10,000	150,000	희망메디컬
13	시뮬레이션	One way Valve	EA	100	5,500	550,000	희망메디컬
14	시뮬레이션	poly glove	BOX	20	10,000	200,000	서울메디컬
15	시뮬레이션	stylet	EA	6	13,000	78,000	성암메디컬
16	시뮬레이션	생리식염수	BOX	2	13,000	26,000	뉴욕메디컬
17	임상수기	Dust box 속지	BOX	1	98,000	98,000	미래메디컬
18	임상수기	paper towel	BOX	6	58,000	348,000	서울메디컬
19	임상수기	두루마리화장지	PK	1	22,000	22,000	성암메디컬
20	임상수기	손소독제(데톨)	EA	24	8,000	192,000	성암메디컬
21	임상수기	핸드워시(데톨)	EA	32	4,600	147,200	뉴욕메디컬

7. MS Word 2016 문서의 내용을 확인해 보면 '5'가 '55'로 수정되었으며, 글꼴, 배경색과 글자색도 변경된다.

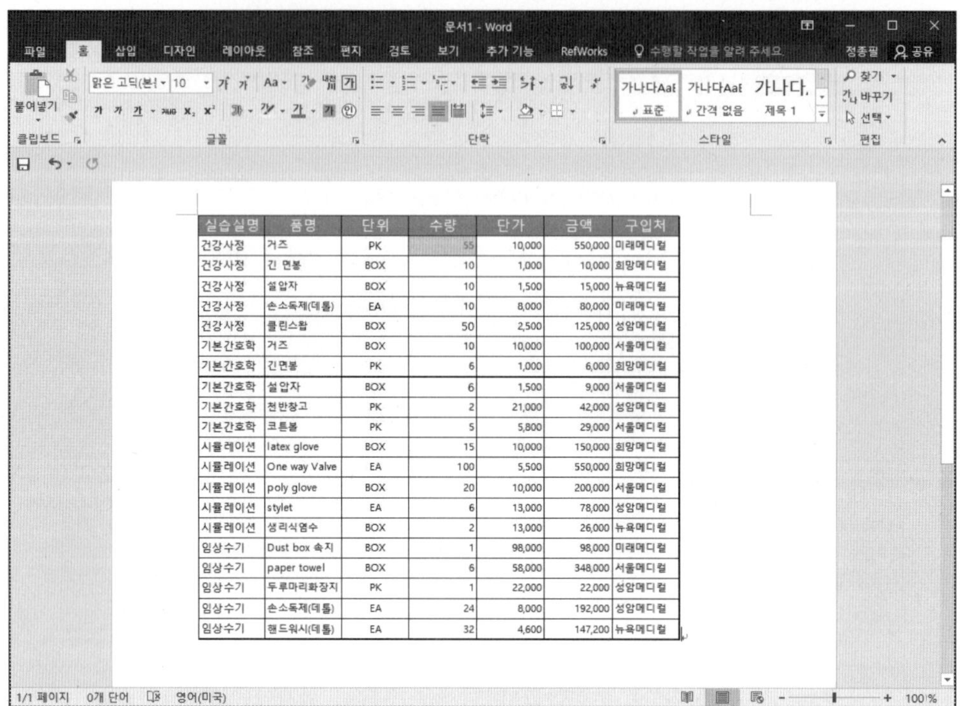

실습실명	품명	단위	수량	단가	금액	구입처
건강사정	거즈	PK	55	10,000	550,000	미래메디컬
건강사정	긴 면봉	BOX	10	1,000	10,000	희망메디컬
건강사정	설압자	BOX	10	1,500	15,000	뉴욕메디컬
건강사정	손소독제(데톨)	EA	10	8,000	80,000	미래메디컬
건강사정	클린스왑	BOX	50	2,500	125,000	성암메디컬
기본간호학	거즈	BOX	10	10,000	100,000	서울메디컬
기본간호학	긴면봉	PK	6	1,000	6,000	희망메디컬
기본간호학	설압자	BOX	6	1,500	9,000	서울메디컬
기본간호학	천반창고	PK	2	21,000	42,000	성암메디컬
기본간호학	코튼볼	PK	5	5,800	29,000	서울메디컬
시뮬레이션	latex glove	BOX	15	10,000	150,000	희망메디컬
시뮬레이션	One way Valve	EA	100	5,500	550,000	희망메디컬
시뮬레이션	poly glove	BOX	20	10,000	200,000	서울메디컬
시뮬레이션	stylet	EA	6	13,000	78,000	성암메디컬
시뮬레이션	생리식염수	BOX	2	13,000	26,000	뉴욕메디컬
임상수기	Dust box 속지	BOX	1	98,000	98,000	미래메디컬
임상수기	paper towel	BOX	6	58,000	348,000	서울메디컬
임상수기	두루마리화장지	PK	1	22,000	22,000	성암메디컬
임상수기	손소독제(데톨)	EA	24	8,000	192,000	성암메디컬
임상수기	핸드워시(데톨)	EA	32	4,600	147,200	뉴욕메디컬

카. SPSS에서 엑셀 데이터 불러오기

실습 15-11 *시트명 : '엑셀-SPSS'*

1. 엑셀 2016을 실행한 후 데이터 원본을 열어서 확인한다. SPSS에서 불러오기 전에 시트명과 첫 행에 입력된 변수명 입력 여부를 확인한다.

	A	B	C	D	E	F	G
1	일련번호	성별	직업	종교	교육수준	보험금액	월수입
2	1	m	1	1	1	7.0	110
3	2	m	2	1	3	12.0	135
4	3	f	2	3	3	8.5	127
5	4	f	3	3	3	5.0	150
6	5	m	1	3	2	4.5	113
7	6	m	2	1	2	3.5	95
8	7	m	3	2	3	4.0	102
9	8	f	3	2	2	4.0	122
10	9	f	2	3	2	4.5	110
11	10	m	1	3	3	17.0	200

2. SPSS 21을 실행한 후 '파일' 메뉴에서 '열기' – '데이터'를 선택한다.

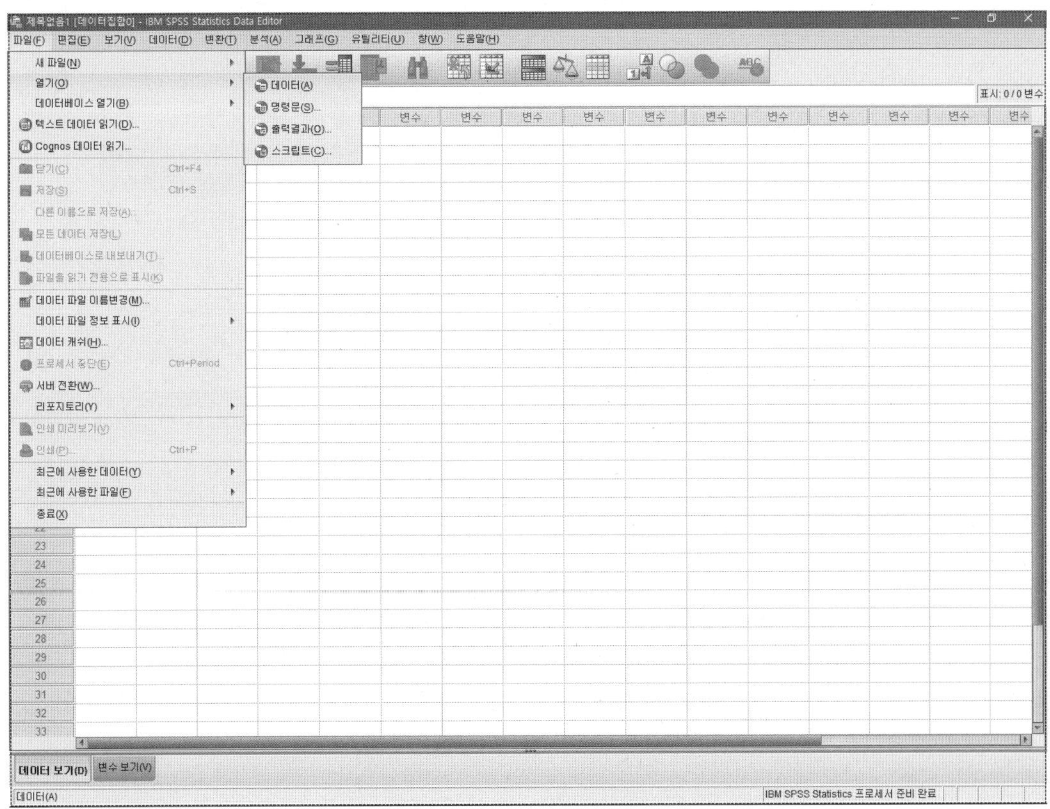

3. '데이터 열기' 대화 상자에서 불러올 엑셀 파일을 찾아 '열기' 버튼을 누른다. 이때 파일 유형을 엑셀 파일의 유형으로 바꾼다.

4. 'Excel 데이터 소스 열기' 대화 상자에서 '데이터 첫 행에서 변수 이름 읽어보기'를 체크하고, 불러올 데이터가 있는 워크시트를 선택한 후 '확인' 버튼을 클릭한다.

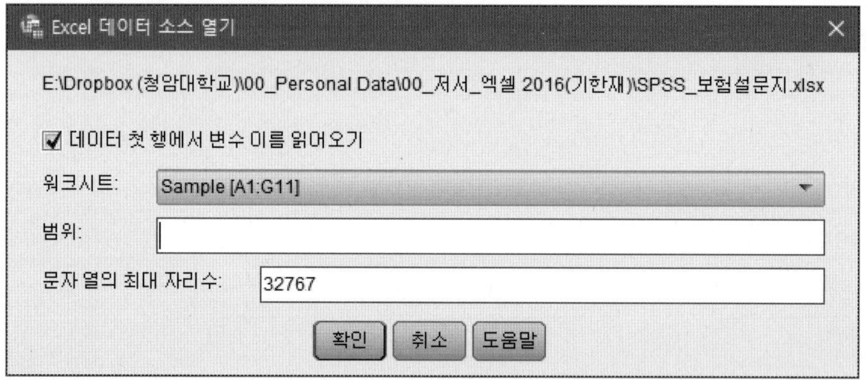

5. SPSS가 열리면 불러온 데이터를 확인한다. SPSS 왼쪽 아래쪽에 '데이터 보기' 탭이나 '변수 보기' 탭을 클릭해서 확인한다. 정상적으로 데이터를 확인했다면 SPSS의 '파일' 메뉴에서 '다른 이름으로 저장'을 클릭한 다음 저장한다.

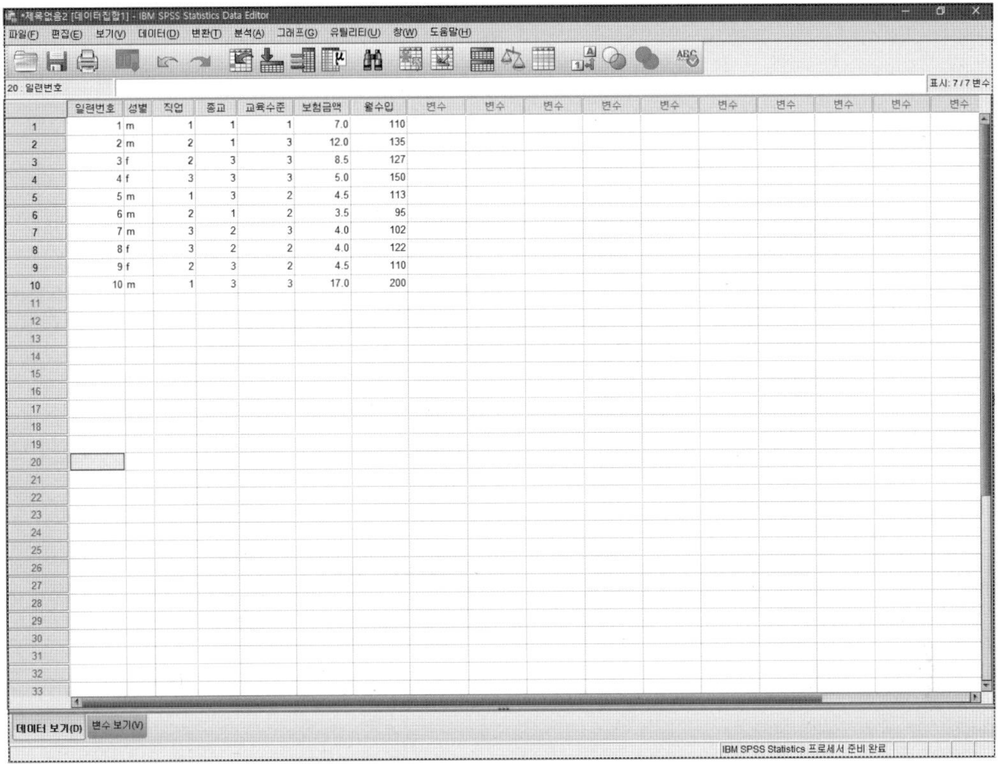
*제목없음2 [데이터집합1] - IBM SPSS Statistics Data Editor
파일(F) 편집(E) 보기(V) 데이터(D) 변환(T) 분석(A) 그래프(G) 유틸리티(U) 창(W) 도움말(H)
20 : 일련번호
표시: 7 / 7 변수
일련번호 성별 직업 종교 교육수준 보험금액 월수입
1 m 1 1 1 7.0 110
2 m 2 1 3 12.0 135
3 f 2 3 3 8.5 127
4 f 3 3 3 5.0 150
5 m 1 3 2 4.5 113
6 m 2 1 2 3.5 95
7 m 3 2 3 4.0 102
8 f 3 2 2 4.0 122
9 f 2 3 2 4.5 110
10 m 1 3 3 17.0 200
데이터 보기(D) 변수 보기(V)
IBM SPSS Statistics 프로세서 준비 완료

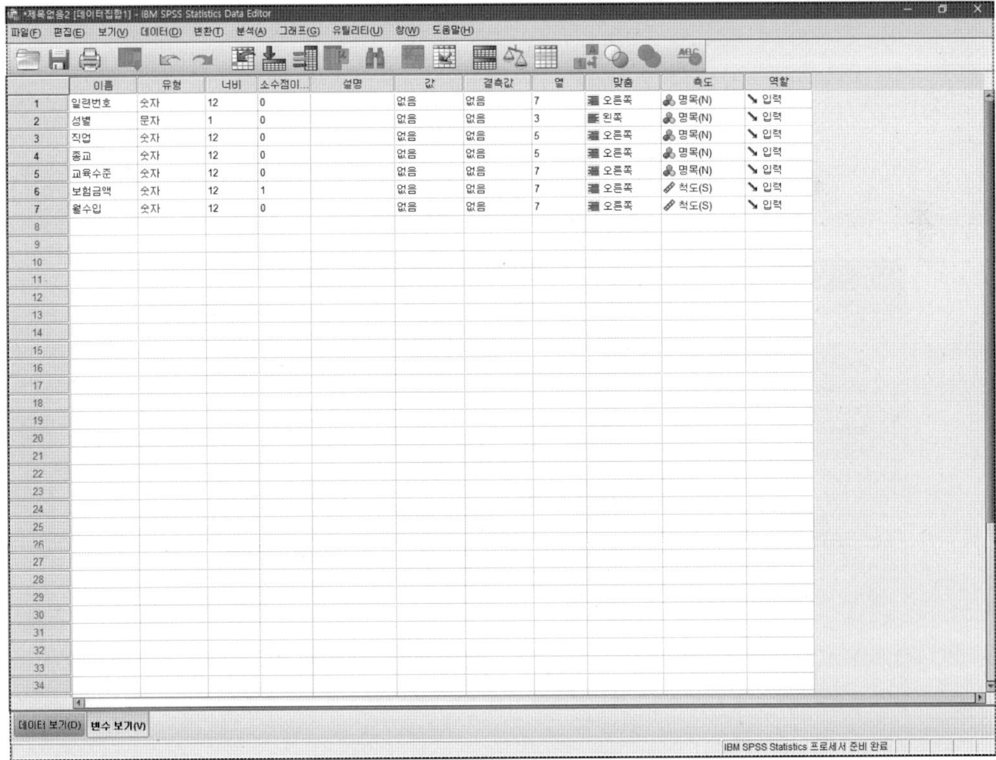
*제목없음2 [데이터집합1] - IBM SPSS Statistics Data Editor
파일(F) 편집(E) 보기(V) 데이터(D) 변환(T) 분석(A) 그래프(G) 유틸리티(U) 창(W) 도움말(H)
이름 유형 너비 소수점이... 설명 값 결측값 열 맞춤 측도 역할
일련번호 숫자 12 0 없음 없음 7 오른쪽 명목(N) 입력
성별 문자 1 0 없음 없음 3 왼쪽 명목(N) 입력
직업 숫자 12 0 없음 없음 5 오른쪽 명목(N) 입력
종교 숫자 12 0 없음 없음 5 오른쪽 명목(N) 입력
교육수준 숫자 12 0 없음 없음 7 오른쪽 명목(N) 입력
보험금액 숫자 12 1 없음 없음 7 오른쪽 척도(S) 입력
월수입 숫자 12 0 없음 없음 7 오른쪽 척도(S) 입력
데이터 보기(D) 변수 보기(V)
IBM SPSS Statistics 프로세서 준비 완료

타. SPSS에서 엑셀 형식으로 데이터 저장하기

실습 15-12 *시트명 : '엑셀-SPSS'*

1. SPSS의 '파일' 메뉴에서 '다른 이름으로 저장'을 클릭한 다음 '저장 유형'을 엑셀 형식으로 바꾸고 파일 이름을 지정한다.

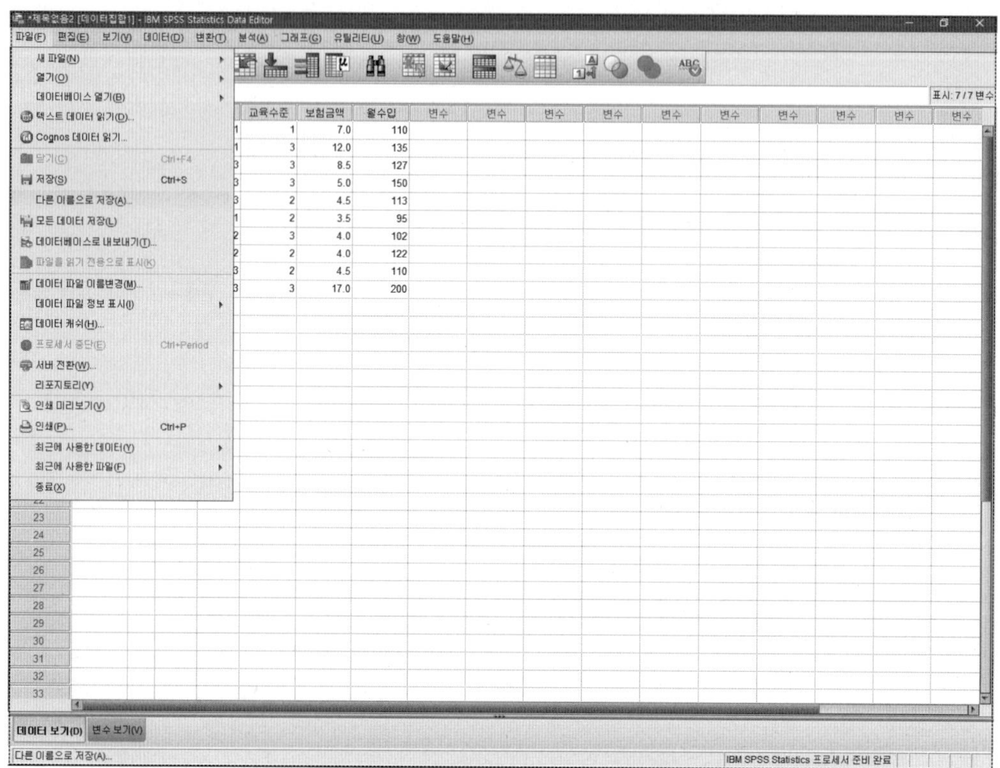

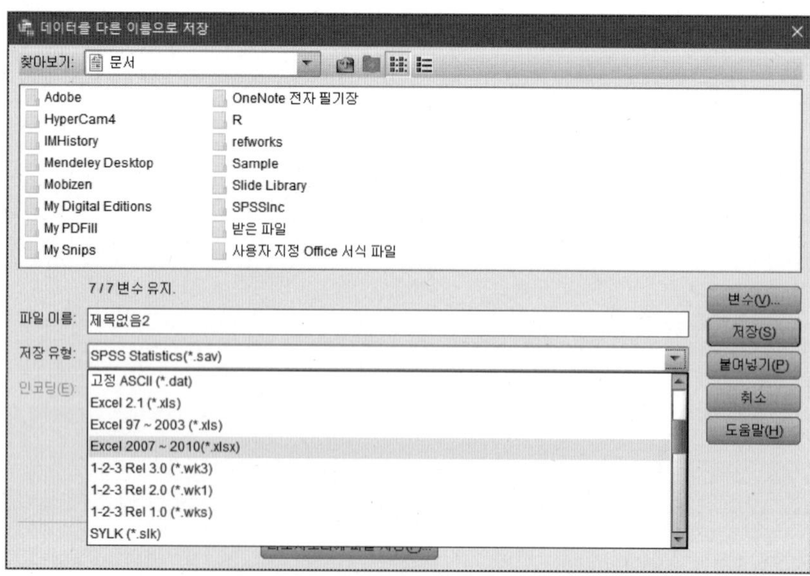

파. R에서 엑셀 데이터 불러오기

최근에 'readxl'라는 패키지가 공개되어 R에서도 엑셀 파일을 손쉽게 불러 올 수가 있다. 사용 방법은 파일명과 시트명만 입력하면 된다. 하지만 가급적이면 csv 파일을 사용하는 게 더 효과적이다.

실습 15-13 *시트명 : '엑셀-R'*

1. RStudio을 실행한 후 아래 그림처럼 입력하면 엑셀 파일을 불러와 사용할 수 있게 된다.

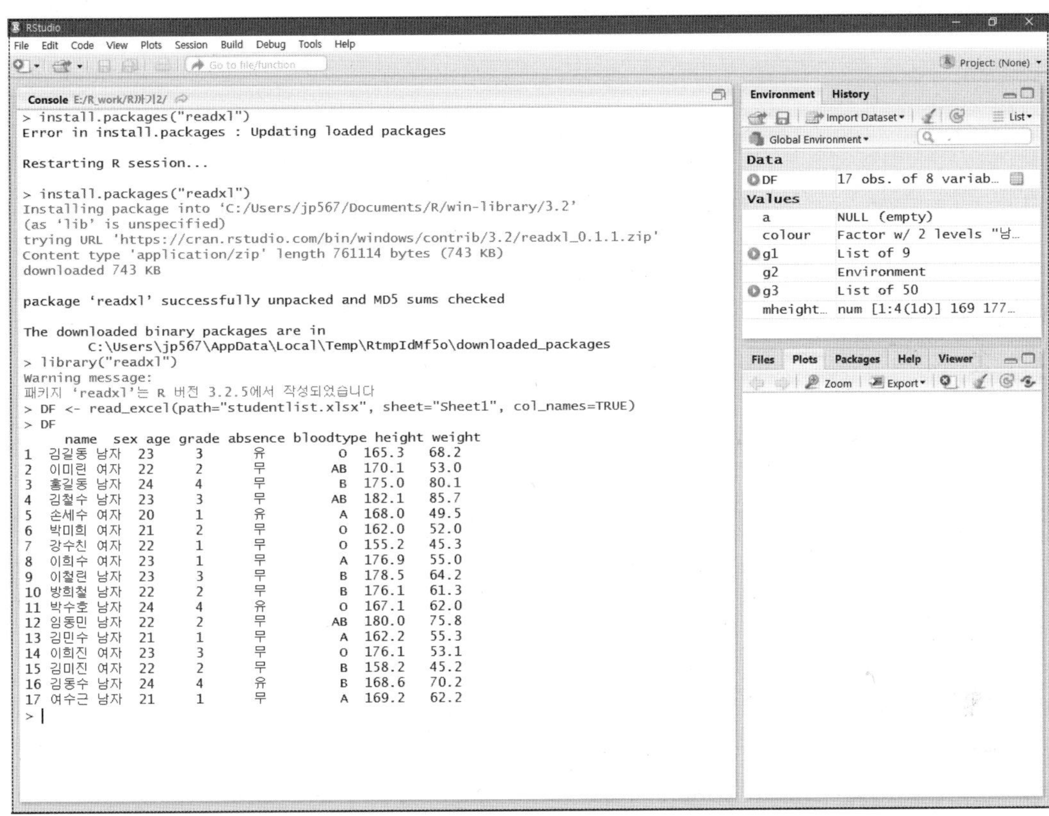

[바로가기 키]

■ 자주 사용하는 바로가기 키

작업	키
스프레드시트 닫기	Ctrl+W
스프레드시트 열기	Ctrl+O
홈 탭으로 이동	Alt+H
스프레드시트 저장	Ctrl+S
복사	Ctrl+C
붙여넣기	Ctrl+V
실행 취소	Ctrl+Z
셀 내용 제거	Delete 키
채우기 색 선택	Alt+H, H
잘라내기	Ctrl+X
삽입 탭으로 이동	Alt+N
굵게	Ctrl+B
셀 내용 가운데 맞춤	Alt+H, A, 그다음 C
페이지 레이아웃 탭으로 이동	Alt+P
데이터 탭으로 이동	Alt+A
보기 탭으로 이동	Alt+W
상황에 맞는 메뉴에서 셀의 서식 지정	Shift+F10 또는 컨텍스트 키
테두리 추가	Alt+H, B
열 삭제	Alt+H, D, 그다음 C
수식 탭으로 이동	Alt+M

■ 리본의 선택키로 이동

작업	키
리본에서 알림 상자를 열고 지원 또는 도움말 내용을 볼 검색어를 입력	Alt+Q를 누른 다음 검색어 입력
파일 페이지를 열고 Backstage 보기를 사용	Alt+F
홈 탭을 열고 텍스트 및 숫자 서식을 지정하고 찾기 도구를 사용	Alt+H
삽입 탭을 열고 피벗 테이블, 차트, 추가 기능, 스파크라인, 그림, 도형, 머리글 또는 텍스트 상자를 삽입	Alt+N
페이지 레이아웃 탭을 열고 테마, 페이지 설정, 비율 크기 조정 및 맞춤을 사용	Alt+P
수식 탭을 열고 함수 및 계산을 삽입, 추적 및 사용자 지정	Alt+M
데이터 탭을 열고 데이터에 연결하거나, 데이터를 정렬, 필터링, 분석하거나, 데이터 작업	Alt+A
검토 탭을 열고 맞춤법을 검사하거나, 메모를 추가하거나, 시트 및 통합 문서를 보호	Alt+R
보기 탭을 열고 페이지 나누기 및 레이아웃을 미리 보거나, 눈금선 및 머리글을 표시하고 숨기거나, 최대 확대/축소를 설정하거나, 창을 관리하거나, 매크로를 확인	Alt+W

■ 키보드를 사용하여 리본 탭 및 메뉴에서 작업

작업	키
리본의 활성 탭을 선택하고 선택키를 활성화	Alt 키 또는 F10 키. 다른 탭으로 이동하려면 선택키나 화살표 키를 사용합니다.
리본의 명령으로 포커스를 이동	Tab 키 또는 Shift+Tab
리본 메뉴의 항목 사이에서 각각 아래, 위, 왼쪽 또는 오른쪽으로 이동	아래쪽 화살표 키, 위쪽 화살표 키, 왼쪽 화살표 키 또는 오른쪽 화살표 키
선택한 단추를 활성화	스페이스바 또는 Enter 키
선택한 명령에 대한 목록을 연다.	아래쪽 화살표 키
선택한 단추에 대한 메뉴를 연다.	Alt+아래쪽 화살표
메뉴나 하위 메뉴가 열려 있는 경우 다음 명령으로 이동	아래쪽 화살표 키
리본을 확장하거나 축소	Ctrl+F1
상황에 맞는 메뉴를 연다.	Shift+F10 또는 컨텍스트 키
주 메뉴가 열려 있거나 선택되어 있는 경우 하위 메뉴로 이동	왼쪽 화살표 키

■ 셀에서의 탐색

작업	키
워크시트에서 이전 셀로 이동하거나 대화 상자에서 이전 옵션으로 이동	Shift+Tab
워크시트에서 한 셀 위로 이동	위쪽 화살표 키
워크시트에서 한 셀 아래로 이동	아래쪽 화살표 키
워크시트에서 한 셀 왼쪽으로 이동	왼쪽 화살표 키
워크시트에서 한 셀 오른쪽으로 이동	오른쪽 화살표 키
워크시트에서 현재 데이터 영역의 가장자리로 이동	Ctrl+화살표 키
끝 모드로 전환하고 활성 셀과 동일한 열 또는 행에서 데이터가 들어 있는 다음 셀로 이동하여 끝 모드를 끈다. 셀이 비어 있으면 행 또는 열의 마지막 셀로 이동	End 키, 화살표 키
워크시트의 마지막 셀을 사용된 가장 오른쪽 열의 사용된 가장 아래쪽 행으로 이동	Ctrl+End
셀 선택 영역을 워크시트에서 사용된 마지막 셀(오른쪽 아래 모서리)까지 확장	Ctrl+Shift+End
Scroll Lock이 켜져 있는 경우 창의 왼쪽 위 모서리에 있는 셀로 이동	Home+Scroll Lock
워크시트에서 행의 시작 부분으로 이동. Home 워크시트의 시작 부분으로 이동	Ctrl+Home
워크시트에서 한 화면 아래로 이동	Page Down 키
통합 문서에서 다음 시트로 이동	Ctrl+Page Down
워크시트에서 한 화면 오른쪽으로 이동	Alt+Page Down
워크시트에서 한 화면 위로 이동	Page Up 키
워크시트에서 한 화면 왼쪽으로 이동	Alt+Page Up
통합 문서에서 이전 시트로 이동	Ctrl+Page Up
워크시트에서 한 셀 오른쪽으로 이동 또는 보호된 워크시트에서는 잠기지 않은 셀 간에 이동	Tab 키

■ 셀의 서식 지정

작업	키
셀 서식 대화 상자를 사용하여 셀의 서식을 지정	Ctrl+1
셀 서식 대화 상자에서 글꼴 서식을 지정	Ctrl+Shift+F 또는 Ctrl+Shift+P
활성 셀을 편집하고 해당 내용 끝부분에 삽입 지점을 둔다. 또는 셀에 대한 편집이 꺼져 있는 경우 삽입 지점을 수식 입력줄로 이동. 수식을 편집 중인 경우 화살표 키를 사용하여 참조를 만들 수 있도록 참조 모드를 끄거나 켬	F2 키
셀 메모를 추가하거나 편집	Shift+F2
삽입 대화 상자를 사용하여 빈 셀을 삽입	Ctrl+Shift+더하기(+)
선택한 셀을 삭제하는 삭제 대화 상자를 표시	Ctrl+빼기(-)
현재 시간을 입력	Ctrl+Shift+콜론(:)
현재 날짜를 입력	Ctrl+세미콜론(;)
워크시트에서 셀 값 표시와 수식 표시 간을 전환	Ctrl+억음 악센트 기호(`)
활성 셀 위의 셀에 있는 수식을 셀이나 수식 입력줄에 복사	Ctrl+아포스트로피(')
선택한 셀을 이동	Ctrl+X
선택한 셀을 복사	Ctrl+C
삽입 지점에 내용을 붙여넣어 선택 내용을 바꿈	Ctrl+V
선택하여 붙여넣기 대화 상자를 사용하여 내용을 붙여넣기	Ctrl+Alt+V
텍스트를 기울임꼴로 표시하거나 기울임꼴 서식을 제거	Ctrl+I 또는 Ctrl+3
텍스트를 굵게 표시하거나 굵게 서식을 제거	Ctrl+B 또는 Ctrl+2
텍스트에 밑줄을 긋거나 밑줄을 제거	Ctrl+U 또는 Ctrl+4
취소선 서식을 적용하거나 제거	Ctrl+5
개체 숨기기, 개체 표시, 개체의 개체 틀 표시 간을 전환	Ctrl+6
선택한 셀에 윤곽선 테두리를 적용	Ctrl+Shift+앰퍼샌드(&)
선택한 셀에서 윤곽선 테두리를 제거	Ctrl+Shift+밑줄(_)
윤곽 기호를 표시하거나 숨김	Ctrl+8
선택한 행을 숨김	Ctrl+9
선택한 열을 숨김	Ctrl+0
아래로 채우기 명령을 사용하여 선택한 범위에서 맨 위에 있는 셀의 내용과 서식을 아래쪽 셀에 복사	Ctrl+D
오른쪽으로 채우기 명령을 사용하여 선택한 범위에서 맨 왼쪽에 있는 셀의 내용과 서식을 오른쪽 셀에 복사	Ctrl+R
일반 숫자 서식을 적용합니다.	Ctrl+Shift+물결표(~)
소수 두 자리의 통화 서식을 적용(음수는 괄호로 표시).	Ctrl+Shift+달러 기호($)
소수 자릿수 없이 백분율 서식을 적용	Ctrl+Shift+퍼센트(%)
소수 두 자리의 지수 숫자 서식을 적용	Ctrl+Shift+캐럿(^)
년, 월, 일로 날짜 서식을 적용	Ctrl+Shift+숫자 기호(#)
시간, 분, AM/PM으로 시간 서식을 적용	Ctrl+Shift+@ 기호(@)
소수 두 자리, 1000 단위 구분 기호, 음수 값의 경우 빼기(-) 기호로 숫자 서식을 적용	Ctrl+Shift+느낌표(!)
하이퍼링크를 만들거나 편집	Ctrl+K
현재 워크시트나 선택한 범위의 맞춤법을 검사	F7 키
데이터가 있는 선택한 셀에 대한 빠른 분석 옵션을 표시	Ctrl+Q
표 만들기 대화 상자를 표시	Ctrl+L 또는 Ctrl+T

■ 선택 및 작업 수행

작업	키
전체 워크시트를 선택	Ctrl+A 또는 Ctrl+Shift+스페이스바
통합 문서에서 현재 시트와 다음 시트를 선택	Ctrl+Shift+Page Down
통합 문서에서 현재 시트와 이전 시트를 선택	Ctrl+Shift+Page Up
셀 선택 영역을 한 셀씩 확장	Shift+화살표 키
셀 선택 영역을 활성 셀과 동일한 열 또는 행에서 데이터가 들어 있는 마지막 셀까지 확장하거나, 다음 셀이 비어 있는 경우 데이터가 들어 있는 다음 셀까지 확장	Ctrl+Shift+화살표 키
확장 모드를 켜고 화살표 키를 사용하여 선택 영역을 확장. 끄려면 다시 누른다.	확장 모드를 켜고 화살표 키를 사용하여 선택 영역을 확장합니다. 끄려면 다시 누릅니다. F8 키
화살표 키를 사용하여 인접하지 않은 셀 또는 범위를 셀 선택 영역에 추가	Shift+F8
같은 셀에서 새 줄을 시작	Alt+Enter
선택한 셀 범위를 현재 입력 내용으로 채움	Ctrl+Enter
셀 입력을 완료하고 위쪽 셀을 선택	Shift+Enter
워크시트에서 전체 열을 선택	Ctrl+스페이스바
워크시트에서 전체 행을 선택	Shift+스페이스바
개체가 선택된 경우 워크시트의 모든 개체를 선택	Ctrl+Shift+스페이스바
셀 선택 영역을 워크시트의 시작 부분까지 확장	Ctrl+Shift+Home
워크시트에 데이터가 있는 경우 현재 영역을 선택. 한 번 더 누르면 현재 영역과 해당 요약 행이 선택. 또 한 번 더 누르면 전체 워크시트가 선택	Ctrl+A 또는 Ctrl+Shift+스페이스바
활성 셀 주위의 현재 영역을 선택하거나 전체 피벗 테이블 보고서를 선택	Ctrl+Shift+별표(*)
메뉴나 하위 메뉴가 표시된 경우 메뉴의 첫 번째 명령을 선택	Home
가능한 경우 마지막으로 실행한 명령이나 작업을 반복	Ctrl+Y
마지막 작업 실행을 취소	Ctrl+Z

■ 데이터, 함수 및 수식 입력줄 작업

작업	키
전체 피벗 테이블 보고서를 선택	Ctrl+Shift+별표(*)
활성 셀을 편집하고 해당 내용 끝부분에 삽입 지점을 둡다. 또는 셀에 대한 편집이 꺼져 있는 경우 삽입 지점을 수식 입력줄로 이동. 수식을 편집 중인 경우 화살표 키를 사용하여 참조를 만들 수 있도록 참조 모드를 끄거나 켬	F2 키
수식 입력줄을 확장하거나 축소	Ctrl+Shift+U
셀이나 수식 입력줄에서 입력을 취소	Esc 키
수식 입력줄에서 입력을 완료하고 아래쪽 셀을 선택	Enter 키
수식 입력줄에 있는 경우 텍스트의 끝부분으로 커서를 이동	Ctrl+End
수식 입력줄의 커서 위치에서 끝까지 모든 텍스트를 선택	Ctrl+Shift+End
열려 있는 모든 통합 문서의 모든 워크시트를 계산	F9 키
현재 워크시트를 계산	Shift+F9
마지막 계산 이후 내용의 변경 여부와 관계없이 열려 있는 모든 통합 문서의 모든 워크시트를 계산	Ctrl+Alt+F9
종속된 수식을 검사한 다음, 열려 있는 모든 통합 문서에서 계산하도록 표시되지 않은 셀까지 포함하여 모든 셀을 계산	Ctrl+Alt+Shift+F9
오류 검사 단추에 대한 메뉴나 메시지를 표시	Alt+Shift+F10
삽입 지점이 수식의 함수 이름 오른쪽에 있는 경우 함수 인수 대화 상자를 표시	Ctrl+A
삽입 지점이 수식의 함수 이름 오른쪽에 있는 경우 인수 이름과 괄호를 삽입	Ctrl+Shift+A
빠른 채우기를 호출하여 인접한 열에서 패턴을 자동으로 인식하고 현재 열 채우기	Ctrl+E
수식에서 셀 참조 또는 범위가 선택된 경우 모든 절대/상대 참조 조합을 순서대로 전환	F4 키
함수를 삽입	Shift+F3
활성 셀 위의 셀에 있는 값을 셀이나 수식 입력줄에 복사	Ctrl+Shift+곧은 따옴표(")
현재 범위의 데이터에 대한 포함된 차트를 생성	Alt+F1
별도의 차트 시트에서 현재 범위의 데이터에 대한 차트를 생성	F11 키
참조에 사용할 이름을 정의합니다.	Alt+M, M, D
이름 붙여넣기 대화 상자에서 이름을 붙여넣기(통합 문서에서 이름이 정의된 경우).	F3 키
데이터 폼의 다음 레코드 첫째 필드로 이동	Enter 키
매크로를 만들고, 실행하고, 편집하거나, 삭제	Alt+F8
Microsoft Visual Basic For Applications 편집기를 연다.	Alt+F11

■ 기능 키

키	설명
F1 키	**Excel 도움말** 작업창을 표시 Ctrl+F1을 누르면 리본 메뉴가 표시되거나 숨김 Alt+F1을 누르면 현재 범위의 데이터에 대한 포함된 차트가 만들어짐 Alt+Shift+F1을 누르면 새 워크시트가 삽입
F2 키	활성 셀을 편집하고 해당 내용 끝부분에 삽입 지점을 둔다. 또는 셀에 대한 편집이 꺼져 있는 경우 삽입 지점을 수식 입력줄로 이동. 수식을 편집 중인 경우 화살표 키를 사용하여 참조를 만들 수 있도록 참조 모드를 끄거나 켬 Shift+F2를 누르면 셀 메모가 새로 추가되거나 기존 셀 메모를 편집할 수 있다. Ctrl+F2를 누르면 Backstage 보기의 **인쇄** 탭에 인쇄 미리 보기 영역이 표시
F3 키	**이름 붙여넣기** 대화 상자를 표시합니다. 통합 문서에 이름이 정의되어 있는 경우에만 사용할 수 있다(수식 탭, **정의된 이름** 그룹, **이름 정의**). Shift+F3을 누르면 **함수 삽입** 대화 상자가 표시
F4 키	가능한 경우 마지막으로 실행한 명령이나 작업을 반복 수식에서 셀 참조 또는 범위를 선택한 경우, F4 키는 다양한 조합의 모든 절대/상대 참조 사이를 순환 Ctrl+F4를 누르면 선택한 통합 문서 창이 닫힘 Alt+F4를 누르면 Excel이 닫힘
F5 키	**이동** 대화 상자를 표시 Ctrl+F5를 누르면 선택한 통합 문서 창의 크기가 복원
F6 키	워크시트, 리본 메뉴, 작업창, 확대/축소 컨트롤 사이를 전환. 분할된 워크시트(**보기** 메뉴, **이 창 관리**, **틀 고정**, **창 나눔** 명령)에서 F6 키는 창과 리본 메뉴 영역 사이를 전환할 때 분할된 창을 포함 Shift+F6을 누르면 워크시트, 확대/축소 컨트롤, 작업창 및 리본 메뉴로 전환 통합 문서 창이 두 개 이상 열려 있는 경우 Ctrl+F6을 누르면 다음 통합 문서 창으로 전환
F7 키	현재 워크시트나 선택한 범위의 맞춤법을 검사하는 **맞춤법 검사** 대화 상자를 표시 통합 문서 창이 최대화되어 있지 않은 경우 Ctrl+F7을 누르면 통합 문서 창에서 **이동** 명령이 실행. 화살표 키를 사용하여 창을 이동하고 이동을 완료하면 Enter 키를 누른다. 이동을 취소하려면 Esc 키를 누른다.
F8 키	확장 모드를 설정하거나 해제. 확장 모드에서는 상태 표시줄에 **확장 선택**이 표시되고 화살표 키로 선택 영역을 확장할 수 있다. Shift+F8을 누르면 화살표 키를 사용하여 인접하지 않은 셀 또는 범위를 셀 선택 영역에 추가할 수 있다. 통합 문서 창이 최대화되어 있지 않은 경우 Ctrl+F8을 누르면 통합 문서 창의 **컨트롤** 메뉴에 있는 **크기** 명령이 실행 Alt+F8을 누르면 매크로를 작성, 실행, 편집 또는 삭제할 수 있는 **매크로** 대화 상자가 표시
F9 키	열려 있는 모든 통합 문서의 모든 워크시트를 계산 Shift+F9를 누르면 현재 워크시트가 계산 Ctrl+Alt+F9를 누르면 마지막 계산 이후 내용의 변경 여부에 관계없이 열려 있는 모든 통합 문서의 워크시트가 모두 계산 Ctrl+Alt+Shift+F9를 누르면 참조되는 수식이 다시 검사되고, 열려 있는 모든 통합 문서에서 계산하도록 표시되지 않은 셀까지 포함하여 모든 셀이 계산 Ctrl+F9를 누르면 통합 문서 창이 아이콘으로 최소화
F10 키	키 팁을 표시하거나 숨깁니다. Alt 키를 눌러 같은 작업을 수행할 수도 있다. Shift+F10을 누르면 선택한 항목의 바로 가기 메뉴가 표시 Alt+Shift+F10을 누르면 오류 검사 단추에 대한 메뉴나 메시지가 표시 Ctrl+F10을 누르면 선택한 통합 문서 창이 최대화되거나 복원
F11 키	별도의 차트 시트에서 현재 범위의 데이터에 대한 차트를 만듬 Shift+F11을 누르면 새 워크시트가 삽입 Alt+F11을 누르면 VBA(Visual Basic for Applications)를 사용하여 매크로를 만들 수 있는 Microsoft Visual Basic For Applications 편집기가 열림
F12 키	**다른 이름으로 저장** 대화 상자를 표시

■ 기타 유용한 바로가기 키

키	설명
Alt 키	리본 메뉴에 키 팁(새 바로 가기)을 표시 예를 들어 Alt, W, P는 워크시트를 페이지 레이아웃 보기로 전환 Alt, W, L은 워크시트를 기본 보기로 전환 Alt, W, I는 워크시트를 페이지 나누기 미리 보기로 전환
화살표 키	워크시트에서 위, 아래, 왼쪽 또는 오른쪽으로 한 셀씩 이동 Ctrl+화살표 키를 누르면 워크시트에서 현재 데이터 영역의 맨 끝으로 이동 Shift+화살표 키를 누르면 셀 선택 영역이 한 셀씩 확장 Ctrl+Shift+화살표 키를 누르면 셀 선택 영역이 현재 셀과 동일한 열 또는 행에 있는 비어 있지 않은 마지막 셀까지 확장되거나, 다음 셀이 비어 있는 경우에는 선택 영역이 비어 있지 않은 다음 셀까지 확장 리본 메뉴가 선택되어 있는 경우 왼쪽 화살표 키나 오른쪽 화살표 키를 누르면 오른쪽 탭이나 왼쪽 탭이 선택. 하위 메뉴가 열려 있거나 선택되어 있는 경우 이 화살표 키를 누르면 주 메뉴나 하위 메뉴로 전환. 리본 메뉴 탭이 선택되어 있는 경우 이 키를 누르면 다른 탭 단추로 이동 메뉴나 하위 메뉴가 열려 있는 경우 아래쪽 화살표 키나 위쪽 화살표 키를 누르면 다음 또는 이전 명령이 선택. 리본 메뉴 탭이 선택되어 있는 경우 이 키를 누르면 탭 그룹에서 위쪽 또는 아래쪽으로 이동. 대화 상자에서 화살표 키를 누르면 열려 있는 드롭다운 목록이나 옵션 그룹의 다른 옵션으로 이동 아래쪽 화살표 키나 Alt+아래쪽 화살표 키를 누르면 선택한 드롭다운 목록이 열림.
백스페이스 키	수식 입력줄에서 왼쪽의 문자를 1자 삭제 현재 셀의 내용을 삭제 셀 편집 모드에서는 삽입 포인터 왼쪽의 문자를 삭제
삭제	셀 서식이나 메모에 영향을 주지 않고 선택한 셀에서 셀 내용(데이터와 수식)을 제거 셀 편집 모드에서는 삽입 포인터 오른쪽의 문자를 삭제
End 키	End 키는 끝 모드를 설정하거나 해제. 끝 모드에서는 화살표 키를 눌러 활성 셀과 동일한 열 또는 행에서 데이터가 있는 다음 셀로 이동할 수 있다. 화살표 키를 누른 후에는 끝 모드가 자동으로 해제. 다음 화살표 키를 누르기 전에 End 키를 다시 눌러야 한다. 끝 모드가 설정된 경우에는 상태 표시줄에 표시 셀이 비어 있는 경우 End 키를 누른 다음 화살표 키를 누르면 행 또는 열의 마지막 셀로 이동 메뉴나 하위 메뉴가 표시된 상태에서 End 키를 누르면 메뉴의 마지막 명령이 선택 Ctrl+End를 누르면 워크시트의 마지막 셀, 즉 맨 오른쪽 열의 맨 아래쪽 행에 있는 셀로 이동. 커서가 수식 입력줄에 있는 경우 Ctrl+End를 누르면 커서가 텍스트의 끝으로 이동 Ctrl+Shift+End를 누르면 셀 선택 영역이 워크시트의 마지막 셀(오른쪽 아래 모서리)까지 확장됩니다. 커서가 수식 입력줄에 있는 경우 Ctrl+Shift+End를 누르면 수식 입력줄에 있는 텍스트가 커서 위치에서 끝까지 모두 선택. 수식 입력줄의 높이는 그대로 유지
Enter 키	셀이나 수식 입력줄에서 셀 입력을 완료하고 기본적으로 바로 아래의 셀을 선택 데이터 양식에서 다음 레코드의 첫째 필드로 이동 선택한 메뉴를 열거나(메뉴 모음을 활성화하려면 F10 키를 누름) 선택한 명령에 대한 동작을 실행 대화 상자에서는 대화 상자의 기본 명령 단추(굵은 윤곽이 있는 단추로서 주로 **확인** 단추임)에 대한 동작을 실행 Alt+Enter를 누르면 같은 셀에서 새 줄이 시작 Ctrl+Enter를 누르면 선택한 셀 범위가 현재 입력 내용으로 채워짐 Shift+Enter를 누르면 셀 입력이 완료되고 바로 위의 셀이 선택
Esc 키	셀이나 수식 입력줄에서 입력을 취소 열려 있는 메뉴, 하위 메뉴, 대화 상자 또는 메시지 창을 닫음 전체 화면 모드가 적용되어 있는 경우 이 모드를 종료하고 표준 화면 모드로 돌아가 리본 메뉴 및 상태 표시줄을 다시 표시

홈	워크시트에서 행의 시작 부분으로 이동 Scroll Lock이 켜져 있는 경우 창의 왼쪽 위 모서리에 있는 셀로 이동 메뉴나 하위 메뉴가 표시된 경우 메뉴의 첫 번째 명령을 선택 Ctrl+Home을 누르면 워크시트의 시작 부분으로 이동 Ctrl+Shift+Home을 누르면 셀 선택 영역이 워크시트의 시작 부분까지 확장
Page Down 키	워크시트에서 한 화면 아래로 이동 Alt+PageDown을 누르면 워크시트에서 한 화면 오른쪽으로 이동 Ctrl+PageDown을 누르면 통합 문서에서 다음 시트로 이동 Ctrl+Shift+PageDown을 누르면 통합 문서에서 현재 시트와 다음 시트가 선택
Page Up 키	워크시트에서 한 화면 위로 이동 Alt+PageUp을 누르면 워크시트에서 한 화면 왼쪽으로 이동 Ctrl+PageUp을 누르면 통합 문서에서 이전 시트로 이동 Ctrl+Shift+PageUp을 누르면 통합 문서에서 현재 시트와 이전 시트가 선택
스페이스바 키	대화 상자에서 선택한 단추에 대한 동작을 수행합니다. 또는 확인란을 선택하거나 선택을 취소 Ctrl+스페이스바를 누르면 워크시트에서 전체 열이 선택 Shift+스페이스바를 누르면 워크시트에서 전체 행이 선택 Ctrl+Shift+스페이스바를 누르면 전체 워크시트가 선택 워크시트에 데이터가 있는 경우 Ctrl+Shift+스페이스바를 누르면 현재 영역이 선택. Ctrl+Shift+스페이스바를 다시 누르면 현재 영역과 해당 요약 행이 선택. Ctrl+Shift+스페이스바를 또 다시 누르면 전체 워크시트가 선택 개체가 선택된 경우 Ctrl+Shift+스페이스바를 누르면 워크시트의 모든 개체가 선택 Alt+스페이스바를 누르면 Excel 창의 **컨트롤** 메뉴가 표시
Tab 키	워크시트에서 오른쪽으로 한 셀씩 이동 보호된 워크시트에서 잠겨진 다른 셀로 이동 대화 상자에서 다음 옵션 또는 옵션 그룹으로 이동 Shift+Tab을 누르면 워크시트에서 이전 셀로 이동되거나 대화 상자에서 이전 옵션으로 이동 Ctrl+Tab을 누르면 대화 상자에서 다음 탭으로 전환 Ctrl+Shift+Tab을 누르면 대화 상자에서 이전 탭으로 전환

NCS 정보능력

직업기초능력 모듈 프로그램

학습자용 워크북(총 10권)	교수자용 매뉴얼(총 10권)
J. 직업윤리	J. 직업윤리
I. 조직이해능력	I. 조직이해능력
H. 기술능력	H. 기술능력
G. 정보능력	G. 정보능력
F. 대인관계능력	F. 대인관계능력
E. 자원관리능력	E. 자원관리능력
D. 자기개발능력	D. 자기개발능력
C. 문제해결능력	C. 문제해결능력
B. 수리능력	B. 수리능력
A. 의사소통능력	A. 의사소통능력

활용안내

개 요

이 프로그램은 우리나라 직업인들에게 공통적으로 요구되는 10가지 직업기초능력 가운데 하나인 정보능력에 대한 학습자용 워크북이다.

여기서 정보능력이란 업무를 수행함에 있어 기본적인 컴퓨터를 활용하여 필요한 정보를 수집, 분석, 활용하는 능력을 의미한다. 이러한 정보능력은 업무 수행에 필요한 정보를 수집, 분석, 조직, 관리, 활용하는데 있어 컴퓨터를 사용하는 컴퓨터활용능력과 업무수행에 필요한 정보를 수집하고, 분석하여 의미있는 정보를 찾아내며, 찾아낸 정보를 업무 수행에 적절하도록 조직 · 관리하고 활용하는 능력인 정보처리능력으로 구성되어 있다.

최근 직업기초능력으로서 정보능력의 중요성은 점차 확산되고 있으나 많은 학교나 기업에서 학습자들이 손쉽게 자신의 정보능력을 배양하거나 습득하는데 적절한 기본 교재가 거의 없는 실정이다. 따라서 이 교재는 모든 직업인에게 공통적으로 요구되는 정보능력을 학습자 스스로 자기 주도적이고 체험 중심으로 자신의 정보능력을 진단하고 학습하는 것을 목적으로 설계되었고 이를 바탕으로 교재가 제작되었다.

구 성

정보능력 워크북은 크게 활용안내, 사전평가, 학습모듈, 사후평가, 참고자료, 부록 · 정답 및 해설로 구성되어 있다.

활용안내는 교재의 전체적인 개요와 구성을 설명하고, 학습자에게 교재의 효과적인 활용방법 및 학습방법을 안내하는 역할을 한다. 사전평가는 학습모듈을 학습하기 전에 정보능력에 대한 학습자의 현재 수준을 진단하고, 학습자에게 필요한 학습활동을 안내하는 역할을 한다.

학습모듈은 직업기초능력으로서의 정보능력에 대한 학습모듈(G-1)과 정보능력을 구성하는 각 하위능력에 대한 학습모듈(G-2-가, G-2-나)로 구성되어 있다. G-1 학습모듈은 직업기초능력으로서 정보능력을 향상시키기 위한 학습내용이 제시되어 있다. G-2-가 학습모듈은 컴퓨터활용능력 학습에 대한 것이고, G-2-나 학습모듈은 정보처리능력 학습에 대한 것이다.

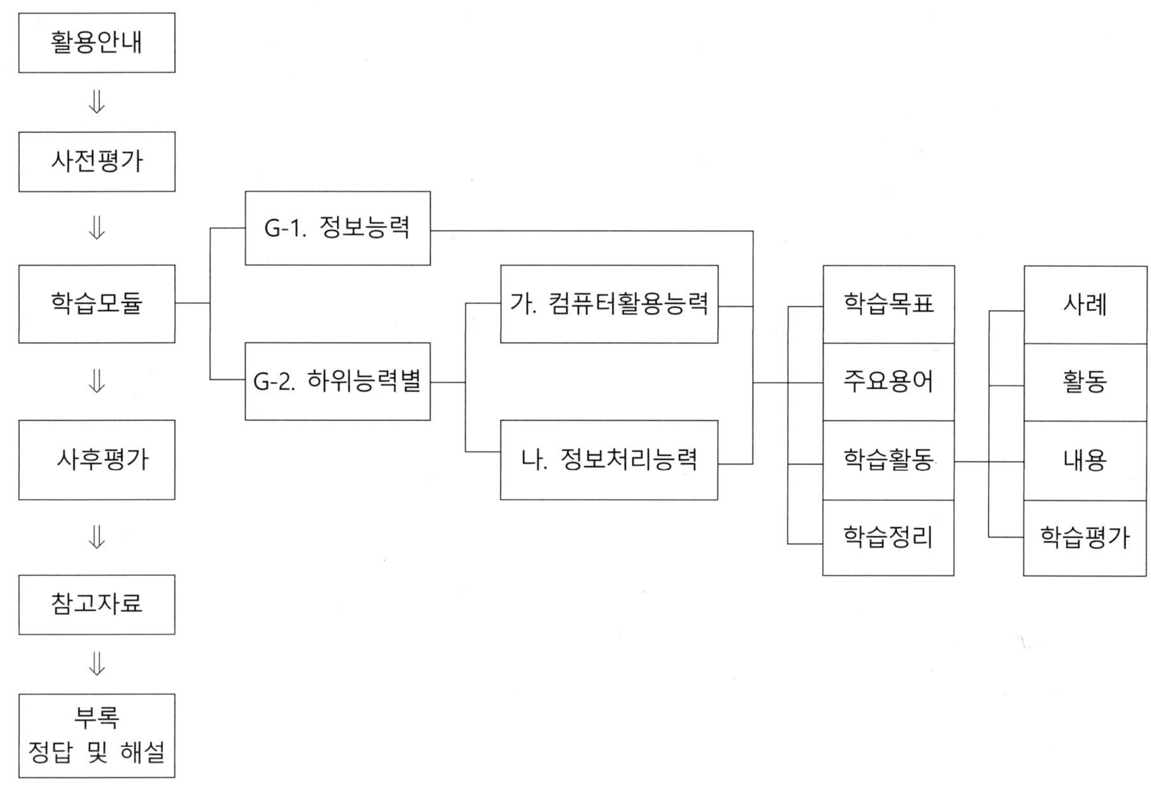

각 학습모듈은 학습목표, 주요용어, 학습활동, 학습정리로 구성되어 있다. 학습목표에는 각 학습모듈의 일반목표와 세부목표가 제시되어 있으며, 주요용어에는 각 학습모듈에 사용되는 중요한 용어(keyword)가 제시되어 있다.

학습활동은 기본 학습활동, 보충 학습활동 혹은 심화 학습활동으로 구분된다. 기본 학습활동이란 기초를 의미하는 것이 아니라 직업기초능력으로서의 정보능력표준에 제시된 기본적인 정보능력을 습득하는데 유용한 필수적인 학습을 의미하고, 보충 학습활동이란 기본학습을 이수하는데 어려움을 느끼는 학습자를 위한 보충적인 것으로 보다 기초적인 내용이다. 심화 학습활동이란 기본학습을 이미 이해하고 있거나 기본학습을 통해서 보다 심화된 것을 학습하고자 하는 학습자를 위한 것인데, 보충 학습활동과 마찬가지로 필요하다고 판단된 경우에만 제시된다. 따라서 기본 학습활동을 중심으로 학습하고, 보충 학습활동이나 심화 학습활동은 학습자에 따라 선택적으로 학습하면 된다.

각 학습활동은 사례, 활동, 내용, 학습평가로 구성되어 있다. 사례에는 직업생활 중 해당 학습활동과 관련된 다양한 사례가 제시되어 있고, 활동에는 학습자 스스로 생각해보고 자신의 의견을 정리해볼 수 있는 활동들이 제시되어 있다. 내용에는 해당 학습활동과 관련이 있는 관계지식 및 내용이 제시되어 있으며, 학습평가에는 해당 학습활동의 성취수준을 파악할 수 있는 문항이 제시되어 있다. 학습정리에는 각 학습모듈의 주요 내용이 정리되어 제시되어 있다.

사후평가에는 모든 학습모듈에 대한 학습을 마친 후 학습자들이 성취수준을 평가하고, 부족한 부분을 피드백 받을 수 있도록 하기 위한 체크리스트가 제시되어 있다. 참고자료에는 학습자들의 학습에 도움을 줄 수 있는 참고도서 및 인터넷사이트가 제시되어 있으며, 학습자가 자기 주도적으로 학습할 수 있도록 각 모듈의 학습평가에 대한 정답 및 해설이 제시되어 있다. 학습평가 정답에는 각 모듈의 학습평가에 대한 정답 및 해설이 제시되어 있어, 학습자가 자기 주도적으로 학습할 수 있도록 도움을 주고 있다.

사용되는 심벌

각 학습활동에는 다음과 같은 심벌이 사용된다. 심벌은 기본 및 심화 학습활동을 구분하고, 학습활동을 구성하는 주요용어, 사례, 활동, 학습평가를 시각화하여 전달하여 형성하는 역할을 한다. 따라서 학습자들은 심벌을 통해 이를 기호화하여 편리하게 학습할 수 있다. 특히 직업기초능력 프로그램에서는 10가지 직업기초능력에 동일한 심벌을 사용하여 하나의 형식으로 통일감을 주고 있다.

B 기본(Basic) 학습활동 : 모든 학습자가 반드시 알아야 되는 내용

R 보충(Remediation) 학습활동 : 기본 학습활동을 이수하기 어려운 학습자를 위한 보다 기초적인 내용

A 심화(Advanced) 학습활동 : 기본 학습활동이 충분한 학습자를 위한 심화된 내용

주요용어 : 학습모듈에서 사용되는 중요한 단어(Key word)를 제시

사례 : 학습활동에 대한 이해를 돕기 위한 대표적인 사례

활동 : 학습내용에 대해 학습자들이 직접 작성하게 하는 활동

학습평가 : 학습활동을 마친 후 단위 학습활동 내용에 대한 성취 수준을 평가

활용 방법

정보능력 학습자용 워크북은 어떤 정보능력 프로그램을 집단적으로 수강하거나 개별 학습자 스스로 자기 주도적으로 정보능력을 학습하거나 향상하고자 할 때 모두 활용될 수 있도록 제작되었다. 즉, 이 워크북은 정보능력 향상을 위한 집단적인 교수 상황은 물론 개별 학습 상황에서도 활용될 수 있도록 설계되었다. 그러나 집단적인 교수 상황에서 교수자의 주된 역할은 학습을 지원하고 도모할 수 있도록 중점을 두어야 한다. 그리고 이 학습자용 워크북을 집단적인 교수 상황에서 활용하는데 교수자가 참고하거나 활용할 수 있는 다양한 지침은 교수자용 매뉴얼에 제시되어 있으니 생략하고, 여기서는 학습자 스스로 자기 주도적으로 활용하는 방법에 대해서 설명하면 다음과 같다.

이 워크북은 처음부터 순차적으로 학습해도 좋으나 우선 사전평가를 통해서 부족한 부분을 먼저 확인하고, 그에 따라 중점적으로 학습하는 것이 효과적일 수 있다. 즉, 이 워크북 사용안내 다음에 제

시된 사전평가 부분을 활용하여 현재 자신의 정보능력 수준을 스스로 진단할 필요가 있다.

사전평가는 학습모듈별로 구성되어 있으며, 진단 결과 자신의 수준이 충분한 부분은 점검만 하고 다음 학습활동으로 넘어가고, 자신의 수준이 부족한 부분은 진단 문항별로 제시된 관련 학습모듈 및 페이지를 참고하여 해당 학습활동을 학습하여야 한다. 또한 진단 결과에 따라서 순서를 재구성하여 학습하거나, 일부 학습내용은 제외하고 학습하여도 무방하지만, 정보능력에 대한 전반적인 내용을 담고 있는 G-1 정보능력을 학습한 후에 세부적인 내용을 담고 있는 G-2-가. 컴퓨터활용능력, G-2-나. 정보처리능력을 학습하는 것이 바람직하다.

학습활동은 사례, 활동, 내용, 학습평가로 구성되어 있으며, 학습활동에 대한 이해를 돕기 위한 대표적인 사례 및 학습자들이 직접 작성하는 활동을 우선 학습한 다음 관련 내용을 학습해야 한다. 또한 내용에 대한 학습이 끝난 후 학습평가를 통해서 자신의 성취수준을 파악하는 것이 필요하다.

사후평가는 자신의 성취수준을 점검하기 위한 것으로, 평가 결과 자신의 수준이 부족한 부분에 대하여 문항별로 제시된 관련 학습모듈 및 페이지를 참고하여 해당 학습활동을 복습하여야 한다.

사전평가

체크리스트

다음은 모든 직업인에게 공통적으로 요구되는 정보능력 수준을 스스로 알아볼 수 있는 체크리스트이다. 본인의 평소 행동을 잘 생각해 보고, 행동과 일치하는 것에 체크해 보시오.

문항		그렇지 않은 편이다.	그저 그렇다.	그런 편이다.
1.	나는 정보와 자료의 차이가 무엇인지 설명할 수 있다.	1	2	3
2.	나는 정보화 사회의 특징에 대해 설명할 수 있다.	1	2	3
3.	나는 업무수행에 있어서 컴퓨터가 활용되는 분야를 설명할 수 있다.	1	2	3
4.	나는 업무수행에 있어서 정보를 효과적으로 처리하기 위한 절차를 설명할 수 있다.	1	2	3
5.	나는 사이버 공간에서 지켜야 할 예절과 규칙을 설명할 수 있다.	1	2	3
6.	나는 업무와 관련된 중요한 정보의 유출을 방지할 수 있는 방법을 설명할 수 있다.	1	2	3
7.	나는 업무수행에 필요한 인터넷서비스의 종류를 설명할 수 있다.	1	2	3
8.	나는 인터넷을 활용하여 업무수행에 필요한 정보를 검색할 수 있다.	1	2	3
9.	나는 업무수행에 필요한 소프트웨어의 종류 및 특징을 설명할 수 있다.	1	2	3
10.	나는 업무수행에 있어서 데이터베이스 구축의 필요성을 설명할 수 있다.	1	2	3
11.	나는 업무수행에 필요한 정보를 효과적으로 수집할 수 있는 방법에 대해 설명할 수 있다.	1	2	3
12.	나는 업무수행에 있어서 정보분석 및 가공의 중요성을 설명할 수 있다.	1	2	3
13.	나는 업무수행에 필요한 정보를 효과적으로 관리할 수 있는 방법을 설명할 수 있다.	1	2	3
14.	나는 업무수행에 유용한 정보와 그렇지 않은 것을 구분하여 효과적으로 정보를 활용할 수 있는 방법에 대해 설명할 수 있다.	1	2	3

평가 방법

체크리스트의 문항별로 자신이 체크한 결과를 아래 표를 이용하여 해당하는 개수를 적어보자.

문항	수준	개수	학습내용
1~6번	그렇지 않은 편이다.	(　　　) 개	G-1 정보능력
	그저 그렇다.	(　　　) 개	
	그런 편이다.	(　　　) 개	
7~10번	그렇지 않은 편이다.	(　　　) 개	G-2-가 컴퓨터활용능력
	그저 그렇다.	(　　　) 개	
	그런 편이다.	(　　　) 개	
11~14번	그렇지 않은 편이다.	(　　　) 개	G-2-나 정보처리능력
	그저 그렇다.	(　　　) 개	
	그런 편이다.	(　　　) 개	

평가 결과

평가방법에 따라 자신의 수준을 진단한 후, 한 문항이라도 '그렇지 않은 편이다'가 나오면 그 부분이 부족한 것이기 때문에, 제시된 학습내용과 교재를 참조하여 해당하는 학습내용을 공부한다.

학습모듈

G-1 : 정보능력

B 1 : 정보, 자료 및 지식의 차이는?

B 2 : 빠르게 변화하는 정보화 사회의 속도는?

B 3 : 업무수행에의 컴퓨터활용 분야

B 4 : 업무수행을 위한 정보처리과정

A 1 : 사이버공간에서 지켜야 할 예절

A 2 : 개인정보유출 방지법

G-2 : 하위능력별

G-2-가 : 컴퓨터활용능력

B 1 : 다양한 인터넷 서비스 활용하기

B 2 : 인터넷을 활용하여 원하는 정보 찾기

B 3 : 업무에 필요한 소프트웨어 활용하기

A 1 : 데이터베이스 구축의 필요성

G-2-나 : 정보처리능력

B 1 : 필요한 정보 수집하기

B 2 : 정보분석 및 가공하기

B 3 : 정보를 효율적으로 관리하기

B 4 : 정보를 효과적으로 활용하기

학습모듈 G-1 : 정보능력

정보능력은 직장생활에서 기본적인 컴퓨터를 활용하여 필요한 정보를 수집, 분석, 활용하는 능력이다. 정보화 시대는 매일 수십 개의 정보가 생성되고 소멸될 정도로 변화가 빠른 것이 특징이다. 따라서 수많은 정보 중에서 필요한 정보를 수집하고, 분석하여, 활용할 수 있는 능력을 함양하는 것은 필수적이라 할 수 있다.

학습목표

일반목표

직장생활에서 기본적인 컴퓨터를 활용하여 필요한 정보를 수집, 분석, 활용하는 능력을 기를 수 있다.

세부목표

1. 자료와 정보의 차이점을 설명할 수 있다.
2. 정보화 사회의 특징을 설명할 수 있다.
3. 컴퓨터가 활용되는 분야를 설명할 수 있다.
4. 정보의 처리과정을 설명할 수 있다.
5. 사이버 공간에서 지켜야 할 예절에 대해 설명할 수 있다.
6. 개인정보 유출 방지법에 대해 설명할 수 있다.

주요용어

정보　정보화 사회　컴퓨터　컴퓨터활용　정보처리　네티켓　개인정보

1. 직장인 K씨는 업무보고서를 작성할 때마다 산더미처럼 쌓여있는 자료 중에서 필요한 정보를 찾아내는데 애를 먹고 있다. 수많은 자료가 항상 유용한 정보가 될 수 있을까? 자료와 정보의 차이는 무엇인지 알아보자.

업무를 수행하는데 있어서 정보는 더없이 중요한 자본이며 기술이다. 예를 들어 업무보고서를 작성하는 데에도 관련 정보가 많이 필요할 것이며, 승진을 하기 위해서도 승진에 필요한 것은 무엇인지에 대한 정확한 정보가 필요할 것이다. 그러나 많은 사람이 정보에 대하여 설명을 하고 얘기를 하지만 막상 정보에 대해서 정확하게 설명할 수 있는 사람은 많지 않다. 자료만 많이 수집한다고 해서 유용한 정보가 많다고는 할 수 없다.

당신이 업무 보고서를 쓰기 위해 자료가 많다고 해서 항상 우수한 보고서를 작성하는 것은 아닐 것이다. 다음의 사례를 통해 정보란 무엇인지 생각해보도록 하자.

사 례

『스마트폰 신상품 기획서 작성』

스마트폰 회사에 재직 중인 K씨는 담당 부장으로부터 중년층을 주요 타켓으로 하는 신상품에 대한 기획서를 제출할 것을 요청받았다. 현재 K씨는 고객의 주소, 성별, 이름, 나이, 전화번호, 보유 스마트폰 기종, 스마트폰 활용 횟수 등에 관한 자료를 보유하고 있다.

K씨는 이 자료를 정리하여 중년층이 선호하는 스마트폰 기종을 정리하여 중년층이 하루에 스마트폰을 활용하는 평균 횟수를 집계하고, 중년층의 보유 스마트폰 기종, 중년층의 성별에 따른 선호 디자인 등을 분석하였다. 이것을 분석하여 중년층을 주요 타켓으로 하는 스마트폰의 디자인을 고안해낼 수 있었으며, 중년층을 타켓으로 하는 적정 통화 금액도 산출해 낼 수 있었다. 이를 토대로 K씨는 중년층을 주요 타켓으로 하는 신상품에 대한 기획서를 성공적으로 작성할 수 있었다.

『미국 여행하기』

당신이 미국에서 살거나 여행을 간다고 생각해보자. 아마도 당신은 먼저 미국 대륙의 기후, 언어, 생활습관, 교통 등에 관한 지식을 미리 공부해두어야 할 것이다. 그러나 미국에 관한 자료를 모두 모으려면 그 양이 너무 많을 것이며, 그 자료들 중에는 사람들의 목적에 따라 자기에게 필요한 자료와 별로 필요하지 않은 자료들이 섞여 있을 것이다. 또 관광이 목적인 사람과 사업이 목적인 사람은 각기 필요로 하는 자료의 종류와 내용이 서로 다를 수 있다. 즉, 아프리카를 여행하고자 하는 사람에게 아프리카 대륙의 교통편에 관한 자료는 중요한 정보가 된다. 그러나 캐나다를 여행하고자 하는 사람에게는 그 자료가 쓸모없는 자료가 될 것이다. 이와 같이 어떤 자료가 정보로서의 가치를 가지는지의 여부는 상황에 따라 달라지게 된다.

『자료 vs 정보』

170, 180, 65, 95, 98이라는 숫자들이 나열되어 있을 경우, 이 개개의 숫자들로부터 그 의미를 파악할 수 있을까? S기업 인사팀의 L씨는 이들을 분류하고 정리하여 홍길동은 키가 175cm, 몸무게가 65kg, 가슴둘레가 95cm이며, 박미영은 키가 180cm, 몸무게가 70kg, 가슴둘레가 98cm라는 사실을 알게 되었다. 이와 같이 L씨는 조직원들의 체격에 관한 자료들을 정리하여 S기업 조직원들의 평소 운동량과 체격의 관계에 대한 보고서를 작성할 수 있었다.

활동

여러분은 지금 정보의 홍수 속에서 살고 있다. 업무를 수행하는 중에도 신문, 잡지, 도서, 방송, 외부 DB, 세미나, 소문 등으로부터 수많은 자료를 획득하게 된다. 그러나 이러한 수많은 자료들이 모두 유용한 정보가 될 수 있을까?

1. '스마트폰 신상품 기획서 작성' 사례를 통해 우리 주위에 있는 모든 자료가 모두 유익한 것은 아니라는 것을 알았을 것이다. 자료를 특정한 목적과 문제해결에 도움이 되도록 변환한 것이 정보가 될 수 있을 것이다. '스마트폰 신상품 기획서 작성' 사례에서 자료란 어떠한 것이 있고, 자료로부터 얻을 수 있었던 정보는 무엇이었는지 작성해보도록 하자.

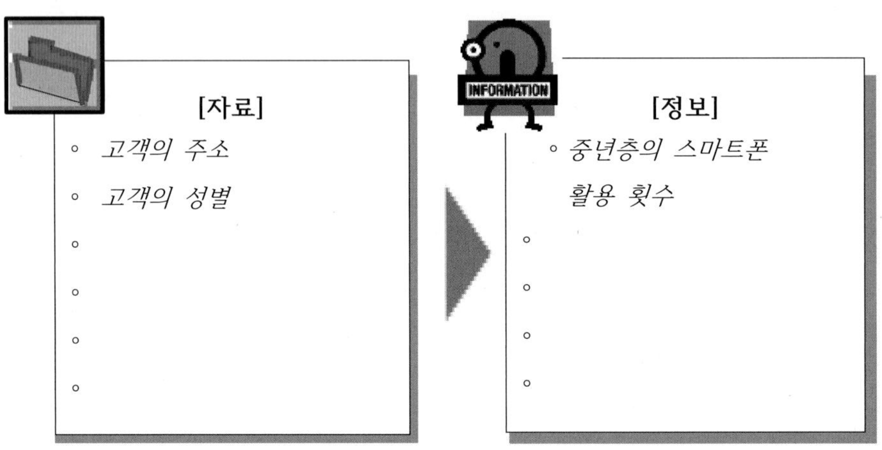

2. 당신이 속한 조직에도 수많은 자료가 있을 것이다. 예를 들어, 동료들의 나이, 성별, 키, 몸무게, 스마트폰 소지율 등은 모두 자료가 될 수 있을 것이며, 이로부터 남자의 스마트폰 소지율과 여자의 스마트폰 소지율을 구했다면 이는 정보가 될 수 있을 것이다. 이 밖에 당신의 주위에서 수집할 수 있는 자료를 적어보고, 이 자료로부터 얻을 수 있는 정보는 어떠한 것들이 있을지 각자의 생각을 적어보도록 하자.

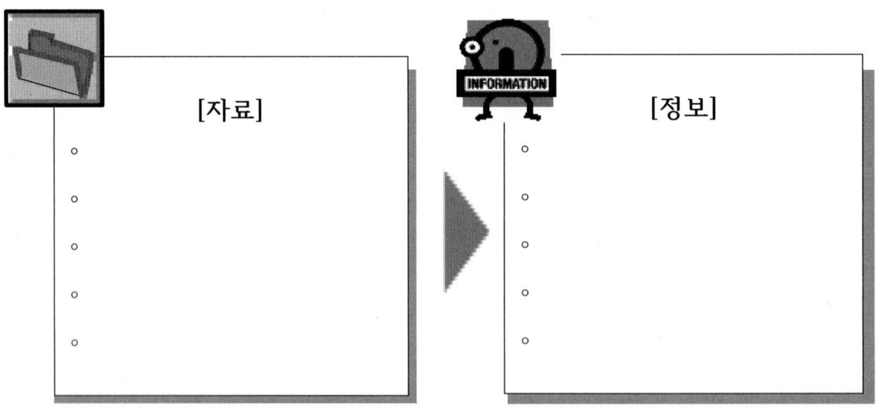

내 용

1. 정보와 자료 및 지식의 차이점은?

정보는 전 세계에 산재해 있는 자료들 중에 필요한 것만을 골라내어 얻을 수도 있지만, 경우에 따라서는 전문가들의 손에 의해 자료들을 가공하고 처리해야만 '정보'로서의 가치를 얻을 수 있는 것들도 많다. 예를 들어 우리나라에서 한 해 동안 소비되는 담배의 양이 얼마나 되는지를 알기 위해서는 각 시 · 도에서 소비되는 담배의 양에 관한 자료를 수집하여 집계를 해야 한다. 이렇게 집계된 결과는 바로 우리가 얻고자 하는 '정보'가 되고, 각 시 · 도의 담배 소비량은 정보를 얻기 위해 입력한 '자료'가 된다. 따라서 자료(data)와 정보(information)와 지식(knowledge)은 본질적으로 구분되어 있는 서로 다른 것이 아니기 때문에, 굳이 떼려야 뗄 수 없는 불가분의 관계로 보아야 한다.

정보와 지식, 자료의 고전적인 구분은 McDonough가 그의 책 '정보경제학'에서 시도하였다. 그는 비교적 단순한 방법으로 정보와 지식, 자료를 구분하고 있다. 즉, 자료는 '가치가 평가되지 않은 메시지', 정보는 '특정상황에서 평가된 자료', 지식은 '정보가 더 넓은 시간.내용의 관계를 나타내는 것'이라고 정의하였다.

McDonough는 그 책의 많은 부분에서 정보와 지식을 교환 가능한 용어로 사용하고 있지만 일반적으로 자료와 정보, 지식과의 관계는 '자료⊇지식⊇정보'와 같은 포함관계로 나타낼 수 있다. 이러한 포함관계는 엘렌 켄트로의 지식삼각형에서 잘 표현되고 있다. 엘렌 켄트로는 가장 기본적인 하단부부터 데이터, 정보, 지식의 순으로 삼각형을 구성하도록 표현하고 있으며, 지식 위에 특별히 지혜를 포함시키고 있다.

① 자료(data)

'자료'란 정보 작성을 위하여 필요한 데이터를 말하는 것으로, 이는 '아직 특정의 목적에 대하여 평가되지 않은 상태의 숫자나 문자들의 단순한 나열'을 뜻한다.

② 정보(Information)

'정보'란 자료를 일정한 프로그램에 따라 컴퓨터가 처리·가공함으로써 '특정한 목적을 달성하는 데 필요하거나 특정한 의미를 가진 것으로 다시 생산된 것'을 뜻한다.

③ 정보처리(Information Processing)

자료를 가공하여 이용 가능한 정보로 만드는 과정, 자료처리(data processing)라고도하며 일반적으로 컴퓨터가 담당한다.

④ 지식(Knowledge)

'지식'이란 '어떤 특정의 목적을 달성하기 위해 과학적 또는 이론적으로 추상화되거나 정립되어 있는 일반화된 정보'를 뜻하는 것으로, 어떤 대상에 대하여 원리적·통일적으로 조직되어 객관적 타당성을 요구할 수 있는 판단의 체계를 제시한다.

2. 정보는 항상 가치있는 것인가?

우리가 필요로 하는 정보의 가치는 여러 가지 상황에 따라서 아주 달라질 수 있다. 다시 말해 정보의 가치를 평가하는 절대적인 기준은 없다는 것이다. 즉, 정보의 가치는 우리의 요구, 사용 목적, 그것이 활용되는 시기와 장소에 따라서 다르게 평가된다.

이러한 점에서 볼 때, 정보의 가치는 다른 재화와 비슷한 성격을 갖는다. 예를 들어, 어느 학생의 신체 정보는 그 학생과 관련이 있거나 그 학생을 필요로 하는 소속 스포츠팀이나 양복점에서는 아주 유용한 가치의 정보가 될 수 있지만, 그 학생과 무관한 사람이나 집단에게 가치가 없는 정보가 될 수 있다.

적시성과 독점성은 정보의 핵심적인 특성이다. 따라서 정보는 우리가 원하는 시간에 제공되어야 하며, 원하는 시간에 제공되지 못하는 정보는 정보로서의 가치가 없어지게 될 것이다. 또한 정보는 아무리 중요한 내용이라도 공개가 되고 나면 그 가치가 급격하게 떨어지는 것이 보통이다. 따라서 정보는 공개 정보보다는 반공개 정보가, 반공개 정보보다는 비공개 정보가 더 큰 가치를 가질 수 있다. 그러나 비공개 정보는 정보의 활용이라는 면에서 경제성이 떨어지고, 공개 정보는 경쟁성이 떨어지게 된다. 따라서 정보는 공개 정보와 비공개 정보를 적절히 구성함으로써 경제성과 경쟁성을 동시에 추구해야 한다.

학습평가

1. 다음의 빈 칸에 적절한 포함관계를 표시(⊆, ⊇, ⊂. ⊃, = 등)해 보도록 하자.

자료(data) (　　　　) 지식 (　　　　) 정보

2. 다음은 어떠한 용어에 대한 설명이다. 괄호 안에 적당한 용어를 채워 넣어라.

① (　　　　)란 정보 작성을 위하여 필요한 데이터를 말하는 것으로, 이는 '아직 특정의 목적에 대하여 평가되지 않은 상태의 숫자나 문자들의 단순한 나열'을 뜻한다.

② (　　　　)란 자료를 일정한 프로그램에 따라 컴퓨터가 처리 · 가공함으로써 '특정한 목적을 달성하는데 필요하거나 특정한 의미를 가진 것으로 다시 생산된 것'을 뜻한다.

③ (　　　　)이란 '어떤 특정의 목적을 달성하기 위해 과학적 또는 이론적으로 추상화되거나 정립되어 있는 일반화된 정보'를 뜻하는 것으로, 어떤 대상에 대하여 원리적 · 통일적으로 조직되어 객관적 타당성을 요구할 수 있는 판단의 체계를 제시한다.

3. 정보, 자료 및 지식에 관한 옳은 설명만을 <보기>에서 고른 것은?

<보기>
ㄱ. 자료와 정보 가치의 크기는 절대적이다.
ㄴ. 정보는 특정한 상황에 맞도록 평가한 의미있는 기록이다.
ㄷ. 정보는 사용하는 사람과 사용하는 시간에 따라 달라질 수 있다.
ㄹ. 지식이란 자료를 가공하여 이용 가능한 정보로 만드는 과정이다.

① ㄱ, ㄴ　② ㄱ, ㄷ　③ ㄴ, ㄷ
④ ㄴ, ㄹ　⑤ ㄷ, ㄹ

2. 10년 경력을 지닌 직장인 K씨는 업무를 수행함에 있어 신입사원 때와 현재가 매우 변화하였음을 느끼고 있다. 이를 통해 미래의 사회도 예측하기 힘들만큼 변화가 빠를 것임을 예측할 수 있다. 그렇다면 정보화 사회의 특징은 무엇인지 알아보자.

미래 학자들이 공통적으로 전망하는 미래의 모습은 지식 · 정보가 개인과 사회 그리고 국가의 경쟁력에 핵심적인 요소라는 것이다. 현재 우리가 살고 있는 세상은 매일 수십 개의 정보가 생겨나고 없어질 정도로 빠르게 변화하고 있으며, 이러한 사회를 우리는 정보화 사회라고 칭한다. 당신이 현재 업무를 수행하는데 활용하고 있는 정보를 5년 혹은 10년 후에도 그대로 활용할 수 있을까? 5년 후의 세상은 어떻게 변할지 생각해본 적이 있는가?

사 례

『 2020년의 아침』

2020년 11월 25일 아침 6시 10분. 『안녕하세요? 상쾌한 아침입니다.』스마트 TV화면에서 아름다운 아가씨가 아침 인사를 한다. 여느 때와 마찬가지로 K부장은 잠에서 덜 깬 눈으로 리모컨 하단 버튼을 누르자 화면이 두 개로 분할되면서 화면 안쪽에는 어제 일어났던 중요사건을 요약하여 전해준다. 한참 보다가 K부장은 스마트 TV화면을 반으로 줄이고 나머지 한편에 어제의 주식상황을 요청하여 살펴본다.

K부장이 다른 버튼을 누르자 이번에는 미국에서 공부하고 있는 아들의 얼굴이 화면 한쪽 구석에 나타났다. 영상전화 기능이 스마트 TV에 내장된 것이다. 아들과 몇 마디 얘기를 나누고 나서 K부장은 아침을 먹고 서둘러 자동차에 올랐다.

차내 소형 TV에서도 그날의 뉴스, 주식사항 등이 동시에 서비스된다. 옆에 있는 버튼을 누르자 K부장에게 메시지를 보냈던 거래처 사람들이 화면에 나타난다. 그중 한 사람의 얼굴을 손가락으로 살짝 접촉하자 그가 남겨놓은 메시지가 나온다.

며칠 전 주문했던 물건에 하자가 있다는 것이다. K부장이 회사로 전화를 걸자 비서의 얼굴이 화면 한쪽에 나타나면서 오늘의 일정이 함께 디스플레이된다. 비서에게 거래처와의 거래 실적을 정리해 놓으라고 지시하고 회사로 향했다.

활 동

현대사회를 '정보혁명', '컴퓨터 혁명' 또는 '커뮤니케이션 혁명'으로부터 파급된 정보화 사회라고 부른다. 정보화 사회의 도래에 가장 결정적인 영향을 미친 것은 아마도 컴퓨터기술과 통신기술의 발전일 것이다. 당신도 업무수행 혹은 일상생활에서 10년 전과 현재는 많이 다르다는 것을 느낄 것이다. 그렇다면 10년 후의 모습은 어떻게 될까?

1. 업무수행 혹은 일상생활에서 10년 전과 현재를 비교해보았을 때, 달라진 점은 무엇인지 각자의 생각을 적어보도록 하자.

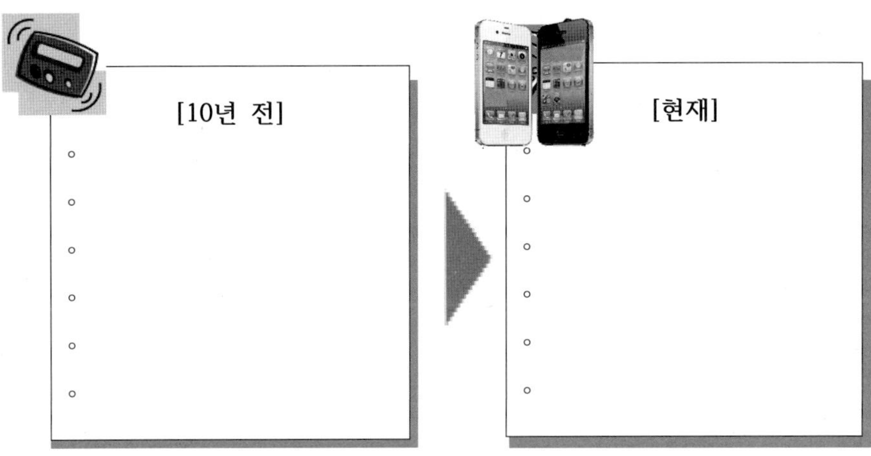

2. 업무수행 혹은 일상생활에서 10년 후에는 어떻게 변화하게 될지 각자의 생각을 적어보도록 하자.

내 용

현재의 사회를 우리는 정보화 사회라고 하는데, 이는 앨빈 토플러라는 미래학자가 "제3의 물결"이라는 미래서적에서 처음 언급한 용어이다. 그렇다면 정보화 사회란 과연 무엇일까?

1. 정보화 사회란?

정보화 사회란 이 세상에서 필요로 하는 정보가 사회의 중심이 되는 사회로서 컴퓨터 기술과 정보통신 기술을 활용하여 사회 각 분야에서 필요로 하는 가치 있는 정보를 창출하고, 보다 유익하고 윤택한 생활을 영위하는 사회로 발전시켜 나가는 것을 뜻한다.

정보화 사회는 정보의 사회적 중요성이 가장 많이 요구된다. 따라서 개인 생활을 비롯하여 정치, 경제, 문화, 교육, 스포츠 등 거의 모든 분야의 사회생활에서 정보에 의존하는 경향이 점점 더 커질 수밖에 없다.

정보화 사회는 컴퓨터와 전자통신 기술의 결합인 정보통신 기술의 발전과 이와 관련된 다양한 소프트웨어의 개발에 의해 네트워크화가 이루어져, 전 세계를 하나의 공간으로 여기는 수평적 네트워크 커뮤니케이션이 가능한 사회로 만들어 간다. 또, 정보화 사회는 경제 활동의 중심이 상품의 정보나 서비스, 지식의 생산으로 옮겨지는 사회라는 특징을 나타낸다. 즉, 지식정보와 관련된 산업이 부가가치를 높일 수 있는 사회로 변화되고 있다.

결국 정보화 사회는 눈으로 볼 수 있는 물질이나 에너지 이상으로 정보 자체가 중요한 자원이 되는 사회이기 때문에, 정보의 가치 생산을 중심으로 사회 전체가 움직이고 있다.

2. 정보화가 왜 필요할까?

우리나라의 정보화 구호는 '산업화는 늦었지만 정보화는 앞장서자'이다. 이런 구호 아래 정부는 정보화에 매진하고 있다. 선진국에서 지하철은 우리보다 무려 100년 이상 앞서있고 산업화 역시 영국의 제임스 와트가 증기기관을 발명한 것이 1760년 경이니까 무려 우리보다 200년 이상 빠르다. 지금 우리나라 경제가 발달했다고 하나 선진국에 중요기술은 종속이 되어 선진국 손에 놀아나고 있다. 예를 들면, 우리가 세계 최초로 상용화에 성공했다는 CDMA방식의 스마트폰을 보면 스마트폰 하나 생산할 때마다 막대한 로열티를 미국 퀄컴사에 지불하고 있다. 미국은 손 하나 안대고 여유있게 막대한 로열티를 챙기고 있다. 반도체 역시 마찬가지이다. 핵심은 다 선진국 것이다. 그래도 지식정보화라는 용어도 나오고 앞서나가자는 구호도 나오고 있는 것이다. 기초 기술개발이 없이는 우리나라 경제는 영원히 외국의 손에 좌지우지 당하고 말 것이다. 정보화를 이룩하여 기술 대국을 만들려는 이유는 바로 여기에 있다.

3. 미래의 사회는?

① 부가가치 창출요인이 토지, 자본, 노동에서 지식 및 정보 생산 요소로 전환

지식 · 정보가 부가 가치 창출의 3/4을 차지할 것이다. 정보 기술(IT)산업의 주류를 이루고 있는 컴퓨터가 경제 체제에 미치는 영향은 막대하다. 컴퓨터 네트워크는 기존 경제 체제를 리히터 지

진계로 표현할 때, 강도 10.5에 해당되는 지각 변동을 줄지도 모른다. 정보기술(IT) 이후 차세대 대표적인 주력 산업은 생명공학(BT)이다. 배아줄기세포를 위시해서 생명공학 발전의 주도권을 쥐는 자가 미래 사회 장악하게 될 것이다. 생명공학 못지않게 미래 산업을 끌어갈 분야는 나노(NT) 분야이며, 환경보전을 위한 기술(ET)도 독일 본에서 개최된 '04 유네스코 국제직업기술교육전문가 대회에서 'Learning for Work, Citizenship and Sustainability'; 'Work Skills for Sustainable Development'를 선언할 만큼 중요한 산업분야이다.

문화 산업(CT)의 대표적 예로 영화 "아바타"는 전 세계적으로도 흥행 신기록을 수립하였는데 아바타 한 편의 수입이 부가 판권을 포함해 최소한 한국의 문화체육관광부 예산(3조 1,747억 원)과 맞먹는 3조 원을 넘어섰다는 추산이 나오기도 하였다. 이 액수는 연간 현대자동차 YF쏘나타 12만 9,375대 판매액, 서울 강남구 109㎡(약 33평) 아파트 2,771채 가격과 유사한 수준이다. 우리나라의 경우 드라마 "대장금"이 70억원의 제작비가 투입되었는데, 직접적으로 창출한 생산유발 효과만 1,000억원대에 달하는 것으로 분석되었다. 대장금과 관련된 광고 수익은 249억원에 달하고, 테마파크 입장료(28억원), 출판물(12억원) 등 다양한 수익이 발생했다는 분석이다. 우주항공기술(ST) 역시 새로운 삶의 세계를 개척하고 있다. 이상의 6T는 미래를 이끌어갈 주요 산업으로 토지, 노동, 자본보다는 새로운 지식과 기술을 개발.활용 · 공유 · 저장할 수 있는 지식근로자를 요구하고 있다.

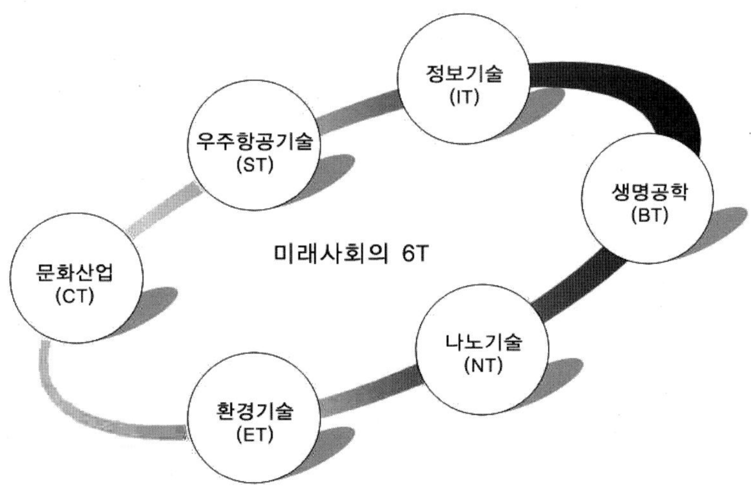

② 세계화의 진전

세계화는 모든 국가의 시장이 국경 없는 하나의 세계 시장으로 통합됨을 의미한다. 이때 세계 시장에는 실물 상품뿐만 아니라 노동, 자본, 기술 등의 생산 요소와 교육과 같은 서비스의 국제 교류도 모두 포함된다. 세계화의 예로는 WTO, FTA 등에 의한 무역 개방화, 국가 간의 전자 상거래(electronic commerce: EC), 가상은행, 사이버 백화점, 사이버 대학교, 한국 기업의 외국 공장 설립, 다국적 기업의 국내 설치 및 산업 연수생들의 국내산업체 근무, 외국 대학 및 학원의 국내 설치 등을 들 수 있다.

③ 지식의 폭발적인 증가

미래사회에서는 지식 특히, 과학적 지식이 폭발적으로 증가할 것이다. 2000년 포드 자동차 기술 담당 이사는 지식과 기술이 빠른 속도로 변하고 있기 때문에 산업 사회(포드 자동차 회사)에서 공학사의 학위를 인정할 수 있는 유효 기한이 2년 정도에 불과하다고 한다. 2020년이 되면 지식은 73일을 한 주기로 2배씩 증가한다고 OECD보고서는 밝히고 있으며, 2050년경이 되면 지식이 급증하여 지금의 지식은 1% 밖에 사용할 수 없게 될 것이라고 전망하는 미래학자도 있다.

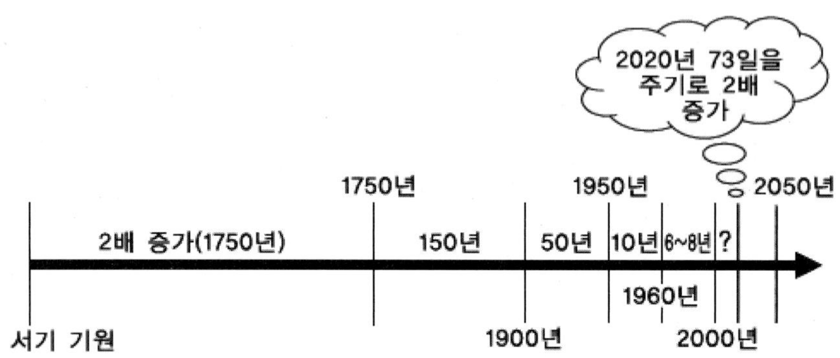

4. 정보화 사회에서 필수적으로 해야 할 일

첫째, 정보검색이다. 인터넷에는 수많은 사이트가 있다. 여기서 내가 원하는 정보를 찾는 것을 정보검색, 즉 소위 말하는 인터넷 서핑이라는 것이다. 인터넷에는 수많은 사이트가 있다. 그 많은 사이트에서 내가 원하는 것을 찾기란 그렇게 만만치 않다.

지금은 다행히도 검색방법이 발전하여 문장검색용 검색엔진도 나오고, 자연어 검색 방법도 나와서 네티즌들로부터 대환영을 받고 있다. 무엇보다도 검색이 그만큼 쉬워졌다는 것이다. 그러나 궁극적으로는 타인의 힘을 빌리지 않고 내가 원하는 정보는 무엇이든지 다 찾을 수가 있도록 돼야 한다. 즉, 당신은 자신이 가고 싶은 곳이라든지 궁금한 사항을 해결할 정도는 돼야한다는 것이다. 예를 들면, 여름방학 때 대학생이 미국으로 배낭여행을 간다고 할 때 자기가 방문할 행선지에 대한 모든 정보, 즉 숙박, 교통, 기후, 지리, 음식 등에 대한 것을 사전에 파악할 정도는 돼야한다.

둘째, 정보관리이다. 인터넷에서 어렵게 검색하여 찾아낸 결과를 관리하지 못하여 머리 속에만 입력하고 컴퓨터를 끄면 잊어버리는 것은 정보관리를 못하는 것이다. 자기가 검색한 내용에 대하여 파일로 만들어 보관하든 프린터로 출력하여 인쇄물로 보관하든 언제든지 필요할 때 다시 볼 수 있을 정도가 되어야 한다.

셋째, 정보전파이다. 이것은 정보관리를 못한 사람은 어렵다. 오로지 입을 이용해서만 전파가 가능하다. 요즘은 전자우편을 사용해서 정보를 전파하기 때문에 매우 쉽다. 참으로 편리한 세상이 아닐 수 없다. 인터넷만 이용하면 편안히 서울에 앉아서 미국에도 논문을 보낼 수가 있다.

학습평가

1. 괄호 안에 적절한 용어를 적어 넣어보자.

(　　　　　　)란 이 세상에서 필요로 하는 정보가 사회의 중심이 되는 사회로서 컴퓨터 기술과 정보통신 기술을 활용하여 사회 각 분야에서 필요로 하는 가치 있는 정보를 창출하고, 보다 유익하고 윤택한 생활을 영위하는 사회로 발전시켜 나가는 것을 뜻한다.

2. 6T는 미래를 이끌어갈 주요 산업으로 토지, 노동, 자본보다는 새로운 지식과 기술을 개발・활용・공유・저장할 수 있는 지식근로자를 요구하고 있다. 미래 사회의 6T에 관해 괄호 안을 바르게 채워 넣어보자.

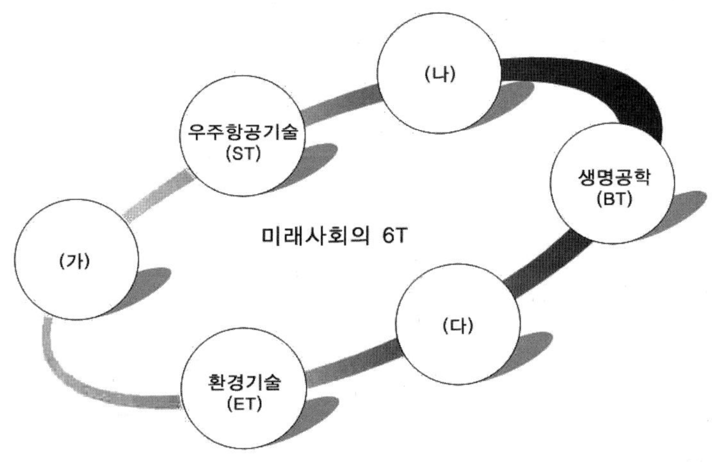

3. 미래사회에서는 지식 특히, 과학적 지식이 폭발적으로 증가할 것이다. 2020년이 되면 지식이 2배로 증가하는데 며칠이 걸릴지 빈 칸에 적어보도록 하자.

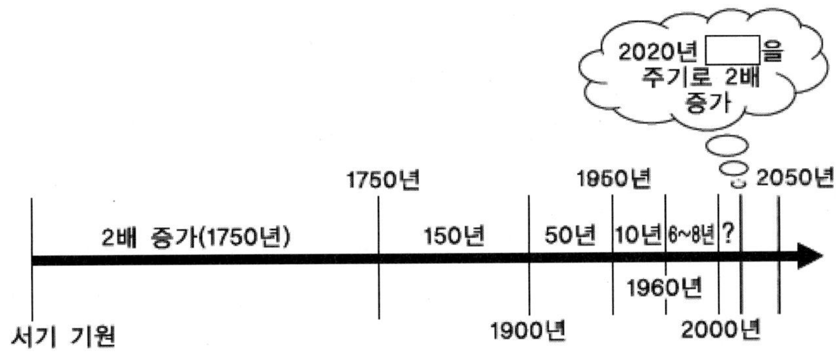

3. 직장인 K씨는 출근하자마자 이메일을 확인하고, 인터넷을 통해 물품을 주문하며, 온라인으로 사내 교육을 받고 있다. 이처럼 컴퓨터는 업무 수행에 있어서 매우 중요한 역할을 하고 있다. 업무 수행에 있어 컴퓨터가 활용되고 있는 분야를 알아보자.

사회 현상이 복잡해지고 다양해짐에 따라 우리가 다루어야 할 자료는 기하급수적으로 늘어나고 있다. 이에 따라 정보를 활용하기 위한 수집, 분석, 처리, 저장 등의 모든 과정을 인간이 직접 하기에는 한계가 있어 기업, 행정, 산업, 가정, 교육 등의 여러 분야에서 컴퓨터가 활용되고 있다.

사 례

당신은 업무수행 중에 컴퓨터를 활용하고 있을 뿐만 아니라 동네 슈퍼, 비디오 가게, 약국 등 주변의 어느 곳에서나 쉽게 컴퓨터를 볼 수 있다. 우리가 모르고 있는 여러 분야에서도 컴퓨터가 활용되고 있을 것이다.

『사이버 쇼핑몰』

X씨는 지난 추석 명절 때 인터넷을 이용한 전자상거래 덕분에 많은 시간을 절약할 수 있었다. 농림수산 식품부에서 운영 중인 '농수산물사이버거래소'를 활용하여 가족 및 친지들에게 전할 과일세트, 전통 한과 등을 구입하여 배달신청을 함으로써 마우스 '클릭! 클릭!'으로 간단히 추석 쇼핑을 끝낸 것이다. 덕분에 명절 때면 백화점이나 시장에서 밀리는 인파 속에서 선물을 골라야 했던 불편을 덜게 된 것이다.

사이버 쇼핑시대가 열리면서 이처럼 '시장'에 대한 개념이 바뀌고 있다. 이전에는 필요한 물건이 있으면 으레 인근 재래시장이나 백화점 등을 찾았다. 그러나 정보통신의 발달과 함께 사이버 마켓이 그 범위를 넓혀가면서 무형의 시장에 대한 관심이 높아지고 있다.

『사이버 교육』

C대 3학년 L군은 저녁 8시가 되면 컴퓨터 앞에 앉아서 인터넷에 개설된 사이버 강의를 듣기 위하여 인터넷에 접속한다. 학교에 가지 않고 집에서 인터넷을 통하여 실제 학교에서 공부하듯이 수업을 받는 것이다. 대화방과 포럼을 통해서 학생들과 토론을 하고 대화도 나눈다. 관련서적은 가상도서관에서 찾아볼 수 있다.

인터넷이 21세기 교육의 패러다임을 바꾸고 있다. 강의실에서 교수와 학생이 마주보며 수업을 진행하던 기존의 교육방식에 변화가 오고 있는 것이다. 강의실을 벗어나 무한한 사이버 공간에서 강의가 이루어지는 새로운 교육방식이 도입되고 있는 것이다.

사이버 교육은 단편적이고 형식적이던 기존 교육을 현장 및 실용교육 중심으로, 획일적인 강의스타일에서 양방향 멀티미디어 교육으로 바꾸고 있다. 인터넷, PC통신이 책상과 칠판을 대신한다. 교수와 학생은 서로 얼굴을 맞대지 않고도 격렬한 토론을 벌일 수 있게 되었다.

『기업의 사내교육』

인터넷이 기업의 사내교육을 바꾸고 있다. 기업들이 직원들의 외국어 학습과 직무교육에 인터넷을 이용한 사이버 교육을 도입하기 시작한 것이다. 교수와 학습생이 직접 대면하지 않고 학습생이 원하는 시간과 장소에서 인터넷을 이용해 학습하는 첨단방식이다.

인터넷을 이용한 사이버 교육은 시간과 공간의 제약없이 언제라도 업무에 지장을 주지 않고 직원들을 교육할 수 있어 각광받고 있다. 국내는 물론 해외에서 근무하는 직원들이 회사 차원에서 공유해야 할 내용을 손쉽게 학습할 수 있다는 것도 이점이다. 비용절감은 물론 교육효과도 높아 21세기형 차세대 교육방식으로 자리잡고 있다. 국내 기업에서도 인터넷과 멀티미디어 기술을 이용해 임직원이 교육을 받을 수 있는 프로그램을 잇달아 마련하고 있다.

『유비쿼터스 핵심 기술 RFID』

유비쿼터스(ubiquitous)란 '언제 어디서나 존재한다.'라는 뜻의 라틴어에서 유래한 개념으로, 사용자가 컴퓨터와 네트워크를 의식하지 않고 장소에 상관없이 자유롭게 네트워크에 접속할 수 있는 기술이나 환경을 말한다. 이러한 유비쿼터스의 실현을 가능하게 하는 핵심 기술 중의 하나가 RFID (Radio Frequency IDentification)이다. RFID는 초소형 반도체에 각종 식별 정보를 입력하여 상품이나 동물에 부착하고, 무선 주파수를 통해 입력된 정보를 수집하고 관리하는 기술이다. RFID를 이용하면 언제, 어디서나, 특정 사물의 위치 파악은 물론 관련 정보의 실시간 수집 및 처리가 가능하게 된다.

앞으로는 모든 물건에 RFID 칩이 부착되어 네트워크를 통해 모든 물건과 장소가 실시간으로 연결되므로 언제, 어디서나, 누구라도 통신이 가능한 세상이 될 것이다.

출처 : 정보기술기초(2011), 천재교육

『점점 인간과 닮아 가는 바이오컴퓨터!!』

비이오
컴퓨터

실리콘을 이용한 반도체에 비해 단백질은 나노미터(10-9 m)라는 단위의 크기를 가지며, 그 구조는 실리콘 반도체의 100만분의 1에 해당할 만큼 매우 미세하다. 따라서 이러한 소자가 실현되면 정보의 집적도를 100만 배에서 1억 배까지 증가시킬 수 있을 것이다.

그뿐만 아니라 단백질과 같은 바이오 소자는 생물이 지니는 학습, 기억, 증식, 회복, 물질의 생산 등 셀 수 없을 정도의 뛰어난 점들을 보유하고 있기 때문에 뉴로컴퓨터처럼 생물과 유사한 컴퓨터가 아니라 생물 그 자체라고 할 수 있는 컴퓨터인 것이다.

비록 아직은 연구 단계의 컴퓨터이지만 이와 같은 바이오컴퓨터가 실현되면 기존의 컴퓨터로는 도저히 흉내낼 수 없는 새로운 정보 처리 형식이 가능해질 것으로 기대된다. 예를 들어, 세포는 그 자극을 스스로 이겨내고 극복하는 성질이 있으므로 이것을 응용하면 나중에 반복적인 자극에 의해 새로운 기능을 더해 가는 컴퓨터 소자를 실현할 수도 있을 것이다.

출처 : 정보기술기초(2011), 천재교육

활 동

최근 우리의 생활은 컴퓨터와 떼려야 뗄 수 없는 관계가 되었다. 당신은 업무를 수행하기 위해 혹은 일상생활에서 자신이 모르는 사이에도 컴퓨터를 활용하고 있을 것이다. 또한, 미래에는 컴퓨터 응용 기술과 정보 통신 기술이 비약적으로 발전하여 우리 생활에 여러 가지 변화를 가져올 것이다. 컴퓨터의 성능은 보다 월등해지고, 소형화되며, 정보 통신망의 확대 및 대중화, 로봇의 이용 범위 확대 등으로 인하여 컴퓨터 과학의 미래는 어떻게 발전해 나갈 것인지 각자 생각해보도록 하자.

1. 당신은 업무수행 중에 컴퓨터를 활용하고 있을 것이다. 당신의 업무수행 과정에서 컴퓨터가 어떻게 활용되고 있는지 생각해보도록 하자.

◦ *공문서 및 각종 보고서 작성시 워드프로세서 활용*
◦ *프리젠테이션 자료 제작시 파워포인트 활용*
◦
◦
◦
◦
◦
◦
◦

2. 컴퓨터의 성능이 월등해지고, 정보통신 기술이 나날이 발전함에 따라 컴퓨터가 활용되는 분야도 점점 확대될 것이다. 당신이 생각하는 미래의 컴퓨터활용 분야를 적어 보도록 하자.

◦ *재택근무의 보편화. 다양화*
◦ *인터넷 사이트의 가상병원을 통한 진료 및 진찰*
◦
◦
◦
◦
◦

내 용

사회 현상이 복잡해지고 다양해짐에 따라 컴퓨터활용 분야는 매우 광범위하게 늘어나고 있다. 수많은 정보를 인간이 직접 관리하고 처리하기에는 한계가 있기 때문에 기업, 행정, 산업, 가정, 교육 등의 여러 분야에서 컴퓨터가 활용되고 있다.

1. 기업 경영 분야에서의 활용

기업 경영에서는 생산에서부터 판매, 회계, 재무, 인사 및 조직 관리는 물론 금융 업무까지도 컴퓨터를 널리 활용하고 있다.

경영정보시스템(MIS : Management Information System)이나 의사결정지원시스템(DSS : Decision Support System) 등은 기업경영에 필요한 정보를 효과적으로 활용할 수 있도록 지원해 주어 경영자가 신속한 의사결정을 할 수 있도록 해 준다. 또한, 사무 자동화(OA : Office Automation)가 이루어져 문서 작성과 보관은 물론 컴퓨터로 업무를 결재하는 전자 결재 시스템이 도입되어 업무 처리의 효율을 높이고 있다.

최근에는 정보 통신 기술의 발달로 생산에서 소비까지 전 과정을 컴퓨터로 처리하는 전자 상거래(EC : Electronic Commerce)가 활성화되어 기업은 물류 비용을 줄이고, 소비자는 값싸고 질 좋은 제품을 집에서 구매할 수 있어 소비자와 기업 모두에게 이익을 주고 있다. 즉, 전자 상거래(EC : Electronic Commerce)는 기업이나 개인의 상품 구매에 대한 활동을 컴퓨터나 정보 통신망 등 전자화된 기술을 이용하여 수행하는 시스템을 의미하여, 나아가서는 이에 따라 실현되는 경제 활동을 의미하기도 한다.

2. 행정 분야에서의 활용

행정기관에서는 민원처리, 각종 행정 통계 등의 여러 가지 행정에 관련된 정보를 데이터베이스를 구축하여 활용하고 있다.

행정 업무의 사무 자동화(OA : Office Automation)가 이루어져 있고, 모든 민원서류를 정보 통신망을 이용하여 원격지에서 발급받을 수 있을 뿐만 아니라 가까운 은행에서도 세금과 공과금을 납부할 수 있게 되었다.

특히, 가상 우체국과 전자 주민 카드 등이 곧 실용화되면 행정 서비스 분야에서도 보다 편리한 생활이 펼쳐질 전망이다. 전자 주민 카드는 반도체 칩이 부착되어 있어 주민등록, 건강보험, 운전 면허증 등의 신분을 확인할 수 있는 수단을 제공할 뿐만 아니라 향후에는 신용카드를 대신하여 물품 구매에서 지하철 개찰까지 대신하게 될 것이다.

3. 산업 분야에서의 활용

컴퓨터는 공업, 상업 등 각 분야에서 널리 활용될 뿐만 아니라 중요한 역할을 담당하고 있다. 공업에서는 컴퓨터를 이용하여 제품의 수주에서부터 설계, 제조, 검사, 출하에 이르기까지의 모든 제품 공정 과정을 자동화하여 생산성 향상과 원가 절감, 불량품 감소 등으로 제품의 경쟁력을 높이고 있다. 공장 자동화(FA : Factory Automation)의 대표적인 예로는 컴퓨터 이용 설계(CAD : Computer Aided Design)와 컴퓨터 이용 생산(CAM : Computer Aided Manufacturing)이 있다. 또한, 산업 현장에서 사람이 하기 힘든 위험한 일이나 비위생적인 작업, 정교한 일 등에 이용하고 있는 산업용 로봇도 컴퓨터를 이용한 기술 분야이다.

그리고 편의점이나 백화점 등에서 상품의 판매 시점관리(POS : Point Of Sales) 시스템을 이용해서 매출액 계산, 원가 및 재고 관리 등에 컴퓨터가 활용되고 있다. 이러한 시스템의 도입으로 신속하고 정확하게 계산을 하며 능률적으로 관리할 수 있을 뿐만 아니라 판매 자료를 분석하여 의사 결정에 활용할 수도 있게 된 것이다.

재배나 사육시설에서 농작물과 가축이 잘 자랄 수 있도록 온도, 습도, 이산화탄소 농도 및 일조 시간 등을 조절하는 데에도 컴퓨터가 이용될 뿐만 아니라, 농산물을 가공하는 공장의 자동화를 통한 식품 가공 산업의 발전에도 이용되고 있다. 또한 생체 공학 및 유전자 공학 기술, 그리고 작물이나 품종의 개량에도 이용되며, 농가에서 기상 정보, 병충해 방제 정보, 시장 정보 등 농업 정보를 얻는 데에도 이용되고 있다.

또한, 전파를 발사하여 어류의 이동 상황 등을 분석하여 어로를 개척하고 양식장의 환경 제어, 수산 가공 등에 컴퓨터가 이용되고 있으며, 배의 운항 일정과 항로 등을 자동으로 제어하는 안전 관리 시스템 등에도 컴퓨터가 이용되고 있다.

4. 기타 분야에서의 활용

컴퓨터는 교육, 연구소, 출판, 가정, 도서관, 예술 분야 등에서도 널리 활용되고 있다. 교육에서의 컴퓨터 이용은 컴퓨터 보조 교육(CAI : Computer Assisted Instruction)과 컴퓨터 관리 교육(CMI : Computer Managed Instruction)으로 구분해 볼 수 있다. 컴퓨터보조 교육(CAI : Computer Assisted Instruction)은 강의나 학습에 컴퓨터를 이용하는 것으로, 학습자가 프로그램을 이용하여 개인차에 따라 학습 속도와 학습 시간을 조절하여 학습하는 방식이다. 컴퓨터 관리 교육(CMI : Computer Managed Instruction)은 학습 지도 자료의 정리, 성적 관리, 진로 지도, 교육 계획 등에 활용된다.

앞으로는 학생들이 사용하는 모든 교과의 서책형 교과서가 자기주도적 학습을 실현할 수 있는 '디지털 교과서'로 전환된다. '디지털 교과서'는 기존 교과 내용에 다양한 참고자료와 학습지원 기능이 부가되며 PC, 스마트 패드, 스마트 TV 등 모든 단말기에서 사용할 수 있는 전자적 매체로서의 역할을 수행하고, 학생들의 무거운 책가방을 대신하고 학부모들에게는 학습지와 참고서를 별도로 구입하는 부담을 덜어줄 것으로 기대된다.

복잡한 계산이나 정밀한 분석 및 실험 등의 연구 분야에서 여러 가지 형태로 컴퓨터를 이용하여 정확도와 정밀도를 높이고 있다. 많은 작가들이 직접 개인용 컴퓨터로 워드 프로세서와 그래픽 소프트웨어 등을 이용해서 책을 저술하고 있으며, 인터넷을 통해 독자들에게 분배하고 있다. 신문, 잡지 등의 출판물이 컴퓨터를 이용해서 제작되고 있기 때문에 인터넷을 통해서 필요한 검색 단어와 날짜 등을 입력하면 필요한 기사를 쉽게 얻을 수 있다. 가정에서는 보안, 냉·난방 조절, 생활 정보 검색, 홈 뱅킹과 홈 쇼핑 등에 이용되고 있다. 또한, 정보 통신의 발달로 집에서 컴퓨터를 이용해서 업무를 보는 재택 근무가 점차 일반화되고 있다.

학습평가

1. 당신의 주위에서 컴퓨터가 활용되고 있는 분야는 기업경영 분야, 행정 분야, 산업 분야 등 헤아릴 수 없을 정도로 많을 것이다. 각각의 컴퓨터활용 분야에 대해서 구체적인 활용 사례를 몇 가지씩 적어보도록 하자.

활용 분야	활용 사례
① 기업경영분야	▪ 회계, 재무, 인사 및 조직관리 ▪ ▪ ▪
② 행정 분야	▪ 민원처리 ▪ ▪ ▪
③ 산업 분야	▪ 공장 자동화 ▪ ▪ ▪

2. 공장 자동화(FA : Factory Automation)에 대한 설명으로 옳은 것은?

① 강의나 학습 등에 컴퓨터를 이용하는 것이다.
② 제어 시스템이나 생산 관리 등은 해당되지 않는다.
③ 각종 정보 기기와 컴퓨터 시스템이 유기적으로 연결된 구조이다.
④ 기계가 하던 자동화 시스템이 사람으로 대체해 가는 것이 목표이다.
⑤ 편의점이나 백화점 등에서 상품의 판매 시점관리를 하는 시스템을 말한다.

3. 전자 상거래(EC : Electronic Commerce)에 대한 옳은 설명을 <보기>에서 골라 바르게 짝지은 것은?

<보기>
ㄱ. 홈 쇼핑, 홈 뱅킹, 인터넷 서점 등이 해당된다.
ㄴ. 기업의 상품이나 서비스 제공 대상은 특정 기업이나 특정 소비자만을 대상으로 한다.
ㄷ. 전자상거래가 활성화되면 기업은 물류비용이 늘어나고 소비자는 값비싼 물건을 구매하게 된다.
ㄹ. 컴퓨터나 정보통신망 등 전자화된 기술을 이용하여 기업과 소비자가 상품과 서비스를 사고 파는 것을 의미한다.

① ㄱ, ㄴ ② ㄱ, ㄹ ③ ㄴ, ㄷ
④ ㄴ, ㄹ ⑤ ㄷ, ㄹ

4. 다음 설명이 의미하는 것은 무엇인가?

○ 과거에 슈퍼마켓 등에서 물건을 살 때, 주인은 탁상용 계산기를 두드려 손님에게 물건값을 받음
○ 지금은 슈퍼마켓 등에서 물건을 살 때, 바코드를 읽어 재빨리 계산을 한다.
○ 판매가 이루어지는 시점의 데이터를 메인 컴퓨터에 보내면 현재 매장의 재고가 얼마나 되는지, 새로 구입해야 할 물건은 무엇인지를 금방 알아낼 수 있다.

( )

5. 컴퓨터의 이용 중에서 자동화와 관련된 CAD와 CAM에 대해서 설명해 보자.

[CAD]
□
□
□

[CAM]
□
□
□

4. 직장인 K씨는 업무보고서를 작성하는데 필요한 정보가 무엇인지, 어떻게 수집할 것인지, 어떻게 관리하고 활용할 것인지에 대한 계획을 사전에 수립하여 실천하고 있다. K씨는 무엇 때문에 정보를 효과적으로 관리하고 있고, 정보를 어떠한 과정을 통해서 관리하고 있는지 알아보자.

'정보 없이 전략 없다!'라는 말은 한 개인이 조직에서 경쟁우위를 확보하고 유지해 나가는데 필요한 전략의 수립과 실행에 있어서 정보의 중요한 역할을 시사하고 있다. 업무에 필요한 정보를 효과적으로 활용하기 위해서는 일정한 절차에 따라 정보를 기획, 수집, 관리하는 것이 중요하다.

사 례

수집한 정보가 잘 정리되고 최대한 활용될 수 있게 하려면 정보수집에 들어가기 전에 전략적 사고방식에 의한 충분한 사전 기획단계가 중요하다. 정보에 대한 충분한 사전 지식이 있어야만 필요한 정보를 효과적으로 수집하고 관리하여 활용할 수 있다.

『정보의 전략적 기획』

OK전자 K씨는 상사로부터 세탁기 신상품에 대한 기획안을 제출하라는 업무를 받았다. 먼저 K씨는 기획안을 작성하기 위해 어떠한 정보가 필요한지를 생각해보았다.

개발하려는 신상품의 컨셉이 중년층을 대상으로 한 실용적이고 조작하기 쉬운 것이기 때문에, K씨는 30~40대의 취향을 먼저 파악할 필요가 있었다. 따라서 K씨는 중년층이 현재 사용하고 있는 세탁기 기종, 선호하는 디자인, 사용하면서 불편한 점, 부담 가능한 지불 액수 등에 관한 정보가 필요함을 인식하였다.

K씨는 이러한 정보를 기존의 고객 DB로부터 얻을 수 있다고 판단하였으며, 다음 주까지 기획안을 제출하여야 하기 때문에 이번주까지 이러한 정보를 수집하기 위한 계획을 수립하였다. 특히 K씨가 원하는 정보는 중년층의 세탁기 선호 취향이기 때문에 고객 DB로부터 중년층의 것만을 선별할 필요가 있음을 숙지하였다. 또한, 고객 DB로부터 필요한 정보를 얻을 경우 별도의 비용이 들지 않는다는 것도 큰 장점이었다.

K씨는 고객 DB를 확보하기 위해 고객서비스 담당인 L씨에게 자료를 요청하였으며, 가급적 연령에 따라 DB를 분류해줄 것도 함께 당부하였다.

활 동

업무 보고서를 작성하거나 각종 문서를 작성하기 위해서는 필요한 정보를 수집하여 효과적으로 관리함으로서 적시에 활용하는 것이 필요하다. 이렇게 정보를 효과적으로 활용하기 위해서는 우선적으로 필요한 것이 정보의 전략적 기획이라 할 수 있다.

1. '정보의 전략적 기획' 사례에서 K씨는 직장 상사로부터 업무 보고서를 작성하라는 지시를 받았다. K씨는 업무 보고서를 작성함에 있어서 필요한 정보를 수집하기 위해 나름대로의 계획을 세웠다. K씨가 정보를 수집하기 위한 계획을 세울 때 고려하고 있는 것들은 무엇일지 각자의 생각을 적어보자.

◦ *어떠한 정보를 수집할 것인지를 명확히 계획하였다.*
ex : 중년층이 현재 사용하고 있는 세탁기 기종, 선호하는 디자인, 사용하면서 불편한점, 부담 가능한 지불 액수 등

◦

◦

◦

◦

◦

◦

내 용

정보는 일정한 절차에 따라 활용하는 것이 효과적이다. 일반적으로 정보는 기획, 수집, 관리, 활용의 절차에 따라 처리된다.

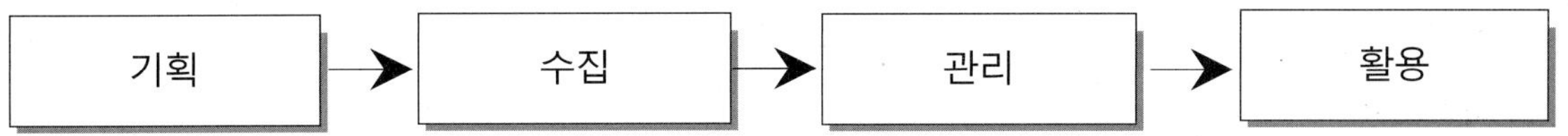

1. 정보의 기획

정보의 전략적 기획이란 정보활동의 가장 첫 단계로서 정보관리의 가장 중요한 단계이며 보통은 5W 2H에 의해 기획을 한다.

> [5W 2H]
> WHAT(무엇을?) : 정보의 입수대상을 명확히 한다.
> WHERE(어디에서?) : 정보의 소스(정보원)를 파악한다.
> WHEN(언제까지?) : 정보의 요구(수집)시점을 고려한다.
> WHY(왜?) : 정보의 필요목적을 염두에 둔다.
> WHO(누가?) : 정보활동의 주체를 확정한다.
> HOW(어떻게?) : 정보의 수집방법을 검토한다.
> HOW MUCH(얼마나?) : 정보수집의 비용성(효용성)을 중시한다.

2. 정보의 수집

정보의 수집은 다양한 정보원으로부터 목적에 적합한 정보를 입수하는 것이라 할 수 있다. 정보 수집의 목적에는 여러 가지가 있겠지만, 최종적으로는 '예측'을 잘하기 위해서다. 과거의 정보를 모아 연구하는 것도 결국 장래가 어떻게 될까를 예측하기 위해서다.

쉽게 번 돈은 쉽게 없어진다. 이처럼 정보도 편하게 얻은 것은 몸에 배지 않는다. 역시 꾸준히 모은 정보만이 자기 것이 된다. 정보수집은 어떤 의미에서 공부와도 같다. 공부는 매일 조금씩 조금씩 해나가는 것이 중요하다. 벼락치기로 하는 공부는 결국 머릿속에서 사라지고 만다. 따라서 정보수집에 지름길은 없다. 스스로 땀을 흘려 정보를 접하는 기회를 많이 가지는 것만이 정보를 모으기 위한 유일한 길이다.

3. 정보의 관리

'구슬이 서말이라도 꿰어야 보배'라는 속담이 있다. 여러 가지 채널과 갖은 노력 끝에 입수한 정보가 우리가 필요한 시점에 즉시 활용되기 위해서는 모든 정보가 차곡차곡 정리되어 있어야 한다.

정보의 관리란 수집된 다양한 형태의 정보(보통 생정보)를 어떤 문제해결이나 결론도출에 사용하기 쉬운 형태로 바꾸는 일이다. 정보를 관리할 때에는 특히 다음의 세 가지를 고려하여야 한다.

[정보관리의 3원칙]
목적성 : 사용목적을 명확히 설명해야 한다.
용이성 : 쉽게 작업할 수 있어야 한다.
유용성 : 즉시 사용할 수 있어야 한다.

4. 정보의 활용

산업사회에서 문맹을 결정하는 기준이 문자에 대한 이해를 바탕으로 한다면 지식정보사회에서 문맹을 결정하는 기준은 정보활용능력에 해당한다. 정보활용능력은 정보기기에 대한 이해나 최신 정보기술이 제공하는 주요 기능, 특성에 대한 지식을 아는 능력만 포함되는 것이 아니라 정보가 필요하다는 문제 상황을 인지할 수 있는 능력, 문제 해결에 적합한 정보를 찾고 선택할 수 있는 능력, 찾은 정보를 문제해결에 적용할 수 있는 능력, 그리고 윤리의식을 가지고 합법적으로 정보를 활용할 수 있는 능력 등 다양한 능력이 수반되어야 한다.

학습평가

1. 정보는 일정한 절차에 따라 활용하는 것이 효과적이다. 일반적인 정보처리 절차를 생각하여 다음 빈 칸에 적절한 용어를 적어보도록 하자.

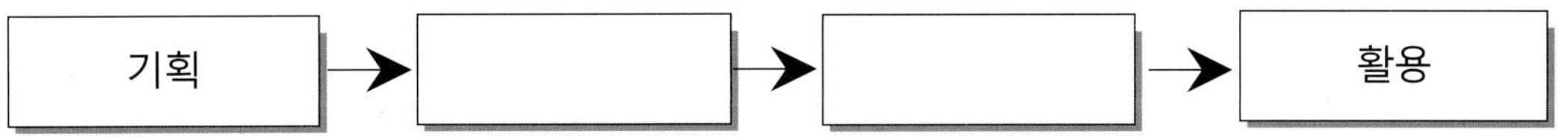

2. 정보를 수집, 관리, 활용하기에 앞서 효과적으로 정보를 활용하기 위한 전략적기획을 하는 것이 중요하다. 보통은 5W 2H에 의해 기획을 하게 된다. 다음을 적절하게 연결시켜 보자.

WHAT(무엇을?) ■	■ 정보의 소스(정보원)를 파악한다.
WHERE(어디에서?) ■	■ 정보의 입수대상을 명확히 한다.
WHEN(언제까지?) ■	■ 정보의 필요목적을 염두에 둔다.
WHY(왜?) ■	■ 정보의 요구(수집)시점을 고려한다.
WHO(누가?) ■	■ 정보의 수집방법을 검토한다.
HOW(어떻게?) ■	■ 정보활동의 주체를 확정한다.
HOW MUCH(얼마나?) ■	■ 정보수집의 비용성(효용성)을 중시한다.

3. 정보관리의 3원칙이 아닌 것은?

① 목적성 ② 용이성
③ 유용성 ④ 상대성

1. 직장인 J씨는 사내 인터넷 게시판에서 익명의 누군가가 자신에 대한 유언비어를 올려놓은 것을 보고 매우 불쾌했던 기억이 있다. 사이버공간에서 지켜야 할 예절에는 어떠한 것들이 있는지 알아보자.

컴퓨터와 정보통신기술의 비약적인 발전으로 인터넷은 이제 단순한 기술적인 정보통신망이 아니라, 그것은 인간행위의 장이요, 일상생활을 규정하는 인간환경이 되었다. 그러나 이러한 행위들은 기존 사회의 질서와 가치관에 비추어 보면 긍정적인 것도 있고 부정적인 것도 있다.

사 례

『인터넷 게임에서의 네티켓 결여!』

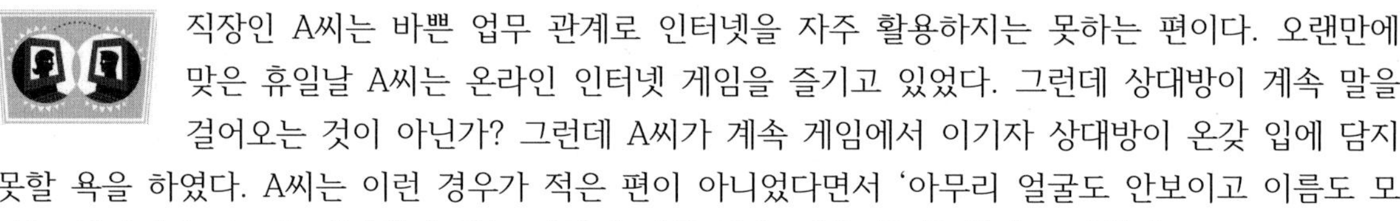

직장인 A씨는 바쁜 업무 관계로 인터넷을 자주 활용하지는 못하는 편이다. 오랜만에 맞은 휴일날 A씨는 온라인 인터넷 게임을 즐기고 있었다. 그런데 상대방이 계속 말을 걸어오는 것이 아닌가? 그런데 A씨가 계속 게임에서 이기자 상대방이 온갖 입에 담지 못할 욕을 하였다. A씨는 이런 경우가 적은 편이 아니었다면서 '아무리 얼굴도 안보이고 이름도 모르는 사이지만 요즈음 네티켓이 없는 사람이 너무 많은 것은 큰 문제'라고 말했다.

『A과장의 수난』

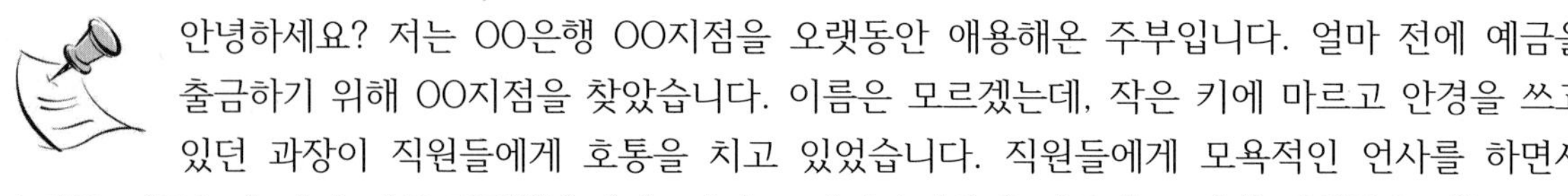

안녕하세요? 저는 OO은행 OO지점을 오랫동안 애용해온 주부입니다. 얼마 전에 예금을 출금하기 위해 OO지점을 찾았습니다. 이름은 모르겠는데, 작은 키에 마르고 안경을 쓰고 있던 과장이 직원들에게 호통을 치고 있었습니다. 직원들에게 모욕적인 언사를 하면서 소리를 지르는데 제가 너무 민망했습니다. 나이도 어려보이던데 어떻게 그렇게 직원들을 대놓고 무시하는지 정말 한심합니다. 위 내용은 실명을 밝히지 않은 주부라는 고객이 OO은행의 자유게시판에 올린 글의 내용이다. 비록 실명이 나타나지는 않았지만 OO은행 자유게시판을 본 많은 사람들은 A과장의 이야기인줄 한번에 알아봤고, A과장은 그 뒤로 사람들의 비난과 수군거림에 시달렸다.

활 동

사례에서 읽은 것과 같은 경험은 당신도 인터넷을 사용하면서 흔히 겪었을 것이라 생각된다. 인터넷은 우리의 생활에 많은 편리함을 가져다준 것도 사실이지만 부정적인 측면도 있는 것이 사실이다. 다음의 질문에 각자의 생각을 적어보자.

1. 인터넷의 문제점(역기능)에는 어떠한 것들이 있는지 각자의 생각을 적어보고, 그 원인은 무엇인지 생각해보자.

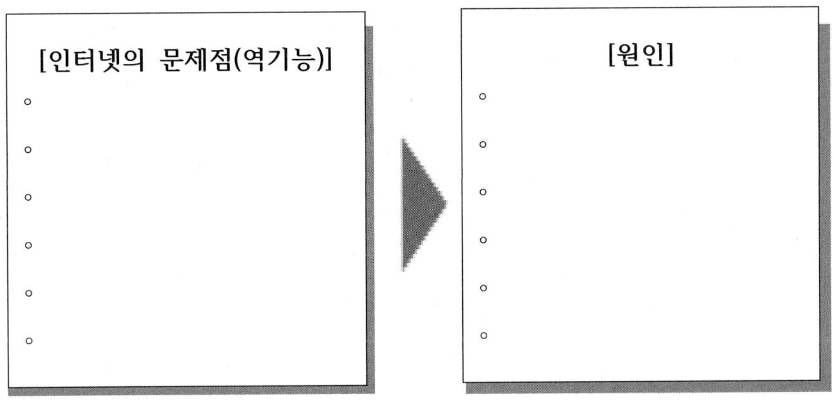

2. 인터넷을 활용하면서 지켜야 할 규칙에는 어떠한 것들이 있는지 각자 생각해보자.

내 용

컴퓨터와 정보통신기술의 비약적인 발전으로 인터넷은 이제 단순한 기술적인 정보통신망이 아니라, 그것은 인간행위의 장이요, 일상생활을 규정하는 인간환경이 되었다. 이 공간에서 우리들은 실제 삶 속에서는 할 수 없는 다양한 의식과 행위들을 표출하고 있다. 이러한 행위들은 기존 사회의 질서와 가치관에 비추어 보면 긍정적인 것도 있고 부정적인 것도 있다.

인터넷 초고속망 이용의 일반화와 함께 여러 가지 편리함을 추구할 수 있게 되었지만 정서를 해칠 수 있는 오락이나 음란물의 접속, 채팅 과정에서 나타나는 언어폭력, 비어, 속어의 사용 등 역기능도 적지 않다.

1. 인터넷은 이런 문제점(역기능)도 있어요!

① 불건전 정보의 유통

음란 사이트, 엽기 사이트, 도박 사이트, 폭력 사이트, 반사회적 사이트 등 우리에게 유해한 불건전 정보가 유통될 수 있다.

② 개인 정보 유출

해킹이나 바이러스 감염 등으로 개인정보가 누출되어 사생활에 침해를 받을 수 있다.

③ 사이버 성폭력

채팅이나 게시판을 통해 성적으로 수치심을 주는 사이버 성폭력이 일어나고 있으며, 실제 성폭력으로 이어지는 경우도 있다.

④ 사이버 언어폭력

사이버 성폭력과 마찬가지로 서로 얼굴을 볼 수 없기 때문에 욕설이나 비방, 유언비어 등 언어폭력이 많이 일어나고 있다.

사이버 언어폭력의 유형으로는 욕설, 비방(명예 훼손), 도배, 성적 욕설(음담패설), 유언비어, 악성 댓글 등이 있다.

⑤ 언어 훼손

보다 쉽게, 보다 빠르게, 또는 단순히 재미로 줄여 쓰고, 이어 쓰고, 발음 나는 대로 쓰는 등 올바른 언어를 사용하지 않아 실제 생활에서 언어 사용의 문제를 가져올 수 있다.

⑥ 인터넷 중독

인터넷 이용이 보편화되면서 인터넷에 지나치게 빠져 생활의 곤란을 겪게 되는 경우도 많이 생기고 있다. 특히 청소년은 온라인 게임이나 음란물에 지나치게 몰입하여 중독이 되는 경우가 많다.

⑦ 불건전한 교제

채팅이나 메신저를 이용하여 불건전한 교제의 가능성이 있다.

⑧ 저작권 침해

불법으로 복제된 소프트웨어 파일 등을 배포하거나 저작권자의 동의 없이 공개하기도 한다.

⑨ 컴퓨터 바이러스

컴퓨터 내부에 침투하여 자료를 손상시키거나 다른 프로그램들을 파괴시키는 컴퓨터프로그램의 일종이다. 컴퓨터 바이러스는 호기심이나 악의를 가진 프로그래머에 의해 제작되어 사용자 몰래 유포된다.

컴퓨터 바이러스 예방법
1. 출처가 불분명한 전자 우편의 첨부파일은 백신 프로그램으로 바이러스 검사 후 사용한다.
2. 실시간 감시 기능이 있는 백신 프로그램을 설치하고 정기적으로 업데이트한다.
3. 바이러스가 활동하는 날에는 시스템을 사전에 미리 검사한다.
4. 정품 소프트웨어를 구입하여 사용하는 습관을 가진다.
5. 중요한 파일은 습관적으로 별도의 보조 기억 장치에 미리 백업을 해 놓는다.
6. 프로그램을 복사할 때는 바이러스 감염 여부를 확인한다.

⑩ 해킹(hacking)

해킹(hacking)은 다른 시스템에 불법적으로 침입하여 시스템에 저장된 정보를 임의로 변경, 삭제 또는 절취하는 행위를 말한다. 원래 해킹(hacking)은 자신의 실력을 자랑하기 위해 다른 시스템에 접근하는 행위로 네트워크의 보안을 지키는 역할을 하였으나, 점차 해킹의 기술이 발전하면서 크래킹(cracking)과 동일한 의미로 사용되고 있다.

⑪ 스팸 메일(spam mail)

스팸 메일(spam mail)은 컴퓨터 통신망을 이용하여 수신자의 동의없이 불특정 다수에게 일방적이고 대량으로 전달되는 전자 우편물을 말한다. 이러한 스팸 메일(spam mail)은 쓰레기와 같다고 하여 정크 메일(junk mail)이라고도 한다.

2. 사이버 공간에서 지켜야 할 예절

네티켓은 사이버 공간에서 지켜야 하는 예절을 뜻한다. 네티켓은 통신망을 뜻하는 네트워크와 예절을 뜻하는 에티켓의 합성어로, 네티즌이 사이버 공간에서 지켜야 할 비공식적인 규약이라고 할 수 있다.

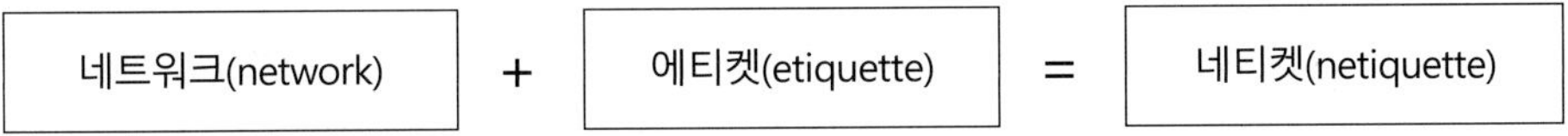

네티켓은 법적인 제재에 의존하는 타율적 해결보다는 네티즌 스스로 자율적으로 사이버 공간의 문제를 미리 방지하고 이성적으로 해결해 나가자는 적극적 의미를 가지고 있다. 인터넷이라는 가상공간은 익명성과 쌍방향성이라는 특성에 의해 오해를 사거나 다른 사람들의 감정을 해칠 수도 있다. 따라서 현실공간에 비해 오히려 더욱 더 예절이 필요한 공간이 가상공간이다.

① 전자우편(E-mail)을 사용할 때의 네티켓

인터넷 중 가장 인기가 높은 분야는 웹(Web)이지만, 가장 널리 쓰이는 것은 바로 네트워크를 통한 전자우편이다. 전자우편은 사용하는 빈도와 정보의 전달 용량 측면에서 많은 부분을 차지하고 있는 만큼 이를 올바르게 사용해 타인에게 피해를 주지 않도록 해야 할 것이다. 그렇다면 전자우편을 사용할 때 지켜야 할 네티켓에는 어떠한 것들이 있을까?

'전자우편(E-mail) 사용할 때의 네티켓'

◦ 메시지는 가능한 짧게 요점만 작성한다.
◦ 메일을 보내기 전에 주소가 올바른지 다시 한번 확인한다.
◦ 제목은 메시지 내용을 함축해 간략하게 써야한다.
◦ 가능한 메시지 끝에 signature(성명, 직위, 단체명, 메일주소, 전화번호 등)을 포함시키되, 너무 길지 않도록 한다.
◦ 메일 상에서 타인에 대해 말할 때는 정중함을 지켜야 한다. 메일은 쉽게 전파될 수 있기 때문이다.
◦ 타인에게 피해를 주는 언어(비방이나 욕설)는 쓰지 않는다.

② 온라인 대화(채팅)를 할 때의 네티켓

온라인 대화는 다양한 대화방에서 다양한 사람들과 대화할 수 있는 이점이 있으며, 실시간으로 진행된다는 점에서 네티켓이 각별히 신경을 써야 한다. 최근 무절제한 대화 사용을 금하기 위해 ID를 실명화하고, 나이 조회 기능을 부여하자는 주장도 일고 있지만, 익명성 보장이라는 측면에서 반대 의견도 만만치 않아 양쪽이 현재 팽팽하게 대립되고 있다. 그렇다면 온라인 대화(채팅)를 할 때 지켜야 할 네티켓에는 어떠한 것들이 있을까?

'온라인 대화(채팅)를 할 때의 네티켓'

◦ 마주보고 이야기하는 마음가짐으로 임한다.
◦ 대화방에 들어가면 지금까지 진행된 대화의 내용과 분위기를 경청하라.
◦ 엔터키를 치기 전에 한번 더 생각하라.
◦ 광고, 홍보 등을 목적으로 악용하지 말라.
◦ 유언비어, 속어와 욕설 게재는 삼가고, 상호 비방의 내용은 금한다

'이모티콘(Emoticon)'

이모티콘(Emoticon)은 감정(Emotion)과 아이콘(Icon)의 합성어이다. 컴퓨터 자판의 문자와 기호, 숫자 등을 적절히 조합해 미세한 감정이나 특정한 상황을 상징적이며 재미있게 표현하는 사이버 공간 특유의 언어이다. 이모티콘(Emoticon)은 최초로 1980년대에 미국의 한 대학생이 사용했으며, PC통신과 인터넷 상용화 초창기에 웃는 모습이 주류를 이루었기 때문에 스마일리(Smiley)로 불리기도 하였다. 이모티콘(Emoticon)은 국가에 따라 사용하는 경향이 다르고 새로운 아이디어로 계속 증가하고 있다. 현재 한국과 미국 등에서 사용 중인 이모티콘(Emoticon)은 2천여 개에 이르는 것으로 추정되고 있다.

감정내용	이모티콘
웃는 표정	(^_^)
반가운 표정	*^^*
수줍은 표정	(˘-˘)
난감한 표정	^^;

감정내용	이모티콘
침묵	-_-
소리 내어 웃기	^0^
윙크	-_*
화난 표정	'-(

③ 게시판을 사용할 때의 네티켓

인터넷 게시판은 회원이나 불특정 다수의 사용자들에게 각종 안내문이나 공지 사항, 정보의 제공을 위해 공개된 전자 게시판을 뜻한다. 게시판에 글을 올릴 때에는 많은 사람들이 자신이 올린 내용을 보고 있다는 것을 항상 명심하고, 게시판의 기능을 최대한 즐겁게 사용할 수 있도록 해야 한다. 그렇다면 게시판을 사용할 때 지켜야 할 네티켓에는 어떠한 것들이 있을까?

'게시판을 사용할 때의 네티켓'

- 글의 내용은 간결하게 요점만 작성한다.
- 제목에는 글의 내용을 파악할 수 있는 함축된 단어를 쓴다.
- 글을 쓰기 전에 이미 같은 내용의 글이 없는지 확인한다.
- 글의 내용 중에 잘못된 점이 있으면 빨리 수정하거나 삭제한다.
- 게시판의 주제와 관련 없는 내용은 올리지 않는다.

④ 공개 자료실에서의 네티켓

- 음란물을 올리지 않는다.
- 상업용 소프트웨어를 올리지 않는다.
- 공개 자료실에 등록한 자료는 가급적 압축한다.
- 프로그램을 올릴 때에는 사전에 바이러스 감염 여부를 점검한다.
- 유익한 자료를 받았을 때에는 올린 사람에게 감사의 편지를 보낸다.

⑤ 인터넷 게임을 할 때의 네티켓

- 상대방에게 항상 경어를 사용한다.
- 인터넷 게임에 너무 집착하지 않는다.
- 온라인 게임은 온라인상의 오락으로 끝나야 한다.
- 게임 중에 일방적으로 퇴장하는 것은 무례한 일이다.
- 매일 본다고 상대를 존중하는 것을 잊어서는 안 된다.
- 게이머도 일종의 스포츠맨이므로 스포츠맨십을 가져야 한다.
- 이겼을 때는 상대를 위로하고 졌을 때는 깨끗하게 물러서야 한다.

학습평가

1. 인터넷의 문제점(역기능)이 아닌 것은?

① 언어 훼손 ② 저작권 침해 ③ 개인 정보 유출
④ 스팸 메일 유포 ⑤ 정보통신의 활성화

2. 다른 시스템에 불법적으로 침입하여 시스템에 저장된 정보를 임의로 변경, 삭제 또는 절취하는 행위를 무엇이라고 하는가?

( )

3. 사이버공간에서 지켜야 할 예절을 네티켓이라고 부른다. 네티켓은 두 가지 용어의 합성어이다. 다음의 빈칸에 적절한 용어를 적어보도록 하자.

	+		=	네티켓(netiquette)

4. 감정(Emotion)과 아이콘(Icon)의 합성어로서, 컴퓨터 자판의 문자와 기호, 숫자 등을 적절히 조합해 미세한 감정이나 특정한 상황을 상징적이며 재미있게 표현하는 사이버 공간 특유의 언어를 무엇이라고 하는가?

( )

5. 컴퓨터 바이러스를 예방하는 방법으로 옳은 것을 <보기>에서 고른 것은?

<보기>
ㄱ. 백신 프로그램을 설치하고 자주 업데이트한다.
ㄴ. 전자우편(E-mail)은 안전하므로 바로 열어서 확인한다.
ㄷ. 인터넷에서 자료를 받았을 때는 바이러스 검사 후에 사용한다.
ㄹ. 좋은 자료가 많은 폴더는 정보공유를 위해 무조건 서로 공유하여 사용한다.

① ㄱ, ㄴ ② ㄱ, ㄷ ③ ㄴ, ㄷ
④ ㄴ, ㄹ ⑤ ㄷ, ㄹ

6. 업무수행 중에 전자우편 활용, 채팅, 게시판 활용을 할 때에도 지켜야 할 예의가 있다. 각각의 경우를 생각하면서 지켜야 할 예의에는 어떠한 것들이 있는지 적어보도록 하자.

'전자우편(E-mail) 사용할 때의 네티켓' ◦

◦

◦

◦

◦

'온라인 대화(채팅)를 할 때의 네티켓'

◦

◦

◦

◦

'게시판을 활용할 때의 네티켓'

◦

◦

◦

◦

7. 공개 자료실을 이용할 때의 네티켓으로 바르지 않는 것은?

① 음란물을 올리지 않는다.

② 공개 자료실에 등록한 자료는 가급적 압축한다.

③ 돈을 절약하기 위해 상업용 소프트웨어를 올린다.

④ 프로그램을 올릴 때에는 사전에 바이러스 감염 여부를 점검한다.

⑤ 유익한 자료를 받았을 때에는 올린 사람에게 감사의 편지를 보낸다.

2. 직장인 L씨는 업무 수행에 필요한 정보를 검색하기 위해 S사이트에 회원가입하려고 하였다. 그러나 자신도 모르는 사이에 회원가입이 되어있는 것이 아닌가? L씨는 자신의 주민등록번호가 누군가에 의해 쓰여 지고 있다는 사실을 알게 되었다. 자신에게 중요한 개인정보 유출을 방지하기 위한 방법에는 어떠한 것들이 있는지 알아보자.

정보처리 기술의 비약적인 발전으로 인하여 자신도 모르는 사이에 개인정보가 정당하지 못한 목적에 사용될 위협은 더욱 늘어나고 있다. 개인정보 침해로 인한 피해사례를 살펴보자.

사 례

『N사의 개인정보 유출』

N사는 자사 회원인 G씨의 개인정보를 G씨의 동의없이 유관회사인 S사에 제공하였으며, S사는 G씨에게 광고성 이메일을 수차례 발송하였다. G씨는 S사에 개인정보를 얻은 경위를 확인한 결과 N사로부터 유출된 것임을 알고 법원에 손해배상을 청구했다. 법원은 G씨의 사생활 비밀과 자유를 침해했고 정신적 고통을 주었다며 N사와 S사에 손해배상을 판결하였으며 정보통신부는 N사를 고발하고, S사는 과태료 부과를 부과했다.

『주민등록번호 유출』

D사이트에 가입하려던 M모군은 누군가가 이미 자신의 주민등록번호로 회원에 가입하였기 때문에 해당 사이트를 이용할 수 없음을 알았다. 이에 사이트 운영자에게 사실을 확인한 결과 회원 추천 시 제공하는 마일리지를 받기 위해 주위사람이 도용한 것임이 밝혀졌다. M군은 복잡한 본인 확인과정을 거쳐 도용한 사람의 ID 등을 삭제하고 서비스에 가입할 수 있었다.

『얼굴 인식 기술의 발달』

– CCTV 영상, 무심코 찍힌 사진으로 내가 누군지 알 수 있다.

소셜네트워크서비스(SNS) 페이스북이 지난해 도입한 얼굴 인식 기능을 사용하면 사진 속 얼굴만으로 그가 누구인지 알 수 있다. 얼굴이 학력 · 이메일 · 관심사 등 사용자가 입력한 어떤 내용보다도 강력하고 정확한 정보가 될 수 있다는 근거에서다.

페이스북은 서비스를 도입하면서 '사진으로 간단한 친구 찾기'가 가능하다고 밝혔다.

얼굴 인식 시스템을 토대로 잊힌 친구를 다시 찾게 해준다는 주장은 사용자에게 호응을 불러일으킬만 했다.

하지만 이 서비스는 뜻밖의 암초를 만났다. 이달 초 독일에서는 페이스북이 제공하는 얼굴 인식 기능에 위법 판결을 내렸다. 독일 정보보호법에 저촉된다는 이유 때문이다. 페이스북은 논란이 번지는 것을 차단하기 위해 얼굴 인식 기능 사용여부를 '옵션(선택)' 방식으로 변경, 진화에 나섰다.

출처 : 전자신문 2011. ○○. ○○일자

『납세자 개인정보 무단열람 및 유출로 공무원 ○○명 경찰송치』

– 공무원들이 돈을 받거나 청탁으로 납세자 정보를 무단열람 후 유출

– K기관이 공무원 ○○명 고소, ○○명 기소

납세자의 개인정보를 무단으로 열람하고 유출한 K기관 소속 공무원 ○○명이 검찰에 송치됐다.

K기관은 개인정보 무단유출 혐의로 고발당한 유출로 공무원 ○○명을 경찰로 송치했다. 검찰에 송치된 ○○명은 '공공기관개인정보보호에 관한 법률 제11조 및 제23조'와 '형법 제127조(공무상비밀누설죄)'를 각각 위반한 혐의를 받고 있다.

또한 K기관은 지난 해에도 납세자 개인정보를 무단 열람하거나 유출해 징계를 받은 것으로 드러난 ○명○의 공무원을 S중앙지검에 고발한 바 있다.

출처 : 아시아투데이 2011. ○○. ○○일자

활 동

'N사의 개인정보 유출' 사례 및 '주민등록번호 유출' 사례를 읽고 다음의 질문에 답해 보도록 하자.

1. 당신의 경우도 자신도 모르는 사이에 개인정보가 정당하지 못한 방법으로 유출된 경우를 겪은 적이 있는가? 당신에게 있어 중요한 개인정보라고 생각되는 것들을 적어보도록 하자.

◦ ◦ ◦ ◦

2. 중요한 개인정보를 보호하기 위한 방법에는 어떠한 것들이 있을지 각자의 생각을 적어보도록 하자.

◦ ◦ ◦ ◦ ◦ ◦

내 용

개인정보란 생존하는 개인에 관한 정보로서 정보에 포함되어 있는 성명, 주민등록번호 등의 사항에 의하여 개인을 식별할 수 있는 정보를 말한다. 또한, 해당 정보만으로는 특정 개인을 식별할 수 없더라도 다른 정보와 용이하게 결합하여 식별할 수 있는 것들도 모두 포함하여 개인정보라고 한다.

1. 개인정보에는 어떠한 것들이 있을까?

최근에는 여러 가지 방법을 동원하여 개인정보를 수집하고 분석하는 마케팅 기술이 개발되고 있는 실정이므로 앞으로는 개인정보의 침해를 프라이버시 침해라는 관점에서보다는 일종의 재산보호 차원에서 다루고 있는 추세이다. 다양한 분야에서 사용할 수 있는 개인정보에는 다음과 같은 것들이 있다.

분류	내용
일반 정보	이름, 주민등록번호, 운전면허정보, 주소, 전화번호, 생년월일, 출생지, 본적지, 성별, 국적 등
가족 정보	가족의 이름, 직업, 생년월일, 주민등록번호, 출생지 등
교육 및 훈련 정보	최종학력, 성적, 기술자격증/전문면허증, 이수훈련 프로그램, 서클 활동, 상벌사항, 성격/행태보고 등
병역 정보	군번 및 계급, 제대유형, 주특기, 근무부대 등
부동산 및 동산 정보	소유주택 및 토지, 자동차, 저축현황, 현금카드, 주식 및 채권, 수집품, 고가의 예술품, 보석 등
소득 정보	연봉, 소득의 원천, 소득세 지불 현황 등
기타 수익 정보	보험가입현황, 수익자, 회사의 판공비 등
신용 정보	대부상황, 저당, 신용카드, 담보설정 여부 등
고용 정보	고용주, 회사주소, 상관의 이름, 직무수행 평가 기록, 훈련기록, 상벌기록 등
법적 정보	전과기록, 구속기록, 이혼기록 등
의료 정보	가족병력기록, 과거 의료기록, 신체장애, 혈액형 등
조직 정보	노조가입, 정당가입, 클럽회원, 종교단체 활동 등
습관 및 취미 정보	흡연/음주량, 여가활동, 도박성향, 비디오 대여기록 등

2. 개인정보 유출 방지를 위해서는 어떻게 해야 할까?

개인정보에 대한 보안이나 유출을 방지하기 위한 여러 가지 방법이 있을 수 있다. 다음에 소개된 방법을 잘 활용하면 최대한 개인정보의 유출을 막을 수 있을 것이다.

1) 회원 가입 시 이용 약관을 읽어라!
이용 약관에 기재된 항목 중 개인정보보호와 이용자 권리에 대한 조항은 유심히 읽어야 하며, 혹 3자에게 정보를 제공할 수 있다고 명시된 부분이 있는지 재확인해야 한다.

2) 이용 목적에 부합하는 정보를 요구하는지 확인하라!
정보를 수집할 때에는 수집 및 이용목적을 제시해야 한다. 특별한 설명 없이 학력, 결혼여부, 월급, 자동차 소유 여부 등을 요구한다면 가입여부를 재고해봐야 한다.

3) 비밀번호는 정기적으로 교체하라!
평상시 비밀번호는 주기적으로 바꾸는 것이 좋다. 대부분의 경우 동일한 ID와 비밀번호를 몇 년씩 사용하는 경우가 많은데 이럴수록 비밀번호와 ID가 노출되기 쉽다.

4) 정체불명의 사이트는 멀리하라!
수많은 사이트에서 경품 이벤트를 통해 회원가입을 권유하고 있다. 정체가 불분명한 사이트에서 지나치게 개인정보를 입력하면 가입여부를 다시 한 번 생각해 보는 것이 좋다.

5) 가입 해지 시 정보 파기 여부를 확인하라!
가입만 해지해선 소용이 없다. 개인정보도 탈퇴 즉시 해지하는지 여부를 확인하자.
일부 사이트는 해지 후에도 몇 개월간 개인정보를 파기하지 않는다는 조항이 있다.

6) 뻔한 비밀번호를 쓰지 말라!
생년월일이나 전화번호 등 남들이 쉽게 유추할 수 있는 비밀번호는 자제해야 한다.
또한 동일한 번호를 연속적으로 사용하는 것도 바람직하지 않다.

학습평가

1. 당신의 경우에도 사이버 공간에서 자신도 모르는 사이에 당신의 정보가 유출되면 큰 낭패를 보기 쉽다. 자신의 경우를 생각하면서 다음의 개인정보 분류표를 작성하여 보도록 하자.

분류	내용
일반 정보	
가족 정보	
교육 및 훈련 정보	
병역 정보	
부동산 및 동산 정보	
소득 정보	
기타 수익 정보	
신용 정보	
고용 정보	
법적 정보	
의료 정보	
조직 정보	
습관 및 취미 정보	

2. 개인정보의 유출을 방지하기 위한 방법이 <u>아닌</u> 것은?

① 정체불명의 사이트는 멀리하라.
② 비밀번호는 주기적으로 교체하라.
③ 회원 가입 시 이용 약관을 읽어라.
④ 비밀번호는 기억하기 쉬운 전화번호를 사용하라.
⑤ 이용 목적에 부합하는 정보를 요구하는지 확인하라.

학습정리

1. 정보능력이란 기본적인 컴퓨터를 활용하여 업무에 필요한 정보를 수집, 분석, 활용하는 능력이다. 정보능력의 함양은 매일 수십 개의 정보가 생성되고 소멸될 정도로 변화가 빠른 현대사회에서 필수적이다.

2. 업무수행 중에 주위에 있는 모든 자료가 유용한 정보가 될 수 있는 것은 아니다. 주의에 있는 자료를 특정한 목적과 문제해결에 도움이 되도록 가공하여야 유용한 정보로서의 가치를 지닌다.

3. 컴퓨터와 통신기술의 발전으로 인한 정보화 사회의 도래로 인하여 미래의 모습은 상상을 초월할 정도로 변할 것이다. 직업인으로서 이러한 변화에 대처할 수 있는 능력을 함양해야 할 것이다.

4. 업무수행 중에 컴퓨터를 활용할 수 있는 경우는 수 없이 많다. 업무의 목적과 상황을 고려하여 컴퓨터를 적절하게 활용할 수 있는 능력을 함양하여야 할 것이다.

5. 업무를 수행하는데 필요한 정보를 활용하기 위해서는 일정한 정보처리절차에 따라 정보를 기획, 수집, 관리, 활용하는 것이 필요하다.

6. 업무를 수행하는데 필요한 정보를 수집, 관리, 활용하는데 앞서 어떠한 정보를 어디에서, 언제까지, 왜, 누가, 어떻게, 얼마나 수집할 것인지에 대한 전략적 기획을 수립하는 것은 매우 중요하다.

7. 업무수행 혹은 일상생활에서 인터넷을 활용할 때에는 항상 네티켓을 지키도록 노력해야 한다. 네티켓은 네트워크와 에티켓의 합성어로, 사이버 공간에서 지켜야 할 비공식적인 규약이다.

8. 컴퓨터를 활용함에 있어 당신의 중요한 개인정보가 유출될 수 있다. 이러한 정보가 유출될 경우 막대한 손해를 입을 수도 있기 때문에 개인정보 유출 방지를 위한 노력을 기울여야 한다.

학습모듈 G-2-가 : 컴퓨터활용능력

컴퓨터활용능력은 업무 수행에 필요한 정보를 수집, 분석, 조직, 관리, 활용하는데 있어 컴퓨터를 사용하는 능력이다. 현대사회를 '정보혁명', '컴퓨터혁명'으로부터 파급된 정보사회라고 부른다. 정보사회의 도래에 가장 결정적인 것은 컴퓨터 기술의 발전이었다. 따라서 정보사회에서 남녀노소를 불문하고 컴퓨터를 통해 필요한 정보를 얻고 자신에게 잠재되어 있는 재능을 발휘할 수 있는 기회를 제공한다는 측면에서 컴퓨터활용능력의 함양은 필수적이다.

학습목표

일반목표

직장생활에서 컴퓨터 관련이론을 이해하여 업무수행을 위해 인터넷과 소프트웨어를 활용하는 능력을 기를 수 있다.

세부목표

1. 다양한 인터넷 서비스의 종류를 설명할 수 있다.
2. 인터넷을 활용하여 원하는 정보를 획득할 수 있다.
3. 업무에 필요한 소프트웨어를 활용할 수 있다.
4. 데이터베이스 구축의 필요성을 설명할 수 있다.

주요용어

인터넷서비스　　정보검색　　소프트웨어　　데이터베이스

Ⓑ 1. 직장인 L씨는 출근하자마자 이메일로 일정을 확인하고, 필요한 정보는 웹하드에 저장하며, 메신저를 통해 직장동료와 회의를 한다. 이처럼 인터넷 서비스는 업무수행에 폭넓게 활용되고 있다. 업무수행에 있어서 활용될 수 있는 인터넷 서비스의 종류 및 특징을 알아보자.

최근 인터넷은 우리의 삶 속에서 차지하는 비중이 커지고 있다. 대부분의 직장인들은 업무수행을 위해 컴퓨터를 활용하고 있다. 그러나 인터넷 서비스를 제대로 활용하지 못하면 컴퓨터의 사용 범위는 제한적일 수밖에 없다.

사 례

1. 전자우편(E-mail 서비스)

『CEO 의사소통 이메일로!』

정보기술(IT) 강국을 자부하는 한국 최고경영자(CEO)들은 업무에 인터넷을 얼마나 활용하고 있을까? 우리나라 CEO들은 인터넷이 없으면 불안해 할 정도로 결재, 인맥관리, 사내 커뮤니케이션 등 업무 전반에 이메일을 사용하고 있는 것으로 나타났다. 또 CEO 중 절반 이상이 출장을 갈 때 노트북컴퓨터를 가져가 업무를 본다고 밝혔다.

출처 : 매일경제신문 2012. ○○. ○○일자

『M은행 이메일로 주요고객과 의사소통!』

M은행은 각계의 오피니언 리더 및 주요 고객과의 원활한 의사소통을 위해 쌍방향 커뮤니티인 PCRM(Premium Customer Relationship Management) 서비스를 도입했다고 밝혔다. 기존의 CRM서비스가 일반고객을 대상으로 정보제공 기능만을 하는데 비해, PCRM서비스는 정보제공 기능뿐만 아니라 고객이 자기의견을 이메일을 통해 바로 제시할 수 있어 한 단계 발전된 커뮤니케이션 서비스다. 이러한 서비스를 통해 고객이 다양한 의견을 제시하게 되면 이를 청취 · 수집해 은행정책 수립에 적극 반영할 예정이다.

출처 : 머니투데이 2012. ○○. ○○일자

2. 웹하드(Webhard)

『저장할 자료는 산더미, 짠! 웹하드가 있잖아?』

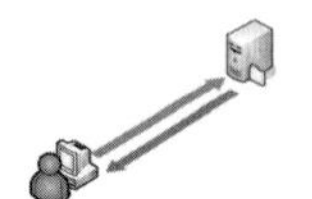

대기업 영업과장인 K씨(37)는 얼마 전까지만 해도 본인 PC 하드디스크에 용량이 큰 동영상 자료를 비롯한 각종 서류를 올려 놓고 업무를 봤다. K과장은 상품과 마케팅, TV와 신문 광고, 고객 관리 등 너무 많은 자료를 관리하고 있어 조금만 시간이 지나면 PC 하드디스크 용량이 모자라 불편을 겪었다. 더욱이 자료를 동료에게 전달하려면 수시로 이메일을 보내야 했고 용량이 큰 자료는 압축파일로 바꿔 전송해야 했다. 그러나 초고속인터넷 등 통신 관련 업체들이 제공하는 저장 공간 제공 서비스인 웹하드를 사용하면서 업무가 많이 편해졌다.

출처 : 매일경제신문 2012. ○○. ○○일자

『불편하고 불안한 CD 및 외장하드는 가라!』

바이러스나 시스템 장애, 화재 등 갑작스러운 사고로 컴퓨터에 저장된 중요한 자료가 모두 날아갔다면 얼마나 억울할까? 여행하면서 디지털 카메라로 찍은 사진을 오랫동안 보관하려고 CD에 저장했는데 CD가 깨져서 사진 파일을 복구할 수 없다면 그 심정은 어떠할까? 누구나 이런 경험을 하면 '온라인 스토리지(저장) 서비스'인 웹하드의 필요성을 느낄 것이다. 웹하드는 인터넷만 연결되면 파일을 저장, 전송, 공유하는 게 가능하기 때문에 자료를 언제 어디서나 쉽게 꺼내볼 수 있고 중요한 자료를 안전하게 보관할 수 있다. 국내 웹하드 시장 규모는 1,000억원대로 기업이 45%, 개인이 55%를 차지하고 있다. 기업, 대학, 연구소, 디자인회사 등 대용량 이용고객이 많아 로열티(충성도)가 높기도 하다.

출처 : 경향신문 2012. ○○. ○○일자

3. 메신저(Messenger)

『홈트레이팅? 이젠 메신저로 척척!』

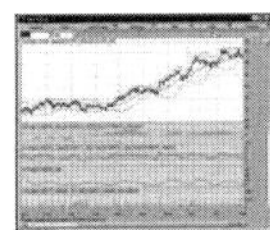

인터넷 메신저를 통한 주식거래 시스템이 확대되고 있다. 지난달 OO증권은 MSN메신저를 통한 주식거래시스템을 오픈했다. 메신저를 통한 주식거래는 별도의 홈트레이딩 시스템(HTS)을 설치하지 않고도 MSN메신저를 이용해 손쉽게 주식매매와 계좌조회 등이 가능하다. OO증권의 C팀장은 "단순 대화 기능이나 파일전송 등에 주로 이용되는 메신저에 트레이딩시스템을 연계해 금융뉴스와 관심 종목 뉴스를 한눈에 볼 수 있도록 했다"며 "메신저 주식거래시스템은 주식매매의 새로운 수단으로 자리매김할 것"이라고 말했다.

출처 : 머니투데이 2012. ○○. ○○일자

활 동

당신은 업무를 수행하는데 다양한 인터넷 서비스를 활용하고 있을 것이다. 이러한 인터넷 서비스의 특징을 파악하고 있으면 보다 효율적으로 업무를 수행하는데 도움이 될 것이다. 당신의 경우를 생각하면서 다음의 질문에 답해보도록 하자.

1. 업무 수행 혹은 일상생활 중, 활용하고 있는 인터넷 서비스에 √표를 해보자.
□ 전자우편(E-mail) 서비스
□ 인터넷 디스크/웹 하드
□ 메신저
□ 전자상거래(인터넷을 통해 물건 사기)
□ 기타( )
2. 업무 수행 중 전자우편(E-mail)을 활용하는 경우를 적어보자.
①
②
③
④
⑤
3. 업무 수행 중 인터넷 디스크/웹하드를 사용하면 어떤 점에서 좋을까?
①
②
4. 메신저 프로그램의 특징에는 어떠한 것이 있을까?
①
②
③
④
⑤

내 용

최근 우리의 일상생활과 인터넷 서비스는 뗄레야 뗄 수 없게 되었다. 우리가 업무 생활 혹은 일상생활 속에서 활용하고 있는 인터넷 서비스는 전자우편(E-mail)서비스, 웹메일(Web-mail)서비스, 인터넷 디스크/웹 하드, 전자상거래 등 매우 다양하다.

1. 전자우편(E-mail) 서비스

전자우편(e-mail)은 정보 통신망을 이용하여 다른 사용자들과 편지나 여러 정보를 주고받는 통신 방법을 말한다. 전자우편은 편지나 정보를 주고받는다는 점에서 일반우편과 유사하다. 그러나 일반우편은 사람에 의해 전달되지만, 전자우편은 정보 통신망을 통하여 전달되므로 빠르고 정확하게 전달될 수 있다.

전자우편을 이용하려면 통신망 회사에 회원으로 가입하여 유료로 전자우편을 이용하거나, 인터넷에 무료로 전자우편을 이용할 수 있게 해 주는 웹사이트에 가입하여 이용할 수 있다. 그 밖에도 회사나 학교같은 기관에서 제공하는 전자우편 시스템에 계정을 만들어서 전자우편을 이용할 수도 있다.

전자우편의 주소는 일반우편의 주소와 비슷하다. 전자우편의 주소는 3개의 기본요소를 가지고 있다. 이름과 @, 그리고 도메인 이름이 그것이다. 이름은 사용자가 메일 서버에 로그인할 때 사용하는 ID를 의미한다. 그리고 도메인 이름은 메일 서버의 도메인 이름을 나타낸다. 사용자 ID가 guest, 도메인 이름이 daehan.hs.kr인 사용자가 있다면 이 사람의 인터넷 전자우편 주소는 guest@daehan.hs.kr이 된다.

2. 인터넷 디스크/웹 하드

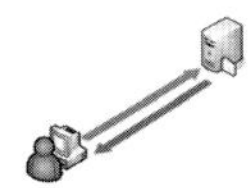

인터넷 디스크(Internet Harddisk)란 웹 서버에 대용량의 저장 기능을 갖추고 사용자가 개인용 컴퓨터(PC)의 하드디스크와 같은 기능을 인터넷을 통하여 이용할 수 있게 하는 서비스를 뜻한다. 초기에는 대용량의 파일 작업을 하는 디자이너, 설계사, 건축가들이 빈번하게 이루어지는 공동 작업과 자료 교환을 용이하게 하기 위해 각 회사 나름대로 인터넷 하드디스크 역할을 하는 웹 디스크(Web-disk)를 구축하게 되었는데, 이와 똑같은 시스템을 사용자에게 무료로 제공하는 웹 사이트들이 생겨나기 시작하면서, 일반인들도 인터넷 디스크를 이용하게 된 것이다.

파일을 올리고 내리기, 파일 및 폴더의 생성 · 변경 · 이동 · 삭제 · 복사, 메모장 작성, 간편한 자동 백업 따위의 다양하고 편리한 기능을 제공해 많은 가입자를 확보하고 있다. 즉, 자유롭고 편리한 파일 공유 · 전송 · 저장, 저장 매체의 파손 · 분실 · 도난방지, 파일 전달 기능을 활용한 공동 연구 및 부서 간의 공동업무 수행, 안전한 데이터 백업 및 복구, 저렴한 비용과 인터넷 연결만으로 즉시 제공되는 서비스, 각종 보안장치를 통한 외부의 불법접근 차단, 전 세계 어디서나 이용 가능한 서비스 제공, 대용량 자료의 빠르고 정확한 전달 등이 가능해진 것이다.

그러면서 인터넷 디스크(Internet Harddisk), 웹 디스크(Web disk), 웹 하드(Web Hard), 파일 박스, 피디 박스 등 다양한 용어가 생겨나기 시작했다. 즉, 모두 같은 서비스를 뜻하는 것이다. 현재 네티즌들 사이에서 가장 많이 사용하는 용어는 웹 하드(Web Hard)와 웹 디스크이다.

현재 웹 메일 서비스를 제공하고 있는 곳에서는 거의 대부분 웹 하드 서비스도 함께 무료로 제공하고 있다. 메일 서비스에 접속하여 웹 하드, 파일박스, 마이박스, 저장 공간 등의 용어가 있는지 잘 살펴보고, 이러한 서비스를 잘 이용하면 디스켓이나 USB와 같은 이동 장치를 들고 다니는 불편함을 덜 수 있다.

3. 메신저

메신저란 인터넷에서 실시간으로 메시지와 데이터를 주고 받을 수 있는 소프트웨어이다. 메신저를 사용하면 다음과 같은 장점이 있다.

첫째, 메신저를 사용하면 인터넷에 접속해 있는지를 확인할 수 있으므로 응답이 즉시 이루어져서 전자우편보다 훨씬 속도가 빠르다.

둘째, 컴퓨터로 작업을 하면서 메시지를 주고받을 수 있다.

셋째, 여러 사람과의 채팅과 음성채팅도 지원하며, 대용량의 동영상 파일은 물론 이동전화에 문자 메시지도 보낼 수 있다.

넷째, 뉴스나 증권, 음악 정보 등의 서비스도 제공받을 수 있다.

메신저는 프로그램을 갖춘 사이트에 접속하여 회원으로 등록한 뒤 해당 프로그램을 다운로드 받아 컴퓨터에 설치하여 사용하면 된다. 다운로드받지 않고 로그인과 동시에 사용할 수 있는 사이트도 있다. 회원가입과 사용료는 대부분 무료이다.

4. 클라우드 컴퓨팅(Cloud Computing)

클라우드 컴퓨팅이란 사용자들이 복잡한 정보를 보관하기 위해 별도의 데이터 센터를 구축하지 않고도, 인터넷을 통해 제공되는 서버를 활용해 정보를 보관하고 있다가 필요할 때 꺼내 쓰는 기술을 말한다. '구름 저 너머'에 있는 것과 같은 인터넷의 영역에서 전산 자산을 이용할 수 있다고 해서 '클라우드 컴퓨팅'이라고 부른다.

클라우드 컴퓨팅의 핵심은 데이터의 저장 · 처리 · 네트워킹 및 다양한 어플리케이션 사용 등 IT 관련 서비스를 인터넷과 같은 네트워크를 기반으로 제공하는데 있다.

특히, 모바일 사회에선 사용자가 웹하드 등 저장 공간에 개인과 관련된 콘텐츠를 저장해두고 장소와 시간에 관계없이 다양한 단말기를 통해 꺼내 쓸 수 있다. 주소록, 동영상, 음원, 오피스 문서, 게임, 메일 등 다양한 콘텐츠가 그 대상이다.

스마트폰과 PC, TV를 연결하는 3스크린 시대가 열리게 되면, 스마트폰으로 이동 중 보던 영상을 집에 도착하면 TV로 이어 볼 수 있을 것이다.

5. SNS(Social Networking Service)

온라인 인맥 구축을 목적으로 개설된 커뮤니티형 웹사이트이다. 미국의 트위터, 마이스페이스, 페이스북, 한국의 싸이월드, 미투데이 같은 1인 미디어와 정보공유 등을 포괄하는 개념이다. 현재 많은 사람이 다른 사람과 의사소통을 하거나 정보를 공유·검색하는 데 SNS를 일상적으로 이용하고 있다. SNS는 이외에도 전자우편이나 인스턴트 메신저 서비스로 사용자끼리 서로 연락할 수 있는 수단을 제공한다. 연예인은 팬들과 소통하는 수단으로, 각 나라의 대통령도 국민들과 소통하는 수단으로 SNS를 이용하는 사례가 늘고 있다.

6. 인터넷을 통해 물건 사고팔기(전자상거래)

좁은 뜻으로의 전자상거래란 인터넷이라는 전자적인 매체를 통하여 상품을 사고팔거나, 재화나 용역을 거래하는 사이버 비즈니스를 뜻한다. 넓은 뜻으로의 전자상거래는 소비자와의 거래뿐만 아니라 거래와 관련된 공급자, 금융기관, 정부기관, 운송기관 등과 같이 거래에 관련되는 모든 기관과의 관련행위를 포함하는 뜻이다. 거래되는 상품에는 전자부품, 컴퓨터, 의류, 책 등과 같은 물리적 상품이 있고, 주식 정보, MP3 파일, 전자책(e-Book), 보험 정보, 재테크 정보, 소프트웨어 등과 같은 디지털 상품이 있다.

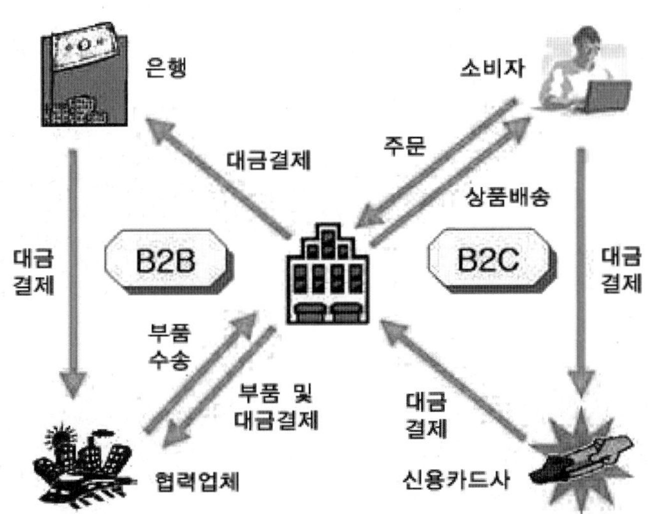

학습평가

1. 업무수행 중에 활용하고 있는 인터넷 서비스를 적어보고, 각각의 인터넷 서비스의 특징을 적어보도록 하자.

인터넷 서비스	특 징
①	▪ ▪ ▪
②	▪ ▪ ▪
③	▪ ▪ ▪
④	▪ ▪ ▪

2. 사용자들이 복잡한 정보를 보관하기 위해 별도의 데이터 센터를 구축하지 않고도, 인터넷을 통해 제공되는 서버를 활용해 정보를 보관하고 있다가 필요할 때 꺼내 쓰는 기술을 말한다. '구름 저 너머'에 있는 것과 같은 인터넷의 영역에서 전산 자산을 이용할 수 있다고 하는 것을 무엇이라고 하는가?

( )

3. 온라인 인맥 구축을 목적으로 개설된 커뮤니티형 웹사이트이다. 미국의 트위터, 마이스페이스, 페이스북, 한국의 싸이월드, 미투데이 같은 1인 미디어와 정보공유 등을 포괄하는 개념은 무엇인가?

① 메신저 ② 웹 하드 ③ 전자우편
④ 전자상거래 ⑤ SNS

4. 전자상거래(Electronic Commerce)에 관한 설명으로 옳은 것을 <보기>에서 고른 것은?

<보기> ㄱ. 내가 겪은 경험담도 전자상거래 상품이 될 수 있다. ㄴ. 인터넷 서점, 홈쇼핑, 홈뱅킹 등도 전자상거래 유형이다. ㄷ. 개인이 아닌 공공기관이나 정부는 전자상거래를 할 수 없다. ㄹ. 팩스나 전자우편 등을 이용하게 되면 전자상거래가 될 수 없다.

① ㄱ, ㄴ ② ㄱ, ㄷ ③ ㄴ, ㄷ
④ ㄴ, ㄹ ⑤ ㄷ, ㄹ

5. 전자우편(E-mail)의 주소 형식에 대해 빈칸을 채워보자.

	@	도메인 이름

B 2. 직장인 K씨와 L씨는 인터넷을 활용하여 업무에 필요한 정보를 수집한다. 그러나 K씨는 시간을 별로 소비하지 않고도 필요한 정보를 금방 찾는 반면, L씨는 그렇지 못하다. 두 명 사이에는 어떠한 차이가 있는 것일까? 인터넷을 통해 효과적으로 정보를 검색하기 위한 방법은 무엇일까?

인터넷에는 수많은 정보가 존재한다. 오히려 정보가 너무 많기 때문에 정보를 찾는 사용자들을 혼란스럽게 하는 경우가 많다. 이러한 인터넷을 효과적으로 활용하여 업무에 필요한 정보를 찾기 위해서는 몇 가지의 기본적인 지식들이 필요하다.

사 례

인터넷에서 사용자가 필요한 정보를 찾는 것을 도와주는 서비스가 인터넷에서 제공되며, 이러한 목적으로 운영하는 시스템과 이 시스템에서 운영하는 프로그램을 검색 엔진이라 한다. 이러한 검색 엔진에서 제공하는 서비스는 점점 다양해지고 있다.

『갈수록 진화하는 인터넷 정보검색』

인터넷 검색시장이 커지면서 업체별 검색서비스 차별화가 이뤄지고 있다. 일부 업체는 검색서비스를 지역단위로 나누거나 분야별로 전문화하고, 일부는 텍스트와 이미지에 이어 동영상 검색에 도전하는 등 시장 경쟁이 치열하다. 뿐만 아니라 전문검색 포털을 표방한 사이트도 등장해 눈길을 끌고 있다.

◇ 나만의 검색서비스, 차별화 나서

인터넷 검색서비스 시장이 확대되면서 각 검색사이트들이 자사만의 차별화전략을 쓰고 있다. 최근 N사는 서울시내 주요지역을 5미터 간격으로 촬영해 현장의 지리와 지역정보를 눈으로 직접 보며 생생한 정보검색을 가능하게 하는 `포토스트리트`를 오픈했다. N사는 또 문화재청과 제휴를 맺고, 국보와 보물 등 국가보유의 문화재 정보 검색서비스를 제공하고 있다.

E사는 전문사이트 게시판 검색과 음악 검색을 선보여 눈길을 끈다. 게시판 검색은 인터넷, 스포츠, 게임, 여행, 자동차 등 각각 따로 접속해야 했던 각 분야 6천여개 전문사이트 게시판 정보를 한 번에 모아서 보여준다. 포털사이트에서는 처음이다. 음악검색은 로그인 없이도 원하는 노래를 검색해 무료로 감상할 수 있는 서비스다. 검색 차별화를 시도했다가 네티즌들의 거센 반발을 산 사이트도 있다. P사는 욕검색 창을 만들어 된통 네티즌들로부터 욕을 먹고 사이트를 폐쇄했다. 앞으로 검색 시장은 이용자 개인의 활동 패턴, 취향 등을 검색 결과에 반영하고 정보를 갖고 있는 다른 이용자와 연결시켜주는 새로운 시도들이 나올 것으로 전망된다.

출처 : 제일경제신문 2012. ○○. ○○일자

활 동

인터넷을 활용하면 업무 수행 혹은 일상생활에 필요한 정보를 빠르고 손쉽게 찾을 수 있을 것이다. 그러나 이 중에는 우리가 원하는 정보도 있지만 그렇지 않은 정보가 대부분이다. 인터넷을 활용하여 다음의 정보를 검색하여 보도록 하자.

1. 당신은 다음 주에 경주로 출장을 갈 예정이다. 이 때, 필요한 교통편, 숙박 업소 등을 검색하여 적어보도록 하자.

[교통편]
◦
◦
◦

[숙박업소]
◦
◦
◦

2. 당신이 문화관광 관련 업체에서 일을 하고 있다고 가정해보자. 당신은 고객으로부터 조선시대 제4대 임금인 세종대왕의 어머니는 누구인지에 대한 질문을 받았다. 또한, 우리나라 국보로 지정된 문화재 중에서 제1호부터 제3호는 무엇인지에 대한 질문도 함께 받았다. 인터넷을 검색하여 고객의 질문에 답해보도록 하자.

[세종대왕의 어머니]
◦
◦

[국보 제1호~제3호]
◦
◦
◦

내 용

정보검색이란 여러 곳에 분산되어 있는 수많은 정보 중에서 특정 목적에 적합한 정보만을 신속하고 정확하게 찾아내어 수집, 분류, 축적하는 과정을 뜻한다. 인터넷에는 세상 사람들이 필요로 하는 정보의 분야가 너무도 많기 때문에 잘못 하다가는 정보의 바다에 빠져서 허우적거리느라 시간만 낭비하고 원하는 것은 하나도 얻지 못하는 경우도 많이 있다.

인터넷 정보검색은 책에 있는 그대로 외우기만 하면 되는 암기과목이 아니다. 자기 스스로 드넓은 정보의 바다로 나아갈 길을 만들고, '어디로 어떻게 가면 내가 원하는 정보를 찾을 수 있겠다!'라는 확신을 질 수 있어야 하는 것이다.

1. 정보검색 단계

검색 주제에 대한 사전 지식 확보가 정보검색에 많은 시간을 절약할 수 있다. 정보검색에 앞서 다음과 같이 늘 한번 쯤 생각해 보는 습관이 필요하다.

첫째, 뉴스 정보인가?

둘째, 인터넷 정보원을 활용해야 하는가?

셋째, 논문자료에서 찾을 수 있지 않을까?

넷째, 해당 주제와 관련있는 학회나 관공서 사이트에서 찾을 수 있지는 않을까?

즉, 찾고자 하는 정보가 존재할 수 있는 위치(knowwhere)에 대하여 많은 관심과 사전 지식이 필요하다. 일반적인 정보검색 단계는 다음과 같다.

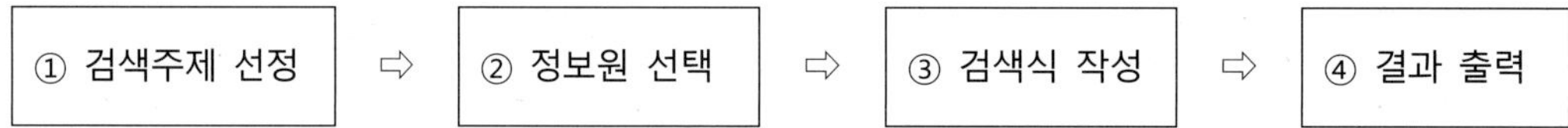

2. 검색엔진의 유형

① 키워드 검색 방식

키워드 검색 방식은 찾고자 하는 정보와 관련된 핵심적인 언어인 키워드를 직접 입력하여 이를 검색 엔진에 보내어 검색 엔진이 키워드와 관련된 정보를 찾는 방식이다. 사용자 입장에서는 키워드만을 입력하여 정보 검색을 간단히 할 수 있는 장점이 있는 반면에, 키워드가 불명확하게 입력된 경우에는 검색 결과가 너무 많아 효율적인 검색이 어려울 수 있는 단점이 있다.

② 주제별 검색 방식

주제별 검색 방식은 인터넷상에 존재하는 웹 문서들을 주제별, 계층별로 정리하여 데이터베이스를 구축한 후 이용하는 방식이다. 사용자는 단지 자신이 원하는 정보를 찾을 때까지 상위의 주제부터 하위의 주제까지 분류되어 있는 내용을 선택하여 검색하면 원하는 정보를 발견하게 된다.

③ 자연어 검색 방식

자연어 검색 방식은 검색엔진에서 문장 형태의 질의어를 형태소 분석을 거쳐 언제(when), 어디서(where), 누가(who), 무엇을(what), 왜(why), 어떻게(how), 얼마나(How much)에 해당하는 5W

2H를 읽어내고 분석하여 각 질문에 답이 들어있는 사이트를 연결해 주는 검색엔진이다.

④ 통합형 검색 방식

통합형 검색 방식의 검색은 키워드 검색 방식과 매우 유사하다. 그러나 통합형 검색방식은 키워드 검색 방식과 같이 검색 엔진 자신만의 데이터베이스를 구축하여 관리하는 방식이 아니라, 사용자가 입력하는 검색어들이 연계된 다른 검색 엔진에게 보내고, 이를 통하여 얻어진 검색 결과를 사용자에게 보여주는 방식을 사용한다.

3. 정보검색 연산자

하나의 단어(키워드)로 검색을 하면 검색 결과가 너무 많아져서, 이용자가 원하는 정보와 상관없는 것들이 많이 포함된다. 따라서 검색과 관련 있는 2개 이상의 단어를 연산자로 조합하여 키워드로 사용하는 것이 가장 일반적인 검색 방법이다. 연산자는 대/소문자의 구분이 없으며, 앞뒤로 반드시 공백(space)을 넣어주어야 한다. 가장 공통적으로 사용하는 연산자의 종류와 검색 조건을 비교하면 다음과 같다.

기호	연산자	검색 조건
*, &	AND	두 단어가 모두 포함된 문서를 검색 예) 인공위성 and 자동차, 인공위성 * 자동차
|	OR	두 단어가 모두 포함되거나, 두 단어 중에서 하나만 포함된 문서를 검색 예) 인공위성 or 자동차, 인공위성 | 자동차
-, !	NOT	'-' 기호나 '!' 기호 다음에 오는 단어를 포함하지 않는 문서를 검색 예) 인공위성 not 자동차, 인공위성 ! 자동차
~, near	인접검색	앞/뒤의 단어가 가깝게 인접해 있는 문서를 검색 예) 인공위성 near 자동차

4. 검색엔진의 종류 및 특징

검색엔진(Search Engine)이란 인터넷상에 산재해 있는 정보를 수집한 후, 이를 체계적으로 데이터베이스로 구축하여 사용자가 원하는 정보를 쉽게 찾을 수 있도록 안내자 역할로 도움을 주는 웹 사이트 또는 프로그램을 뜻한다. 포털 사이트(Portal Site)란 사용자가 인터넷에서 어떤 정보를 찾으려고 할 때 가장 먼저 접속하는 사이트를 뜻한다.

포털 사이트의 가장 대표적인 예로는 네이버, 다음, 구글, 야후 코리아 등과 같은 검색사이트와 언론매체 뉴스 사이트를 들 수 있다. 최근 대부분의 포털 사이트에서는 정보검색 뿐만 아니라 카페, 뉴스, 웹 메일, 블로그, 미니홈피, 커뮤니티 형성 등 매우 다양한 인터넷 서비스를 제공하고 있다.

① 네이버(Naver) - http://www.naver.com

국내 검색, 국외 검색, 신문 검색, 이미지 검색, 사운드 검색 등의 기능을 제공하고 있다. 이중에서 국외 검색은 해외 검색엔진들에게 얻은 결과만을 보여주는 형식을 유지하고 있다. 이외에도 자연어 검색과 결과 내 검색 기능을 지원하고, 링크 인기도(%)에 따른 사이트 순위를 제공하며, 어린이 전용으로 주니어 네이버를 제공하고 있다.

② 다음(Daum) - http://www.daum.net

인터넷 포털 웹사이트로서 "한메일"(현재의 다음 메일)이라는 이름으로 대한민국 최초의 웹 이메일 서비스를 열었으며, 이밖에도 온라인 커뮤니티 서비스 'Daum 카페', 뉴스 서비스 '미디어다음', 커뮤니케이션 서비스 '마이피플' 등을 서비스하고 있다.

③ 구글(Google) - http://www.google.co.kr

인터넷에서 정보를 쉽고 빠르게 검색할 수 있도록 고안된 세계 최대의 인터넷 검색엔진이다. 구글(google)이란 이름은 10의 100제곱을 뜻하는 수학 용어 구골(googol)에서 유래했다. 주요 사업 분야는 인터넷 검색 서비스와 광고 프로그램이다. 검색 서비스는 독자적인 검색 기술에 따라 완전 자동화된 일련의 옵션과 기능을 포함하고 있다. 세계 어디서든 접속이 가능하며, 30억 쪽이 넘는 방대한 웹사이트와 인터넷 포털사이트에 쉽게 접근할 수 있다. 광고는 온라인 광고주와 웹 게시자에게 맞는 옵션을 제공할 수 있는 텍스트 기반 프로그램을 채택하고 있다. 구글은 PDF, 포스트스크립트, 마이크로소프트 워드, 플래시 문서들을 포함한 웹 문서 검색 서비스를 제공한다. 이 외에 구글 이미지 검색, Google 뉴스 한국, 구글 뉴스그룹, 구글 웹 디렉토리, 구글 비디오, Froogle 서비스에서 이름이 변경된 상품 검색, 구글 맵, 구글 어스 등의 주요 검색 서비스가 있다.

④ 야후 코리아 - http://kr.yahoo.com

주제별 검색과 검색어를 이용한 검색을 모두 지원하고 있으며, 대소문자를 구별하지 않는 특징이 있다. 또한, 야후 코리아에서는 일본어 웹 페이지 검색(클릭 일본)서비스를 제공하고 있으며, 어린이 전용으로 야후 꾸러기를 지원하고 있다.

⑤ 외국 검색엔진

㉮ 영문 검색엔진
• 구글 http://www.Google.com/ • 야후 http://www.Yahoo.com/ • 알타비스타 http://www.Altavista.com/ • 애스크 http://www.Ask.com/

㉯ 일본어 검색엔진
• Yahoo Japan http://www.yahoo.co.jp/ • Lycos Japan http://www.lycos.co.jp/ • SearchDesk http://www.searchdesk.com/ (일본의 모든 검색엔진들을 제공)

㉰ 중국어 검색엔진
• Yahoo Chinese http://cn.yahoo.com/ • 중국 검색 포털사이트 http://www.china.com/ • SurfChina http://www.surfchina.com/ (중국에 관련된 정보를 분류표로 제공하고 동시에 중국의 각종 통계자료도 제공)

㉣ 인도어 검색엔진
• Jadoo http://www.jadoo.com/ (인도의 대표적인 www분류표) • SAIR Search http://www.samilan.com/ (인도, 파키스탄, 네팔, 방글라데시, 스리랑카에 관한 정보 제공) • Locate India http://www.locateindia.com/ (인도의 경제와 비즈니스에 관련된 전문 정보 제공)

㉤ 프랑스어 검색엔진
• Yahoo France http://fr.yahoo.com/

5. 인터넷 정보 검색을 할 때의 주의 사항

인터넷상에는 많은 정보가 존재하고 있다. 이 중에는 우리가 원하는 정보도 있지만 그렇지 않은 정보가 대부분이라고 할 수 있다. 이런 정보의 홍수 속에서 우리가 원하는 정보를 빠르게 찾아서 이용하려면 몇 가지 검색 기술이 필요하다.

① 인터넷에서 정보 검색을 하려면 검색 엔진을 사용하게 되는데, 검색 엔진을 사용할 경우 각각의 검색 엔진에서 사용할 수 있는 기능들에 대한 도움말을 사전에 반드시 읽어서 검색 엔진의 특징을 알아두어야 한다.

② 일반적인 검색 이외에 특정한 데이터(논문, 특허 등)는 나름대로의 검색 방법이 따로 존재하므로 적절한 검색 엔진의 선택이 중요하다. 한 검색 엔진을 이용하여 원하는 검색 결과가 나오지 않았을 경우에는 다른 검색 엔진을 이용하여 검색한다.

③ 키워드의 선택이 중요하다. 키워드가 너무 짧으면 원하는 결과를 쉽게 찾을 수 없는 경우가 많으므로 키워드는 구체적이고 자세하게 만드는 것이 좋은 방법이다. 또, 특정한 키워드에 대하여 검색 결과가 너무 많이 나오는 경우에는 검색 엔진에서 결과내 재검색 기능을 지원하도록 하면 이를 활용하여 검색 결과의 범위를 좁힐 수 있으므로 검색 시간을 단축할 수 있다.

④ 검색 엔진마다 검색 연산자가 약간씩 다르므로 이를 정확히 숙지한 후 키워드와 검색 연산자를 조합하여 작성한 검색식을 정보 검색에 이용한다.

⑤ 검색 속도가 매우 느린 경우에는 웹 브라우저에서 그림 파일을 보이지 않도록 선택하면 보다 빠르게 검색할 수 있다.

⑥ 웹 검색이 정보 검색의 최선은 아니다라는 사실에 주의한다. 웹 검색 이외에도 각종 BBS, 뉴스그룹, 메일링 리스트도 이용하고, 도서관 자료와 정보를 가지고 있는 사람에게 직접 전자우편으로 부탁하는 등의 다른 방법들도 적극 활용하여야 한다.

⑦ 웹 검색 결과로 검색 엔진이 제시하는 결과물의 가중치를 너무 신뢰해서는 안된다. 검색 엔진 나름대로 정확성이 높다고 판단되는 데이터를 화면의 상단에 표시하지만 실제 그렇지 않은 경우가 많이 발생하므로 사용자 자신이 직접 보면서 검색한 자료가 자신이 원하는 자료인지 판단해야 한다.

학습평가

1. 여러 곳에 분산되어 있는 수많은 정보 중에서 특정 목적에 적합한 정보만을 신속하고 정확하게 찾아내어 수집, 분류, 축적하는 과정을 정보검색이라고 한다. 일반적인 정보검색 단계에 대해 빈칸을 채워보자.

① 검색주제 선정	⇨	② (　　　　)	⇨	③ (　　　　)	⇨	④ 결과 출력

2. 키워드 검색 방식과 주제별 검색 방식의 장점에 대해서 적어보도록 하자.

[키워드 검색 방식]

◦

◦

[주제별 검색 방식]

◦

◦

3. 영문 검색 엔진에는 어떠한 것들이 있는지 찾아서 적어보도록 하자.

◦

◦

◦

◦

4. 검색엔진을 사용하여 인터넷에서 조선 중기의 유학자 이율곡의 어머니가 누구인지 알아보려고 한다. 키워드 검색방법을 사용할 때 가장 적절한 검색식은 무엇인가?(단, 사용하려는 검색엔진은 AND 연산자로 '&', OR 연산자로 '+', NOT 연산자로 '!'을 사용한다.)

① 유학자&이율곡 ② 유학자!어머니 ③ 조선 중기+이율곡
④ 이율곡+어머니 ⑤ 이율곡&어머니

5. 정보를 검색할 때의 주의사항으로 옳지 않은 것은?

① BBS, 뉴스그룹, 메일링 리스트 등도 사용한다.
② 키워드의 선택이 중요하고 검색어를 구체적으로 입력한다.
③ 검색 결과에 자료가 너무 많으면 결과내 재검색 기능을 사용한다.
④ 검색한 모든 자료는 신뢰할 수 있으므로 자신의 자료로 계속 사용한다.
⑤ 검색한 엔진에서 만족스러운 결과가 나오지 않으면 다른 검색엔진을 사용한다.

B 3. 직장인 K씨는 업무 보고서 작성을 위해 워드프로세서를 활용하고, 예산을 정산하기 위해서 전자계산표 프로그램인 스프레드시트를 활용한다. 업무수행에 있어 활용할 수 있는 소프트웨어의 종류 및 특징을 알아보자.

TV나 비디오는 방송과 비디오 테이프의 판독 등 주어진 기능만을 수행한다. 이와 같이 하드웨어는 하나의 장치에 불과하다. 따라서 우리가 어떤 업무를 수행하기 위해서는 그 일에 해당하는 소프트웨어를 선택하여 활용할 수 있어야 한다.

사 례

컴퓨터는 적절한 명령어를 내려야 올바르게 작동을 한다. 이러한 환경에서 구체적인 업무를 처리하기 위해 만든 프로그램이 소프트웨어이다. 업무를 처리하는데 이러한 소프트웨어가 어떻게 활용되고 있을까?

『업무 보고서 작성하기』

S사의 K씨는 매주 월요일 업무 보고서를 작성하여 보고한다. 업무 보고서에는 지난주에 수행한 일, 이번주에 수행할 일, 업무를 수행하면서의 애로 사항 및 건의 사항 등의 내용이 포함된다. K씨는 업무 보고서를 작성하기 위해 워드프로세서를 활용하고 있다. K씨는 워드프로세서에서 제공되는 여러 가지 기능을 활용하여 다양한 글자체와 표 등으로 업무 보고서를 작성하고 있다. K씨는 예전에는 직접 손으로 업무 보고서를 작성하였었는데, 최근에는 워드프로세서를 활용하여 손쉽게 업무 보고서를 작성할 수 있다고 말한다.

『예산 정산내역 만들기』

M사에서 회계 업무를 담당하고 있는 L양은 매년 12월만 되면 머리가 지끈지끈 아파온다. 연말이 되면 1년 동안의 예산을 정산하여 결과를 보고해야 되기 때문이다. 10년 전만 해도 L양은 장부를 만들어서 손으로 일일이 출납사항을 기록한 뒤, 전자계산기를 통해 계산을 해야 하는 어려움이 있었다고 한다. 이 일을 모두하려면 족히 10일은 걸렸다는 것이 L양의 말이다. 그러나 최근에는 엑셀 프로그램을 활용하여 보다 손쉽게 예산을 정산할 수 있게 되었다고 한다. L양은 엑셀프로그램을 활용하게 되면서 일일이 전자계산기를 두드릴 필요가 없게 되었으며, 수식만 입력하면 자동으로 계산이 되어 나오기 때문에 매우 편리하다고 말한다.

활 동

당신은 평소 업무수행 혹은 일상생활에서 문서제작, 그래프 작성, 프리젠테이션 자료 제작 등의 목적으로 소프트웨어를 활용하고 있을 것이다. 이와 같이 컴퓨터를 이용하여 문제를 처리하는 프로그램 집단을 소프트웨어(Software)라고 한다. 소프트웨어는 업무 처리의 특성에 따라 여러 종류가 있을 수 있다. 각자 업무를 수행하면서 활용하는 소프트웨어의 종류, 특징, 기능 등에 대한 각자의 생각을 적어보도록 하자.

소프트웨어 종류	특징	기능
워드프로세서	▪ *문서의 내용을 화면으로 확인하면서 쉽게 수정할 수 있음* ▪ *문서 작성 후 인쇄하거나 저장할 수 있음* ▪ ▪	▪ *입력기능* ▪ *표시기능* ▪ *저장기능* ▪ *편집기능* ▪ ▪

내 용

소프트웨어의 종류로는 워드프로세서, 스프레드시트, 프리젠테이션, 전자출판-DTP 프로그램, 게임 소프트웨어, 유틸리티 프로그램, 백신 프로그램, 그래픽 프로그램, 웹 브라우저, 문서 편집기(웹 에디터), 플러그인(Plug-in) 프로그램 등이 있다.

1. 워드프로세서

우리가 보는 책이나 신문, 잡지 등은 여러 가지 형태의 문자와 그림, 표, 그래프 등이 조화롭게 구성되어 만들어진 것이다. 이와 같이 여러 형태의 문서를 작성, 편집, 저장, 인쇄할 수 있는 프로그램을 워드프로세서라고 한다.

워드프로세서를 이용하여 글을 쓰거나 문서를 작성하게 되면, 키보드로 입력한 문서의 내용을 화면으로 확인하면서 쉽게 문서를 고칠 수 있고, 문서가 완벽하게 작성된 후에 인쇄하거나 디스크와 같은 보조기억장치에 보관하여 두었다가 필요할 때 다시 불러내어 사용할 수 있어 편리하다.

워드프로세서는 글이나 그림을 입력하여 편집하고, 작업한 문서를 저장하고 인쇄할 수 있다. 워드프로세서의 주요기능은 다음과 같다.

입력기능	키보드나 마우스를 통하여 한글, 영문, 한자 등 각국의 언어, 숫자, 특수문자, 그림, 사진, 도형 등을 입력할 수 있는 기능
표시기능	입력한 내용을 표시 장치를 통해 화면에 나타내주는 기능
저장기능	입력된 내용을 저장하여 필요할 때 사용할 수 있는 기능
편집기능	문서의 내용이나 형태 등을 변경해 새롭게 문서를 꾸미는 기능
인쇄기능	작성된 문서를 프린터로 출력하는 기능

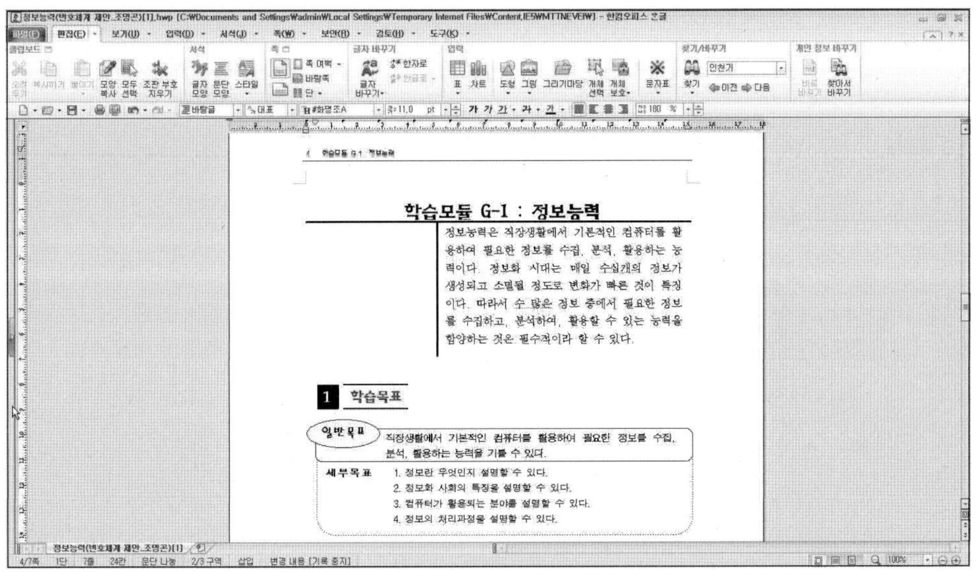

[한컴오피스 한글 2010]

2. 스프레드시트

스프레드시트(Spread Sheet)는 전자 계산표 또는 표 계산 프로그램으로 워드프로세서와 같이 문서를 작성하고 편집하는 기능 이외에 수치나 공식을 입력하여 그 값을 계산해내고, 계산 결과를 차트로 표시할 수 있는 특별한 기능을 가지고 있다. 원래 스프레드시트는 미국인들이 경리, 회계 상 사용하던 일정한 형태의 계산용지를 일컫는 말로 이것을 화면 그대로 옮겨 계산식 등을 첨가한 것이 스프레드시트의 시작이었으며, 틀린 부분만 수정해 주면 해당 부분이 자동적으로 계산되어 큰 환영을 받았다. 최초의 스프레드시트는 몇 개의 셀만을 이용해서 단순 계산만 할 수 있는 프로그램이었으나, 오늘날의 스프레드시트는 작업 능력의 향상과 함께 데이터베이스 및 그래픽 기능이 추가되고 다양한 함수를 제공해주며 통신 기능까지 갖추게 되었다.

스프레드시트의 구성단위는 셀, 열, 행, 영역 등 4가지다. 가로행과 세로행이 교차하면서 셀이라는 공간이 구성되는데, 이 셀은 정보를 저장하는 단위이다. 예를 들면 생산비나 판매물품 수 같은 것이 셀에 표시하게 되어 있다. 처리하고자 하는 숫자와 데이터를 셀에 기입하고 이 셀들을 수학방정식에 연결하면 셀 내용이 바뀌면서 그와 연결된 셀 내용들이 바뀌게 된다.

스프레드시트 기술은 눈부시게 발전하여 파일 간을 서로 연결시켜 내용의 복사, 이동, 연산을 할 수 있으며 메모리가 허용하는 한도의 파일을 동시에 불러들여 한꺼번에 볼 수도 있다. 또한 2차원과 3차원 그래프 등 다양한 형태의 그래프를 작성할 수 있다. 스프레드시트의 대표적 제품으로는 엑셀을 들 수 있다.

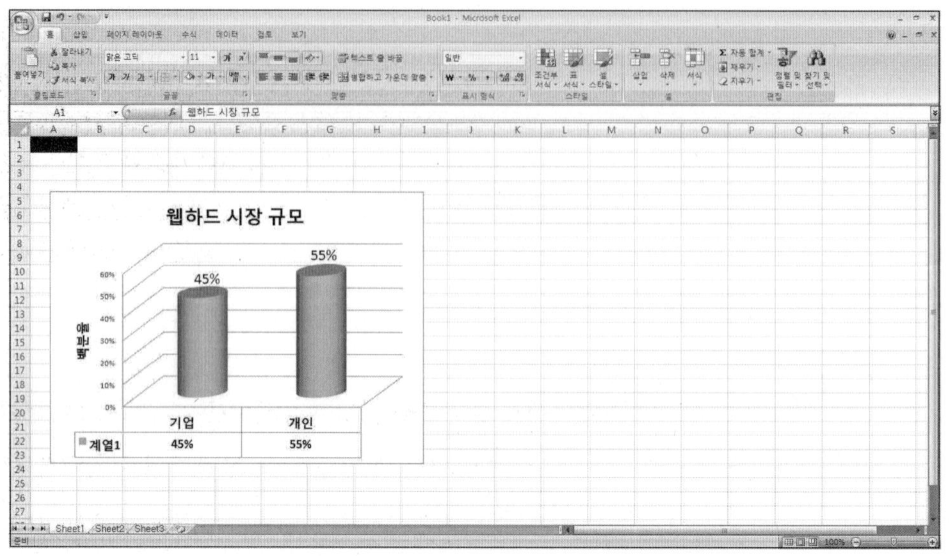

[Microsoft Office Excel 2007]

3. 프리젠테이션

프리젠테이션(Presentation)은 컴퓨터나 기타 멀티미디어를 이용하여 그 속에 담겨 있는 각종 정보를 사용자 또는 대상자에게 전달하는 행위를 의미한다. 프리젠테이션 프로그램은 보고, 회의, 상담, 교육 등에서 정보를 전달하는데 널리 활용되는 것으로 파워포인트, 프리랜스 그래픽스 등이 있다.

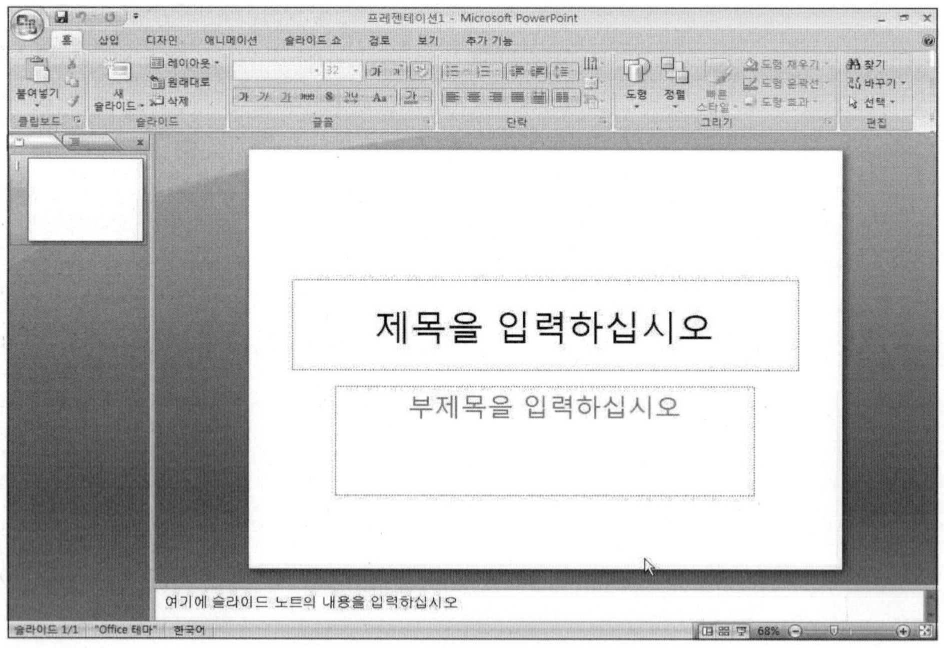

[Microsoft Office PowerPoint 2007]

4. 데이터베이스

데이터베이스(Database)는 대량의 자료를 관리하고 내용을 구조화하여 검색이나 자료관리 작업을 효과적으로 실행하는 프로그램으로, 테이블, 질의, 폼, 보고서 등을 작성할 수 있는 기능을 가지고 있다. 데이터베이스의 대표적인 프로그램으로는 오라클(Oracle), 액세스(Access) 등이 있다.

5. 그래픽 소프트웨어

그래픽 소프트웨어(Graphic Software)는 새로운 그림을 그리거나 그림 도는 사진 파일을 불러와 편집하는 프로그램으로, 그림 확대, 그림 축소, 필터 기능을 가지고 있다.

그래픽 소프트웨어의 대표적인 프로그램으로는 포토샵(PhotoShop), 3DS MAX, 코렐드로(Coredraw) 등이 있다.

6. 유틸리티 프로그램

사용자가 컴퓨터를 좀더 쉽게 사용할 수 있도록 도와주는 소프트웨어(프로그램)를 '유틸리티 프로그램'이라고 하고 통상 줄여서 '유틸리티'라고 한다. 유틸리티 프로그램은 본격적인 응용 소프트웨어라고 하기에는 크기가 작고 기능이 단순하다는 특징을 가지고 있으며, 사용자가 컴퓨터를 사용하면서 처리하게 되는 여러 가지 작업, 예를 들면 압축해제, 바이러스 치료, 텍스트 편집, 이미지 편집 등의 일을 편리하게 할 수 있도록 도와주는 소프트웨어를 의미한다.

① 파일 압축 유틸리티

파일의 크기를 압축하거나 줄여준다. 파일을 압축하면 하드 디스크 또는 플로피 디스크의 저장 용량을 적게 차지하므로 디스크의 저장 공간을 넓혀 주고, 파일을 전송하거나 내려받을 때 걸리는 시간을 단축할 수 있다. 파일 압축 유틸리티 프로그램으로는 ALzip, 밤톨이, Winzip 등이 있다.

② 바이러스 백신 프로그램

컴퓨터 바이러스란 컴퓨터 프로그램이나 실행 가능한 부분을 변형하여, 여기에 자기 자신 또는 자신의 변형을 복제하여 컴퓨터 작동에 피해를 주는 명령어들의 조합을 뜻한다. 바이러스 백신 프로그램이란 컴퓨터 바이러스를 찾아내고 기능을 정지시키거나 제거하여 손상된 파일을 치료하는 기능을 가진 소프트웨어를 뜻한다. 따라서 백신 프로그램은 일종의 치료제 역할을 하는 프로그램으로, 사전에 바이러스 프로그램의 감염을 막지는 못한다. 항상 새로운 바이러스 프로그램이 나타나면 이를 치료하는 기능을 추가하는 것을 반복하므로, 바이러스 프로그램을 뒤쫓아 가는 형편이라고 할 수 있다.

대표적인 바이러스 백신 프로그램으로는 V3, V3+Neo, 다잡아, 터보백신, 바이로봇, 안티바이러스 등이 있다.

③ 화면 캡처 프로그램

모니터 화면에 나타나는 영상을 사용자가 원하는 크기, 모양 등을 선택하여 이미지 파일로 만들어 주는 프로그램이다. 캡처 프로그램으로는 스태그잇(snagit), 캡순이, 안카메라 등이 있다. 이 프로그램들은 나름대로 각각의 특징이 존재하므로 사용자는 작업의 성격에 알맞은 프로그램을 적절하게 선택하여 사용하면 된다.

④ 이미지 뷰어 프로그램

이미지 뷰어 프로그램은 그림 파일이나 디지털 카메라로 찍은 이미지 파일들을 볼 수 있도록 도와주는 유틸리티 프로그램이다.

여러 장의 이미지를 편리하게 볼 수 있도록 화면 크기에 맞게 확대, 축소, 연속 보기, 두 장 보기 등의 기능이 있으며, 이미지 뷰어 프로그램은 bmp, jpg, tif, gif, wmf 등의 확장자를 가진 파일을 열어볼 수 있다.

⑤ 동영상 재생 프로그램

동영상 재생 프로그램은 각종 영화나 애니메이션을 감상하거나 음악을 즐길 수 있는 유틸리티 프로그램이다. 느린 속도와 빠른 속도로 선택 재생이 가능하고 재생 시점을 임의로 조정할 수 있다. 또한 볼륨과 이퀄라이저를 조절하여 각자의 취향에 맞는 사운드를 즐길 수 있도록 많은 기능을 지원하고 있다.

학습평가

1. 워드프로세서는 글이나 그림을 입력하여 편집하고, 작업한 문서를 저장하고 인쇄할 수 있다. 다음은 워드프로세서의 주요기능을 요약한 것이다. 빈 칸에 적절한 용어를 적어 넣어보자.

	키보드나 마우스를 통하여 한글, 영문, 한자 등 각국의 언어, 숫자, 특수문자, 그림, 사진, 도형 등을 입력할 수 있는 기능
	입력한 내용을 표시 장치를 통해 화면에 나타내주는 기능
	입력된 내용을 저장하여 필요할 때 사용할 수 있는 기능
	문서의 내용이나 형태 등을 변경해 새롭게 문서를 꾸미는 기능
	작성된 문서를 프린터로 출력하는 기능

2. 다음의 유틸리티 프로그램과 프로그램의 설명이 맞는 것을 바르게 골라 넣어보자.

파일 압축 프로그램	화면 캡처 프로그램
동영상 재생 프로그램	이미지 뷰어 프로그램

(가) 그림 파일을 볼 수 있도록 해주는 프로그램이다. ( )
(나) 파일의 크기를 압축하거나 줄여주는 프로그램이다. ( )
(다) 영화나 음악을 감상할 수 있도록 해주는 프로그램이다. ( )
(라) 움직이는 영상을 그림 파일로 변환시켜 주는 프로그램이다. ( )

3. 워드프로세서에 대한 설명으로 옳지 않은 것은?

① 작성된 문서를 다양한 편집 형태로 출력할 수 있다.
② 새 창을 열지 않고 여러 개의 문서를 불러올 수 있다.
③ 한 줄 블록 설정은 가능하나 문서 전체를 블록 설정할 수는 없다.
④ 문서 안에 다른 프로그램을 연결한 문서를 삽입하여 기능을 확장시킬 수 있다.
⑤ 한글, 영문, 한자를 비롯한 각국의 언어를 사용하여 문서를 쉽게 작성할 수 있다.

4. 워드프로세서에서 글상자, 문자표, 글맵시 기능 등을 사용하여 다음의 초대장을 만들어 보자.

모시는 글 ←[글맵시]

그 동안 학부모님의 성원에 힘입어 학생들이 갈고 닦은 모습을 보이게 되는 학예회를 개최하게 되었습니다.

많이 참석하시어 나날이 발전해 가는 학생들에게 아낌없는 칭찬과 격려를 보내주시면 감사하겠습니다. ← [신명조, 12pt]

◎ 일시 : ○○월 ○○일, 오후 3시
◎ 장소 : 우리학교 강당
◎ 내용 : 학예회 발표회 및 전시회
◎ 연락처 : ☎ ○○○-○○○○

← [글상자, 휴먼모음T, 12pt]

2012년 ○○월 ○○일

○○○○고등학교

5. 다음은 스프레드시트로 작성한 워크시트이다. (가)~(마)에 대한 설명으로 옳지 않은 것은?

	A	B	C	D	E	F
1	참고서 구입 현황					
2						[단위 : 명]
3	종류	1학년	2학년	3학년	합계	순위
4	국어	67	98	102	267	3
5	수학	68	87	128	283	1
6	영어	24	110	115	249	4
7	사회	56	85	98	239	5
8	과학	70	86	112	268	2
9	합계	285	466	555	1306	

(가): 1행 제목(A1:F1), (나): 3행 머리글, (다): F4:F8, (라): B9, (마): E5:E8

① (가)는 '셀 병합' 기능을 이용하여 작성할 수 있다.

② (나)는 '셀 서식'의 '채우기' 탭에서 색상을 변경할 수 있다.

③ (다)는 셀F4를=RANK(F4, E4 : E8)로 구한 후 '자동채우기' 기능으로 구할 수 있다.

④ (라)는 '자동 합계' 기능을 사용하여 구할 수 있다.

⑤ (마)는 셀 E4의 값을 구한 후 '자동 채우기' 기능으로 구할 수 있다.

6. 프리젠테이션을 실행하여 아래와 같은 문서를 작성해 보자.

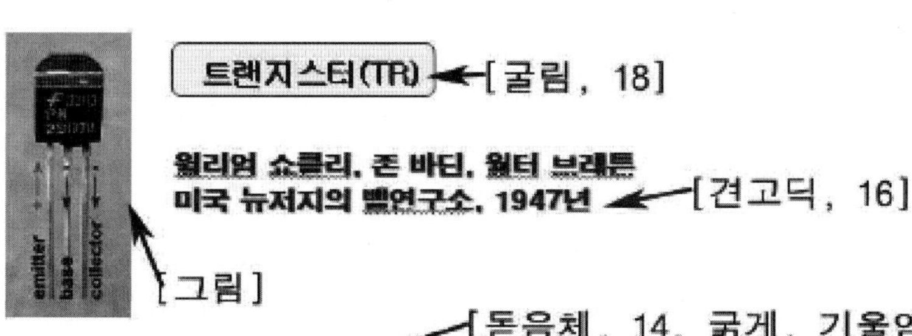

Ⓐ 1. 업무수행에 있어 데이터를 체계적으로 유지하고 관리하는 것은 매우 중요하다. 한 의류업체는 신상품을 개발하기에 앞서 고객들의 체형을 일목요연하게 정리하여 분석함으로서 고객들의 입맛에 맞는 신상품을 개발할 수 있었다. 데이터베이스 구축의 필요성에 대해서 알아보자.

컴퓨터를 이용하여 업무의 효율을 높이기 위해서는 데이터의 활용이 무엇보다 중요하다. 데이터를 잘 보관하고 관리하여 가장 효율적으로 이를 적재적소에 이용할 수 있어야 하는 것이다.

사 례

대부분의 기업에서 데이터 또는 그것이 제공해주는 정보는 매우 중요한 자산이다. 매출실적, 경쟁업체의 제품과 서비스, 생산공정 등의 정보를 효과적으로 조작하고 효율적인 검색을 할 수 있게 하기 위해 데이터베이스를 활용하고 있다. 다음의 사례를 통해 데이터베이스 구축의 필요성에 대해서 생각해보도록 하자.

『의류업체의 고객 체형 DB화를 통한 위기 탈출』

2000년 이후 신사복 시장은 의류의 전반적인 캐주얼화 경향과 브랜드 난립 때문에 저성장 추세로 접어들었다. 업체간 경쟁도 '120수'니 '150수'니 하는 원단 고급화쪽으로 모아져 수익성마저 악화되고 있는 실정이었다. 이런 상황에서 L사는 2004년부터 30년 이상 경력의 패턴사들로 구성된 태스크포스팀을 구성, 세계 최고라고 평가받는 해외 선진 신사복 브랜드인 제냐 카날리 등의 패턴을 분석하는 한편 기존 고객들의 체형도 데이터베이스화했다. 이 자료를 바탕으로 '뉴 패턴'을 연이어 개발하고 상품화를 위해 공장의 제작 공정까지 완전히 새롭게 편성했다.

이런 노력이 결실을 맺어 원단 중심이던 신사복 업계의 패러다임을 착용감과 실루엣으로 바꿨다. L사의 '뉴 패턴' 라인이 출시된 이후 다른 업체들도 서둘러 실루엣을 강조한 제품 라인을 내놨지만 착실히 준비해온 L사의 제품을 쉽게 넘보지 못하고 있다. L사의 신제품은 2005년 7월 말 기준 6.3% 신장(전년 동기 대비)하는 기염을 토했다. 백화점에 입점한 전체 남성복 매출이 3.4% 정도 역신장한 것에 비하면 눈부신 성과가 아닐 수 없다.

출처 : 한국경제신문, 2012. ○○. ○○일자

활 동

기업의 중요한 정보인 매출실적, 경쟁업체의 제품과 서비스, 생산공정 등은 과거에는 한 조직 내에서 부서별로 서로 다른 파일로 구성되어서 담당자만이 내용을 알고 이용하곤 하였다. 이런 경우 어떠한 정보가 다른 부서에는 알려져 있지 않고, 알고 있다고 하더라도 효율적으로 검색을 할 수 없기 때문에 정보의 효용성은 매우 떨어졌다.

다음을 통해 데이터베이스 시스템의 필요성과 중요성에 대해서 각자의 생각을 정리해보자.

1. 대학의 학사 행정업무를 파일시스템(파일철)으로 관리한다고 가정해보자. 즉, 학생정보(학번, 이름, 주소, 전화번호 등)는 학생처에서 관리하고, 재정관련 정보는 회계과에서 관리하고, 학점과 이수해야 할 점수 등은 각 학과에서 관리하고 있다고 가정해보자. 이러한 학사업무의 파일시스템 처리가 컴퓨터 데이터베이스 시스템에 비해 갖는 장점 및 단점은 무엇일까?

2. 일상생활 가운데 여러분은 데이터베이스를 이용하고 있을 것이다. 도서관에서 어떤 책을 찾을 때 이용할 수도 있고 인터넷 홈쇼핑을 할 때도 이용하고 있을 것이다. 여러분이 일상에서 이용하고 있는 데이터베이스의 종류를 열거해보라. 그리고 데이터베이스가 없었다면 여러분의 생활이 어떻게 달라졌을지를 적어보도록 하자.

내 용

대부분의 기업에서 데이터 또는 그것이 제공해주는 정보는 매우 중요한 자산이다. 매출실적, 경쟁업체의 제품과 서비스, 생산공정 등의 정보는 기업을 성공적으로 유지하는데 효과적으로 이용될 수 있다. 그러나 많은 경우 이러한 데이터가 한 조직내에서 부서별로 서로 다른 파일로 구성되어서 담당자만이 내용을 알고 이용하곤 했었다. 이런 경우 어떠한 정보가 다른 부서에는 알려져 있지 않고, 알고 있다고 하더라도 효율적으로 검색할 수가 없기 때문에 정보의 효용성은 매우 떨어지게 마련이다. 이러한 불편을 없애고 정보를 효과적으로 조작하고 효율적인 검색을 할 수 있게 하기 위해 데이터베이스를 이용하기 시작하였다.

1. 데이터베이스란?

파일시스템에서는 하나의 파일은 독립적이고 어떤 업무를 처리하는데 필요한 모든 정보를 가지고 있다. 파일도 데이터의 집합이므로 데이터베이스라고 볼 수도 있으나 일반적으로 데이터베이스라 함은 여러 개의 서로 연관된 파일을 의미한다. 이런 여러 개의 파일이 서로 연관되어 있으므로 사용자는 여러 개의 파일에 있는 정보를 한 번에 검색해 볼 수 있다. 데이터베이스 관리시스템은 데이터와 파일, 그들의 관계 등을 생성하고, 유지하고 검색할 수 있게 해주는 소프트웨어이다. 반면에 파일관리시스템은 한 번에 한 개의 파일에 대해서 생성, 유지, 검색을 할 수 있는 소프트웨어다.

2. 데이터베이스의 필요성

① 데이터의 중복을 줄인다.
데이터베이스 시스템을 이용하면 데이터의 중복이 현저하게 줄어든다. 여러 곳에서 이용되는 데이터를 한 곳에서만 가지고 있으므로 데이터 유지비용을 줄여 줄 수 있다.

② 데이터의 무결성을 높인다.
데이터가 중복되지 않고 한 곳에만 기록되어 있으므로 데이터의 무결성, 즉 결함이 없는 데이터를 유지하는 것이 훨씬 쉬워졌다. 데이터가 변경되면 한 곳에서만 수정하면 되므로 해당 데이터를 이용하는 모든 어플리케이션은 즉시 최신의 데이터를 이용할 수 있다.

③ 검색을 쉽게 해준다.
한 번에 여러 파일에서 데이터를 찾아내는 기능은 원하는 검색이나 보고서 작성 등을 쉽게 할 수 있게 해준다.

④ 데이터의 안정성을 높인다.
대부분의 데이터베이스 관리시스템은 사용자가 정보에 대한 보안등급을 정할 수 있게 해준다. 예를 들어 어떤 부서의 관리자는 급여데이터에 대해서 읽기권한만을 가질 수 있다. 그 관리자는 해당 데이터를 읽어 볼 수는 있으나 변경할 수는 없는 것이다. 그러나 급여부서의 총책임자에게는 읽기와 쓰기 권한을 모두 부여하여 데이터를 변경할 수 있게 할 수 있다. 일반 사원에게는 읽기와 쓰기 권한 모두 허용되지 않으므로 급여사항에 대한 보안을 유지할 수 있다.

⑤ 프로그램의 개발기간을 단축한다.
데이터가 훨씬 조직적으로 저장되어 있으므로 이러한 데이터를 이용하는 프로그램의 개발이 훨씬 쉬워지고 기간도 단축된다.

3. 데이터베이스의 기능

① 입력 기능
형식화된 폼을 사용하여 내용을 편리하게 입력할 수 있다.

② 데이터의 검색 기능
필터나 쿼리 기능을 이용하여 데이터를 빠르게 검색하고 추출할 수 있다.

③ 데이터의 일괄 관리
테이블을 사용하여 데이터를 관리하기 쉬우며, 많은 데이터를 종류별로 분류하여 일괄적으로 관리할 수 있다.

④ 보고서 기능
데이터베이스에 있는 데이터로 청구서나 명세서 등의 서류를 손쉽게 만들 수 있다.

4. 데이터베이스의 작업 순서

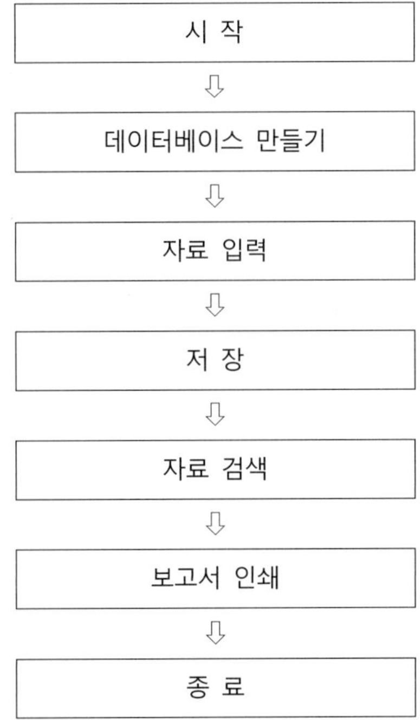

『데이터베이스 시스템』

데이터베이스 시스템을 구성하고 있는 요소로는 데이터베이스, 사용자, 데이터베이스 관리 시스템(DBMS)이 있다. 이 중 데이터베이스 관리 시스템(DBMS)은 데이터베이스와 사용자 사이를 연결해 주는 프로그램이다. 즉, 데이터를 저장하고 그 데이터에서 사용자들이 필요로 하는 자료를 찾을 수 있도록 해 준다. 이때 데이터베이스에 자료를 요청하는 것을 '쿼리' 또는 '질의'라고 한다.

데이터베이스 관리 시스템은 자료를 서로 공유하기 때문에 자료가 중복되지 않는 장점이 있다.

출처 : 정보기술기초(2011), 천재교육

학습평가

1. 다음의 빈칸에 적절한 용어를 적어 넣어보자.

( )에서는 하나의 파일은 독립적이고 어떤 업무를 처리하는데 필요한 모든 정보를 가지고 있다. 파일도 데이터의 집합이므로 ( )라고 볼 수도 있으나 일반적으로 ( )라 함은 여러 개의 서로 연관된 파일을 의미한다. 이런 여러 개의 파일이 서로 연관되어 있으므로 사용자는 여러 개의 파일에 있는 정보를 한 번에 검색해 볼 수 있다. ( ) 시스템은 데이터와 파일, 그들의 관계 등을 생성하고, 유지하고 검색할 수 있게 해주는 소프트웨어이다. 반면에 ( ) 시스템은 한 번에 한 개의 파일에 대해서 생성, 유지, 검색을 할 수 있는 소프트웨어다.

2. 데이터베이스의 필요성에 관한 옳은 설명만을 <보기>에서 고른 것은?

<보기> ㄱ. 데이터의 중복과 안정성을 높인다. ㄴ. 데이터의 양이 많아 검색이 어려워진다. ㄷ. 프로그램의 개발이 쉽고 개발기간도 단축한다. ㄹ. 데이터가 한곳에만 기록되어 있어 결함없는 데이터를 유지하기 어려워졌다.

① ㄱ, ㄴ ② ㄱ, ㄷ ③ ㄴ, ㄷ
④ ㄴ, ㄹ ⑤ ㄷ, ㄹ

3. 데이터베이스의 작업 순서에서, 빈칸의 (가)에 알맞은 것은?

시작 ⇨ 데이터베이스 만들기 ⇨ (가) ⇨ 저장 ⇨ 자료 검색 ⇨ 보고서 인쇄 ⇨ 종료

학습정리

1. 컴퓨터활용능력은 업무수행에 필요한 정보를 수집, 분석, 조직, 관리, 활용하는데 있어 컴퓨터를 활용하는 능력이다. 정보사회의 도래에 가장 결정적인 역할을 한 것은 컴퓨터 기술의 발전이었으며, 직업인에게 있어 컴퓨터를 통해 필요한 정보를 얻고 자신에게 잠재되어 있는 재능을 발휘하기 위해서는 컴퓨터활용능력의 함양이 필수적이다.

2. 대부분의 직업인들은 원활한 업무수행을 위해 다양한 인터넷 서비스를 활용하고 있다. 전자우편(E-mail), 웹 하드(Web Hard), 메신저 등 다양한 인터넷 서비스의 특징을 파악하여 업무수행 과정에서 적재적소에 활용할 수 있어야 할 것이다.

3. 직업인으로서 업무를 효과적으로 수행하기 위해서는 문제해결을 위해 필요한 정보를 찾는 일이 매우 중요하다. 인터넷을 활용하여 업무에 필요한 정보를 찾기 위해서는 몇 가지의 기본적인 지식들이 필요하다. 다양한 인터넷 검색엔진의 특징을 파악하여 효과적으로 활용할 수 있어야 할 것이다.

4. 직업인으로서 특정 업무를 수행하기 위해서는 그 일에 해당하는 소프트웨어를 선택하여 활용할 수 있어야 한다. 소프트웨어는 업무 처리의 특성에 따라 여러 종류가 있으며, 대표적인 소프트웨어로는 워드프로세서, 스프레드시트, 프리젠테이션, 유틸리티 프로그램 등이 있다.

5. 컴퓨터를 이용하여 업무의 효율을 높이기 위해서는 데이터의 효과적인 활용이 필요하며, 이를 위해서는 데이터베이스의 구축이 필수적이다. 직업인으로서 업무를 수행하는데 데이터베이스 시스템을 활용하면 ① 데이터 중복을 줄일 수 있고, ② 데이터의 무결성을 높이며, ③ 데이터 검색을 쉽게 할 수 있고, ④데이터의 안정성을 높일 수 있으며, ⑤ 프로그램의 개발 기간을 단축시킬 수 있다.

학습모듈 G-2-나 : 정보처리능력

정보처리능력은 직장생활에서 필요한 정보를 수집하고, 분석하여 의미있는 정보를 찾아내며, 찾아낸 정보를 업무수행에 적절하도록 조직 · 관리하고 활용하는 능력이다. 오늘날 정보가 기하급수적으로 증가하고 있는 실정에서, 문제해결에 적합한 정보를 찾고 선택할 수 있는 능력과 찾은 정보를 문제해결에 적용할 수 있는 능력의 함양은 필수적이다.

학습목표

일반목표

직장생활에서 필요한 정보를 수집하고 분석하여 의미있는 정보를 찾아내며, 찾아낸 정보를 업무수행에 적절하도록 조직 · 관리하고 활용하는 능력을 기를 수 있다.

세부목표

1. 효과적인 정보수집 방법을 설명할 수 있다.
2. 정보분석 및 가공의 중요성을 설명할 수 있다.
3. 효율적인 정보관리 방법을 설명할 수 있다.
4. 효율적인 정보활용 방법을 설명할 수 있다.

주요용어

정보수집　　정보분석　　정보관리　　정보활용

1. 직업인으로써 업무수행에 필요한 정보를 수집하는 일은 매우 중요한 일이다. 예를 들어 내년도 예상 판매량을 분석하기 위해서는 내년도 경기변화, 물가 상승률, 소비자 구매성향 등 다양한 자료들을 수집해야 한다. 이러한 정보를 효과적으로 수집하기 위한 방법에 대해 알아보자.

직장인으로서 업무를 수행하는데 있어 목적에 적합한 정보를 수집하는 것은 무엇보다도 중요한 일이다. 목적에 적합한 정보를 수집한다는 것은 문제와 관련 있는 정보에 초점을 맞춘다는 의미일 것이다. 우리는 무엇을 위해 정보를 수집하는지, 정보를 수집함으로써 얻을 수 있는 결과는 무엇인지를 명확히 설정해야만 효율적으로 정보를 수집할 수 있을 것이다.

사 례

효과적인 정보수집을 위한 절대적인 방법은 없을지라도, 일반적인 몇 가지의 지침은 있다. 다음의 사례를 통해 필요한 정보를 효과적으로 수집하기 위한 방법에는 어떠한 것들이 있을지 생각해보도록 하자.

『정보수집의 왕이 되는 법』

① 뉴스를 외워라

어떤 뉴스를 읽은 후 그것을 누군가에게 이야기한 적이 있는가? 대부분의 사람들은 이런 식으로 이야기한다, "NHN의 주가가 떨어졌대요" 그리고 뉴스의 내용을 그대로 주워 섬기거나 아니면 대충 이야기한다. 이런 사례는 뉴스를 읽기는 했지만 외우지 않았을 때 발생한다. 어떤 뉴스는 반드시 내용을 외워야 한다. 대충 이해하는 것이 아니라 뉴스의 논지와 주장, 사실(fact)을 정확히 외워야 한다. "외국인 투자자들이 이익 환수를 위해 100억 원 가량의 주식을 매도했고 이에 따라 NHN의 주식이 4포인트 하락했다."라고 외워야 한다. 모든 뉴스를 외울 필요는 없다. 그러나 오늘의 이슈라고 생각하는 뉴스는 대충 읽지 말고 외우겠다는 각오로 읽어야 한다. 여러분에게 세상의 모든 뉴스가 중요한 것은 아니다. 그러나 최소 하루에 한 개의 뉴스는 중요하다. 하루에 하나씩 정말 자신에게 중요한 뉴스를 외워라. 이렇게 몇 달이 지나면 여러분은 어떤 업체의 흐름에 대해 뉴스를 읽지 않아도 흐름을 외울 수 있게 될 것이다. 아직 그 뉴스에 대한 통찰력은 확보되지 않았다. 그러나 이런 식으로 외움으로써 쌓인 지식은 해당 뉴스의 흐름과 개연성을 이해하는데 큰 도움이 된다. NHN-다음-네이트닷컴, 이런 식으로 업계의 뉴스를 개연성 있는 정보로 기억하게 된다. 단지 읽기만 한다면 몇 년이 지나도 여전히 가십거리에 대한 잡다한 정보만 알고 있게 될 것이다.

② 관련기사를 읽어라

포탈이나 뉴스 사이트는 거의 대부분 어떤 기사에 대한 관련 기사 목록을 제공한다. 만약 외워야 할 기사를 발견한다면 반드시 관련 기사를 읽어야 한다. 관련 기사는 외워야 할 기사의 배경 설명이나 관련 업체, 관련 사건을 알려 준다. 관련기사를 읽음으로써 좀 더 쉽게 핵심 기사를 이해하고 외울 수 있다. 관련 기사를 읽어야 하는 매우 중요한 이유가 있는데 수집한 정보를 다각적으로 분석할 수 있다는 것이다.

③ 숫자를 외워라

123 여러분이 반드시 알아야 하는 숫자를 모르고 있다면 상당히 문제가 있다. 왜냐면 숫자는 정보 수집의 기준점이 될 수 있기 때문이다. 정확한 숫자를 알아야 수집한 정보의 가치를 판단하여 재정렬할 수 있다. 싸이월드 미니홈피를 넘어서는 웹서비스를 개발하고 싶다면 그들이 확보하고 있는 사용자 숫자와 하루 방문자 정도는 외우고 있어야 한다. 이런 정보도 뉴스에 나와 있다. "싸이월드 방문자"라고 입력해서 뉴스를 검색해 보라. 이런 숫자는 자신의 업무와 직결되므로 외우고 있어야 하며 필요할 때 찾아봐서는 안 된다.

④ 정보원을 함께 외워라

뉴스는 누가 쓰는가? 분명 사람이 쓴다. 만약 여러분에게 정말 도움이 되는 기사를 발견했다면 그것을 쓴 사람의 이름을 외워 둬라. 아마 그 사람은 이전에도 그랬고 앞으로 그런류의 기사를 또 쓸 가능성이 있다. 가끔 그 기자의 이름으로 뉴스를 검색해서 한 번에 살펴보는 것도 좋다. 정보는 웹 사이트가 만드는 것이 아니라 사람이 만든다. 웹 사이트는 정보를 쌓아 두는 창고일 뿐이다. 창고 앞에 서서 드나드는 모든 물건을 체크하지 말라. 누가 좋은 물건을 들고 다니는지 알고 있으면 된다.

출처 : 이준영(트레이스존 대표)

활 동

목적에 맞는 정보를 수집하기 위해서는 우선 정보가 왜 필요한지를 인식할 필요가 있을 것이다. 필요하지도 않은 정보를 수집하는 것은 무의미한 일이기 때문이다. 정보가 왜 필요한지를 인식하였으면 그 다음으로 정보를 어디서 수집할 수 있는지 정보원을 탐색하여야 할 것이다. 다음의 질문을 읽고 자신의 경우를 생각하면서 빈 칸을 채워보도록 하자.

1. 당신은 출퇴근용으로 자동차를 하나 구입하려고 한다. 가장 효율적으로 자동차를 구입하려면 어떤 사항들을 고려하여 결정을 내려야 할까? 가장 적당한 차를 사기 위해서 어떤 의사결정을 해야 하고 그 의사결정을 하기 위해서 무슨 정보를 알아야 하는지 생각해보고 구체적으로 필요한 정보를 제시해보도록 하자.

의사결정 사항(정보의 필요성 인지)	필요한 정보

2. 당신은 회사에 입사하여 첫 번째 과제로 '당신의 회사에 속한 조직원들이 생각하는 회사에 대한 태도의 직급별 차이'에 대하여 보고서를 작성해서 제출해야 한다. 당신은 어떻게 이 문제 상황을 해결해서 좋은 결과를 얻을 수 있는지 생각해보도록 하자.

① 보고서를 작성하기 위해 해야 할 일과 과정을 나열해 보자.

② 보고서 작성을 위해 당신이 필요로 하는 정보를 모두 나열해 보자.

③ 위에서 분석된 사항을 가지고 의사결정에 해당되는 사항과 필요한 정보를 연결해보자.

의사결정 사항(정보의 필요성 인지)	필요한 정보

내 용

정보는 기업이나 어떤 조직을 운영하는데 있어서 중요한 자원이다. 또한 오늘날 이러한 내외적인 정보는 기하급수적으로 증가하고 있는 실정이다. 우리가 필요한 정보를 효과적으로 수집하는 방법에 대해서 생각해보도록 하자.

1. 정보는 왜 필요할까?

정보의 활용은 의사결정을 하거나 문제의 답을 알아내고자 할 때 가지고 있는 정보로는 부족하여 새로운 정보가 필요하다는 상황을 인식하는 순간부터 시작된다. 지금 처한 상황을 해결하기 위해서 특정 정보가 필요하다는 것을 알아야만 정보를 찾으려는 시도를 하게 될 것이기 때문이다. 당신은 문제 상황이 발생하면 처음에는 문제를 인식하기는 하지만 어떠한 정보가 필요한지는 실제로 표현할 수 없을지 모른다. 하지만 필요한 정보가 구체적으로 무엇인지 고민하면서 찾아나가는 과정을 거치면서 필요로 하는 정보와 필요하지 않은 정보를 가려낼 수 있을 것이다. 필요한 정보가 무엇인지 구체적으로 인식하게 되면 찾고자 하는 정보를 어디서 수집할 수 있을지를 탐색하게 될 것이다.

2. 정보는 어디서 수집할 수 있을까?

우리는 흔히 필요한 정보를 수집할 수 있는 원천을 정보원(sources)이라 부른다. 정보원(sources)은 정보를 수집하는 사람의 입장에서 볼 때 공개된 것은 물론이고 비공개된 것도 포함되며 수집자의 주위에 있는 유형의 객체 가운데서 발생시키는 모든 것이 정보원이라 할 수 있다.

1차 자료	단행본, 학술지와 학술지 논문, 학술회의자료, 연구보고서, 학위논문, 특허정보, 표준 및 규격자료, 레터, 출판 전 배포자료, 신문, 잡지, 웹 정보자원 등
2차 자료	사전, 백과사전, 편람, 연감, 서지데이터베이스 등

이러한 정보원(sources)은 크게 1차 자료와 2차 자료로 구분할 수 있다. 1차 자료는 원래의 연구 성과가 기록된 자료를 의미한다. 2차 자료는 1차 자료를 효과적으로 찾아보기 위한 자료 혹은 1차 자료에 포함되어 있는 정보를 압축·정리해서 읽기 쉬운 형태로 제공하는 자료를 의미한다.

위와 같은 정보원(sources)을 구축하기 위해서는 우선 입수해야 할 정보와 그 정보의 소스(정보원)을 결합하여 필요정보에 결합되는 정보원(sources)이 없을 경우 최우선적으로 결합되는 정보원(sources)을 찾아내야 한다. 정보원(sources)은 가급적 전문가나 이해당사자를 대상으로 하는 것이 좋으며, 구축되는 정보원(sources)은 정기적으로 관리하는 것이 중요하다. 특히, 중요한 정보원(sources)에 대해서는 별도로 관리하는 것이 필요하다.

3. 정보수집을 잘 하려면?

필요한 정보를 효과적으로 수집하려면 다음과 같은 사항에 항상 관심을 가지고 주의하는 것이 필요하다.

① 정보는 인간력이다.

우선 정보(情報)란 두 글자를 자세히 보도록 하자. 그것은 '인정 정'에 '보답할 보'를 쓰는데 이것은 상당히 깊은 뜻을 갖는다.

왜냐하면 정말로 중요한 정보는 신뢰관계가 좋은 사람에게만 전해지기 때문이다. 정보기술의 발달로 TV회의나 원격조정 미팅 등을 통해서도 어느 정도 정보를 얻을 수 있지만 역시 정보는 얼굴을 마주해야만 전해지는 것이다. 당연히 중요한 정보를 수집하기 위해서는 우선적으로 신뢰관계가 전제가 되어야 할 것이다.

② 인포메이션 vs 인텔리전스

우리에게는 정보라는 단어가 하나밖에 없지만, 영어에는 정보에 해당하는 단어가 2개가 있다. 하나는 일반적으로 정보라고 번역되는 '인포메이션(information)'이고, 다른 하나는 '인텔리전스(intelligence)'다. 그렇다면 인포메이션과 인텔리전스에는 어떤 차이가 있을까?

인포메이션은 하나하나의 개별적인 정보를 나타낸다. 예를 들어, 오늘의 일본경제 주가가 16,500엔이라든가, 일본의 수도가 도쿄라든가 하는 식의 단순한 정보이다. 이에 반해 인텔리전스란 정보의 홍수라고 불리는 사회의 무수히 많은 인포메이션 중에 몇 가지를 선별해 그것을 연결시켜 뭔가 판단하기 쉽게 도와주는 하나의 정보 덩어리라고 할 수 있다. 즉, 일본경제 주가가 16,500엔이라는 인포메이션은 단순한 정보에 불과하지만, 앞으로 주가가 오를지 내릴지를 어느 정도 예측한다면 이는 인텔리전스가 되는 것이다. 결국 우리는 단순한 인포메이션을 수집할 것이 아니라 직접적으로 도움을 줄 수 있는 인텔리전스를 수집할 필요가 있다.

③ 선수필승(先手必勝)

'공격은 최대의 방어'라는 말이 있다. 정보에 있어서도 마찬가지다. 다른 사람보다 1초라도 빨리 정보를 쥔 사람이 우위에 서게 된다. 예를 들어, 2시간 후면 누구라도 알 수 있는 내용을 다른 사람에게 말해줄 수 있다면 '와! 이 사람 정보가 빠른 사람이네'하며 다르게 보게 될 것이다.

'지옥귀'라는 말이 있는데, 이처럼 변화가 심한 시대에는 정보를 빨리 잡는다는 것이 상당히 중요한 포인트가 된다. 때로는 질이나 내용보다는 정보를 남보다 빠르게 잡는 것만으로도 앞설 수 있다. 더군다나 격동의 시대에는 빠른 정보수집이 결정적인 효과를 가져 올 가능성이 클 것이다.

④ 머릿속에 서랍을 많이 만들자

정보수집에 있어서 얼렁뚱땅 쉽게 얻어지는 것은 절대 없을 것이다. 자신에게 맞는 방법을 찾아 꾸준히 노력하다보면 언젠가는 큰 것을 얻을 수 있을 것이다. 그러나 아무리 정리 박스라는 물리적인 것을 사용한다 해도 자기 머릿속에 서랍을 만들어두지 않으면 정리도 되지 않을뿐더러 정보수집을 효과적으로 할 수 없을 것이다. 예를 들어, 신문을 읽다가 앞으로 일본은 노인대국이 될 것이라는 기사를 봤다고 하자. 그 기사에 흥미를 느꼈다면 머릿속에 '노인왕국'이라는 서랍을 하나 설정하는 것이다. 이렇게 머릿속에 서랍을 만들어 자기 나름대로 정리를 해놓으면, 신문을 읽더라도 사람들의 얘기를 듣다가도 '이건 쓸만하겠다', '이건 관계가 있겠다'라는 식으로 구분이 갈 수 있을 것이다.

⑤ 정보수집용 하드웨어 활용

사람의 기억력이란 한계가 있기 마련이다. 그래서 중요한 큰 봉투만을 머릿속 서랍에 두고, 세세한 정보들은 정리 박스, 스크랩 등을 활용하여 수집하는 것이 필요할 것이다. 또한, 지금 당장은 유용하지 않은 정보일지라도 향후 유용한 정보가 될 수 있는 것들은 이러한 물리적인 하드웨어를 활용하여 수집하는 것이 필요할 것이다.

학습평가

1. (　　　) 안에 공통적으로 들어갈 용어를 적어보도록 하자.

우리는 흔히 필요한 정보를 수집할 수 있는 원천을 (　　　　　　)이라 부른다. (　　　　　　)은 정보를 수집하는 사람의 입장에서 볼 때 공개된 것은 물론이고 비공개된 것도 포함되며 수집자의 주위에 있는 유형의 객체 가운데서 발생시키는 모든 것이 (　　　　　　)이라 할 수 있다.

(　　　　　　　　　　　　　　　　)

2. 정보원(sources)은 크게 1차 자료와 2차 자료로 구분된다. 적절한 것끼리 연결시켜 보도록 하자.

		• 단행본
1차 자료 •		• 백과사전
		• 논문
		• 편람
2차 자료 •		• 신문
		• 연감

3. 효과적으로 업무를 수행하려면 필요한 정보를 수집하는 것은 필수적이다. 효과적으로 정보를 수집하기 위한 방법에 대해서 각자의 생각을 정리해보도록 하자.

◦ ◦ ◦ ◦

2. 업무를 수행하는데 정보를 산더미처럼 수집하였다고 해서 그것이 모두 의미있는 정보는 아니다. 수많은 정보 중에서 필요한 부분을 분석하여 목적에 맞도록 정보를 가공하여야 의미있는 결론을 도출해낼 수 있다. 정보를 분석하고 가공하는 것은 왜 중요한 것일까?

업무를 수행하는데 정보를 산더미처럼 수집하였다고 해서 그것이 모두 의미있는 것은 아니다. 예를 들어 신상품 기획을 하기 위해서는 적어도 1년 정도 앞서서 계획을 수립하고 상품을 개발해야 하기 때문에 다각도의 정보를 수집하여 분석하여야 한다. 불확실한 장래를 예측하기는 어렵지만 체계적으로 정보를 수집하여 분석한다면 불확실성을 어느 정도 줄일 수 있을 것이다.

사 례

다음은 효과적인 정보분석을 통하여 목적을 달성한 사례들이다. 여기에서는 기업의 사례 위주로 제시가 되었지만, 정보분석의 중요함은 개인에게 있어서도 예외는 아닐 것이다. 사례를 읽고 정보분석의 중요성에 대해서 생각해보도록 하자.

『일본기업의 정보분석』

수년전 일본의 한 종합상사의 원목 담당자는 구소련의 농산물 작황이 부진하다는 정보를 입수하였다. 이러한 정보는 누구나 쉽게 알 수 있는 단순한 정보에 불과하였다. 그러나 그는 이 정보를 논리적으로 분석하여 업무에 활용함으로써 큰 효과를 얻었다. 그는 우선 소련의 농산물 작황이 부진하니 당연히 외국으로부터 곡물을 도입할 것이고, 이러한 곡물 도입을 위해 자금이 필요한 데 보유외환이 부족하기 때문에 자국에 보유하고 있는 금을 매각하지 않을 수 없을 것이라는 점을 쉽게 유추할 수 있었다.

소련의 곡물 도입을 위한 보유금의 국제시장 매각은 일시에 국제 금시장에 다량의 금이 공급되는 것을 의미하므로 이는 곧 금의 공급과잉, 즉 국제 금시세 하락으로 이어질 것이라는 사실을 짐작할 수 있었다. 이러한 금시세의 하락은 소련으로 하여금 더 이상 금 매각을 통한 자금조달을 어렵게 만들 것이므로 다른 자원인 원목의 매각이 불가피하게 될 것이며, 이에 따라 결국 국제 원목값이 하락할 것이라는 시나리오를 그릴 수 있었다.

이에 따라 원목가격이 하락하기 전에 자사보유 원목을 제값에 국제시장에 매각함으로써 적정이윤을 확보할 수 있었다. 이는 농산물 작황이라는 단순정보보다 이의 분석이 영업에 더 중요함을 보여주는 예이다.

『한 물리학자의 비행추진연료로 개발기술 입수』

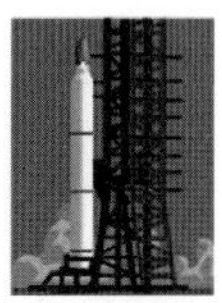

제2차 세계대전시 소련은 무인 장거리 로켓포 개발의 핵심기술인 비행추진연료 기술을 습득하려고 하였다. 이를 위해 소련의 한 물리학자가 이 기술을 획득하기 위해 독일에 여행을 하게 되었다. 그는 독일을 방문하여 독일의 무인로켓트 제작공장을 견학하였으나 현지공장에서는 기술 노출을 기피하였으므로 비행추진연료 개발기술의 입수에 실패하였다.

그는 이 기술을 입수하기 위한 방법을 생각한 끝에 무인로켓트 제작공장으로 향하는 화물운송열차의 궤도와 운송화물을 점검하기로 하였다. 그리고 철도 정류장에서 운송화물 리스트를 입수하였다. 그후 그는 소련으로 귀국하여 운송화물 리스트를 분석하고 열차궤도 등을 분석하여 사용된 원료의 배합비 등을 알아냄으로써 동 비행추진연료를 개발할 수 있었던 것이다.

『**경쟁사의 핵심정보 분석**』

경쟁전략 등의 효과적인 수행을 위해 상대기업의 조직구조 등에 관한 정보가 필요한 경우가 매우 많다. 이때 상대기업에서 사내 조직구조를 외부에 쉽게 노출시키지 않고 있다면 그 정보를 몰래 빼내오기 위한 여러 방법이 강구될 수 있을 것이다.

그러나 이는 엄연히 불법적인 경우이므로 공개적인 정보원(sources)을 통해 입수된 정보를 통해 상대기업의 기구표 등을 작성할 수도 있다. 흔히 기업들의 전화번호부는 공개되어 있는 경우가 많고 이를 입수하는 데 별 어려움이 없을 때가 많다. 이 경우 그 기업의 전화번호부를 분석함으로써 상세한 기구표를 작성할 수 있다. 사실 특정회사의 전화번호부만 입수하여 몇 개 기업의 조직도와 전화번호부를 유심히 관찰하게 되면 상세한 기구표를 작성할 수 있는 방법을 그리 어렵지 않게 발견할 수 있을 것이다. 즉, 약간의 훈련을 통해 이러한 분석능력을 습득할 수 있을 것이다. 또한 이를 통해 당해 회사의 예산까지도 추정할 수 있는 것이다.

활 동

당신은 업무를 수행하면서 수많은 정보를 취급하고 있을 것이다. 정보의 분석이란 이러한 수많은 정보를 상호관련지어 새로운 정보로 생성해내는 활동을 의미한다.

정보를 분석할 때 전략적 분석 방법을 많이 활용한다. 전략적 분석 방법이란 아래의 그림에서 볼 수 있듯이 현황 파악, 전략적 의미 도출, 구체적 실행의 표현 등의 절차를 따르게 된다. 다음은 '하늘은 푸르다'라는 하나의 현황으로부터 전략적 의미를 도출하여 구체적으로 실행하여야 할 것들을 도출해 나가는 과정이다. 각자의 생각을 빈칸에 채워 넣어보도록 하자.

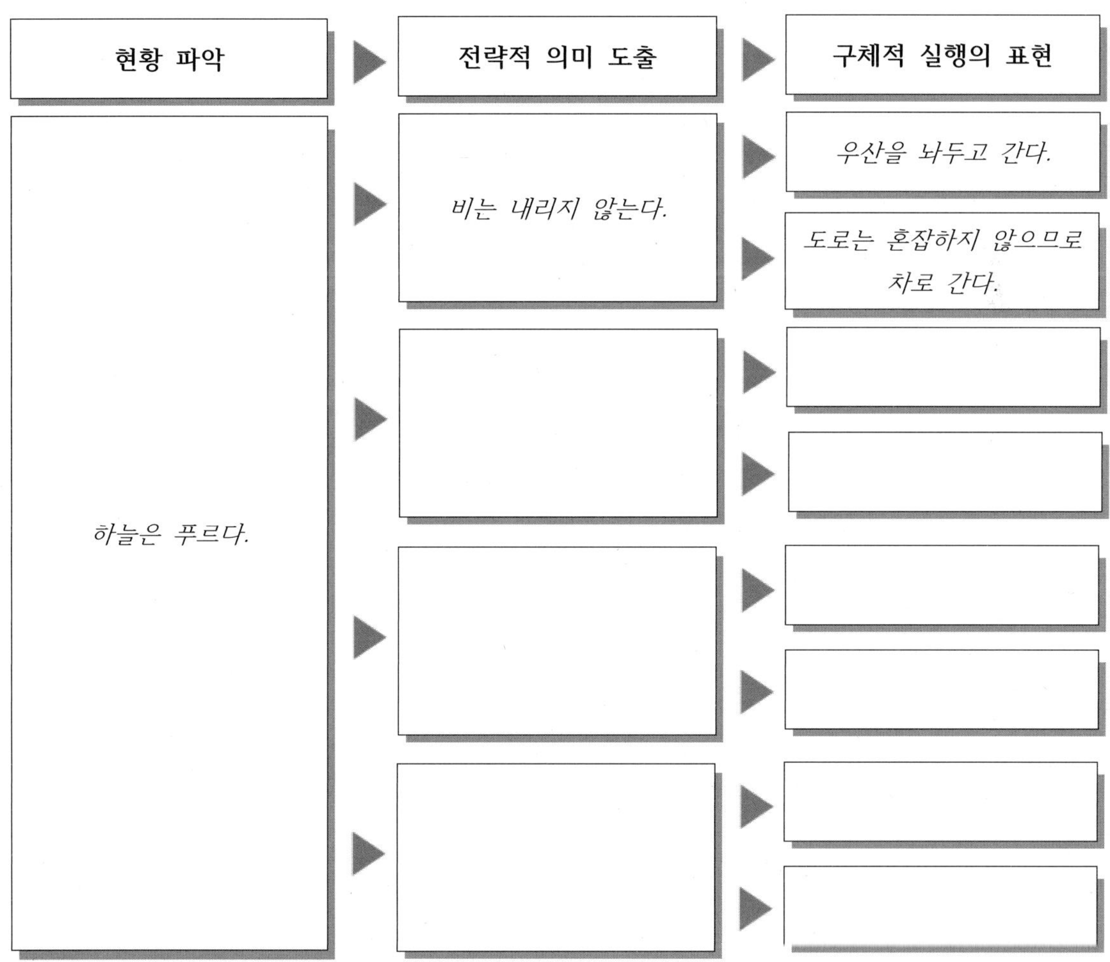

내 용

정보분석이란 여러 정보를 상호관련지어 새로운 정보를 생성해내는 활동이다. 정보를 분석함으로서 한 개의 정보로써 불분명한 사항을 다른 정보로써 명백히 할 수 있으며, 서로 상반되거나 큰 차이가 있는 정보의 내용을 판단해서 새로운 해석을 할 수도 있다.

일반적인 정보분석의 절차는 다음과 같다.

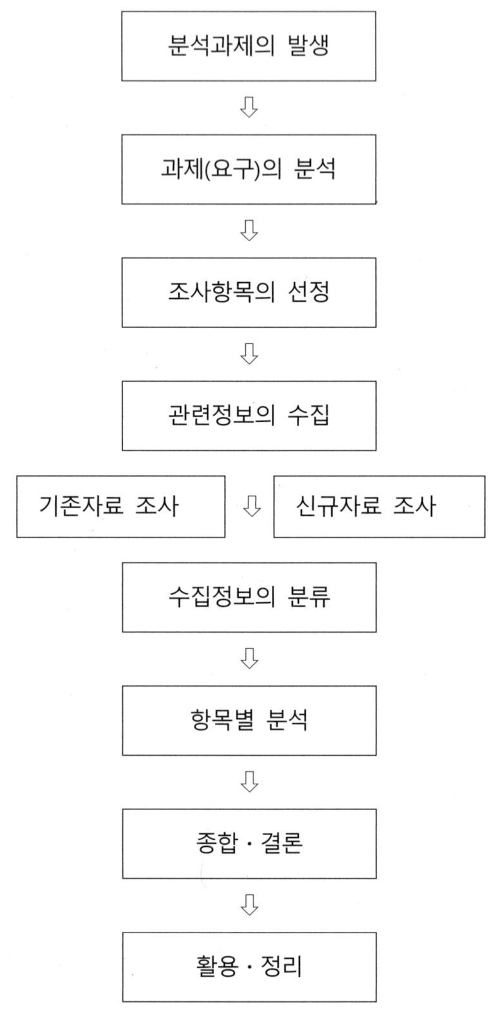

이와 함께 훌륭한 정보분석의 의미를 정확하게 이해하는 것도 매우 중요하다. 훌륭한 분석은 아래의 그림에서도 볼 수 있듯이 좋은 데이터(자료)가 있다고 해서 항상 훌륭한 분석이 되는 것은 아니다.

좋은 data	≠	훌륭한 분석

좋은 data가 있어도 그것을 평범한 것으로 바꾸는 것만으로는 훌륭한 분석이라고 할 수 없다. 훌륭

한 분석이란 하나의 메커니즘을 그려낼 수 있고, 동향, 미래를 예측할 수 있는 것이어야 한다. 그러나 반드시 고도의 수학적 기법을 요구하는 것만은 아니다.

이렇게 1차 정보를 분석하고 압축.가공하여 2차 정보를 작성하게 된다. 먼저 1차 정보가 포함하는 내용을 몇 개의 설정된 기대고리로 분석히여 각 키테고리의 상관관계를 확정한다. 그리고 1차 정보가 포함하는 주요 개념을 대표하는 용어(key word)를 추출하며, 이를 간결하게 서열화 및 구조화하여야 한다.

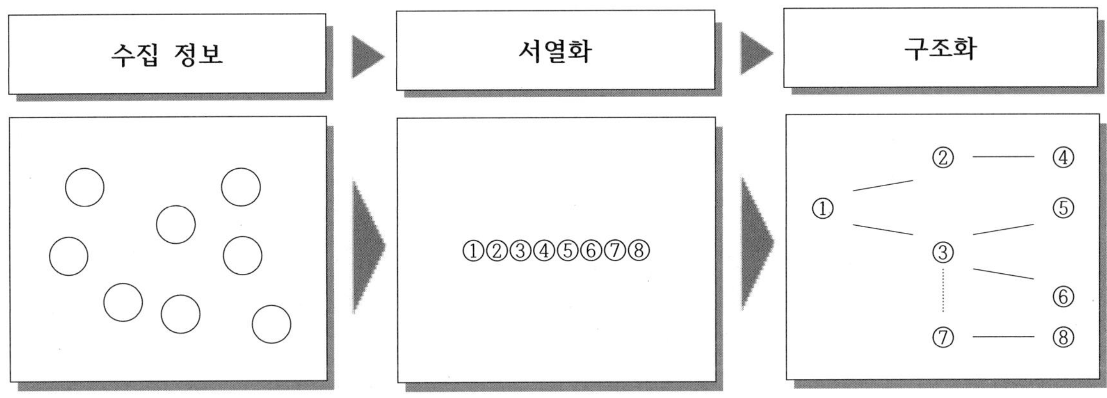

학습평가

1. 업무를 수행함에 있어서 정보를 분석하고 가공하는 것은 곧 1차 정보를 2차 정보로 변환하는 것을 의미한다. 1차 정보와 2차 정보의 차이점에 대한 각자의 생각을 적어보자.

2. 현재 자신이 하고 있는 업무를 생각하면서 가장 이슈가 되는 현황을 적어보고, 다음의 플로우차트를 작성해보자.

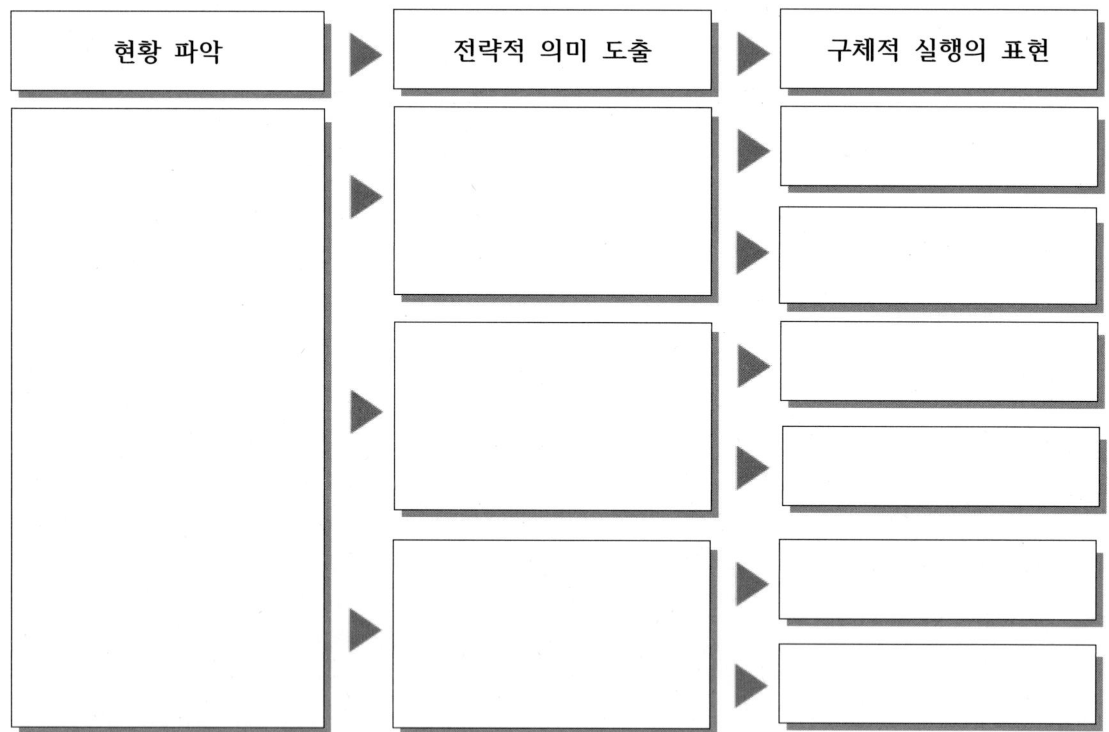

B 3. 기획팀 직원인 L씨는 관련문헌을 엑셀파일로 정리하여 관리하고 있고, 인사팀 직원인 S씨는 색인카드를 활용하여 직원들의 개인정보를 관리하고 있다. 이처럼 정보를 관리하기 위한 방법은 여러 가지가 있을 수 있다. 효과적인 정보관리 방법에 대해 알아보자.

당신은 업무를 수행하기 위해 수많은 정보를 수집하여 활용하고 있을 것이다. 정보는 한 번 활용하고 나면 다시 이용할 필요가 없는 경우도 있지만, 대부분의 경우는 같은 정보를 다시 이용할 필요가 발생하게 된다. 그렇다면 당신은 이렇게 많은 정보를 어떻게 관리하고 있는가?

사 례

다음의 사례는 정보관리 방법 중 대표적인 두 가지 방법을 소개하고 있다. 사례를 읽고 효과적으로 정보를 관리하기 위한 방법에 대해서 생각해보도록 하자.

『L씨의 도서목록표』

N사의 L씨는 평소에 업무 보고서를 작성할 일이 많다. L씨가 담당하는 업무는 주로 관련 문헌을 찾아 정리하는 일이므로 보고서를 작성하기 위해서는 도서를 많이 구입할 수 밖에 없다. L씨는 보고서를 쓰기 위해 책을 찾았을 경우, 이를 저자, 출판일, 제목, 출판사 순으로 기술한 후 저자의 가나다순으로 배열을 하여 엑셀파일로 저장을 하여 두었다. 또한, 주제별로도 구분하여 정리하여 유사한 주제의 업무지시가 있을 경우 바로 관련 문헌을 찾을 수 있도록 정리하여 놓았다. 이렇게 찾은 정보를 6년간 계속 정리해놓았더니, 이제 L씨는 새로운 업무가 있어도 별도로 관련 문헌을 찾는데 시간을 허비하지 않게 되었다.

『S씨의 색인카드』

L사의 인사부서에서 근무하는 S씨는 L사에 근무하는 직원들의 개인정보를 관리하는 업무를 담당하고 있다. L사에 근무하는 직원은 수천명에 달하기 때문에 S씨는 주요 키워드나 주제어를 가지고 직원들을 구분하여 색인카드를 활용함으로써 정보를 관리하고 있다. 색인카드를 활용함으로써 직원은 수천명이지만 색인어에 따라 직원들의 정보를 구분하여 관리하다 보니 찾을 때도 쉽고 내용을 수정할 때도 보다 간편하게 되었다.

활 동

직장생활에서 업무를 수행하거나 혹은 일상생활에서 관리해야 하는 정보는 수 없이 많을 것이다. 업무와 관련된 도서목록, 신문기사, 주변인물, 파일, 사진 등이 바로 그것이다. 그렇다면 당신은 이렇게 수많은 정보를 어떻게 관리하고 있는가? 별도의 정리박스를 활용하고 있는가 아니면 컴퓨터 파일로 저장하여 관리하고 있는가? 자신의 경우를 생각하면서 아래의 질문에 답해보도록 하자.

1. 평소 업무를 수행하면서 별도로 관리하고 있는 정보에는 어떠한 것들이 있는지 적어보도록 하자.

□ *업무 관련 인물 이름, 연락처, 이메일 주소, 주소 등*

□

□

□

2. 위와 같은 정보를 관리하고 있는 방법을 적어보도록 하자.

□ *엑셀파일로 정리하여 관리*

□

□

□

내 용

한 주제나 문제 상황에 대하여 필요한 정보를 찾아 활용하고 나면 다시 그 정보를 이용할 경우가 없는 경우도 있겠지만 대부분 같은 정보를 다시 이용할 필요가 발생하게 된다. 특히, 직장인처럼 특정 업무 분야가 정해져 있다면 특정 주제 분야의 정보를 지속적으로 이용하게 될 것이다. 따라서 한번 이용했던 정보를 이용한 후에 버리는 것이 아니라 정보관리를 잘 하는 것은 정보활용의 중요한 과정에 속한다.

지식정보사회가 되면서 유통되는 정보가 점차 늘어나 개인에게 축적되는 정보가 증가하는 환경에서는 개인의 정보관리를 얼마나 잘 하는지 그 여부는 문제해결 및 새로운 지식 생산능력에 큰 영향을 미친다. 같은 정보를 필요할 때마다 찾고, 또 찾는다면 정보를 찾는데 드는 시간과 노력은 낭비이며 정보를 찾는 시간만큼 뒤처지게 된다. 따라서 필요한 정보를 찾는 가장 효과적인 방법은 먼저 그 정보가 자신한테 있는 정보인지 확인하고 시작하는 것이다. 그러자면 자신한테 있는 정보를 체계적으로 관리해두어야 한다. 따라서 어떤 정보를 언제 어떤 이유로 소장하게 되었는지 기록해두거나 분류해두는 것이 매우 중요하다.

1. 목록을 이용한 정보관리

정보목록은 정보에서 중요한 항목을 찾아 기술한 후 정리하면서 만들어진다. 예를 들어 업무 보고서를 쓰기 위해 책을 10권 찾았을 경우, 찾은 책에 대한 저자, 출판일, 제목, 출판사순으로 기술한 후 저자의 가나다순으로 배열을 한다면 10권의 책을 목록으로 만든 것이다. 이렇게 한번 목록을 만들기 시작한 다음 워드프로세서, 엑셀같은 프로그램을 이용해서 목록파일을 저장해 놓으면, 후에 다른 정보를 찾았을 때 저자의 가나다순에 맞춰 새로운 정보를 추가하는 것은 간단한 일이다.

목록을 디지털 파일로 저장해놓는 것은 또 하나의 장점이 될 수 있는데, 그것은 대부분의 소프트웨어가 검색기능을 제공하기 때문이다. 즉, 워드프로세서, 엑셀 등과 같은 소프트웨어들의 찾기 기능을 이용하면 목록에서 특정 용어를 이용하여 검색이 가능해진다. 예를 들어 'S 문화사'에서 출판한 자료를 찾고 싶으면 찾기 기능 창을 통해 'S 문화사'라고 입력하고 찾기 버튼을 누르면 쉽게 찾을 수 있다.

2. 색인을 이용한 정보관리

정보 내에 포함되어 있는 키워드나 단락과 같은 세부적인 요소나 정보의 주제, 사용했던 용도로 정보를 찾고자 할 때는 목록을 가지고서 쉽게 찾을 수가 없다. 예를 들어 '정보사회의 이해'라는 책 속에서 '정보과잉'이라는 현상이 설명되어 있다면 나중에 '정보과잉리스크'라는 정보를 찾고 싶을 때 어느 책에서 봤는지 기억하는 것은 쉽지 않다.

이런 문제를 해결하기 위해 주요 키워드나 주제어를 가지고 소장하고 있는 정보원(sources)을 관리하는 방식이 색인을 이용한 정보관리이다. 목록은 한 정보원(sources)에 하나만 만드는 것이지만 색인은 여러 개를 추출하여 한 정보원(sources)에 여러 색인어를 부여할 수 있다. 색인은 정보를 찾을 때 쓸 수 있는 키워드인 색인어와 색인어의 출처인 위치정보로 구성된다.

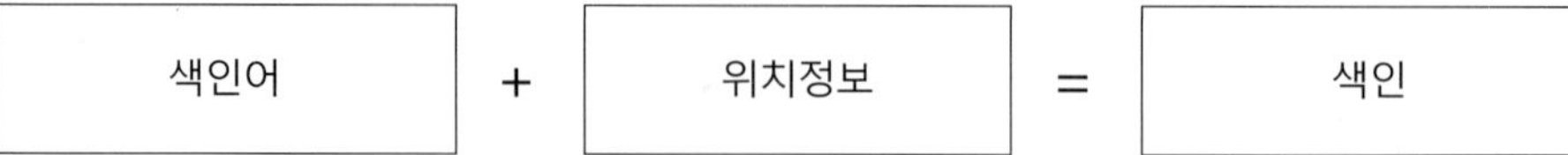

카드를 이용해서 색인을 만들 경우 장점은 컴퓨터를 켜지 않고도 책이나 학술지를 읽다가 간단하게 내용을 기록하기에 편리하고, 가지고 다니기도 쉽다는 것이다. 색인카드는 크기별로 구입도 쉽다. 만든 색인카드는 카드함에 가나다순으로 정렬할 수 있고 새로운 색인카드가 추가될 때 마다 기존의 카드 사이에 끼워넣기만 하면 된다. 디지털 파일에 색인을 저장, 관리하는 방식도 기본 구조는 색인카드와 크게 다를 것이 없다. 단, 디지털 파일에 색인을 저장할 경우 추가와 삭제, 변경이 쉽다는 점에서 정보관리에 효율적이다.

3. 분류를 이용한 정보관리

개인이 가지고 있는 정보를 유사한 것끼리 모아 체계화하여 정리를 해두면 나중에 저장해놓은 정보를 찾을 때 검색시간을 단축할 수 있고 관련 정보를 한번에 찾을 수 있다.

개인이 정보를 관리할 때 분류를 사용하는 대표적인 사례는 컴퓨터 폴더를 생성하여 디렉토리를 만들 때나 웹 브라우저에서 즐겨찾기를 만들 때이다.

정보를 분류할 때는 나름대로 기준을 가지고 체계적으로 정리하는 것이 좋다. 예를 들어, 디지털 카메라로 찍은 사진 파일을 정리한다고 생각해보자. 한 번은 사진을 시간별로 폴더를 만들어 저장해놓고 다음에는 촬영장소로 폴더를 만들어 저장해놓는다면 1-2년만 지나도 이전 사진파일을 찾는 것이 쉽지 않을 것이다. 디렉토리를 만들거나 즐겨찾기 항목을 만들 때에는 몇 가지 기준을 가지고 만드는 것이 좋다.

기 준	내 용	예
시간적 기준	정보의 발생 시간별로 분류	2012년 봄, 7월 등
주제적 기준	정보의 내용에 따라 분류	정보사회, 서울대학교 등
기능적/용도별 기준	정보가 이용되는 기능이나 용도에 따라 분류	참고자료용, 강의용, 보고서 작성용 등
유형적 기준	정보의 유형에 따라 분류	도서, 비디오, CD, 한글파일, 파워포인트파일 등

학습평가

1. 업무를 수행함에 있어서 정보관리 방법에는 여러 가지가 있다. 정보를 디지털 파일로 정리하여 관리하는 경우와 색인카드를 이용하여 관리하는 경우의 장.단점에 대한 각자의 생각을 정리해보자.

∘ ∘ ∘ ∘ ∘ ∘

4. 모든 정보가 다 유용한 것은 아니고 활용가능한 것도 아니다. 효율적으로 정보를 활용하기 위해서는 목적에 맞도록 가공을 한 후, 쓸모없는 정보는 과감히 버리고. 목표달성을 위해 적절하게 활용해야 한다. 효과적인 정보활용 방법에 대해 알아보자.

오늘날 직장인에게 있어서 정보의 활용은 수집과 관리에서 이어지는 중요한 활동 중의 하나이다. 직장인들은 정보를 가지고 크고 작은 각종 의사결정을 하게 되며, 또한 정보를 통하여 새로운 기회를 탐색하기도 하고 위험을 사전에 예방하기도 한다. 그 밖에도 오늘날 정보의 필요성이 요구되지 않는 분야란 거의 존재하지 않을 만큼 정보는 직장인의 중요한 자원으로 인식되고 있으며, 수집.관리된 정보를 합리적으로 적시에 활용하는 것이 성공의 열쇠가 됨은 두말할 필요가 없다.

사 례

『물건은 못 버려도 쓸모없는 정보는 버릴 수 있다.』

우리는 늘 방대한 정보와 전투를 하고 있다. 매일 아침 텔레비전 뉴스를 보고 신문도 읽는다. 어제 무슨 일이 일어났는지, 세상 돌아가는 일(경제, 사회 등)을 모르면 회사에서도 상식을 의심받게 될 수 있다. 고객과의 대화도 어려워진다. 그렇기에 아침 식사를 거르는 한이 있어도 신문만큼은 읽고 출근한다는 직장인들이 많다. 하지만 뉴스만이 정보는 아니다. 출근하면 동종업계지나 잡지도 읽고 현재 무슨 일이 진행되는지에 대한 정보를 알려고 애쓴다.

IT혁명이 진행되고 있는 오늘날에는 모든 직종에서 인터넷과 컴퓨터를 빼 놓을 수 없게 되었고 업무평가도 속도로 결정된다. 정보를 미련없이 활용하지 않으면 업무가 뜻대로 진행되지 않는다. 하지만 밀려오는 정보량은 점점 늘어만 간다. 쌓이는 이메일, 회의에 쓸 기획자료, 시장조사 리포트, 회사의 업무보고서 등 좌우를 둘러봐도 정보투성이다. 정보는 입수한 시점에서는 그 가치가 결정되지 않는 성질이 있기에 우리는 언제 사용할 줄 모르는 채 정보를 쌓아두기만 한다. 오늘의 뉴스가 몇주일 후에 고객과의 대화에서 나올지도 모르기 때문이다.

그러나 정보가 쌓이게 되면 어떤 것이 도움이 되는지 점점 판단력이 둔해진다. 그렇게 되면 업무에 도움이 되는 플러스 정보와 도움이 되지 않는 제로정보를 함께 보존하고 마는 결과가 된다. 그 결과 악순환이 거듭되어 정보는 갈수록 쌓이기만 한다.

모든 정보가 다 활용할 수 있는 것은 아니며, 모두 유용한 것도 아니다. 수집.관리한 정보 중에 도움이 되지 못하는 제로정보는 주저 없이 버려야 한다. 여러 가지 방법으로 정보를 버리다 보면 오히려 플러스 정보가 될 수도 있다.

활 동

모든 정보가 활용가능한 것도 아니며, 유용한 것이라 할 수도 없다. 정보를 활용할때에는 그것이 활용가능하며 유용한 것인지를 파악하는 것이 급선무이다. 아래의 <보기>에는 정보뿐만 아니라 일반적인 물건까지도 모두 포함되어 있다. <보기>에 있는 것들을 골라 그림의 적절한 곳에 적어 넣어보자.

<보기>
오래된 식료품, 뉴스프로그램, 컴퓨터, 잡지, 화장실용 휴지, 신문기사, 자가용, 책, 구멍난 양말, 이메일, 집, CD-ROM

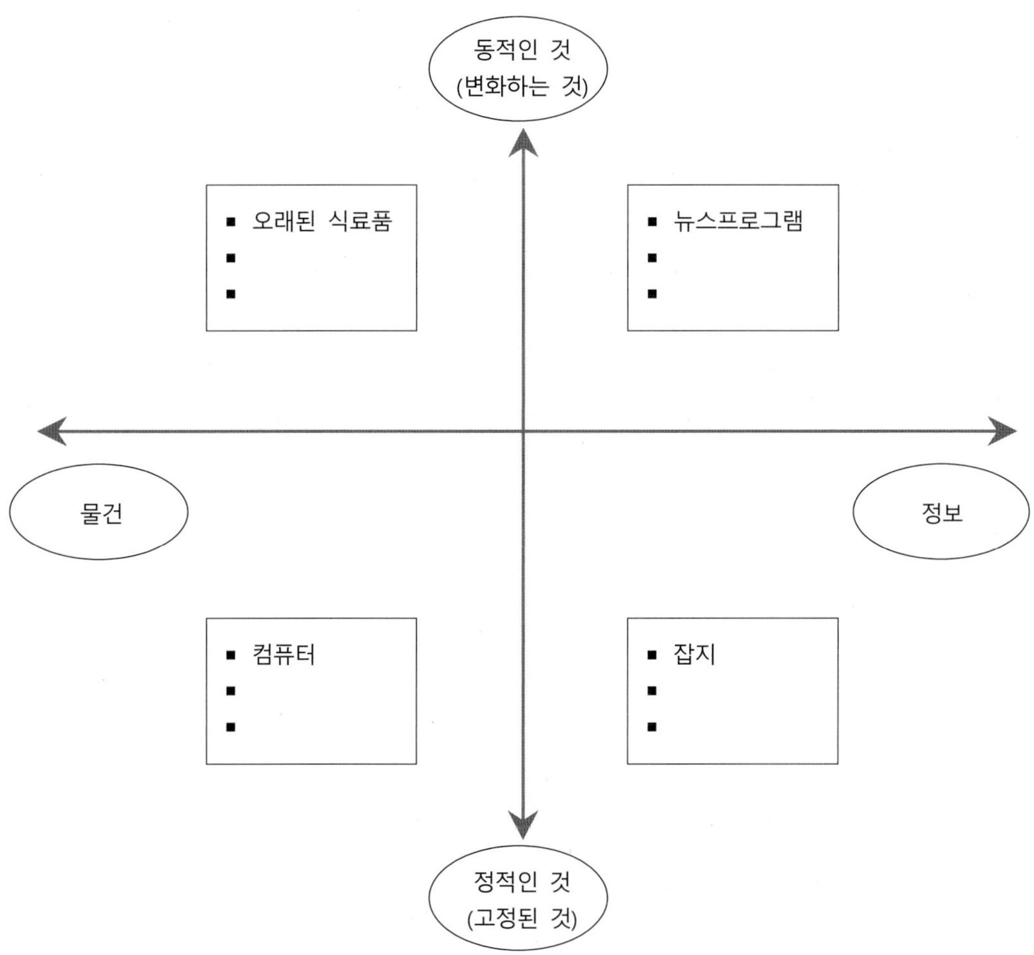

내 용

정보를 수집 · 관리하였다고 하여 모두 활용할 수 있는 것은 아닐 것이며, 모두 유용한 것은 아니다. 정보활용은 물론 수집한 정보를 그대로 활용하는 경우도 있지만, 일정한 형태로 표현하여 장래에 활용되는 정보까지 매우 다양한 활용 형태가 존재하고 있다.

[정보활용 형태]
- ▫ 수집한 정보를 그대로 활용한다.
- ▫ 수집한 정보를 그대로 활용하되 일정한 형태로 표현하여 활용한다.
- ▫ 수집한 정보를 정리, 분석, 가공하여 활용한다.
- ▫ 수집한 정보를 정리, 가공하여 활용하되 일정한 형태로 표현하여 활용한다.
- ▫ 생산된 정보를 일정한 형태로 재표현하여 활용한다.
- ▫ 일정한 형태로 표현한 정보, 한번 이용한 정보를 보존 정리하여 장래에 활용한다.

그렇다면 모든 정보는 유용하며 활용가능한 것인가? 정보는 크게 동적정보와 정적정보로 구분할 수 있다. 동적정보는 시시각각으로 변화하는 정보를 의미한다. 반대로 보존되어 멈추어 있는 정보를 정적정보(저장정보)라고 한다.

신문이나 텔레비전의 뉴스는 상황변화에 따라 수시로 변하기 때문에 동적정보이다. 반면에 잡지나 책에 들어있는 정보는 정적정보이다. CD-ROM이나 비디오테이프 등에 수록되어 있는 영상정보도 일정한 형태로 보존되어 언제든지 동일한 상태로 재생할 수 있기 때문에 정적정보로 간주할 수 있다.

우리에게 문제가 되는 것은 동적정보이다. 밀려와서 쌓이기만 하는 정보의 대부분은 동적정보이다. 이들 정보는 미련없이 버려도 아무 상관없다. 오히려 정보를 입수한 그 자리에서 판단해 처리하면 미련없이 버릴 수 있다는 점이 동적정보의 특징이다. 그런 줄도 모르고 보통의 사람들은 물건과 마찬가지로 아깝다고 생각한 나머지 모아두는 경우가 보통이다.

예를 들면 신문기사 오려두기가 있다. 인터넷을 활용하기 전까지 대부분의 사람들은 매일 많은 신문기사를 저장했다. 이러한 행위는 직장상사로부터는 칭찬을 받을지 모르지만 실제 업무에는 거의 활용가능성이 없다. 동적정보는 유통기한이 있기 마련이다. IT시대를 사는 비즈니스맨의 입에서는 '모아 둔 정보가 아깝다'는 말이 나와서는 곤란하다.

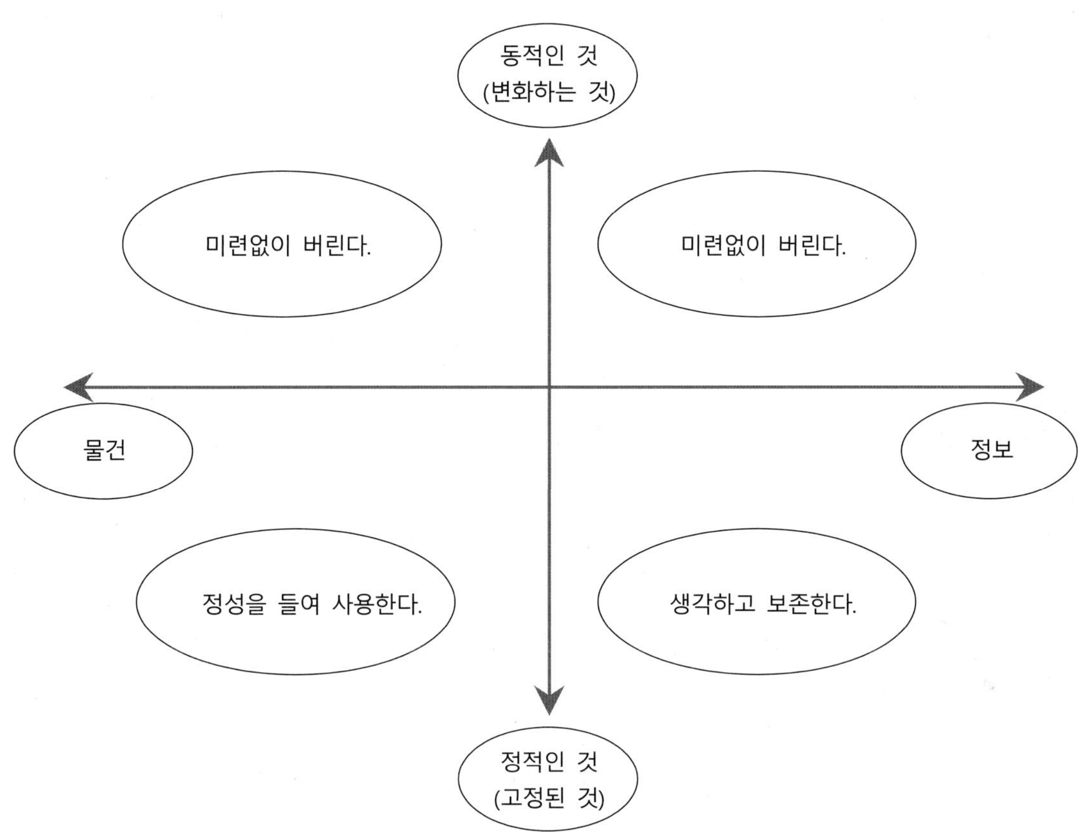
동적인 것
(변화하는 것)
미련없이 버린다.
미련없이 버린다.
물건
정보
정성을 들여 사용한다.
생각하고 보존한다.
정적인 것
(고정된 것)

학습평가

1. 우리가 활용할 수 있는 정보는 크게 정적정보와 동적정보로 구분할 수 있다. 정적정보와 동적정보의 특징을 적고, 각각의 예를 3가지씩만 적어보도록 하자.

[정적정보] 특징 : 예 :   [동적정보] 특징 : 예 :

학습정리

1. 정보처리능력은 직장생활에서 필요한 정보를 수집하고, 분석하여 의미있는 정보를 찾아내며, 찾아낸 정보를 업무수행에 적절하도록 조직 · 관리하고 활용하는 능력이다. 오늘날 정보가 기하급수적으로 증가하고 있는 실정에서, 문제해결에 적합한 정보를 찾고 선택할 수 있는 능력과 찾은 정보를 문제해결에 적용할 수 있는 능력의 함양은 필수적이다.

2. 직업인으로서 업무를 수행하는데 있어 목적에 적합한 정보를 수집하는 것은 무엇보다도 중요한 일이다. 효과적으로 필요한 정보를 수집하기 위해서는 우선적으로 정보수집의 목적을 명확하게 설정하여야 한다. 그 후 적합한 정보원(sources)을 탐색하여 효과적인 방법에 따라 정보수집을 하여야 할 것이다.

3. 업무를 수행하는데 있어 정보를 산더미처럼 수집하였다고 하여 의미있는 것은 아니다. 정보는 체계적인 분석 및 가공 절차가 필요하며, 이를 통해 불확실한 장래를 어느 정도 예측할 수 있을 것이다.

4. 직업인으로서 업무를 수행하기 위해서는 수 많은 정보가 필요하며, 이러한 정보는 한 번 활용하고 나면 필요 없는 것이 아니라 대부분의 경우 같은 정보를 다시 이용할 필요가 발생하게 된다. 따라서 효율적인 정보관리 방법을 숙지하여 정보를 체계적으로 관리하는 것이 매우 요구된다.

5. 직업인들은 정보를 효과적으로 활용함으로서 합리적인 의사결정을 할 수 있고, 새로운 기회를 탐색할 수 있으며, 위험을 사전에 예방할 수도 있다. 따라서 유용한 정보와 그렇지 않은 정보를 구분하여 합리적으로 적시에 이를 활용하는 것은 직업인으로서의 성공에 큰 열쇠가 될 수 있다.

사후평가

체크리스트

직업기초능력으로서 정보능력을 학습한 것을 토대로 다음 표를 이용하여 자신의 수준에 해당되는 칸에 ✔표 하시오.

구분	문항	매우 미흡	미흡	보통	우수	매우 우수
G-1 정보 능력	1. 나는 자료와 정보의 차이점을 설명할 수 있다.	1	2	3	4	5
	2. 나는 정보의 핵심적인 특성에 대해서 설명할 수 있다.	1	2	3	4	5
	3. 나는 정보화 사회의 특징을 설명할 수 있다.	1	2	3	4	5
	4. 나는 정보화 사회에서 내가 필수적으로 해야 할 일이 무엇인지 설명할 수 있다.	1	2	3	4	5
	5. 나는 업무수행을 위해 컴퓨터가 활용되는 분야를 설명할 수 있다.	1	2	3	4	5
	6. 나는 업무수행 중에 컴퓨터를 활용하여 필요한 정보를 찾아낼 수 있다.	1	2	3	4	5
	7. 나는 업무에 필요한 정보를 효과적으로 활용하기 위한 정보처리 절차를 설명할 수 있다.	1	2	3	4	5
	8. 나는 업무에 필요한 정보를 수집하기 앞서서 필요한 정보의 전략적 기획에 대해 설명할 수 있다.	1	2	3	4	5
	9. 나는 인터넷의 문제점(역기능)에 대해서 설명할 수 있다.	1	2	3	4	5
	10. 나는 사이버 공간에서 지켜야 할 예절에는 어떠한 것들이 있는지 설명할 수 있다.	1	2	3	4	5
	11. 나는 나에게 중요한 개인정보가 무엇인지 설명할 수 있다.	1	2	3	4	5
	12. 나는 나의 개인정보를 보호하기 위한 방법을 설명할 수 있다.	1	2	3	4	5
G-2-가 컴퓨터 활용 능력	1. 나는 업무생활에 필요한 인터넷 서비스의 종류 및 특징을 설명할 수 있다.	1	2	3	4	5
	2. 나는 업무를 효과적으로 하기 위해 다양한 인터넷 서비스를 활용할 수 있다.	1	2	3	4	5
	3. 나는 인터넷을 활용하여 필요한 정보를 검색할 수 있다.	1	2	3	4	5

G-2-가 컴퓨터 활용 능력	4. 나는 인터넷 정보 검색을 효율적으로 하기 위한 방법을 설명할 수 있다.	1	2	3	4	5
	5. 나는 업무수행에 필요한 응용 소프트웨어의 특징 및 종류를 설명할 수 있다.	1	2	3	4	5
	6. 나는 응용 소프트웨어를 활용하여 필요한 문서를 제작할 수 있다.	1	2	3	4	5
	7. 나는 데이터베이스 관리시스템이란 무엇인지 설명할 수 있다.	1	2	3	4	5
	8. 나는 데이터베이스 구축의 필요성에 대해서 설명할 수 있다.	1	2	3	4	5
G-2-나 정보 처리 능력	1. 나는 업무를 수행하는데 필요한 정보를 수집하기 위한 정보원(sources)를 알고 있다.	1	2	3	4	5
	2. 나는 업무를 수행하는데 필요한 정보를 효과적으로 수집하기 위한 방법을 설명할 수 있다.	1	2	3	4	5
	3. 나는 업무를 수행하는데 필요한 정보를 분석 및 가공하는 것의 중요성을 설명할 수 있다.	1	2	3	4	5
	4. 나는 업무를 수행하는데 필요한 정보를 효과적으로 분석하기 위한 절차를 설명할 수 있다.	1	2	3	4	5
	5. 나는 업무를 수행하는데 필요한 정보를 관리하는 것의 필요성을 설명할 수 있다.	1	2	3	4	5
	6. 나는 업무를 수행하는데 필요한 정보를 효과적으로 관리하기 위한 방법을 설명할 수 있다.	1	2	3	4	5
	7. 나는 수집한 정보가 활용되는 다양한 형태를 설명할 수 있다.	1	2	3	4	5
	8. 나는 업무수행에 유용한 정보와 그렇지 않은 정보를 구분하여 효과적으로 정보를 활용할 수 있다.	1	2	3	4	5

평가방법

체크리스트의 문항별로 자신이 체크한 결과를 아래 표를 이용하여 해당하는 개수를 적어보자.

학습모듈	점수	총점	총점/문항 수
G-1 정보능력	1점 × (　　)개		총점 / 12 = (　　)
	2점 × (　　)개		
	3점 × (　　)개		
	4점 × (　　)개		
	5점 × (　　)개		
G-2-가 컴퓨터활용능력	1점 × (　　)개		총점 / 8 = (　　)
	2점 × (　　)개		
	3점 × (　　)개		
	4점 × (　　)개		
	5점 × (　　)개		
G-2-나 컴퓨터활용능력	1점 × (　　)개		총점 / 8 = (　　)
	2점 × (　　)개		
	3점 × (　　)개		
	4점 × (　　)개		
	5점 × (　　)개		

평가결과

모듈별 평균 점수
3점 이상 : 우수
3점 미만 : 부족

→

평가수준이 '부족'인 학습자는 해당 학습모듈의 교재 페이지를 참조하여 다시 학습하십시오.

총괄평가

1. '어떤 특정의 목적을 달성하기 위해 과학적 또는 이론적으로 추상화되거나 정립되어 있는 일반화된 정보'를 뜻하는 것으로, 어떤 대상에 대하여 원리적 · 통일적으로 조직되어 객관적 타당성을 요구할 수 있는 판단의 체계를 제시하는 것을 무엇이라고 하는가?

( )

2. 이 세상에서 필요로 하는 정보가 사회의 중심이 되는 사회로서 컴퓨터 기술과 정보통신 기술을 활용하여 사회 각 분야에서 필요로 하는 가치 있는 정보를 창출하고, 보다 유익하고 윤택한 생활을 영위하는 사회로 발전시켜 나가는 것을 뜻하는 것은?

① 농업화 사회 ② 공업화 사회 ③ 정보화 사회
④ 자동화 사회 ⑤ 물질만능 사회

3. 6T는 미래를 이끌어갈 주요 산업으로 토지, 노동, 자본보다는 새로운 지식과 기술을 개발 · 활용 · 공유 · 저장할 수 있는 지식근로자를 요구하고 있다. 미래사회의 6T에 관해 괄호 안을 바르게 채워 넣어보자.

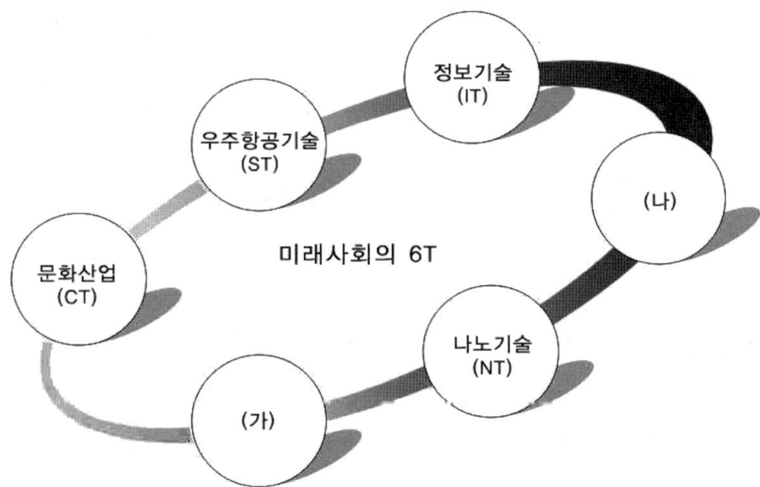

4. 다음 설명이 의미하는 것은 무엇인가?

- 과거에 슈퍼마켓 등에서 물건을 살 때, 주인은 탁상용 계산기를 두드려 손님에게 물건 값을 받음
- 지금은 슈퍼마켓 등에서 물건을 살 때, 바코드를 읽어 재빨리 계산을 한다.
- 판매가 이루어지는 시점의 데이터를 메인 컴퓨터에 보내면 현재 매장의 재고가 얼마나 되는지, 새로 구입해야 할 물건은 무엇인지를 금방 알아낼 수 있다.

① POS　② CAD　③ CAM
④ CAI　⑤ MIS

5. 컴퓨터의 이용 중에서 자동화와 관련된 CAD에 대해서 설명해 보자.

□

□

□

6. 정보는 일정한 절차에 따라 활용하는 것이 효과적이다. 일반적인 정보처리 절차를 생각하여 다음 빈 칸 (가)에 적절한 용어를 적어보도록 하자.

기획 ⇨ 수집 ⇨ 관리 ⇨ (가)

7. 정보의 관리란 수집된 다양한 형태의 정보(보통 생정보)를 어떤 문제해결이나 결론도출에 사용하기 쉬운 형태로 바꾸는 일이다. 정보를 관리할 때에는 세 가지를 고려해야 하는데, 정보관리의 3원칙에 대해 적어보도록 보자.

(　　　　　　), (　　　　　　), (　　　　　　)

8. 인터넷의 문제점(역기능)으로 옳은 것을 <보기>에서 고른 것은?

> <보기>
> ㄱ. 언어 훼손　　　　ㄴ. 저작권 침해
> ㄷ. 개인 정보 보호　　ㄹ. 건전한 정보의 유통

① ㄱ, ㄴ　　② ㄱ, ㄷ　　③ ㄴ, ㄷ
④ ㄴ, ㄹ　　⑤ ㄷ, ㄹ

9. 사이버공간에서 지켜야 할 예절을 네티켓이라고 부르고, 네티켓은 두 가지 용어의 합성어이다. 다음의 빈칸의 (가)와 (나)에 해당하는 적절한 용어를 적어보도록 하자.

(가)	+	(나)	=	네티켓(netiquette)

10. 요즈음 인터넷 이용이 보편화되면서 인터넷에 지나치게 빠져 생활의 곤란을 겪게 되는 경우가 많이 발생하고 있다. 특히 청소년들은 온라인 게임이나 음란물에 지나치게 몰입하는 경우가 많은데 이를 무엇이라고 하는가?

(　　　　　　　　　　　　　　　　　　　　)

11. 온라인 대화(채팅)를 할 때의 네티켓이 <u>아닌</u> 것은?

① 광고, 홍보 등을 목적으로 악용하지 말라.
② 마주보고 이야기하는 마음가짐으로 임한다.
③ 상대방의 얼굴을 모르므로 하고 싶은 말은 뭐든지 해도 된다.
④ 유언비어, 속어와 욕설 게재는 삼가고, 상호비방의 내용은 금한다.
⑤ 대화방에 들어가면 지금까지 진행된 대화의 내용과 분위기를 경청하라.

12. 최근에는 여러 가지 방법을 동원하여 개인정보를 수집하고 분석하는 마케팅 기술이 개발되고 있는 실정이므로 앞으로는 개인정보의 침해를 프라이버시 침해라는 관점에서 보다는 일종의 재산보호 차원에서 다루고 있는 추세이다. 다양한 분야에서 사용할 수 있는 개인정보에 대해 아는 대로 적어 보자.

- □
- □
- □
- □
- □

13. 전자우편(E-mail)에 대해 아는 대로 적어보자.

- □
- □
- □
- □
- □

14. 메신저란 인터넷에서 실시간으로 메시지와 데이터를 주고받을 수 있는 소프트웨어이다. 다음 중 메신저의 장점이 아닌 것은?

① 여러 사람과의 채팅과 음성채팅도 지원한다.
② 컴퓨터로 작업을 하면서 메시지를 주고받을 수 있다.
③ 뉴스나 증권, 음악 정보 등의 서비스도 제공받을 수 있다.
④ 응답이 즉시 이루어지므로 전자우편보다 속도가 훨씬 빠르다.
⑤ 메신저를 사용하면 인터넷에 접속해 있는지를 확인할 수 없다.

15. 검색엔진에서 문장 형태의 질의어를 형태소 분석을 거쳐 언제(when), 어디서(where), 누가(who), 무엇을(what), 왜(why), 어떻게(how), 얼마나(How much)에 해당하는 5W 2H를 읽어내고 분석하여 각 질문에 답이 들어있는 사이트를 연결해 주는 검색 방식은 무엇인가?

( )

16. 최근 대부분의 포털 사이트에서 제공하는 다양한 인터넷 서비스에 대해 아는 대로 적어 보자.

□ □ □ □ □

17. 검색엔진과 사이트 주소가 바르게 연결된 것을 <보기>에서 모두 고른 것은?

> <보기>
> ㄱ. 네이버 - http://www.naver.com
> ㄴ. 다음 - http://www.daum.net
> ㄷ. 구글 - http://www.google.co.kr
> ㄹ. 야후 코리아 - http://kr.yahookorea.com

① ㄱ, ㄴ ② ㄴ, ㄷ ③ ㄱ, ㄴ, ㄷ
④ ㄱ, ㄴ, ㄹ ⑤ ㄱ, ㄴ, ㄷ, ㄹ

18. 워드프로세서는 글이나 그림을 입력하여 편집하고, 작업한 문서를 저장하고 인쇄할 수 있다. 다음은 워드프로세서의 주요기능을 요약한 것이다. (가)와 (나)에 해당하는 용어를 바르게 짝지은 것은?

입력기능	키보드나 마우스를 통하여 한글, 영문, 한자 등 각국의 언어, 숫자, 특수문자, 그림, 사진, 도형 등을 입력할 수 있는 기능
표시기능	입력한 내용을 표시 장치를 통해 화면에 나타내주는 기능
(가)	입력된 내용을 저장하여 필요할 때 사용할 수 있는 기능
편집기능	문서의 내용이나 형태 등을 변경해 새롭게 문서를 꾸미는 기능
(나)	작성된 문서를 프린터로 출력하는 기능

	(가)	(나)
①	인쇄기능	저장기능
②	출력기능	저장기능
③	저장기능	인쇄기능
④	표현기능	인쇄기능
⑤	호출기능	보기기능

19. 다음 유틸리티 프로그램 중에서, 그림 파일을 볼 수 있도록 해주는 프로그램은 무엇인가?

파일 압축 프로그램	화면 캡처 프로그램
동영상 재생 프로그램	이미지 뷰어 프로그램
바이러스 백신 프로그램	

(　　　　　　　　　　　　　　　　　　)

20. 다음은 스프레드시트로 작성한 워크시트이다. (가)~(마)에 대한 설명으로 옳지 않은 것은?

	A	B	C	D	E	F
1	참고서 구입 현황					
2						[단위 : 명]
3	종류	1학년	2학년	3학년	합계	순위
4	국어	67	98	102	267	3
5	수학	68	87	128	283	1
6	영어	24	110	115	249	4
7	사회	56	85	98	239	5
8	과학	70	86	112	268	2
9	합계	285	466	555	1306	

(가) (나) (다) (라) (마)

① (가)는 A1셀에 ‘셀에 맞춤’ 기능을 이용하여 작성할 수 있다.
② (나)는 ‘셀 서식’의 ‘채우기’ 탭에서 색상을 변경할 수 있다.
③ (다)는 셀F4를=RANK(F4, $E$4 : $E$8)로 구한 후 ‘자동채우기’ 기능으로 구할 수 있다.
④ (라)는 ‘자동 합계’ 기능을 사용하여 구할 수 있다.
⑤ (마)는 셀 E4의 값을 구한 후 ‘자동 채우기’ 기능으로 구할 수 있다

21. 데이터베이스의 작업 순서에서, 빈칸의 (가)에 알맞은 것은?

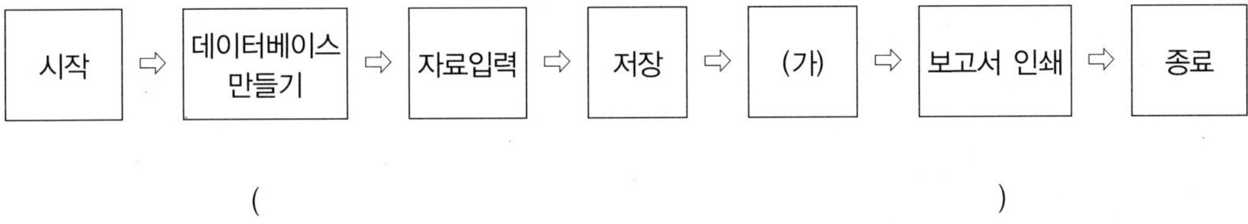

( )

22. 정보원(sources)은 크게 1차 자료와 2차 자료로 구분된다. 1차 자료를 <보기>에서 모두 고른 것은?

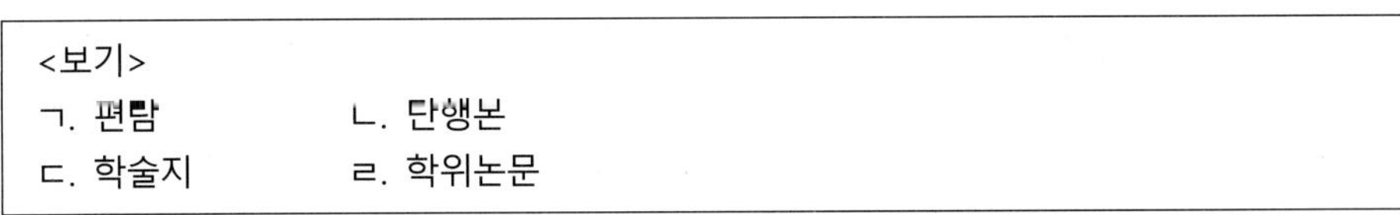
<보기>
ㄱ. 편람 ㄴ. 단행본
ㄷ. 학술지 ㄹ. 학위논문

① ㄱ, ㄴ ② ㄴ, ㄷ ③ ㄱ, ㄴ, ㄷ
④ ㄴ, ㄷ, ㄹ ⑤ ㄱ, ㄴ, ㄷ, ㄹ

23. 다음 (　　) 안에 알맞은 용어는 무엇인가?

(　　　　　　　　)이란 여러 정보를 상호관련지어 새로운 정보를 생성해내는 활동이다.

(　　　　　　　　　　　　　　　　　　　　　)

24. 업무를 수행함에 있어서 정보관리 방법에는 여러 가지가 있다. 색인카드를 이용하여 정보를 관리하는 경우의 장·단점에 대해 각자의 생각을 나열해 보자.

- □
- □
- □

25. 우리가 활용할 수 있는 정보는 크게 정적정보와 동적정보로 구분할 수 있다. 정적정보의 특징을 적고, 정적정보의 예를 3가지 적어보자.

- □ 특징 :
- □ 예 :

참고자료

김기봉 외 2인. (2012). 정보 기술 기초. 천재교육.

김용성 외 2인. (2010). 컴퓨터 일반. 금성출판사.

고경희. (2005). 윈도우XP 무작정 따라하기. 길벗.

김효석. (2000). 정보사회와 컴퓨터. 형설출판사.

김효석, 권혁인. (2000). 정보사회와 컴퓨터. 형설출판사.

박미영. (2006). 인터넷 정보검색사. 영진닷컴.

오세웅. (2001). 미련없이 버리는 정보활용술. 새물결사.

유명희. (2006). 인터넷 정보관리사 3급. 진한 M&B.

이기애. (1999). 성공을 부르는 8가지 정보 수집 방법. 영진닷컴.

이상렬. (2004). 지식정보시대의 디지털 정보검색론. EC-B&B.

이종만. (2006). 데이터베이스 설계와 구축. 이한출판사.

이효진. (2001). 정보관리 테크닉. 길벗.

최호성. (2006). 윈도우 프로그래밍(기초편). 프리렉.

조석환. (1998). 의사결정과 정보시스템. 동일출판사.

한상완. (2000). 지식정보사회에서의 정보활용. 형설출판사.

황금숙. (2005). 강의노트 정보학 연습. 에듀컨텐츠.

학습평가 정답 및 해설

학습모듈 G-1: 정보능력

1: 정보, 자료 및 지식의 차이는?

1. 정답 : 자료⊇지식⊇정보

해설 : 정보와 지식을 교환 가능한 용어로 사용하고 있지만 일반적으로 데이터와 정보, 지식과의 관계는 '데이터⊇지식⊇정보'와 같은 포함관계로 나타낼 수 있다. 이러한 포함관계는 엘렌 켄트로의 지식삼각형에서 잘 표현되고 있다. 엘렌 켄트로는 가장 기본적인 하단부부터 데이터, 정보, 지식의 순으로 삼각형을 구성하도록 표현하고 있으며, 지식 위에 특별히 지혜를 포함시키고 있다.

2. 정답 : 자료, 정보, 지식

해설 : ① 자료란 정보 작성을 위하여 필요한 데이터를 말하는 것으로, 이는 '아직 특정의 목적에 대하여 평가되지 않은 상태의 숫자나 문자들의 단순한 나열'을 뜻한다.

② 정보란 자료를 일정한 프로그램에 따라 컴퓨터가 처리.가공함으로써 '특정한 목적을 달성하는데 필요하거나 특정한 의미를 가진 것으로 다시 생산된 것'을 뜻한다.

③ 지식이란 '어떤 특정의 목적을 달성하기 위해 과학적 또는 이론적으로 추상화되거나 정립되어 있는 일반화된 정보'를 뜻하는 것으로, 어떤 대상에 대하여 원리적.통일적으로 조직되어 객관적 타당성을 요구할 수 있는 판단의 체계를 제시한다.

3. 정답 : ③

해설 : ㄱ. 자료와 정보 가치의 크기는 상대적이다.

ㄹ. 정보처리는 자료를 가공하여 이용 가능한 정보로 만드는 과정이다.

2: 빠르게 변화하는 정보화 사회의 속도는?

1. 정답 : 정보화 사회

해설 : 정보화 사회란 정보가 사회의 중심이 되는 사회로서 기술과 정보통신을 활용하여 사회 각 분야에서 필요로 하는 가치 있는 정보를 창출하고, 보다 유익하고 윤택한 생활을 영위하는 사회로 발전시켜 나가는 사회를 의미함

2. 정답 : (가) 문화산업(CT), (나) 정보기술(IT), (다) 나노기술(NT)

3. 정답 : 73

3: 업무수행에의 컴퓨터활용 분야

1. 정답 : 컴퓨터의 활용 분야는 워낙 방대하기 때문에 별도의 정답은 없지만, 다음과 같은 예를 제시할 수 있다.

① 기업 경영 분야에서의 활용 - 회계, 재무, 인사 및 조직관리, 경영정보시스템, 의사결정지원 시스템, 사무자동화, 전자 상거래 등

② 행정 분야에서의 활용 - 민원처리, 각종 행정 통계, 데이터베이스 구축 등

③ 산업 분야에서의 활용 - 공장 자동화, 컴퓨터 이용 설계, 컴퓨터 이용 생산, 매출액 계산, 원가 및 재고 관리 등

2. 정답 : ③

3. 정답 : ②

해설 : ㄴ. 기업의 상품이나 서비스 제공 대상은 모든 기업과 모든 소비자가 대상이 된다.
ㄷ. 전자상거래가 활성화되면 기업은 물류비용을 줄이고, 소비자는 값싸고 질 좋은 제품을 집에서 구매할 수 있게 된다.

4. 정답 : POS

해설 : POS(Point Of Sale)에 관한 설명이다. POS 시스템은 물품을 판매한 바로 그 시점에 판매 정보가 중앙 컴퓨터로 전달되어 각종 사무 처리는 물론 경영 분석까지도 이루어지는 시스템을 말한다.

5. 정답 : CAD(Computer Aided Design)는 컴퓨터를 이용한 설계 기술 및 제반 내용을 의미하는 것으로 개념 설계에서부터 최종 제품설계에 이르기까지 일련의 과정을 처리하는 것이다.

CAD는 다음과 같은 네 가지의 중요한 기능을 가지고 있다.
(가) CAD는 컴퓨터 디자인 자체를 의미한다.
(나) 컴퓨터 보조 엔지니어링 기능을 포함한다.
(다) CAD를 사용하면 가공 공정에 관련된 모든 기능을 제공하므로 생산의 질을 향상시킬 수 있다.
(라) CAD는 복잡한 설계와 조립에 있어 복잡성을 한층 감소시켜준다.
CAM(Computer Aided Manufacturing)은 CAD로 설계된 것을 다시 컴퓨터를 이용하여 제조하는 방법을 말한다. 즉, 공장 기계의 제어를 위한 수치 제어 데이터 작성, 시험 데이터 작성, 공정 설계 데이터 등으로 생산 공정을 자동화시켜 준다.

4: 업무수행을 위한 정보처리과정

1. 정답 : 수집, 관리

해설 : 효과적인 정보를 활용 절차는 기획, 수집, 관리, 활용임

2. 정답 :

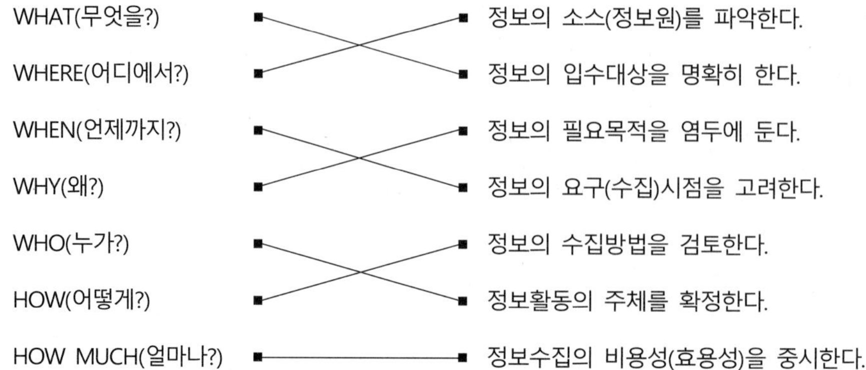

3. 정답 : ④

A 1: 사이버공간에서 지켜야 할 예절

1. 정답 : ⑤

해설 : 정보통신의 활성화는 인터넷의 장점이다.

2. 정답 : 해킹(hacking)

3. 정답 : 네트워크, 에티켓

해설 : 네티켓은 사이버 공간에서 지켜야 하는 예절을 뜻한다. 네티켓은 통신망을 뜻하는 네트워크와 예절을 뜻하는 에티켓의 합성어로, 네티즌이 사이버 공간에서 지켜야 할 비공식적인 규약이라고 할 수 있다.

4. 정답 : 이모티콘(Emoticon)

5. 정답 : ②

해설 : ㄴ. 전자우편(E-mail)도 안전하지 않으므로 미심쩍은 전자우편은 열지 말고 즉시 삭제해야 한다.
ㄹ. 폴더를 공유하는 것은 파일을 주고 받는 과정에서 바이러스가 침투할 가능성이 높기 때문에 바이러스를 예방하는 일에는 도움이 되지 못한다.

6. 정답 : ① 전자우편을 사용할 때의 네티켓 : 메시지는 가능한 짧게 요점만 작성하기, 메일을 보내기 전에 주소가 올바른지 다시 한번 확인하기, 제목은 메시지 내용을 함축해 간략하게 쓰기 등

② 온라인 대화(채팅)를 할 때의 네티켓 : 마주보고 이야기하는 마음가짐으로 임하기, 대화방에 들어가면 지금까지 진행된 대화의 내용과 분위기를 경청하기, 엔터키를 치기 전에 한 번더 생각하기 등

③ 게시판을 사용할 때의 네티켓 : 글의 내용은 간결하게 요점만 작성하기, 제목에는 글의 내용을 파악

할 수 있는 함축된 단어를 쓰기, 글을 쓰기 전에 이미 같은 내용의 글이 없는지 확인하기 등

7. 정답 : ③

해설 : 비용을 지불하고 구입하는 상업용 소프트웨어를 올려서는 안된다.

A 2: 개인정보유출 방지법

1. 정답 :

- 일반 정보 : 이름, 주민등록번호, 운전면허정보, 주소, 전화번호, 생년월일, 출생지, 본적지, 성별, 국적 등
- 가족 정보 : 가족의 이름, 직업, 생년월일, 주민등록번호, 출생지 등
- 교육 및 훈련 정보 : 최종학력, 성적, 기술자격증 등
- 병역 정보 : 군번 및 계급, 제대유형, 근무부대 등
- 부동산 및 동산 정보 : 소유주택 및 토지, 자동차, 저축현황 등
- 소득 정보 : 연봉, 소득의 원천, 소득세 지불 현황 등
- 기타 수익 정보 : 보험가입현황, 수익자, 회사의 판공비 등
- 신용 정보 : 대부상황, 저당, 신용카드, 담보설정 여부 등
- 고용 정보 : 고용주, 회사주소, 상관의 이름, 직무수행 평가 기록 등
- 법적 정보 : 전과기록, 구속기록, 이혼기록 등
- 의료 정보 : 가족병력기록, 과거 의료기록, 신체장애, 혈액형 등
- 조직 정보 : 노조가입, 정당가입, 클럽회원, 종교단체 활동 등
- 습관 및 취미 정보 : 흡연/음주량, 여가활동, 도박성향 등

2. 정답 : ④

해설 : 생년월일이나 전화번호 등 남들이 쉽게 유추할 수 있는 비밀번호는 사용하지 말아야 한다.

학습모듈 G-2-가: 컴퓨터활용능력

B 1: 다양한 인터넷 서비스 활용하기

1. 정답 : ① 전자우편 서비스 : 일반우편에 비해 빠르고 정확함, 유료로 이용하거나 무료로 이용, 회사에서 제공하는 전자우편 시스템에 계정을 만들어서 활용할 수 있음

② 인터넷 디스크/웹하드 : 대용량의 파일을 손쉽게 저장할 수 있음

③ 메신저 : 실시간으로 메시지와 데이터를 주고 받을 수 있음, 여러 사람과의 채팅 및 음성 채팅, 뉴스나 증권, 음악 정보 등의 서비스 제공

④ 인터넷을 통해 물건 사고팔기 : 전자적인 매체를 통한 재화 및 용역 거래, 물리적 상품 및 디지털 상품의 거래

2. 정답 : 클라우드 컴퓨팅(Cloud Computing)

3. 정답 : ⑤

해설 : SNS에 관한 설명이다.

4. 정답 : ①

해설 : ㄷ. 공공기관이나 정부도 전자상거래를 할 수 있다.
ㄹ. 팩스나 전자우편 등을 이용하여 전자상거래를 할 수 있다.

5. 정답 : 사용자 ID

B 2: 인터넷을 활용하여 원하는 정보 찾기

1. 정답 : ② (정보원 선택), ③ (검색식 작성)

2. 정답 : 키워드 검색 방식의 장점 : 키워드만을 입력하여 정보검색을 간단히 할 수 있음
주제별 검색 방식의 장점 : 주제에 따라 분류되어 있는 내용을 선택하여 원하는 정보를 정확하게 검색할 수 있음

3. 정답 : 야후(www.yahoo.com), 구글(www.google.com), 익사이트(www.excite.com), 고(www.go.com) 등

4. 정답 : ⑤

해설 : 유학자 이율곡의 어머니를 검색하는 것이므로 여러 어머니 중에서 이율곡과 어머니가 동시에 들어있는 웹문서를 검색한다. 따라서 AND 연산자를 사용한다.

5. 정답 : ④

해설 : 인터넷에서 검색한 정보는 잘못된 정보도 있으며 오래되고 낡은 정보도 있으므로 검색한 자료를 너무 신뢰하지 말고 자신이 원하는 자료인지를 정확하게 판단해야 한다.

B 3: 업무에 필요한 소프트웨어 활용하기

1. 정답 : 입력기능, 표시기능, 저장기능, 편집기능, 인쇄기능

해설 : 워드프로세서가 제공하는 주요 기능으로는 입력기능, 표시기능, 저장기능, 편집기능, 인쇄기능 등이 있음

2. 정답 : (가) (이미지 뷰어 프로그램)
(나) (파일 압축 프로그램)
(다) (동영상 재생 프로그램)
(라) (화면 캡처 프로그램)

3. 정답 : ③

해설 : 한 줄 블록 설정과 문서 전체를 블록 설정할 수 있다.

4. 정답 :

1. 글을 입력한다.
2. [입력]-[개체]-[글맵시]를 클릭하여 글자를 꾸민다.
3. [입력]-[개체]-[글상자]를 클릭하여 내용을 입력한다.
4. [입력]-[문자표]를 클릭하여 전화번호 그림을 선택한다.
5. [모양]-[글자모양]에서 글꼴과 크기를 지정한다.

5. 정답 : ③

해설 : (다)는 셀 F4를 = RANK(F4, $E$4 : $E$8)로 구한 후 '자동 채우기' 기능으로 구할 수 있다.

6. 정답 :

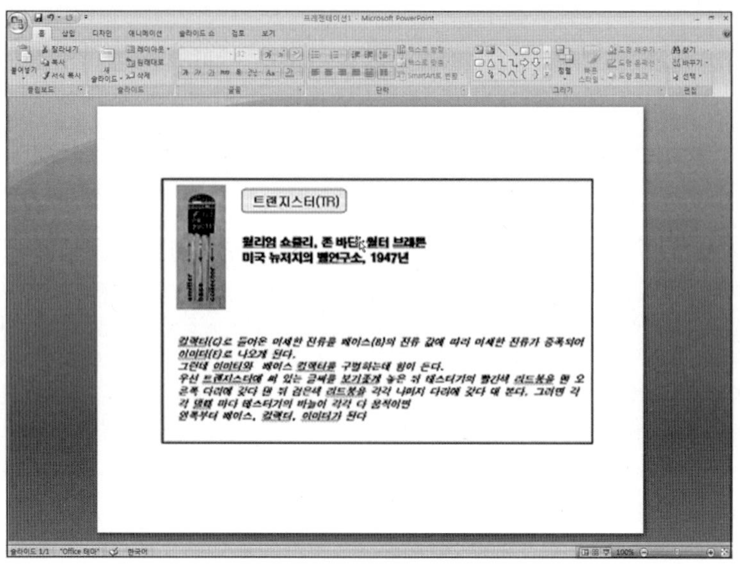

Ⓐ 1: 데이터베이스 구축의 필요성

1. 정답 : 파일시스템, 데이터베이스, 데이터베이스, 데이터베이스 관리, 파일관리

해설 : 데이터베이스 시스템은 파일시스템에 비해서 여러 개의 파일이 서로 연관되어 있으므로 사용자는 여러 개의 파일에 있는 정보를 한 번에 검색해서 볼 수 있는 이점이 있다.

2. 정답 : ②

해설 : ㄴ. 한번에 여러 파일에서 데이터를 찾아내는 기능은 원하는 검색이나 보고서 작성 등을 쉽게 할 수 있게 해준다.

ㄹ. 데이터가 중복되지 않고 한곳에만 기록되어 있으므로 데이터의 무결성, 즉 결함없는 데이터를 유지하는 것이 훨씬 쉬워졌다.

3. 정답 : 자료 입력

학습모듈 G-2-나: 정보처리능력

B 1: 필요한 정보 수집하기

1. 정답 : 정보원(sources)

2. 정답 :

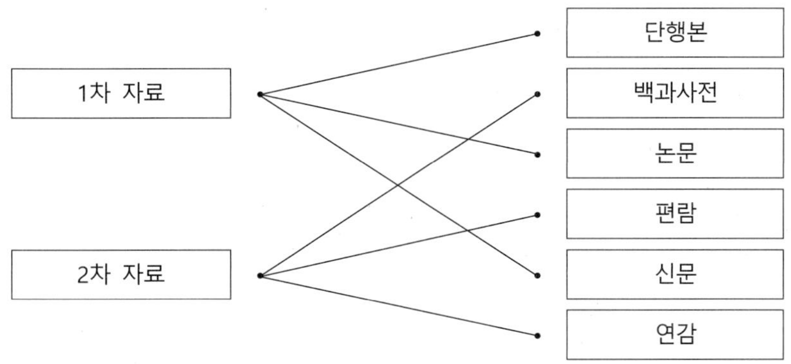

해설 : 1차 자료는 원래의 연구성과가 기록된 자료를 의미하며, 2차 자료는 1차 자료를 효과적으로 찾아보기 위한 자료 혹은 1차 자료에 포함되어 있는 정보를 의미함

3. 정답 : 다른 사람과의 신뢰관계가 매우 중요하고, 단순한 인포메이션(information)뿐만 아니라 직접적으로 도움을 줄 수 있는 인텔리전스(intelligence)도 수집할 필요가 있다. 또한 빠른 정보수집도 필요하다.

B 2: 정보분석 및 가공하기

1. 정답 : 1차 정보를 분석하고 압축·가공하여 2차 정보를 작성하게 된다. 먼저 1차 정보가 포함하는 내용을 몇 개의 설정된 카테고리로 분석하여 각 카테고리의 상관관계를 확정한다. 그리고 1차 정보가 포함하는 주요 개념을 대표하는 용어(key word)를 추출하며, 이를 간결하게 서열화 및 구조화하여야 한다.

2. 정답 : 예를 들어, "하늘은 푸르다."라는 현황으로부터 비는 내리지 않을 것이라는 전략적 의미를 도출할 수 있으며, 이에 따라 "우산을 놔두고 간다." 혹은 "도로는 혼잡하지 않으므로 차로 간다."라는 등의 구체적으로 실행해야 할 것을 도출할 수 있다. 이처럼 업무수행에 있어서 가장 이슈가 되는 현황을 분석해보도록 한다.

3: 정보를 효율적으로 관리하기

1. 정답: ① 디지털 파일로 정보를 관리하는 경우 : 정보의 수정, 변경이 쉬움, 검색기능을 활용하여 정보를 쉽게 찾을 수 있음

② 색인카드로 정보를 관리하는 경우 : 컴퓨터를 활용하지 않고도 책이나 학술지를 읽다가 간단하게 내용을 기록하기에 편리함, 가지고 다니기 쉬움, 크기별로 정리할 수 있음, 정보의 변경시 어려움이 있음

4: 정보를 효과적으로 활용하기

1. 정답 :

[정적정보]
특징 : 유효기간이 비교적 길고, 보존이 가능한 정보
예 : 잡지, 책, CD-ROM 등

[동적정보]
특징 : 되도록 실시간에 가깝게 파악하여 유효기간이 길어야 며칠인 정보
예 : 신문기사, 텔레비전 뉴스, 이메일 등

총괄평가 정답 및 해설

1. 정답 : 지식

해설 : '지식'이란 '어떤 특정의 목적을 달성하기 위해 과학적 또는 이론적으로 추상화되거나 정립되어 있는 일반화된 정보'를 뜻하는 것으로, 어떤 대상에 대하여 원리적.통일적으로 조직되어 객관적 타당성을 요구할 수 있는 판단의 체계를 제시한다.

2. 정답 : ③

해설 : 정보화 사회에 대한 설명이다.

3. 정답 : (가) 환경기술(ET), (나) 생명공학(BT)

해설 : 미래사회의 6T는 문화산업(CT), 우주항공기술(ST), 정보기술(IT), 환경기술(ET), 나노기술(NT), 생명공학(BT)이다.

4. 정답 : ①

해설 : POS(Point Of Sale)에 관한 설명이다. POS 시스템은 물품을 판매한 바로 그 시점에 판매 정보가 중앙 컴퓨터로 전달되어 각종 사무 처리는 물론 경영 분석까지도 이루어지는 시스템을 말한다.

5. 정답 : CAD(Computer Aided Design)는 컴퓨터를 이용한 설계 기술 및 제반 내용을 의미하는 것으로 개념 설계에서부터 최종 제품 설계에 이르기까지 일련의 과정을 처리하는 것이다.

CAD는 다음과 같은 네 가지의 중요한 기능을 가지고 있다.

(가) CAD는 컴퓨터 디자인 자체를 의미한다.

(나) 컴퓨터 보조 엔지니어링 기능을 포함한다.

(다) CAD를 사용하면 가공 공정에 관련된 모든 기능을 제공하므로 생산의 질을 향상시킬 수 있다.

(라) CAD는 복잡한 설계와 조립에 있어 복잡성을 한층 감소시켜 준다.

6. 정답 : 활용

해설 : 일반적인 정보처리의 절차는 다음과 같다.

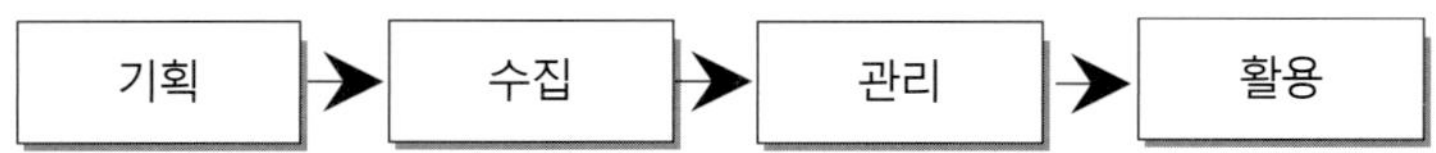

7. 정답 : 목적성, 용이성, 유용성

8. 정답 : ①

해설 : 인터넷의 문제점(역기능)으로 불건전 정보의 유통, 개인 정보 유출, 사이버 성폭력, 사이버 언어폭력, 언어 훼손, 인터넷 중독, 불건전한 교제, 저작권 침해, 컴퓨터 바이러스, 해킹(hacking), 스팸메일(spam mail) 등이 있다.

9. 정답 : (가) 네트워크(network), (나) 에티켓(etiquette)

10. 정답 : 인터넷 중독

해설 : 인터넷 중독에 대한 설명이다.

11. 정답 : ③

해설 : 상대방의 얼굴을 모른다고 해서 하고 싶은 말을 뭐든지 해서는 안된다.

12. 정답 : 일반 정보, 가족 정보, 교육 및 훈련 정보, 병역 정보, 부동산 및 동산 정보, 소득 정보, 기타 수익 정보, 신용 정보, 고용 정보, 법적 정보, 의료 정보, 조직 정보, 습관 및 취미 정보 등이다.

13. 정답 : 전자우편의 주소는 일반우편의 주소와 비슷하다. 전자우편의 주소는 3개의 기본요소를 가지고 있다. 이름과 @, 그리고 도메인 이름이 그것이다. 이름은 사용자가 메일 서버에 로그인할 때 사용하는 ID를 의미한다. 그리고 도메인 이름은 메일 서버의 도메인 이름을 나타낸다. 사용자 ID가 guest, 도메인 이름이 daehan.hs.kr인 사용자가 있다면 이 사람의 인터넷 전자우편 주소는 guest@daehan.hs.kr이 된다.

14. 정답 : ⑤

해설 : 메신저를 사용하면 인터넷에 접속해 있는지를 확인할 수 있으므로 응답이 즉시 이루어져서 전자우편보다 훨씬 속도가 빠르다.

15. 정답 : 자연어 검색 방식

16. 정답 : 정보 검색, 카페, 뉴스, 웹 메일, 블로그, 미니홈피, 커뮤니티 형성 등이다.

17. 정답 : ③

해설 : 야후 코리아의 사이트 주소는 http://kr.yahoo.com/이다.

18. 정답 : ③

해설 : 저장기능은 입력된 내용을 저장하여 필요할 때 사용할 수 있는 기능이고, 인쇄기능은 작성된 문서를 프린터로 출력하는 기능이다.

19. 정답 : 이미지 뷰어 프로그램

20. 정답 : ①

해설 : (가)는 '셀 병합' 기능을 이용하여 작성할 수 있다.

21. 정답 : 자료 검색

22. 정답 : ④

해설 : 정보원(sources)은 크게 1차 자료와 2차 자료로 구분된다. 1차 자료로는 단행본, 학술지와 학술지 논문, 학술회의자료, 연구보고서, 학위논문, 특허정보, 표준 및 규격자료, 레터, 출판 전 배포자료, 신문, 잡지, 웹 정보자원 등이 있다.

23. 정답 : 정보분석

해설 : 정보분석이란 여러 정보를 상호관련지어 새로운 정보를 생성해내는 활동이다. 정보를 분석함으로서 한 개의 정보로써 불분명한 사항을 다른 정보로써 명백히 할 수 있으며, 서로 상반되거나 큰 차이가 있는 정보의 내용을 판단해서 새로운 해석을 할 수도 있다.

24. 정답 : 색인카드로 정보를 관리하는 경우에는 컴퓨터를 활용하지 않고도 책이나 학술지를 읽다가 간단하게 내용을 기록하기에 편리함, 가지고 다니기 쉬움, 크기별로 정리할 수 있음, 정보의 변경시 어려움이 있음

25. 정답 : 정적정보는 다음과 같다.

특징 : 유효기간이 비교적 길고, 보존이 가능한 정보

예 : 잡지, 책, CD-ROM 등

Microsoft Excel 2016 & NCS 정보능력

지 은 이	정종필
펴 낸 이	김형근
펴 낸 곳	도서출판 기한재
주 소	경기도 파주시 회동길 56 (파주출판도시)
전 화	031)955-0900~2
팩 스	031)955-0100
등 록	1990년 3월 15일 제2-968호
발 행	2019년 3월 15일 1판 2쇄
정 가	25,000원

Published by Kihanjae Co.

ISBN 978-89-7018-776-1

http://www.kihanjae.com

E-mail : kihanjae@hanmail.net